YALE LANGUAGE SERIES

McGill University Companions
to Modern Greek Studies

Also available

A MANUAL OF MODERN GREEK, II
For Native Speakers
Elementary to Intermediate

MODERN GREEK READER, I
Language and Civilization
Intermediate

MODERN GREEK READER, II
Introduction to Literature
Intermediate to Advanced

ADVANCED MODERN GREEK

A MANUAL OF MODERN GREEK, I

FOR UNIVERSITY STUDENTS
ELEMENTARY TO INTERMEDIATE

Anne Farmakides

Yale University Press
New Haven and London

To my daughter Anne-Marie

The following are available from Audio-Forum, a division of Jeffrey Norton Publishers, Inc.,
On The Green, Guilford, CT 06437:
  Exercise Book to accompany A Manual of Modern Greek, I (Rev. ed., 1984)
  Readings on Audio-Cassette to accompany A Manual of Modern Greek, I (1984)
  Practice Exercises on Audio-Cassette to accompany A Manual of Modern Greek, I (1984)

First published 1971 in Canada.
First published 1983 in the United States of America by
Yale University Press.

Copyright © 1974, 1983 by Anne Farmakides

The publication of this edition was made possible in
part by a grant to the author from the Greek Ministry of
Culture and Sciences. This edition contains the rules
of the monotonic system of accentuation.

Library of Congress catalog card number: 82–48915
International Standard Book Number: 0–300–03019–3

10   9   8   7   6   5   4

Preface

A MANUAL OF MODERN GREEK I is the first volume in Series A, of the McGILL
UNIVERSITY COMPANIONS TO MODERN GREEK STUDIES (see back cover of this book),
a series which provides for the study of the language at the elementary, the
intermediate and the advanced levels of a university undergraduate degree-
course in Modern Greek Language and Literature.

This MANUAL embodies the material which is being used in beginners courses
in Modern Greek, at McGill, as this has been elaborated over the twenty two
years of instruction of the subject. It provides work for a whole academic
year, in twenty-two chapters which are preceded by an Introduction and fol-
lowed by Appendices and by two Glossaries.

Each chapter of the MANUAL comprises three sections: I, Readings,
II, Practice, and III, Grammar.

The Readings of Greek prose and poetry and the English texts for transla-
tion into Greek are fully annotated and each has a Vocabulary in which
the words are classified - nouns, adjectives, verbs, etc. The Questions
on these Readings appear in the EXERCISE BOOK. The Readings have their own
set of audio-cassettes.

The section on Practice is designed to help students towards fluency in the
use of the language but also to illustrate the Grammar which is to follow.
The units which compose this section are numbered consecutively, throughout
the book, [1 - 50], and they appear so numbered on the audio-cassettes
which belong to this particular section.

The section on Grammar is so designed as to be understood by non-Greek-
speaking students in particular. Note that this edition of the MANUAL has
added in Appendix, the rules of the monotonic system of accentuation, for
the use of the non-specialist students, but that it has maintained the ac-
cents and the breathing signs as it addresses itself primarily to the spe-
cialist students. Also note that, for convenience of access, all the rules
of the traditional system of accentuation appear in the Introduction, while
individual rules are dealt with in the appropriate places of this section.

Although the MANUAL was not originally intended to be a "teach-yourself"
instrument, it has been used as such by an increasing number of individuals
and of institutions of higher learning. An EXERCISE BOOK which has now been
prepared to accompany the MANUAL contains a good variety of exercises, of
unseen readings, of translations, of topics for compositions, and answers &
solutions were added to it, at the end, so as to meet the needs of all.
However, the introduction of further exercises of the more traditional
kind, where it is useful, is left to the initiative of the individual in-
structor.

More important, in the case of a three-year degree-course such as the case
is at McGill, the MANUAL can provide instruction for a whole academic year
either in an intensive course, or in four half courses, two in the first
semester and two in the second, each of three hours per week. In the second
instance, emphasis is placed on the section on Grammar in the one half
course, and on the sections Readings and Practice in the other. In either

instance, Chapters 1 - 10 or 11, together with the Introduction pp. 1 - 12 or 13 and the relevant Appendices and Exercises, provide for the first semester, and the remaining part of the MANUAL and of the EXERCISE BOOK, for the second.

In the case of native-speakers not grounded in Grammar, use may be made of A MANUAL OF MODERN GREEK II whose material can be covered either in one semester or in a whole academic year, depending on the degree of literacy of the students in the language.

This device makes it possible, within one academic year, to bring non-native and native speakers of the language to the same point, a point at which they are ready to embark, in the second and third years of their study, on courses either in Language through Civilation, with MODERN GREEK READER I, and ADVANCED MODERN GREEK, respectively, or in Language through Literature, with MODERN GREEK READER II, and the textbooks in Series B, respectively. (See back cover of this book).

Montreal, May 1984

CONTENTS

THE GREEK LANGUAGE TODAY

1. In its modern stage, the Greek language has developed two streams, the demotic and the purist - d.mG, and p.mG. In very broad lines, these corres- pond to the spoken and written aspects of the language, respectively, each of which has its own variations of the syntax and of the morphology of the language, and both of which stem from the hellenistic period of that language:

```
700       300          300                    1000          1453
B.C.      B.C.         A.D.                   A.D.          A.D.
Ancient   Hellenistic  B y z a n t i n e  M o d e r n

                                          M.  spoken/written   d.mG
                       B.   s p o k e n
             H. KOINH                     w r i t t e n    ,p.mG
A.                          New Testament
                            w r i t t e n
             atticism
```

2. In modern Greece, the coexistence of these two varieties of the language has created a major national problem: what should the official language be? Between the 1830's and the mid 1970's, this was p.mG, while d.mG was the lan- guage of everyday life, that of poetry since the 1880's, and that of litera- ture in prose since the 1920's. During this interval, public opinion was po- larized into two opposing factions, that of the purists, and that of the de- moticists, the one advocating the exclusive use of a learned and purified modern Greek, the other that of a genuinely demotic modern Greek. The latter emerged victorious in the late 1970's, when it was declared the official and the only language of the country:

```
1830        1850        1880         1920       1950         1980
old ← d e m o t i c|i s m → new
                                                    literary  d.mG
                                              simple p.mG
neoatticism / purism
                         New  T e s t a m e n t
```

3. This 'recognition' of d.mG has solved the old problem, but it has created a new one: what demotic ? There are those who maintain that we can no long- er speak of genuine demotic and unadulterated purist; during their long co- existence, these two streams have undergone strong mutations which have gradu- ally altered the character of both; we should either recognize the emergence of a new KOINH which is not a mixture but a synthesis of the old elements, or, if we speak of d.mG, we should give a new content to the term demotic. These views are opposed by the pure demoticists, those who still fight the old bat- tle against p.mG, and who, in order to preserve the purity of d.mG and pro- tect it from the invasions of p.mG, propose to eliminate any trace and any me- mory of p.mG, while a third large group has no quarrel with the concept of a 'mixed' language.

4. It would seem that, at this stage of its development, the spoken language has elaborated its own variations, the literary and/or the learned, mainly through its ability to create its own neologisms by drawing from its own in- exhaustible resources.

TABLE OF CONTENTS   Pages

Pages

LETTERS, SYLLABLES, ACCENTUATION *

*The monotonic system of accentuation
appears on p.239 for the use of the
non-specialist student of modern Greek

THE GREEK ALPHABET IN RELATION TO THE ENGLISH

A	B	C	D	E	F	G	H	I	J	K	L	M	N	O	P	Q	R	S	T	U	V	W	X	Y	Z
Α	Β	-	Δ	Ε	Φ	Γ	-	Ι	-	Κ	Λ	Μ	Ν	Ο	Π	-	Ρ	Σ	Τ	-	-	-	Ξ	Υ	Ζ

Α	Β	Γ	Δ	Ε	Ζ	Η	Θ	Ι		Κ	Λ	Μ	Ν	Ξ	Ο	Π	Ρ	Σ	Τ	Υ	Φ		Χ	Ψ	Ω
A	V	GH	DH	E	Z	I	TH	I		K	L	M	N	X	O	P	R	S	T	Y	F		CH	PS	O

EXAMPLES. *The stressed syllable is indicated by the sign (')*

ENGLISH	*into*	GREEK		GREEK	*into*	ENGLISH
1.	ANATOMY	ΑΝΑΤΟΜΊΑ	1.	ΆΝΝΑ		ANNA
2.	BIBLE	ΒΊΒΛΟΣ	2.	ΒΊΒΙΑΝ		VIVIAN
3.	CAT	ΓΆΤΑ	3.	ΓΙΏΡΓΟΣ		GEORGE
4.	DIALOGUE	ΔΙΆΛΟΓΟΣ	4.	ΔΈΛΤΑ		DELTA
5.	EROTIC	ΕΡΩΤΙΚΌΣ	5.	ΕΠΙΚΌΣ		EPIC
6.	FEAR	ΦΌΒΟΣ	6.	ΖΉΛΟΣ		ZEAL
7.	GEORGE	ΓΙΏΡΓΟΣ	7.	ΉΡΩΣ		HERO
8.	HALL	ΧΏΛΛ	8.	ΘΈΑΤΡΟ		THEATRE
9.	ITALY	ΙΤΑΛΊΑ	9.	ΙΤΑΛΊΑ		ITALY
10.	JUNE	ΙΟΎΝΙΟΣ				
11.	KENYA	ΚΈΝΥΑ	10.	ΚΑΤΕΡΊΝΑ		CATHERINE
12.	LEMON	ΛΕΜΌΝΙ	11.	ΛΕΜΌΝΙ		LEMON
13.	MANIA	ΜΑΝΊΑ	12.	ΜΑΝΊΑ		MANIA
14.	NEWS	ΝΈΑ	13.	ΝΈΑ		NEWS
15.	OTTAWA	ΟΤΤΆΒΑ	14.	ΞΕΝΟΜΑΝΊΑ		XENOMANIA
16.	PEPPER	ΠΙΠΈΡΙ	15.	ΟΤΤΆΒΑ		OTTAWA
17.	QUEBEC	ΚΕΜΠΈΚ	16.	ΠΙΠΈΡΙ		PEPPER
18.	RICE	ΡΎΖΙ	17.	ΡΎΖΙ		RICE
19.	SCENE	ΣΚΗΝΉ	18.	ΣΚΗΝΉ		SCENE
20.	TITLE	ΤΊΤΛΟΣ	19.	ΤΊΤΛΟΣ		TITLE
21.	URANUS	ΟΥΡΑΝΌΣ	20.	ΥΣΤΕΡΊΑ		HYSTERIA
22.	VENICE	ΒΕΝΕΤΊΑ	21.	ΦΟΒΊΑ		PHOBIA
23.	WALTZ	ΒΆΛΣ				
24.	XENOPHOBIA	ΞΕΝΟΦΟΒΊΑ	22.	ΧΟΡΩΔΊΑ		CHOIR
25.	YARD	ΓΥΆΡΔΑ	23.	ΨΥΧΟΛΟΓΊΑ		PSYCHOLOGY
26.	ZEAL	ΖΉΛΟΣ	24	ΩΔΉ		ODE

THE GREEK ALPHABET

1.   There are 24 letters in the Greek alphabet - seven vowels and seventeen consonants. Most letters have one pronunciation and, save in the case of some sounds, Greek words are spelled as they are pronounced. Every word is stressed on one of its syllables and no Greek word is stressed on a syllable before the third to last.

2.   The examples given below are meant to show students some of the differences and similarities between the English and the Greek alphabets. One source of confusion might be immediately eliminated if students keep in mind that in Greek, the letter Η is a vowel as are Ι and Υ and that all three represent one and the same sound *ee* as in *need*. The stressed syllable is indicated by the sign (´).

Aτομ ΑΤΟΜΟ	ANTENNA ANTÉNA	ANATOMY ΑΝΑΤΟΜΙΑ	ASIA ΑΣΙΑ	ABYSS ΑΒΥΣΣΟΣ	AROMA ΑΡΩΜΑ	ARCTIC ΑΡΚΤΙΚΟΣ
Boot ΜΠΟΤΑ	BOMB ΜΠΟΜΠΑ	BALL ΜΠΑΛΛΑ	BAR ΜΠΑΡ	BERLIN ΒΕΡΟΛΙΝΟ	BOSTON ΒΟΣΤΩΝΗ	BALKANS ΒΑΛΚΑΝΙΑ
Canada ΚΑΝΑΔΑΣ	CALVIN ΚΑΛΒΙΝ	CYCLE ΚΥΚΛΟΣ	CAT ΓΑΤΑ	CENTRE ΚΕΝΤΡΟ	CHOIR ΧΟΡΟΣ	CHARLES ΚΑΡΟΛΟΣ
Daniel ΔΑΝΙΗΛ	DELTA ΔΕΛΤΑ	DELOS ΔΗΛΟΣ	DANTE ΝΤΑΝΤΕ	DAKOTA ΝΤΑΚΟΤΑ	DISC ΔΙΣΚΟΣ	DRASTIC ΔΡΑΣΤΙΚΟ
Erotic ΕΡΩΤΙΚΟ	EPIC ΕΠΙΚΟ	EPOCH ΕΠΟΧΗ	ECHO ΗΧΩ	ENERGY ΕΝΕΡΓΕΙΑ	EXODUS ΕΞΟΔΟΣ	EUROPE ΕΥΡΩΠΗ
Fire ΦΩΤΙΑ	FARCE ΦΑΡΣΑ	FRANC ΦΡΑΓΚΟ	FRESH ΦΡΕΣΚΟ	AFRICA ΑΦΡΙΚΗ	FOLKLORE ΦΟΛΚΛΟΡ	FINLAND ΦΙΝΛΑΝΔΙΑ
George ΓΙΩΡΓΟΣ	GERMANY ΓΕΡΜΑΝΙΑ	GREGORY ΓΡΗΓΟΡΗΣ	GOLF ΓΚΟΛΦ	GORDON ΓΚΟΡΝΤΟΝ	GRAMMAR ΓΡΑΜΜΑΤΙΚΗ	
Hall ΧΩΛ	HOCKEY ΧΟΚΥ	HARMONY ΑΡΜΟΝΙΑ	HEROIC ΗΡΩΙΚΟ	HISTORY ΙΣΤΟΡΙΑ	HYSTERIA ΥΣΤΕΡΙΑ	HEBREW ΕΒΡΑΙΟΣ
Iran ΙΡΑΝ	ITALY ΙΤΑΛΙΑ	IDEA ΙΔΕΑ	IDIOM ΙΔΙΩΜΑ	ICON ΕΙΚΟΝΑ	IONIA ΙΩΝΙΑ	IRELAND ΙΡΛΑΝΔΙΑ
Jasmine ΓΙΑΣΕΜΙ	JOHN ΝΤΖΟΝ	JACKET ΖΑΚΕΤΑ	JESUS ΙΗΣΟΥΣ	JUNE ΙΟΥΝΙΟΣ	JASON ΙΑΣΩΝ	JAPAN ΙΑΠΩΝΙΑ
Kenya ΚΕΝΥΑ	LEMON ΛΕΜΟΝΙ	MANIA ΜΑΝΙΑ	NEWS ΝΕΑ	OTTAWA ΟΤΤΑΒΑ	PEPPER ΠΙΠΕΡΙ	PHYSICS ΦΥΣΙΚΗ
PSychology ΨΥΧΟΛΟΓΙΑ		QUEBEC ΚΕΜΠΕΚ	RICE ΠΥΖΙ	RHYME ΡΙΜΑ	RHETORIC, ΡΗΤΟΡΙΚΗ	RHODES ΡΟΔΟΣ
Soda ΣΟΔΑ	SOLO ΣΟΛΟ	STATIC ΣΤΑΤΙΚΟ	SCENE ΣΚΗΝΗ	SCHool ΣΧΟΛΕΙΟ	STIGMA ΣΤΙΓΜΑ	STOP ΣΤΟΠ
Title ΤΙΤΛΟΣ	Uranus ΟΥΡΑΝΟΣ	VENICE ΒΕΝΕΤΙΑ	WALTZ ΒΑΛΣ	XENOMANIA ΞΕΝΟΜΑΝΙΑ	YARD ΓΥΑΡΔΑ	ZEAL ΖΗΛΟΣ

3. <u>PRONUNCIATION OF VOWELS AND OF < DIPHTHONGS ></u>. The five vowel-sounds are represented, as shown below, by the seven single symbols for vowels - A, E, O, Ω, I, H, Y - and by five combinations of vowels - AI, EI, OI, YI - the ancient Greek diphthongs which are pronounced as a single vowel:

FOR THE 5 SOUNDS		APPROX. AS IN	GREEK LETTERS	EXAMPLES	PRONUN-CIATION	MEANING	TRANS-LIT.
1	A	father	A	A N N A	ánna (nn= n)	Anne	a
2	E	let	E / AI	E N A / N A I	éna / né	one / yes	e / ai
3	O	lost	O / Ω	O T A N / E N Ω	ótan / enó	when / while	o / o
4	I	machine	I H Y EI OI YI	M I A / H T A N / N Y K T A / E K E I / K O I T A / Y I O Θ E T Ω	mía / ítan / nýkta / ekí / kíta / iothetó	one / was / night / there / look / I adopt	i / i / y / i / i / i
5	OO	lose	OY	M O Y	moú	my	ou

4.   There are three more combinations of vowels: AY, EY, and HY. These, however, are pronounced as a vowel and a consonant -*AF*, *EF*, and *IF*, before the consonants Π, Κ, Τ, Σ, Ξ, Ψ, Φ, Χ, Θ, and *AV, EV, IV*, elsewhere.
    Note that, in a very small number of words, the two diphthongs AI, OI, are pronounced as real diphthongs A+I, O+I, but they are pronounced as one syllable: KÁIPO(*Cairo*), PΟΛÓI(*watch, clock*), and so is the combination AH = A+H : KAHMÓΣ (*longing*).

5.   <u>PRONUNCIATION OF CONSONANTS I.</u> Of the seventeen Greek consonants,
(a) five, [Κ, Μ, Ν, Τ, Ζ], are similar to the English in form,* in sound and in pronunciation. *(The capital letters only).
(b) one, [Σ], is pronounced as the English *s* in *sister*. Σ takes the sound *z* before Β, Γ, Δ, Ζ, Ρ, Μ, Ν, e.g. KOΣMOΣ=*COSMOS*, but it retains the sound *s* between two vowels, e.g. AΣIA =*ASSIA*.

6.   <u>PRONUNCIATION OF CONSONANTS II.</u> Of the remaining eleven consonants,
(a) four, [Λ, Ξ, Π, Φ - *L, X, P, F, respectively*], are similar to the English in sound but they differ from them in form,
(b) three,[Β, Ρ, Χ], are similar to the English in form only. They represent the sounds *v, r, ch*, and not the English *B, P, X*,
(c) three [Δ, Θ, Ψ], indicate sounds which are similar enough in both languages but for which there are no single symbols in English, Δ being the equivalent of *TH(THE)*, Θ of *TH(THEME)*, and Ψ of *PS(AUTOPSY)*,
(d) one, [Γ] hard, is similar to an aspirated *g*, and
[Γ] soft, is similar to *y* in *yes*. *See Tables and Note, on p.4.*

4

7.(i) CAPITAL GREEK CONSONANTS SIMILAR TO THE ENGLISH IN:

SOUND, FORM & PRONUNCIATION	*APPROXIMATE PRONUNCIATION*		*MEANING*
K* M N T Z *K M N T Z*	Same as in English	ΚΑΖΑΝΤΖΑΚΗΣ *KAZANTZÁKIS* ΜΟΝΟΣ *MÓNOS*	The name of a Greek writer *alone, only*
SOUND & PRONUNCIATION Λ Ξ Π Φ Σ *L X P F S*	Λ *(L)* as in *let* not as in *tall* Ξ *(X)* as in *thinks* not as in *exam* Π, Φ, Σ, same as in English	ΛΕΞΙΚΟ *LEXIKÓ* ΠΑΛΑΤΙ *PALÁTI* ΦΩΣ *FÓS*	*dictionary* *palace* *light*
FORM only B P X* *(v) (r) (ch)*	B*(v)* as in *van* P*(r)* as in *run* X*(ch)* hard as in *Harry* and soft as in *human*	ΒΑΡΟΜΕΤΡΟ *VARÓMETRO* ΧΑΡΑ *CHARÁ* ΧΡΟΝΟΣ *CHRÓNOS* ΧΕΡΙ *HIÉRI*	*barometer* *joy* *time, year* *hand*

(ii) CAPITAL GREEK CONSONANTS FOR WHICH THERE ARE NO SINGLE ENGLISH SYMBOLS

Δ Θ Ψ *(th) (th) (ps)*	Δ *(th)* as in *the* Θ *(th)* as in *think* Ψ *(ps)* as in *eclipse*	ΙΔΕΑ *ITHÉA* ΑΘΗΝΑ *ATHÍNA* ΨΩΜΙ *PSOMÍ*	*idea* *Athens* *bread*
Γ* *(g)* Γ* *(y)*	*(g)* as an aspirat- ed *g*, when hard, and as *y* in *yacht*, when soft.	ΕΓΩ *EGÓ* ΓΑΤΑ *GÁTA* ΓΙΑ *YÁ* ΓΕΛΙΟ *YÉLIO*	*I* *cat* *for* *laughter*

* <u>NOTE</u>. The three consonants K, Γ, X, have a soft sound before the vowel-sounds *e* and *i*, and a hard sound before other consonants and before the vowel-sounds *a, o, oo*. E.g.

Soft K - ΚΕΝΥΑ, ΚΥΡΙΕ*(Mr.)*, ΚΙΤΡΙΝΟ*(yellow)*, ΚΗΠΟΣ*(garden)*, ΕΚΕΙ*(there)*, ΚΟΙΤΑ *(look)*
     X - ΧΕΡΙ*(hand)*, ΧΥΜΟΣ*(juice)*, ΧΙΟΝΙ*(snow)*, ΧΗΡΑ*(widow)*, ΧΕΙΜΩΝΑΣ*(winter)*
     Γ - ΓΕΝΝΑ*(birth)*, ΓΥΑΛΙ*(glass)*, ΓΙΑΤΙ*(why)*, ΓΗ*(earth)*, ΓΕΙΑ ΣΟΥ*(hello)*

Hard K - ΚΑΚΟ*(bad)*, ΚΩΜΙΚΟΣ*(comic)*, ΚΟΥΤΙ*(box)*, ΚΡΑΣΙ*(wine)*, ΚΛΙΜΑ*(climate)*

Hard Χ - ΧÁΝΩ(I lose), ΧῶΡΑ(country), ΧΟΥΡΜÁΣ(date), ΧΛῸΗ(grass), ΧΡῆΜΑ(money)
" Γ - ΓÁΜΟΣ(wedding), ΓῸΝΑΤΟ(knee), ΓΩΝΊΑ(angle), ΓΟΥΝΑ(fur), ΓΡÁΜΜΑ(letter).

8. COMBINATIONS OF CONSONANTS.

There are no single symbols for the sounds *g, b, d, dz*. These sounds are represented by the following combinations - ΓΚ,ΜΠ,ΝΤ,ΝΤΖ. Often, when these combinations of consonants occur in the middle of a word, the vowel before them is pronounced with a nasal sound, e.g.(a) Initial ΓΚ = *g* ΓΚΟΛΦ - *GOLF*   ΜΠ = *b* ΜΠΥΡΑ-*BÝRA (beer)*
(b) Medial ΓΚ = *ng* ΑΓΚΩΝΑΣ - *ANGÓNAS(elbow)*, ΜΠ = *mb* ΛΑΜΠΑ-*LÀMBA (lamp)*

(a) Initial ΝΤ = *d* ΝΤΙΚΕΝΣ-*DICKENS*   ΝΤΖ = *dz* ΝΤΖΑΜΙ - *DZÀMI(pane)*
(b) Medial ΝΤ = *nd* ΑΝΤΡΑΣ -*ÀNDRAS(man)*: ΝΤΖ = *ndz* ΝΕΡΑΝΤΖΙ-*NERÀNDZI(bitter orange)*

9. THE GREEK ALPHABET.

	CAPITAL	SMALL	APPROXIMATE SOUND		E X A M P L E S			NAME	TRANSLITERATION
1	Α	α	*a*	father	ΑΝΝΑ	*Anne*	Ἄννα	ÁΛΦΑ	a
2	Β	β	*v*	vote	ΒΙΑ	*hurry*	βία	ΒῆΤΑ	b
3	Γ	γ	*gh*	-	ΓΑΤΑ	*cat*	γάτα	ΓÁΜΜΑ	g
4	Δ	δ	*th*	then	ΔΥΟ	*two*	δύο	ΔÉΛΤΑ	d
5	Ε	ε	*e*	sell	ΕΝΑ	*one*	ἔνα	ÉΨΙΛΟΝ	e
6	Ζ	ζ	*z*	zeal	ΒΑΖΟ	*vase*	βάζο	ΖῆΤΑ	z
7	Η	η	*i*	need	ΗΤΑΝ	*was*	ἦταν	ῆΤΑ	i
8	Θ	ϑ	*th*	think	ΘΕΜΑ	*theme*	ϑέμα	ΘῆΤΑ	th
9	Ι	ι	*i*	need	ΙΔΕΑ	*idea*	ἰδέα	ΓΙῶΤΑ	i
10	Κ	κ	*k*	kodak	ΚΑΤΙ	*something*	κάτι	ΚÁΠΠΑ	k
11	Λ	λ	*l*	let	ΛΙΓΟ	*little*	λίγο	ΛÁΜΔΑ	l
12	Μ	μ	*m*	met	ΜΙΑ	*one*	μία	ΜΙ	m
13	Ν	ν	*n*	no	ΝΕΑ	*news*	νέα	ΝΙ	n
14	Ξ	ξ	*x*	thinks	ΞΕΝΟ	*foreign*	ξένο	ΞΙ	x
15	Ο	ο	*o*	lost	ΟΤΑΝ	*when*	ὅταν	ÓΜΙΚΡΟΝ	o
16	Π	π	*p*	pen	ΠΟΤΕ	*never*	ποτέ	ΠΙ	p
17	Ρ	ρ	*r*	run	ΡΑΔΙΟ	*radio*	ράδιο	ΡΟ	r
18	Σ	σ ς	*s*	set	ΣΩΣΤΟΣ	*correct*	σωστός	ΣÍΓΜΑ	s
19	Τ	τ	*t*	tin	ΤΟΤΕ	*then*	τότε	ΤΑÝ(taf)	t
20	Υ	υ	*i*	need	ΥΠΝΟΣ	*sleep*	ὕπνος	ÝΨΙΛΟΝ	y
21	Φ	φ	*f*	fun	ΦΕΤΑ	*slice*	φέτα	ΦΙ	f
22	Χ	χ	*h*	hand	ΧΑΡΑ	*joy*	χαρά	ΧΙ	ch
23	Ψ	ψ	*ps*	lips	ΨΑΡΙ	*fish*	ψάρι	ΨΙ	ps
24	Ω	ω	*o*	lost	ΩΡΑ	*hour*	ὥρα	ΩΜÉΓΑ	o

6

10. <u>PRACTICE IN READING</u>. The purpose of the following exercises is to give practice in recognizing Greek letters, capital & small. In exercise 11, below, students are progressively introduced to 'new' capital letters in known words; students should memorize these new letters as they appear in each word before proceeding to the next word. *The stressed syllable bears the sign (´).* In exercises 12-16, students are introduced to small letters.

11. CAPITAL LETTERS

Π = *P*
Η = *ee*

Ω = *O*	
Γ = *y*	Γ = *gh*

Δ = *Dh (as in the)*
Σ = *S*

P = *R*

Θ = *th (as in theme)*

Λ = *L*
Φ = *F*

1. Á T O M O
2. M I M Ó Z A
3. Z A K É T A
4. Ó N O M A
5. T Ó K I O
6. N Á T O
7. M O N Ó T O N O Σ

8. K O Σ M I K Ó Σ
9. K Ó Σ M O Σ
10. K O M M O Y N I Σ M Ó Σ
11. A Σ Í A
12. I N Δ Í A
13. K A N A Δ Á Σ

14. T P Í O
15. T O P Ó N T O
16. M É T P O
17. Δ P Á M A
18. A P M O N Í A
19. M A É Σ T P O Σ
20. I O P Δ A N Í A
21. I Σ T O P Í A
22. K P Í M A
23. K P I T I K Ó Σ
24. A P K T I K Ó Σ
25. P Ó Δ O Σ
26. P O Δ E Σ Í A

27. Π A T Á T A
28. Π I Π É P I
29. K A Π E T Á N I O Σ
30. K A Z A N T Z Á K H Σ
31. K P Ή T H
32. K P Í Σ H
33. I Σ Π A N Í A
34. M A Δ P Í T H
35. Π A N Ó P A M A
36. Π Á P K O
37. Ó Π E P A
38. Π Ó P T A
39. A M E P I K Ή
40. Δ H M Ή T P H Σ
41. Δ H M O K P A T Í A

42. Θ É M A
43. A N Á Θ E M A
44. Θ É A T P O
45. Θ E Σ H
46. Σ Y N Θ E Σ H
47. Y Π Ó Θ E Σ H
48. M É Θ O Δ O Σ
49. M Y Θ O Σ
50. A Θ H N A
51. Θ E Ó Σ
52. M A Θ H M A T I K Á

53. Γ E N E T I K Ή
54. Γ É N E Σ I Σ
55. Γ Ή
56. ΓΡAMMATIKΉ
57. Π P Ó Γ P A M M A
58. Á N Θ P Ω Π O Σ
59. T P A Γ Ω Δ Í A
60. K Ω M Ω Δ Í A
61. K Ω M I K Ó Σ
62. Á Γ N Ω Σ T O

63. Á Λ Φ A
64. A Λ Φ Á B H T O
65. Φ I Λ O Σ O Φ Í A
66. Θ E O Λ O Γ Í A
67. Γ E Ω Γ P A Φ Í A
68. Φ Y Σ I K Ή
69. T H Λ É Φ Ω N O
70. E Λ Λ H N I K Ó
71. E Λ Λ A Δ A
72. E Λ E N H
73. A K P Ó Π O Λ H
74. Π E P I K Λ H Σ
75. Δ E Λ Φ O Í
76. ΦIΛAΔÉΛΦIA
77. KAΛIΦÓPNIA
78. M O N T P E A Λ

12.

#								
1	Α	α	𝒜 a	𝒜 a	A a	A a	**A** α	A α
2	Β	β	ℬ b	B b	B β	B β	**B** β	B β
3	Γ	γ	𝒮 γ	𝒯 γ	Γ γ	Γ γ	Γ γ γ	Γ γ
4	Δ	δ		𝒟 δ	D δ	Δ δ	Δ δ	Δ δ
5	Ε	ε	ℰ ι		Ε ε	E ε	**E** ε	E ε
6	Ζ	ζ		𝒵 ȷ	Ζ ζ	Z ζ	**Z** ζ	Z ζ
7	Η	η	ℋ n		Η η	H η	**H** η η	H η
8	Θ	θ	𝒪 𝒪	Ο θ	θ θ	θ θ	**Θ** θ θ	θ ϑ
9	Ι	ι	𝒥 ι	𝒥 ι	I ι	I ι	**I** ι	I ι
10	Κ	κ	𝒦 κ	Κ κ	Κ κ	K κ	**K** и κ	K κ
11	Λ	λ	𝒜 λ	𝒜 λ	Λ λ	Λ λ	**Λ** λ	Λ λ
12	Μ	μ	𝒩 𝒩 μ	𝒩 μ	Μ μ	M μ	**M** μ μ	M μ
13	Ν	ν	𝒩 ν	𝒩 ν	N ν	N ν	**N** ν ν	N ν
14	Ξ	ξ	𝒵 ξ	𝒵 ξ	Ξ ξ	Ξ ξ	**Ξ** ξ	Ξ ξ
15	Ο	ο	𝒪 ο	Ο ο	O o	O o	**O** o	O o
16	Π	π	𝒫 π	Π π	Π π	Π π	**Π** π	Π π
17	Ρ	ρ	𝒫 ρ	ℛ ρ	Ρ ρ	P ρ	**P** ρ	P ρ
18	Σ	σ ς	ℒ ος	ℒ ϐος	Σ ος	Σ ος	**Σ** ος	Σ ος
19	Τ	τ	𝒯 τ	𝒯 τ	T τ	T τ	**T** τ	T τ
20	Υ	υ	𝒱 ν	𝒰 υ	Υ υ	Y υ	**Y** υ	Y υ
21	Φ	φ	𝒫 ρ	𝒫 φ	Φ φ	Φ φ	**Φ** φ	Φ φ
22	Χ	χ	𝒳 χ	Χ χ	X χ	X χ	**X** χ	X χ
23	Ψ	ψ	𝒴 y	𝒴 y	Ψ γ	ψ γ	**Ψ** ψ	Ψ ψ
24	Ω	ω	𝒞 w	Ω ω	Ω ω	Ω ω	**Ω** ω	Ω ω

8

13. **PRACTICE IN READING & WRITING**. The primary aim of this exercise is to increase the speed at which students recognize 'new' letters, capital & small. The second aim is practice in writing. *In writing in small letters, students are advised to disregard the breathing signs (' '), for the time being, but they should become accustomed to placing the sign (')or(~) -as the case may be - over the* <u>*vowel*</u> *of the stressed syllable of a word.*

	CAPITAL	SMALL	MEANING
1.	MA	μά	but
2.	TI	τί	what
3.	TO	τό	the (n.)
4.	MATI	μάτι	eye
5.	TO MATI	τό μάτι	the eye
6.	TA MATIA	τά μάτια	the eyes
7.	ME	μέ	with
8.	MIA	μία	one (f.)
9.	ENA	ἔνα	one (n.)
10.	MONO	μόνο	only
11.	MONOTONO	μονότονο	monotonous
12.	ONOMA	ὄνομα	name
13.	ANNA	˝Αννα	Anne

Y = ee	υ = ee
H = ee	η = ee

	CAPITAL	SMALL	MEANING
14.	H	ἡ	the (f.)
15.	MH	μή	don't
16.	MHTE	μήτε	neither
17.	MYTH	μύτη	nose
18.	H MYTH	ἡ μύτη	the nose
19.	NYKTA	νύκτα	night
20.	H NYKTA	ἡ νύκτα	the night
21.	MIA NYKTΛ	μία νύκτα	one night
22.	HTAN	ἦταν	he,she,it was they were

Λ = l	λ = l
Δ = dh	δ = dh

	CAPITAL	SMALL	MEANING
23.	ΔYO	δύο	two
24.	OΛA	ὄλα	all
25.	EΛA	ἔλα	come
26.	AΛΛA	ἄλλα	other
27.	AΛΛA	ἀλλά	but
28.	EΛΛAΔA	Ελλάδα	Greece
29.	ΛAΔI	λάδι	oil
30.	ΔEΛTA	δέλτα	delta

Ω = o	ω = o

	CAPITAL	SMALL	MEANING
31.	EΔΩ	ἐδῶ	here
32.	MIΛΩ	μιλῶ	I speak
33.	ΔINΩ	δίνω	I give

	CAPITAL	SMALL	MEANING
	AI = e (tell)	αι	
	EI = ee(feet)	ει	
34.	NAI	ναί	yes
35.	KAI	καί	and
36.	EKEI	ἐκεῖ	there
37.	KANΩ	κάνω	I do
38.	KANEI	κάνει	he,she, it does
39.	EINAI	εἶναι	he,she it is, they are
40.	EIMAI	εἶμαι	I am

Θ = th(think)	ϑ = th
P = R	ρ = r

	CAPITAL	SMALL	MEANING
41.	ΘEA	ϑέα	view
42.	H ΘEA	ἡ ϑέα	the "
43.	H ΘEA	ἡ ϑεά	"goddess
44.	H ΘEIA	ἡ ϑεία	" aunt
45.	ΘEΩPIA	ϑεωρία	theory
46.	ΘEATPO	ϑέατρο	theatre
47.	ΘEΛΩ	ϑέλω	I want
48.	ΘEPMO	ϑερμό	warm
49.	ΘEPMOMETPO	ϑερμόμετρο thermometer	

OY = oo	ου = oo
OI = ee	οι = ee

	CAPITAL	SMALL	MEANING
50.	AKOY	ἄκου	listen
51.	AKOYΩ	ἀκούω	I "
52.	MOYΣIKH	μουσική	music
53.	KOYTI	κουτί	box
54.	KOITA	κοίτα	look
55.	KOIMAMAI	κοιμᾶμαι	I sleep
56.	OΛOI	ὄλοι	all
57.	OMOIOI	ὄμοιοι	similar
58.	OI	οἱ	the
59.	MYΘOI	μύϑοι	myths
60.	OI MYΘOI	οἱ μύϑοι	the "

14. PRACTICE IN READING & WRITING - CAPITAL & SMALL LETTERS

CAPITAL	SOUND	SMALL	MEANING

```
AI = αι = e      K = κ = k
E  = ε  = e      B = β = v
EI = ει = i      Σ = σ,ς = s
```

	CAPITAL	SOUND	SMALL	MEANING
1	ΒΙΑ	(vía)	βία	hurry
2	ΕΒΙΒΑ	(evíva)	έβίβα	cheers
3	ΚΟΒΕ	(cóve)	κόβε	cut
4	ΚΟΒΕΤΕ	(cóvete)	κόβετε	cut (pl.)
5	ΒΙΟΣ	(víos)	βίος	life
6	ΣΤΑ	(stá)	στά	to the
7	ΒΑΣΤΑ	(vásta)	βάστα	hold
8	ΒΙΑΣΤΙΚΑ	(viasticá)	βιαστικός	hurried
9	ΒΙΑΣΤΙΚΟΣ	(viasticós)	βιαστικά	hurriedly
10	ΒΕΒΑΙΑ	(vévea)	βέβαια	of course
11	ΚΑΙ	(ké)	καί	and
12	ΕΚΕΙ	(ekí)	έκεῖ	there

```
OY = ου = oo     N = ν = n
Ω  = ω  = o      Λ = λ = l
```

	CAPITAL	SOUND	SMALL	MEANING
13	ΝΑ	(ná)	νά	here
14	ΝΑΤΑ	(náta)	νάτα	here they are
15	ΝΑΤΟ	(náto)	νάτο	here it is
16	ΝΙΑΤΑ	(niáta)	νιάτα	youth
17	ΝΑΙ	(né)	ναί	yes
18	ΕΙΝΑΙ	(íne)	εῖναι	it is
19	ΕΝΑ	(éna)	ἔνα	one
20	ΛΕΝΑ	(léna)	Λένα	Lena
21	ΛΕΝΕ	(léne)	λένε	they say
22	ΛΕΩ	(léo)	λέω	I say
23	ΕΛΑ	(éla)	ἔλα	come
24	ΟΛΟ	(ólo)	ὄλο	all
25	ΟΛΑ	(óla)	ὄλα	all
26	ΑΛΛΟ	(álo)	ἄλλο	other
27	ΑΛΛΑ	(ála)	ἄλλα	other
28	ΚΑΛΑ	(kalá)	καλά	well
29	ΚΑΝΕΛΛΑ	(kanéla)	κανέλλα	cinnamon
30	ΚΑΝΕΝΑΣ	(kanénas)	κανένας	no one
31	ΚΑΝΕΙΣ	(kanís)	κανείς	no one
32	ΚΑΝΕΙΣ	(kánis)	κάνεις	you do
33	ΚΑΝΩ	(káno)	κάνω	I do
34	ΚΟΥΝΩ	(koonó)	κουνῶ	I rock
35	ΚΟΥΝΙΑ	(koónia)	κούνια	cradle
36	ΚΟΥΔΟΥΝΙΑ	koodhoó-	κουδούνια	bells
37	ΑΚΟΥΩ	(akoó) -nia	ἀκούω	I listen
38	ΑΚΟΥΣΕ	(ákoose)	ἄκουσε	listen
39	ΚΛΕΙΝΩ	(klíno)	κλείνω	I close
40	ΚΛΕΙΣΕ	(klíse)	κλεῖσε	close
41	ΚΛΕΙΝΕΙΣ	(klínis)	κλείνεις	you close

S M A L L

	SMALL	MEANING
42	τί;	what ?
43	κάτι	something
44	κάτω	down
45	κάνω	I do
46	καλά	well
47	καλό	good
48	καλῶ	I invite
49	κιλό	kilo
50	κενό	empty
51	κουτό	silly
52	κουτί	box
53	σκάλα	stairs
54	Ἀλάσκα	Alaska
55	Ἀλέκος	Alec
56	Βαλκάνια	Balkans
57	Ὀττάβα	Ottawa
58	Βατικανό	Vatican
59	Βίβλος	Bible
60	βιβλίο	book

SHORT SENTENCES

61	τί λές;	what do you say?
62	τί κάνεις;	what are you doing?
63	τί κάνετε;	what are you doing?
64	τί λέτε;	what do you say?
65	βάλε κάτι	put something on
66	εῖναι έκεῖ	it is there
67	τό βιβλίο σου	your book
68	τό βιβλίο σου εῖναι έκεῖ	your book is there
69	κλεῖσε τό βιβλίο σου	close your book
70	κλεῖσε τό κουτί	close the box

15. PRACTICE IN READING & WRITING - CAPITAL & SMALL LETTERS

CAPITAL	SOUND	SMALL	MEANING

Γ = γ = y, gh   Π = π = p
ΓΓ = γγ = g   Ρ = ρ = r
Χ = χ = hi, h   Υ = υ = i

#	CAPITAL	SOUND	SMALL	MEANING
1	ΓΙΑ	(yá)	γιά	for
2	ΓΙΑΤΙ;	(yatí?)	γιατί;	why?
3	ΓΕΛΩ	(yeló)	γελῶ	I laugh
4	ΓΕΛΙΟ	(yélio)	γέλιο	laughter
5	ΓΕΡΟΣ	(yéros)	γέρος	old
6	ΓΡΙΑ	(ghriá)	γριά	old
7	ΓΑΤΑ	(gháta)	γάτα	cat
8	ΓΑΛΑ	(ghála)	γάλα	milk
9	ΓΑΛΑΤΑΣ	(ghalatás)	γαλατάς	milkman
10	ΓΑΛΛΙΑ	(ghalía)	Γαλλία	France
11	ΑΓΓΛΙΑ	(anglía)	Ἀγγλία	England
12	ΑΓΓΛΟΣ	(ánglos)	Ἄγγλος	Englishman
13	ΕΓΓΟΝΟΣ	(éngonos)	ἔγγονος	grandchild
14	ΓΟΝΕΑΣ	(ghonéas)	γονέας	parent
15	ΓΟΝΕΙΣ	(ghonis)	γονεῖς	parents
16	ΕΓΩ	(eghó)	ἐγώ	I
17	ΕΧΩ	(ého)	ἔχω	I have
18	ΧΩΡΑ	(hóra)	χώρα	country
19	ΧΟΡΟΣ	(horós)	χορός	dance
20	ΧΙΟΝΙ	(hióni)	χιόνι	snow
21	ΝΥΧΙ	(nýhi)	νύχι	fingernail
22	ΧΑΡΑ	(hará)	χαρά	joy
23	ΧΑΙΡΩ	(hiéro	χαίρω	I enjoy
24	ΧΕΡΙ	(hiéri)	χέρι	hand
25	ΧΑΝΩ	(háno)	χάνω	I lose
26	ΠΑΝΩ	(páno)	πάνω	up
27	ΠΙΑΝΩ	(piáno)	πιάνω	I hold
28	ΠΙΝΩ	(píno)	πίνω	I drink
29	ΠΙΣΩ	(píso)	πίσω	back
30	ΠΑΩ	(páo)	πάω	I go
31	ΠΑΣ	(pás)	πᾶς	you go
32	ΣΠΑΩ	(spáo)	σπάω	I break
33	ΣΠΙΤΙ	(spiti)	σπίτι	house
34	ΣΤΟ ΣΠΙΤΙ	(stó ")	στό σπίτι	home
35	ΠΟΥ;	(poó?)	ποῦ;	where?
36	ΚΑΠΟΥ	(cápoo)	κάπου	somewhere
37	ΠΩΣ;	(pós?)	πῶς;	how?
38	ΚΑΠΩΣ	(cápos)	κάπως	somehow
39	ΠΟΤΕ;	(póte?)	πότε ;	when?
40	ΤΟΤΕ	(tóte)	τότε	then
41	ΠΟΤΕ	(poté)	ποτέ	never
42	ΚΑΠΟΤΕ	(cápote)	κάποτε	sometime
43	ΠΟΣΟ;	(pósso?)	πόσο ;	how much?
44	ΠΟΛΥ	(polý)	πολύ	very

S M A L L

#	SMALL	MEANING
45	ὥρα	hour, time
46	τί ὥρα ;	what time?
47	τώρα	now
48	τρώω	I eat
49	τρῶς	you eat
50	τρῶτε	you eat
51	ὡραῖα	beautifully
52	ὡραῖος	handsome
53	βρές	find
54	βρίσκω	I find
55	βρίσκεις	you find
56	γιατρός	doctor
57	πρωί	morning
58	πρῶτος	first
59	Ρωσία	Russia
60	Πρωσία	Prussia
61	πρέπει	must
62	σιγά	slowly

SHORT SENTENCES

#		
63	πότε πᾶς σπίτι;	when do you go home?
64	τί ὥρα τρῶτε;	at what time do you eat?
65	ποῦ εἶναι ὁ γιατρός;	where is the doctor?
66	πόσο κάνει;	how much is it?
67	τί πίνεις ;	what are you drinking?
68	ποῦ πᾶς ;	where are you going?
69	εἶναι καλά;	is he(she,it)well?
70	πολύ καλά	very well
71	πρέπει νά πάω	I must go
72	πᾶς σπίτι;	are you going home?
73	ναί	yes

16. PRACTICE IN READING & WRITING - CAPITAL & SMALL LETTERS

CAPITAL	SOUND	SMALL	MEANING	CAPITAL	SOUND	SMALL	MEANING

Δ = δ = *the*	H = η = *i*
Z = ζ = *z*	Ξ = ξ = *ks*

	CAPITAL	SOUND	SMALL	MEANING
1	ΕΔΩ	*(edhó)*	ἐδῶ	*here*
2	ΔΙΝΩ	*(dhíno)*	δίνω	*I give*
3	ΔΩΣΕ	*(dhóse)*	δῶσε	*give*
4	ΔΕΚΑ	*(dhéka)*	δέκα	*ten*
5	ΔΩΔΕΚΑ	*(dhódheca)*	δώδεκα	*twelve*
6	ΔΩΡΑ	*(dhóra)*	δῶρα	*gifts*
7	ΖΩ	*(zó)*	ζῶ	*I live*
8	ΖΩΟ	*(zóo)*	ζῶο	*animal*
9	ΖΩΗ	*(zoí)*	ζωή	*life*
10	ΖΗΤΩ	*(zíto)*	ζήτω	*long live*
11	ΖΗΤΩ	*(zitó)*	ζητῶ	*I seek*
12	ΖΩΝΗ	*(zóni)*	ζώνη	*belt*
13	ΠΑΙΖΩ	*(pézo)*	παίζω	*I play*
14	ΠΑΙΖΕ	*(péze)*	παῖζε	*play*
15	ΠΑΙΞΕ	*(pékse)*	παῖξε	*play*
16	ΞΕΝΟ	*(kséno)*	ξένο	*strange*
17	ΞΕΡΩ	*(kséro)*	ξέρω	*I know*
18	ΞΕΡΟ	*(kseró)*	ξερό	*dry*
19	ΞΕΝΗ	*(kséni)*	ξένη	*strange*
20	ΞΕΡΗ	*(kserí)*	ξερή	*dry*
21	ΞΕΡΕΙ	*(kséri)*	ξέρει	*knows*
22	ΧΕΡΙ	*(hiéri)*	χέρι	*hand*
23	ΤΑΞΙ	*(taksí)*	ταξί	*taxi*
24	ΤΑΞΗ	*(táksi)*	τάξη	*class*

AY = αυ = *af,av*	Φ = φ = *f*
EY = ευ = *ef,ev*	Θ = ϑ = *th*

	CAPITAL	SOUND	SMALL	MEANING
25	ΑΥΤΟ	*(aftó)*	αὐτό	*this*
26	ΑΥΓΟ	*(avgó)*	αὐγό	*egg*
27	ΑΥΤΙ	*(aftí)*	αὐτί	*ear*
28	ΑΥΤΗ	*(aftí)*	αὐτή	*she*
29	ΑΥΓΗ	*(avyí)*	αὐγή	*dawn*
30	ΑΥΛΗ	*(avlí)*	αὐλή	*yard*
31	ΕΥΧΗ	*(efhí)*	εὐχή	*wish*
32	ΝΕΥΡΟ	*(névro)*	νεῦρο	*nerve*
33	ΦΕΥΓΩ	*(févgho)*	φεύγω	*I leave*
34	ΦΕΡΝΩ	*(férno)*	φέρνω	*I bring*
35	ΑΔΕΛΦΟΣ	*(adhelfós)*	ἀδελφός	*brother*
36	ΘΑΥΜΑ	*(tháyma)*	ϑαῦμα	*miracle*
37	ΑΘΗΝΑ	*(Athína)*	Ἀθήνα	*Athens*
38	ΘΕΛΩ	*(thélo)*	ϑέλω	*I want*
39	ΘΡΕΦΩ	*(thréfo)*	ϑρέφω	*I feed*

OI = οι = *i*	ΜΠ = μπ = *b*
M = μ = *m*	Ψ = ψ = *ps*

	CAPITAL	SOUND	SMALL	MEANING
40	ΚΟΙΤΑ	*(kíta)*	κοίτα	*look*
41	ΑΥΤΟΙ	*(aftí)*	αὐτοί	*they*
42	ΜΙΚΡΟΙ	*(mikrí)*	μικροί	*small*
43	ΜΕΓΑΛΟΙ	*(megháli)*	μεγάλοι	*big*
44	ΠΟΛΛΟΙ	*(polí)*	πολλοί	*many*
45	ΔΕΛΦΟΙ	*(dhelfí)*	Δελφοί	*Delphi*
46	ΜΕΡΑ	*(méra)*	μέρα	*day*
47	ΜΟΝΟΙ	*(móni)*	μόνοι	*alone*
48	ΜΑΤΙ	*(máti)*	μάτι	*eye*
49	ΜΕΣΑ	*(méssa)*	μέσα	*in*
50	ΜΠΕΣ	*(bés)*	μπές	*go in*
51	ΕΜΠΑ	*(éba)*	ἔμπα	*go in*
52	ΜΠΥΡΑ	*(býra)*	μπύρα	*beer*
53	ΜΠΟΡΩ	*(boró)*	μπορῶ	*I can*
54	ΨΩΜΙ	*(psomí)*	ψωμί	*bread*
55	ΚΟΨΕ	*(kópse)*	κόψε	*cut*
56	ΓΡΑΨΕ	*(grápse)*	γράψε	*write*
57	ΨΕΜΑ	*(pséma)*	ψέμα	*a lie*

SHORT SENTENCES

58	κόψε ψωμί	*cut some bread*
59	εἶναι ξερό	*it is dry*
60	τί εἶναι αὐτό;	*what is this?*
61	πές κάτι	*say something*
62	δέν ξέρω τί	*I don't know what*
63	δῶσε μου	*give me*
64	τό χέρι σου	*your hand*

SYLLABLES - ACCENTUATION

1.   A Greek word contains as many syllables as it has separate vowels or <diphthongs>. The syllable which bears the stress is marked with an accent over the vowel (or the diphthong) of that syllable. E.g.

τί;	κάτι,	τότε,	τώρα,	ποτέ,	καί,	καλημέρα	κλείνω
what?	something	then	now	never	and	good morning	I close

2.   *Notice that, in the case of a diphthong, the accent is placed over the second vowel of that diphthong.*

3.   If a word begins with a vowel, a breathing sign should be placed over that vowel. If a word begins with a diphthong, the breathing sign should be placed over the second vowel of that diphthong. E.g.

ἐγώ,	ἰδέα,	αὐτός,	οὐρανός,	ἀλλά,	Ἠλίας,	Ἀντώνης
I	idea	he	sky	but	Elias	Anthony

4.   When the initial vowel or the initial diphthong bears the stress, the accent should be placed over that vowel or diphthong to the right of the breathing sign. E.g.

ἔχω,	ἴδιος,	αὔριο,	οὔτε,	ἄλλος,	ἤδη	Ἄννα
I have	same	tomorrow	neither	other	already	Anne

5.   The accent (´) is called <u>acute accent</u>, and the breathing sign (᾿) <u>smooth breathing.</u>

6.   A limited number of words take a different kind of breathing sign, (῾) called a <u>rough breathing</u>. A list of these words appears on pp. 224-225. At this stage, it is sufficient to remember the use of a rough breathing in the following instances:

i.	On all words beginning with an υ: ὕπνος *(sleep)*, ὕστερα *(after)*.
ii.	On the articles ὀ, ἡ, οἱ *(the)*, and on the noun ὥρα *(hour)*.
iii.	On the numerals ἕνα *(one)*, ἕξι *(six)*, ἑπτά *(seven)*, ἑκατό *(one hundred)* and on their derivatives.

7.   In some instances, the acute accent turns into a circumflex (˜)

χώρα *(country)*	ναύτης *(sailor)*	φωνή *(voice)*	ἀγαπάω *(I love)*
χῶρες *(countries)*	ναῦτες *(sailors)*	φωνῆς *(of the voice)*	ἀγαπῶ *(" ")*

8.   The pronunciation of a word is not altered by the use of breathing signs or by the change of an acute into a circumflex accent.

9.   *There is a third accent, the grave (`), which, today, has fallen out of use. All these signs were invented by grammarians in the third century B.C., in order to avoid misunderstandings, in editions of poetical works. At that time, the Attic dialect had prevailed over other Greek dialects but poetical works were usually written in these other dialects. In these, the accentuation of many words differed from that which these words had in the Attic dialect. Gradually, as Greek was extended amongst foreign peoples, the use of these*

signs spread to texts other than poetry and finally, in the seventh century A.D., these signs were widely adopted and, ever since that time, have formed an integral part of a Greek word. See par. 10, below.

Originally, the accents served to indicate the musical tone of a syllable : the acute (´) a rising, the grave (`) a falling, and the circumflex (~) a rising and a falling tone. The various syllables of a word were distinguished by two elements which did not always coincide : the stress of voice and the musical tone or pitch of voice - the latter being combined with prosody, in general, and with poetry, in particular. With the gradual disappearance of prosody, in the spoken language, pitch of voice was replaced by stress of voice - the long and short syllables of ancient prosody were replaced by stressed and unstressed syllables, the stressed being pronounced as if they were long syllables and the unstressed, as if they were short. The predominance of stress over pitch began to become apparent during the first centuries of the Christian era but traces of it were already present as early as the third century B.C.

Similarly, the two breathing signs (‘ & ’) were used to indicate the presence or absence of an aspirated sound. In its very early phase, the Greek alphabet used the symbol Η in order to indicate aspirated sounds. Very early, however, these sounds ceased to be pronounced and as a consequence the symbol Η underwent the following changes : from 402 B.C., instead of being used, as before, to indicate aspirants, it was used to indicate the long ē for which there was no special symbol : then, a half Η, Ⱶ, was used to indicate a rough breathing, and later, when a signal was needed to indicate a smooth breathing as well, the other half of Η, ⱶ, was used for this purpose. These two halves evolved into L and ˥, and then, with the appearance of small writing, they evolved into (‘) and (’), respectively.

Even though their use has ceased to be a source of embarrassment, today, these signals seem redundant to some and burdensome to many. While their immediate usefulness cannot be argued convincingly, specialist students will do well to learn how to use them because, althgouh breathings & accents are gradually disappearing, they have been used in writing, for more than one thousand years.

10. The use of the accents (´ ~) is determined solely by the rules of accentuation established for ancient Greek during the 3rd century B.C. These rules have been based on the distinction between long and short vowel-sounds, and have been maintained ever since, even though the distinction between long and short vowels has long disappeared in the spoken language. The equalization of the vowels has led to the adoption, in 1982, of a monotonic system of accentuation, *see rules on p.239.* Students may use either system, but the specialist student is advised to become familiar with the use of both.

11. 'LONG' AND 'SHORT' VOWELS & DIPHTHONGS Both vowels and diphthongs are divided into 'long' and 'short' as follows:

> i. Save for two exceptions, all <u>diphthongs</u> are 'long'. The exceptions are αι and οι and these two are 'short' only when they occur at the end of a word. In any other position they are 'long'.
>
> ii. Of the seven <u>vowels</u>, two, ε and ο, are always 'short': two, η and ω, are always 'long' and three, α, ι, υ, are 'short' in some syllables and 'long' in others, whence their name of 'dual' or 'common' vowels. All three common vowels are 'short' when they are used in the second to last syllable. *For the nature of 'common' vowels, when they are used in the last syllable, see p.15, para.16, and paras.20 and 21.*

iii.   TABLE OF LONG AND SHORT VOWELS AND < DIPHTHONGS >

LONG	All diphthongs	except αι, οι, at the end of a word
	η ω	a l w a y s
SHORT	ε ο	a l w a y s
	α, ι, υ	in the second to last syllable
	αι οι	only at the end of a word

iv.   THE < DIPHTHONGS > are αι, ει, οι, υι, αυ, ευ, ου, ηυ.

12.   NO ACCENT. Notice that the articles ὁ, ἡ, οἱ bear no accent.

13.   MAIN RULES OF ACCENTUATION.   *Those of the MONOTONIC system appear on
p.239*

I.   Greek words bear one stress only and they never bear this stress be-
fore the third to last syllable, e.g.   κα-τά-λα-βα
                                         (I understood)

*NOTE. In the examples given below, numbers 3 & 2 indicate the third
to last, and the second to last, syllables, respectively, and number
1 indicates the last syllable of a word, also called the ending.*

II.   When a 'short' syllable is accented, the only accent it may take is
the acute :   κόσμος *(world),* καλημέρα *(good morning).*

III.   When a third to last syllable is accented, the only accent it may
take is the acute, regardless of whether that syllable is 'long' or
'short' :   ἀ-κού-σα-με *(we heard),*   φώ-να-ξα *(I called),*
           3 2 1   3 2 1
ὄ-μορ-φος *(beautiful),*   ἔ-ξυ-πνος *(intelligent).*
3 2 1   3 2 1

IV.   When a second to last syllable is accented, if it is a 'short' syl-
lable, it takes an acute *(see II, above).* If it is 'long', however,
it takes an acute only if the last syllable is also 'long', but if
the last syllable is 'short', then the second to last, must take a
circumflex :   ἀ-κού-ω *(I hear),* but ἀ-κοῦ-με *(we hear)*
              3 2 1   3 2 1
πρώ-τη *(first, fem.)* but πρῶ-τος *(first, masc.).*
2 1   2 1

V.   * When a last syllable is accented, it takes an acute if it is a
'short' syllable, *(see II, above).* If it is 'long', however, its accen-
tuation depends on the category of variable or invariable words to
which that specific word belongs and on the function which it
performs, as follows :
                                         * *See note, p.15.*

i.   INVARIABLE WORDS. With some exceptions, the accented last syllable
of conjunctions and adverbs takes a circumflex when it is 'long':
ἐνῶ, ἀφοῦ, ἐδῶ, ἐκεῖ, ποῦ; παντοῦ,   πῶς;   ἀκριβῶς
while, since, here, there, where? everywhere, how?   exactly

ii. _EXCEPTIONS_ καθώς(*as*) ὀκτώ ἰδού (*here is*)
πώς (*that*) *eight* μή(ν) (*don't*)
πού (*who,which*) εἰδεμή (*or else*)

iii. VARIABLE WORDS. A. In the following instances, an <u>accented</u>
last syllable takes a circumflex when it is 'long':

(a) in verbs, e.g. μπορῶ, μπορεῖς, μποροῦν, θά δῶ, ἀγαπῶ
I, you, they can, I shall see, I love.

(b) in the genitive case (both singular and plural) of articles &
nouns, adjectives and pronouns, e.g. αὐτοῦ τοῦ μικροῦ παιδιοῦ,
αὐτῶν τῶν μικρῶν παιδιῶν. *of this small child*
of these small children.

(c) in the following forms of the personal pronouns: ἐμεῖς, ἐσεῖς,
μᾶς(*to us*), σᾶς (*to you*). *we you*

(d) in the following monosyllables: τρεῖς, φῶς, γῆ, πᾶν, πῦρ,
νοῦς, πλοῦς, ροῦς, δρῦς. *three, light, earth, whole, fire,*
mind, sailing, stream, oak tree.

iv. VARIABLE WORDS. B. With some exceptions, the accented last syllable
takes an acute when it is 'long', in the nominative and accusative
cases, singular and plural, of articles and nouns, adjectives and
pronouns, e.g. ἐγώ (*I*), αὐτούς (*them*), καλή φωνή (*good voice*).

14. A circumflex is used on the accented endings -ᾶ, -ῆς of ancient
Greek proper nouns, e.g. Ἀθηνᾶ, Ἑρμῆς, on -ᾶς of Greek family names, e.g.
Μεταξᾶς, Παλαμᾶς, and on the plural ending -εῖς, e.g. γονεῖς, συγγενεῖς.

15. NOTE. At the initial stage, students should concentrate on the
first four rules given on p.14, and on the main rules concerning 'common'
vowels, in para.16, below. The rules governing the accentuation of the 'long'
ending of variable words will be dealt with in the appropriate place.

16. <u>NATURE OF 'COMMON VOWELS.</u> In the second to last syllable, the
three common vowels are 'short'. In the last syllable, α is 'long' (a) in
masculine and feminine nouns, e.g. ὁ χειμώνας, ἡ ὥρα, and (b), in the
imperative, e.g. ρῶτα, κοίτα, and 'short' elsewhere; amd ι is 'long' in
neuter nouns, e.g. τραγούδι, ποτήρι. *See paras.20 & 21, p.18.*

17. <u>PLACE OF ACCENTS AND BREATHINGS.</u> Notice that:
(a) When a word begins with a capital letter it receives the breathing sign
on the left of that letter. E.g. Ἰδέα, Ἀλέκος. If the initial capital letter
bears the stress, the accent also goes on the left of the capital letter as
follows : Ἄννα. Ὅταν. Ἦταν. Ὧρες. (*A circumflex coupled with a breathing*
always stands over that breathing). (b) If the initial syllable is a diph-
thong, only the first letter is capitalized and the breathing remains on the
second letter, e.g. Αὐτός, Εὐρώπη. If the initial diphthong is stressed, the
accent also remains on the second vowel, e.g. Αὔριο, Εὖγε. (c) When a vowel

does not form a diphthong with the preceding vowel, it is marked with a double dot (¨) if the preceding vowel is unstressed, e.g. φαΐ *(food)*, μαϊντανός *(parsley)*. If the first vowel is stressed, e.g. Μάιος, Κάιρο, άυπνος *(sleepless)*, the dots are not needed. The accent or the breathing on the first vowel sufficiently indicate that the two vowels are to be pronounced separately: αϋπνία.

18.   TABLE OF THE USE OF THE ACUTE

A A STRESSED SYLLABLE REQUIRES AN ACUTE :	
*If it has a 'short'vowel ε or ο, (regardless of the position of the stressed syllable in a word) νέο, νερό, όχι, έχω, κόσμος.	If it is a <u>third to last</u> syllable, (regardless of the quantity of the vowel) κατάλαβα, έρχομαι, αύριο, άνθρωπος, τρώγαμε. ($\frac{\acute{}}{3}\frac{}{2}\frac{}{1}$).

B WHEN IT IS SECOND TO LAST, A STRESSED SYLLABLE REQUIRES AN ACUTE*:	
If it has a 'dual'vowel α, ι or υ. κάνω, πίσω, ύπνος, πάω, πίνω, μία, κρύο, βρύση, δράμα. ($\frac{}{3}\frac{\acute{}}{dual}\frac{}{1}$)	If both it and the last syllable are 'long', e.g. θήκη, ψήνω, τρώω, τρώει, παίζουν, ακούω.($\frac{}{3}\frac{\acute{}}{long}\frac{}{long}$)
If it is a 'long' syllable and it is followed by the endings -α/-ας of masculine and feminine nouns, e.g. χειμώνας, ώρα, ώρας, γλώσσα, γυναίκα, or of feminine adjectives, e.g. ωραία, ωραίας. *But see p.151,notes III-IV.*	If it is a 'long' syllable of an active participle, e.g. μιλώντας, ρωτώντας, παρακαλώντας, or that of a neuter noun ending in -ι, e.g. ποτήρι, καλοκαίρι, λουλούδι.
	If it is the 'long' syllable of a verb whose imperative ends in -α, e.g. κοίτα, ρώτα, φεύγα.

C WHEN A STRESSED SYLLABLE IS THE LAST SYLLABLE, IT REQUIRES AN ACUTE*:	
If it is a 'long' syllable of nouns and adjectives used in any case other than the genitive, e.g. καλή φωνή, μικρή χαρά, παππούς, μαθητής, πολλούς, ψαράς.	In the following pronouns and articles: εγώ, εσύ, τήν, τίς, τά, τούς.
Exceptionally, in a small number of those invariable words which end in a 'long'syllable:- καθώς, είδεμή, οκτώ, ιδού, μή, πού, πώς.	In invariable words, if it has a 'dual'vowel α,ι or υ. καλά, γιά, γιατί, μεταξύ.

NOTE The combinations ια, ιε, ιο, ιου, εια, οια, οιοι, ιων, *etc., are often pronounced as one syllable:* καρδιά, πιές, πιό, παιδιοῦ, άδεια, ποιά; ποιοί; παιδιῶν. *In such cases, the pronunciation of the sound* 'ι' *is affected as follows: After the consonants or combinations of consonants* β, γ, δ, ρ, μπ, ντ, *the sound* 'ι'*becomes a soft* γ : βιάζομαι, αδειάζω, χωριάτης, παιδιῶν, *etc. After the consonants* π, θ, τ, φ, σ, *the sound* 'ι' *becomes a soft* χ : πιάνω, ποιός, αὐτιοῦ, ίσια, *etc. After* μ *the sound* 'ι'*is pronounced like the French* 'gn' : μιά.

19.   TABLE OF THE USE OF THE CIRCUMFLEX

A **NOTE**	A circumflex should never be used for the accentuation (1) of a short syllable (2) of a third to last syllable.

B WHEN IT IS SECOND TO LAST, A STRESSED SYLLABLE REQUIRES A CIRCUMFLEX :

If it is 'long', while the last syllable is 'short', e.g. κῆπος, ὧρες, πρῶτος, ἀκοῦμε. ($\overline{\dfrac{-}{3\ long}}\ \overline{short}$)

If it is a 'long' syllable of verbs in the past tense, and it is followed by the ending -α, e.g. μιλοῦσα, εἶπα, ἦταν.

If it is a 'long' syllable of adverbs and of neuter nouns & adjectives, and it is followed by an -α, e.g. (i) adv. ὡραῖα, τελευταῖα, (ii) neut. nouns βῆμα, χρῶμα, νεῦρα, (iii) neut.adj. ὡραῖα, τελευταῖα, ἀστεῖα, γελοῖα, etc.

C WHEN THE STRESSED SYLLABLE IS THE LAST SYLLABLE, IT REQUIRES A CIRCUMFLEX

If it is a verb-ending other than -ες, e.g. μιλῶ, ἀγαπᾶς, ρωτᾶ, μπορεῖς, θεωρεῖ, μιλοῦν, θά πιῶ. *BUT:*-πιές, δές, βρές.

If it is a 'long' syllable of adverbs and conjunctions, e.g. ἐδῶ, ἐκεῖ, ποῦ; παντοῦ, πῶς; ἀκριβῶς.

If it is a 'long' syllable of nouns, pronouns, articles and adjectives used in the genitive case, e.g. αὐτοῦ τοῦ μικροῦ παιδιοῦ, τοῦ φαρᾶ, αὐτῶν τῶν μικρῶν παιδιῶν, τοῦ παππού.

In the pronouns ἐμεῖς, ἐσεῖς, ἐμᾶς ἐσᾶς, in the numerals εἶς, τρεῖς, and in the one-syllable nouns: γῆ, φῶς, νοῦς, πᾶν, δρῦς, πῦρ, ροῦς, πλοῦς.

D SOME SPECIAL CASES IN WHICH THE STRESSED SYLLABLE REQUIRES A CIRCUMFLEX :

In the following endings of verbs:
  -ᾶμαι   -ᾶσαι   -ᾶται   -ᾶστε
λυπᾶμαι, λυπᾶσαι, λυπᾶται, λυπᾶστε, and -ᾶμε -ᾶτε -ᾶνε, e.g. πᾶμε, πᾶτε, πᾶνε.

In the accented endings -ᾶ,-ῆς/-ῆ of a number of ancient Greek proper nouns, e.g. ἡ Ἀθηνᾶ / τήν Ἀθηνᾶ ὁ Ἑρμῆς / τόν Ἑρμῆ.

In the plural ending -εῖς of some nouns & adjectives, e.g. γονεῖς, ἀφελεῖς, etc.

In the accented ending -ας of family names, e.g. Μεταξᾶς, Παλαμᾶς, Θεοτοκᾶς, etc. *BUT* Πειραιάς, Καναδάς, etc.

NOTE. In traditional modern Greek, the ending -η of adjectives in -ής, -ής, -ές requires a circumflex: τόν ἀφελῆ, τά ἀφελῆ, τήν διεθνῆ, τά διεθνῆ, etc. This practice has fallen out of use and this ending is now stressed with an acute: τόν ἀφελή, τά ἀφελή, etc., in all instances except in the genitive singular: τοῦ ἀφελῆ≃(-οῦς), τοῦ διεθνῆ≃(-οῦς). See pp.166,2, and 237.

20.   TABLE OF THE MOST IMPORTANT OF THE 'LONG' SYLLABLES

(1) Save two exceptions, any syllable which has any of the following vowels or diphthongs, in any position :   η ω αι οι υι ου αυ ευ ηυ. The two exceptions are: αι, οι, *when they occur at the end of a word.*

(2) The **endings** -α   -ας   of masculine & feminine nouns & adjectives in all cases *(above, para. 18, B).*

(3) The unaccented **ending** -α of verbs in the imperative mood *(above, para. 18, B̄).*

(4) The **ending** -ας of active participles *(above, para 18, B).*

(5) The unaccented **ending** -ι of neuter nouns *(above, para. 18, B).*

(6) The accented -α of the **endings** -ᾱ -ᾱς -ᾱμε -ᾱτε -ᾱνε and of the endings -ᾱμαι -ᾱσαι -ᾱται -ᾱστε *(above, para. 19, D .*

21.   TABLE OF THE MOST IMPORTANT OF THE 'SHORT' SYLLABLES

(1) Any syllable which has any of the two vowels ε ο in any position.

(2) A **second to last** syllable which has any of the three 'common' vowels α, ι, υ.

(3) A **last** syllable which has any of the two diphthongs αι οι.

(4) The unaccented **ending** -α of verbs in **the past tense.**

(5) The **ending** -α of neuter nouns and adjectives.

(6) The **endings** -α -ι -υ of invariable words *(above, para. 18, C and para. 19, B).*

22.   <u>DIVISION OF SYLLABLES</u>. There are certain rules to be observed in dividing syllables at the end of a line. (a) Single consonants, and consonants followed by μ or ν should be placed at the beginning of a syllable. E.g. Με-γά-λος, αὔ-ρι-ο, ἔ-λα, βα-θμός, ἔ-θνος, δρα-χμή, στι-γμή, στε-γνός. (b) Other combinations of consonants should be placed at the beginning of a syllable only if they may be used to begin a Greek word. *(Whether they can be so used, can be seen in a dictionary).* If they may not be so used, then they should be divided. E.g. Πέ-τρος(τρέχω), βι-βλί-ο(βλέπω), εὐ-χα-ρι-στῶ(στάση), ἄ-γρι-ος(γράφω),but, ἄλ-λος, θάρ-ρος, Σάβ-βα-το, συγ-γε-νής, *(no Greek word begins with two similar consonants ββ, γγ, δδ, etc.)*, ἀρ-χί-ζω, ἐλ-πί-δα, πόρ-τα, ἀ-δελ-φός.

23.   *Note that (a) diphthongs should not be divided, (b) the combinations μπ, γκ, ντ, should be divided only in words in which they are nazalized : ἀγ-κα-λιά, ἔν-το-μο, μουγ-κρί-ζω, νε-ράν-τζι, but ντα-ντά, μπαρ-μπούνι, ἀ-γκυ-νά-ρα, (c) three consonants should remain undivided if at least the two first of*

them may be used to begin a Greek word, otherwise they should be divided as
follows - ἄν-θρω-πος, ἐκ-δρο-μή, *but* ἀ-στρα-πή(στροφή), ἐ-χθρός(χθές).

PARTS OF SPEECH

A. <u>INVARIABLE WORDS</u>,   B. <u>VARIABLE WORDS - INFLECTION</u>.

A.1. The various parts of speech fall into two main groups, that of invariable and that of variable, words. The invariable words remain unchanged in all three of the essential component parts of a Greek word - STEM-ENDINGS-ACCENT. Four categories of words belong to this group, as follows :

i. <u>ADVERBS</u>	καλά *well*	μετά *after*	ὕστερα *after*		ἀργά *late*	τώρα *now*
	ἐδῶ *here*	ἔξω *out*	πάνω *up*	πῶς; *how?*	εὐχαρίστως *gladly*	
ii. <u>PREPOSITIONS</u>	μέ *with*	σέ *to,at,on*	γιά *for*	ἀπό *from*	πρό *before*	ὑπό *by*
iii. <u>CONJUNCTIONS</u>	καί *and*	ἤ *or*	οὔτε...οὔτε *neither...nor*		ἀλλά *but*	μά *but*
iv. <u>EXCLAMATIONS</u>	ἄ ! *ah!*	ἄχ ! *ah !*	κρίμα! *a pity*	γειά σου *hello*	ναί *yes*	ὄχι *no.*

B.1. The variable parts of speech adopt a number of modifications in their endings and or in their stem and accent. Five categories of words belong to this group, as follows:

i. <u>NOUNS</u>	πατέρας *father*	μητέρα *mother*	παιδί *child*	ἀγάπη *love*
ii. <u>ARTICLES</u>	ὁ *the(Masc.)*	ἡ *the(Fem.)*	τό *the(Neut.)*	ἕνας, μία, ἕνα *a or one(M.F.N.)*
iii. <u>PRONOUNS</u>	ἐγώ *I*	ἐσύ *you(Sing.)*	αὐτός, αὐτή, αὐτό *he, she, it, (this)*	
iv. <u>ADJECTIVES</u>	καλός *good(Masc.)*	καλή *good(Fem.)*	καλό *good(Neut.)*	
v. <u>VERBS</u>	εἶμαι *I am*	ἔχω *I have*	θέλω *I want*	μπορῶ *I can*

2. The modifications adopted by the variable parts of speech are called inflections. They serve to indicate the function of a given word in a given sentence

ὁ Νίκος εἶναι καλός μαθητής, ἐγώ δέν εἶμαι
Nikos   is   a good pupil,   I am not

ἔχετε καλούς μαθητές σ'αὐτή τήν τάξη;
do you have (any)good students in this class?

αὐτή ἡ τάξη ἔχει πολλούς καλούς μαθητές
this class has many good students

3.   There are two systems of inflection :   (i) the <u>NOMINAL</u> which includes the <u>DECLENSION</u> of nouns, articles, pronouns and adjectives, and (ii) the <u>VERBAL</u> which consists of the <u>CONJUGATION</u> of verbs. Both systems have a number of features in common, (a) the two numbers - singular and plural - and (b) in verbs and pronouns only, the three persons - first, second and third.

4.   <u>DECLENSION</u> :   it has <u>three genders</u> - masculine, feminine and neuter - and <u>three cases</u> - nominative, genitive and accusative - two features which do not appear in the verbal system except in a very limited field, that of the participle mood.

5.   <u>CONJUGATION</u> :   it has <u>two voices</u> - active and middle-passive - <u>seven moods</u> — indicative, subjunctive, conditional, optative, imperative, infinitive and participle, and <u>eight tenses</u> — present, continuous past, simple past, continuous future, simple future, present perfect, past perfect and future perfect.

6.   <u>*NOTE*</u>. *Variable words are indicated in their basic form. The basic form of nouns, articles, pronouns and adjectives is that which they have in the <u>nominative</u> case of the <u>singular</u> number. The basic form of verbs is that which they have in the <u>first person singular of the present indicative</u>.*

CHANGES IN VOWELS AND IN CONSONANTS

1.   Vowels and consonants undergo a number of modifications as a result of inflection, of compounding of words and of pronunciation :   ἀγαπάω=ἀγαπῶ, μοῦ ἀρέσει=μ'ἀρέσει, γιά αὐτό=γι'αὐτό, διά+ἔρχομαι=διέρχομαι, βλέπ-ω/βλέπ-μα= βλέμμα, γράφ-ω/γράφ-σω=γράψω, λέγω=λέω, etc.

2.   <u>VOWELS</u>. The hiatus which may be created when successive vowels appear in adjoining syllables may be avoided as follows:

(i) When successive vowels appear in one and the same word they become contracted in one 'long' vowel or diphthong which, if it bears the accent, usually takes a circumflex. This is known as <u>CONTRACTION</u>. E.g.

look	κούτα-ε	κούτα	*you look*	κοιτά-εις	(-ετε)	κοιτᾶς, κοιτᾶτε
speak	μίλα-ε	μίλα	*I,we speak*	μιλά-ω	(-ομε)	μιλῶ, μιλοῦμε
ask	ρώτα-ε	ρώτα	*he,they ask*	ρωτά-ει	(-ουν)	ρωτᾶ, ρωτοῦν

(ii) When the successive vowels appear between two words, the following changes may occur: (a) The final vowel of the first word may disappear, (with its accent, if it bears one). It is replaced by an apostrophe. This is .known as <u>ELISION</u>. It is more frequent in rapid, common speech. E.g.

Σέ ἐσένα=σ᾽ἐσένα, σέ αὐτόν=σ᾽αὐτόν, ἀπό ἄλλους=ἀπ᾽ἄλλους, τά ἄλλα=τ᾽ἄλ-
λα, θά ἀρχίσω=θ᾽ἀρχίσω, καί ἔτσι=κ᾽ἔτσι, etc.

(b) The initial vowel of the second word may disappear (with its accent, if
it bears one). In a number of instances the place of the lost vowel may not be
marked by an apostrophe. This is known as APHAERESIS or INVERSE ELISION.

θά ἔρθω=θά ᾽ρθω, νά ἤμουν=νά ᾽μουν, θά εἶχα=θά ᾽χα, ἡ ἡμέρα=ἡ μέρα=μέρα,
ἀπό ἐδῶ=ἀπό δῶ, γιά ἐκεῖ=γιά κεῖ, νά ἐρωτῶ=νά ρωτῶ=ρωτῶ

(c) Sometimes, the final vowel of the first word blends with the initial vowel
of the second word and the two form a new vowel. This is known as CRASIS. E.g.

τό ἐναντίον=τουναντίον, τό ἐλάχιστον=τουλάχιστον

3. _NOTE_ _More details on changes of vowels will be met as the study_
of the language progresses and they will be dealt with in the appropriate
place.

4. CONSONANTS When prefixes are attached to words, and endings to
stems, initial and final consonants often undergo certain modifications which
facilitate pronunciation. E. g. ἐκ+ὁδός=ἔξοδος, σύν+μαθητής=συμμαθητής, σύν
+χαίρω=συγχαίρω, ἐν+πνέω=ἐμπνέω, τρέχω...τρέχ+σω=τρέξω, κόβω...κόβ+σω=κόψω,
etc. These modifications follow a certain pattern which can easily be detec-
ted in its broad lines . It is very useful, in this respect, to keep in mind
the following classification of consonants:

	M U T E			SEMI - VOICED			
	LABIAL	PALATAL	DENTAL	NASAL	LIQUID	DOUBLE	SIBILANT
Smooth	π	κ	τ	μ	λ	ξ	ζ
Middle	β	γ	δ	ν	ρ	ψ	σ
Rough	φ	χ	θ				ς

5. Notice that the classification of consonants is based on the kind
of sound which they represent: this may be smooth, middle or rough, and it
may be labial, palatal, dental, etc., according to the effort of breathing
made, and the organ of speech used, in order to pronounce this sound.

6. Certain combinations of consonants may adopt two pronunciations,
one smooth and one rough, in one and the same word :

νύκτα   χθές   σκέπτομαι   σκέφθηκα   δένδρο   ἄσχημος
νύχτα   χτές   σκέφτομαι   σκέφτηκα   δέντρο   ἄσκημος

7. Certain consonants are assimilated by others which precede or
follow them: γράφ+μα=γράμμα, πράγμα=πράμμα, Πελοπόσ+νησος=Πελοπόννησος,
σύν+λέγω=συλλέγω.

8. CONSONANTS AT THE END OF WORDS. ν or ς are the only consonants
which may end a modern Greek word, and the only exceptions to this rule are
a number of proper nouns, and words of puristic origin. Of these two final
consonants the one, ν, is not stable. Usually, it is retained when it is fol-

lowed by an initial vowel or diphthong, especially in the words: τόν, τήν, ἕναν, δέν, μήν, σάν :   τόν ἄνθρωπο, τήν ἱστορία, ἕναν ἀδελφό, δέν ἀ-κούω, μήν ἀκοῦς, σάν ἄντρας, and it is dropped when it is followed by an initial consonant other than κ,π,τ,ξ,ψ, or by the combinations of consonants γκ, μπ,ντ,τσ,τζ. Τόν retains its ν when it is used as a relative pronoun. E.g.

(a) DROPPED OR HARDLY HEARD

  (ὁ δρόμος) τό(ν) δρόμο
      τό δρόμο

(ὁ χειμώνας) τό(ν) χειμώνα
      τό χειμώνα

δέ(ν) βλέπω, δέ θέλω, δέ φεύγω

  BUT δέν τόν βλέπω (relative pronoun)

(b) RETAINED and AFFECTING THE PRO-
NUNCIATION OF INITIAL CONSONANTS:-

(ὁ κύριος) τόν κύριο   ν κ = ng
(ὁ πατέρας)τόν πατέρα ν π = nb
(ἡ τάξη) τήν τάξη   ν τ = nd
(ὁ ξένος) ἕναν ξένο   ν ξ = ngs
(ὁ Γκρέκο) τόν Γκρέκο ν γκ= ng
δέν μπορῶ   ν μπ= nb
μή(ν) ντρέπεσαι, etc. ν ντ= nd

A.   PUNCTUATION

1.   The main signs of punctuation are the following :

the period   [.] ἡ τελεία   the question mark   [;] τό ἐρωτηματικό
the semicolon [·] ἡ ἄνω τελεία   the exclamation mark [!] τό θαυμαστικό
the comma   [,] τό κόμμα   the quotation marks [" "]τά εἰσαγωγικά
the colon   [:] ἡ διπλή τελεία the apostrophe   ['] ἡ ἀπόστροφος
the dash   [-] ἡ παύλα   parentheses   [()] ἡ παρένθεση

2.   In writing, a full stop marks the end of a <u>sentence</u>, i.e. the expression of at least one complete idea. It is always followed by a capital letter. A semicolon [·] marks the end of a <u>clause</u>, i.e. a sentence which constitutes part of a complex or compound sentence. It is followed by a small letter. The English semi-colon is the Greek question mark. E.g.

SIMPLE SENTENCES. Ὁ Γιάννης καί ὁ Κώστας εἶναι φίλοι.   Μελετοῦν.
    John and Costas are friends.   *They are studying.*

COMPOUND SENTENCES.Μιλάει γρήγορα ἀλλά τήν καταλαβαίνω.
    She speaks quickly but I understand her.

  "   "   Περίμενέ με· ἔρχομαι ἀμέσως· μέ ἄκουσες; INTERROGATIVE
    Wait for me; I am coming right away; did you hear me?

B.   CLAUSES AND PHRASES

1.   In a sentence, each idea constitutes a clause. A clause must include a subject and a verb. It is a main clause when it expresses a complete idea. It is a subordinate clause when its meaning completes that of another clause. E.g. Ὅταν δέ θέλει νά διαβάσει, χάνει τά βιβλία του *(When he doesn't want to study, he loses his books)*. In this sentence, χάνει τά βιβλία του is the main clause because it expresses a complete idea whereas ὅταν δέ θέλει and νά διαβάσει are two subordinate clauses because their meaning is dependent on that of the main clause.

2.   A phrase is composed of a group of words which do not constitute a clause, i.e. it has no subject and verb. E.g. κατά τή γνώμη μου*(in my view)*, ἡ ὡραία γλώσσα *(the beautiful language)*.

CHAPTER 1

I. A. ΔΙΑΛΟΓΟΣ

Ο ΠΕΤΡΟΣ ΚΑΙ Η ΜΑΡΙΑ[1]

ΠΕΤΡΟΣ	—	Καλημέρα[2] Μαρία.
ΜΑΡΙΑ	—	Καλημέρα Πέτρο.[3]
ΠΕΤΡΟΣ	—	Τί[4] ὥρα[5] εἶναι;[6]
ΜΑΡΙΑ	—	Δέν ξέρω[7] ἀκριβῶς.[8]
ΠΕΤΡΟΣ	—	Εἶναι ὀκτώ;[9]
ΜΑΡΙΑ	—	Εἶναι,[10] νομίζω.[11]
ΠΕΤΡΟΣ	—	Εἶναι ὡραία[12] μέρα;[13]
ΜΑΡΙΑ	—	Ναί,[14] εἶναι. Τί μέρα εἶναι σήμερα;[15]
ΠΕΤΡΟΣ	—	Εἶναι Τρίτη.[16] Ποῦ[17] εἶναι ἡ ἐφημερίδα;[18]
ΜΑΡΙΑ	—	Ποιά[19] ἐφημερίδα; ἡ χθεσινή;[20]
ΠΕΤΡΟΣ	—	Ὄχι,[21] ἡ σημερινή.[22]
ΜΑΡΙΑ	—	Δέν εἶναι[23] ἐδῶ[24] ἀκόμη.[25]
ΠΕΤΡΟΣ	—	Εἶναι ἔτοιμο[26] τό πρωινό;[27]
ΜΑΡΙΑ	—	Δέν εἶναι ἔτοιμο ἀκόμη.
ΠΕΤΡΟΣ	—	Σέ[28] πόση[29] ὥρα;
ΜΑΡΙΑ	—	Σέ λίγο,[30] σέ δέκα λεπτά.[31]....
ΠΕΤΡΟΣ	—	Εἶναι ἔτοιμος ὁ καφές;[32]
ΜΑΡΙΑ	—	Ναί, ὁ καφές εἶναι ἔτοιμος, ἔλα.[33]
ΠΕΤΡΟΣ	—	Καλά,[34] σέ λίγο.
ΜΑΡΙΑ	—	Δέν εἶσαι[35] ἔτοιμος ἀκόμη;
ΠΕΤΡΟΣ	—	Δέν εἶμαι[36] ἔτοιμος ἀκόμη. Ἐσύ;[37]
ΜΑΡΙΑ	—	Ἐγώ εἶμαι.[38] Φεύγω[39] σέ δέκα λεπτά.
ΠΕΤΡΟΣ	—	Γιατί[40] τόσο[41] νωρίς;[42]
ΜΑΡΙΑ	—	Ἀρχίζω[43] νωρίς κάθε[44] Τρίτη καί Τετάρτη.[45]
ΠΕΤΡΟΣ	—	Σωστά.[46] Ἔρχομαι[47] ἀμέσως.[48]
ΜΑΡΙΑ	—	Φεύγω, εἶναι ἀργά.[49]
ΠΕΤΡΟΣ	—	Καλά, γειά σου.[50]
ΜΑΡΙΑ	—	Γειά σου.

1.Peter and Maria 2.good morning 3.*(vocative)* 4.what? 5.time(hour) 6.is it? 7.I don't know 8.exactly

9.is it eight?

10.it is 11.I think 12.is it a nice(beautiful)....? 13.day? 14.yes 15.what day is it today?

16.it is Tuesday 17.where? 18.the newspaper?

19.which? 20. yesterday's? 21.no 22.today's

23.it is not 24.here 25.yet 26.ready 27.breakfast(is breakfast ready?)

28.in 29.how much?(in how long?) 30.in a little while 31.in ten minutes 32.is coffee ready? 33.come 34.all right

35.are you not...? 36.I am not 37.you? 38.I am

39.I am leaving 40.why? 41.so 42.early 43.I begin

44.every 45.Wednesday

46.right 47.I am coming 48.right away 49.it is late

50.good bye

B.   Η   Ο Ι Κ Ο Γ Ε Ν Ε Ι Α[1]

1.   Αὐτός[2] εἶναι ὁ Πέτρος.[3] Ὁ Πέτρος εἶναι
ἄντρας.[4] Αὐτή[5] εἶναι ἡ Μαρία.[6] Ἡ Μαρία εἶναι
γυναίκα.[7] Αὐτός εἶναι ὁ Νίκος.[8] Ὁ Νίκος εἶναι
τό[9] μεγάλο ἀγόρι.[10] Αὐτή εἶναι ἡ Σοφία. Ἡ Σο-
φία εἶναι τό μεγάλο κορίτσι.[11] Αὐτός εἶναι ὁ
Γιάννης.[12] Ὁ Γιάννης εἶναι τό μικρό ἀγόρι.[13]
Αὐτή εἶναι ἡ Ἀννούλα.[14] Ἡ Ἀννούλα εἶναι τό
μωρό.[15]

1.the family 2.this 3.(the)Peter 4.(a) man 5.this 6.(the) Maria 7.(a)woman 8.(the)Nikos 9.the 10.older boy 11.the older girl 12.(the)John 13.the small boy 14.little Anne 15.the baby

2.   Ὁ Πέτρος εἶναι ὁ πατέρας.[16] Ἡ Μαρία εἶ-
ναι ἡ μητέρα.[17] Ὁ Νίκος εἶναι ὁ μεγάλος γιός.[18]
Ἡ Σοφία εἶναι ἡ μεγάλη[19] κόρη.[20] Ὁ Γιάννης
εἶναι ὁ μικρός[21] ἀδελφός.[22] Ἡ Ἀννούλα εἶναι ἡ
μικρή[23] ἀδελφή.[24]

16.the father 17. the mother 18.the older son 19.the ol- der 20.daughter 21. the little 22. brother 23.the lit- tle 24.sister

3.   Ὁ πατέρας εἶναι δάσκαλος.[25] Ἡ μητέρα,[26]
δασκάλα,[27] ὁ μεγάλος γιός εἶναι μαθητής[28] καί ἡ
μεγάλη κόρη, μαθήτρια.[29]

25.(a)teacher 26.the mother(is) 27.(a) teacher 28.(a)pupil 29.and the older daughter,(a)pupil (f.) 30.grandfather 31.he is not very 32.old 33.he is still a young man 34.grand- mother 35.she is not very old 36.she is still a young woman 37.the house 38.it is not very old 39. it is still(a)new house

4.   Αὐτός εἶναι ὁ παππούς.[30] Δέν εἶναι πολύ[31]
γέρος.[32] Εἶναι νέος ἄνθρωπος ἀκόμη.[33] Αὐτή εἶναι
ἡ γιαγιά.[34] Δέν εἶναι πολύ γριά.[35] Εἶναι νέα γυ-
ναίκα ἀκόμη.[36] Αὐτό εἶναι τό σπίτι.[37] Δέν εἶναι
πολύ παλιό.[38] Εἶναι νέο σπίτι ἀκόμη.[39]

C.   ΕΝΑ ΜΙΚΡΟ ΠΟΙΗΜΑ[1]

         ΤΟ ΓΙΑΣΕΜΙ[2]

   Ε ἴ τ ε[3]   β ρ α δ ι ά ζ ε ι[4]
   ε ἴ τ ε[5]   φ έ γ γ ε ι[6]
   μ έ ν ε ι[7] λ ε υ κ ό[8]
   τ ό   γ ι α σ ε μ ί.   Γιῶργος Σεφέρης

       "ΗΜΕΡΟΛΟΓΙΟ ΚΑΤΑΣΤΡΩΜΑΤΟΣ Α΄"
            (Logbook I) 1940.

1.a small poem 2.the jasmine 3.whether 4. night falls 5.or 6. day breaks 7.remains 8.white(the jasmine remains white)

NOUNS

1	ὁ ἄνθρωπος	man, human being
2	ὁ ἄντρας	man, husband
3	ἡ γυναίκα	woman, wife
4	τό παιδί	child
5	τό ἀγόρι	boy
6	τό κορίτσι	girl
7	ἡ κοπέλλα	girl
8	τό μωρό	baby
9	ἡ οἰκογένεια	family
10	ὁ πατέρας	father
11	ἡ μητέρα	mother
12	ὁ γιός	son
13	ἡ κόρη	daughter
14	ὁ ἀδελφός	brother
15	ἡ ἀδελφή	sister
16	τά ἀδέλφια	brother(s) & sister(s)
17	ὁ ἐξάδελφος	cousin (m)
18	ἡ ἐξαδέλφη	cousin (f)
19	τά ἐξαδέλφια	cousins
20	ὁ παππούς	grandfather
21	ἡ γιαγιά	grandmother
22	ὁ γέρος	old man
23	ἡ γριά	old woman
24	ὁ δάσκαλος	teacher (m)
25	ἡ δασκάλα	teacher (f)
26	ὁ μαθητής	pupil (m)
27	ἡ μαθήτρια	pupil (f)
28	τό σπίτι	house, home
29	ἡ ὥρα	hour, time
30	τό λεπτό	minute
31	τό πρωί	morning
32	ἡ μέρα	day
33	ἡ νύχτα	night
34	τό πρωινό	breakfast
35	ὁ καφές	coffee
36	ἡ ἐφημερίδα	newspaper

ARTICLES, PRONOUNS & ADJECTIVES

37	ὁ, ἡ, τό	the (m,f,n)
38	ἔνας, μία, ἔνα	a, (one) m,f,n
39	ἐγώ, ἐσύ	I, you
40	αὐτός, αὐτή, αὐτό	he, she, it
41	αὐτός -ή -ό	this (m,f,n)
42	μικρός -ή -ό	small
43	μεγάλος -η -ό	big, large
44	ἔτοιμος -η -ο	ready
45	σημερινός -ή -ό	today's
46	χθεσινός -ή -ό	yesterday's

47	ὡραῖος	-α -ο	beautiful
48	νέος	-α -ο	young, new
49	παλιός	-ά -ό	old
50	γέρος, γριά, γέρικο		old
51	τί;		what?
52	ποιός; ποιά;		who? (m,f)
53	ποιό;		which?
54	πόσος;	-η -ο	how much?, many?
55	τόσος	-η -ο	this much, many

ADVERBS, PREPOSITIONS & CONJUNCTIONS

56	ἔνα, δύο, τρία	one, two, three
57	τέσσερα, πέντε	four, five
58	ἔξι, ἑπτά, ὀκτώ	six, seven, eight
59	ἐννέα, δέκα	nine, ten
60	καί, κι , κ'	and / both
61	ἀλλά, ὅμως, μά	but
62	κάθε	each, every
63	πολύ	very (much)
64	ἀρκετά	enough
65	τόσο	so
66	ἀκόμη	yet, still
67	νωρίς, ἀργά	early, late
68	σήμερα	today
69	χθές	yesterday
70	ἀμέσως	right away
71	ἀκριβῶς	exactly
72	ποῦ;	where?
73	ἐδῶ, ἐκεῖ	here, there
74	σέ	in, on, to, at
75	γιατί; γιατί	why?, because
76	δέ(ν), μή(ν)	don't / not
77	εἴτε...εἴτε	whether...or

VERBS AND EXPRESSIONS

78	εἴμαι, εἴσαι, εἴναι	I am, you are, he, she, it is
79	ἔχω, ξέρω	I have, I know
80	νομίζω, ἀρχίζω	I think, I begin
81	φεύγω, μένω	I leave, I stay
82	φέγγει	it dawns
83	βραδιάζει	night falls
84	ἔρχομαι, ἔλα	I come, come!
85	ναί /μάλιστα, ὄχι	yes, no
86	καλημέρα	good morning, good day
87	γειά σου	hello, good-bye
88	σέ λίγο	in a little while
89	καλά	all right, fine
90	σωστά	right

II. PRACTICE 1   WHO ?   WHICH ?   WHAT ?   CHAPTER 1

WHO ?	HE,	THE		IS

1. Ποιός;   - Αὐτός,   ὁ δάσκαλος
2. ποιός;   - αὐτός,   ὁ Πέτρος
3. ποιός;   - αὐτός,   ὁ Νίκος
4. ποιός;   - αὐτός,   ὁ Γιάννης
5. ποιός;   - αὐτός,   ὁ Κώστας
6. ποιός;   - αὐτός,   ὁ πατέρας

7. Ὁ Πέτρος εἶναι ὁ δάσκαλος
   (The)Peter is the teacher
8. Ὁ Πέτρος εἶναι δάσκαλος
   Peter is a teacher
9. Ὁ Κώστας εἶναι ὁ πατέρας
   Costas is the father
10. Ὁ Κώστας εἶναι πατέρας
   Costas is a father

WHO ?   SHE,   THE

1. Ποιά;   - Αὐτή,   ἡ δασκάλα
2. ποιά;   - αὐτή,   ἡ Μαρία
3. ποιά;   - αὐτή,   ἡ Σοφία
4. ποιά;   - αὐτή,   ἡ Ἐλένη
5. ποιά;   - αὐτή,   ἡ μητέρα

6. Ἡ Μαρία εἶναι ἡ δασκάλα
   Maria is the teacher
7. Ἡ Μαρία εἶναι δασκάλα
   Maria is a teacher
8. Ἡ Ἐλένη εἶναι ἡ μητέρα
   Helene is the mother
9. Ἡ Ἐλένη εἶναι μητέρα
   Helene is a mother

WHICH ?   IT,   THE

1. Ποιό;   - Αὐτό,   τό μωρό *baby*
2. ποιό;   - αὐτό,   τό παιδί *child*
3. ποιό;   - αὐτό,   τό γράμμα *letter*

4. Ὁ Νίκος εἶναι τό παιδί
   Nikos is the child
5. Ὁ Νίκος εἶναι παιδί
   Nikos is a child

WHAT ?   **THIS, THAT**

1. Τί εἶναι αὐτό;   - Ποιό;   - Αὐτό ἐδῶ   - Εἶναι αὐτοκίνητο
   What is this?   *What?*   *This one(here)*   *It is a car*
2. Τί εἶναι τοῦτο;   - Ποιό;   - Τοῦτο ἐδῶ   - Εἶναι μολύβι
   What is this(here)?   *What?*   *This one(here)*   *It is a pencil*
3. Τί εἶναι ἐκεῖνο;   - Ποιό;   - Ἐκεῖνο ἐκεῖ - Εἶναι σπίτι
   What is that?   *What?*   *That one(there)*   *It is a house*
4. Τί κάνει;   - Ποιός;   - Τοῦτος ἐδῶ   - Παίζει
   What is he doing?   *Who?*   *This one(here)*   *He is playing*
5. Τί κάνει;   - Ποιά;   - Ἐκείνη   - Κοιτάζει
   What is she doing?   *Who?*   *That one*   *She is watching*
6. Τί κάνει;   - Ποιά;   - Αὐτή ἐκεῖ - Ἀκούει
   What is she doing?   *Who?*   *That one(there)*   *She is listening*

7. Τί κάνει ὁ Γιάννης; - Παίζει.
   What is John doing?   *He is playing.*
8. Τί κάνει ἡ μητέρα; - Κάνει καφέ.
   What is mother doing? - *She is making coffee.*
9. Τί κάνεις Μαρία;   Γράφω.
   What are you doing, Mary? -I am writing.

Τί κάνει ὁ Γιάννης; - Καλά
How is John?   *Well*

Τί κάνει ἡ μητέρα; - Καλά
How is mother?   *Well*

Τί κάνεις;   -(Εἶμαι) καλά
How are you?   *(I am) well.*

WHO?	HE THIS	THE		THIS (THE)		MASCULINE
1. Ποιός;	αὐτός,	ὁ μικρός	ἀδελφός.	Αὐτός ὁ μικρός		ἀδελφός
Who?	*he,*	*the small*	*brother.*	*This*	*small*	*brother*
2. ποιός;	αὐτός,	ὁ καλός *good*	δάσκαλος, *teacher*	αὐτός ὁ καλός		δάσκαλος
3. ποιός;	αὐτός,	ὁ ψηλός *tall*	ἄνθρωπος, *man*	αὐτός ὁ ψηλός		ἄνθρωπος
4 ποιός;	αὐτός,	ὁ νέος *young*	πατέρας, *father*	αὐτός ὁ νέος		πατέρας
5 ποιός;	αὐτός,	ὁ γέρος *old*	ἄντρας, *man*	αὐτός ὁ γέρος		ἄντρας

WHO?	SHE THIS	THE		THIS		FEMININE
1. Ποιά;	αὐτή,	ἡ μικρή	ἀδελφή,	Αὐτή ἡ μικρή		ἀδελφή
Who?	*she,*	*the small*	*sister*	*This*	*small*	*sister*
2. ποιά;	αὐτή,	ἡ καλή *good*	δασκάλα, *teacher*	αὐτή ἡ καλή		δασκάλα
3. ποιά;	αὐτή,	ἡ ψηλή *tall*	γυναίκα, *woman*	αὐτή ἡ ψηλή		γυναίκα
4. ποιά;	αὐτή,	ἡ νέα *young*	μητέρα, *mother*	αὐτή ἡ νέα		μητέρα

WHICH?	IT THIS	THE		THIS		NEUTER
1. Ποιό;	αὐτό,	τό μικρό	μωρό.	Αὐτό τό μικρό		μωρό
Which one?	*this one,*	*the small*	*baby.*	*This*	*small*	*baby*
2. ποιό;	αὐτό,	τό καλό *the good*	παιδί, *child*	αὐτό τό καλό		παιδί
3. ποιό;	αὐτό,	τό νέο *the new*	γράμμα, *letter*	αὐτό τό νέο		γράμμα

WHO/WHICH IS   HE,SHE,IT/THIS?

1. Ποιός εἶναι; Ποιός εἶναι αὐτός;	Ποιός εἶναι αὐτός ὁ ἄνθρωπος;	
Who is he? / this?	*Who is this (the) man ?*	
2. ποιός εἶναι; ποιός εἶναι αὐτός;	ποιός εἶναι αὐτός ὁ δάσκαλος;	
	this teacher?	
3. Ποιά εἶναι; Ποιά εἶναι αὐτή ;	Ποιά εἶναι αὐτή ἡ γυναίκα ;	
Who is she? / this?	*Who is this (the) woman ?*	
4. ποιά εἶναι; ποιά εἶναι αὐτή ;	ποιά εἶναι αὐτή ἡ δασκάλα;	
	this teacher?	
5. Ποιό εἶναι; Ποιό εἶναι αὐτό ;	Ποιό εἶναι αὐτό τό μωρό;	
Which one is it? / this?	*Which one is this (the) baby?*	
6. ποιό εἶναι; ποιό εἶναι αὐτό ;	ποιό εἶναι αὐτό τό παιδί;	
	this child?	

III. GRAMMAR   MASCULINE, FEMININE & NEUTER ENDINGS   CHAPTER 1.

1.   Nouns and adjectives of all genders fall into three groups according to the vowel-sound of their ending.

2.   FIRST GROUP   VOWEL SOUND   O

MASCULINE -ος	NEUTER -ο
1. ὁ ἀδελφός *the brother*	4. τό βιβλίο *the book*
2. ὁ μικρός ἀδελφός *the small brother*	5. τό μικρό βιβλίο *the small book*
3. αὐτός ὁ μικρός ἀδελφός *this small brother*	6. αὐτό τό μικρό βιβλίο *this small book*

3.   The ending -ος is a MASCULINE ENDING. It is the ending of one group of masculine nouns and adjectives.

4.   The ending - ο is a NEUTER ENDING. It is the ending of one group of neuter nouns and adjectives.

5.   Most of the adjectives qualifying masculine & neuter nouns also end in -ος and -ο, respectively.

6.   Masculine nouns are preceded by the masculine article ὁ *(the)* and neuter nouns, by the neuter article τό *(the)*.

7.   SECOND GROUP   VOWEL SOUND   I

MASCULINE -ης	FEMININE -η	NEUTER -ι
1. ὁ μαθητής *the pupil*	4. ἡ ἀδελφή *the sister*	7. τό παιδί *the child*
2. ὁ καλός μαθητής *the good pupil*	5. ἡ καλή ἀδελφή *the good sister*	8. τό καλό παιδί *the good child*
3. αὐτός ὁ καλός μαθητής *this good pupil*	6. αὐτή ἡ καλή ἀδελφή *this good sister*	9. αὐτό τό καλό παιδί *this good child*

8.   *Unless stated otherwise, all examples are in their basic form. The basic form of articles, pronouns, nouns and adjectives is that which they have in the subjective or* nominative *case of the* singular *number.*

9. Feminine nouns are preceded by the feminine article ἡ *(the)*.

10. THIRD GROUP   VOWEL SOUND A

MASCULINE – ας	FEMININE – α	NEUTER –μα
1. ὁ πατέρας *the father*	4. ἡ μητέρα *the mother*	7. τό μάθημα *the lesson*
2. ὁ νέος πατέρας *the young father*	5. ἡ νέα μητέρα *the young mother*	8. τό νέο μάθημα *the new lesson*
3. αὐτός ὁ νέος πατέρας *this young father*	6. αὐτή ἡ νέα μητέρα *this young mother*	9. αὐτό τό νέο μάθημα *this new lesson*

11. Notice that the <u>article</u> for a masculine noun is ὁ regardless of whether that noun's ending is –ος –ης or –ας ; for a feminine noun it is: ἡ regardless of whether that noun's ending is –η or –α ; and for a neuter noun, it is τό regardless of whether that noun's ending is –ο –ι or –μα.

12. Similarly, whereas the various groups of masculine, feminine and neuter nouns adopt different endings, <u>adjectives</u> have only one, for each gender; –ος when they qualify a masculine noun, –η (–α)when they qualify a feminine noun and –ο when they qualify a neuter noun.

13. The feminine ending of an <u>adjective</u> may be an –α instead of an –η when the letter preceding the ending is a vowel, e.g. νέος νέ–α νέο*(young)* πλούσιος πλούσι–α πλούσιο *(rich)*, ὡραῖος ὡραί–α ὡραῖο *(beautiful)*.

14. A limited number of <u>adjectives</u> indicating weight, volume, dimension and quality, end in –ύς –ιά –ύ: βαθύς βαθιά βαθύ *(deep)*, m.f.n. respectively.

15. A limited number of <u>feminine nouns</u> end in –ος, e.g.ἔξοδος *(exit, exodus)*, etc. For the most part, such nouns indicate professions. E.g. ἡ δακτυλογράφος *(woman typist)*, ἡ ὑπάλληλος *(woman employee)*, ἡ γιατρός *(woman doctor)*, etc.

16. <u>SPELLING</u>. Masculine, feminine & neuter nouns, and feminine adjectives of the second group, end in the vowel sound : ee. This vowel is spelled with an –η in the case of masculine nouns, and in that of feminine nouns & adjectives; it is spelled with a –ι in the case of neuter nouns. E.g.

MASCULINE NOUNS	*FEMININE NOUNS & ADJECTIVES*	*NEUTER NOUNS*
1. ὁ μαθητ–ής	αὐτ–ή ἡ καλ–ή ἀδελφ–ή	τό ἀγόρ–ι
2. ὁ ἀστροναύτ–ης	αὐτ–ή ἡ μικρ–ή τάξ–η	τό κορίτσ–ι
3. ὁ Γιάνν–ης	ἡ Ἐλέν –η	τό τραγούδ–ι

CHAPTER 2

I. A. Ο ΠΕΤΡΟΣ ΚΑΙ Η ΜΑΡΙΑ[1]

1. Ὁ Πέτρος εἶναι δάσκαλος[2] στὸ[3] Γυμνάσιο[4] καὶ[5] ἡ Μαρία εἶναι δασκάλα[6] στὸ Δημοτικό.[7] Ὁ Πέτρος καὶ ἡ Μαρία εἶναι νέοι[8] δάσκαλοι[9] σέ μεγάλα[10] σχολεῖα.[11]

2. Ὁ Πέτρος εἶναι ψηλός[12] κι[13] ἀδύνατος.[14] Ἔχει[15] καστανά[16] μαλλιά.[17] Τά μάτια του[18] εἶναι[19] γαλανά.[20] Φοράει[21] γυαλιά.[22] Ἡ Μαρία δέν εἶναι οὔτε[23] ψηλή[24] οὔτε[25] κοντή.[26] Δέν εἶναι οὔτε[27] παχιά[28] οὔτε ἀδύνατη.[29] Εἶναι κανονική.[30] Ἔχει γαλανά μάτια. Τά μαλλιά της[31] εἶναι ξανθά.[32]

3. Ὁ Πέτρος κ'ἡ Μαρία ἔχουν τέσσερα παιδιά,[33] δύο ἀγόρια[34] καὶ δύο κορίτσια.[35] Τό μεγάλο ἀγόρι[36] καὶ τό μεγάλο κορίτσι[37] μοιάζουν[38] σάν[39] ἀδέλφια.[40] Τά δυό μικρά παιδιά[41] μοιάζουν μέ[42] τά δυό μεγάλα. Ἔχουν ὅλα[43] μάτια γαλανά[44] καὶ ξανθά μαλλιά.[45] Τά δυό μεγάλα ἀδέλφια, ὁ Νίκος κ'ἡ Σοφία, πηγαίνουν στό[46] Γυμνάσιο. Πηγαίνουν στό ἴδιο σχολεῖο.[47] Ὁ μικρός ἀδελφός,[48] ὁ Γιάννης, πηγαίνει[49] στό Δημοτικό[50] καὶ τό μωρό,[51] ἡ Ἀννούλα, μένει[52] στό σπίτι.[53]

4. Ὅλη ἡ οἰκογένεια[54] μένει[55] σέ ἕνα μεγάλο σπίτι[56] κοντά[57] στό σχολεῖο. Τό σπίτι ἔχει πέντε δωμάτια[58] στό πάνω[59] πάτωμα[60] καὶ τρία[61] στό κάτω.[62] Ἔχει[63] πολύ μεγάλη[64] κουζίνα[65] μέ ἕνα πολύ φαρδύ[66] παράθυρο.[67]

5. Τό σπίτι ἔχει κῆπο[68] μέ δέντρα[69] καὶ μέ λουλούδια.[70] Εἶναι πολύ ὡραῖος ὁ κῆπος,[71] κάθε καλοκαίρι,[72] μέ τά λουλούδια.

1.Peter and Maria 2.a teacher 3.at the 4.high school 5.and 6.a teacher 7.at the elementary school 8.young 9.teachers 10.in large 11.schools

12.tall 13.and 14.slim 15.he has 16.brown 17.hair 18.his eyes 19.are 20.blue 21.he wears 22.glasses 23.is neither 24.tall 25.nor 26.short 27.she is neither 28.fat 29.nor slim 30.she is of average height & weight 31.her hair 32.blond 33.have four children 34.two boys 35.girls 36.the older boy 37.girl 38.resemble 39.(look) like 40.brother & sister 41.the two little children 42.look like 43.they all have 44.blue eyes 45.blond hair 46. go to 47.they go to the same school 48.the little brother 49.goes 50. to elementary school 51.the baby 52.stays 53. at home

54.the whole family 55. stays,lives 56.in a big house 57.near 58.five rooms 59.on the upper 60. floor 61.three 62.on the ground(floor) 63.it has 64.a very large 65.kitchen 66.with a very wide 67.window 68.the house has a garden 69.with trees 70.flowers 71.the garden is very beautiful 72.every summer

B. VOCABULARY

	NOUNS				
1	τό σχολεῖο	school	42	ὁ Ἰούνιος	June
2	τό δημοτικό	elementary school	43	ὁ Ἰούλιος	July
3	τό γυμνάσιο	high school	44	ὁ Αὔγουστος	August
4	τό πανεπιστήμιο	university	45	ὁ Σεπτέμβριος	September
5	τό σῶμα	body	46	ὁ Ὀκτώβριος	October
6	τό κεφάλι	head	47	ὁ Νοέμβριος	November
7	τά μαλλιά	hair	48	ὁ Δεκέμβριος	December
8	τά αὐτιά	ears			
9	τό πρόσωπο	face			

ARTICLES, PRONOUNS & ADJECTIVES

10	τό μέτωπο	forehead				
11	τά φρύδια	eyebrows				
12	τά μάτια	eyes	49	οἱ, οἱ, τά		the (m,f,n)
13	τά γυαλιά	glasses	50	της		her
14	ἡ μύτη	nose	51	ξανθός	-ιά,ή -ό	blond
15	τό στόμα	mouth	52	καστανός -ή	-ό	brown
16	τά χείλη	lips	53	γαλανός -ή	-ό	blue
17	τά δόντια	teeth	54	κανονικός -ή	-ό	average
18	ἡ γλώσσα	tongue/language	55	ψηλός -ή	-ό	tall
19	τό δωμάτιο	room	56	κοντός -ή	-ό	short
20	τό ὑπνοδωμάτιο	bedroom	57	ἀδύνατος -η	-ο	thin, weak
21	τό λουτρό	bathroom	58	παχύς -ιά	-ύ	fat, thick
22	τό σαλόνι	living-room	59	φαρδύς -ιά	-ύ	wide
23	ἡ τραπεζαρία	dining-room	60	ὅλος -η	-ο	all
24	ἡ κουζίνα	kitchen	61	ἴδιος -α	-ο	same
25	τό πάτωμα	floor				
26	ἡ πόρτα	door				

ADVERBS, PREPOSITIONS & CONJUNCTIONS

27	τό παράθυρο	window			
28	ὁ κῆπος	garden	62	ἔντεκα, δώδεκα	eleven, twelve
29	τό δέντρο	tree	63	δεκατρία	thirteen
30	τό λουλούδι	flower	64	πάνω	upper
			65	κάτω	lower
31	ἡ ἐποχή	season	66	κοντά	near, near-by
			67	μακρυά	far
32	ἡ ἄνοιξη	spring	68	σάν	like
			69	στό (σέ+τό) at,	to, in the (n)
33	τό καλοκαίρι	summer	70	μέ	with
34	τό φθινόπωρο	autumn, fall	71	οὔτε...οὔτε	neither...nor
35	ὁ χειμώνας	winter			

VERBS AND EXPRESSIONS

36	ὁ μήνας	month			
			72	ἔχεις	you have
37	ὁ Ἰανουάριος	January	73	ἔχει	he, she, it has
			74	ἔχετε, ἔχουν	you, they have
38	ὁ Φεβρουάριος	February	75	φορῶ	I wear
			76	φοράει	he, she, it wears
39	ὁ Μάρτιος	March	77	μοιάζουν	they resemble
40	ὁ Ἀπρίλιος	April	78	πηγαίνω	I go
			79	πηγαίνει	he, she, it goes
41	ὁ Μάιος	May	80	πηγαίνουν	they go
			81	μένω	I stay

32

	SINGULAR		PLURAL

1. Ὁ δάσκαλος εἶναι καλός (M)
The teacher is good

2. Οἱ   δάσκαλοι εἶναι καλοί
The   teachers are good

3. Ποιός   δάσκαλος εἶναι καλός;
Which   teacher is good?

4. Ποιοί δάσκαλοι εἶναι καλοί;
Which teachers are good?

5. Αὐτός ὁ δάσκαλος εἶναι καλός
This   teacher is .good

6. Αὐτοί οἱ δάσκαλοι εἶναι καλοί
These   teachers are good

7. Ἡ δασκάλα εἶναι καλή   (F)
The teacher is good

8. Οἱ   δασκάλες εἶναι καλές
The   teachers are good

9. Ποιά   δασκάλα εἶναι καλή;
Which   teacher is good?

10. Ποιές δασκάλες εἶναι καλές;
Which teachers are good?

11. Αὐτή ἡ δασκάλα εἶναι καλή
This   teacher is good

12. Αὐτές οἱ δασκάλες εἶναι καλές
These   teachers are good

13. Ὁ Πέτρος εἶναι καλός δάσκαλος
Peter is a good teacher

15. Ὁ Πέτρος καί ἡ Μαρία εἶναι
Peter and   Maria are

14. Ἡ Μαρία εἶναι καλή δασκάλα
Maria is a good teacher

καλοί δάσκαλοι
good teachers

16. Τό βιβλίο εἶναι καλό   (N)
The book is good

17. Τά βιβλία εἶναι καλά
The books are good

18. Ποιό βιβλίο εἶναι καλό;
Which book is good?

19. Ποιά   βιβλία εἶναι καλά;
Which   books are good?

20. Αὐτό τό βιβλίο εἶναι καλό
This book is good

21. Αὐτά τά βιβλία εἶναι καλά
These   books are good

22. Αὐτό εἶναι καλό βιβλίο
This is a good book

23. Αὐτά εἶναι καλά βιβλία
These are   good books

24. Εἶναι καλό βιβλίο
It is   a good book

25. Εἶναι καλά βιβλία
They are   good books

26. Εἶναι καλός φίλος
He is a good friend

27. Εἶναι καλοί φίλοι   (M)
They are good friends

28. Εἶναι καλή φίλη
She is a good friend

29. Εἶναι καλές φίλες   (F)
They are good friends

30. Εἶναι καλό σπίτι
It is a good house

31. Εἶναι καλά σπίτια   (N)
They are good houses

32. Εἶναι ὡραία γυναίκα   (F)
She is a beautiful woman

33. Εἶναι ὡραῖες γυναῖκες
They are beautiful women

34. Εἶναι ὡραῖος ἄντρας
He is a handsome man

35. Εἶναι ὡραῖοι ἄντρες
They are handsome men

36. Εἶναι ὡραῖο τραγούδι
It is a beautiful song

37. Εἶναι ὡραῖα τραγούδια (N)
They are beautiful songs

III. GRAMMAR A.   ENDINGS OF THE PLURAL   CHAPTER 2

1. In the plural, the articles ὁ/ἡ *(the,* m. & f. respectively) both change into οἱ. These three forms take a <u>rough</u> breathing and no accent.

2. In the plural, the ending -ος changes into -οι and the endings -ης -η / -ας -α all change into -ες.

	SINGULAR	PLURAL
	FIRST GROUP — MASCULINE	
1. -ος	Αὐτός ὁ μικρός ἀδελφός *This small brother*	Αὐτοί οἱ μικροί ἀδελφοί *These small brothers*
	SECOND GROUP — MASCULINE & FEMININE	
2. -ης	Αὐτός ὁ καλός μαθητής *This good pupil*	Αὐτοί οἱ καλοί μαθητές *These good pupils*
3. -η	Αὐτή ἡ καλή ἀδελφή *This good sister*	Αὐτές οἱ καλές ἀδελφές *These good sisters*
	THIRD GROUP — MASCULINE & FEMININE	
4. -ας	Αὐτός ὁ νέος πατέρας *This young father*	Αὐτοί οἱ νέοι πατέρες *These young fathers*
5. -α	Αὐτή ἡ νέα μητέρα *This young mother*	Αὐτές οἱ νέες μητέρες *These young mothers*

3. In the plural, τό *(the neuter form of the article -the-)* changes into τά. -Τά or simply -α is the ending for neuter nouns & adjectives of all three groups.

	SINGULAR	PLURAL
1. -ο	Αὐτό τό μικρό βιβλίο *This small book*	Αὐτά τά μικρά βιβλία *These small books*
2. -ι	Αὐτό τό καλό παιδί *This good child*	Αὐτά τά καλά παιδιά *These good children*
3. -μα	Αὐτό τό νέο μάθημα *This new lesson*	Αὐτά τά νέα μαθήματα *These new lessons*

4. Notice that, in the plural, the neuter ending -ο changes into -α (3. *1, above),* that the neuter ending -ι changes into -ιά (3. *2, above)* and that the neuter ending -μα adds an extra syllable and becomes -ματα (3. *3, above).*

5. *In the plural ending* -ιά *notice the shifting of the accent from the letter* -ί *to the letter* -ιά. παιδί παιδιά, *but* σπίτι σπίτια, δωμάτιο δωμάτια.

GRAMMAR B. **PRINCIPAL ENDINGS OF NOUNS & ADJECTIVES** CHAPTER 2.

1. NOMINATIVE, SINGULAR

	ARTICLES	ADJECTIVES	N O U N S			EXAMPLES
M	ὁ	-ος (-ύς)	-ος	-ης	-ας	ὁ καλός ἀδελφός ὁ καλός μαθητής ὁ καλός πατέρας
F	ἡ	-η -α(-ιά)	(-ος)	-η	-α	ἡ καλή ἀδελφή ἡ νέα μητέρα ἡ γλυκιά φωνή
N	τό	-ο (-ύ)	-ο	-ι	-μα	τό καλό βιβλίο τό καλό παιδί τό καλό μάθημα

2. NOMINATIVE, SINGULAR & PLURAL

	ARTICLES	ADJECTIVES	N O U N S			EXAMPLES
M.S.	ὁ	-ος (-ύς)	-ος	-ης	-ας	ὁ καλός ⌈ἀδελφός μαθητής ⌊πατέρας
M.PL.	οἱ	-οι (-ιοί)	-οι	-ες	-ες	οἱ καλοί ⌈ἀδελφοί μαθητές ⌊πατέρες
F.S.	ἡ	-η -α(-ιά)	(-ος)	-η	-α	ἡ καλή ἀδελφή ἡ νέα μητέρα ἡ γλυκιά φωνή
F.PL.	οἱ	-ες (-ιες)	(-οι)	-ες	-ες	οἱ καλές ἀδελφές οἱ νέες μητέρες οἱ γλυκιές φωνές
N.S.	τό	-ο (-ύ)	-ο	-ι	-μα	τό καλό ⌈βιβλίο παιδί ⌊μάθημα
N.PL.	τά	-α (-ιά)	-α	-ια	-ματα	τά καλά ⌈βιβλία παιδιά ⌊μαθήματα

2. Nouns, pronouns and adjectives have two numbers - singular and plural - and three cases - Nominative, Genitive and Accusative, also called Subjective, Possessive and Objective cases, respectively.

3. The third person of the personal pronoun has three genders: - αὐτός-αὐτή-αὐτό(*he-she-it*) for the singular, and αὐτοί-αὐτές-αὐτά(*they*) for the plural.

1.   In the present tense, the two auxiliary verbs: ἔχω *(I have)* and
εἷμαι *(I am)* are conjugated as follows :

I	have	ἔχ-ω	I	am	εἶ-μαι
you	"	ἔχ-εις	you	are	εἶ-σαι
he,she,it has		ἔχ-ει	he,she,it is		εἶ-ναι
we	have	ἔχ-ουμε	we	are	εἶ-μαστε
you	"	ἔχ-ετε	you	"	εἶ-στε
they	"	ἔχ-ουν	they	"	εἶ-ναι

2.   A Greek verb does not necessarily have to be preceded by the person-
al pronouns (I, you, he etc.), since the endings of the verb sufficiently
indicate the person and the number of the subject* :

ἔχει μεγάλο σπίτι
he,she,it has a big house

3.   *But notice that verb endings do not indicate the gender of the subject.*

4.   The verb εἷμαι *(I am)* joins the subject with the attribute, i.e.
the word which expresses a certain description of the subject* :

'Ο Πέτρος εἶναι ψηλός καί ἀδύνατος   'Η Μαρία εἶναι ξανθιά
Peter is tall and slim   Maria is blond

5.   Usually, the attribute is an adjective, *see examples in para.4,*
above. It agrees with the subject in gender, in number and in case. It may
also be a noun or a pronoun. Both of these should be used in the nominative:

'Ο Πέτρος εἶναι πατέρας   Τό βιβλίο εἶναι δικό μου
Peter is a father   The book is mine

6.   The attribute should not be confused with the object. The object is
the recipient of the action performed by the subject and it is used in the
accusative : - ὁ Πέτρος φωνάζει τήν Μαρία - *Peter calls Maria,* whereas the
attribute describes the subject and it is used in the nominative case as is
the subject: - ὁ Πέτρος εἶναι δάσκαλος. *For the formation of the accusative,*
see GRAMMAR, CHAPTER 3. For more details on the object of a sentence, see
GRAMMAR, CHAPTER 5. For the use of personal pronouns, see PRACTICE and GRAM-
MAR, CHAPTERS 3 - 6.

7.   *Notice (a) that the verb 'I am' has the same form for the third*
person singular and for the third person plural : - εἶναι = he,she,it is,
and they are, (b) that both ἔχω and εἷμαι maintain the position of their ac-
cent unchanged. In εἷμαστε, the accent becomes an acute because it stands on
a third to last syllable.*(See 'Main Rules of Accentuation', p.14, para.13,III).*

    *   *In a sentence, the subject is the word which indicates that of which*
something is said. It answers to the question WHO? and it is in the nominative.
See p.59.

CHAPTER 3

I. A. ΟΙ ΓΟΝΕΙΣ[1] ΚΑΙ ΤΑ ΠΑΙΔΙΑ ΤΟΥΣ[2]

1. Αὐτή ἡ γυναίκα[3] εἶναι ἡ γυναίκα τοῦ Πέτρου[4]. Αὐτά τά τέσσερα παιδιά[5] εἶναι τά παιδιά του[6] κι αὐτό τό σπίτι[7] εἶναι τό σπίτι του[8].

2. Αὐτός ὁ ἄντρας[9] εἶναι ὁ ἄντρας τῆς Μαρίας[10]. Αὐτά τά τέσσερα παιδιά εἶναι τά παιδιά της[11] κι αὐτό τό σπίτι εἶναι τό σπίτι της[12].

3. Αὐτό τό ἀγόρι[13] εἶναι ὁ ἀδελφός τῆς Σοφίας[14]. Αὐτό τό κορίτσι[15] εἶναι ἡ ἀδελφή τοῦ Νίκου[16]. Ὁ Νίκος καί ἡ Σοφία εἶναι ἀδέλφια· εἶναι τά δύο πρῶτα[17] ἐγγόνια[18] τοῦ παπποῦ καί τῆς γιαγιᾶς[19].

4. Ὁ παππούς καί ἡ γιαγιά[20] εἶναι οἱ γονεῖς τοῦ Πέτρου[21]. Εἶναι οἱ γονεῖς του[22]. Ὁ Πέτρος κ'ἡ Μαρία εἶναι οἱ γονεῖς τῶν τεσσάρων παιδιῶν[23] - τοῦ Νίκου, τῆς Σοφίας, τοῦ Γιάννη καί τῆς Ἀννούλας · εἶναι οἱ γονεῖς τους[24]. Ὁ παππούς κ'ἡ γιαγιά μένουν μέ[25] τά παιδιά τους[26] καί τά ἐγγόνια τους[27].

5. Τό πρωί[28] ὅλοι οἱ ἄλλοι[29] φεύγουν[30] γιά τό σχολεῖο[31] καί στό σπίτι μένουν[32] ὁ παππούς, ἡ γιαγιά κ'ἡ Ἀννούλα. Πολλές φορές,[33] ἡ γιαγιά τραγουδάει τῆς Ἀννούλας[34]· ἡ φωνή της ἀρέσει τῆς Ἀννούλας[35]. Καμιά φορά[36], μαζί μέ τή γιαγιά τραγουδάει καί ὁ παππούς[37]. Τοῦ ἀρέσει[38] νά τραγουδάει[39] μέ τή γυναίκα του[40]. Τούς ἀρέσει[41] νά τραγουδᾶνε μαζί[42].

6. Τό βράδυ[43], μετά τό φαγητό[44], οἱ γονεῖς καί τά παιδιά διαβάζουν[45] τίς βραδινές ἐφημερίδες[46], ἀκοῦνε τά νέα[47] καί κοιτάζουν τηλεόραση[48] γιά[49]

1.the parents 2. and their children 3.this woman 4.Peter's wife 5.these four children 6.are his children 7. and this house 8.is his house 9.this man 10.Maria's husband 11.are her children 12.is her house 13.this boy 14.is Sophia's brother 15.this girl 16. Nikos' sister 17.they are the first two 18. grandchildren 19.of grandfather & grandmother 20. grandfather&grandmother 21.are Peter's parents 22.they are his parents 23.of the four children

24.they are their parents 25.live with 26.their children 27. their grandchildren 28.in the morning 29.all the others 30.leave 31.for school 32.stay 33.often 34.grandmother sings to Annoula 35.Annoula likes her voice 36.sometimes 37.grandfather sings together with grandmother 38.he likes 39.singing 40. with his wife 41.they like 42. singing together 43.in the evening 44.after the meal 45. (they)read 46.the evening papers 47. they listen to the news 48.they watch T.V. 49.for

λίγη ὥρα.⁵⁰ Δέ μένουν ποτέ⁵¹ ἀργά⁵² τό βράδυ⁵³
γιατί τούς ἀρέσει⁵⁴ νά ξυπνᾶνε⁵⁵ νωρίς.⁵⁶ Μόνο⁵⁷
τό Σαββατοκύριακο⁵⁸ ξυπνᾶνε ἀργά. Ὅλες τίς
ἄλλες μέρες τῆς ἑβδομάδας⁵⁹ σηκώνονται⁶⁰ στίς
ἑπτά⁶¹ τό πρωί.

50.a while 51.they nev-
er stay 52.late 53.in
the evening 54.because
they like 55.to wake up
56.early 57.only
58.on the weekend
59.all the other days of
the week 60.they get up
61.at seven

Β.   Τ Ρ Α Γ Ο Υ Δ Ι

ΤΟ ΨΩΜΙ 'ΝΑΙ ΣΤΟ ΤΡΑΠΕΖΙ¹

1.the bread is on
the table

1. Τό ψωμί 'ναι στό τραπέζι
   Τό νερό² εἶναι στό σταμνί³
   Τό σταμνί στό σκαλοπάτι⁴
   Δῶσε⁵ τοῦ ληστῆ⁶ νά πιεῖ⁷

2.the water
3.in the pitcher
4.at the doorstep
5.give 6.to the
bandit 7.to drink

2. Τό ψωμί 'ναι στό τραπέζι
   Τό νερό εἶναι στό σταμνί
   Τό σταμνί στό σκαλοπάτι
   Δῶσε τοῦ Χριστοῦ⁸ νά πιεῖ

8.to Christ

3. Δῶσε μάνα⁹ τοῦ διαβάτη¹⁰
   Τοῦ Χριστοῦ καί τοῦ ληστῆ
   Δῶσε μάνα νά χορτάσει¹¹
   Δῶσ' του¹² ἀγάπη μου¹³ νά πιεῖ

9.mother 10.to
the passer-by

11.to satisfy his
hunger 12.give
him 13.my love

4. Δῶσε μάνα τοῦ διαβάτη
   Τοῦ Χριστοῦ καί τοῦ ληστῆ
   Δῶσε μάνα νά χορτάσει
   Δῶσ' του ἀγάπη μου νά πιεῖ

Μίκης Θεοδωράκης
(music)

Ἰάκωβος Καμπανέλλης
(verses)

C.   VOCABULARY   CHAPTER 3.

	NOUNS			*ARTICLES, PRONOUNS & ADJECTIVES*	
1	οἱ γονεῖς	parents	43	τῶν	of the (pl.)
2	ὁ ἔγγονος	grandson	44	τοῦ, τῆς, τοῦ	of the (sing.m,f,n)
3	ἡ ἐγγονή	granddaughter	45	τοῦ, τῆς, τοῦ	to him,her,it
4	τά ἐγγόνια	grandchildren	46	του, της, του	his, her, its
5	τό βράδυ	evening	47	τούς, τους	(to) them, their
6	τό ἀπόγεμα	afternoon	48	μοῦ, σοῦ	to me, you
7	τό μεσημέρι	noon	49	μου, σου	my, your
8	τά νέα	news	50	τύς	the (pl.f)
9	ἡ τηλεόραση	television	51	πρῶτος -η -ο	first
10	ἡ φωνή	voice	52	δεύτερος -η -ο	second
11	τό τραγούδι	song	53	τρίτος -η -ο	third
12	τό τραπέζι	table	54	ἄλλος -η -ο	other
13	ἡ καρέκλα	chair	55	πρωινός -ή -ό	morning
14	τό σκαμνί	stool	56	μεσημεριανός -ή -ό	noon
15	τό σταμνί	jug	57	βραδινός -ή -ό	evening
16	τό ποτήρι	glass			
17	τό πιάτο	plate		*ADVERBS, PREPOSITIONS & CONJUNCTIONS*	
18	τό πηρούνι	fork			
19	τό μαχαίρι	knife	58	μόνο	only
20	τό κουτάλι	spoon	59	πρίν	before
21	τό φαγητό	food, meal	60	μετά	after
22	τό ψωμί	bread	61	πότε;	when?
23	τό ψάρι	fish	62	ποτέ	never
24	τό κρέας	meat	63	πότε πότε	sometimes
25	τό ψητό	roast	64	ἄλλοτε	sometimes, once
26	τό νερό	water	65	κάποτε	sometimes
27	τό κρασί	wine	66	τίποτε	nothing
28	τό σκαλοπάτι	doorstep	67	γιά	for
29	ὁ Χριστός	Christ	68	μαζί (μέ)	together (with)
30	ἡ Παναγία	Virgin Mary			
31	ὁ ληστής	bandit		*VERBS AND EXPRESSIONS*	
32	ὁ κλέφτης	thief			
33	ὁ διαβάτης	passer-by	69	μοῦ ἀρέσει, μ'ἀρέσει	I like
			70	τραγουδῶ	I sing
34	ἡ ἑβδομάδα	week	71	τραγουδάει	he,she,it sings
			72	τραγουδᾶνε	they sing
35	ἡ Δευτέρα	Monday	73	ἀκοῦνε	they listen (to)
36	ἡ Τρίτη	Tuesday	74	ξυπνᾶνε	they wake up
			75	κοιτάζουν	they watch, look
37	ἡ Τετάρτη	Wednesday	76	διαβάζουν	they read
			77	μένουν	they stay
38	ἡ Πέμπτη	Thursday	78	φεύγουν	they leave
39	ἡ Παρασκευή	Friday	79	σηκώνονται	they get up
40	τό Σάββατο	Saturday	80	δῶσε νά πιεῖ	give to drink
			81	νά χορτάσει	to have his fill
41	ἡ Κυριακή	Sunday	82	καμιά φορά	sometimes,never
			83	πολλές φορές	often
42	τό Σαββατοκύριακο	weekend	84	μία ἄλλη φορά	another time
			85	γιά λίγη ὥρα	for a while

II. <u>PRACTICE</u> 4.   DO YOU LIKE...? I DO, I DON'T.   CHAPTER 3.

---

1. Σοῦ ἀρέσει αὐτός ὁ δάσκαλος;   - Ναί, μοῦ ἀρέσει (μ'ἀρέσει)
   Do you like this teacher?   *Yes, I do (I like him)*

2. Σοῦ ἀρέσει αὐτή ἡ δασκάλα;   - Ναί, μοῦ ἀρέσει
   Do you like this teacher?   *Yes, I do (I like her)*

3. Σοῦ ἀρέσει αὐτό τό τραγούδι;   - "Οχι, δέ μοῦ ἀρέσει
   Do you like this song?   *No, I don't (I don't*
                                            like it)

ALSO: Σ'ἀρέσει....; ναί, μ'ἀρέσει, ὄχι, δέ μ'ἀρέσει

---

4. Πατέρα, σοῦ ἀρέσει αὐτό τό τραγούδι;   - Ναί, μοῦ ἀρέσει
   Father, do you like this song?   *Yes, I do*

5. Τοῦ πατέρα τοῦ ἀρέσει αὐτό τό τραγούδι   Τοῦ ἀρέσει
   Father likes this song   *He likes it*

6. Μητέρα, σοῦ ἀρέσει αὐτό τό τραγούδι;   - Ναί, μοῦ ἀρέσει
   Mother, do you like this song?   *Yes, I do*

7. Τῆς μητέρας τῆς ἀρέσει αὐτό τό τραγούδι   Τῆς ἀρέσει
   Mother likes this song   *She likes it*

8. Νίκο, σοῦ ἀρέσει αὐτό τό τραγούδι;   - "Οχι, δέ μοῦ ἀρέσει
   Nicko, do you like this song?   *No, I don't*

9. Τοῦ Νίκου δέν τοῦ ἀρέσει αὐτό τό τραγούδι.   Δέν τοῦ ἀρέσει
   Nickos does not like this song   *He doesn't like it*

10. Σοφία, σοῦ ἀρέσει αὐτό τό τραγούδι;   - "Οχι, δέ μοῦ ἀρέσει
    Sophia, do you like this song?   *No, I don't*

11. Τῆς Σοφίας δέν τῆς ἀρέσει αὐτό τό τραγούδι.   Δέν τῆς ἀρέσει
    Sophia does not like this song   *She doesn't like it*

POSITIVE STATEMENTS   QUESTIONS IN THE NEGATIVE FORM

---

12. Μοῦ ἀρέσει ἡ φωνή τῆς Μαρίας 13. Δέ μοῦ ἀρέσει ἡ φωνή τῆς Μαρίας;
    I like Maria's voice   *Don't I like Maria's voice?*

14. Σοῦ ἀρέσει ἡ φωνή τῆς Μαρίας 15. Δέ σοῦ ἀρέσει; (δέ σ'ἀρέσει;)
    You like Maria's voice   *Don't you like it?*

16. Τοῦ ἀρέσει ἡ φωνή τῆς Μαρίας 17. Δέν τοῦ ἀρέσει; (δέν τ'ἀρέσει;)
    He likes Maria's voice   *Doesn't he like it?*

18. Τῆς ἀρέσει ἡ φωνή τῆς Μαρίας 19. Δέν τῆς ἀρέσει;
    She likes Maria's voice   *Doesn't she like it?*

20. Τοῦ ἀρέσει ἡ φωνή τῆς Μαρίας 21. Δέν τοῦ ἀρέσει;
    It likes Maria's voice   *Doesn't it like it?*

NOTE. *The following verbs require an indirect object:* - ἀρέσει, ἀρέσω
(I please), μιλῶ(*I speak*), τηλεφωνῶ(*I telephone*). *See note, p.58,* and GRAMMAR,
p.59, paras. 6-7.

II. <u>PRACTICE</u> 5.   MY/MINE, YOUR/YOURS, HIS/HER/HERS/ITS   CHAPTER 3.

(a) *UNEMPHATIC* **MY**   *EMPHATIC* **MINE**   *DISTINCTIVE / EMPHATIC*   [MY/MINE

1. 'Ο πατέρας <u>μου</u>, εἶναι <u>δικός μου</u>, εἶναι <u>ὁ δικός μου</u>(πατέρας)
   My father   *he is mine*   *he is **my** father, he is mine*

2. 'Η μητέρα μου, εἶναι δική μου, εἶναι ἡ δική μου(μητέρα)
   My mother   *she is mine*   *she is **my** mother, she is mine*

3. Τό παιδί μου, εἶναι δικό μου, εἶναι τό δικό μου(παιδί)
   My child   *he/she is mine*   *he/she is **my** child, he/she is mine*

4. Τό βιβλίο σου, εἶναι δικό σου, εἶναι τό δικό σου(βιβλίο)
   Your book   *it is yours*   *it is **your** book, it is yours*

5. Τό σπίτι του, εἶναι δικό του, εἶναι τό δικό του(σπίτι)
   His house   *it is his*   *it is **his** house, it is his*

6. Τό σπίτι της, εἶναι δικό της, εἶναι τό δικό της(σπίτι)
   Her house   *it is hers*   *it is **her** house, it is hers*

7. Τό σπίτι του, εἶναι δικό του, εἶναι τό δικό του(σπίτι)
   Its house   (neuter gender of emphatic pronoun)

(b) τοῦ τῆς τοῦ *ARTICLES* [*GENITIVE OF POSSESSION*   [*POSSESSIVE PRONOUNS*   του της του

8. Ποιός εἶναι ὁ ἀδελφός τοῦ Νίκου;   ποιός εἶναι ὁ ἀδελφός του;
   Who is Nickos' brother?   *who is his brother?*

9. Ποιός εἶναι ὁ ἀδελφός τῆς Μαρίας;   ποιός εἶναι ὁ ἀδελφός της;
   Who is Maria's brother?   *who is her brother?*

10. Ποιός εἶναι ὁ ἀδελφός τοῦ παιδιοῦ;   ποιός εἶναι ὁ ἀδελφός του;
   Who is the child's brother?   *who is his/her brother?*

11. Αὐτός εἶναι ὁ ἄντρας τῆς Μαρίας,   εἶναι ὁ ἄντρας της
   This is Maria's husband,   *he is her husband*

12. Αὐτή εἶναι ἡ γυναίκα τοῦ Πέτρου,   εἶναι ἡ γυναίκα του
   This is Peter's wife,   *she is his wife*

13. Αὐτό εἶναι τό παιδί τοῦ Πέτρου,   εἶναι τό παιδί του
   This is Peter's child,   *he/she is his child*

14. Αὐτό εἶναι τό παιδί τῆς Μαρίας,   εἶναι τό παιδί της
   This is Maria's child,   *he/she is her child*

15. Αὐτά εἶναι τά παιδιά τοῦ πατέρα,   εἶναι τά παιδιά του
   These are the father's children,   *they are his children*

16. Αὐτά εἶναι τά παιδιά τῆς μητέρας,   εἶναι τά παιδιά της
   These are the mother's children,   *they are her children*

III. GRAMMAR A.   <u>GENITIVE CASE</u>   CHAPTER 3
                         <u>SINGULAR AND PLURAL</u>

1. <u>In the genitive singular</u>, the ending sound O changes into OO , i.e.
(i) Masculine and neuter articles ὀ and τό   change into τοῦ *(of the)*
(ii) Masculine and neuter nouns and adjectives ending in -ος and -ο change
into -ου :

> NOM.SING. ὀ καλός γιατρός   τό κρύο νερό
>   *the good doctor*   *the cold water*
>
> GEN.SING. τοῦ καλοῦ γιατροῦ   τοῦ κρύου νεροῦ
>   *of the good doctor*   *of the cold water*

2. Notice that neuter nouns ending in -ι change into -ιοῦ

> NOM.SING. τό μικρό παιδί   τό μεγάλο σπίτι
>   *the small child*   *the big house*
>
> GEN.SING. τοῦ μικροῦ παιδιοῦ   τοῦ μεγάλου σπιτιοῦ
>   *of the small child*   *of the big house*

3.   The vowel sound of all other noun-endings remains unchanged. But, where-
as masculine nouns ending in -ης, -ας, drop the ς, feminine nouns ending in
-η,-α add an ς, and the feminine article ἠ changes into τῆς :

> NOM.SING. ὀ φοιτητής ὀ πατέρας   ἠ φωνή   ἠ ὦρα
>   *the student* *the father* *the voice* *the hour*
>
> GEN.SING. τοῦ φοιτητῆ τοῦ πατέρα τῆς φωνῆς τῆς ὦρας
>   *of the student* *of the father* *of the voice* *of the hour*

4. Notice that the neuter ending -μα changes into -ματς

> NOM.SING. τό χρῶμα   GEN.SING. τοῦ χρώματος
>   *the colour*   *of the colour*

5. <u>In the genitive plural</u>, all three articles change into τῶν, and
all endings of nouns and adjectives change into -ῶν . *See examples, below.*

6.   EXAMPLES

1. MASCULINE -ός /-οῦ *(or -ος/-ου)*	NEUTER -ό,-ί /-οῦ,ιοῦ
NOM.SING. Ποιός; 'Ο μικρός ἀδελφός *Who? The small brother*	Ποιό; Τό μικρό παιδί *Which? The small child*
GEN.SING. Ποιοῦ; Τοῦ μικροῦ ἀδελφοῦ *Whose? The small brother's*	Ποιοῦ; Τοῦ μικροῦ παιδιοῦ *Whose? The small child's*
GEN.PLUR. Ποιῶν; Τῶν μικρῶν ἀδελφῶν *Whose? The small brothers'*	Ποιῶν; Τῶν μικρῶν παιδιῶν *Whose? The small children's*

2. MASCULINE -ής / -ῆ (or -ης/-η)		MASCULINE -ας /-α (or -άς/-ᾶ)	
NOM.SING.	Ποιός; 'Ο καλός μαθητής *Who?* *The good pupil*	Ποιός; 'Ο νέος πατέρας *Who?* *The young father*	
GEN.SING	Ποιοῦ; Τοῦ καλοῦ μαθητῆ *Whose?* *The good pupil's*	Ποιοῦ; Τοῦ νέου πατέρα *Whose?* *The young father's*	
GEN.PLUR.	Ποιῶν; Τῶν καλῶν μαθητῶν *Whose?* *The good pupils'*	Ποιῶν; Τῶν νέων πατέρων *Whose?* *The young fathers'*	

3. FEMININE -ή /-ῆς (or -η/-ης)		FEMININE -α /-ας (or -ά/-ᾶς)	
NOM.SING.	Ποιά; 'Η μεγάλη ἀδελφή *Who?* *The big sister*	Ποιά; 'Η νέα μητέρα *Who?* *The young mother*	
GEN.SING.	Ποιᾶς; Τῆς μεγάλης ἀδελφῆς. *Whose?* *The big sister's*	Ποιᾶς; Τῆς νέας μητέρας *Whose?* *The young mother's*	
GEN.PLUR.	Ποιῶν; Τῶν μεγάλων ἀδελφῶν. *Whose?* *The big brothers'* " " *sisters'*	Ποιῶν; Τῶν νέων μητέρων *Whose?* *The young mothers'*	

4. NEUTER -μα /-ματος	
NOM.SING.	Ποιό; Τό καλό χρῶμα *Which?* *The right colour*
GEN.SING.	Ποιοῦ; Τοῦ καλοῦ χρώματος* *Of which? Of the right colour*
GEN.PLUR.	Ποιῶν; Τῶν καλῶν χρωμάτων* *Of which? Of the right colours* * *Notice the shifting of* *the accent. See GRAMMAR* *of CHAPTER 12.*

7. *NOTE.* Ποιός; ποιά; ποιό; *(who? which?) may change either into*
Ποιοῦ; ποιᾶς; ποιοῦ; *(whose? of which?)in the genitive sing.*
and into : Ποιῶν; ποιῶν; ποιῶν; *(whose? of which?)in the genitive plur.*

or into : ποιανοῦ; ποιανῆς; ποιανοῦ; *(whose? of which?)*
and into : ποιανῶν; ποιανῶν; ποιανῶν; *(whose? of which?).*

8. ACCENTUATION. When nouns and adjectives are stressed on the last
syllable, they should be stressed with an acute in the nominative case and
with a circumflex in the genitive of both singular and plural. E.g.(Nom.
Sing.) ἡ καλή ἀδελφή, (Gen. Sing. & Pl.)τῆς καλῆς ἀδελφῆς, τῶν καλῶν ἀδελφῶν.

9. USE OF THE GENITIVE. The genitive case serves to answer the question
whose, τίνος; ποιοῦ; ποιᾶς; ποιῶν; It indicates a relation of possession or de-
pendence. E.g. τό βιβλίο τοῦ Πέτρου *Peter's book.* It also indicates the indi-
rect object of a sentence. E.g. μοῦ μιλάει ἑλληνικά *he(she)speaks to me in
Greek.*

GRAMMAR B.   ## ACCUSATIVE CASE   CHAPTER 3.

SINGULAR & PLURAL

1.   <u>In the accusative singular</u>, articles, nouns and adjectives have the same vowel-sound which they have in the nominative case, e.g.

	NOM.	ὁ καλός γιατρός					τό κρύο νερό	
	ACC.	τόν καλό γιατρό					τό κρύο νερό	
<u>SINGULAR</u>	NOM.	ὁ καλός μαθητής	ἡ καλή φωνή				τό καλό παιδί	
	ACC.	τόν καλό μαθητή	τήν καλή φωνή				τό καλό παιδί	
	NOM.	ὁ καλός πατέρας	ἡ καλή μητέρα				τό καλό μάθημα	
	ACC.	τόν καλό(ν) πατέρα	τήν καλή μητέρα				τό καλό μάθημα	

2.   Notice that those nouns and adjectives which have a final ς in the nominative, drop it in the accusative.

3.   For purposes of euphony, final -ν is retained in articles and in adjectives which are followed either by a vowel-sound or by κ, π, τ, ξ, ψ. E.g. Φωνάζω τήν ἀδελφή μου, ...τόν Πέτρο,...τόν καλό γιατρό, but φωνάζω τή μητέρα μου, ...τό Σταῦρο, ...τό γιατρό. *See pp.21-22, par.8.*

4.   <u>In the accusative plural</u>, nouns, adjectives and neuter articles have the same ending which they have in the nominative plural. The one exception is that of articles, nouns and adjectives which form their nominative plural in οι . For the accusative plural these change οι into the vowel-sound *oo*, and feminine article οἱ changes into τίς. E.g.

	NOM.	οἱ καλοί γιατροί				τά κρύα νερά
	ACC.	τούς καλούς γιατρούς				τά κρύα νερά
<u>PLURAL</u>	NOM.	οἱ καλοί μαθητές	οἱ καλές φωνές		τά καλά παιδιά
	ACC.	τούς καλούς μαθητές	τίς καλές φωνές		τά καλά παιδιά
	NOM.	οἱ καλοί πατέρες	οἱ καλές μητέρες		τά καλά μαθήματα
	ACC.	τούς καλούς πατέρες	τίς καλές μητέρες		τά καλά μαθήματα

5.   <u>ACCENTUATION</u>. In the accusative of both numbers, if the stress is on the last syllable, the accent should be an acute. E.g. τούς γιατρούς, τήν καλή φωνή.

6.   <u>USE OF THE ACCUSATIVE</u>. The accusative case serves to answer the questions whom ? & what ? ποιόν;τί; It is used when the noun is the direct object of a verb or of a preposition. E.g. ἡ μητέρα φωνάζει τό γιατρό *mother calls the doctor,* ὁ Κώστας ἔχει καλούς βαθμούς *Costas has good marks,* ὁ Πέτρος φεύγει πρίν ἀπό τή Μαρία *Peter leaves before Maria. See PRACTICE 6, CHAPTER 4.*

7.   <u>VOCATIVE CASE</u>. This case is used when a person, an animal or a thing is called or addressed. In the plural of all nouns and adjectives, the endings of the vocative are similar to those of the nominative. This is also true of the singular of all feminine and neuter nouns and adjectives. *Cont'd on p.47.*

DECLENSION OF

1. PRINCIPAL ENDINGS OF NOUNS AND ADJECTIVES M. F. N.

	ARTICLE	ADJECTIVE	NOUN	ADJECTIVE	NOUN	ADJECTIVE	NOUN
	the	*good*	*brother*	*first*	*pupil*	*young*	*father*
N.	ὁ	καλ-ός	ἀδελφ-ός	πρῶτ-ος	μαθητ-ής	νέ-ος	πατέρ-ας
G.	τοῦ	καλ-οῦ	ἀδελφ-οῦ	πρῶτ-ου	μαθητ-ῆ	νέ-ου	πατέρ-α
A.	τόν	καλ-ό	ἀδελφ-ό	πρῶτ-ο	μαθητ-ή	νέ-ο	πατέρ-α
	the	*good*	*brothers*	*first*	*pupils*	*young*	*fathers*
N.	οἱ	καλ-οί	ἀδελφ-οί	πρῶτ-οι	μαθητ-ές	νέ-οι	πατέρ-ες
G.	τῶν	καλ-ῶν	ἀδελφ-ῶν	πρῶτ-ων	μαθητ-ῶν	νέ-ων	πατέρ-ων
A.	τούς	καλ-ούς	ἀδελφ-ούς	πρῶτ-ους	μαθητ-ές	νέ-ους	πατέρ-ες
	the	*good*	*method*	*first*	*sister*	*young*	*mother*
N.	ἡ	καλ-ή	μέθοδ-ος	πρῶτ-η	ἀδελφ-ή	νέ-α	μητέρ-α
G.	τῆς	καλ-ῆς	μεθόδ-ου	πρώτ-ης	ἀδελφ-ῆς	νέ-ας	μητέρ-ας
A.	τήν	καλ-ή	μέθοδ-ο	πρώτ-η	ἀδελφ-ή	νέ-α	μητέρ-α
	the	*good*	*methods*	*first*	*sisters*	*young*	*mothers*
N.	οἱ	καλ-ές	μέθοδ-οι	πρῶτ-ες	ἀδελφ-ές	νέ-ες	μητέρ-ες
G.	τῶν	καλ-ῶν	μεθόδ-ων	πρώτ-ων	ἀδελφ-ῶν	νέ-ων	μητέρ-ων
A.	τίς	καλ-ές	μεθόδ-ους	πρῶτ-ες	ἀδελφ-ές	νέ-ες	μητέρ-ες
	the	*good*	*book*	*first*	*child*	*new*	*lesson*
N.	τό	καλ-ό	βιβλί-ο	πρῶτ-ο	παιδ-ί	νέ-ο	μάθη-μα
G.	τοῦ	καλ-οῦ	βιβλί-ου	πρῶτ-ου	παιδ-ιοῦ	νέ-ου	μαθή-ματος
A.	τό	καλ-ό	βιβλί-ο	πρῶτ-ο	παιδ-ί	νέ-ο	μάθη-μα
	the	*good*	*books*	*first*	*children*	*new*	*lessons*
N.	τά	καλ-ά	βιβλί-α	πρῶτ-α	παιδ-ιά	νέ-α	μαθή-ματα
G.	τῶν	καλ-ῶν	βιβλί-ων	πρώτ-ων	παιδ-ιῶν	νέ-ων	μαθη-μάτων
A.	τά	καλ-ά	βιβλί-α	πρῶτ-α	παιδ-ιά	νέ-α	μαθή-ματα

2. For a number of feminine nouns ending in -η the endings of the plural are : -εις -εων -εις : ἡ τάξη   τῆς τάξης   τήν τάξη *See p.114, para.4.*   οἱ τάξεις τῶν τάξεων τίς τάξεις.

See p.114, para.4.

3. The adjective πολύς is declined as follows:

M.S	*much*	F.S.	*much*	N.S.	*much*
N.	πολ-ύς	N.	πολλ-ή	N.	πολ-ύ
G.	πολ-ῦ ≃ *	G.	πολλ-ῆς	G.	πολ-ῦ ≃ *
A.	πολ-ύ	A.	πολλ-ή	A.	πολ-ύ
M.PL.	*many*	F.PL.	*many*	N.PL.	*many*
N.	πολλ-οί	N.	πολλ-ές	N.	πολλ-ά
G.	πολλ-ῶν	G.	πολλ-ῶν	G.	πολλ-ῶν
A.	πολλ-ούς	A.	πολλ-ές	A.	πολλ-ά

* *alternate form:* πολλοῦ.

CHAPTER 4

I.

ΔΙΑΛΟΓΟΙ [1]

A. Ο ΚΥΡΙΟΣ ΛΥΡΑΣ & Ο ΚΥΡΙΟΣ ΠΕΤΡΙΔΗΣ

Κ.Λ. Καλημέρα σας[4] κύριε[5] Πετρίδη.[6] Τί κάνετε;[7]

κ.Π. Καλά, πολύ καλά, εὐχαριστῶ, κύριε Λύρα.[8] Ἐσεῖς[9] πῶς εἶστε;[10]

κ.Λ. Δέν εἶμαι[11] τόσο[12] καλά, σήμερα.[13]

κ.Π. Τί ἔχετε;[14] Εἶστε, μήπως,[15] ἄρρωστος;[16]

κ.Λ. Εἶμαι λίγο[17] κρυωμένος.[18] Ὅλοι μας,[19] στό σπίτι[20] εἴμαστε λίγο κρυωμένοι.[21]

κ.Π. Δέν εἶστε οἱ μόνοι.[22] Εἶναι ὁ καιρός.[23]

κ.Λ. Τό φαντάζομαι.[24] Παλιόκαιρος.[25]

κ.Π. Γιατί[26] δέν πηγαίνετε[27] σπίτι σας;[28]

κ.Λ. Ἔχετε δίκιο.[29] Αὐτό πρέπει νά κάνω.[30]

κ.Π. Σᾶς εὔχομαι[31] περαστικά.[32]

κ.Λ. Σᾶς εὐχαριστῶ[33] κύριε Πετρίδη. Χαίρετε.[34]

κ.Π. Χαίρετε κύριε Λύρα.

plural or formal

1.Dialogues 2.Mr.Lyras 3.Mr.Petridis 4.good morning 5.Mr.*(vocative)* 6.*(vocative)* 7.how are you?*(formal)* 8.*(vocative)* 9.you*(formal)* 10. how are you?*(formal)* 11. I am not 12.so 13.today 14.what is the matter? 15.do you happen to be 16.ill 17.a little 18. (I have a little)cold 19.all of us 20.at home 21.we have a little cold 22.You are not the only ones 23. it is the weather 24.I imagine so 25.. miserable weather 26. why 27.don't you go 28. home? 29.you are right 30.this is what I must do 31.I wish you 32.'to get well'33. I thank you 34. good-bye

B. Η ΚΥΡΙΑ ΛΥΡΑ & Η ΚΥΡΙΑ ΠΕΤΡΙΔΗ

Κ.Λ. Καλημέρα σας κυρία Πετρίδη.[3] Τί κάνετε; πῶς εἶναι ἡ οἰκογένεια;[4]

κ.Π. Καλημέρα σας κυρία Λύρα.[5] Πῶς εἶστε; Πῶς εἶναι ὁ κύριος Λύρας καί τά παιδιά;[6]

κ.Λ. Ἔτσι κ'ἔτσι.[7] Εἶναι ὅλοι[8] λίγο κρυωμένοι.[9]

κ.Π. Δέν εἶστε οἱ μόνοι.[10] Οἱ δυό μικρές μου[11] κόρες[12] εἶναι κρυωμένες.[13]

κ.Λ. Εἶναι σπίτι;[14]

κ.Π. Εἶναι σπίτι μόνες.[15] Τά δικά σας παιδιά;[16]

κ.Λ. Εἶναι καί τά δύο κρυωμένα.[17] Εἶναι σπίτι μόνα.[18] Κοιτάζουν[19] τηλεόραση.[20]

κ.Π. Καί τά δικά μου.[21] Περαστικά.[22]

κ.Λ. Εὐχαριστῶ, ἐπίσης.[23]

1.Mrs.Lyra 2.Mrs.Petridi 3.*(vocative)* 4.family 5.*(vocative)* 6.the children 7 so-so 8.they all(are)9.(have) a little cold 10.you are not the only ones 11.my two little 12.daughters 13.have a cold 14.are they home? 15.alone 16.your children? 17.they both have a cold 18.they are home alone 19.they are watching 20.television 21.mine too 22.(I wish them)'to get well' 23.the same(for yours)

C.   Η ΠΡΩΤΗ ΤΑΞΗ - Η ΠΡΩΤΗ ΜΕΡΑ   CHAPTER 4.

Δ. = Δάσκαλος.   Μ. = Μαθητής.

Δ. - Αὐτή ἡ τάξη[3] εἶναι ἡ πρώτη τάξη. Ἐγώ εἶμαι ὁ
δάσκαλος. Δέν ξέρω τά ὀνόματά σας[4]. Ἐμέ-
να, μέ λένε Πέτρο[5]. Ἐσένα, πῶς σέ λένε;[6]

Μ. - Ἐμένα;[7]

Δ. - Ναί, ἐσένα.[8]

Μ. - Μέ λένε Στέφανο.[9]

Δ. - Στέφανε[10], μιλᾶς ἑλληνικά;[11]

Μ. - Ὄχι, καταλαβαίνω μόνο[12] δέ μιλῶ[13].

Δ. - Ὁ διπλανός σου[14] μιλάει ἑλληνικά;[15]

Μ. - Ὄχι, δέν καταλαβαίνει καθόλου.[16]

Δ. - Πῶς τόν λένε;[17]

Μ. - Τόν λένε Παῦλο.[18]

Δ. - Παῦλο, πῶς τόν λένε αὐτόν;[19]

Μ. - Στέφανο.[20]

Δ. - Στέφανε, πῶς λένε τή διπλανή σου;[21]

Μ. - Τή λένε Ἑλένη.[22]

Δ. - Ἑλένη, πόσοι φοιτητές[23] καί πόσες φοιτή-
τριες[24] εἶναι ἐδῶ[25] σήμερα;[26]

Μ. - Ἔντεκα[27] φοιτήτριες καί δέκα φοιτητές.

Δ. - Πόσοι καταλαβαίνουν[28] ἑλληνικά;

Μ. - Δέν ξέρω.

Δ. - Ποιός ἄλλος[29] καταλαβαίνει ἑλληνικά;

Μ. - Ἐγώ. Λίγες λέξεις[30] μόνο.[31]

Δ. - Πῶς σέ λένε;

Μ. - Νίκη.

Δ. - Νίκη, πῶς λένε τή διπλανή σου;

Μ. - Νέλλη, δέν ξέρει καθόλου[32] ἑλληνικά.

Δ. - Ποιός ἄλλος[33] δέν ξέρει καθόλου ἑλληνικά;

Μ. - Αὐτοί ἐκεῖ.[34]

Δ. - Αὐτοί νά μείνουν ἐδῶ.[35] Ἐσεῖς[36] νά πᾶτε στή
δεύτερη[37] τάξη. Ἡ πρώτη, εἶναι πολύ
εὔκολη γιά σᾶς.[38]

1.the first class(a
class for beginners)
2.the first day 3.
this class 4.your
names 5.'my name is'
Peter 6.'what is your
name'? 7.'mine'? 8.
'yours' 9.'my name
is'Stephanos 10.(vo-
cative) 11.do you
speak Greek? 12.I
understand only 13.
I don't speak 14.the
(student) next to you
15.does he speak Greek?
16.he doesn't under-
stand at all 17.'what
is his name'? 18.'his
name is' Paul
19.Paul,'what is his
name'? 20.Steve
21.'what is the name
of the (one) next to
you'? 22.'her name is
Helen' 23.how many
students(men) 24.how
many students(women)
25.are there here 26.
today? 27.eleven 28
understand 29.who
else 30.a few words
31.only(just a few
words)

32.at all

33.who else
34.those(students)
there 35.those
should stay here
36.you 37.should go
to the second 38.is
very easy for you.

D.   VOCABULARY   CHAPTER 4

	NOUNS			ADVERBS-PREPOSITIONS-CONJUNCTIONS	
1	ὁ κύριος	gentleman, Mr.	35	λίγο	a little
2	ἡ κυρία	lady, Mrs.	36	καθόλου	(not) at all
3	ἡ δεσποινίς, δεσποινίδα	young lady, Miss		VERBS AND EXPRESSIONS	
4	τό ὄνομα	name			
5	τό μάθημα	lesson, course	37	κάνω	I make, do
6	ἡ τάξη	class(room)	38	τί κάνεις; πῶς εἶσαι;	how are you?
7	ἡ λέξη	word	39	τί κάνετε; πῶς εἶστε;	how are you?
8	τό βιβλίο	book	40	τί ἔχεις; ἔχετε;	what's the matter?
9	ὁ φοιτητής	student (m)	41	ζεσταίνομαι	I am hot
10	ἡ φοιτήτρια	student (f)	42	κρυώνω	I am cold
11	τά ἑλληνικά	Greek (language)	43	εἶμαι κρυωμένος	I have a cold
12	ὁ καιρός	time, weather	44	μιλῶ	I speak
13	ὁ παλιόκαιρος	miserable weather	45	μιλάει	he, she, it speaks
14	τό κρύο	cold(ness)	46	λέω, λένε	I say, they say
15	ἡ ζέστη	heat	47	πῶς σέ λένε;	what's your name?
16	τό δίκιο	right	48	μέ λένε...	my name is...
17	τό ἄδικο	wrong	49	καταλαβαίνω	I understand
			50	πρέπει	must
	ARTICLES, PRONOUNS & ADJECTIVES		51	νά μείνουν	they are to stay, should stay
18	αὐτοί, αὐτές, αὐτά	they (m,f,n)	52	πάω, πᾶς	I go, you go
19	αὐτοί, αὐτές, αὐτά	these (m,f,n)	53	πάει	he, she, it goes
20	αὐτόν, αὐτήν, αὐτό	him,her,it	54	πᾶτε	you go
21	τό τή τό	the (m,f,n);	55	νά πᾶτε	(you should) go
	τόν, τήν, τό	him,her,it	56	εὔχομαι	I wish
22	μέ, σέ	me, you	57	τό φαντάζομαι	I imagine so
23	ἐμένα, ἐσένα	me, you	58	χαίρετε	hello, good-bye
24	ἐμεῖς, ἐσεῖς	we, you	59	εὐχαριστῶ	I thank (you)
25	μᾶς, σᾶς	us, you	60	ἔχετε δίκιο	you are right
26	δικός -ή/-ιά -ό μου	my own,mine	61	εἶμαι σπίτι	I am at home
27	δύσκολος -η -ο	difficult	62	μένω σπίτι	I stay at home
28	εὔκολος -η -ο	easy	63	ἔτσι κ'ἔτσι	so-so
29	μόνος -η -ο	only, alone	64	περαστικά	get well
30	λίγος -η -ο	little, few	65	ἐπίσης	the same (to you)
31	ἄρρωστος -η -ο	sick	66	ὁ διπλανός μου	the person next to me
32	γερός -ή -ό	healthy,strong	67	ὅλοι μας	all of us
33	ζεστός -ή -ό	hot, warm	68	καί τά δύο	both of them
34	κρύος -α -ο	cold	69	μήπως	perhaps

Cont'd from p.43.

Of the remaining nouns and adjectives, those which end in -ος form their vocative by changing - ος into -ε, and the nouns which end in - ας, -ης form their vocative by dropping the - ς. There are, of course, some exceptions. E.g. most proper nouns ending in -ος form their vocative by dropping the -ς as do nouns ending in -ας, -ης. Thus, the vocatives for Νίκος, Πέτρος, Γιῶργος, Κώστας, Γιάννης are Νίκο, Πέτρο, Γιῶργο, Κώστα, Γιάννη, but the vocatives for θεός, δάσκαλος, πατέρας, μαθητής are: θεέ, δάσκαλε, πατέρα, μαθητή.

48

SINGULAR	NOMINATIVE	ACCUSATIVE
1. – Ὁ γιός μου *My son*	Εἶναι ὁ γιός μου *He is my son*	Βλέπω τό(ν) γιό μου *I see my son*
2. – Ποιός γιός σου; *Which son?*	– Ὁ μικρός γιός μου *My little son*	Βλέπω τό μικρό γιό μου *I see my little son*
3. – Πῶς τόν λένε; *What is his name?* (" *do they call him?*)	– Τό μικρό γιό μου; *My little son?(son's?)*	– Τόν λένε Γιαννάκη *His name is Johnny* *(They call him Johnny)*
4. – Ἡ κόρη μου *My daughter*	Εἶναι ἡ κόρη μου *She is my daughter*	Βλέπω τήν κόρη μου *I see my daughter*
5. – Ποιά κόρη σου; *Which daughter?*	– Ἡ μικρή κόρη μου *My little daughter*	Βλέπω τή μικρή κόρη μου *I see my little daughter*
6. – Πῶς τή λένε; *What is her name?*	– Τή μικρή κόρη μου; *My little daughter ?*	– Τή λένε Ἀννούλα *Her name is Annoula*

SINGULAR AND PLURAL		
1. Ὁ βαθμός μου *My mark*	Εἶναι ὁ βαθμός μου *It is my mark*	Ἔχω τό βαθμό μου *I have my mark*
2. Οἱ βαθμοί μου *My marks*	Εἶναι οἱ βαθμοί μου *They are my marks*	Ἔχω τούς βαθμούς μου *I have my marks*
3. Ἡ γνώμη σου *Your opinion*	Εἶναι ἡ γνώμη σου *It is your opinion*	Λές τή γνώμη σου *You(say)give your opinion*
4. Οἱ γνῶμες σου *Your opinions*	Εἶναι οἱ γνῶμες σου *They are your opinions*	Λές τίς γνῶμες σου *You give your opinions*
5. Τό βιβλίο του *His book*	Εἶναι τό βιβλίο του *It is his book*	Ἔχω τό βιβλίο του *I have his book*
6. Τά βιβλία του *His books*	Εἶναι τά βιβλία του *They are his books*	Ἔχω τά βιβλία του *I have his books*
7. Ἡ γνώμη της *Her opinion*	Εἶναι ἡ γνώμη της *It is her opinion*	Λέει τή γνώμη της *She gives her opinion*
8. Οἱ γνῶμες της *Her opinions*	Εἶναι οἱ γνῶμες της *They are her opinions*	Λέει τίς γνῶμες της *She gives her opinions*

SINGULAR & PLURAL NOMINATIVE	SINGULAR & PLURAL ACCUSATIVE
1. Εἶναι ἡ δική της γνώμη *It is her own opinion*	Λέει τή δική της γνώμη *She gives her own opinion*
2. Εἶναι οἱ δικές της γνῶμες *They are her own opinions*	Λέει τίς δικές της γνῶμες *She gives her own opinions*
3. Εἶναι ὁ δικός του βαθμός *It is his own mark*	Ξέρει τό δικό του βαθμό *He knows his own mark*
4. Εἶναι οἱ δικοί του βαθμοί *They are his own marks*	Ξέρει τούς δικούς του βαθμούς *He knows his own marks*

I SPEAK= ΜΙΛΩ　　　I KNOW=ΞΕΡΩ	I UNDERSTAND = ΚΑΤΑΛΑΒΑΙΝΩ

Ο Πέτρος μιλάει ἑλληνικά
A.　*Peter speaks Greek*

1　Q - Ὁ Πέτρος μιλάει. Τί κάνει;
　A - <u>μιλάει</u>.

2　Q - Μιλάει ἑλληνικά. Τί μιλάει;
　A - μιλάει ἑλληνικά.

3　Q - Τί μιλάει ὁ Πέτρος;
　A - ὁ Πέτρος μιλάει ἑλληνικά.

4　Q - Ἐσύ,　μιλᾶς　ἑλληνικά;
　A - ὄχι.

5　Q - Δέ μιλᾶς ἀκόμη;
　A - ὄχι ἀκόμη.*

6　Q - Ἐγώ τί κάνω;
　A - <u>μιλᾶς</u>.

7　Q - Τί μιλῶ ἐγώ;
　A - μιλᾶς ἑλληνικά.

8　Q - Ἐσύ μιλᾶς ἑλληνικά;
　A - ὄχι, δέ <u>μιλῶ</u> ἑλληνικά.

9　Q - Δέ μιλᾶς ἀκόμη;
　A - ὄχι, δέ μιλῶ ἀκόμη.

Ξέρει πολλές λέξεις.
B.　*He knows many words*

1　Q - Ὁ Πέτρος ξέρει πολλές λέξεις;
　A - ναί, <u>ξέρει</u>.

2　Q - Τί ξέρει ὁ Πέτρος;
　A - ξέρει πολλές λέξεις.

3　Q - Ἐσύ,　<u>ξέρεις</u> πολλές λέξεις;
　A - ὄχι.

4　Q - Δέν ξέρεις ἀκόμη;
　A - ὄχι ἀκόμη.

5　Q - Ἐγώ ξέρω πολλές λέξεις;
　A - ναί, <u>ξέρεις</u>.

6　Q - Τί ξέρω ἐγώ;
　A - ξέρεις πολλές λέξεις.

7　Q - Ἐσύ δέν ξέρεις πολλές λέξεις;
　A - ὄχι, δέν <u>ξέρω</u> πολλές λέξεις.

8　Q - Ξέρεις λίγες λέξεις;*
　A - ναί, ξέρω λίγες λέξεις.

Ἡ Μαίρη δέν τόν καταλαβαίνει
C.　*Mary does not understand him*

1　Q - Δέν καταλαβαίνει. Τί κάνει;
　A - <u>δέν καταλαβαίνει</u>.

2　Q - Ἡ Μαίρη δέν καταλαβαίνει.
　　　Ποιός δέν καταλαβαίνει;
　A - Ἡ Μαίρη δέν καταλαβαίνει.

3　Q - Ποιόν δέν καταλαβαίνει;
　A - δέν καταλαβαίνει τόν Πέτρο.

4　Q - Δέν τόν καταλαβαίνει;
　A - ὄχι, <u>δέν τόν καταλαβαίνει</u>.

5　Q - Ἐσύ τόν καταλαβαίνεις;
　A - ὄχι.

6　Q - Δέν τόν καταλαβαίνεις ἀκόμη;
　A - ὄχι ἀκόμη.

7　Q - Ἐγώ τόν καταλαβαίνω;
　A - ναί, ἐσύ τόν <u>καταλαβαίνεις</u>.

8　Q - Γιατί τόν καταλαβαίνω;
　A - γιατί ξέρεις ἑλληνικά.

9　Q - Ἐσύ δέν τόν καταλαβαίνεις;
　A - ὄχι, <u>δέν τόν καταλαβαίνω</u>.

10　Q - Μιλάει γρήγορα; *
　A - ὄχι, δέ μιλάει γρήγορα.

11　Q - Μιλάει ἀργά;　*
　A - ναί, μιλάει ἀργά.

12　Q - Ἐγώ γιατί τόν καταλαβαίνω;
　A - γιατί ξέρεις πολλές λέξεις.

13　Q - Ἐσύ δέν ξέρεις πολλές λέξεις;
　A - ὄχι ἀκόμη.

14　Q - Καταλαβαίνεις λίγες λέξεις;
　A - ναί, καταλαβαίνω.　　/νεις;

15　Q - Τόν Πέτρο, δέν τόν καταλαβαί-
　A - ὄχι, τόν Πέτρο δέν τόν κα-
　　　ταλαβαίνω.

*

ὄχι ἀκόμη　　　*not yet*
λίγες λέξεις　　*few words*

γρήγορα　　　*fast, quickly*
ἀργά　　　　*slowly*

III. GRAMMAR A. <u>PERSONAL & POSSESSIVE PRONOUNS</u> CHAPTER 4.

1. PERSONAL PRONOUNS are declinable words used instead of nouns. They indicate the person or persons speaking, spoken to, and spoken of :

	SINGULAR			PLURAL		
1st person	ἐγώ	μιλῶ	I speak	ἐμεῖς	μιλοῦμε	we speak
2nd person	ἐσύ	ἀκοῦς	you listen	ἐσεῖς	ἀκοῦτε	you listen
3rd person	αὐτός	γράφει	he writes	αὐτοί	γράφουν	they write

2. The only personal pronoun which indicates gender is the pronoun for the third person : αὐτός. This pronoun takes the gender of the noun which it represents, as follows : αὐτός (ὁ πατέρας) μιλάει, αὐτή (ἡ μητέρα) ἀκούει, αὐτό (τό παιδί) γράφει. The declension of this pronoun is similar to that of an adjective ending in -ος -η -ο. See p.51.

3. In the <u>nominative</u> case, personal pronouns serve to indicate the <u>subject</u> of a sentence. They are used, however, only when emphasis is required on that subject : δέ φταῖς ἐσύ, ἐγώ φταίω (you are not to blame, I am), but : δέν ἀκοῦς τί λέω (you don't hear what I say).

4. In the <u>genitive</u> case, (see p.51), personal pronouns (to me, to you, etc.) serve to indicate the <u>indirect object</u> of a sentence: she gives... to me μοῦ δίνει, I write to you σοῦ γράφω, etc.

5. In the <u>accusative</u> case, (see p.51), personal pronouns (me, you, him, etc.) serve to indicate the <u>direct</u> object of a sentence : she calls me μέ φωνάζει, she calls you σέ φωνάζει, etc.

6. Personal pronouns are attached to verbs and precede them in all instances save one : when a verb is used in the Imperative. E.g.

she calls me =	μέ φωνάζει,		he gives me =	μοῦ δίνει,
call me =	φώναξέ με,		give me =	δῶσε μου.

7. Notice that when the pronoun follows the verb, it becomes <u>enclitic</u>, i.e. either it loses its accent as in δῶσε μου, or it shifts its accent on the last syllable of the preceding word, if that word is stressed on the third to last syllable as in φώναξέ με, τηλεφώνησέ μου, κοίταξέ τους, etc.

8. POSSESSIVE PRONOUNS. When personal pronouns in the genitive case (μοῦ, σοῦ, τοῦ, etc.) are attached to nouns instead of being attached to verbs, they follow the noun, they lose their accent (or become enclitic) and they are called <u>possessive pronouns</u> because they indicate something as belonging to a person or to a thing : ὁ πατέρας <u>μου</u> my father, ὁ πατέρας <u>σου</u> your father, ὁ πατέρας <u>του</u> his father, τό μάθημά <u>μου</u>, τό μάθημά <u>σου</u>, τό μάθημά <u>του</u> my lesson your lesson, his lesson. See p.51.

9. <u>EMPHATIC AND UNEMPHATIC FORMS</u>. Both personal and possessive pronouns have a longer form which is emphatic, and a shortened form which is unemphatic (see p.51). The use of the latter is more frequent. In this form, neither the personal nor the possessive pronouns can stand alone: the personal should be attached to a verb: μοῦ δίνεις, δῶσε μου: the possessive, to a noun: τό βιβλίο μου.

DECLENSION OF

1. PERSONAL AND POSSESIVE PRONOUNS

		PERSONAL			POSSESIVE	
		FIRST PERSON		SECOND PERSON	FIRST PERSON	SECOND PERSON
		EMPHATIC *UNEMPHATIC*		*EMPHATIC* *UNEMPHATIC*	*UNEMPHATIC*	*UNEMPHATIC*
S.	N.	ἐγώ	— *I*	ἐσύ — *you*		
	G.	ἐμένα μοῦ *to me*		ἐσένα σοῦ *to you*	μου *my*	σου *your*
	A.	ἐμένα μέ *me*		ἐσένα σέ *you*		
PL.	N.	ἐμεῖς — *we*		ἐσεῖς — *you*		
	G.	ἐμᾶς μᾶς *to us*		ἐσᾶς σᾶς *to you*	μας *our*	σας *your*
	A.	ἐμᾶς μᾶς *us*		ἐσᾶς σᾶς *you*		

		PERSONAL		POSSESSIVE	
		THIRD PERSON	MASCULINE	THIRD PERSON	
		EMPHATIC *UNEMPHATIC*		*UNEMPHATIC*	
S.	N.	αὐτός τος *he*			
	G.	αὐτοῦ τοῦ *to him*		του *his*	
	A.	αὐτόν τόν *him*			
PL.	N.	αὐτοί τοι *they*			
	G.	αὐτῶν τούς *to them*		τους *their*	
	A.	αὐτούς τούς *them*			

		PERSONAL		POSSESSIVE	
		THIRD PERSON	FEMININE	THIRD PERSON	
		EMPHATIC *UNEMPHATIC*		*UNEMPHATIC*	
S.	N.	αὐτή τη *she*			
	G.	αὐτῆς τῆς *to her*		της *her*	
	A.	αὐτή(ν) τή(ν) *her*			
PL.	N.	αὐτές τες *they*			
	G.	αὐτῶν τούς *to them*		τους *their*	
	A.	αὐτές τίς *them*			

		PERSONAL		POSSESSIVE	
		THIRD PERSON	NEUTER	THIRD PERSON	
		EMPHATIC *UNEMPHATIC*		*UNEMPHATIC*	
S.	N.	αὐτό το *it*			
	G.	αὐτοῦ τοῦ *to it*		του *its*	
	A.	αὐτό τό *it*			
PL.	N.	αὐτά τα *they*			
	G.	αὐτῶν τούς *to them*		τους *their*	
	A.	αὐτά τά *them*			

2. Possessive pronouns become emphatic when they are preceded by the adjective 'own': δικός for the masculine, δική for the feminine and δικό for the neuter. *See PRACTICE 5 & 6, and GRAMMAR p.61.*

3.   The adjective δικός, δική, δικό(*own*) takes the gender and the number of the noun which it qualifies. The definite article placed in front of this adjective indicates the gender of the noun qualified by that adjective:-

	'Ο πατέρας λέει τή γνώμη του	*Father gives his opinion*
EMPHATIC	'Ο πατέρας λέει τή δική του γνώμη	" " <u>his</u> *opinion*
	'Η Σοφία βλέπει τόν πατέρα της	*Sofia sees her father*
EMPHATIC	'Η Σοφία βλέπει τό δικό της πατέρα	" " <u>her</u> *father*
	'Η Μαρία φωνάζει τά παιδιά της	*Maria calls her children*
EMPHATIC	'Η Μαρία φωνάζει τά δικά της παιδιά	" " <u>her</u> *children*

4.   Students should not confuse the unemphatic personal pronouns: τοῦ, τῆς, τοῦ (*to him, to her, to it*), τόν, τήν, τό (*him, her, it*) and the plural of these pronouns : τούς, τύς, τά, with the genitive and the accusative of articles. In the examples appearing below, notice that articles precede nouns whereas unemphatic pronouns precede or follow verbs:

(a) S. (Genitive)	PERSONAL PRONOUNS (Accusative)
Τοῦ μιλῶ (*I speak to him*	Τόν φωνάζω (*I call him*
τῆς " " *to her*	τή(ν) " " *her*
τοῦ " " *to it*)	τό " " *it*)

(b) S. (Genitive)	DEFINITE ARTICLES (Accusative)
Μιλῶ τοῦ πατέρα (*I speak to the father*	Φωνάζω τόν πατέρα (*I call the father*
" τῆς μητέρας " " " *mother*	" τή μητέρα " " *mother*
" τοῦ παιδιοῦ " *child*)	" τό παιδί " " *child*)

(c)* Pl.(Genitive)	PERSONAL PRONOUNS (Accusative)
Τούς μιλῶ (*I speak to them*) m.	Τούς φωνάζω (*I call them*) m.
" " " " " f.	τύς " " " " f.
" " " " " n.	τά " " " " n.

(d) Pl.(Accusative)	DEFINITE ARTCLES (Accusative)	*I call*
Μιλῶ στούς πατέρες (*I speak to the fathers*	Φωνάζω τούς πατέρες (/*the fathers*
" στύς μητέρες " " " *mothers*	" τύς μητέρες " *mothers*
" στά παιδιά " " " *children*)	" τά παιδιά " *children*)

* *Notice that,* <u>*in the plural*</u>, *the personal pronouns* τοῦ-τῆς-τοῦ *have only one form* (τούς) *for* <u>*all three*</u> *genders, when the verb to which they are attached requires an indirect object. Also notice that* τούς *which is an accusative also serves to indicate the genitive of pers.pronouns, when those pronouns are used as indirect objects: sing.gen.* τοῦ μιλῶ, *pl.gen.* τούς μιλῶ.

5.   Students will have noticed that the shortened forms of αὐτός-αὐτή-αὐτό bear no accent in the nominative of both numbers(*see p.51*). These forms usually follow the adverb : νά (*there*). E.g. νάτος (*there he is*), νάτη(ν)(*there she is*), νάτο(*there it is*), νάτοι, νάτες, νάτα(*there they are*).

6.   The shortened form τύς of the personal pronoun αὐτές(*see p.51*) becomes τες when it follows the verb: τύς φωνάζω (*I call them*), φώναξέ τες (*call them*).

7.   When they are accented, the following personal pronouns always take a circumflex:- μοῦ, σοῦ, τοῦ τῆς τοῦ, ἐμεῖς, ἐμᾶς μᾶς, ἐσεῖς, ἐσᾶς σᾶς.

CHAPTER 5

I. A.

ΔΕ Μ' ΕΝΔΙΑΦΕΡΕΙ[1]

1.   Σήμερα δέν κάνει καλό καιρό[2]. Ὁ Κώστας
δέν πηγαίνει[3] στό γραφεῖο του[4] μέ τά πόδια[5].
Παίρνει[6] τό λεωφορεῖο[7] γιατί κρυώνει[8]. Κάθε-
ται[9] δίπλα σέ[10] μιά κοπέλλα[11]. Εἶναι ἡ Ἑλένη.
-   Γειά σου[12] Κώστα. Πῶς σοῦ φαίνεται[13] ὁ
     καιρός[14] σήμερα;
-   Γειά σου Ἑλένη. Δέν μ'ἀρέσει καθόλου[15].
-   Οὔτε κ'ἐμένα[16]. Ἔχεις καμιά ἐφημερίδα[17];
-   Ἔχω, γιατί; Τί τήν θέλεις;[18]
-   Μοῦ τήν δίνεις[19]; Μ'ἐνδιαφέρει[20].
-   Νάτην[21], πάρε την[22]. Δέν καταλαβαίνω[23]
     πῶς μπορεῖς[24] καί τήν διαβάζεις[25].
-   Μέ διασκεδάζει[26]. Θέλεις νά σοῦ διαβάσω[27];

2.   Ὁ Κώστας δέν εἶναι σίγουρος[28]. Δέν τοῦ
ἀρέσουν[29] οἱ ἐφημερίδες[30]. Τίς βρίσκει[31] βαρετές[32]
καί κακογραμμένες[33]. Τήν Ἑλένη ὅμως[34] τή
διασκεδάζουν[35].
-   Ἄκουσε[36] αὐτή τήν παράγραφο[37]. Δέ σοῦ
     φαίνεται[38] ἀστεία;[39]

Ἡ Ἑλένη διαβάζει τοῦ Κώστα[40] μιά φράση ἑνός
ἄρθρου[41]. Εὐτυχῶς[42], τό λεωφορεῖο φθάνει[43]
στή στάση[44] τῆς Ἑλένης. Ἡ Ἑλένη δίνει τήν
ἐφημερίδα στόν Κώστα :
-   Κράτησέ την[45], δέν τήν θέλω.
-   Ἀφοῦ[46] δέν σ'ἐνδιαφέρει, γιατί τήν ἀγο-
     ράζεις[48];
-   Γιατί θέλω νά μαθαίνω[49] τά νέα[50]. Μ'ἀρέ-
     σει νά μαθαίνω[51] τά νέα. Τό γράψιμο[52]
     δέν μ'ἀρέσει[53].
-   Δέν συμφωνῶ μαζί σου[54]. Γειά σου. Κατεβαίνω[55]
-   Τό ξέρω πώς δέν συμφωνεῖς[56]. Γειά σου.

1. I am not interested 2. the weather is not good 3. does not go 4. to his office 5. on foot 6. he takes 7. the bus 8. because he is cold 9. he sits 10. next to 11. a girl 12. hello 13. what do you think of 14. the weather 15. I don't like it at all 16. neither do I 17. do you have a paper? 18. what do you want it for? 19. may I have it? 20. it interests me 21. here it is 22. take it 23. I don't understand 24. how you can 25. read them 26. they amuse me 27. do you want me to read to you? 28. Costas is not sure 29. he doesn't like 30. newspapers 31. he finds them 32. boring 33. badly written 34. but 35. they amuse Helen 36. listen to 37. this paragraph 38. don't you find it 39. funny? 40. reads to Costas 41. a sentence of an article 42. fortunately 43. comes near to 44. the bus stop 45. keep it 46. since 47. it doesn't interest you 48. why do you buy it? 49. because I want to know 50. the news 51. I like knowing 52. it is the writing 53. (that) I don't like 54. I don't agree with you 55. I'm getting off 56. I know that you don't agree

B.   ΔΥΟ ΦΙΛΟΙ[1]

1. Ὁ Κώστας καί ἡ Ἑλένη εἶναι φίλοι. Ἐκεῖνος[2] εἶναι ζωγράφος[3] καί αὐτή,[4] φοιτή- τρια[5] στό πανεπιστήμιο.[6] Ὁ Κώστας δουλεύει[7] σέ[8] ἕνα[9] μεγάλο[10] κατάστημα,[11] διακοσμητής.[12] Ἡ Ἑλένη σπουδάζει[13] ἰατρική.[14] εἶναι στό πρῶτο ἔτος.[15] Μένουν στήν ἴδια[16] γειτονιά.[17] Τά σπίτια τους[18] εἶναι στόν ἴδιο δρόμο.[19]

1.two friends 2.he 3.a painter 4.she 5.a student 6.at the university 7.works 8.in 9.a 10.big 11.store 12.(as a)decorator 13.is studying 14. medicine 15.first year 16.they live in the same 17.neighbourhood 18. their houses 19.on the same street

2. Τίς καθημερινές,[20] πολλές φορές[21] περι- μένουν[22] τό λεωφορεῖο μαζί.[23]Ὅταν κάνει κα- λό καιρό[24] πᾶνε[25] στή δουλειά τους[26] μέ τά πό- δια.[27] Δέν εἶναι μακρυά[28] καί ὁ δρόμος ἔχει πεζοδρόμιο,[29] καί ἀπό τίς δύο πλευρές.[30]

20.on weekdays 21.very often 22.they wait for 23.when the weather is good 25.they go 26.to work 27.on foot 28. it is not far 29.sidewalks 30.on both sides

3. Τίς Κυριακές,[31] ὅταν κάνει καλό καιρό, δη- λαδή[32] ὅταν ἔχει πολύ καί καλό χιόνι,[33] ἡ Ἑλέ- νη πάει γιά σκί[34] στά βουνά,[35] μιά ὥρα δρόμο[36] ἔξω ἀπό τήν πόλη.[37] Καμιά φορά,[38] ὅταν ἔχει καιρό,[39] φεύγει[40] ἀπό[41] τήν Παρασκευή βράδυ.[42] Μένει ἔξω[43] στήν ἐξοχή[44] ὅλο τό Σαββατοκύριακο.[45]

31.on Sundays 32.that is to say 33.snow 34.goes skiing 35.to the mountain 36.an hour's dis- tance 37.outside the city 38.sometimes 39.when she has time 40.leaves 41. from 42.Friday evening 43. out 44.in the country 45. the whole weekend 46.

4. Ὁ Κώστας δέν κάνει οὔτε σκί[46] οὔτε κανέ- να ἄλλο[47] σπόρ. Μένει σπίτι[48] ὅλα σχεδόν[49] τά Σαββατοκύριακα.[50] Ἔχει[51] ἕνα μεγάλο στούντιο καί κάθεται[52] καί ζωγραφίζει.[53] Καμιά φορά, ὅταν ὁ ἥλιος[54] εἶναι εὐχάριστος,[55] πάει στό πάρκο καμιά ὥρα.[56] Ποτέ δέ μένει[57] πολύ ἔξω.[58]

neither skis 47.nor...any other 48.home 49.almost all 50.weekends 51.he has 52.and stays 53.paints 54.sun 55.pleasant 56. for an hour or so 57.never stays 58.out very much 59. does not understand 60. does not take up sports 61. on the other hand 62.so much 63.alone 64.in such a cold weather 65.so much snow 66.she might break a leg

5. Ἡ Ἑλένη δέν καταλαβαίνει[59] γιατί δέν κάνει σπόρ[60] ὁ Κώστας. Αὐτός πάλι[61] δέν κα- ταλαβαίνει γιατί κάνει τόσο[62] σκί ἡ Ἑλένη. Μόνη,[63] μέ τόσο κρύο,[64] καί τόσο χιόνι,[65] μπορεῖ νά σπάσει κανένα πόδι.[66]

NOUNS

1	ἡ δουλειά	work, job
2	τό γραφεῖο	office
3	τό κατάστημα	store
4	ἡ γειτονιά	neighbourhood
5	ἡ ὁδός	way, street
6	ὁ δρόμος	street
7	τό πεζοδρόμιο	sidewalk
8	ἡ πλευρά	side
9	τό λεωφορεῖο	bus
10	ἡ στάση	bus stop
11	ὁ φίλος, ἡ φίλη	friend (m,f)
12	ὁ,ἡ ζωγράφος	painter (m,f)
13	ὁ,ἡ γιατρός	doctor (m,f)
14	ἡ ἰατρική	medicine
15	τό ἔτος, τά ἔτη	year, years
16	τό ἄρθρο	article
17	τό γράψιμο	writing
18	ἡ φράση	sentence
19	ὁ ἥλιος	sun
20	τό χιόνι	snow
21	ἡ πόλη	city
22	ἡ ἐξοχή	countryside
23	τό βουνό	mountain
24	ἡ θάλασσα	sea
25	τό πόδι	foot, leg
26	τό χέρι	hand, arm
27	τό δάχτυλο	finger
28	τό νύχι	fingernail

ARTICLES, PRONOUNS & ADJECTIVES

29	στόν, στήν, στό	(m,f,n)
30	ἑνός, μιᾶς, ἑνός	of a (m,f,n)
31	ἐκεῖνος, ἐκείνη, ἐκεῖνο	that (one) (m,f,n)
32	κανένας, καμία, κανένα	none, not one, any (m,f,n)
33	καλός	good
34	κακός	bad
35	κακογραμμένος	badly written
36	βαρετός	boring
37	ἀστεῖος	funny
38	εὐχάριστος	pleasant
39	καθημερινός	daily
40	σίγουρος	sure, certain

ADVERBS, PREPOSITIONS & CONJUNCTIONS

41	σχεδόν	almost
42	δηλαδή	that is to say
43	εὐτυχῶς	fortunately
44	πάλι	again, on the other hand
45	ξανά	again
46	μέσα	inside
47	ἔξω (ἀπό)	outside
48	δίπλα, πλάι	next to
49	πῶς;	how?
50	πώς	that
51	ὅταν	when
52	ἀφοῦ	since
53	ἀπό	from
54	γιά νά	in order to
55	μαζί μου, σου	with me, you

VERBS AND EXPRESSIONS

56	δίνω, θέλω	I give, I want
57	τί τό θέλεις;	what do you want it for?
58	παίρνω, πάρε	I take, take
59	φθάνω	I reach, arrive
60	ἀκούω, ἄκουσε	I listen, listen
61	δουλεύω	I work
62	βρίσκω	I find
63	ἀγοράζω	I buy
64	σπουδάζω	I study
65	σπάζω	I break
66	ζωγραφίζω	I paint
67	κατεβαίνω	I go down, get off
68	μαθαίνω	I learn
69	περιμένω	I wait, I wait for
70	κρατῶ, κράτησε	I keep, keep
71	συμφωνῶ	I agree
72	μπορῶ, μπορεῖς	I, you can, may
73	μπορεῖ	1. he, she, it " " 2. it may be (that)
74	ἔχει	there is, are
75	κάθομαι	I sit, stay
76	κάθεται	he, she, it sits, stays
77	φαίνομαι	I appear, seem
78	μοῦ φαίνεται	it seems to me
79	μ'ἐνδιαφέρει	it interests me
80	μέ διασκεδάζει	it amuses me
81	κάνει καλό καιρό	it's fine weather
82	κάνει κρύο	it's cold
83	(δέν) ἔχω καιρό	I have (no) time
84	τίς καθημερινές	on week-days
85	μία ὥρα δρόμο	at an hour's distance
86	γιά καμιά ὥρα	for an hour or so
87	ὅλη τήν ὥρα	all the time
88	μέ τά πόδια	on foot
89	νάτος, νάτη, νάτο	here he/she/it is

II. PRACTICE 8.　　　WHOM? WHAT?　TO WHOM? TO WHAT?　　　CHAPTER 5.

WHOM? = ΠΟΙΟΝ; WHAT? = ΤΙ;　　DIRECT OBJECT	TO WHOM? = ΣΕ ΠΟΙΟΝ; TO WHAT? = ΣΕ ΤΙ;　　INDIRECT OBJECT
1 ῾Ο μαθητής ἀκούει τό(ν) δάσκαλο. 　 The pupil hears the teacher *2* ῾Ο δάσκαλος ἀκούει τό(ν) μαθητή. 　 The teacher hears the pupil *3* ῾Ο Κώστας ἀκούει τόν Πέτρο. 　 Costas hears Peter *4* ῾Ο Πέτρος ἀκούει τόν Κώστα. 　 Peter hears Costas	*1* ῾Ο μαθητής λέει τοῦ δασκάλου, *2* ῾Ο μαθητής λέει στό δάσκαλο. 　 The pupil says to the teacher *3* ῾Ο δάσκαλος λέει τοῦ μαθητῆ, *4* ῾Ο δάσκαλος λέει στό μαθητή. 　 The teacher says to the pupil
1 ῾Η ῾Ελένη φωνάζει τό(ν) Γιάννη. 　 Helen calls John *2* ῾Ο Γιάννης φωνάζει τήν ῾Ελένη. 　 John calls Helen *3* ῾Η γιαγιά φωνάζει τόν παππού. 　 Grandmother calls grandfather *4* ῾Ο παππούς φωνάζει τή(ν) γιαγιά. 　 Grandfather calls grandmother	*1* ῾Η ῾Ελένη ἀπαντάει τοῦ Γιάννη, *2* ῾Η ῾Ελένη ἀπαντάει στό Γιάννη. 　 Helen replies to John *3* ῾Ο Γιάννης ＂ τῆς ῾Ελένης, *4* ῾Ο Γιάννης ＂ στήν ῾Ελένη. 　 John replies to Helen *5* ῾Η γιαγιά ＂ τοῦ παπποῦ, *6* ῾Η γιαγιά ＂ στόν παππού. 　 Grandmother ＂ grandfather *7* ῾Ο παππούς ＂ τῆς γιαγιᾶς, *8* ῾Ο παππούς ＂ στή γιαγιά. 　 Grandfather ＂ grandmother
1 Τό παιδί περιμένει τό(ν) σκύλο. 　 The child waits for the dog *2* ῾Ο σκύλος περιμένει τό παιδί. 　 The dog waits for the child *3* Τά παιδιά περιμένουν τούς σκύλους. 　 The children wait for the dogs *4* Οἱ σκύλοι περιμένουν τά παιδιά. 　 The dogs wait for the children	*1* Τά παιδιά δίνουν στούς σκύλους 　 The children give to the dogs *2* Οἱ σκύλοι δίνουν στά παιδιά. 　 The dogs give to the children
1 Οἱ δάσκαλοι φωνάζουν τούς πατέρες. 　 The teachers call the fathers *2* Οἱ πατέρες φωνάζουν τούς δασκάλους, 　 The fathers call the teachers *3* Οἱ μαθητές φωνάζουν τίς μαθήτριες. 　 The boy pupils call the girl pupils *4* Οἱ μαθήτριες φωνάζουν τούς μαθητές. 　 The girl pupils call the boy pupils *5* Οἱ μητέρες φωνάζουν τίς δασκάλες. 　 The mothers call the teachers *6* Οἱ δασκάλες φωνάζουν τίς μητέρες. 　 The teachers call the mothers	*3* Οἱ δάσκαλοι μιλοῦν στούς πατέρες 　 The teachers speak to the fathers *4* Οἱ πατέρες ＂ στούς δασκάλους 　 The fathers ＂ to the teachers *5* Οἱ μαθητές ＂ στίς μαθήτριες. 　 The b.pupils ＂ to the g.pupils *6* Οἱ μαθήτριες ＂ στούς μαθητές 　 The g.pupils ＂ to the b.pupils *7* Οἱ μητέρες ＂ στίς δασκάλες 　 The mothers ＂ to the teachers *8* Οἱ δασκάλες ＂ στίς μητέρες. 　 The teachers ＂ to the mothers

POSSESSIVE CASE	INDIRECT OBJECT
1.1 Τά γράμματα τοῦ βιβλίου. *The letters of the book*	5.1 - Μοῦ διαβάζει τό βιβλίο *He reads the book <u>to me</u>*
2 - τίνος βιβλίου; *of which book?*	2 - Τίνος διαβάζει τό βιβλίο; *To whom does he read the bk?*
3 - αὐτοῦ τοῦ βιβλίου. *of this book*	3 - σέ μένα˙ μοῦ διαβάζει τό βιβλίο *to me; he reads the bk to me*
4 - ποιανοῦ; - αὐτουνοῦ. *of which one? of this one*	4 - ποιανοῦ διαβάζει; -σέ μένα *to whom does he read? - to me*
5 - ποιοῦ βιβλίου; -αὐτοῦ. *of which book? of this one*	5 - σέ ποιόν διαβάζει; -σέ μένα *to whom does he read? - to me*
2.1 - Τίνος εἶναι αὐτό τό βιβλίο; *Whose is this book?*	6.1 - Τίνος μιλᾶς ἑλληνικά; *To whom do you speak Greek?*
2 - τοῦ πατέρα, τοῦ μαθητῆ, *father's, the student's*	2 - σέ σένα˙ σοῦ μιλῶ ἑλληνικά. *to you; I speak to you in Greek*
3 τῆς μητέρας, τῆς Ἑλένης, *mother's Helen's*	3 - ποιανοῦ; - σέ σένα, *to whom? - to you*
4 τοῦ Νίκου, τοῦ παιδιοῦ. *Nickos' , the child's*	4 - σέ ποιόν; - σέ σινα. *to whom? - to you*
3.1 Τά γράμματα τῆς ἐφημερίδας. *The letters of the newspaper*	7.1 - Τίνος τηλεφωνεῖς; (ποιανοῦ;) *To whom are you speaking(on the phone?*
2 - ποιᾶς ἐφημερίδας; *of which newspaper ?*	2 - τηλεφωνῶ τῆς Σοφίας, *I am speaking to Sophia*
3 - αὐτῆς τῆς ἐφημερίδας. *of this newspaper*	3 - τηλεφωνῶ στή Σοφία, *I am speaking to Sophia*
4 ποιανῆς; - αὐτηνῆς. *of which one? of this one*	4 - τῆς τηλεφωνῶ. *I am speaking to her(on the phone)*
4.1 - Τίνος εἶναι αὐτή ἡ ἐφημερίδα; 2 - Ποιανοῦ " " " " *Whose is this newspaper ?*	8.1 - Ποιανοῦ μιλᾶς; 2 - Τίνος μιλᾶς; *To whom are you speaking?*
3 - τοῦ Κώστα, τοῦ Γιάννη, *Costas', John's*	3 - μιλῶ τοῦ Κώστα, *I speak to Costas*
4 τῆς Ἄννας, τῆς Εἰρήνης, *Anna's Irene's*	4 - μιλῶ στόν Κώστα, *I speak to Costas*
5 τῶν παιδιῶν,τῶν φοιτητῶν. *the children's,the students'*	5 - μιλῶ στά παιδιά . *I speak to the children*

UNEMPHATIC MY TO ME	MY TO ME
1. Ὁ πατέρας μου <u>μοῦ</u> δίνει τό βιβλίο μου. *My father gives me(to me) my book*	<u>Μοῦ</u> τό δίνει *He gives it to me*
2. Ὁ πατέρας σου <u>σοῦ</u> δίνει τό βιβλίο σου. *Your father gives you(to you) your book*	<u>Σοῦ</u> τό δίνει *He gives it to you*
3. Ὁ πατέρας του <u>τοῦ</u> δίνει τό βιβλίο του. *His father gives him(to him)his book*	<u>Τοῦ</u> τό δίνει *He gives it to him*
4. Ὁ πατέρας της <u>τῆς</u> δίνει τό βιβλίο της. *Her father gives her (to her) her book*	<u>Τῆς</u> τό δίνει *He gives it to her*
5. Ὁ πατέρας του <u>τοῦ</u> δίνει τό βιβλίο του. *Its father gives it(to it) its book*	<u>Τοῦ</u> τό δίνει *He gives it to it*
6. Ὁ πατέρας μας <u>μᾶς</u> δίνει τά βιβλία μας. *Our father gives us(to us) our books*	<u>Μᾶς</u> τά δίνει *He gives them to us*
7. Ὁ πατέρας σας <u>σᾶς</u> δίνει τά βιβλία σας. *Your father gives you(to you)your books*	<u>Σᾶς</u> τά δίνει *He gives them to you*
8. Ὁ πατέρας τους <u>τούς</u> δίνει τά βιβλία τους. *Their father gives them(to them)their books*	<u>Τούς</u> τά δίνει *He gives them to them*

1a. Ὁ πατέρας μου δέ <u>μοῦ</u> δίνει τό βιβλίο μου. *My father does not give me(to me) my book*	Δέ <u>μοῦ</u> τό δίνει *He does not give it to me*

	SINGULAR		PLURAL	
ME	*UNEMPHATIC*	**MY**	**US**	*UNEMPHATIC* **OUR**

1. <u>Μέ</u> φωνάζει ὁ πατέρας μου *My father calls me*	2. <u>Μᾶς</u> φωνάζει ὁ πατέρας μας *Our father calls us*
3. <u>Σέ</u> φωνάζει ὁ πατέρας σου · *Your father calls you*	4. <u>Σᾶς</u> φωνάζει ὁ πατέρας σας *Your father calls you*
5. <u>Τόν</u> φωνάζει ὁ πατέρας του *His father calls him*	6. <u>Τούς</u> φωνάζει ὁ πατέρας τους *Their father calls them*
7. <u>Τή(ν)</u> φωνάζει ὁ πατέρας της *Her father calls her*	8. <u>Τίς</u> φωνάζει ὁ πατέρας τους *Their father calls them*
9. <u>Τό</u> φωνάζει ὁ πατέρας του *Its father calls it*	10. <u>Τά</u> φωνάζει ὁ πατέρας τους *Their father calls them*

1a Δέ <u>μέ</u> φωνάζει ὁ πατέρας μου. *My father does not call me*	2a. Δέ <u>μᾶς</u> φωνάζει ὁ πατέρας μας *Our father does not call us*

Note. The following verbs may take both a direct and an indirect object:
δίνω(*I give*), δανείζω(*I lend*), <u>χαρίζω</u>(*I make a present*), προσφέρω(*I offer*), γράφω(*I write*), διαβάζω(*I read*), μαθαίνω(*I teach/learn*), μιλῶ(*I speak*), <u>παίρνω</u>(*I take*), ἀγοράζω(*I buy*), πουλῶ(*I sell*), φέρνω(*I bring*), στέλνω(*I send*), πηγαίνω(*I take/carry*), βάζω(*I put on*), <u>βγάζω</u>(*I take off*), <u>δείχνω</u>(*I show*), τηλεφωνῶ(*I telephone*), <u>χρωστῶ</u> (*I owe*). *See GRAMMAR, p.59, paras.6-7.*

III. GRAMMAR A.   SUBJECT - OBJECT &   CHAPTER 5.
            THEIR POSITION IN A SENTENCE

1.   A sentence is composed of words which stand in a certain relation
to one another. Every sentence must contain a verb, i.e. a word usually expressing
an action, and a subject, i.e. a word or words denoting that which performs or
suffers the action expressed by the verb:

  (a) Ὁ Πέτρος γράφει (b) Ἐσύ διαβάζεις (c) Τά παιδιά παίζουν   (d) Μιλοῦν
      Peter writes   You read   The children play   They speak

2.   The subject of a sentence is the word which answers to the question
WHO? Usually, it is a noun or a pronoun and it is in the nominative case. When the sub-
ject is in the plural, the verb is also in the plural (c, d, above). See note, p.60.

3.   When there are many subjects in a sentence, and they indicate dif-
ferent persons, the verb is in the plural, and in the predominant person:
the first rather than the second or third : ἐσύ, ἐγώ καί τό παιδύ παίζουμε
(you, I and the child (we)play), the second rather than the third : ἐσύ καί
τό παιδύ κερδύζετε (you and the child (you)win).

4.   When the subject is a singular collective noun denoting persons,
the verb is in the singular :   δέν πηγαίνει πολύς κόσμος στό θέατρο (not
many people go(goes)to the theatre).

5.   The action expressed by verbs may be limited to the subject (a, b,
c, d, para.1, above), or it may be directed upon an object :   Ὁ Πέτρος γρά-
φει ἕνα γράμμα (Peter is writing a letter), ἐσύ διαβάζεις τήν ἐφημερίδα (you
read the newspaper). In the first instance, the verbs γράφει, διαβάζεις are
intransitive, and in the second, they are transitive.

6.   The object of a sentence is the word denoting that upon which the
action is exerted. It is a direct object when it answers to the question WHOM? or
WHAT? - διαβάζω τήν ἐφημερίδα, and it is an indirect object when it answers
to the question TO or FOR WHOM?, TO or FOR WHAT? - σοῦ διαβάζω τήν ἐφημερίδα
(I read the newspaper to you).

7.   The direct object is expressed in the accusative case : βλέπω
τή μητέρα (I see the mother), τή βλέπω (I see her). The indirect object
is expressed in the genitive when it is a pronoun - τῆς μιλῶ (I speak to her),
σοῦ διαβάζω τήν ἐφημερίδα (I read the newspaper to you). When it is a noun,
the indirect object is expressed either in the genitive or in the accusative
preceded by a preposition - δίνω ἕνα βιβλίο τῆς δασκάλας, or, δίνω ἕνα
βιβλίο στή δασκάλα (I give a book to the teacher).

8.   In a Greek sentence, the order of words is not as strictly set as
it is in an English or in a French sentence. The English sentence "his wife
gives him a present" has the subject "his wife" at the beginning; the Greek
sentence, in this instance, could have the subject in various positions, as
follows: (i) ἡ γυναίκα του τοῦ δίνει ἕνα δῶρο, (ii) τοῦ δίνει ἕνα δῶ-
ρο ἡ γυναίκα του, (iii) τοῦ δίνει ἡ γυναίκα του ἕνα δῶρο.

9.   In Greek, it is the endings and not the word order that will be a
guide to discovering the function of words in a sentence. These endings vary

with the person and with the case, according as a noun, a pronoun, or an adjective are used in a sentence. If they are used as subjects or as attributes, they require the nominative :

'Ο Γιάννης κ'ἐγώ εἴμαστε μαθητές   *John and I are students*

S U B J E C T S   VERB   ATTRIBUTE
Nominative   Plural   Nominative Plural

If the noun, pronoun or adjective are used as objects they require either the accusative, in the case of a direct object, or the genitive, in the case of an indirect object :

1. WHO	*2.* DOES	*3.* WHAT ?	*4.* TO WHOM ?
1.'Ο Πέτρος *Peter*	*2.*δίνει *gives*	*3.* τήν ἐφημερίδα *the newspaper*	*4.*τῆς γυναίκας του *to his wife*
*1.*SUBJECT	*2.* VERB	*3.* DIRECT OBJECT	*4.* INDIRECT OBJECT
1.Nominative Case, Sing.	*2.Third per- son, Sing.*	*3. Accusative Case, Sing.*	*4. Genitive Case, Sing.*

10.   The sentence ὁ Πέτρος δίνει τήν ἐφημερίδα τῆς γυναίκας του may also mean : *Peter gives his wife's paper (to someone).* In order to render the meaning : *Peter gives the newspaper to his wife,* into Greek, more accurately, we change the sequence of words as follows :

'Ο Πέτρος δίνει τῆς γυναίκας του τήν ἐφημερίδα
*1.*SUBJECT *2.* VERB   *4.*INDIRECT OBJECT   *3.* DIRECT OBJECT

11.   Another way of expressing the same idea, in Greek, is to keep the sequence *1-2-3-4*   but to express the indirect object with the preposition σέ followed by the article and the noun in the Accusative :   σέ + τήν... = στή(ν) γυναίκα του:

'Ο Πέτρος δίνει τήν ἐφημερίδα στή γυναίκα του
*1.*SUBJECT *2.*VERB *3.*DIRECT OBJECT   *4.*INDIRECT OBJECT

12.   The preposition σέ forms with the definite article the following compound words:

σέ+τοῦ = στοῦ   σέ+τόν = στόν   σέ+τῶν = στῶν   σέ+τούς = στούς
σέ+τῆς = στῆς   σέ+τήν = στήν   σέ+τῶν = στῶν   σέ+τίς = στίς
σέ+τοῦ = στοῦ   σέ+τό = στό   σέ+τῶν = στῶν   σέ+τά = στά

13.   *NOTE. When using the plural of formality, the attribute should be in the singular even though the copulative verb is in the plural :*

Κυρία μου, εἴστε πολύ καλή   *Madame, you are very kind*
Κύριε, εἴστε πολύ καλός   *Sir, you are very kind*

The attribute is in the plural only when addressing more than one person:

Κυρίες μου, εἴστε πολύ καλές *Ladies, you are very kind*
Κύριοι, εἴστε πολύ καλοί   *Gentlemen, you are very kind*

GRAMMAR B.   1.   PERSONAL PRONOUNS   CHAPTER 5.

	SUBJECT		INDIRECT OBJECT			DIRECT OBJECT		
	NOMINATIVE		**G E N I T I V E**			**ACCUSATIVE**		
PERSON	*EMPHATIC*	*UNEMPH.*	*EMPHAT.*	*UNEMPHATIC*		*EMPHAT.*	*UNEMPHATIC*	
FIRST	I ἐγώ	—	ἐμένα	μοῦ	TO ME	ἐμένα	μέ	ME
	we ἐμεῖς	—	ἐμᾶς	μᾶς	*to us*	ἐμᾶς	μᾶς	*us*
SECOND	YOU ἐσύ	—	ἐσένα	σοῦ	TO YOU	ἐσένα	σέ	YOU s.
	you ἐσεῖς	—	ἐσᾶς	σᾶς	*to you*	ἐσᾶς	σᾶς	*you* pl.
THIRD	HE αὐτός	τος	αὐτοῦ	τοῦ	TO HIM	αὐτόν	τόν	HIM
	they αὐτοί	τοι	αὐτῶν	τούς	*to them*	αὐτούς	τούς	*them*
THIRD	SHE αὐτή	τη	αὐτῆς	τῆς	TO HER	αὐτήν	τήν	HER
	they αὐτές	τες	αὐτῶν	τούς	*to them*	αὐτές	τίς	*them*
THIRD	IT αὐτό	το	αὐτοῦ	τοῦ	TO IT	αὐτό	τό	IT
	they αὐτά	τα	αὐτῶν	τούς	*to them*	αὐτά	τά	*them*

2.   POSSESSIVE PRONOUNS

E M P H A T I C			*UNEMPHATIC*			
MY....	MINE	δικός μου	μ ο υ	MY.....		
our.....	*ours*	δικός μας	μ α ς	*our.....*		
YOUR...	YOURS	δικός σου	σ ο υ	YOUR...	sing.	
your....	*yours*	δικός σας	σ α ς	*your....*	plur.	
HIS.....	HIS	δικός του	τ ο υ	HIS....		
their...	*theirs*	δικός τους	τ ο υ ς	*their...*		
HER.....	HERS	δικός της	τ η ς	HER....		
their...	*theirs*	δικός τους	τ ο υ ς	*their...*		
ITS.....	—	δικός του	τ ο υ	ITS....		
their...	*theirs*	δικός τους	τ ο υ ς	*their...*		

I.

CHAPTER 6

Ο ΓΑΤΟΣ[1]

1.   Μιά φορά[2] κ'ἔναν καιρό[3] ἦταν[4] ἕνας πατέρας
καί εἶχε[5] τρία παιδιά.   Μιά μέρα, ὁ πατέρας
ἀρρώστησε[6] βαριά[7] καί κατάλαβε[8] πώς πεθαίνει.[9]
Φωνάζει λοιπόν[10] τά παιδιά του. Τούς δίνει[11] τήν
εὐχή του[12] καί τούς μοιράζει[13] τήν περιουσία του.[14]
Στό μεγάλο[15] δίνει τό μύλο,[16] στό δεύτερο δίνει
τό ἄλογο[17] καί στό τρίτο δίνει τό γάτο.

2.   Οἱ δύο μεγάλοι γιοί[18] εἶναι εὐχαριστημένοι.[19]
Ὁ μικρός δέν εἶναι. Δέν ξέρει[20] τί νά τόν
κάνει[21] τό γάτο.
-    Μή στενοχωριέσαι,[22] τοῦ λέει ὁ γάτος, μό-
νο δῶσε μου[23] ἕνα σάκκο γεμάτο[24] σιτάρι[25] κ'ἕ-
να ζευγάρι[26] σιδερένια παπούτσια.[27]

3.   Ὁ γάτος φοράει[28] τά σιδερένια παπούτσια,
παίρνει[29] τό σάκκο μέ τό σιτάρι καί φεύγει.[30] Πάει
πάει, φθάνει σ'ἔνα δάσος.[31] Στά δέντρα[32] ἦταν πολ-
λά πουλιά.[33] Ρίχνει[34] σιτάρι καί τά πουλιά κα-
τεβαίνουν νά φᾶνε.[35] Ὁ γάτος τά πιάνει[36] κάθε μέ-
ρα[37] καί κάθε μέρα τά πάει[38] δῶρο στό βασιλιά.[39]

4.   Μιά μέρα ὁ βασιλιάς λέει στούς στρατιῶτες
του:[40] "Θέλω νά δῶ[41] αὐτόν πού φέρνει[42] τά πουλιά.
Οἱ στρατιῶτες πηγαίνουν[43] τό γάτο στό βασιλιά.
-    Βασιλιά μου, ὁ ἀφέντης μου[44] σοῦ στέλνει τά
     πουλιά γιά δῶρο,[45] καί κάθε φορά[46] σοῦ στέλ-
     νει καί πολλά χαιρετίσματα.[47]
-    Θέλω νά πάω[48] στό σπίτι τοῦ ἀφέντη σου νά
     τόν εὐχαριστήσω.[49]

1.the cat
2.once 3.upon a time
4.there was 5.he
6.became ill 7.seri-
ously 8.he understood
9.that he is dying
10.so he calls 11. he
gives them 12.his bles-
sing 13.distributes
them 14.his fortune
15.to the elder 16.
mill 17.horse

18.older sons 19.are
pleased 20.he doesn't
know 21.what to do
with 22.don't worry
23.only give me 24.a
sack full 25.of wheat
26.a pair 27.of iron
shoes

28.puts on 29.takes
30.goes away 31.for-
est 32.on the trees 33.
there were many birds
34.he throws 35.to eat
36.catches them 37.
every day 38.he takes
them 39.as a present
to the king

40.says to his sol-
diers 41.to see 42.
the one who brings
43.take 44.my master
45.sends the birds to
you as a present
46.every time
47.many greetings
48.I wish to go 49.to
thank him

5.　Στό γυρισμό,[50] ὁ γάτος περνάει[51] ἀπό τό παλά-
τι[52] τοῦ δράκου.[53] Μπαίνει[54] ἀπό τό παράθυρο. Βλέ-
πει[55] τό δράκο νά παίζει[56] μόνος του.[57] Κάθεται[58]
καί τόν κοιτάζει.[59]　Τόν βλέπει　νά γίνεται[60] διά-
φορα[61] ζῶα.[62]

- Μπορεῖς[63] νά γίνεις[64] ὅ,τι[65] θέλεις; ρωτάει[66]
  ὁ γάτος τό δράκο.

- Μπορῶ νά γίνω　ὅ,τι θέλω,　λέει ὁ δράκος.

- Μπορεῖς νά γίνεις ποντίκι;[67] λέει ὁ γάτος.

- Μπορῶ, λέει ὁ δράκος, καί γίνεται ἕνα μικρό
ποντίκι. Ὁ γάτος τό τρώει[68] καί φεύγει χαρούμενος.[69]

50.on its way back
51.passes by 52.**pal**-
ace 53. of the ogre
54.he goes in 55.he
sees 56.playing 57.
by himself 58.he sits
59.watches him 60.as
he is turning into
61.different 62.ani-
mals 63.can you 64.
become 65.whatever
66.asks 67.a mouse
68.eats it 69.happy

*The end of this story
appears on p. 103.*

The end of this story appears on p. 103.

B.　　　　ΛΕΞΙΛΟΓΙΟ　　VOCABULARY　　　　CHAPTER 6

NOUNS

1	ὁ γάτος, ἡ γάτα	cat (m.,f.)
2	τό γατί, γατάκι	kitten
3	τό ποντίκι	mouse
4	τό ἄλογο	horse
5	τό σιτάρι	wheat
6	ὁ μύλος	mill
7	τό μῆλο	apple
8	ὁ σάκκος	sack
9	ἡ περιουσία	fortune
10	ἡ εὐχή	blessing
11	ὁ πηγαιμός	way to,going
12	ὁ γυρισμός	way back,return
13	ὁ βασιλιάς	king
14	ἡ βασίλισσα	queen
15	τό βασιλόπουλο	prince
16	τό πουλί	bird
17	τό δέντρο	tree
18	τό δάσος	forest
19	τό παλάτι	palace
20	ὁ στρατιώτης	soldier
21	ὁ ἀφέντης	master

PRONOUNS & ADJECTIVES

22	ὅ,τι	whatever
23	διάφορος -η -ο	different
24	εὐχαριστημένος	pleased
25	δυσαρεστημένος	displeased

26	χαρούμενος-η-ο	happy,glad,
27	λυπημένος-η-ο	sad /gay
28	γεμάτος-η-ο	full
29	ἄδειος -α -ο	empty

ADVERBS & CONJUNCTIONS

30	λοιπόν	so, then
31	βαριά	heavily,seriously
32	ἐλαφριά	lightly

VERBS & EXPRESSIONS

33	μπαίνω	I come in
34	βγαίνω	I come out
35	ἀρρωσταίνω	I am ill
36	καταλαβαίνω	I understand
37	φέρνω	I bring
38	στέλνω	I send
39	πιάνω	I take, catch
40	χάνω	I lose
41	περνῶ	I pass
42	μπορῶ	I can, am able
43	τρώω, νά φάω	I eat, to eat
44	νά πάω	to go
45	τόν πάω	I take him
46	νά εὐχαριστήσω	to thank
47	μοιράζω	I distribute
48	μή στενοχωριέσαι	don't worry

WHAT TIME IS IT? ΤΙ ΩΡΑ ΕΙΝΑΙ;

It is one ... o'clock   *It is exactly... It is one minute past one*

	Εἶναι/	Εἶναι/	Εἶναι/	Εἶναι/
1:	μία ἡ ὥρα	ἡ ὥρα μία	μία ἀκριβῶς	μία καί ἕνα λεπτό
2:	δύο ἡ ὥρα	ἡ ὥρα δύο	δύο "	δύο καί δύο λεπτά
3:	τρεῖς ἡ ὥρα	ἡ ὥρα τρεῖς	τρεῖς "	τρεῖς " τρία, "
4:	τέσσερεις ἡ ὥρα	ἡ ὥρα τέσσερεις	τέσσερεις "	τέσσερεις & τέσσερα
5:	πέντε ἡ ὥρα	ἡ ὥρα πέντε	πέντε "	πέντε & πέντε λεπτά
6:	ἕξι ἡ ὥρα	ἡ ὥρα ἕξι	ἕξι "	ἕξι καί ἕξι λεπτά
7:	ἑπτά ἡ ὥρα	ἡ ὥρα ἑπτά		
8:	ὀκτώ ἡ ὥρα	ἡ ὥρα ὀκτώ		
9:	ἐννέα ἡ ὥρα	ἡ ὥρα ἐννέα		
10:	δέκα ἡ ὥρα	ἡ ὥρα δέκα		
11:	ἕντεκα ἡ ὥρα	ἡ ὥρα ἕντεκα		
12:	δώδεκα ἡ ὥρα	ἡ ὥρα δώδεκα		

THE TIME IS... Η ΩΡΑ ΕΙΝΑΙ.../

1:15   Μία καί δεκαπέντε
     μία καί τέταρτο
      δεκατρεῖς καί δεκαπέντε
      δεκατρεῖς καί τέταρτο

2:20   δύο καί εἴκοσι
     δεκατέσσερεις καί εἴκοσι

3:30   τρεῖς καί τριάντα
     τρεῖς καί μισή
     τρεισήμισι
     δεκαπέντε καί τριάντα

4:45   τέσσερεις καί σαράντα πέντε
     δεκαέξι καί σαράντα πέντε
     πέντε παρά τέταρτο
     πέντε παρά δεκαπέντε

9:55   ἐννέα καί πενήντα πέντε
     εἴκοσι μία & " "
     δέκα παρά πέντε

10:05   δέκα καί πέντε
     εἴκοσι δύο καί πέντε

11:30   ἕντεκα καί τριάντα
     ἕντεκα καί μισή
     ἑντεκάμισι
     εἴκοσι τρεῖς καί τριάντα

12:00   δώδεκα ἀκριβῶς
     εἴκοσι τέσσερεις
     μεσάνυχτα

12:00   δώδεκα/ μεσημέρι

AT WHAT TIME...? ΤΙ ΩΡΑ...;

/τέσσερεις]

1. Τί ὥρα κλείνουν οἱ τράπεζες;   —"Αλλες κλείνουν <u>στίς</u> τρεῖς κι <u>ἄλλες στίς</u>
At what time do the banks close?   *Some close at three and some at four*

2. Τί ὥρα ἀρχίζει τό μάθημα;   —'Αρχίζει πάντα <u>στή</u> μία ἀκριβῶς
At what time does the class begin?   *It always begins exactly at one*

3. Τί ὥρα φεύγει τό ἀεροπλάνο;   — Φεύγει πάντα στήν ὥρα του, <u>στίς</u> ὀκτώ
At what time does the plane leave?   *It always leaves on time, at eight*

4. Τί ὥρα θέλεις νά τηλεφωνήσω;   — <u>Στίς</u> δύο καί τέταρτο
At what time must I call?   *At quarter past two*

5. Τί ὥρα κοιμᾶσαι τό βράδυ; —Κοιμᾶμαι ἀργά, <u>στίς</u> δύο μετά τά μεσάνυχτα
At what time do you go to sleep at night? I go to sleep late, at two past/

/twelve

6. Τί ὥρα πᾶς στό γραφεῖο σου;   — <u>Στίς</u> ὀκτώμισι τό πρωί
At what time do you go to your office? At eight thirty in the morning.

WHEN? IN...	WHEN? ON...

1. Πότε θά εἶναι ἔτοιμο; - Σέ μία ὥρα. (Σ)τήν πρώτη τοῦ μηνός.
   When will it be ready? - *In an hour* On the first of the month

2. Πότε θά εἶσαι σπίτι; - Σ ἕνα τέταρτο. Τήν Παρασκευή, στίς δύο Μαΐου.
   When will you be at home? In a quarter (of an hour) *On Friday, May the second*

3. Πότε παίρνεις δίπλωμα;- Σέ τρεῖς μῆνες. Τίς πρῶτες μέρες τοῦ Ἀπριλίου.
   When do you get your degree? -In 3 months *In the first days of April*

4. Πότε ἔχεις τά γενέθλιά σου; - Σέ δύο μέρες. Τήν Πρωτοχρονιά.
   When is your birthday? - *In 2 days* *On New Year's day*

5. Πότε ἔχεις τή γιορτή σου; Σέ μία ἑβδομάδα. Τήν ἄλλη Τετάρτη, σήμερα ὀκτώ.
   When is your nameday? *In one week* *A week today, next Wednesday*

6. Πότε φεύγουν; - Σέ τέσσερεις ὧρες. Τοῦ χρόνου, τέτοιον καιρό.
   When do they leave? - *In four hours* *Same time, next year*

7. Πότε θά τηλεφωνήσεις;- Σέ τρία λεπτά. Αὔριο τό πρωί, τέτοιαν ὥρα.
   When will you call? *In 3 minutes* *Same time, tomorrow morning*

DATES

JANUARY 1st 1975 Πρώτη Ἰανουαρίου, χίλια ἐννιακόσια ἑβδομήντα πέντε.

JUNE 14, 1444 Δεκατέσσερεις Ἰουνίου, χίλια τετρακόσια σαράντα τέσσερα.

MARCH 25, 1821 Εἴκοσι πέντε Μαρτίου, χίλια ὀκτακόσια εἴκοσι ἕνα.

APRIL 13, 1133 Δεκατρεῖς Ἀπριλίου, χίλια ἑκατόν τριάντα τρία.

MAY 29, 1453 Εἴκοσι ἐννέα Μαΐου, χίλια τετρακόσια πενήντα τρία.

NOVEMBER 11, 1919 Ἕντεκα Νοεμβρίου, χίλια ἐννιακόσια δέκαεννέα.

AUGUST 21, 1666 Εἴκοσι μία Αὐγούστου, χίλια ἑξακόσια ἑξήντα ἕξι.

NUMERALS ABOVE 100

100 people	Ἑκατό ἄνθρωποι.............	200	διακόσιοι ...	
101 men students	ἑκατόν ἕνας φοιτητές.......	201	διακόσιοι ἕνας ...	
101 women "	ἑκατό(ν) μία φοιτήτριες....	201	διακόσιες μία ...	
101 classes	ἑκατό(ν) μία τάξεις........	201	διακόσιες μία ...	
101 books	ἑκατόν ἕνα βιβλία..........	201	διακόσια ἕνα ...	
102 children	ἑκατό(ν) δύο παιδιά........	302	τρ(ι)ακόσια δύο...	
103 people	ἑκατόν τρεῖς ἄνθρωποι......	303	τρ(ι)ακόσιοι τρεῖς	
104 men students	ἑκατόν τέσσερεις φοιτητές··	404	τετρακόσιοι τέσσερεις	
104 women "	ἑκατόν " φοιτήτριες···	404	τετρακόσιες "	
104 children	ἑκατόν τέσσερα παιδιά······	404	τετρακόσια τέσσερα...	
105 people	ἑκατόν πέντε ἄνθρωποι······	505	πεντακόσιοι πέντε...	
106 classrooms	ἑκατόν ἕξι τάξεις··········	606	ἑξακόσιες ἕξι....	
128 children	ἑκατόν εἴκοσι ὀκτώ παιδιά··	728	ἑπτακόσια εἴκοσι ὀκτώ	
180 records	ἑκατόν ὀγδόντα δίσκοι·····	880	ὀκτακόσιοι ὀγδόντα...	
199 children	ἑκατόν ἐνενήντα ἐννέα παιδιά	990	ἐννιακόσια ἐνενήντα...	
100,000 records	ἑκατό χιλιάδες δίσκοι·····	3000	τρεῖς χιλιάδες...	
1,000,000 "	ἕνα ἑκατομμύριο " " ···500.000		πεντακόσιες χιλιάδες	
100,000,000 "	ἑκατό ἑκατομμύρια " " ···503.000		πεντακόσιες τρεῖς "	

66

-e-o,   -a-o,   -i-o,   -o-o,   -oo-o

FIRST CONJUGATION - ACTIVE VERBS	
e-o	
1. ἔχω * I have	31. φτάνω* I arrive, I reach
2. τρέχω* I run	32. φτιάχνω I make, I arrange
3. λέω (λέγω) I say	33. ψάχνω I search
4. κλαίω I cry	**i-o**
5. καίω I burn	34. ψήνω I cook
6. φταίω* I am to blame	35. πίνω I drink
7. βλέπω I see	36. δείχνω I show
8. βρέχω I wet	37. δίνω I give
9. πλένω I wash	38. ντύνω I dress
10. δένω I tie	39. γδύνω I undress
11. μένω * I stay, I remain	40. λύνω I untie
12. μπαίνω* I go in	41. κλείνω I close
13. βγαίνω* I go out	42. σβήνω I put out, I erase
14. παίρνω I take	43. (ἀφήνω) I leave, I let
15. φέρνω I bring	44. βρίσκω I find
16. στέλνω I send	45. σκύβω* I bend
17. θέλω * I want	46. κρύβω. I hide
18. ξέρω * I know	**o-o**
19. παίζω I play	47. κόβω I cut
20. φεύγω * I go away	48. τρώω I eat (τρώγω)
a-o	49. σπρώχνω I push
21. πάω* I go	50. διώχνω I chase away
22. θάβω I bury	
23. σκάβω I dig	**e-o**
24. ράβω I sew	51. λαβαίνω I receive
25. γράφω I write	52. καταλαβαίνω I understand
26. βάζω * I put on	53. μαθαίνω I learn
27. βγάζω* I take off	54. παθαίνω I suffer
28. χάνω I lose	55. πεθαίνω* I die
29. κάνω * I do, I make	56. περιμένω* I wait
30. πιάνω I take	57. ζεσταίνω I heat

58.	ἀνεβαίνω	*I come up/I go up	92.	σπουδάζω*	I study
59.	κατεβαίνω*	I come down/I go down	93.	ἀναστενάζω*	I sigh
60.	πηγαίνω *	I go	94.	ἀνάβω	I light

i-o

61.	σημαίνω *	I mean	95.	ἀνοίγω	I open
62.	χορταίνω *	I satiate	96.	ἀρχίζω *	I begin
63.	χορεύω	I dance	97.	χαρίζω	I give a present
64.	χωνεύω	I digest	98.	χωρίζω	I separate
65.	βολεύω	I accommodate	99.	ψωνίζω	I shop
66.	σκοπεύω *	I plan, I aim	100.	νομίζω	I think
67.	κολακεύω	I flatter	101.	φοβίζω	I scare
68.	πιστεύω	I believe	102.	γνωρίζω	I know
69.	γυρεύω *	I seek	103.	γυρίζω	I turn
70.	ζηλεύω	I am jealous	104.	θυμίζω	I remind
71.	λατρεύω	I worship	105.	ἐλπίζω*	I hope
72.	μαντεύω	I guess			
73.	παλεύω *	I wrestle		**o-o**	
74.	παιδεύω	I educate, torment	106.	ἁπλώνω	I spread
75.	περισσεύω*	I am in excess	107.	μαλώνω*	I scold
76.	μαγειρεύω	I cook	108.	μεγαλώνω*	I grow
77.	ἀνακατεύω	I stir	109.	τεντώνω	I stretch
78.	προσέχω	I pay attention	110.	τελειώνω*	I finish
			111.	διορθώνω	I correct
	a-o		112.	ἐπιπλώνω	I furnish
79.	προσβάλλω	I attack, I offend	113.	πληρώνω	I pay
80.	ἀναβάλλω	I postpone	114.	θυμώνω *	I become angry
81.	ἀνεβάζω	I carry up	115.	σηκώνω	I lift
82.	κατεβάζω	I carry down	116.	σκοτώνω	I kill
83.	διαβάζω	I read, I study	117.	μορφώνω	I educate, form
84.	διατάζω	I command	118.	φορτώνω	I load
85.	διασκεδάζω	I have fun			
86.	μοιράζω	I distribute		**oo-o**	
87.	πειράζω	I bother	119.	ἀκούω	I hear
88.	κοιτάζω	I look			
89.	ἀρπάζω	I catch, I seize			
90.	φωνάζω	I call, I shout			
91.	ἐξετάζω	I examine			

NOTES. 1. Verbs marked with an aster-
isk have no passive form. 2. For a
classified list of active verbs of
the 2nd conjugation, see APPENDIX,
pp. 222 - 223.

III. GRAMMAR A. THE T W O CONJUGATIONS CHAPTER 6.

OF ACTIVE & PASSIVE VERBS,

1. FIRST GROUP OF ACTIVE AND PASSIVE ENDINGS -ω -ομαι

ACTIVE -ω		PASSIVE -ομαι	
1. ἔχ-ω *I have*	4. ἀκού-ω *I hear*	7. ἀκού-ομαι *I am heard*	10. κάθ-ομαι *I sit*
2. θέλ-ω *I want*	5. πιάν-ω *I take*	8. πιάν-ομαι *I am caught*	11. ἐργάζ-ομαι *I work*
3. κάν-ω *I do*	6. πηγαίν-ω *I go*	9. ἔρχ-ομαι *I come*	12. κουράζ-ομαι *I become tired*

2. The endings -ω and --μαι are verb endings. -ω is the ending of all active verbs, and -μαι of all passive verbs, in the first person singular, of the Present tense. This is the basic form of a Greek verb.

3. SECOND GROUP OF ACTIVE AND PASSIVE ENDINGS -ῶ -ιέμαι

ACTIVE -ῶ		PASSIVE -ιέμαι	
1. μιλ-ῶ *I speak*	4. γελ-ῶ *I laugh*	7. γελ-ιέμαι *I am wrong*	10. βαρ-ιέμαι *I am bored*
2. ξεχν-ῶ *I forget*	5. ἀγαπ-ῶ *I love*	8. ἀγαπ-ιέμαι *I am loved*	11. παραπον-ιέμαι *I complain*
3. ρωτ-ῶ *I ask*	6. παρακαλ-ῶ *I beg*	9. ξεχν-ιέμαι *I am forgotten* *I forget myself*	12. στενοχωρ-ιέμαι *I worry, I am* *upset*

4. Notice that the endings of the first group of verbs, *para.1, above*, do not bear the accent whereas those of the second group, *para.3, above*, do. Notice also that the passive ending -μαι is preceded by an <u>unaccented</u> -o-, in the first group of verbs, and by an <u>accented</u> -ιέ-, in the second.

5. <u>FIRST & SECOND CONJUGATIONS</u>. All verbs bearing their accent on the syllable before the ending*(para.1, above)*, form the First Conjugation. All verbs bearing their accent on their ending*(para.3, above)*, form the Second Conjugation. In the case of active verbs of the Second Conjugation, that accent is a circumflex*(cf.para.4, 1-6, above)*.

6. Instead of ending in -ιέμαι, a good number of passive verbs end in -οῦμαι, e.g. θεωροῦμαι*(I am considered)*, διαιροῦμαι*(I am divided)*, etc. Four of these verbs have an alternate ending in -ᾶμαι. These are: θυμ-οῦμαι/-ᾶμαι *(I remember)*, λυπ-οῦμαι/-ᾶμαι*(I am sorry)*, φοβ-οῦμαι/-ᾶμαι*(I am afraid)*, κοιμ-οῦμαι/-ᾶμαι*(I sleep)*. Note that κοιμ-οῦμαι/-ᾶμαι has still another ending - (-ῶμαι) which is used in purist Greek but which affects the conjugation of the verb in its demotic form, -ᾶσαι, -ᾶται -ᾶστε instead of -εῖσαι/-ᾶσαι, -εῖται/ -ᾶται, εῖστε/-ᾶστε. *See p.208.*

GRAMMAR B.   ENDINGS OF THE PRESENT TENSE   CHAPTER 6.

I.   FIRST CONJUGATION

	ACTIVE -ω			PASSIVE -ομαι		
S.1st	χάν-ω	I	lose	χάν-ομαι	I	am lost
2nd	χάν-εις	you	lose	χάν-εσαι	you	are lost
3rd	χάν-ει	he she it	loses	χάν-εται	he she it	is lost
P.1st	χάν-ουμε	we	lose	χαν-όμαστε	we	are lost
2nd	χάν-ετε	you	lose	χάν-εστε	you	are lost
3rd	χάν-ουν	they	lose	χάν-ονται	they	are lost

II ª   SECOND CONJUGATION

	ACTIVE -ῶ CLASS I.				ACTIVE -ῶ CLASS II.		
S.1st	ἀγαπ-ῶ or -άω		I	love	μπορ-ῶ	I	can
2nd	ἀγαπ-ᾶς	-ᾶς	you	love	μπορ-εῖς	you	can
3rd	ἀγαπ-ᾶ	-άει	he she it	loves	μπορ-εῖ	he she it	can
P.1st	ἀγαπ-οῦμε	-ᾶμε	we	love	μπορ-οῦμε	we	can
2nd	ἀγαπ-ᾶτε	-ᾶτε	you	love	μπορ-εῖτε	you	can
3rd	ἀγαπ-οῦν(ε)	-ᾶνε	they	love	μπορ-οῦν(ε)	they	can

1.   A good number of verbs ending in -ῶ tend to assume both sets of endings :   μιλ-άω μιλ-ᾶς μιλ-άει   μιλ-ᾶμε μιλ-ᾶτε μιλ-ᾶνε | CLASS III.

or :   μιλ-ῶ μιλ-εῖς μιλ-εῖ   μιλ-οῦμε μιλ-εῖτε μιλ-οῦν

2.   These alternate endings appear only in the conjugation of the Present Tense of verbs ending in -ῶ (*Active, Second Conjugation*), and students should learn by observation the class to which such verbs belong.

II b   SECOND CONJUGATION

	PASSIVE -ιέμαι			PASSIVE -οῦμαι -ᾶμαι		
S.1st	ἀγαπ-ιέμαι	I am loved		φοβ-ᾶμαι	-οῦμαι	I am afraid
2nd	ἀγαπ-ιέσαι	you are "		φοβ-ᾶσαι	-εῖσαι	you are "
3rd	ἀγαπ-ιέται	he...is "		φοβ-ᾶται	-εῖται	he...is "
P.1st	ἀγαπ-ιόμαστε	we are "		φοβ-όμαστε	-ούμαστε	we are "
2nd	ἀγαπ-ιέστε	you " "		φοβ-ᾶστε	ʒεῦστε	you " "
3rd	ἀγαπ-ιόνται (-ιοῦνται)	they " "		φοβ-όνται	-οῦνται	they " "

NOTE   Most Greek verbs belong to the first conjugation. Those in most common use are irregular. *See fully conjugated verbs, APPENDIX, pp.198-221. See also the list of verbs, pp.175-8.* The verbs listed on pp.66-67 are grouped according to the similarity of sound of their _character_ i.e. the last letter of their stem. Students should try to memorize them, gradually.

GRAMMAR C. <u>NUMERALS</u> CHAPTER 6

1.   Numerals are adjectives which may be called cardinal when they de-
note numbers - ἕνα, δύο, τρία, etc., and ordinal when they denote a classifi-
cation, a series or an order - πρῶτος -η -ο, δεύτερος -η -ο, τρίτος -η -ο,
etc. Ordinal numerals are declined like any other adjective ending in -ος -η
-ο. Cardinal numerals are of two types: invariable and variable.

2.   Invariable numerals are the numbers 'TWO', 'FIVE' to 'TWELVE' and,
save those which are compounded with numbers 'one', 'three' and 'four', all
numbers from 'FIFTEEN' to 199. Variable numerals have three genders:(a)'ONE'is
declined in the singular only,'THREE'and'FOUR'in the plural only, as follows:

| | ONE | | | | THREE | | FOUR | |
	M.	F.	N.		M.F.	N.	M. F.	N.
S.N.	ἕνας	μία μιά	ἕνα	P.N.	τρεῖς	τρία	τέσσερεις	τέσσερα
G.	ἑνός	μίας/μιᾶς	ἑνός	G.	τριῶν	τριῶν	τεσσάρων	τεσσάρων
A.	ἕναν	μία μιά	ἕνα	A.	τρεῖς	τρία	τέσσερεις	τέσσερα

(b) Numbers from '200' onwards are declined like the plural of adjectives in -ιος.
In cases bearing an (*) the accent may move one syllable to the right:

| | TWO HUNDRED | | | | ONE THOUSAND | | |
	M.	F.	N.		M.	F.	N.
P.N.	διακόσιοι	διακόσιες	διακόσια	P.N.	χίλιοι	χίλιες	χίλια
G.	διακόσιων*	διακόσιων*	διακόσιων*	G.	χίλιων*	χίλιων*	χίλιων*
A.	διακόσιους*	διακόσιες	διακόσια	A.	χίλιους*	χίλιες	χίλια

(c) The word 'THOUSAND' for numbers from 2000 to 999,000 is χιλιάδες: it is
used in the feminine plural only. The word for 'MILLION' is ἑκατομμύριο: it
is used in the neuter. These numerals are declined as follows:

	THOUSAND F.		A GROUP OF THOUSAND F.		MILLION N.	
P.N.	χιλιάδες	S.N.	χιλιάδα	S.N.	ἑκατομμύριο	P. ἑκατομμύρια
G.	χιλιάδων	G.	χιλιάδας	G.	ἑκατομμυρίου	ἑκατομμυρίων
A.	χιλιάδες	A.	χιλιάδα	A.	ἑκατομμύριο	ἑκατομμύρια

3.   In enumerating, the practice is to use the neuter of numbers: ἕνα
τρία, δεκατέσσερα, διακόσια, χίλια. Χιλιάδες is always used in the feminine:
τέσσερεις χιλιάδες κιβώτια(four thousand boxes).

4.   The numeral for 'ZERO' may be used either in the form :   τό μηδέν
which is declined in the singular, or in the form τό μηδενικό which is declined
in both the singular and the plural :   N. τό μηδέν G. τοῦ μηδενός A. τό μη-
δέν. And :   S.N. τό μηδενικό, G. τοῦ μηδενικοῦ, A. τό μηδενικό, P.N. τά μηδε-
νικά, G. τῶν μηδενικῶν, A. τά μηδενικά.

5.   TELLING TIME.   In telling time, the practice is to use the feminine
of the variable cardinals :   εἶναι μία ἡ ὥρα, τρεῖς ἡ ὥρα, τέσσερεις ἡ ὥρα.
Notice that the expression 'at what time?' is τί ὥρα; e.g. τί ὥρα ἔρχεται τό
τραῖνο; (at what time does the train come?). The answer to that question is
given with the cardinal numbers used in the accusative and preceded by στίς,
and in the case of 'ONE' o'clock, by στή : στή μία, στίς δύο, στίς τρεῖς, etc.
See PRACTICE 11 & 12, and APPENDIX, p.229. See list of numerals on pp.226-228.

6.   The word for 'HALF' is the adjective μισός -ή -ό. Like any other adjective, this takes the gender, case and number of the noun which it qualifies: τό λεπτό(the minute) τό μισό λεπτό(the half minute), τό μισό δευτερόλεπτο(the half second), ἡ μισή ὥρα(the half hour), ὁ μισός μήνας(the half month), ὁ μισός χρόνος(the half year), οἱ μισές μερίδες(half-portions), μία ὥρα καί μισή(an hour and a half).

When 'HALF' is added to whole numbers from 1 - 19 and forms one word with them, it takes an invariable form, -μισι (or -ήμισι after a consonant) in all instances save two: the masculine and feminine for 'ONE AND A HALF'. E.g.

M. ἕνας καί μισός / ἑνάμισ<u>ης</u>	δύο καί μισός/δυόμισ<u>ι</u>	τρεισήμισ<u>ι</u>	ἑξήμισ<u>ι</u>
F. μία καί μισή / μιάμισ<u>η</u>	" " μισή / "	"	"
N. ἕνα καί μισό / ἑνάμισ<u>ι</u>	" " μισό / "	τριάμισ<u>ι</u>	"
$1\frac{1}{2}$	$2\frac{1}{2}$	$3\frac{1}{2}$	$6\frac{1}{2}$

7.   DATES. Cardinal numerals are used for all <u>days of the month</u> except the first; this requires an ordinal, and all are preceded by the preposition σ(έ) and the accusative of the feminine article, as follows :

Στήν πρώτη Ἀπριλίου, στίς δύο Μαῦου, στίς εἴκοσι τρεῖς Δεκεμβρίου
(or)Τήν πρώτη   "
On April first,   on May 2,   on December 23

Cardinal numerals also serve to indicate <u>years</u>; in this case they are preceded either by τό or by στά, as follows :   θά πάρω τό δίπλωμά μου <u>στά 1986</u>(χίλια ἐννιακόσια ὀγδόντα ἕξι   (I shall receive my degree in 1986), i.e.στά(χρόνια years), or <u>τό 1986</u>, i.e.(χρόνο, ἔτος year). The latter expression is declinable : θά πάρω τό δίπλωμά μου τόν Ὀκτώβριο <u>τοῦ 1986</u>.

8.   When the <u>name of the day</u> is mentioned in a date, this should be used in the accusative and it should be preceded by the article τό for Saturday and τή(ν) for the remaining days, as follows: Ὁ Καζαντζάκης γεννήθηκε <u>τήν</u> Παρασκευή, στίς 18 Φεβρουαρίου τοῦ 1883 καί πέθανε <u>τό</u> Σάββατο, στίς ὀκτώ καί εἴκοσι, στίς 26 Ὀκτωβρίου τοῦ 1957 (Kazantzakis was born on Friday, February 18, 1883 and died on Saturday, at twenty past eight, October 26, 1957).

9.   WHAT IS THE DATE? This question may be asked in either of the following ways : Τί ἡμερομηνία ἔχουμε; or πόσες τοῦ μηνός ἔχουμε;(lit. how many (days)of the month have we?) or τί ἡμερομηνία εἶναι σήμερα;

10.   The words for 'DAY' 'WEEK' and 'DATE'(μέρα, ἑβδομάδα, ἡμερομηνία, respectively) have a regular declension, and so have the words for 'MONTH' and 'YEAR'(ὁ μήνας, ὁ χρόνος, respectively). These latter, however, also have alternate forms. E.g. Singular N. ὁ μήνας G.τοῦ μήνα or <u>μηνός</u> A.τό μήνα Plural N.οἱ μῆνες G.τῶν μην<u>ῶν</u> A.τούς μῆνες.   The plural of ὁ χρόνος may be either οἱ χρόνοι τῶν χρόνων τούς χρόνους, or τά χρόνια τῶν χρόνων τά χρόνια. For the declension of τό ἔτος(year), see APPENDIX, p.237.

11.   IT IS THE...OF THE MONTH. The usual Greek sentence corresponding to that expression is: εἶναι πρώτη τοῦ μηνός, εἶναι τρεῖς τοῦ μηνός, εἶναι δεκατέσσερεις τοῦ μηνός, εἶναι ἑπτά Αὐγούστου, εἴκοσι μία Μαρτίου, etc. For certain official dates, however, the custom is to use ordinal numerals. E.g. δεκάτη πέμπτη Αὐγούστου(15th of August), εἰκοστή πέμπτη Μαρτίου(25th of March). For more details on dates, see PRACTICE 12, and APPENDIX, p.229.

CHAPTER 7

I. ΚΑΘΗΜΕΡΙΝΟΙ[1]ΔΙΑΛΟΓΟΙ

A. TI ΩΡΑ ΕΧΕΙΣ;[2]

- Τί ὥρα ἔχεις;
- Μία.
- Ἀκριβῶς;[3]
- Ὄχι. Παρά μερικά λεπτά.[4] Παρά πέντε.[5]
- Πᾶς καλά;[6]
- Νομίζω.[7] Γιατί;
- Γιατί ἐγώ λέω μία καί πέντε.[8]
- Τό ρολόι σου πάει ἐμπρός.[9] Τό κουδούνι[10] θά χτυπήσει σέ δύο λεπτά.[11]
- Εὐτυχῶς.[12] Ἔχω λίγη ὥρα[13] ἀκόμη. Πάω.
- Ἔχεις καιρό[14] ἀκόμη. Γιατί βιάζεσαι;[15]
- Γιατί ὁ καθηγητής μπαίνει[16] ἀκριβῶς στήν ὥρα του.[17] Δέν ἀργεῖ ποτέ.[18]
- Δέν εἶναι ἀργά.[19]

1. daily, of every day 2. what time do you have? 3. exactly? 4. a few minutes to 5. five to 6. is your watch right? 7. I think so 8. because mine says five past one 9. your watch is fast 10. the bell 11. will ring in two minutes 12. fortunately 13. I have a little time 14. you have time 15. why are you in a hurry? 16. the professor comes in 17. on time 18. he is never late 19. it is not late.

B. TI ΩΡΑ ΘΑ ΤΕΛΕΙΩΣΕΙΣ;[1]

- Τί ὥρα θά τελειώσεις σήμερα; Ἐγώ θά τελειώσω λίγο πρίν ἀπό[2] τίς τρεῖς.[3]
- Κ'ἐγώ.[4] Ἐσύ τί θά κάνεις μετά;[5]
- Θά διαβάσω.[6] Πρέπει νά τελειώσω[7] αὐτό τό βιβλίο. Πρέπει νά τό δώσω πίσω[8] σήμερα. Ἐλπίζω νά προλάβω[9] νά τό διαβάσω.[10]
- Κ'ἐγώ πρέπει νά δουλέψω.[11] Ποῦ θά εἶσαι;[12]
- Ἤ ἐδῶ ἤ[13] στή βιβλιοθήκη. Ὅπου ἔχει ἡσυχία.[14]
- Ἐδῶ εἶναι ἥσυχα[15] μετά τίς τρεῖς.
- Ἐσύ ποῦ θά εἶσαι μετά τίς τρεῖς;
- Ἔχω δουλειά[16] στό σπίτι.[17] Ἔχω νά γράψω[18] τήν ἐργασία μου.[19] Ἐσύ, πότε θά τή γράψεις;[20]
- Δέν ἔχω ἰδέα.[21] Πρέπει νά τή δώσω αὔριο.[22]

1. at what time will you finish? 2. a little before 3. three o'clock 4. so will I 5. what are you going to do later? 6. I am going to study 7. I must finish 8. return it 9. I hope to have time 10. to read it 11. I have to work too 12. where will you be? 13. either here or 14. where ever it is quiet 15. it is quiet here 16. I have work to do 17. at home 18. I have to write 19. my essay 20. when are you going to write it? 21. I have no idea 22. I must hand it in tomorrow

C.   ΤΙ ΚΑΝΑΤΕ ΣΗΜΕΡΑ;[1]

- "Αργησες;[2] Τί ὥρα ἔφτασες;[3]
- "Οχι. "Εφτασα στήν ὥρα μου.[4]
- Τί κάνατε σήμερα; Τίποτε ἐνδιαφέρον;[5]
- Κάναμε πολλά πράγματα[6] σήμερα.
- Εἶχαν ἐνδιαφέρον;[7]
- Ναί εἶχαν.[8] Πρῶτα[9] μιλήσαμε[10] γιά τίς ἐργα-
  σίες μας[11] καί μετά τήν παράδοση[12] εἴχαμε
  μιά περίοδο γιά συζήτηση.[13]
- Σᾶς ἔδωσε[14] τό πρόγραμμα τῶν ἐξετάσεων;[15]
- "Οχι, ἀλλά μᾶς εἶπε[16] πότε ἀρχίζουμε[17] ἐξετάσεις.
- Πότε ἀρχίζετε ἐξετάσεις;
- Στίς δεκαπέντε Δεκεμβρίου, πρίν ἀπό τίς
  γιορτές,[18] λίγο μετά[19] τό τέλος τῶν μαθημά-
  των. Ἐσεῖς, πότε γράφετε ἐξετάσεις;[20]
- Δέν ξέρω.[21] Δέν πῆγα στό μάθημα σήμερα.[22]
  Φαντάζομαι ὅμως ὅτι ἀρχίζουμε τόν ἴδιο
  καιρό περίπου.[23]
- Πέρασαν δυό μῆνες κιόλας.[24] Σ'ἕνα μήνα
  ἔχουμε Χριστούγεννα.[25]

1. what did you do today?
2. were you late? 3. what time did you get there?
4. I arrived on time
5. anything interesting?
6. we did many things
7. were they of any interest? 8. they were (had) 9. first 10. we spoke 11. about our essays 12. after the lecture 13. we had a discussion period 14. did he give you 15. the exam schedule? 16. he told us 17. when we begin 18. before the holidays 19. after 20. when do you write exams? 21. I don't know 22. I didn't go to class today 23. but I imagine that we begin at about the same time 24. two months have already past 25. it will be Christmas

D.   ΛΕΞΙΛΟΓΙΟ   VOCABULARY   CHAPTER 7.

	NOUNS					VERBS & EXPRESSIONS	
1	τό ρολόι	watch	11	ἡ βιβλιοθήκη	26	φαντάζομαι	I imagine
2	τό κουδούνι	bell		library	27	νομίζω	I think
3	ἡ παράδοση	lecture	12	τό πράμα(πράγμα)	28	βιάζομαι	I hurry
4	ἡ ἐργασία	essay		thing	29	νά προλάβω	to have time
5	οἱ ἐξετάσεις	examinations			30	προλαβαίνω	I have time
6	οἱ γιορτές	holidays			31	ἔφτασα(φτάνω)	I arrived
7	τά Χριστούγεννα	Christmas			32	ἔδωσα(δίνω)	I gave
8	ἡ ἡσυχία	quiet, peace			33	πῆγα(πάω)	I went
9	τό ἐνδιαφέρον	interest			34	πέρασα(περνῶ)	I passed
10	ἡ συζήτηση	discussion			35	εἴχαμε(ἔχω)	we had
					36	ἄργησα(ἀργῶ)	I was late
	ADVERBS, PREPOSITIONS & CONJUNCTIONS				37	μίλησα(μιλῶ)	I spoke
13	ἀκριβῶς	exactly	20.	περίπου about/around	38	δούλεψα(δουλεύω)	I worked
14	εὐτυχῶς	fortunately			39	θά τελειώσω	I shall finish
15	μερικά	some	21	ἐμπρός ahead	40	τελειώνω	I finish
16	ἥσυχα	quietly	22	χθές yesterday	41	θά χτυπήσει(χτυπῶ)	will ring
17	ἀργά	slowly	23	προχθές before "	42	ἔχω δουλειά	I am busy
18	παρά	than, but	24	αὔριο tomorrow	43	εἶμαι στήν ὥρα μου	I am on time
19	κιόλας	already	25	μεθαύριο after "	44	δέν ἀργῶ ποτέ	I am never late

II. PRACTICE 14.   FORMING THE S.FUTURE & THE S.SUBJUNCTIVE   CHAPTER 7

FIRST CONJUGATION — ACTIVE — REGULAR VERBS — SECOND CONJUGATION

A.	Present	SIMPLE FUT./SUBJ.	Θά/shall/will/ Νά/ to/	A.	Present	SIMPLE FUT./SUBJ.	
1.	ἀγοράζω	ἀγοράσω	buy	1.	μιλῶ	μιλήσω	speak
2.	ἀκούω	ἀκούσω	hear	2.	ζητῶ	ζητήσω	seek
3.	διαβάζω	διαβάσω	read	3.	ρωτῶ	ρωτήσω	ask
4.	ἐλπίζω	ἐλπίσω	hope	4.	ἀπαντῶ	ἀπαντήσω	answer
5.	κλείνω	κλείσω	close	5.	ἀγαπῶ	ἀγαπήσω	love
6.	πιάνω	πιάσω	take,catch	6.	περπατῶ	περπατήσω	walk
7.	πληρώνω	πληρώσω	pay	7.	τραγουδῶ	τραγουδήσω	sing
B.	/φ + σ = ψ/			8.	εὐχαριστῶ	εὐχαριστήσω	thank
8.	γράφω	γράψω	write	B.			
9.	κόβω	κόψω	cut	9.	μπορῶ	μπορέσω	be able
10.	πιστεύω	πιστέψω	believe	10.	φορῶ	φορέσω	wear
C.	/χ + σ = ξ/			11.	παρακαλῶ	παρακαλέσω	beg
11.	δείχνω	δείξω	show	C.			
12.	φτιάχνω	φτιάξω	arrange	12.	ξεχνῶ	ξεχάσω	forget
13.	τρέχω	τρέξω	run	13.	διψῶ	διψάσω	be thirsty
D.				14.	πεινῶ	πεινάσω	be hungry
14.	κοιτάζω	κοιτάξω	look at	15.	γελῶ	γελάσω	laugh
15.	φωνάζω	φωνάξω	call,shout	16.	περνῶ	περάσω	pass
16.	παίζω	παίξω	play				

PRACTICE 15.   USING THE SUBJUNCTIVE & THE FUTURE

FIRST CONJUGATION — ACTIVE — REGULAR VERBS

1.CONTINUOUS, 2.SIMPLE,SUBJUNCTIVE	3.CONTINUOUS, 4.SIMPLE,FUTURE
1 Μοῦ ἀρέσει ν'ἀγοράζ-ω βιβλία *I like buying books*	3 Θ'ἀγοράζ-ω ἕνα βιβλίο τήν ἑβδομάδα *I shall be buying one book per week*
2 Θέλω ν'ἀγοράσ-ω ἕνα βιβλίο *I want to buy a book*	4 Θ'ἀγοράσ-ω αὐτό τό βιβλίο σήμερα *I shall buy this book today*
1 Μοῦ ἀρέσει νά διαβάζ-ω βιβλία *I like reading books*	3 Θά διαβάζ-ω ἕνα βιβλίο τήν ἑβδομάδα *I shall be reading one book a week*
2 Θέλω νά διαβάσ-ω ἕνα βιβλίο *I want to read a book*	4 Θά διαβάσ-ω αὐτό τό βιβλίο σήμερα *I shall read this book today*
1 Πρέπει νά πληρών-ω ἐνοίκιο *I have to pay rent*	3 Θά πληρών-ω ὅταν μπορῶ *I shall be paying when I can*
2 Δέν μπορῶ νά πληρώσ-ω τώρα *I cannot pay now*	4 Θά πληρώσ-ω τόν ἄλλο μήνα *I shall pay next month*

PRACTICE 15a   USING THE SUBJUNCTIVE & THE FUTURE   CHAPTER 7

FIRST CONJUGATION — ACTIVE — REGULAR VERBS

1.CONTINUOUS, 2.SIMPLE,SUBJUNCTIVE	3.CONTINUOUS, 4.SIMPLE,FUTURE
1 Μοῦ ἀρέσει νά ἀνοίγ-ω τά παράθυρα *I like opening the windows*	3 Θά ἀνοίγ-ω τά παράθυρα κάθε μέρα *I shall open the windows every day*
2 Μπορῶ νά ἀνοίξ-ω τό παράθυρο; *May I open the window?*	4 Θά ἀνοίξ-ω τά παράθυρα *I shall open the windows*
1' Ἀρχίζω νά γράφ-ω στά ἑλληνικά *I am beginning to write in Greek*	3 Θά γράφ-ω λίγο κάθε μέρα *I shall be writing a little " "*
2 Μπορῶ νά γράψ-ω ὅλα τά γράμματα *I can write all the letters*	4 Θά γράψ-ω ἕνα γράμμα *I shall write a letter*
1 Θέλω νά δουλεύ-ω μισή μέρα μόνο *I want to work half a day only*	3 Θά δουλεύ-ω μισή μέρα μόνο *I shall be working half a day only*
2 Πάω νά δουλέψ-ω *I am going to work*	4 Θά δουλέψ-ω σήμερα *I shall work today*

PRACTICE 16.   USING THE SUBJUNCTIVE & THE FUTURE

SECOND CONJUGATION — ACTIVE — REGULAR VERBS

1.CONTINUOUS, 2.SIMPLE,SUBJUNCTIVE	3.CONTINUOUS, 4.SIMPLE,FUTURE
1 Ξέρω νά μιλ-ῶ μόνο μία γλώσσα *I know how to speak one language only*	3 Θά μιλ-ῶ ἑλληνικά λίγο κάθε μέρα *I shall speak Greek a little every* */day*
2 Μπορῶ νά σοῦ μιλ ήσ-ω; *May I speak to you?*	4 Θά μιλ ήσ-ω στήν τάξη *I shall speak to the class*
1 Μοῦ ἀρέσει νά τηλεφων-ῶ *I like telephoning*	3 Θά σοῦ τηλεφων-ῶ κάθε μέρα *I shall be calling you every day*
2 Μπορῶ νά τηλεφων ήσ-ω; *May I telephone?*	4 Θά σοῦ τηλεφων ήσ-ω αὔριο *I shall telephone you tomorrow*
1 Μοῦ ἀρέσει νά γελ-ῶ *I like laughing*	3 Θά γελ-ῶ κάθε στιγμή *I shall be laughing all the time*
2 Θέλω νά γελ άσ-ω *I want to laugh*	4 Θά γελ άσ-ω *I shall laugh*
1 Δέ(ν) μοῦ ἀρέσει νά παρακαλ-ῶ *I do not like begging*	3 Δέ(ν) θά παλακαλ-ῶ κανέναν *I shan't beg anyone*
2 Μπορῶ νά σέ παρακαλ έσ-ω κάτι; *Might I ask something of you?*	4 Θά σέ παρακαλ έσ-ω κάτι *I shall ask something of you*
.1 Φτάνει νά μπορ-ῶ *As long as I can*	3 Δέν ξέρω ἄν θά μπορ-ῶ *I don't know whether I shall be* */able*
2 Ἐλπίζω νά μπορ έσ-ω *I hope to be able*	4 Θά μπορ έσ-ω νά μάθω; *Will I be able to learn?*

III.GRAMMAR A.   THE FUTURE TENSES - THE SUBJUNCTIVE   CHAPTER 7.

1.   The Future tense may express either a continuous, or a simple, action that takes place in future time. It is formed with the pre-verb θά *(shall/will)* placed before the verb. In active verbs of both conjugations, both these futures, the continuous and the simple, end in - ω. But, in the simple future, that - ω is preceded by a -σ-, as follows:

$$
\begin{bmatrix}
\text{CONJ. I.} & \textit{C.Future} & θά\ χάνω & \textit{I shall be losing,} & θά\ ἐξετάζω & \textit{I shall be examining} \\
" & " & S. & " & θά\ χάσω & \textit{I shall lose,} & θά\ ἐξετάσω & \textit{I shall examine}
\end{bmatrix}
$$

$$
\begin{bmatrix}
" & \text{II.} & C. & " & θά\ ἀγαπῶ & \textit{I shall be loving,} & θά\ μιλῶ & \textit{I shall be speaking} \\
" & " & S. & " & θά\ ἀγαπήσω & \textit{I shall love,} & θά\ μιλήσω & \textit{I shall speak}
\end{bmatrix}
$$

2.   In passive verbs, only the simple future of both conjugations ends in - ω, and that is preceded by a -θ-. The continuous future ends in -ομαι, in verbs of the first conjugation, and in -ιέμαι, in verbs of the second, as follows: -

$$
\begin{bmatrix}
\text{CONJ. I.} & \textit{C.Future} & θά\ χάνομαι & \textit{I shall be lost} & θά\ ἐξετάζομαι & \textit{I shall be examin-} \\
" & " & S. & " & θά\ χαθῶ & \textit{I shall " "} & θά\ ἐξετασθῶ & " \ " \ " \ " \ ed
\end{bmatrix}
$$

$$
\begin{bmatrix}
" & \text{II} & C. & " & θά\ ἀγαπιέμαι & \textit{I shall be loved} \\
" & " & S. & " & θά\ ἀγαπηθῶ & " \ " \ " \ "
\end{bmatrix}
$$

3.   Like the Future tense, the Subjunctive mood may be either continuous or simple and it is formed in exactly the same way as the Future, but, instead of the verb being preceded by θά, it is preceded by νά *(to)*, as follows: νά χάνω/νά χάσω*(to be losing/to lose)*, νά διαβάζω/νά διαβάσω*(to be readin/to read)*, νά ἀγαπῶ/νά ἀγαπήσω*(to be loving/to love)*, νά μιλῶ/νά μιλήσω*(to be talking/to talk)*.

4.   To some extent, the Greek subjunctive corresponds to the English infinitive but, unlike it, the Greek subjunctive is conjugated*(see pp.80, 81).*

5.   The subjunctive has a wide use. In its most common use, it is dependent on verbs such as θέλω*(I want)*, ξέρω*(I know)*, ἐλπίζω*(I hope)*, μπορῶ*(I can)*, e.g. θέλω νά διαβάσω*(I want to read)*, ξέρω νά μιλῶ*(I know how to speak)*, ἐλπίζω νά μιλήσω*(I hope to speak)*, δέ μπορῶ νά σέ ἀκούσω*(I cannot hear you).*

6.   Essentially, with the use of the pre-verb νά, the subjunctive expresses a desire or expectation. But it may take the form of urging or consent, with the use of the pre-verb ἄς*(let)*, or it may become contitional, with the use of the preverb ἄν*(if)*, instead of νά. E.g. ἄς διαβάσουμε τό γράμμα *(let's read the letter)*, ἄς μιλήσουμε ἑλληνικά*(let's speak Greek)*, ἄν χάσω τό βιβλίο μου, θά χαθῶ*(If I lose my book, I shall be lost)*, ἄν μιλήσουμε ἑλληνικά δέ θά καταλαβαίνει*(If we speak Greek he/she will not be able to follow).* The subjunctive may also be preceded by one of the subordinate conjunctions ὅταν/σάν*(when)*, ἀφοῦ*(after)*, πρίν/προτοῦ*(before)*, ἄμα/μόλις*(as soon as)*, or by one of the particles εἴθε νά / μακάρι νά *(would that).*

7.   The continuous future and subjunctive are always regular. The simple future and subjunctive are regular in verbs of the second conjugation, and irregular in a number of verbs of the first conjugation.*See PRACTICE and GRAMMAR, CHAPTER 10.*

1. 1st CONJUGATION

	ACTIVE		PASSIVE	
	CONTINUOUS	*SIMPLE*	*CONTINUOUS*	*SIMPLE*
	Θά/Νά *(shall/will)/to*	Θά/Νά	Θά/Νά	Θά/Νά
	/be losing	*/lose*	*/be lost*	*/be lost*
S.1st	/χάν-ω	/χάσ-ω	/χάν-ομαι	/χαθ-ῶ
2nd	χάν-εις	χάσ-εις	χάν-εσαι	χαθ-εῖς
3rd	χάν-ει	χάσ-ει	χάν-εται	χαθ-εῖ
P.1st	χάν-ουμε (-ομε)	χάσ-ουμε(-ομε)	χαν-όμαστε	χαθ-οῦμε
2nd	χάν-ετε	χάσ-ετε	χάν-εστε	χαθ-εῖτε
3rd	χάν-ουν	χάσ-ουν	χάν-ονται	χαθ-οῦν

2. 2nd CONJUGATION

	/be loving	*/love*	*/be loved*	*/be loved*
S.1st	/ἀγαπ-ῶ (-άω)	/ἀγαπήσ-ω	/ἀγαπ-ιέμαι	/ ἀγαπηθ-ῶ
2nd	ἀγαπ-ᾶς	ἀγαπήσ-εις	ἀγαπ-ιέσαι	ἀγαπηθ-εῖς
3rd	ἀγαπ-ᾶ (-άει)	ἀγαπήσ-ει	ἀγαπ-ιέται	ἀγαπηθ-εῖ
P.1st	ἀγαπ-οῦμε(-ᾶμε)	ἀγαπήσ-ουμε	ἀγαπ-ιόμαστε	ἀγαπηθ-οῦμε
2nd	ἀγαπ-ᾶτε (-ᾶτε)	ἀγαπήσ-ετε	ἀγαπ-ιέστε	ἀγαπηθ-εῖτε
3rd	ἀγαπ-οῦν (-ᾶνε)	ἀγαπήσ-ουν	ἀγαπ-ιόνται	ἀγαπηθ-οῦν

3. Notice that, in the simple future and subjunctive, verbs of the second conjugation *(par.2, above)* have an expanded stem, ἀγαπήσ- in the active, and ἀγαπήθ- in the passive. The expanded stem is an important feature of the formation of tenses, in verbs of that conjugation. Instead of adding -ησ-/-ηθ-, a small number of verbs of the second conjugation add -ασ-/-ασθ-, e.g. γελῶ *(I laugh)*, θά/νά γελάσω, γελασθῶ or γελαστῶ, and a still smaller number of verbs add -εσ-/-εθ-(or -εσθ-), e.g. φορῶ*(I wear)*, θά/νά φορέσω, φορεθῶ. *See APPENDIX, pp.222-223.*

4. In the simple future and subjunctive, some active verbs of the first conjugation have -ξ- or -ψ- , instead of -σ-, before the endings. E.g. τρέχω*(I run)*, θά/νά τρέξω, γράφω*(I write)*, θά/νά γράψω. *See PRACTICE 15a, p.75.* The two auxiliary verbs ἔχω, εἶμαι, the verbs ξέρω*(I know)*, κάνω*(I do)*, and a few other verbs, have no distinct form for the continuous and simple subjunctive: - θά/νά ἔχω, ἔχεις, θά/νά εἶμαι, εἶσαι, θά/νά ξέρω, ξέρεις, θά/νά κάνω.

5. The verbs μοῦ ἀρέσει*(I like)* and ἀρχίζω*(I begin)* require the verb which is dependent on them, in the continuous subjunctive. *See PRACTICE 15, 15a, 16, pp.74-75.*

6. *NOTE. In the cotinuous and simple future and subjunctive, the endings used to have an alternate spelling, -η and -ω instead of -ει and -o, e.g. θά/νά χάνης, χάνη, χάνωμε, χάσης, χάση, χάσωμε, χάνωμαι, χανώμαστε, χάνωνται, χαθῆς, χαθῆ, χαθῆτε, etc. This practice which was more in keeping with historical spelling has now been abandonned and the spelling of the future and subjunctive no longer differs from that of the Present tense.*

78

CHAPTER 8

A. <u>ΓΙΑ ΚΑΤΑΣΤΗΜΑΤΑ[1] ΚΑΙ ΨΩΝΙΑ[2]</u>

-"Θέλω νά πάω νά ψωνίσω[3] ἀλλά[4] δέν ξέρω τί ὥρα ἀνοίγουν τά καταστήματα[5] στήν 'Αθήνα"[6]. -"Δέν εἶμαι σίγουρη[7]. Νομίζω ὅτι[8] ἀνοίγουν τό πρωί[9] στίς ὀκτώμισι[10], καί τό ἀπόγεμα στίς τεσσερεισήμισι[11] μέ πέντε"[12]. -"Θέλεις νά πεῖς[13] ὅτι κλείνουν[14] τό μεσημέρι;"[15] - "Ναί. Ἄν θυμᾶμαι καλά[16], ὅλα τά[17] καταστήματα μένουν κλειστά[18] ἀπό τή μιάμιση[19] ὥς τίς τεσσερεισήμισι[20]. Τά καταστήματα τροφίμων[21] μένουν ἀνοικτά[22] λίγο[23] παραπάνω[24] ἀπό τά ἄλλα[25]. Περίπου μισή ὥρα[26] παραπάνω.

-"Τί θά ψωνίσεις;"[27] -"Θέλω ν'ἀγοράσω[28] παπούτσια[29], κ'ἐπειδή δέν εἶναι εὔκολο[30] νά βρῶ[31] γρήγορα[32] ὅ,τι ζητῶ[33], θέλω νά ξεκινήσω[34] αὔριο[35], πρωί-πρωί"[36]. -"Καλά θά κάνεις[37] νά πᾶς τό πρωί[38], γιατί τό ἀπόγεμα, τά καταστήματα εἶναι κλειστά. Κλείνουν τή μισή μέρα[39], τίς Τετάρτες καί τά Σάββατα"[40]. -"Καλά πού μοῦ τό εἶπες[41]. Ἄκουσα πώς[42] στήν ὀδόν Ἑρμοῦ[43] καί στήν ὀδό Χαριλάου Τρικούπη[44] εἶναι πολλά καταστήματα παπουτσιῶν"[45]. -"Ναί, εἶναι. Ἄν πᾶς[46] στήν ὀδόν Ἑρμοῦ, πᾶμε μαζί[47] γιατί θέλω κ'ἐγώ[48] νά πάω πρός τά κεῖ[49] νά βρῶ[50] διάφορα[51] εἴδη[52] λαϊκῆς τέχνης"[53]. -"Ἄκουσα πώς αὐτά εἶναι κοντά[54] στήν ὀδόν Ἑρμοῦ, λίγο πιό κάτω[55], στό Μοναστηράκι[56]. Θά ἤθελα[57] νά ἔρθω[58] κ'ἐγώ μαζί σου[59] νά τά δῶ"[60]. - "Καί δέν ἔρχεσαι[61] ἄν σοῦ κάνει εὐχαρίστηση;[62] Ἐκεῖ μποροῦμε νά πᾶμε καί μετά τό κλείσιμο[63] τῶν καταστημάτων. Τά μαγαζιά αὐτά[64] δέν κλείνουν σχεδόν ποτέ"[65]. -"Μποροῦμε νά πᾶμε νά φᾶμε κάπου[66] πρῶτα[67], καί μετά[68] νά πᾶμε στό Μοναστηράκι. Ξέρεις ἄν[69] μποροῦμε νά πληρώσουμε[70] μέ δολλάρια;" -"Φαντάζομαι[71], ἀλλά γιά καλό καί γιά κακό[72], πᾶμε ν'ἀγοράσουμε δραχμές"[73].

B.   <u>ΑΡΝΗΣΗ</u>[1]

Στό περιγιάλι τό κρυφό[2]   Πάνω στήν ἄμμο τήν ξανθή[6]
κι ἄσπρο σάν περιστέρι[3]   γράψαμε τ'ὄνομά της
διψάσαμε τό μεσημέρι[4]   ὡραῖα πού φύσηξεν ὁ μπάτης[7]
μά τό νερό γλυφό[5]   καί σβήστηκε ἡ γραφή[8]

Μέ τί καρδιά, μέ τί πνοή[9]
τί πόθους καί τί πάθος[10]
πήραμε τή ζωή μας·[11]λάθος ![12]
κι ἀλλάξαμε ζωή.[13]

<u>Γιῶργος Σεφέρης</u>
"ΣΤΡΟΦΗ"[14] 1931.

1.denial 2. secret seashore 3.white like a pigeon 4.we were thirsty at noon 5.brackish 6.on the golden sand 7.sea-breeze blew 8.the writing vanished 9. heart...spirit 10.desire...passion 11.we lived our life 12.a mistake 13.we changed our life 14. turning point

C.   VOCABULARY   CHAPTER 8.

	NOUNS			ADVERBS-PREPOSITIONS-CONJUNCTIONS	
1	τό μαγαζί	store	28	πρῶτα, ὕστερα	first, then /ing
2	τά ψώνια	shopping	29	πρωί-πρωί	early in the morn-
3	τά τρόφιμα	food/groceries	30	πάνω σέ	(up)on
4	τά παπούτσια	shoes	31	παραπάνω ἀπό	more/longer than
5	ὁ πόθος	desire	32	πιό κάτω	further down
6	ἡ ἄμμος	sand	33	πρός	towards
7	ἡ δραχμή	drachma	34	πρός τά κεῖ	in that direction
8	ἡ λαϊκή τέχνη	handicrafts	35	ἐπειδή	since/because
9	τό εἶδος/τά εἴδη	kind/s	36	ὥς	until
10	τό λάθος/τά λάθη	mistake/s	37	ὅτι	that
11	τό πάθος/τά πάθη	passion/s	38	ἄν, ἐάν	if/whether
12	ὁ μπάτης	breeze			
13	ἡ πνοή	breath/spirit		VERBS AND EXPRESSIONS	
	PRONOUNS AND ADJECTIVES		39	εἶπες(λέω)	you said
			40	νά δῶ(βλέπω)	to see
14	ὅ,τι	what(ever)	41	νά βρῶ(βρίσκω)	to find
15	μισός	half	42	ἀνοίγω	I open
16	κλειστός	closed	43	κλείνω	I close
17	διαφορετικός	different	44	ψωνίζω	I shop/go shopping
18	ἄσπρος	white	45	ἀλλάζω	I change
19	μαῦρος	black	46	ζητῶ	I look for/ask for
20	μπλέ	blue	47	ξεκινῶ	I set out
21	πράσινος	green	48	διψάσαμε(διψῶ)	we were thirsty
22	κόκκινος	red	49	φύσηξε(φυσῶ)	it blew
23	κίτρινος	yellow	50	θυμᾶμαι	I remember
24	καφέ/καστανός	brown	51	τί θά πεῖ...;	what does...mean?
25	γκρίζος	grey	52	τί θέλεις νά πεῖς;	what do you mean?
26	πορφυρός	purple	53	μοῦ κάνει εὐχαρίστηση	it is a pleasure
27	γαλανός/γα- λάζιος	sky-blue	54	καλά πού...	it's a good thing that...
			55	γιά καλό &γιά κακό	just in case

1. YOU WANT TO WRITE

Θέλω	νά γράφω	*I want to write*
θέλεις	νά γράψεις	*you want* "
θέλει	νά γράψει	*he wants* "
θέλουμε	νά γράφουμε	*we want* "
θέλετε	νά γράψετε	*you want* "
θέλουν	νά γράφουν	*they want* "

1a. YOU WANT TO SPEAK

Θέλω	νά μιλήσω	*I want to speak*
θέλεις	νά μιλήσεις	*you want* "
θέλει	νά μιλήσει	*he wants* "
θέλουμε	νά μιλήσουμε	*we want* "
θέλετε	νά μιλήσετε	*you want* "
θέλουν	νά μιλήσουν	*they want* "

2. YOU CAN WRITE

Μπορῶ	νά γράφω	*I can write*
μπορεῖς	νά γράψεις	*you can* "
μπορεῖ	νά γράψει	*he can* "
μποροῦμε	νά γράφουμε	*we can* "
μπορεῖτε	νά γράψετε	*you can* "
μπορούν	νά γράφουν	*they can* "

2a. YOU CAN SPEAK

Μπορῶ	νά μιλήσω	*I can speak*
μπορεῖς	νά μιλήσεις	*you can speak*
μπορεῖ	νά μιλήσει	*he can speak*
μπορούμε	νά μιλήσουμε	*we can speak*
μπορεῖτε	νά μιλήσετε	*you can speak*
μπορούν	νά μιλήσουν	*they can speak*

WHO WANTS WHOM TO DO WHAT?

1. YOU WANT ME TO WRITE

Θέλω	νά	γράφω	*I want to write*
θέλεις	"	"	*you want me* "
θέλει	"	"	*he wants me* "
θέλουμε	"	"	*we want me* "
θέλετε	"	"	*you want me* "
θέλουν	"	"	*they want me* "

1a. YOU WANT ME TO SPEAK

Θέλω	νά	μιλήσω	*I want to speak*
θέλεις	"	"	*you want me* "
θέλει	"	"	*he wants me* "
θέλουμε	"	"	*we want me* "
θέλετε	"	"	*you want me* "
θέλουν	"	"	*they want me* "

2. I WANT YOU TO WRITE

Θέλω	νά	γράφω	*I want*		*to write*
"	"	γράψεις	*I*	" *you*	"
"	"	γράφει	*I*	" *him*	"
"	"	γράφουμε	*I*	" *us*	"
"	"	γράψετε	*I*	" *you*	"
"	"	γράφουν	*I*	" *them*	"

2a. I WANT YOU TO SPEAK

Θέλω	νά	μιλήσω	*I want*		*to speak*
"	"	μιλήσεις	*I*	" *you*	"
"	"	μιλήσει	*I*	" *him*	"
"	"	μιλήσουμε	*I*	" *us*	"
"	"	μιλήσετε	*I*	" *you*	"
"	"	μιλήσουν	*I*	" *them*	"

3. YOU WANT [HIM / HER / IT] TO WRITE

Θέλεις } νά γράψει
θέλετε

3a. [HE / SHE / IT] WANTS YOU TO WRITE

Θέλει νά { γράψεις / γράψετε

4. YOU WANT THEM TO WRITE

Θέλεις } νά γράψουν
θέλετε

4a. THEY WANT YOU TO WRITE

Θέλουν νά { γράψεις / γράψετε

A. 1st/3rd PERSONS SINGULAR, **ACTIVE**   1st/3rd PERSONS PLURAL **ACTIVE**

1 ῞Οταν <u>ἤμουν</u> μικρός εἶχα παιχνίδια — ῞Οταν <u>ἤμαστε</u> μικροί εἴχαμε παιχνίδια
   When I was little I had toys   *we were little we had*

2 ῞Οταν <u>ἦταν</u> μικρός εἶχε παιχνίδια — " <u>ἦταν</u> μικροί εἶχαν παιχνίδια
   he was little he had toys   *they were little they had*

3 ῞Οταν ἤμουν μικρός ἔπαιζα " — " ἤμαστε μικροί παίζαμε "
   I played games   *we played games*

4 ῞Οταν ἦταν μικρός ἔπαιζε " — " ἦταν μικροί ἔπαιζαν "
   he played "   *they played* "

5 ῞Οταν ἤμουν μικρός διάβαζα πολύ — " ἤμαστε μικροί διαβάζαμε πολύ
   I read a lot   *we read*

6 ῞Οταν ἦταν μικρός διάβαζε πολύ — " ἦταν μικροί διάβαζαν "
   he read   *they read*

7 ῞Οταν ἤμουν μικρός πήγαινα σχολεῖο — " ἤμαστε μικροί πηγαίναμε σχο-
   I went to school   *we went*   λεῖο

8 ῞Οταν ἦταν μικρός πήγαινε σχολεῖο — " ἦταν μικροί πήγαιναν "
   he went   *they went*

     2nd PERSON SINGULAR   2nd PERSON PLURAL

9   ῞Οταν <u>ἤσουν</u> μικρή εἶχες παιχνίδια— ῞Οταν <u>ἤσαστε</u> μικρές εἴχατε παιχνίδια
10   "   ἤσουν " ἔπαιζες " — " ἤσαστε " παίζατε "
11   "   ἤσουν " διάβαζες πολύ — " ἤσαστε " διαβάζατε πολύ
12   "   ἤσουν " πήγαινες σχολεῖο— " ἤσαστε " πηγαίνατε σχο-
   When you were little ....   *When you were little..........* λεῖο

B.   PASSIVE   PASSIVE

1 ῞Οταν ἤμουν μικρός κοιμόμουν λίγο — ῞Οταν ἤμαστε μικροί κοιμόμαστε λίγο
2   "   ἤσουν " κοιμόσουν " — " ἤσαστε " κοιμόσαστε "
3   "   ἦταν " κοιμόταν " — " ἦταν " κοιμόνταν "
   slept little   *slept little*

A. ΗΘΕΛΑ ΝΑ = I WANTED TO BE/HAVE/PLAY/READ/GO/ SLEEP

1 ῎Ηθελα νά εἶμαι μικρός   Θέλαμε νά εἴμαστε μικροί
2 ἤθελα νά ἔχω παιχνίδια   θέλαμε νά ἔχουμε παιχνίδια
3 ἤθελα νά παίζω παιχνίδια   θέλαμε νά παίζουμε παιχνίδια
4 ἤθελα νά διαβάζω λίγο   θέλαμε νά διαβάζουμε λίγο
5 ἤθελα νά πηγαίνω σχολεῖο   θέλαμε νά πηγαίνουμε σχολεῖο

6 ἤθελα νά κοιμᾶμαι πολύ   θέλαμε νά κοιμόμαστε πολύ

B. ΗΘΕΛΑ ΝΑ = I WISH I WERE/HAD/PLAYED/READ

1 ῎Ηθελα νά ἤμουν μικρός   Θέλαμε νά ἤμαστε μικροί
2 ἤθελα νά εἶχα παιχνίδια   θέλαμε νά εἴχαμε παιχνίδια
3 ἤθελα νά ἔπαιζα παιχνίδια   θέλαμε νά παίζαμε παιχνίδια
4 ἤθελα νά διάβαζα λίγο   θέλαμε νά διαβάζαμε λίγο

III. GRAMMAR A.   THE ENDINGS OF THE PAST   CHAPTER 8.

1. Ἔχω   AUXILIARY VERBS   Εἶμαι

S.1st	εἶχ- α	I	had	ἤ- μουν	I	was
2nd	εἶχ- ες	you	"	ἤ- σουν	you	were
3rd	εἶχ- ε	he she it	"	ἤ- ταν	he she it	was
P.1st	εἴχ- αμε	we	"	ἤ- μαστε	we	were
2nd	εἴχ- ατε	you	"	ἤ- σαστε	you	were
3rd	εἶχ- αν	they	"	ἤ- ταν	they	were

2. Χάνω   1st CONJUGATION   Χάνομαι

	ACTIVE	*CONTINUOUS PAST*		**PASSIVE**	
		I used to lose &			*I used to be lost &*
S.1st	ἔχαν- α	I	was losing	χαν-ό μουν	I was (being) lost
2nd	ἔχαν- ες	you were	"	χαν-ό σουν	you were " "
3rd	ἔχαν- ε	he it she was	"	χαν-ό ταν	he it she was " "
P.1st	χάν- αμε	we were	"	χαν-ό μαστε	we were " "
2nd	χάν- ατε	you "	"	χαν-ό σαστε	you " " "
3rd	ἔχαν- αν	they "	"	χαν-όνταν	they " " "

3. Ἀγαπῶ   2nd CONJUGATION   Ἀγαπιέμαι

	ACTIVE	*CONTINUOUS PAST*		**PASSIVE**	
		I used to love &			*I used to be loved &*
S.1st	ἀγαπ-οῦσ α	I was loving		ἀγαπ-ιόμουν	I was being loved
2nd	ἀγαπ-οῦσ ες	you were	"	ἀγαπ-ιόσουν	you were " "
3rd	ἀγαπ-οῦσ ε	he it she was	"	ἀγαπ-ιόταν	he it she was " "
P.1st	ἀγαπ-οῦσ αμε	we were	"	ἀγαπ-ιόμαστε	we were " "
2nd	ἀγαπ-οῦσ ατε	you "	"	ἀγαπ-ιόσαστε	you " " "
3rd	ἀγαπ-οῦσ αν	they "	"	ἀγαπ-ιόνταν	they " " "

4.   Students will notice that there are only two sets of endings for the eight tenses (paras 2, 3, above, and 10, 11, p.83) of the Past: -μουν -σουν -ταν -μαστε -σαστε -ταν for the CONTINUOUS PAST of passive verbs of both conjugations, and -α -ες -ε -αμε -ατε -αν for all the other Past Tenses.

5.   Notice that the endings -μουν -σουν etc. are preceded by an ac-cented -ό- in verbs of the first conjugation, and by an accented -ιό- in verbs of the second conjugation.

6.   Students will also notice that in <u>active</u> verbs of the <u>second</u> conjuga-tion, the endings -α -ες -ε etc. are preceded by the syllable -ουσ- in the CONTINUOUS PAST (para.3, above), and by the syllable -ησ- in the SIMPLE PAST (para.11, p.83).

7.   <u>SHIFTING OF THE ACCENT</u>. The characteristic feature of past tenses is the shifting of the accent to the third to last syllable. Two excep-tions to this rule are (a) the two tenses ending in -μουν -σουν -ταν, (b)

the active *CONTINUOUS PAST* (-οῦσα -οῦσες -οῦσε....-οῦσαν) of the verbs of the second conjugation. *See paras. 2, 3, p.82.*

8.   THE A U G M E N T. If there is no third to last syllable to which to move to accent of a verb in the past tense, an initial ἔ- is attached to the verb to carry that accent : χάνω ἔχανα ἔχασα, πιάνω ἔπια-να ἔπιασα, λύνω ἔλυνα ἔλυσα. This additional initial syllable is called the augment. The augment of the following verbs is an η-: εἶμαι(I am) ἤμουν(I was), θέλω(I want) ἤθελα(I wanted), ξέρω(I know) ἤ-ξερα(I knew), πίνω(I drink) ἤπια(I drank), ἔρχομαι(I come) ἦρθα(I came) βρίσκω(I find) ηὖρα(I found).

9.   In the *SIMPLE PAST,* the endings -α -ες -ε etc. are preceded by the consonant - σ - (-ξ- or -ψ-) in the case of active verbs of the <u>first</u> conjugation, and by the syllable -ησ- in the case of active verbs of the <u>second</u> conjugation. In the case of passive verbs, the endings are preceded by the syllable - θ ηκ - if the verb belongs to the first con-jugation, and by the syllables- ηθ ηκ - if the verb belongs to the second conjugation. *See paras.10 & 11, below.*

10.   1st CONJUGATION

	ACTIVE		*SIMPLE PAST*	PASSIVE	
S.1st	ἔχασ-α	I lost	χά θ ηκ -α	I was lost	
2nd	ἔχασ-ες	you "	χά θ ηκ -ες	you were "	
3rd	ἔχασ-ε	he it she "	χά θ ηκ -ε	he she was " it	
P.1st	χάσ-αμε	we "	χα θ ήκ -αμε	we were "	
2nd	χάσ-ατε	you "	χα θ ήκ -ατε	you " "	
3rd	ἔχασ-αν	they "	χά θ ηκ -αν	they " "	

11.   2nd CONJUGATION

	ACTIVE		*SIMPLE PAST*	PASSIVE	
S.1st	ἀγάπησ-α	I loved	ἀγαπ ή θ ηκ-α	I was loved	
2nd	ἀγάπησ-ες	you "	ἀγαπ ή θ ηκ-ες	you were "	
3rd	ἀγάπησ-ε	he she " it	ἀγαπ ή θ ηκ-ε	he she was " it	
P.1st	ἀγαπ ήσ-αμε	we "	ἀγαπ η θ ήκ-αμε	we were "	
2nd	ἀγαπ ήσ-ατε	you "	ἀγαπ η θ ήκ-ατε	you " "	
3rd	ἀγάπησ-αν	they "	ἀγαπ ή θ ηκ-αν	they " "	

12.   **NATURE OF** - α . The ending-α of all Past tenses is 'short'. There-fore, if the syllable which precedes that ending is a 'long'accented syl-lable, it should bear a circumflex: εἶχ-α, μιλοῦσ-α. *See p.14, para.13(IV).*

13.   Notice (a) that the *CONTINUOUS PAST* is formed by using <u>STEM 1</u> (the stem of the present tense). E.g. χάν-ω/ἔχαν-α, διαβάζ-ω/διάβαζ-α, whereas the *SIMPLE PAST (paras.10 & 11, above)* is formed by using <u>STEM 2</u> (the verb-stem). E.g. χάν-ω/ἔχασ-α/χάθηκ-α, διαβάζ-ω/διάβασ-α.

          (b) that, in the case of active verbs of the first conju-gation,<u>STEM 2</u> has the same number of syllables as <u>STEM 1</u> the only differ-ence being in their last letter. That is called the *CHARACTER* of the stem. E.g. χάν-/ χάσ-, διαβάζ-/ διαβάσ-.

       (a) that, in the case of all other past tenses, <u>STEM 2</u> is expanded by the addition of one, and in one instance of two, syllables: - χαν-ό-μουν / ἀγαπ-ιό-μουν, ἀγαπ-οῦσ-α / ἀγάπ-ησ-α, χάθ-ηκ-α / ἀγαπ-ήθ-ηκ-α.

       14. In Greek, the *SIMPLE PAST*, whether active or passive, differs very little, in meaning, from the present perfect. Usually, an idea which is expressed by the present perfect in English, is expressed by the *SIMPLE PAST*, in Greek. E.g. *I have not been paid yet* — δέν πληρώθηκα ἀκόμη.

GRAMMAR B.   # THE 'PERFECT' TENSES

      1.A. The < perfect > tenses of a verb are compound tenses formed by using the auxiliary verb ἔχω, and the *SIMPLE INFINITIVE* of the verb, i.e. an invariable form which ends in -ει. E.g. ἔχω χάσ-ει, ἔχω χαθ-εῖ *(I have lost, I have been lost)*. The invariable form indicates the voice (active or passive), and the auxililay ἔχω indicates (a) the tense — present, past or future, (b) the mood, (c) the person and the number. E.g. εἶχες χάσει, εἶχαν χαθεῖ *(you had lost, they had been lost)*.

      B. A < perfect > tense may also be formed (i) with ἔχω + the passive participle ending in -μένος: in that case, the participle agrees with the direct object and is declined, e.g. *I have lost him/her/it* — τόν ἔχω χαμένο(ν), τήν ἔχω χαμένη, τό ἔχω χαμένο, (ii) with εἶμαι + the passive participle, e.g. εἶναι χαμένοι/ χαμένες / χαμένα *(they are lost)*:

	ACTIVE	PASSIVE

1. PRESENT PERFECT	*I have lost / worn*
	ἔχω, ἔχεις, ἔχει, etc.
	A. χάσει / φορέσει
	B. χαμένο / φορεμένο
		I am lost / worn
		A. ἔχω, ἔχεις, ἔχει, etc.
		    χαθεῖ/φορεθεῖ
		B. εἶμαι, εἶσαι, εἶναι, etc.
		    χαμένος/φορεμένος

2. PAST PERFECT	*I had lost / worn*
	εἶχα, εἶχες, εἶχε, etc.
	A. χάσει φορέσει
	B. χαμένο / φορεμένο
		I was lost / worn
		A. εἶχα, εἶχες, εἶχε, etc.
		    χαθεῖ/φορεθεῖ
		B. ἤμουν, ἤσουν, ἦταν,
		    χαμένος/φορεμένος

3. FUTURE PERFECT	*I shall have lost/worn*
	θά ἔχω, θά ἔχεις, θά ἔχει...
	A. χάσει /φορέσει
	B. χαμένο/φορεμένο
		I shall be lost / worn
		A. θά ἔχω, θά ἔχεις, θά ἔχει...
		    χαθεῖ / φορεθεῖ
		B. θά εἶμαι, θά εἶσαι, θά εἶναι..
		    χαμένος/φορεμένος

4. SUBJUNCTIVE PERFECT	*To have lost / worn*
	νά ἔχω, νά ἔχεις, νά ἔχει...
	A. χάσει φορέσει
	B. χαμένο/φορεμένο
		To be lost / worn
		A. νά ἔχω, νά ἔχεις, νά ἔχει, etc
		    χαθεῖ /φορεθεῖ
		B. νά εἶμαι, νά εἶσαι, νά εἶναι...
		    χαμένος /φορεμένος

CHAPTER 9

I. ΔΗΜΟΤΙΚΑ ΤΡΑΓΟΥΔΙΑ[1]

A. ΠΩΣ ΠΙΑΝΕΤΑΙ Η ΑΓΑΠΗ[2]

'Εβγᾶτε[3] ἀγόρια στό χορό[4]   'Από τά μάτια πιάνεται[6]

Κορίτσια στά τραγούδια   Στά χείλη κατεβαίνει[7]

Πέστε[5] καί τραγουδήσετε   'κι ἀπό τά χείλη στήν καρδιά

Πῶς πιάνεται ἡ ἀγάπη   ριζώνει[8] καί δέ βγαίνει[9]

1. folk songs 2. the way one falls in love 3. come out 4. (join) the dance 5. say 6. it begins from the eyes 7. it comes down to the lips 8. it takes root 9. won't come out

B. ΕΝΑ ΚΑΡΑΒΙ ΑΠΟ ΤΗ ΧΙΟ[1]

"Ενα καράβι ἀπό τή Χιό
Μέ τίς βαρκοῦλες του τίς δυό[2]
Στήν ἄμμο πῆγε κι ἄραξε[3]
Κάθησε καί λογάριασε[4]
Τό πόσο πάει τό φιλί[5]
Στή Δύση στήν 'Ανατολή[6]
'Από κοντή[7] κι ἀπό ψηλή[8]
Ξανθούλα[9] καί μελαχροινή[10]

Τῆς παντρεμένης[11] τέσσερα
Τῆς χήρας[12] δεκατέσσερα
Καί τό κλεμμένο στά κρυφά[13]
'Από σαράντατέσσερα

Καί τοῦ καλοῦ τοῦ κοριτσιοῦ
πού εἶν'τό καμάρι[14] τοῦ σπιτιοῦ
"Οσα νά πεῖς[15] δέν εἶν' πολλά
Χίλια φλωριά βενέτικα.[16]

1. a boat from Chios 2. its two rowboats 3. was anchored on the sand 4. it sat and counted 5. how much does a kiss go for 6. in West & East 7. of a short girl 8. tall girl 9. blond girl 10. dark-haired girl 11. that of a married one 12. of a widow 13. the (kiss) stolen in secret 14. pride 15. however much you say 16. one thousand Venetian florins.

C. ΚΟΥΒΕΝΤΑ[1] ΓΙΑ ΤΑΞΙΔΙΑ[2]

1. - Σᾶς ἀρέσουν τά ταξίδια;[3] - Ναί, πολύ.[4] Ἐσᾶς;[5]
- Κ'ἐμᾶς.[6] Ταξιδεύουμε[7] κάθε χρόνο.[8] - Ἀλήθεια;[9]
Κ'ἐμεῖς.[10] Ποῦ ταξιδέψατε ἐφέτος;[11] - Πήγαμε
στήν Ἑλλάδα[12] γιά τρεῖς ἐβδομάδες.[13] Ἐσεῖς;[14]
- Ἐμεῖς πήραμε τό τραῖνο[15] καί πήγαμε νότια.[16]
- Κ'ἐμᾶς μᾶς ἀρέσει[17] νά ταξιδεύουμε[18] μέ τραῖνο
καί μέ πλοῖο[19] ἀλλά[20] δέν εἴχαμε παρά μόνο[21] εἴ-
κοσι μία μέρες. - Περάσατε καλά;[22] - Θαυμάσια.[23]
Μόνο πού δέν εἴχαμε καιρό[24] νά πᾶμε ὅπου θέλαμε.[25]

2. - Βρήκατε ἀκριβή τή ζωή;[26] - Ὄχι καί τόσο.[27]
Μπορέσαμε καί ἀγοράσαμε[28] πολλά πράμματα[29] καί
δέ μᾶς κόστισαν πολύ.[30] - Βρήκατε εὔκολα[31] ξενο-
δοχεῖο;[32] - Εἴχαμε κλείσει[33] δωμάτια ἀπό πρίν.[34]
Τά βρήκαμε[35] πολύ καλά,[36] καί σέ πολύ καλή τιμή.[37]
Πληρώναμε δέκα δολλάρια[38] τήν ἡμέρα.[39] Ἤμαστε[40]
πολύ εὐχαριστημένοι.[41] Ἐσεῖς πῶς περάσατε;[42]
Εἴχατε καλό καιρό;[43] - Εὐτυχῶς,[44] ἤμαστε τυχεροί.[45]
Μπορέσαμε καί βγήκαμε ἔξω,[46] καί περπατήσαμε[47]
πολλή ὥρα[48] στούς δρόμους τῆς πόλης.[49] - Κ'ἐμεῖς
περπατήσαμε πολύ στήν Ἑλλάδα. Μιά φορά, χά-[50]
σαμε τό δρόμο.[51] - Καί τί κάνατε;[52]

3. - Εὐτυχῶς βρήκαμε ἕναν ἀστυφύλακα[53] καί τόν
ρωτήσαμε[54] ποῦ ἤμαστε[55] καί πῶς θά πᾶμε σπίτι.[56]
- Τί γλῶσσα τοῦ μιλήσατε;[57] - Τοῦ μιλήσαμε ἑλ-
ληνικά. Νομίζω ὅτι[58] μᾶς κατάλαβε[59] ἀλλά[60] μᾶς ἀ-
πάντησε ἀγγλικά.[61] Τόν εὐχαριστήσαμε[62] στήν ἴδια
γλῶσσα.[63] - Πῶς μάθατε[64] ἑλληνικά; - Μέ χίλιες
δυσκολίες[65] γιατί τό μάθημα ἦταν μόνο μία φορά
τήν ἐβδομάδα, τό βράδυ, ὅταν ἤμαστε κουρασμέ-
νοι.[66] Πάντως[67] τά καταφέραμε.[68] Ἐλπίζουμε νά μι-
λᾶμε[69] πιό καλά[70] ὅταν ξαναπᾶμε.[71]

1.talk 2.about travels 3.do you like travels? (are trips agreeable to you?) 4.very much so 5.you?(to you?)6.we too (to us too) 7.we travel 8.every year 9.really? 10.so do we 11.where did you travel to this year? 12.we went to Greece 13. for three weeks 14.you? 15.we took the train 16. south 17.we too like18. travelling 19.boat 20. but 21. we had only 22.did you have a good time? 23.wonderful 24.except that we had no time 25.to go wher-ever we wanted 26.did you find life expensive? 27.not that much 28.we were able to buy 29.many things 30.they didn't cost us much 31.easily 32.hotel 33.we had re-served 34.in advance 35.we found them 36. very good 37.price 38. we paid $10.00 39.per day 40.we were 41.sat-isfied 42.did you have a good time? 43.was the weather good? 44.fortu-nately 45.we were lucky 46.to go out 47.walked 48.a long time 49.in the streets of the city 50.one time 51.we lost our way 52.what did you do? 53.policeman 54.we asked him 55.we were 56. we could get home 57.did you speak to him? 58.I think that 59.he under-stood us 60.but 61.he answered us in English 62.we thanked him 63.in the same language 64.did you learn65.with great difficulty 66. when we were tired 67. however 68.we managed 69.we hope to speak 70. better 71.go again

D. VOCABULARY

NOUNS

1	τό ταξίδι	trip, voyage
2	τό τραῖνο	train
3	τό πλοῖο	ship
4	τό καράβι	ship, vessel
5	ἡ βάρκα, βαρκούλα	small row-boat
6	ὁ Βορράς, Νότος	North, South
7	ἡ Ἀνατολή, Δύση	East, West
8	ἡ Ἑλλάδα	Greece
9	τό ξενοδοχεῖο	hotel
10	ὁ ἀστυφύλακας	policeman
11	ἡ κουβέντα	talk, conversation
12	ἡ γλώσσα	language
13	ἡ ἀγάπη	love
14	ἡ καρδιά	heart
15	τό φιλί	kiss
16	ὁ χορός	dance
17	τό δημοτικό τραγούδι	folk-song
18	ἡ χήρα	widow
19	ἡ ξανθούλα	blond-haired girl
20	ἡ μελαχροινή	dark-haired girl
21	τό καμάρι	pride
22	ἡ ἀλήθεια	truth
23	ἡ ζωή	life
24	ἡ τιμή	price
25	ὁ χρόνος	year
26	ἡ ἄμμος	sand

PRONOUNS AND ADJECTIVES

27	ἐσᾶς, ἐμᾶς	(to) you, us
28	τρεῖς, τρεῖς, τρία	three (m,f,n)
29	ὅσος	however much, many
30	κλεμμένος	stolen
31	παντρεμένος	married
32	εὐχαρισιημένος	satisfied, pleased
33	κουρασμένος	tired
34	τυχερός	lucky
35	ἀκριβός	expensive

ADVERBS AND PREPOSITIONS

36	ἀπό πρίν	in advance
37	(ἐ)φέτος	this year
38	πέρ(υ)σι	last year
39	τοῦ χρόνου	next year
40	βόρεια, νότια	north, south
41	ἀνατολικά, δυτικά	east, west
42	ἀγγλικά, ἑλληνικά	in English, Greek
43	πιό καλά better	44 εὔκολα easily

45	πάντα, πάντοτε	always
46	πάντως	in any case, however
47	παντοῦ, πουθενά	everywhere, nowhere
48	ὅπου, κάπου	wherever, somewhere
49	κάπως	somehow, somewhat
50	κάτι, κάτι τί	something
51	γιά	about

VERBS AND EXPRESSIONS

52	ἤμαστε (εἶμαι)	we were
53	εἴχαμε (ἔχω)	we had
54	εἴχαμε κλείσει (κλείνω)	we had reserved
55	χάσαμε (χάνω)	we lost
56	κάνατε (κάνω)	you did
57	θέλαμε (θέλω)	we wanted
58	πήραμε (παίρνω)	we took
59	βρήκατε (βρίσκω)	you found
60	βγήκαμε (βγαίνω)	we went out
61	βγέστε, βγεῖτε, βγᾶτε	come/go out
62	πέστε, πεῖτε (λέω)	say
63	κατάλαβε (καταλαβαίνω)	he understood
64	μάθατε (μαθαίνω)	you learned
65	πῆγα (πηγαίνω, πάω)	I went
66	ξαναπᾶμε (ξαναπάω)	we go again
67	κόστιζαν (κοστίζω)	they cost
68	ἀγοράσαμε (ἀγοράζω)	we bought
69	λογαριάζω	I count, calculate
70	ἄραξα (ἀράζω)	I anchored
71	ριζώνω	I take root
72	πληρώναμε (πληρώνω)	we paid
73	ταξιδεύω	I travel
74	χορεύω	I dance
75	τά καταφέραμε (καταφέρνω)	we managed
76	ρωτήσαμε (ρωτῶ)	we asked
77	ἀπάντησε (ἀπαντῶ)	he answered
78	περπατήσαμε (περπατῶ)	we walked
79	μιλήσαμε (μιλῶ)	we spoke
80	εὐχαριστήσαμε (εὐχαριστῶ)	we thanked
81	μπορέσαμε (μπορῶ)	we could
82	περάσατε καλά; (περνῶ)	did you have a good time? (I pass)
83	θαυμάσια	very very well, wonderfully
84	πόσο πάει;	how much (costs)?
85	ὄχι καί τόσο	not that much
86	τήν ἡμέρα	per day
87	μόνο πού	except that
88	δέν ἔχω παρά μόνο...	I have but...
89	μέ χίλιες δυσκολίες	with great diffi-/culty
90	στά κρυφά	in secret
91	ἀλήθεια	really

II. PRACTICE 19.   FORMING THE S.IMPERATIVE & THE S.PAST   CHAPTER 9.

FIRST CONJUGATION — ACTIVE — REGULAR VERBS

1.1	I buy	ἀγοράζω	10.1	I untie	λύνω	19.1	I tie	δένω
2	buy	ἀγόρασε	2	untie	λύσε	2	tie	δέσε
3	I bought	ἀγόρασα	3	I untied	ἔλυσα	3	I tied	ἔδεσα
2.1	I read	διαβάζω	11.1	I close	κλείνω	20.1	I erase	σβήνω
2	read	διάβασε	2	close	κλεῖσε	2	erase	σβῆσε
3	I read	διάβασα	3	I closed	ἔκλεισα	3	I erased	ἔσβησα
3.1	I pay	πληρώνω	12.1	I dress	ντύνω	21.1	I hide	κρύβω
2	pay	πλήρωσε	2	dress	ντύσε	2	hide	κρύψε
3	I paid	πλήρωσα	3	I dressed	ἔντυσα	3	I hid	ἔκρυψα
4.1	I come back	γυρίζω	13.1	I lose	χάνω	22.1	I cut	κόβω
2	come back	γύρισε	2	lose	χάσε	2	cut	κόψε
3	I came "	γύρισα	3	I lost	ἔχασα	3	I cut	ἔκοψα
5.1	I let	ἀφήνω	14.1	I take	πιάνω	23.1	I sew	ράβω
2	let	ἄφησε	2	take	πιάσε	2	sew	ράψε
3	I let	ἄφησα	3	I took	ἔπιασα	3	I sewed	ἔραψα
6.1	I listen	ἀκούω	15.1	I reach	φτάνω	24.1	I write	γράφω
2	listen	ἄκουσε	2	reach	φτάσε	2	write	γράψε
3	I listened	ἄκουσα	3	I reached	ἔφτασα	3	I wrote	ἔγραψα
7.1	I watch	κοιτάζω	16.1	I play	παίζω	25.1	I stop	παύω
2	watch	κοίταξε	2	play	παῖξε	2	stop	πάψε
3	I watched	κοίταξα	3	I played	ἔπαιξα	3	I stopped	ἔπαψα
8.1	I call	φωνάζω	17.1	I run	τρέχω	25.1	I dig	σκάβω
2	call	φώναξε	2	run	τρέξε	2	dig	σκάψε
3	I called	φώναξα	3	I ran	ἔτρεξα	3	I dug	ἔσκαψα
9.1	I open	ἀνοίγω	18.1	I show	δείχνω	26.1	I bend	σκύβω
2	open	ἄνοιξε	2	show	δεῖξε	2	bend	σκύψε
3	I opened	ἄνοιξα	3	I showed	ἔδειξα	3	I bent	ἔσκυψα

SECOND CONJUGATION — ACTIVE — REGULAR VERBS		
1.1 I speak μιλῶ	10.1 I love ἀγαπῶ	19.1 I laugh γελῶ
2 speak μίλησε	2 love ἀγάπησε	2 laugh γέλασε
3 I spoke μίλησα	3 I loved ἀγάπησα	3 I laughed γέλασα
2.1 I seek ζητῶ	11.1 I study μελετῶ	20.1 I forget ξεχνῶ
2 seek ζήτησε	2 study μελέτησε	2 forget ξέχασε
3.I sought ζήτησα	3 I studied μελέτησα	3 I forgot ξέχασα
3.1 I ask ρωτῶ	12.1 I answer ἀπαντῶ	21.1 I pass περνῶ
2 ask ρώτησε	2 answer ἀπάντησε	2 pass πέρασε
3 I asked ρώτησα	3 I answered ἀπάντησα	3 I passed πέρασα
4.1 I hold κρατῶ	13.1 I greet χαιρετῶ	22.1 I am hungry πεινῶ
2 hold κράτησε	2 greet χαιρέτησε	2 be hungry πείνασε
3 I held κράτησα	3 I greeted χαιρέτησα	3 'I got " πείνασα
5.1 I hit κτυπῶ	14.1 I walk περπατῶ	23.1 I fly πετῶ
2. hit κτύπησε	2 walk περπάτησε	2 fly πέταξε
3 I hit κτύπησα	3 I walked περπάτησα	3 I flew πέταξα
6.1 I jump πηδῶ	15.1 I jump πηδῶ	24.1 I wear φορῶ
2 jump πήδησε	2 jump πήδηξε	2 wear φόρεσε
3 I jumped πήδησα	3 I jumped πήδηξα	3 I wore φόρεσα
7.1 I wake up ξυπνῶ	16.1 I blow φυσῶ	25.1 I can μπορῶ
2 wake up ξύπνησε	2 blow φύσηξε	2 be able μπόρεσε
3 I woke up ξύπνησα	3 I blew φύσηξα	3 I could μπόρεσα
8.1 I kiss φιλῶ	17.1 I punish τιμωρῶ	26.1 I contain χωρῶ
2 kiss φίλησε	2 punish τιμώρησε	2 contain χώρεσε
3 I kissed φίλησα	3 I punished τιμώρησα	3 I co/ned χώρεσα
9.1 I win νικῶ	18.1 I try προσπαθῶ	27.1 I beg παρακαλῶ
2 win νίκησε	2 try προσπάθησε	2 beg παρακάλεσε
3 I won νίκησα	3 I tried προσπάθησα	3 I."ged παρακάλεσα

90

PRACTICE 21. USING CONJUNCTIONS - SIMPLE AND CONTINUOUS TENSES CHAPTER 9.

SINCE = ΑΦΟΥ, WHEN = [ΑΜΑ, ΟΤΑΝ, ΑΦΟΥ, TO = ΝΑ, AS SOON AS = ΜΟΛΙΣ

1 Ἀφοῦ ἔχεις χρήματα, πήγαινε ν'ἀγοράσεις τά βιβλία σου.
Since you have money, go and buy   your books

2 Ἀφοῦ ἔχεις χρήματα, **ἀγόρασε** τά βιβλία σου. — **Μόλις τ'ἀγόρασα**
                       buy   *I have just bought them*

3 Ἀφοῦ ἀγόρασες τά βιβλία σου, **κάθησε νά** διαβάσεις τό μάθημά σου.
                          sit down and study your lesson

4 Ἀφοῦ ἀγόρασες τά βιβλία σου, **διάβασε** τό μάθημά σου. — **Μόλις τό διάβασα**
                             study   *studied it*

5 Ἀφοῦ διάβασες τό μάθημά σου, **ἔλα νά** κοιτάξεις τηλεόραση.
                           come and watch T.V.

6 Ἀφοῦ διάβασες τό μάθημά σου, **κοίταξε** τηλεόραση. — **Ἄμα τελειώσω.**
                              watch   *When I finish*

7 **Μόλις** τελειώσεις, **θυμήσου νά** κλείσεις τό φῶς.
As soon as you finish remember to turn out the light

8 Μόλις τελειώσεις, **κλεῖσε** τό φῶς. — Μόλις **τελείωσα καί τό ἔκλεισα.**
                turn out   *I have just finished and I have turned it*
                                                              /out.

AS = ΚΑΘΩΣ, AND = ΚΑΙ BUT = [ΑΛΛΑ, ΜΑ, ΟΜΩΣ, WHY? = ΓΙΑΤΙ; BECAUSE = [ΓΙΑΤΙ, ΔΙΟΤΙ, ΕΠΕΙΔΗ

1 **Καθώς** ἔγραφα, ἔσπασε ἡ μύτη τοῦ μολυβιοῦ μου.
As I was writing, the point of my pencil broke

2 Καθώς ἔτρεχε, σκόνταψε, ἔπεσε καί κτύπησε τό πόδι του.
he was running, he stumbled, fell and hurt his foot

3 Καθώς **καθόμουν καί** περίμενα, βαριόμουν καί χασμουριόμουν·
I was sitting & waiting,   I was bored and I was yawning

4 Καθώς **μιλοῦσε,** καθώς **ἐξηγοῦσε,** καθώς **ἀπαντοῦσε,** ἄκουα μά δέν πρό-
he spoke, as he explained, & as he answered, I listened but I did not

σεχα. — Γιατί; — Δέν ξέρω **γιατί·** ἴσως **ἐπειδή** πρόσεχα τή φωνή.
pay attention. - Why? - I don't know why; perhaps because I paid att. to the
                                                          /voice.

ALTHOUGH = ΕΝΩ   AS LONG AS = ΟΣΟ   ONLY = ΜΟΝΟ
                                                    to sleep
1 — **Ἐνῶ** νύσταζε δέν πήγαινε νά κοιμηθεῖ. *Although he was sleepy, he wouldn't go*
2 — ἀφοῦ νύσταζε γιατί δέν κοιμόταν; *Since he was sleepy, why didn't he sleep?*
3 — **Γιατί** δέν πηγαίνει ποτέ νά κοιμη- *Because he never goes to sleep as long as*
     θεῖ **ὅσο** ἔχει τηλεόραση;   *there is something on television.*
4 — Δέν κοιμᾶται ποτέ **προτοῦ** τελειώσει *He never sleeps before all channels*
     ἡ τηλεόραση.   *have finished their programmes.*
5 — **Μά** ἡ τηλεόραση δέν τελειώνει ποτέ *But they never finish before two.*
     πρίν ἀπό τίς δύο.
6 — **Μόνο ἀφοῦ** τελειώσει, **μόνο τότε** *Only after they have finished, only*
     πηγαίνει νά κοιμηθεῖ.   *then, does he go to sleep.*

III. GRAMMAR A.   **CONJUNCTIONS**   CHAPTER 9.

1. Conjunctions are invariable words whose function is to join together sentences, clauses, phrases or words: ὁ Κώστας **καί** ἡ Ἐλένη, ἐσύ κ'ἐγώ, ἀκούω **ἀλλά** δέν καταλαβαίνω(*I listen but I don't understand*), etc. They fall into two groups : (a) the co-ordinating, (b) the subordinating conjunctions.

2. CO-ORDINATING CONJUNCTIONS join together like parts of speech: nouns (&/or pronouns) to nouns (&/or pronouns), adjectives to adjectives, adverbs to adverbs, verbs to verbs, main clause to main clause, etc. E.g.(*examples, para.1, above*), **οὔτε** κρύο **οὔτε** ζέστη(*neither cold nor hot*), μιλοῦν γρήγορα **ἀλλά** καθαρά(*they speak quickly but clearly*).

3. Co-ordinating conj. are used to express:

(i) <u>addition</u>: - **καί**(*and*) becomes **κι** before the vowel-sounds a,o,oo and **κ'** before the vowel-sounds e,ee.
καί...καί (*both...and*)

Ἡ πόρτα καί τό παράθυρο.   Καί τά λόγια καί τό τραγούδι
the door and the window   *both the words and the song*

(ii) <u>negation</u>: - **οὔτε**(**μήτε**). Δέν ξέρω οὔτε θέλω νά ξέρω
nor   *I don't know, nor do I want to know*

(iii) <u>alternatives</u>: - **οὔτε...οὔτε**(**μήτε...μήτε**). Οὔτε γράφω οὔτε διαβάζω
neither...nor   *I neither read nor write*

εἴτε...εἴτε.   Εἴτε ὁ ἕνας εἴτε ὁ ἄλλος
either... or   *Either the one or the other*

ἤ...ἤ.   Ἕνας ἀπό μᾶς, ἤ ἐσύ ἤ ἐγώ
either... or   *One of us, either you or I*

ἤ.   Πές του ναί ἤ ὄχι
or   *Tell him yes or no*

(iv) <u>objection</u> : - **ἀλλά**(**μά**), **ὡστόσο**. Ναί ἀλλά δέν εἶναι εὔκολο
but   *(and) yet*   *Yes but it is not easy*

ὅμως, ἐν τούτοις.Μεγαλώνουν, ὅμως δέν ψηλώνουν
however, (and) yet   *They grow up, yet they don't grow tall*

(v) <u>explanation</u>:- **δηλαδή** *in other words.*   Δέν τήν ἀγαπάει, δηλαδή;
that is to say,   *In other words, he doesn't love her?*

(vi) <u>conclusion</u>: - **λοιπόν, ὥστε**. Ἐσύ ξέρεις, πές μου λοιπόν
so, thus, therefore. *You know, so tell me*

4. SUBORDINATING CONJUNCTIONS usually introduce a clause which is dependent on another clause and stands in a certain relation to it. Dependent clauses introduced by the conjunctions (a)**νά** or **γιά νά** (*to* or *in order to*), (b) **ὅτι** or **πώς** (*that*), answer to the question WHAT? (or for what?) and their function is that of a direct object: Μοῦ λέει <u>νά διαβάζω</u> δυνατά *he tells me <u>to read</u> aloud,* γιά νά μάθω *in order to learn.* Μοῦ λέει ὅτι(πώς)διαβάζω καλά *he tells me <u>that I read</u> well.* Other dependent clauses are introduced by conjunctions such as ὅταν(*when*), μόλις (*as soon as*) ὅπως, καθώς(*as*), etc.; they answer the questions WHEN? HOW? WHY? etc., and their function is that of adverbial clauses, i.e. they modify the verb of the main clause. *See PRACTICE 21, p.90.*

GRAMMAR B. **THE IMPERATIVE** CHAPTER 9.

1. Essentially, a verb in the Imperative mood expresses a demand
by the subject. This demand may take various shades, from a command to a
wish, and from a malediction to a supplication. And it may be expressed
either in one word *(as in (a), below)*, or with the use of the pre-verbs νά,
ἄς, and the verb in the subjunctive, *(as in (b), below)*.

(a) ACTIVE IMPERATIVE   PASSIVE IMPERATIVE

	1st Conjug.	2nd Conjug.	1st Conjug.	2nd Conjug.
CONTINUOUS	*lose*	*ask*		
Sing. 2nd	χάν-ε	ρώτ-α	—	—
Plur. 2nd	χάν-ετε	ρωτ-ᾶτε		
SIMPLE	*lose*	*ask*	*be lost*	*ask yourself*
Sing. 2nd	χάσ-ε	ρώτη σ-ε	χάσ-ου	ρωτήσ-ου
plur. 2nd	χάσ-ετε	ρωτήσ-ετε	χαθ-εῖτε	ρωτηθ-εῖτε

(b)				
CONTINUOUS	*lose*	*ask*	*be lost*	*ask yourself*
Sing. 2nd	νά χάν-εις	νά ρωτ-ᾶς	νά χάν-εσαι	νά ρωτ-ιέσαι
3rd	νά χάν-ει	νά ρωτ-άει	νά χάν-εται	νά ρωτ-ιέται
Plur. 2nd	νά χάν-ετε	νά ρωτ-ᾶτε	νά χάν-εστε	νά ρωτ-ιέστε
3rd	νά χάν-ουν	νά ρωτ-οῦν	νά χάν-ονται	νά ρωτ-ιόνται
SIMPLE	*lose*	*ask*	*be lost*	*ask yourself*
Sing. 2nd	νά χάσ-εις	νά ρωτήσ-εις	νά χαθ-εῖς	νά ρωτηθ-εῖς
3rd	νά χάσ-ει	νά ρωτήσ-ει	νά χαθ-εῖ	νά ρωτηθ-εῖ
Plur. 2nd	νά χάσ-ετε	νά ρωτήσ-ετε	νά χαθ-εῖτε	νά ρωτηθ-εῖτε
3rd	νά χάσ-ουν	νά ρωτήσ-ουν	νά χαθ-οῦν	νά ρωτηθ-οῦν
PERFECT				
Sing. 2nd	νά ἔχεις	νά ἔχεις	νά ἔχεις	νά ἔχεις
3rd	νά ἔχει χάσ-ει/χα-μένο	νά ἔχει ρωτ-ήσει/ημένο	νά ἔχει χαθ-εῖ	νά ἔχει ρωτηθ-εῖ
Plur. 2nd	νά ἔχετε	νά ἔχετε	νά ἔχετε	νά ἔχετε
3rd	νά ἔχουν χάσ-ει/χα-μένο	νά ἔχουν ρωτ-ήσει/ημένο	νά ἔχουν χαθ-εῖ	νά ἔχουν ρωτηθ-εῖ

2. As with the perfect tenses of the Indicative and the Subjunctive,
(see para.1B, p.84) an alternate Perfect Imperative may be formed with εἶμαι
and the passive participle of a verb, as follows: νά εἶσαι/νά εἶναι χαμένος,
νά εἶστε/νά εἶναι χαμένοι *(be lost)*, and νά εἶσαι/νά εἶναι εὐχαριστημένος, νά
εἶστε/νά εἶναι εὐχαριστημένοι *(be glad)*; wish/exhortation: ἄς εἶσαι/εἶναι εὐχα-
ριστημένος, etc.

2. **STEMS**. Notice that all the Continuous Imperatives are formed by using <u>STEM 1</u> : χαν- ρωτ- and all the other Imperatives are formed by using <u>STEM 2</u> : χασ- ρωτησ- *(active)*, χαϑ- ρωτηϑ- *(passive)*. However, the passive Simple Imperative of both conjugations is formed, in the 2nd person singular, by using active <u>STEM 2</u>, instead of, passive <u>STEM 2</u>. *See p.92, para. 1(a).*

3. **ENDINGS**. The endings of the Imperative are -ε, -ετε for the active, and -ου, -εῖτε for the passive, forms. Notice that the endings for the Continuous Imperative of verbs of the second conjugation(ἀγαπῶ, ρωτῶ, etc.) are -α,-ᾶτε. *(This ending -α is long)*. The endings -α, -ᾶτε are sometimes attached to active verbs of the first conjugation : τρέχω *(I run)*, Imperative τρέχε - τρέχετε, τρέξε - τρέξετε, but also, τρέχα - τρεχᾶτε *(run)*.

4. <u>SHIFTING OF THE ACCENT</u>. In the <u>active</u> Imperative, save for one exception, the accent moves as far away from the last syllable as possible. *(See PRACTICE 19 & 20, pp. 88 & 89)*. The exception is the Cont.Imperative of verbs such as ρωτῶ, ἀγαπῶ *(second conjugation)*. The 2nd person plural of these verbs carries the accent on the second to last syllable: ρωτᾶτε, ἀγαπᾶτε, γελᾶτε, ἀπαντᾶτε, etc.

5. <u>NEGATIVE COMMAND</u>. A negative command requires the use of the negative particle μή(ν) **and** that of the verb in the Subjunctive, as follows :

POSITIVE	*STATEMENT* - INDICATIVE κάνεις ϑόρυβο *you make a noise*	*COMMAND* - IMPERATIVE κάνε ϑόρυβο *make a noise*
NEGATIVE	δέν κάνεις ϑόρυβο *you don't make a noise*	μήν κάνεις ϑόρυβο νά μήν κάνεις ϑόρυβο] SUBJ. *don't make a noise*
POSITIVE	μιλᾶς γρήγορα *you speak fast*	μίλα γρήγορα *speak fast*
NEGATIVE	δέν μιλᾶς γρήγορα *you don't speak fast*	μή μιλᾶς γρήγορα νά μή μιλᾶς γρήγορα] SUBJ. *don't speak fast*
POSITIVE	ἔκλεισες τήν πόρτα *you closed*	κλεῖσε τήν πόρτα *close*
NEGATIVE	δέν ἔκλεισες τήν " *the door* *you did not close the door*	μήν κλείσεις " " *the door* νά μήν κλείσεις " "] SUBJ. *don't close the door*

6. Notice the position of the personal pronoun, in the examples, below. In the case of a negative command, it is placed immediately before the verb:

POSITIVE COMMAND - IMPERATIVE	*NEGATIVE COMMAND* - SUBJUNCTIVE
γράφε μου συχνά *write to me often*	μή <u>μοῦ</u> γράφεις συχνά *don't write* νά μή <u>μοῦ</u> γράφεις συχνά *to me often*
ξύπνησέ με νωρίς *wake me up early*	μή <u>μέ</u> ξυπνήσεις νωρίς *don't wake* νά μή <u>μέ</u> ξυπνήσεις νωρίς *me up early*

7. <u>REQUEST</u>. A negative indicative : δέ δίνεις, δέν ἀγοράζεις, δέν κλείνεις, used with an interrogation mark can express a request: δέ μοῦ δίνεις ἔνα μολύβι, σέ παρακαλῶ;*(won't you please give me a pencil?)*, δέν ἀγοράζεις καί μερικά τρόφιμα καθώς ἔρχεσαι;*(won't you buy some food on the way home?)*, δέν κλείνεις τήν πόρτα;*(won't you close the door)*. <u>*Cont'd p.95.*</u>

CHAPTER 10

I.   A.   <u>ΤΟ ΕΜΠΟΡΙΟ ΤΟΥ ΓΙΑΝΝΗ</u>[1]
(an adaptation of a Spanish folk tale)

1.   Ὁ Γιάννης κ'ἡ γυναίκα του ἡ Μαρία ἔχουν ἕνα
παλιό αὐτοκίνητο.[2] Μιά μέρα ἡ Μαρία λέει στό Γιάν-
νη:-"Γιάννη, πήγαινε νά πουλήσεις[3] τό αὐτοκίνητό
μας".-"Γιατί;" λέει ὁ Γιάννης.-"Γιατί ὁ γείτονάς
μας[4] ὁ Κώστας πούλησε[5] τό αὐτοκίνητό του καί κέρ-
δισε[6]. Μπορεῖ νά κερδίσουμε κ'ἐμεῖς".[7]-"Μά[8] τό δικό
μας αὐτοκίνητο[9] εἶναι πολύ παλιό", λέει ὁ Γιάν-
νης, "δέ θά κερδίσουμε τίποτα,[10] μπορεῖ[11] μάλιστα[12]
νά χάσουμε".[13]-"Μή φοβᾶσαι",[14] τοῦ λέει ἡ γυναίκα
του, "μπορεῖ νά χάσουμε,[15] ἀλλά μπορεῖ καί νά κερ-
δίσουμε".[16]

1.John's commerce 2.have an old car 3.go and sell 4.because our neighbour 5.sold 6.made a profit 7.we too may make a profit 8. but 9.<u>our</u> car 10. we shan't make any profit 11.we may 12.even 13.lose 14.don't be afraid 15.we may lose 16. but we also may make a profit

2.   Ὁ Γιάννης μπαίνει στό αὐτοκίνητό του[17] καί
πηγαίνει νά τό πουλήσει.[18] Στό δρόμο[19] βλέπει ἕναν
ἄνθρωπο πάνω σ'ἕνα ποδήλατο.[20] Ὁ Γιάννης σταματά-
ει[21] τό αὐτοκίνητο καί κοιτάζει[22] τό ποδήλατο.
-"Γιατί κοιτάζεις τό ποδήλατό μου;" λέει ὁ ἄνθρω-
πος στό Γιάννη. -"Γιατί θέλω νά τό ἀγοράσω",[23] λέει
ὁ Γιάννης, "δῶσε μου τό ποδήλατό σου,[24] νά σοῦ δώ-
σω τό αὐτοκίνητό μου".[25]

17.gets into his car 18.goes to sell it 19.on the road 20.he sees a man on a bicycle 21. stops 22.looks at 23.because I want to buy it 24.give me your bicycle 25.and I shall give you my car

3.   Ὁ Γιάννης ἀλλάζει[26] τό αὐτοκίνητό του μέ τό
ποδήλατο[27] καί συνεχίζει[28] τό δρόμο του.[29] Σέ λίγο[30]
βλέπει ἕναν ἄνθρωπο μέ ἕνα[31] μικρό ραδιόφωνο στό
χέρι.[32] Ὁ Γιάννης σταματάει[33] τό ποδήλατο[34] καί κοι-
τάζει[35] τό ραδιόφωνο. -"Γιατί κοιτάζεις τό ραδιόφω-
νο;" τόν ρωτάει ὁ ἄνθρωπος.[36]-"Γιατί θέλω νά τό ἀ-
γοράσω", ἀπαντάει ὁ Γιάννης,[37] "δῶσε μου τό ραδιό-
φωνο[38] νά σοῦ δώσω τό ποδήλατο".[39]

26 John exchanges 27.for the bicycle 28. continues 29. on his way 30.in a little while 31. with a 32.small radio in his hand 33.stops 34.bicycle 35.looks at 36.asks the man 37.answers John 38.give me the radio 39.and I shall give you the bicycle 40. exchanges 41.continues on his way 42.in a little while 43.with a walking-stick

4.   Ὁ Γιάννης ἀλλάζει[40] τό ποδήλατό του μέ τό
ραδιόφωνο καί συνεχίζει τό δρόμο του.[41] Σέ λίγο[42]
βλέπει ἕναν ἄνθρωπο μέ ἕνα μπαστούνι.[43] Ὁ Γιάννης
σταματάει καί κοιτάζει τό μπαστούνι. -"Γιατί κοι-

τάζεις τό μπαστούνι μου;" τόν ρωτάει ὁ ἄνθρωπος.

-"Γιατί θέλω νά τό ἀγοράσω", ἀπαντάει ὁ Γιάννης,

δῶσε μου τό μπαστούνι νά σοῦ δώσω τό ραδιόφωνο.

-"Πολύ εὐχαρίστως"[36], λέει ὁ ἄνθρωπος. Ὁ Γιάννης

ἀλλάζει τό ραδιόφωνο μέ τό μπαστούνι καί γυρίζει

πίσω,[37] νά πάει στό σπίτι του.[38]

36.with great pleasure/gladly
37.turns back
38.to go home

(For the end of this story see CHAPTER 11, p.102).

B.   VOCABULARY   CHAPTER 10.

	NOUNS				ADJECTIVES	
1	ὁ ἔμπορος	merchant,vendor	23	ἐμπορικός	commercial
2	τό ἐμπόριο	commerce			
3	τό πούλημα	sale		ADVERBS	
4	ὁ πωλητής	seller,salesman			
5	ἡ πωλήτρια	" ,saleswoman	24	μάλιστα	even
6	τό παντοπωλεῖο	grocery store	25	συνεχῶς	continually
7	τό ἀρτοπωλεῖο	bakery			
8	τό βιβλιοπωλεῖο	bookstore		VERBS AND EXPRESSIONS	
9	ἡ ἀγορά	market(place), buying,purchase	26	πήγαινε	go
10	ὁ ἀγοραστής	buyer	27	δῶσε μου (δίνω)	give me
11	ἡ ἀλλαγή	change,exchange	28	νά δώσω	to give
12	τό συνάλλαγμα	exchange (of foreign currency)	29	μπαίνω	I enter, go in, get in
13	τό κέρδος,τά κέρδη	profit,profits	30	κερδίζω	I make a profit, win
14	ἡ ζημία	loss			
15	τό αὐτοκίνητο	car,automobile	31	συνεχίζω	I continue
16	ὁ ὁδηγός	driver, guide	32	γυρίζω	I return
17	τό ποδήλατο	bicycle	33	πουλῶ	I sell
18	τό ραδιόφωνο	radio	34	σταματῶ	I stop
19	τό μπαστούνι	walking-stick	35	ὁδηγῶ	I drive, guide
20	ὁ γείτονας	neighbour (m)	36	φοβᾶμαι,φοβᾶσαι	I am afraid, you are afraid
21	ἡ γειτόνισσα	neighbour (f)			
22	ἡ συνέχεια	continuity	37	πολύ εὐχαρίστως	with (great) pleasure

7. REQUEST *Cont'd from p.93.*

In a positive form, a request is expressed with a verb in the con-
tinuous or simple subjunctive followed by an interrogation mark :   νά γράφω;
(shall I go on writing?), νά γράψω; *(shall I write?)*, νά δώσω; *(shall I give?)*,
νά ἀγοράσω; *(shall I buy?)*, νά κλείσω; *(shall I close?)*, νά ἔρθει;*(can he/she/
it come?)*, νά φύγουν; *(can they go away?)*, νά συνεχίσουμε; *(shall we continue?)*.
See PRACTICE 26, p.106(11,12), and PRACTICE 48, p.183(4,8).

MASCULINE & NEUTER *(HIM, IT)*	FEMININE *(HER)*, SINGULAR
1. Δῶσε του. Δῶσε του *Give to him. Give to it.(Donne-lui)*	2. Δῶσε της *Give to her. (Donne-lui)*
3. Δῶσε τοῦ πατέρα. Δῶσε τοῦ παιδιοῦ *Give to father. Give to the child*	4. Δῶσε τῆς μητέρας *Give to mother*
5. Δῶσε τοῦ πατέρα νά πιεῖ *Give him to drink*	6. Δῶσε τῆς μητέρας νά φάει *Give to mother to eat*
7. Δῶσε του νά πιεῖ *(Donne-lui* *Give him to drink à boire)*	8. Δῶσε της νά φάει *(Donne-lui* *Give her to eat à manger)*
9. Δῶσε τοῦ παιδιοῦ νά φάει *Give the child to eat*	10. Δῶσε τῆς γιαγιᾶς νά πιεῖ *Give to gr.mother to drink*
11. Δῶσε του νά φάει καί νά πιεῖ *Give him/her to eat*	12. Δῶσε της νά φάει καί νά πιεῖ. *Give her to eat & drink*
13. Πρέπει νά δώσεις τοῦ πατέρα *You must give father*	14. Πρέπει νά δώσεις τῆς μη- τέρας. *You must give to mother*
15. Πρέπει νά τοῦ δώσεις *(il faut que* *You must give him tu lui donnes)*	16. Πρέπει νά τῆς δώσεις *You must give to her*
17. Πρέπει νά τοῦ δώσεις νά πιεῖ *You must give him to drink*	18. Πρέπει νά τῆς δώσεις νά φάει. *You must give her to eat*

(THEM) MASCULINE, FEMININE & NEUTER, PLURAL

S I N G U L A R	P L U R A L
1. Μαρία, δῶσε μας *Maria, give* us *(Donne-nous)*	2. Παιδιά, δώσετέ μας *Children, give us (Donnez-nous)*
3. Δῶσε τους *Give them (Donne-leur)*	4. Δώσετέ τους *Give them (Donnez-leur)*
5. Δῶσε τους νά φάνε *Give them to eat (Donne-leur à manger)*	6. Δώσετέ τους νά φάνε *Give them to eat (Donnez-leur)*
7. Δῶσε τους νά φάνε καί νά πιοῦν(ε) *Give them to eat and to drink*	8. Δώσετέ τους νά φάνε καί νά πιοῦν(ε) *Give them to eat & to* *drink*
9. Πρέπει νά τούς δώσεις *You must give them*	10. Πρέπει νά τούς δώσετε *You must give them*
11. Πρέπει νά τούς δώσεις νά φᾶνε *You must give them to eat*	12. Πρέπει νά τούς δώσετε νά φᾶ- νε *You must give them to eat*
13. Πρέπει νά τούς δώσεις / *You must give them*	14. Πρέπει νά τούς δώσετε / *You must give them*
/νά φᾶνε καί νά πιοῦν(ε) *to eat and drink*	/νά φᾶνε καί νά πιοῦν(ε) *to eat and drink*

97

II. PRACTICE 23   FORMING TENSES OF IRREGULAR VERBS   CHAPTER 10.

| S.IMPERATIVE | | PRESENT | S.PAST | S.FUTURE | PRESENT |
Singular	Plural	INDICATIVE		& S.SUBJ.	PERFECT
				θά / νά *I shall/ to*	ἔχω *I have*
1. βρές *find*	βρέστε βρεῖτε	βρίσκω *I find*	βρῆκα *I found*	βρῶ *find*	βρεῖ *found*
2. δές *see*	δέστε δεῖτε	βλέπω *I see*	εἶδα *I saw*	δῶ *see*	δεῖ *seen*
3. πές *say*	πέστε πεῖτε	λέω *I say*	εἶπα *I said*	πῶ *say*	πεῖ *said*
4. πιές *drink*	πιέστε πιεῖτε	πίνω *I drink*	ἤπια *I drank*	πιῶ *drink*	πιεῖ *drunk*
5. μπές ἔμπα *go in*	μπέστε μπεῖτε ἔμπᾶτε	μπαίνω *I go in*	μπῆκα *I went in*	μπῶ *go in*	μπεῖ *gone in*
6. βγές ἔβγα *go out*	βγέστε βγεῖτε ἔβγᾶτε	βγαίνω *I go out*	βγῆκα *I went out*	βγῶ *go out*	βγεῖ *gone out*
7. ἀνέβα *go up*	ἀνεβεῖτε	ἀνεβαίνω *I go up*	ἀνέβηκα *I went up*	ἀνεβῶ *go up*	ἀνεβεῖ *gone up*
8. κατέβα *go down*	κατεβεῖτε	κατεβαίνω *I go down*	κατέβηκα *I went down*	κατεβῶ *go down*	κατεβεῖ *gone down*
9. ἔλα *come*	ἐλᾶτε	ἔρχομαι *I come*	ἦρθα *I came*	ἔρθω *come*	ἔρθει *come*
10. ἄσε ἄφησε *let*	ἄσετε ἀφήσετε	ἀφήνω *I let*	ἄφησα *I let*	ἀφήσω *let*	ἀφήσει *let*
11. κάτσε κάθησε *sit down*	κάτσετε καθήσετε	κάθομαι *I sit down*	κάθησα *I sat down*	καθήσω *sit down*	καθήσει *sat down*
12. ἄκουσε *listen*	ἀκούσετε	ἀκούω *I listen*	ἄκουσα *I listened*	ἀκούσω *listen*	ἀκούσει *listened*
13. (πήγαινε *go*	πηγαίνετε)	πηγαίνω πάω *I go*	πῆγα *I went*	πάω *go*	πάει *gone*
14. φάε *eat*	φᾶτε	τρώω *I eat*	ἔφαγα *I ate*	φάω *eat*	φάει *eaten*
15. σήκω *get up*	σηκωθεῖτε	σηκώνομαι *I get up*	σηκώθηκα *I got up*	σηκωθῶ *get up*	σηκωθεῖ *got up*
16. φύγε *go away*	φύγετε	φεύγω *I go away*	ἔφυγα *I went away*	φύγω *go away*	φύγει *gone away*
17. πάρε *take*	πάρ(ε)τε	παίρνω *I take*	πῆρα *I took*	πάρω *take*	πάρει *taken*
18. βάλε *put*	βάλ(ε)τε	βάζω *I put*	ἔβαλα *I put*	βάλω *put*	βάλει *put*

PRACTICE 24.   FORMING THE SUBJUNCTIVE & FUTURE   CHAPTER 10

FIRST CONJUGATION - ACTIVE - IRREGULAR VERBS

1.CONTINUOUS, 2.SIMPLE,SUBJUNCTIVE	3.CONTINUOUS, 4.SIMPLE,FUTURE

1.1 Πρέπει νά τόν βλέπ-ω τακτικά
I must see him regularly

1.3 Θά τόν βλέπω μία φορά τήν ἑβδομάδα
I shall see him once a week

2 Πρέπει νά τόν δῶ σήμερα
I must see him today

4 Θά τόν δῶ σέ μία ὥρα
I shall see him in an hour

2.1 Μοῦ ἀρέσει νά λέ-ω τήν ἀλήθεια
I like to tell the truth

2.3 Θά λέ-ω πάντα τήν ἀλήθεια
I shall always tell the truth

2 Πρέπει νά πῶ τήν ἀλήθεια
I must tell the truth

4 Θά πῶ τήν ἀλήθεια
I shall tell the truth

3.1 Πρέπει νά πίν-ω πολύ νερό
I have to drink plenty of water

3.3 Θά πίν-ω ἕξι ποτήρια τήν ἡμέρα
I shall drink six glasses a day

2 Εἶναι ὥρα νά πιῶ νερό
It is time for me to drink water

4 Θά πιῶ ἄλλα δύο ποτήρια ὥς τό βράδυ
I shall drink another 2 glasses before this evening

4.1 Μ'ἀρέσει νά βρίσκω τήν ἀλήθεια
I like finding the truth

4.3 Θά τή βρίσκ-ω πάντα πικρή
I shall always find it bitter

2 Θέλω νά βρῶ τήν ἀλήθεια
I want to find the truth

4 Θά τή βρῶ δίχως ἄλλο
I shall find it without fail

5.1 Φοβᾶμαι νά μπαίνω σέ ἀεροπλάνο
I am afraid to enter airplanes

5.3 Θά μπαίν-ω πάντα μέ φόβο
I shall always enter in fear

2 Θέλω νά μπῶ σ'αὐτό τό μαγαζί
I want to go into this store

4 Θά μπῶ σ'αὐτό τό μαγαζί
I shall go into this store

6.1 Μ'ἀρέσει νά βγαίν-ω περίπατο
I like going out for a walk

6.3 Θά βγαίν-ω ὅταν ἔχει καλό καιρό
I shall be going out when the weather is good

2 Θέλω νά βγῶ περίπατο
I want to go out for a walk

4 Θά βγῶ περίπατο σέ μία ὥρα
I shall go out for a walk in an hour

7.1 Δέ μοῦ ἀρέσει νά δίνω συμβουλές
I don't like giving advice

7.3 Θά σοῦ δίνω τήν ἐφημερίδα κάθε πρωί
I shall give you the paper every morning

2 Θέλω νά σοῦ δώσω μιά συμβουλή
I want to give you some advice

4 Θά σοῦ δώσω μιά συμβουλή
I shall give you some advice

8.1 Ἀρχίζω νά σέ καταλαβαίνω.
I begin to understand you

8.3 Φοβᾶμαι πώς δέ(ν) θά καταλαβαίνω
I am afraid that I shan't understand

2 Πρέπει νά καταλάβω
I must understand

4 Θά καταλάβω
I shall understand

9.1 Μ'ἀρέσει νά μαθαίνω γλῶσσες
I like learning languages

9.3 Θά μαθαίνω δέκα λέξεις τήν ἡμέρα
I shall learn ten words a day

2 Δέν μπορῶ νά μάθω ἑλληνικά
I cannot learn Greek

4 Θά μάθω ἑλληνικά δίχως ἄλλο
I shall learn Greek without fail

PRESENT, PAST & FUTURE

OF: I GO, I EAT, I SAY, I CRY, I HEAR

Πάω, Τρώω, Λέω, Κλαίω, Ἀκούω

1.   P R E S E N T

πάω	*I go*	τρώω	*I eat*	λέω	*I say*	κλαίω	*I cry*	ἀκούω	*I hear*
πᾶς	*you "*	τρῶς	*you "*	λές	*you "*	κλαῖς	*you "*	ἀκοῦς	*you "*
πάει	*he...*	τρώει	*"*	λέει	*he...*	κλαίει	*he...*	ἀκούει	
πᾶμε	*we "*	τρῶμε	*we "*	λέμε	*we "*	κλαῖμε	*we "*	ἀκοῦμε	*we "*
πᾶτε	*you "*	τρῶτε	*you "*	λέτε	*you "*	κλαῖτε	*you "*	ἀκοῦτε	*you "*
πᾶνε	*they"*	τρῶνε	*they"*	λένε	*they"*	κλαῖνε	*they"*	ἀκοῦν(ε)	

2.   CONTINUOUS PAST

I was going	*I was eating*	*I was saying*	*I was crying*	*I was listening*
πήγαινα	ἔτρωγα	ἔλεγα	ἔκλαι(γ)α	ἄκουα
πήγαινες	ἔτρωγες	ἔλεγες	ἔκλαι(γ)ες	ἄκουες
πήγαινε	ἔτρωγε	ἔλεγε	ἔκλαι(γ)ε	ἄκουε
πηγαίναμε	τρώγαμε	λέγαμε	κλαί(γ)αμε	ἀκούαμε
πηγαίνατε	τρώγατε	λέγατε	κλαί(γ)ατε	ἀκούατε
πήγαιναν	ἔτρωγαν	ἔλεγαν	ἔκλαι(γ)αν	ἄκουαν

3.   SIMPLE PAST

I went	*I ate*	*I said*	*I cried*	*I listened*
πῆγα	ἔφαγα	εἶπα	ἔκλαψα	ἄκουσα
πῆγες	ἔφαγες	εἶπες	ἔκλαψες	ἄκουσες
πῆγε	ἔφαγε	εἶπε	ἔκλαψε	ἄκουσε
πήγαμε	φάγαμε	εἴπαμε	κλάψαμε	ἀκούσαμε
πήγατε	φάγατε	εἴπατε	κλάψατε	ἀκούσατε
πῆγαν	ἔφαγαν	εἶπαν	ἔκλαψαν	ἄκουσαν

4.   SIMPLE FUTURE

I shall go	*I shall eat*	*I shall say*	*I shall cry*	*I shall hear*
θά πάω	θά φάω	θά πῶ	θά κλάψω	θά ἀκούσω
θά πᾶς	θά φᾶς	θά πεῖς	θά κλάψεις	θά ἀκούσεις
θά πάει	θά φάει	θά πεῖ	θά κλάψει	θά ἀκούσει
θά πᾶμε	θά φᾶμε	θά ποῦμε	θά κλάψουμε	θά ἀκούσουμε
θά πᾶτε	θά φᾶτε	θά πεῖτε	θά κλάψετε	θά ἀκούσετε
θά πᾶνε	θά φᾶνε	θά ποῦν(ε)	θά κλάψουν	θά ἀκούσουν

GRAMMAR B.   PREPOSITIONS   CHAPTER 10.

1. Greek prepositions are invariable words determining the case of, and forming a phrase with, the noun or pronoun which they precede. E.g.

(a) "Ερχεται ἀπό τήν 'Αγγλία, σέ ἕνα μήνα.   Μέ τό κιλό.   Γιά ποιόν;
    He comes from England,   in one month.   By the kilo.   For whom?

(b) Γράφουν μέ τό ἀριστερό χέρι, χωρίς καμία δυσκολία.   Στό σπίτι
    They write with the left hand, without any difficulty.   At home

2. In their modern usage, most of the prepositions govern the accusative case. Among these, most frequently encountered are the four prepositions σέ, μέ, ἀπό, γιά which may be used either as simple - *examples in* (a), *below,* or as compound. In that case, they are preceded by an adverb, *as in (b), below:*

(a) SIMPLE PREPOSITIONS

γιά =	for about	σέ =	to, at, in, on,	μέ =	by with on	ἀπό =	from, of by, than	through
ΓΙΑ	Κάνε το <u>γιά</u> μένα. *Do it for me*	<u>Γιά</u> τό θεό! *For God's sake!*		<u>Γιά</u> ποιόν μιλούσατε; *About whom were you talking?*			Γι' αὐτόν *About him*	
ΣΕ	Εἶμαι <u>στό</u> γραφεῖο. Πάω <u>στήν</u> ἐξοχή. *I am at the office. I go to the country.* Μένουν <u>στήν</u> ὁδόν 'Ακαδημίας, <u>στήν</u> 'Αθήνα. *They live on Academy street, in Athens*		<u>Σέ</u> ποιόν μιλοῦσες; *To whom were you speak-* *ing?* "Επεσε <u>στό</u> νερό *It fell into the water*				Σ' αὐτόν *To him*	
ΜΕ	Πίνω <u>γάλα</u> <u>μέ</u> καφέ. Πῆγα <u>μέ</u> τά πόδια. Πῆγα <u>μέ</u> τό ἀεροπλάνο. *I drink milk with I went on foot. by air* *coffee.*						Μ' αὐτόν *With him*	
ΑΠΟ	Μάθε το <u>ἀπό</u> μένα. Εἶναι πιό καλός <u>ἀπό</u> τούς ἄλλους. *Learn it from me. He is better than the others* Κοιτάζω <u>ἀπό</u> τό παράθυρο. Μιά ἰδέα πέρασε <u>ἀπό</u> τό νοῦ μου. *I look out through the window. An idea flashed through my mind.*						'Απ' αὐτόν *From him*	

(b) COMPOUND PREPOSITIONS

ΟΣΟ ΓΙΑ	"Οσο γιά μένα, συμφωνῶ. *As <u>for</u> me, I agree*	ΜΑΖΙ ΜΕ	"Εφυγε μαζί μέ τούς ἄλλους *He left <u>together with</u> the others*
ΜΕΣΑ ΣΕ	Εἶναι μέσα στό συρτάρι. *It is <u>inside</u> the drawer.*	ΕΞΩ ΣΕ	Πῆγε ἔξω στόν κῆπο *He went <u>out in</u> the garden*
ΠΑΝΩ ΣΕ	Εἶναι πάνω στό τραπέζι *It is <u>on</u> the table*	ΚΑΤΩ ΣΕ	Εἶναι κάτω στό ὑπόγειο *It is <u>down in</u> the basement*
ΠΑΝΩ ΑΠΟ	Κρέμεται πάνω ἀπό τό τραπέζι. *It hangs <u>over</u> the table*	ΚΑΤΩ ΑΠΟ	Εἶναι κάτω ἀπό τό τραπέζι *It is <u>under</u> the table*
ΠΡΙΝ ΑΠΟ	"Εφυγε πρίν ἀπό τούς ἄλλους. *He left <u>before</u> the others*	ΜΕΤΑ ΑΠΟ	"Ηρθε μετά ἀπό σένα *He came <u>after</u> you had come*

3.   Other prepositions governing the accusative case are:

(a) <u>SIMPLE</u> : ὥς, ἴσαμε, μέχρι(ς) *(till, until, to)*, πρός *(towards)*
δίχως, χωρίς *(without)*, παρά *(in spite of, than, to)*

(b) <u>COMPOUND</u> : ἐκτός ἀπό *(except)*, πρίν ἀπό *(before)*, πέρα ἀπό *(beyond)*, μα-
κριά ἀπό *(far from)*, πίσω ἀπό *(behind)*,
ἐμπρός ἀπό/σέ *(in front, before)*, δίπλα/πλάι ἀπό/σέ *(next to, be-
side)*, κοντά ἀπό/σέ *(near)*, γύρω ἀπό/σέ *(around, about)*, ἀπέ-
ναντι/ἀντίκρυ ἀπό/σέ *(opposite, across from)*,
ἀντί γιά *(instead)*.

4.   Prepositions governing the accusative case and followed by a per-
sonal pronoun require the emphatic form of that pronoun: δίνω σ᾽ἐσένα, περι-
μένω ἀπ᾽αὐτόν, πηγαίνει μαζί μ᾽αὐτήν, ἐκτός ἀπ᾽αὐτό, ἀπέναντι ἀπό ᾽μένα.

5.   *Notice that some of the above expressions require the pronoun in
the genitive when they are used without prepositions:*   σοῦ δίνω, μαζί της,
ἐκτός αὐτοῦ, ἀπέναντί μου. *In that case, they become less emphatic.*

6.   Instead of being preceded by an adverb, prepositions may, them-
selves, precede an adverb :   ὁ θόρυβος ἔρχεται ἀπό πάνω *the noise comes
from above*, ἀπό μέσα ἀπό τό σπίτι *from inside the house,* etc.

7.   Four prepositions govern the genitive case only . These are :
ἐκ (ἐξ), *from*, πρό *before*, μεταξύ *between, among*, ἄνευ *without:* and they
appear with standard expressions such as:

ἐξ αἰτίας	*because of*	ἐκ γενετῆς	*from birth*	πρό Χριστοῦ	*be-/fore Christ*
ἐξ ἀφορμῆς	*by reason of*	ἐκ προμελέτης	*premeditated*		
ἐξ ᾽Αθηνῶν	*from Athens*	ἐκ περιτροπῆς	*in turns*	πρό πολλοῦ	*a long/time ago*
ἐξ ὄψεως	*by sight*	ἐκ τοῦ μηδενός	*from nothing*		
ἐξ ἀρχῆς	*from the start*	ἄνευ αἰτίας	*without reason*	μεταξύ φίλων	*am-/ong friends*
ἐκ μέρους	*on behalf*	ἄνευ λόγου			

8.   A number of prepositions govern both the genitive and the accusa-
tive cases and most of these change meaning as they change usage:

MEANING WHEN GOVERNING THE GENITIVE			MEANING WHEN GOVERNING THE ACCUSATIVE		
διά	διά ξηρᾶς	*by land*	διά	διά Λονδίνον	*for London* ⎫ in
	διά Λονδίνου	*via London*		διά Καναδάν	" *Canada* ⎬ purist
	διά Καναδᾶ	" *Canada*		δι᾽ ᾽Αθήνας	" *Athens* ⎭ Greek
	δι᾽᾽Αθηνῶν	" *Athens*			
κατά	κατά τοῦ πολέμου	*against the war*	κατά	κατά τίς δέκα	*approximately at 10*
	κατά τῆς ἀπεργίας	" *strike*		κατά τόν πόλεμο	*during the war*
	κατά τῆς θεωρίας	" *the theory*		κατά λάθος	*by mistake*
				κατ᾽ἀρχήν	*in principle*
				κατά τή θεωρία	*according to the theory*

cont'd in CHAPTER 21, p.184.

9.   Most of the prepositions which end in a vowel are elided before
words beginning with a vowel: γι᾽αὐτό, σ᾽αὐτό, cont'd p.107, CHAPTER 11.

102

CHAPTER 11

I.　　A.　　ΤΟ ΕΜΠΟΡΙΟ ΤΟΥ ΓΙΑΝΝΗ
(Cont'd from p.94)

1.　Στό δρόμο ὁ Γιάννης συναντάει[1] ἕνα γείτονα.[2]
- Πῆγαν καλά οἱ δουλειές[3] σήμερα, Γιάννη; τόν ρωτάει ὁ γείτονας.[4]
- "Οχι, ἀπαντάει ὁ Γιάννης. "Εδωσα[5] τό αὐτοκίνητό μας καί πῆρα ἕνα ποδήλατο.[6]
- Αὐτό ἦταν μεγάλη βλακεία.[7] Τί θά πεῖ ἡ γυναίκα σου;[8]
- Δέ θά πεῖ τίποτα.[9] Καί δέν εἶναι μόνο αὐτό.[10] "Εδωσα τό ποδήλατο καί πῆρα αὐτό τό ραδιόφωνο καί μετά[11] ἔδωσα τό ραδιόφωνο καί πῆρα αὐτό τό μπαστούνι.[12]
- Δέν τά βλέπω καλά τά πράμματα,[13] Γιάννη. Θά σέ δείρει ἡ γυναίκα σου[14] μ᾽αὐτό τό μπαστούνι.[15]
- Οὔτε θά μέ δείρει,[16] οὔτε θά πεῖ τίποτα.[17]
- Βάζεις στοίχημα[18] ἑκατό δολλάρια;[19] "Αν σέ δείρει ἡ γυναίκα σου,[20] θά μοῦ δώσεις $100. "Αν δέ σέ δείρει, τότε[21] θά σοῦ δώσω ἐγώ $100. Σύμφωνοι;[22]

2.　῾Ο Γιάννης συμφωνεῖ[23] καί συνεχίζει[24] τό δρόμο του ὥς τό σπίτι του.[25]
- Τί τό ἔκανες[26] τό αὐτοκίνητο; ρωτάει ἡ Μαρία.
- Δέν ἔκανα σπουδαῖες δουλειές.[27] "Εδωσα τό αὐτοκίνητό μας γιά[28] ἕνα ποδήλατο.
- Καλά ἔκανες. Τό αὐτοκίνητο ἔχει πολλά ἔξοδα[29] ἐνῶ[30] τό ποδήλατο δέν ἔχει κανένα ἔξοδο.[31]
- Ναί ἀλλά[32] δέν τό ἔχω τό ποδήλατο. Τό ἔδωσα καί πῆρα ἕνα ραδιόφωνο.
- Καλά ἔκανες. Τό χειμώνα[33] κάνει κρύο[34] καί μένουμε σπίτι.[35] Τό ραδιόφωνο εἶναι συντροφιά.[36]
- Ναί ἀλλά δέν τό ἔχω τό ραδιόφωνο. Τό ἔδωσα καί πῆρα αὐτό τό μπαστούνι.
- Καλά ἔκανες. Μέ τό μπαστούνι θ᾽ἀνάψουμε φωτιά[37] τό χειμώνα ὅταν κάνει κρύο.[38]

῾Ο Γιάννης κέρδισε τά $100,[39] ἀλλά γιατί δέν τόν ἔδειρε[40] ἡ γυναίκα του;

1.On the road John meets 2.a neighbour 3. did business go well 4.asks the neighbour 5.I gave 6.and got a bicycle 7.this was a great stupidity 8.what will your wife say? 9.she will say nothing 10.that is not all 11.then 12.this walking-stick 13.things don't look good 14. your wife will beat you 15..with this stick 16.she will neither beat me 17.. nor will she say anything 18.do you want to bet? 19. $100 20.if **your** wife beats you 21. then 22.agreed? 23.agrees 24.continues 25.to his house 26.what did you do with 27.I didn't do particularly well 28.for 29.has many expenses 30.while 31. has none 32.but 33.in winter time 34.it is cold 35. we stay home 36.company 37.we shall light a fire 38.in winter when it is cold 39. won the $100 40.did not beat

B. TRANSLATION

THE CAT

(Cont'd from p. 63)

(Cont'd from p. 63)

1. Then[1], he goes[2] to his[3] master[4]. He says[5] to him:[6] - The king[7] is coming[8]. He wishes[9] to[10] see[11] you[12]. - Why? - He wishes to thank[13] you[14]. - For[15] what? - For your presents[16] - Which presents? - The birds[17]. I shall tell[18] you[19] the story[20] another[21] time[22]. Don't[23] worry[24]. Come with me[25]. Everything[26] is ready[27] in your new[28] house. - Which new house? - The house of the ogre. He became a mouse and I ate[29] him.

2. They go to the ogre's house. The cat opens the door. The young man[30] cannot[31] believe his eyes. Everything around him[33] is gold[34]. Thick[35] carpets[36] on the floor,[37] red curtains[38] on the windows, servants[39] at each[40] door. He looks[41] in the mirror[42]. He is wearing[43] rich[44] clothes[45]. He looks like[46] a prince[47]. When the king came[48] and saw[49] the large and rich house, he decided[50] that[51] that rich man should[52] become[53] his son-in-law[54]. The wedding[55] lasted[56] forty[57] days and forty nights.

Folk Tale

The notes give the words in their basic form.

1.ὕστερα 2.πηγαίνω 3.*the poss. pronoun should follow the noun* 4.ὁ ἀφέντης 5.λέω 6.*use the genitive : it should precede the verb* 7. ὁ βασιλιάς 8.ἔρχομαι 9.θέλω 10.νά 11.βλέπω 12.*use the accusative;place after* νά 13.εὐχαριστῶ 14.*accusative* 15.γιά 16.τό δῶρο 17.τό πουλί 18. λέω 19.*genitive; place after* θά 20.ἡ ἱστορία 21.μιά ἄλλη 22.ἡ φορά 23.μή 24. στενοχωριέμαι 25. μαζί μου 26.ὅλα 27.ἔτοιμος 28.νέος 29.τρώω(ἔφαγα)30.τό παλληκάρι 31.δέν μπορῶ 32.πιστεύω(*in the s.subj.*)33.γύρω του 34.ἀπό χρυσάφι 35.παχύς 36.τό χαλί 37. τό πάτωμα 38.ἡ κουρτίνα 39.ὁ ὑπηρέτης 40.σέ κάθε 41.κοιτάζω 42. ὁ καθρέφτης 43.φορῶ 44.πλούσιος 45.τό ροῦχο 46.μοιάζω μέ 47.(τό)βασιλόπουλο 48.ἔρχομαι(ἦρθα) 49.βλέπω(εἶδα)50. ἀποφασίζω 51.ὅτι 52.πρέπει 53.γίνομαι(*s.subj.* νά γίνω) 54.ὁ γαμπρός 55.ὁ γάμος 56.κρατῶ 57.σαράντα

NOUNS

1	οἱ δουλειές	business
2	ὁ δοῦλος	servant, slave
3	ὁ ὑπηρέτης	servant (m)
4	ἡ ὑπηρέτρια	servant (f)
5	ὁ κύριος	master
6	ἡ κυρία	mistress
7	ὁ πρίγκιπας	prince
8	ἡ πριγκίπισσα	princess
9	ἡ βασιλοπούλα	the king's daughter
10	τό παλληκάρι	lad
11	ἡ κοπέλ(λ)α	lass
12	ὁ γαμπρός	groom, son-/ brother-in-law
13	ἡ νύφη	bride, daughter-/ sister-in-law
14	ὁ γάμος	wedding
15	ἡ παντρειά	marriage, wedlock, nuptials
16	τό δῶρο	present
17	τό ἔξοδο	expense
18	ὁ καθρέφτης	mirror
19	ἡ κουρτίνα	curtain
20	τό χαλί	carpet
21	τά ροῦχα	clothes
22	τό κοστούμι	suit
23	τό φόρεμα	dress
24	ἡ φορεσιά	attire, garb
25	τό πρά(γ)μα	thing
26	ἡ ἱστορία	story
27	ἡ βλακεία	stupidity
28	ἡ συντροφιά	company
29	ἡ φωτιά	fire
30	τό φῶς	light

ADJECTIVES

31	τέτοιος	such (a)

32	σπουδαῖος	important
33	χρυσός	gold(en)
34	πλούσιος	rich
35	φτωχός	poor
36	σύμφωνος	in agreement

ADVERBS AND CONJUNCTIONS

37	τότε	then
38	σύμφωνα μέ	according to, in agreement with
39	γύρω	around
40	ἐνῶ	while

VERBS AND EXPRESSIONS

41	ἔφαγα (τρώω)	I ate
42	ἔδωσα (δίνω)	I gave
43	θά δείρει (δέρνω)	will beat
44	πῆρα (παίρνω)	I took
45	(δέ) φταίω	it is (not) my fault
46	ἀνάβω	I light
47	βάζω	I put, place
48	βάζω στοίχημα	I bet
49	πιστεύω	I believe
50	ἀποφασίζω	I decide
51	κρατῶ	I last, hold
52	ὑπηρετῶ	I serve
53	συναντῶ	I meet
54	γίνομαι	I become
55	παντρεύομαι	I get married
56	μ'εὐχαριστεῖ	I enjoy
57	τί τό ἔκανες;	what did you do with it?
58	ἔκανα σπουδαῖες δουλειές	I did well, did good business
59	δέν τά βλέπω καλά τά πράματα	things don't look good to me
60	τέτοια ὥρα	at such an hour
61	σύμφωνοι; σύμφωνοι	agreed? agreed

II. PRACTICE 25.   TO GO   EAT   TAKE   SEE
                   TO GO IN   DRINK   FIND   CHAPTER 11.

A. SIMPLE SUBJUNCTIVE & FUTURE

1 TO GO
NA ΠΑΩ
πηγαίνω

1	θέλω <u>νά πάω</u> ταξίδι	*I want to go on a trip*
2	Ἐσύ, θέλεις νά πᾶς;	*Do you want to go?*
3	θέλεις νά πᾶμε μαζί;	*Do you want us to go together?*
4	θέλω νά πᾶμε μαζί.	*I want us to go together.*

2 TO EAT
NA ΦΑΩ
τρώω

5	θέλω νά πάω <u>νά φάω</u>	*I want to go and eat*
6	Ἐσύ, θέλεις νά πᾶς νά φᾶς;	*Do you want to go and eat?*
7	θέλεις νά πᾶμε νά φᾶμε;	*Do you want us to go and eat?*
8	θέλω νά πᾶμε νά φᾶμε μαζί.	*I want us to go and eat together.*

3 TO TAKE
NA ΠΑΡΩ
παίρνω

9	θέλω <u>νά πάρω</u> τό τραῖνο νά πάω ταξίδι	*I want to take the train and go on a trip*
10	θέλεις νά πάρουμε τό τραῖνο νά πᾶμε ταξίδι;	*Do you want us to take the train to go on a trip?*

4 TO SEE
NA ΔΩ
βλέπω

11	θέλω νά πάω <u>νά δῶ</u> τό Παρίσι	*I want to go and see Paris*
12	θέλεις νά πᾶμε νά δοῦμε τό Παρίσι;	*Do you want us to go and see*
13	θέλω νά πᾶμε νά δοῦμε τό Παρίσι	*I want us to go and see.../Paris?*

5 TO DRINK
NA ΠΙΩ
πίνω

	νά φᾶμε καί νά πιοῦμε	*to eat and to drink*
14	θέλεις νά πιεῖς καλό κρασί;	*Do you want to drink good wine?*
15	θέλω <u>νά πιῶ</u> καί νά δῶ τό Παρίσι.	*I want to drink and to see Paris.*

6 TO FIND
NA ΒΡΩ
βρίσκω

16	θέλω <u>νά βρῶ</u> ἕνα σπίτι	*I want to find a house*
17	θά πάω νά βρῶ ἕνα σπίτι	*I shall go and find a house*
18	θέλεις νά πᾶμε νά βροῦμε ἕνα σπίτι;	*Do you want us to go and find a house?*

7 TO GO IN
NA ΜΠΩ
μπαίνω

19	θέλω <u>νά μπῶ</u> νά τό δῶ	*I want to go in and see it*
20	θά μποῦμε νά τό δοῦμε μαζί	*We shall go in and see it together*
21	θέλεις νά μπεῖς νά δεῖς μόνο;	*Do you want to go in and just see/*

8 TO SAY
NA ΠΩ
λέω

22	Τί θά πεῖς, ἄν τό βρεῖς καλό;	*What will you say if you like it?*
23	Δέν ξέρω τί <u>νά πῶ</u>	*I don't't know what to say*
24	θέλεις νά ποῦμε ὅτι θά πᾶμε νά τό δοῦμε πάλι;	*Do you want us to say that we shall go and see it again?*
25	θέλω νά τό πάρουμε ἀμέσως	*I want us to take it immediately*
26	Αὐτό νά πεῖς, ἄν τό βρεῖς καλό	*Say it if you find it good*
27	Αὐτό θά πῶ, ἄν τό βρῶ καλό.	*This is what I shall say if I find it good.*

B. SIMPLE PAST

I WENT	πῆγα	1	Πήγατε ταξίδι;	*Did you go on a trip?*
I TOOK	πῆρα	2	Πήραμε τό τραῖνο καί πήγαμε στό Παρίσι	*We took the train and we went to Paris*
I ATE	ἔφαγα	3	Φάγατε καλά;	*Did you eat well?*
I DRANK	ἤπια	4	Φάγαμε καί ἤπιαμε πολύ καλά	*We ate and we drank very well*
I FOUND	βρῆκα	5	Βρήκατε σπίτι;	*Did you find a house?*
I WENT IN	μπῆκα	6	Βρήκαμε ἕνα σπίτι, μπήκαμε καί τό εἴδαμε	*We found a house. We went in and we looked at it.*
I SAW	εἶδα			
I SAID	εἶπα	7	Τί εἴπατε;	*What did you say?*
		8	Τό βρήκαμε καλό καί τό πήραμε ἀμέσως.	*We found it good and we took it immediately.*

NA USED AFTER I LIKE, I ENJOY, I MUST, I CAN

1	Μ'ἀρέσει νά πηγαίνω ταξίδι	I like going on a trip
2	Δέ μ'ἀρέσει νά πηγαίνω στόν κινη-ματογράφο	I don't like going to the cinema
3	Μ'εὐχαριστεῖ νά διαβάζω	I enjoy reading
4	Δέ μ'εὐχαριστεῖ νά κάθομαι	I don't enjoy sitting
5	Πρέπει νά τό διαβάσω	I must read it
6	Πρέπει νά πᾶς	You must go
7	Δέν πρέπει νά πᾶς	You must not go
8	Δέν μπορῶ νά πάω	I cannot go
9	Μπορεῖς νά μοῦ πεῖς;	Can you tell me?
10	Μπορῶ νά τηλεφωνήσω;	May I telephone?

NA USED IN QUESTIONS

11	Νά πηγαίνω; Νά μείνω; Νά καθήσω;	Shall I go? Shall I stay? Shall I sit?
12	Ν'ἀνοίξω τό παράθυρο; Νά διαβάσω;	Shall I open the window? Shall I read?

NA USED AFTER I HEAR, I SEE, I FEEL, I WATCH + AN ACCUSATIVE

13	Τόν ἄκουσα νά λέει(Τόν ἄκουσα πού ἔλεγε)	I heard him saying
14	Τήν εἶδα νά κλαίει(Τήν εἶδα πού ἔκλαιγε)	I saw her crying
15	Τήν ἔνιωσα νά τρέμει(...... πού ἔτρεμε)	I felt her trembling
16	Τόν κοίταζε νά φεύγει(..... πού ἔφευγε)	She watched him leaving

ΓΙΑ ΝΑ

17	Δέν ἦρθα γιά νά μείνω	I did not come to stay
18	Κάθησα ἐδῶ γιά νά ἀκούω καλά	I sat here in order to hear well
19	Διαβάζει γιά νά δώσει ἐξετάσεις	He is studying in order to take exams.
20	Γιά νά λέμε τήν ἀλήθεια, δέ φταίει.	To tell the truth, he is not to blame.
21	Γιά νά γυρίσουμε στό θέμα μας...	To get back to our subject....

ΘΑ USED AFTER WHEN

22	"Οταν θά γυρίσει, τηλεφώνησέ μας	When he comes back, call us
23	"Οταν θά τελειώσω αὐτό τό βιβλίο θά πάω ταξίδι	When I finish this book I shall go on a trip
24	"Οταν θά ἔρθει νά τοῦ πεῖς καλημέρα.	When he comes say good morning to him.

ΘΑ FOLLOWED BY A CONTINUOUS PAST = WOULD

25	"Αν ἔβρισκες σπίτι θά τό ἀγόραζες;	If you found a house would you buy it?
26	"Αν τό ἔπινε θά πέθαινε	If he drank it he would die
27	"Αν τό ἔτρωγε θά ἀρρώσταινε	If he ate it he would fall sick
28	"Αν μιλοῦσες ἀργά θά καταλάβαινα	If you spoke slowly I would understand
29	"Αν πήγαινα θά θύμωνες;	If I went would you be cross?
30	"Αν πήγαινες θά θύμωνα	If you went I would be cross
31	"Αν ἔβρεχε δέ(ν) θά ἔβγαινα	If it rained I wouldn't go out
32	"Αν ἔκανε καλό καιρό θά ἐρχόμουν	If it were good weather I would come
33	"Αν σέ ρωτοῦσαν τί θά ἀπαντοῦσες;	If they asked you what would you answer?
34	"Αν τό ἔλεγες πολλές φορές θά τό μάθαινες	If you said it many times you would learn it
35	"Αν τόν ἔβλεπες θά σοῦ ἄρεσε	If you saw him you would like him.

(cont'd from p. 101)

1.   Σέ and ἀπό often lose their final vowel before definite articles beginning with τ, but only σέ forms one word with these articles:

> ἀπ'τήν 'Αθήνα   *from Athens*   στήν 'Αθήνα   *to Athens, in, at*
> ἀπ'τούς Δελφούς *from Delphi*   στούς Δελφούς *to Delphi, in, at*

On the other hand, σέ may be elided before any vowel whereas ἀπό only before α and ο : - σ'αὐτή, σ'ἐσένα, σ(έ) εἴκοσι μέρες, σ'ὅλους, σ(έ) οὐρανό καί γῆ, ἀπ'αὐτή, ἀπό σένα, ἀπό εἴκοσι μέρες, ἀπ'ὅλους.

2.   Equally, μέ may be elided before any vowel whereas γιά only before α : - γι'αὐτή, γιά σένα, γιά εἴκοσι..., γιά ὅλους.

3.   Notice that it is the initial ε of the word following γιά or ἀπό that is dropped and not the final vowel of these two prepositions :

> ἀπό ἐδῶ   ἀπό ἐκεῖ   ἀπό ἐσένα   γιά ἐδῶ   γιά ἐκεῖ   γιά ἐσένα
> ἀπό δῶ   ἀπό κεῖ   ἀπό σένα   γιά δῶ   γιά κεῖ   γιά σένα

4.   When παρά is used as a preposition, it may have one of the following three meanings: (a) *minus, by* (b) *in spite of, against* (c) *except, but.*

> (a) Ἔξι <u>παρά</u> τρία κάνουν τρία.   'Η ὥρα εἶναι ἔξι <u>παρά</u> τρία *(six minus three*
>   6   -   3   =   3   *the time is three to six*   *minutes)*
>
> (b) Τό ἔκανα παρά τή θέλησή μου.   Παρ'ὅλα αὐτά, τόν πιστεύει
>   *I did it against my will*   *In spite of all this, she believes him*
>
> (c) Δέ ζητῶ παρά ἕναν καφέ   Δέν ἔμειναν παρά δύο
>   *I ask only for a cup of coffee*   *All but two remained*

Note the expressions: μέρα παρά μέρα *(every second day),* παρά λίγο νά πέσω *(I nearly fell),* γλυτώσαμε παρά τρίχα   *(we escaped by a hair's breadth), Also note that when* παρά *is used as an adverb it means 'very', 'over...', 'too', whereas when it is used as a conjunction it means 'than'. E.g.* πάρα πολύ *(very much,* notice the shifting of the accent), μήν τό παρακάνεις *(don't overdo it),* αὐτό παραεῖναι *(this is too much).* Προτιμῶ ν'ἀκούω παρά νά μιλῶ *(I would rather listen than speak).*

5.   Note the position of the preposition in the following expressions:

> (a) πᾶμε στό σπίτι τῆς μητέρας μου = πᾶμε **στῆς μητέρας μου**
>   *let's go to my mother's house*   *let's go to my mother's*
>
> (b) ⌈ πᾶμε στό γραφεῖο τοῦ Κώστα   πᾶμε στοῦ Κώστα τό γραφεῖο
>   *let's go to Costas' office*   *let's go to <u>Costas</u>' office*
>   ⌊ εἶναι στήν ἄκρη τοῦ κόσμου   εἶναι στοῦ κόσμου τήν ἄκρη
>   *it is at the end of the world*   *it is at the (world's end) end of the <u>world</u>*

6.   There are nine more simple prepositions in use, in addition to σέ, μέ, γιά, ἀπό, πρός, ὥς, ἴσαμε, μέχρι, δίχως, χωρίς, ἄνευ, μεταξύ, ἐκ(ἐξ), διά, κατά, πρό. These are: εἰς, ἐν, σύν, μετά, ἀντί, ἐπί, περί, ὑπό, ὑπέρ. Of these εἰς *(to)* has fallen out of use, ἐν *(in)* and σύν *(with)* govern the dative case, ἀντί +*gen.* has been replaced by ἀντί/ἀντί γιά + *acc.* and the remaining govern both the genitive & the accusative. *For these see p.184.*

III. GRAMMAR A. <u>CONDITIONAL & OPTATIVE MOODS</u>   CHAPTER 11.

1. CONTINUOUS CONDITIONAL :   ΘΑ + Continuous Past

	ACTIVE	PASSIVE
1st Conjugation.	Θά ἔγραφα *I should/would write* *I would have written*	Θά χανόμουν *I should/would be lost* *I would have been lost*
2nd Conjugation.	Θά μιλοῦσα *I should/would speak* *I would have spoken*	Θά βαριόμουν *I should/would be bored* *I would have been bored*

2. <u>CONTINUOUS OPTATIVE</u> :   NA + Continuous Past of a verb express a wish not likely to be fulfilled — *Would that I were..., I wish I were...* E.g. Μακάρι νά ἤμουν ἐκεῖ *(I wish I were there)*, μακάρι νά μιλοῦσα ἑλληνικά *(would that I spoke Greek)*. *See para.6, below.*

3. CONDITIONAL PERFECT :   ΘΑ + Past Perfect

1st Conjugation.	Θά εἶχα γράψει *I should/would have written*	Θά εἶχα χαθεῖ *I should/would have been lost*
2nd Conjugation	Θά εἶχα μιλήσει *I should/would have spoken*	Θά εἶχα βαρεθεῖ /ed *I should/would have been bor-*

4. <u>OPTATIVE PERFECT</u> :   NA + Past Perfect of a verb express a wish not likely to be fulfilled : - *Would that I had been...., I wish I had..* ... E.g. Μακάρι νά εἶχα ρωτηθεῖ *(I wish I had been asked)*, μακάρι νά τό εἶχα διαβάσει *(I wish I had read it)*. *See para.6, below.*

5.   The Conditional and the Optative Moods have no Tenses. They adopt two forms which indicate two aspects of an action, that of continuity and that of completion. These are called Continuous and Perfect Conditional/Optative.

6.   The <u>Continuous</u> Conditional/Optative is used in the case of an action which might have taken place in the present, in the future or in the past, whereas the Conditional/Optative <u>Perfect</u> is used in the case of an action which might have taken place in the past only. E.g.

1. ῍Αν μιλοῦσα κάθε μέρα θά μάθαινα τή γλώσσα   *Cont.Cond.*
    If I spoke every day   I should learn the language

2. ῍Αν μοῦ τό εἶχες πεῖ θά τοῦ εἶχα τηλεφωνήσει   *Perf.Cond.*
    If you had told me I should have telephoned him

3. Νά ἦταν νά τόν ἔβλεπα *Would that I could see him /to him* *Cont.Opt.*
    (Μακάρι) νά τόν εἶχα ἀκούσει *Would that I had listened /* *Perf.Opt.*

7.   There are two parts in a Conditional sentence: the "if-part" called the 'Condition' and the main part called the 'Answer'. The 'Condition',whether referring to present, future or past time, is introduced by the conjunction ἄν = *if* and the 'Answer' is introduced by the pre-verb θά. *See para.6, 1 & 2,above.*

8.   Conditional sentences may broadly be grouped into three classes:

(i)   those which present the conditional act - i.e. the 'Answer' - as possible in the future only, *examples 1, 2, & Note, below*, - ΘΑ = *shall/will*,

(ii) those which present the conditional act as probable in any time other than the future, *examples 3-5, below*, - ΘΑ = *maybe, probably, it seems*,

(iii) those which present the conditional act either as possible or as hypothetical in the present, future or past, *examples 6-9, below. See also para.6, p.108*, - ΘΑ = *should/would* .

1.   "Αν πεινάσει, θά φάει
    If he(she,it)gets hungry he will eat.

2.   "Αν τελειώσω νωρίς θά πάω
    If I finish early I shall go

NOTE. Instead of being in the Future, the verb of the 'Answer'may be in the Imperative. E.g. "Αν πεινάσεις, φάε *(If you get hungry, eat).* "Αν τελειώσεις νωρίς, πήγαινε *(If you finish early, go).*

3.   Θά κοιμόνται τέτοια ώρα
    They are probably asleep
    at this hour.

4.   Δέ θά σέ άκουσε τί είπες
    Perhaps he didn't hear what
    you said.

5.   Δέ θά έχουν άρκετά χρήματα μαζί τους
    (It seems that) they don't have enough money with them.

6.   Θά μιλοῦσα μέ τήν κόρη μου τώρα
    I would be speaking to my daughter
    now.

7.   Θά εῖχα διαβάσει τό γράμμα μέ
    ένα λεξικό *I would have read the*
    letter with a dictionary

8.   "Αν ήθελαν θά τό έκαναν
    If they wanted to do it they
    would.

9.   "Αν μπορούσα θά έρχόμουνα
    If I could I should have come/
    I would have come.

9.   The Optative sentences may broadly be grouped into two classes:

(i)   those which express a wish which is either real or possible (positive or negative) in the present, future or past, *examples 1-5, below*, - NA = *I wish that, may it be that,* and

(ii) those which express a probable(or improbable)wish, by using the Optative Mood, i.e. NA + Continuous Past or Past Perfect, *examples 6-9, below.*

1.   Μακάρι νά γράφει   *I wish that he may write* { *Continuous or re-*
2.   Μακάρι νά γράψει   *I wish that he may write*   *peated action*
3.   Μακάρι νά έγραφε   *I wish that he had written*
4.   Μακάρι νά έχει γράψει *I hope. that he has written*
5. 'Ο Θεός νά τήν λυπηθεῖ *May God have mercy on her*

6.   Μακάρι νά έγραφες συχνά   *Would that you were writing often*
7.   Μακάρι νά εῖχα γράψει καλά   *Would that I had written well*
8.   Νά ήταν νά ζούσαμε δυό φορές! *Would that we could live twice*
9.   (Μακάρι)νά ήξερα τήν άπάντηση!*I wish I knew the answer*

10.   <u>NEGATIVE SENTENCES</u> in the Conditional Mood use the negative δέ(ν) whereas in the Optative they use the negative μή(ν), e.g. "Αν δέν ήθελα, δέ θά τό έκανα, μακάρι νά μήν έβρεχε τόσο (*I wish it were not raining so much*).

11.   Students will have noticed that not all Conditional/Optative sentences are in the Conditional/Optative Moods. *Cf.paras.8 & 9, examples 1-5.*

CHAPTER 12

I.   A.

ΜΥΘΟΛΟΓΙΑ

Η ΔΗΜΗΤΡΑ ΚΑΙ Η ΠΕΡΣΕΦΟΝΗ

1.   Όταν[1] οἱ θεοί[2] μοίρασαν[3] τόν κόσμο, ἡ Δήμητρα ζήτησε τή Γῆ.[4] Τῆς ἄρεσε[5] ἡ Γῆ μέ τά βουνά[6] καί μέ τούς κάμπους της,[7] μέ τά στάχυα,[8] τά δέντρα[9] καί τούς καρπούς της.[10] Όταν ἡ Περσεφόνη, ἡ κόρη της, πήγαινε στή Γῆ νά παίξει[11] μέ τίς φίλες της, ἄνθιζαν[12] οἱ κάμποι, καί ἔδεναν[13] στά δέντρα οἱ καρποί.

2.   Μιά μέρα, ἡ Περσεφόνη εἶδε[14] μπροστά της[15] ἔνα ὡραιότατο,[16] ἐξωτικό λουλούδι. Τό κοίταζε[17] μέ θαυμασμό,[18] καί ἄπλωσε[19] τό χέρι της[20] νά τό κόψει.[21] Μά,[22] ἐκείνη τή στιγμή,[23] ἄνοιξε ἡ γῆ[24] καί βγῆκε[25] ὁ Πλούτωνας, ὁ θεός τοῦ Κάτω Κόσμου.[26] Ἅρπαξε[27] τήν Περσεφόνη καί τήν πῆρε[28] μαζί του.[29]

3.   Ἡ Δήμητρα ἄκουσε[30] τή φωνή τῆς κόρης της καί ἔτρεξε[31] νά τή βρεῖ.[32] Πῆγε παντοῦ.[33] Γύρισε[34] ὅλη τή Γῆ[35] καί ὅλες τίς θάλασσες.[36] Ρώτησε[37] παντοῦ. Κανείς[38] δέν τῆς ἔλεγε[39] τήν ἀλήθεια.[40] Μόνο[41] ὁ Ἥλιος[42] τῆς εἶπε[43] τί εἶχε γίνει:[44] "Ὁ Δίας[45] ἔδωσε τήν κόρη σου[46] στόν ἀδελφό του τόν Πλούτωνα, γιά νά φωτίζει[47] τό σκοτεινό του βασίλειο".[48]

cont'd in Chapter 13.

1.when 2.the gods 3.divided 4.asked for the Earth 5.she liked 6.mountains 7.its fields 8.corn 9.trees 10.its fruit 11.would go to the Earth to play 12.blossomed 13. ripened on the trees 14.saw 15.in front of her 16.most beautiful 17.she was looking at it 18.with admiration 19.she stretched out 20.her hand 21.to cut it 22.but 23.at that moment 24.the earth opened 25. came out 26.Under World 27.he seized 28. he took her 29. with him 30.heard 31.she ran 32.to find her 33.she went everywhere 34.she wandered 35.all the Earth 36.all the seas 37.she asked 38.nobody 39.told her 40.truth 41.only 42.sun 43.told her 44.what had happened 45.Zeus 46. gave your daughter 47.to light 48.his dark kingdom 49. a little cloud ran away from me 50.it takes 51.sorrow 52. to the mountains 53 it is seeking 54.to build 55.for all time 56.in no place

B.   ΤΡΑΓΟΥΔΙ

Μοῦ 'φυγ' ἔνα συννεφάκι[49]
πάει[50] τή λύπη[51] στά βουνά[52]
Ψάχνει[53] νά χτίσει[54] ἔνα σπιτάκι
στό πάντα[55] καί στό πουθενά[56]

Ὀδυσσέας Ἐλύτης
"ΤΟ ΡΩ ΤΟΥ ἜΡΩΤΑ" 1972.

C.   ΛΕΞΙΛΟΓΙΟ VOCABULARY

NOUNS

1	ὁ κάμπος - ἡ γῆ	field - earth
2	τό στάχυ	corn
3	τό δέντρο	tree
4	τό φροῦτο	fruit
5	ὁ καρπός	product, fruit
6	ὁ ἥλιος	sun
7	τό σύννεφο	cloud
8	τό συννεφάκι	little cloud
9	τό φιλί, φιλάκι	kiss, little kiss
10	τό θαῦμα	miracle
11	ὁ θαυμασμός	admiration
12	ἡ στιγμή	moment, minute
13	ἡ λύπη	sadness
14	ἡ φίλη, φιλενάδα	girl friend
15	τό φύλλο	leaf
16	τό φύλο	sex
17	ὁ βασιλιάς	king
18	ἡ βασίλισσα	queen
19	τό βασίλειο	kingdom

ADJECTIVES, ADVERBS & CONJUNCTIONS

20	καρποφόρος, γόνιμος	fruitful
21	ἄκαρπος, ἄγονος	fruitless
22	συννεφιασμένος	cloudy

23	λυπημένος	sad
24	σκοτεινός	dark
25	φωτεινός	luminous
26	φιλικός	friendly
27	στιγμιαῖος	instant
28	ἀρπακτικός	grasping
29	ὅταν	when
30	παντοῦ/πουθενά	everywhere/no-where

VERBS & EXPRESSIONS

31	μοιράζω	I distribute
32	ἀρπάζω	I seize, grab, catch
33	θαυμάζω	I admire
34	γυρίζω	I turn
35	φωτίζω	I light
36	χτίζω	I build
37	ἀπλώνω	I stretch out
38	σκοτώνω	I kill
39	λυπῶ	I sadden
40	λυπᾶμαι	I am sorry
41	φιλῶ/-ιέμαι	I kiss/I am kissed
42	ψάχνω	I search
43	δένω	I bind, tie
44	βασιλεύω	I reign
45	τῆς ἄρεσε	she liked

II. PRACTICE 27.   FORMING THE GENITIVE PLURAL - FIRST DECLENSION

MASCULINE NOUNS - I. ENDING -ων UNSTRESSED

1.	father	πατέρας	πατέρων	10.	orator ρήτορας	ρητόρων
2.	century	αἰώνας	αἰώνων	11.	neighbour γείτονας	γειτόνων
3.	struggle	ἀγώνας	ἀγώνων	12.	lung πνεύμονας	πνευμόνων
4.	winter	χειμώνας	χειμώνων	13.	old man γέροντας	γερόντων
5	rule	κανόνας	κανόνων	14.	policeman ἀστυφύλα-	ἀστυφυλά-
6.	sweat	ἱδρώτας	ἱδρώτων		κας	κων
7.	character	χαρακτήρας	χαρακτήρων	15.	restau- ἐστιάτο-	ἐστιατό-
8.	betrothal	ἀρραβώνας	ἀρραβώνων		rant-keeper ρας	ρων
9.	guardian	κηδεμόνας	κηδεμόνων			

1.	priest παπάς	παπάδων	1.	green-grocer μανάβης	μανάβηδων
2.	king βασιλιάς	βασιλιάδων	2.	grocer μπακάλης	μπακάληδων
3.	milkman γαλατάς	γαλατάδων	3.	baker φούρναρης	φουρνάρηδων

MASCULINE NOUNS - II. ENDING -ῶν STRESSED

1.	cashier ταμίας	ταμιῶν	3.	criminal ἐγκληματίας	ἐγκληματιῶν
2.	sergeant λοχίας	λοχιῶν	4.	business-man ἐπιχειρηματίας	ἐπιχειρημα-τιῶν

1.	citizen πολίτης	πολιτῶν	4.	passenger ἐπιβάτης	ἐπιβατῶν
2.	worker ἐργάτης	ἐργατῶν	5.	publisher ἐκδότης	ἐκδοτῶν
3.	client πελάτης	πελατῶν	6.	editor συντάκτης	συντακτῶν

PRACTICE 28.   FORMING THE GENITIVE PLURAL - 1st D.   CHAPTER 12

FEMININE NOUNS   I   ENDING   -ων   UNSTRESSED

1.	mother	μητέρα	μητέρων	10.	quality	ποιότητα ποιοτήτων
2.	picture	εἰκόνα	εἰκόνων	11.	quantity	ποσότητα ποσοτήτων
3.	drop	σταγόνα	σταγόνων	12.	attribute	ἰδιότητα ἰδιοτήτων
4.	ray	ἀκτίνα	ἀκτίνων	13.	community	κοινότη- κοινοτή-
5.	team	ὀμάδα	ὀμάδων			τα των
6.	week	ἐβδομάδα	ἐβδομάδων	14.	antiquity	ἀρχαιό- ἀρχαιοτή-
7.	newspaper	ἐφημερίδα	ἐφημερίδων			τητα των
8.	young girl	δεσποινίδα	δεσποινίδων	15.	speed	ταχύτητα ταχυτήτων
9.	Greek woman	Ἑλληνίδα	Ἑλληνίδων			

1.	city	πόλη	πόλεων	10.	news	εἴδηση εἰδήσεων
2.	class	τάξη	τάξεων	11.	spring	ἄνοιξη ἀνοίξεων
3.	word	λέξη	λέξεων	12.	arrival	ἄφιξη ἀφίξεων
4.	act	πράξη	πράξεων	13.	pension	σύνταξη συντάξεων
5.	shine	λάμψη	λάμψεων	14.	exposition	ἔκθεση ἐκθέσεων
6.	thought	σκέψη	σκέψεων	15.	birth	γέννηση γεννήσεων
7.	nature	φύση	φύσεων	16.	address	διεύθυνση διευθύνσεων
8.	place	θέση	θέσεων	17.	invitation	πρόσκληση προσκλήσεων
9.	sunset	δύση	δύσεων	18.	operation	ἐγχείρηση ἐγχειρήσεων

FEMININE NOUNS -   II.   ENDING   -ῶν   STRESSED

1.	hour	ὥρα	ὡρῶν	10.	sea	θάλασσα θαλασσῶν
2.	country	χώρα	χωρῶν	11.	bridge	γέφυρα γεφυρῶν
3.	day	(ἡ)μέρα	(ἡ)μερῶν	12.	bank	τράπεζα τραπεζῶν
4.	tongue	γλώσσα	γλωσσῶν	13.	bee	μέλισσα μελισσῶν
5.	flag	σημαία	σημαιῶν	14.	queen	βασίλισσα βασιλισσῶν
6.	vein	φλέβα	φλεβῶν	15.	teacher	διδασκάλισσα διδασκαλισσῶν
7.	artery	ἀρτηρία	ἀρτηριῶν	16.	pupil	μαθήτρια μαθητριῶν
8.	success	ἐπιτυχία	ἐπιτυχιῶν	17.	habit	συνήθεια συνηθειῶν
9.	work	ἐργασία	ἐργασιῶν	18.	effort	προσπάθεια προσπαθειῶν

1.	art	τέχνη τεχνῶν	8.	need	ἀνάγκη ἀναγκῶν
2.	column	στήλη στηλῶν	9.	expense	δαπάνη δαπανῶν
3.	matter	ὕλη ὑλῶν	10.	treaty	συνθήκη συνθηκῶν (condi-
4.	opinion	γνώμη γνωμῶν	11.	cellar	ἀποθήκη ἀποθηκῶν tions)
5.	trial	δίκη δικῶν	12.	library	βιβλιοθήκη βιβλιοθηκῶν
6.	victory	νίκη νικῶν			
7.	lake	λίμνη λιμνῶν			

PRACTICE 29.   USING THE GENITIVE PLURAL - 1st D. (cont'd in PRACTICE 31)

1. ἡ διαφορά τῶν χαρακτήρων
   the difference in characters

2. ἡ τελετή τῶν ἀρραβώνων
   the betrothal ceremony

3. ὁ σύλλογος τῶν ἐστιατόρων
   restaurant-owners' assh.

4. οἱ μισθοί τῶν ἐργατῶν
   the workers' wages

5. ἡ συνάντηση τῶν ὀμάδων
   the teams' meeting

6. ἡ ὀρθογραφία τῶν λέξεων
   the spelling of words

7. ἡ ἐκμάθηση γλωσσῶν
   the learning of languages

8. ἡ ἔλλειψη διδασκαλισσῶν
   the shortage of teachers

9. διαφορά γνω-
   μῶν
   *difference
   of opinions*

10. ἔκθεση δαπα-
    νῶν
    *report on
    expenditures*

GENERAL OBSERVATIONS

1.   Masculine, feminine and neuter nouns may be classified into three Declensions according to the similarity of the inflection of their endings. Masculine and feminine nouns ending in -ας -ης and -α -η, respectively, form the First Declension. Masculine and feminine nouns ending in -ος form the Second Declension and neuter nouns form the Third Declension.

2.   ACCENTUATION I. Nouns are stressed, in all cases, on the syllable on which they are stressed in the nominative singular. However, a number of nouns bearing their accent on the third to last syllable(ὁ ἄνθρωπος, ἡ ἔρημος, τό ἔδαφος) may keep their accent on that syllable only as long as they have a 'short' ending: -ο, -οι (οἱ ἄνθρωποι, οἱ ἔρημοι). Each time their ending becomes 'long': -ου, -ων, -ους, -η (τοῦ ἀνθρώπου, τῆς ἐρήμου, τούς ἀνθρώπους, etc.), these nouns move their accent to the following syllable.

3.   ACCENTUATION II. Nouns which are stressed on their last syllable: ὁ μαθητής, ἡ φωνή, ὁ Καναδάς, ἡ γιαγιά, τό νερό, τό παιδί, etc., are accented with an acute in the nominative and in the accusative, and with a circumflex in the genitive, of both singular and plural: τόν μαθητή, τή φωνή, τόν Κανα- δά, τή γιαγιά, τό νερό, τό παιδί, τά νερά, τά παιδιά. Genitive: τοῦ μαθητή-τῶν μαθητῶν, τῆς φωνῆς-τῶν φωνῶν, τοῦ Κανα δᾶ, τῆς γιαγιᾶς-τῶν γιαγιῶν, τοῦ νεροῦ- τῶν νερῶν, τοῦ παιδιοῦ-τῶν παιδιῶν.

4.   ENDINGS I. In the genitive plural, all nouns end in -ων. In the case of nouns which bear the stress on the last syllable, the ending -ῶν is stressed. E.g.   τῶν μαθητῶν, τῶν φωνῶν, τῶν παιδιῶν, etc. In the case of nouns which do not bear the stress on the last syllable :   ἄνθρωπος, μέθοδος, πατέρας, μη- τέρα, μάθημα, βιβλίο, etc., the ending -ων is not stressed: ἀνθρώπων, μεθό- δων, πατέρων, μητέρων, μαθημάτων, βιβλίων. See para.2, above. There are, how- ever, in this second category, three groups of nouns which, in the genitive plural, move their accent to the ending -ῶν. These are :

(i)   masculine nouns in -ίας and in -ης, and two-syllable masculine nouns in -ας, e.g. ταμίας - ταμιῶν, πολίτης - πολιτῶν, ἄντρας - ἀντρῶν.

(ii)   feminine nouns in -α and in -η, and two-syllable feminine nouns in -α, *with the exception of those which are declined like* μητέρα, ποιότητα, πόλη, δύναμη. *See p.115, paras.6 & 7,* e.g. ἡμέρα - ἡμερῶν, θάλασσα - θαλασσῶν, τέχνη - τεχνῶν, φλόγα - φλογῶν.

(iii) neuter nouns in -ι, *see p.122, par.5 (3),* and those in -ος which form a nominative plural in -η, *see p.128, cont'd from p.122,* e.g.παιδί - παιδιῶν, τραγούδι - τραγουδιῶν, ἔθνος - ἐθνῶν. *See p.128 cont,d from p.122.*

5.   ENDINGS II. As they progress in their study of Greek, students will encouter a good number of nouns and adjectives having alternate sets of endings in their declension. E.g. ὁ μαθητής, τοῦ μαθητοῦ instead of τοῦ μαθητῆ and, ἡ ᾽Ακρόπολις τῆς ᾽Ακροπόλεως instead of ἡ ᾽Ακρόπολη, τῆς ᾽Ακρόπολης, etc. These will be dealt with in the section GRAMMAR of CHAPTERS 17 and 19.

6.   Masculine and feminine endings -α, -ας are 'long', and neuter end- ing -α is 'short'.

1.   MASCULINE NOUNS ENDING IN : (i) -ας / -ων   (ii) $\frac{-ίας}{-ης}$ / -ῶν

		S I N G U L A R		P L U R A L	
NOMINATIVE	GENITIVE	ACCUSATIVE	NOMINATIVE	GENITIVE	ACCUSATIVE
		(i)			
a. — *					
b. πατέρας	πατέρα	πατέρα	πατέρες	πατέρων	πατέρες
c. φύλακας	φύλακα	φύλακα	φύλακες	φυλάκων	φύλακες
a. — *		(ii)			
b. ταμίας	ταμία	ταμία	ταμίες	<u>ταμιῶν</u>	ταμίες
c. — *					
a. μαθητής	μαθητῆ	μαθητή	μαθητές	<u>μαθητῶν</u>	μαθητές
b. πολίτης	πολίτη	πολίτη	πολίτες	<u>πολιτῶν</u>	πολίτες
c. — *					

2.   FEMININE NOUNS ENDING IN : (i) $\frac{-α}{-η}$ / -ων   (ii) $\frac{-α}{-η}$ / -ῶν

		S I N G U L A R		P L U R A L	
NOMINATIVE	GENITIVE	ACCUSATIVE	NOMINATIVE	GENITIVE	ACCUSATIVE
		(i)			
a. — *					
b. μητέρα	μητέρας	μητέρα	μητέρες	μητέρων	μητέρες
c. ποιότητα	ποιότητας	ποιότητα	ποιότητες	ποιοτήτων	ποιότητες
a. — *					
b. πόλη	πόλης	πόλη	πόλεις	πόλεων	πόλεις
c. δύναμη	δύναμης	δύναμη	δυνάμεις	δυνάμεων	δυνάμεις
a. δωρεά	δωρεᾶς	δωρεά (ii)	δωρεές	<u>δωρεῶν</u>	δωρεές
b. ἡμέρα	ἡμέρας	ἡμέρα	ἡμέρες	<u>ἡμερῶν</u>	ἡμέρες
c. θάλασσα	θάλασσας	θάλασσα	θάλασσες	<u>θαλασσῶν</u>	θάλασσες
a. ἀδελφή	ἀδελφῆς	ἀδελφή	ἀδελφές	<u>ἀδελφῶν</u>	ἀδελφές
b. τέχνη	τέχνης	τέχνη	τέχνες	<u>τεχνῶν</u>	τέχνες
c. — *					

     3.   *NOTE. In paragraphs 1 and 2, above, the italic letters: a.b.c. are used to indicate the three categories of nouns: those which are stressed on the last, on the second to last, on the third to last, syllable, respectively.*

     4.   In the plural, the group of feminine nouns declined like πόλη and δύναμη adopt the unaccented endings -εις -εων -εις. These are characteristic of a good number of feminine nouns ending in -ση (-ξη, -ψη): γνώση, τάξη, σκέψη, etc. and of some masculine and feminine nouns ending in -ις, -υς, -εύς: ἡ Ἀκρόπολις, ὁ πρύτανις, ὁ πρέσβυς, ἡ γραμματεύς, ὁ γονεύς, ὁ συγγραφεύς, etc. This group of masculine and feminine nouns may adopt two different sets of endings in the singular. *See VARIANT ENDINGS, pp.149-151.*

     5.   In the plural, masculine & feminine nouns such as <u>ψαράς</u>, <u>βαρκάρης</u>, <u>παππούς</u>, <u>καναπές</u>, <u>γιαγιά</u>, <u>ἀλεπού</u>, etc., adopt an extended form of the regular endings : ψαράδες, βαρκάρηδες, παππούδες, καναπέδες, γιαγιάδες, ἀλεπούδες. Most of these nouns indicate either a profession or a family relation. *See para.11.p.115.*

6. LIST OF NOUNS DECLINED LIKE: *1.*πατέρας, *2.*φύλακας, *3.*ταμίας, *4.*μαθη-
τής, *5.*πολίτης, *6.*μητέρα & ποιότητα, *7.*πόλη & δύναμη, *8.*φωτιά, *9.*ἡμέρα & θά-
λασσα, *10.*ἀδελφή & τέχνη, *11.*ψαράς, παππούς, etc.

---

1. ὁ πατέρας *father, [the gen.plural is a unstressed -ων],* ἀγώνας *contest,*
ἀέρας *air,* αἰώνας *century,* κανόνας *rule,* λιμένας *harbour,* σωλήνας *tube,* χει-
μώνας *winter,* and most of the masc. nouns in -ας stressed on the 2nd to
last syllable, *see par.3, below,* save the two-syllable ones.

2. ὁ φύλακας *guardian, [the gen. plural is an unstressed -ων],* ἄμβωνας *pul-
pit,* ἄνθρακας *coal,* ἄξονας *axis,* ἀρχιτέκτονας *architect,* βραχίονας *arm,* γεύ-
τονας *neighbour,* γέροντας *old man,* γίγαντας *giant,* δαίμονας *demon,* ἐπιστήμο-
νας *scientist,* ἔρωτας *love,* ἥρωας *hero,* μέλλοντας *future,* ὁρίζοντας *horizon,*
παράγοντας *factor,* πίνακας *board,* πνεύμονας *lung,* πράκτορας *agent,* πριγκι-
πας *prince,* ρήτορας *orator,* and most of the masc. nouns in -ας stressed on
the 3rd to last syllable.

3. ὁ ταμίας *treasurer, cashier, [the gen. plural is a stressed -ῶν],* ἐγκλη-
ματίας *criminal,* ἐπαγγελματίας *professional,* ἐπιχειρηματίας *businessman,*
καρχαρίας *shark,* κτηματίας *landowner,* λοχίας *sergeant,* τραυματίας *wounded,*
also: πιανίστας, στυλίστας, τουρίστας *and a few more nouns of foreign origin.*
also: ἄντρας *man,* βήχας *cough,* βλάκας, *stupid,* μήνας *month. See pp. 149-151.*

4. ὁ μαθητής *pupil,* ἀθλητής *athlete,* βουλευτής *member of parliament,* διευ-
θυντής *director,* δικαστής *judge,* θεατής *spectator,* ἱδρυτής *founder,* καθηγη-
τής *professor,* σπουδαστής *students,* φοιτητής *student, etc.*

5. ὁ πολίτης *citizen, [the gen. plural is a stressed -ῶν],* ἀγρότης *peasant,*
ἐκδότης *publisher,* ἐργάτης *worker,* ἰδιοκτήτης *owner,* and the bulk of nouns
in -ης. *For exceptions see 11, below.*

6. ἡ μητέρα *mother,* & ποιότητα *quality, [the gen. plural is an unstressed
-ων],* ἀκτίνα *ray,* εἰκόνα *icon,* θυγατέρα *daughter,* ὄρνιθα *fowl,* σάλπιγγα
trumpet, σειρήνα *siren,* κοινότητα *community,* ποσότητα *quantity,* ταχύτητα
speed, and nealy all nouns in -άδα, -ύδα: λαμπάδα *wax candle,* λεμονάδα *le-
monade,* ὁμάδα *team,* δεσποινύδα *Miss,* Ἑλληνύδα *a Greek woman, etc.*

7. ἡ πόλη *city,* & ἡ δύναμη *power, [the gen. plural is an unstressed -εων],*
δύση, *sunset,* θέση *place,* λέξη *word,* ἄνοιξη *spring,* εἴδηση *news,* ἕνωση *union,*
ἐξήγηση *explanation,* θέληση *will,* κίνηση *movement,* περίληψη *summary, etc.*

8. ἡ δωρεά *donation* and the bulk of fem. nouns in -ά. *See p. 114, par. 5, Cf.*
with 11 below.

9. ἡ ἡμέρα *day,* & ἡ θάλασσα *sea, [the gen. plural is a stressed -ῶν],* and
the bulk of fem. nouns in -α, except those in 6, above, and in 11, below.

10. ἡ ἀδελφή *sister,* & ἡ τέχνη *art, [the gen. plural is a stressed -ῶν],* and
the bulk of fem. nouns in -ή or -η, except those in 7, above.

11. ὁ ψαράς *fishmonger,* ὁ παππούς *grandfather,* & ἡ γιαγιά *grandmother, [the
gen. plural is an unstressed -ων preceded by the suffix - δ- : -άδων, -έδων]*
παπάς *priest,* ρήγας *king,* δέσποτας *bishop,* βαρκάρης *boatman,* φούρναρης
baker, καναπές *sofa,* καφές *coffee,* μάνα *mother,* ἀλεπού *fox, etc.*

116

CHAPTER 13

I. A.

ΜΥΘΟΛΟΓΙΑ

Η ΔΗΜΗΤΡΑ ΚΑΙ Η ΠΕΡΣΕΦΟΝΗ *(cont'd from Chapter 12)*

1. Ἡ Δήμητρα ἔφυγε[1] τότε[2] ἀπό τόν Ὄλυμπο[3], τήν κατοικία[4] τῶν θεῶν[5]. Κατέβηκε[6] στή Γῆ. Γύριζε[7] τίς θάλασσες καί τά βουνά, τά ποτάμια[8] καί τίς πολιτεῖες[9] καί γύρευε[10] τήν κόρη της. Μά δέν τή βρῆκε[11] πουθενά[12]. Τότε ἔδωσε μιά κατάρα[13] στή Γῆ, νά μήν κάνει πιά καρπούς[14].

2. Ὁ Δίας, ὁ θεός τῶν ἀνθρώπων καί τῶν θεῶν, ἔστειλε[15] τούς θεούς μέ δῶρα[16] στή Δήμητρα, καί τήν παρακαλοῦσε[17] νά ἀλλάξει[18] γνώμη[19], καί νά πάρει[20] πίσω[21] τήν κατάρα[22] πού εἶχε δώσει[23]. Ἄδικα ὅμως[24]. "Δέ θά ξανανέβω[25] στόν Ὄλυμπο καί δέ θά ξανακάνει καρπό ἡ Γῆ ἄν[26] δέ δῶ[27] τήν κόρη μου" ἀπάντησε[28] ἡ Δήμητρα.

3. Τότε ὁ Δίας εἶπε[29] στόν Πλούτωνα νά ἀφήσει[30] τήν Περσεφόνη νά γυρίσει πίσω[31]. Ὁ Πλούτωνας ὑπάκουσε[32]. Μά πρίν νά ἀφήσει[33] τήν Περσεφόνη νά φύγει[34], τῆς ἔδωσε[35] νά φάει[36] ἕνα ρόδι[37]. Ἔτσι[38], ἔδεσε[39] τήν κόρη τῆς θεᾶς[40] μέ τόν Κάτω Κόσμο.

4. Ὁ Δίας βρῆκε[41] τρόπο[42] νά βγεῖ[43] ἀπό τή δυσκολία[44]. "Ἄς μένει[45], εἶπε, τέσσερεις μῆνες[46] στόν Κάτω Κόσμο μέ τόν Πλούτωνα, καί τούς ἄλ-

1.left 2.then 3. Mt.Olympus 4.residence 5.of the gods 6.she went down 7. she wandered 8. rivers 9.cities 10.she was looking for 11.she did not find her 12.anywhere 13.cursed 14.not to bear any fruit any more

15.sent 16.with presents 17.was begging her 18.to change 19.her mind 20.to take 21.back 22.the curse 23. which she had made 24.but in vain 25. I will not go up... again 26.if 27.I don't see 28.answered

29.said 30.to let 31.return 32.obeyed 33.before letting 34.go 35.he gave her 36.to eat 37. pomegranate 38.in this way 39.he bound 40.of the goddess 41.Zeus found 42.a way 43. to get out 44.of the difficulty 45. she may stay 46.four months

λους ὀκτώ[47]ᾶς ἔρχεται[48] στόν Ὄλυμπο νά μένει[49] μέ   47. the other eight
τή Μητέρα της". Ἡ Δήμητρα δέχτηκε.[50] Κι ὅταν ἡ   48. she may come 49.
θεϊκή της[51] κόρη ἀνέβηκε[52] στή Γῆ, οἱ κάμποι γέμι-   to stay 50. agreed
σαν[53] λουλούδια, κ'ἔδεσαν στά δέντρα οἱ καρποί.   51. her divine 52.
went up 53.
filled with.

B.   ΧΑΪ - ΚΑΪ
        (α΄)   (ιδ΄)

Στάξε[1]στή λίμνη[2]   Τούτη ἡ κολόνα[6]   1. spill 2. in-
μόνο μιά στάλα[3]κρασί[4]   ἔχει μιά τρύπα[7], βλέπεις   to the lake 3.
καί σβήνει[5] ὁ ἥλιος   τήν Περσεφόνη;   but a drop 4.
                                              of wine 5. van-
                                              ishes 6. this
                    Γιῶργος Σεφέρης   column 7. hole

C.   ΛΕΞΙΛΟΓΙΟ VOCABULARY   CHAPTER 13

	NOUNS				
			23	στέλνω,νά στείλω	I send, to send
1	ἡ δυσκολία	difficulty	24	μένω, νά μείνω	I stay, to stay
2	ἡ εὐκολία	ease, facility	25	δένω, νά δέσω	I tie, to tie
3	ἡ κατοικία	dwelling	26	ἀφήνω, νά ἀφήσω	I let, to let
4	ἡ πολιτεία	city	27	σβήνω, νά σβήσω	I put out, to put out
5	ἡ τρύπα	hole	28	γυρίζω,νά γυρίσω	I turn, to turn
6	ἡ στάλα	drop	29	γεμίζω,νά γεμίσω	I fill, to fill
7	ἡ λίμνη	lake	30	δίνω, νά δώσω	I give, to give
8	τό ποτάμι	river	31	παίρνω,νά πάρω	I take, to take
9	ἡ κατάρα	curse	32	τρώω, νά φάω	I eat, to eat
10	ἡ εὐχή	wish	33	βλέπω, νά δῶ	I see, to see
11	ἡ γνώμη	opinion	34	λέω, νά πῶ	I say, to say
12	τό κρασί	wine	35	βγαίνω,νά βγῶ	I go out, to go out
13	τό φαΐ,φαγητό	meal	36	ξανανεβαίνω	I go up again
	ADVERBS & CONJUNCTIONS		37	νά ξανανεβῶ(-ἀνέβω)	to go up again
14	πίσω back, behind		38	ξανακατεβαίνω	I go down again
15	ἐμπρός ahead, in front		39	νά ξανακατεβῶ(-κατέβω)	to go down again
16	δύσκολα with difficulty		40	βρίσκω,νά βρῶ	I find, to find
17	εὔκολα with ease		41	ὑπακούω	I obey
18	ἄν if		42	νά ὑπακούσω	to obey
19	ἄς let		43	ἀπαντῶ,νά ἀπαντήσω	I answer, to answer
			44	ρωτῶ, νά ρωτήσω	I ask, to ask
	VERBS & EXPRESSIONS		45	δέχομαι,νά δεχτῶ	I accept, to accept
20	ἀλλάζω I change		46	ἔρχομαι,νά 'ρθῶ(ἔρθω)	I come, to come
21	νά ἀλλάξω to "		47	φεύγω, νά φύγω	I leave, to leave
22	στάζω,νά στάξω I drop,to drop		48	ἀναχωρῶ,νά ἀναχωρήσω	I depart, to depart
			49	ἄς ἔρθει	let him (her,it,) come

117

118

PRESENT	SIMPLE FUTURE-SUBJ.	PERFECT TENSES	CONTINUOUS PAST	SIMPLE PAST	IMPERATIVE
	θά νά	ἔχω-εῖχα	RECESSIVE MOVEMENT OF THE ACCENT		
1 ἀγοράζω	ἀγοράσω	ἀγοράσει	ἀγόραζα	ἀγόρασα	ἀγόρασε
2 διαβάζω	διαβάσω	διαβάσει	διάβαζα	διάβασα	διάβασε
3 ἀνεβάζω	ἀνεβάσω	ἀνεβάσει	ἀνέβαζα	ἀνέβασα	ἀνέβασε
4 ἀρχίζω	ἀρχίσω	ἀρχίσει	ἄρχιζα	ἄρχισα	ἄρχισε
5 νομίζω	νομίσω	νομίσει	νόμιζα	νόμισα	νόμισε
6 πληρώνω	πληρώσω	πληρώσει	πλήρωνα	πλήρωσα	πλήρωσε
7 σηκώνω	σηκώσω	σηκώσει	σήκωνα	σήκωσα	σήκωσε
8 ἀκούω	ἀκούσω	ἀκούσει	ἄκουα	ἄκουσα	ἄκουσε
9 ἀφήνω	ἀφήσω	ἀφήσει	ἄφηνα	ἄφησα	ἄφησε
10 κλείνω	κλείσω	κλείσει	ἔκλεινα	ἔκλεισα	κλεῖσε
11 ντύνω	ντύσω	ντύσει	ἔντυνα	ἔντυσα	ντύσε
12 λύνω	λύσω	λύσει	ἔλυνα	ἔλυσα	λύσε
13 δένω	δέσω	δέσει	ἔδενα	ἔδεσα	δέσε
14 χάνω	χάσω	χάσει	ἔχανα	ἔχασα	χάσε
15 πιάνω	πιάσω	πιάσει	ἔπιανα	ἔπιασα	πιάσε
1 μιλῶ	μιλήσω	μιλήσει	μιλοῦσα	μίλησα	μίλησε
2 ρωτῶ	ρωτήσω	ρωτήσει	ρωτοῦσα	ρώτησα	ρώτησε
3 ζητῶ	ζητήσω	ζητήσει	ζητοῦσα	ζήτησα	ζήτησε
4 ζῶ	ζήσω	ζήσει	ζοῦσα	ἔζησα	ζῆσε
5 ξυπνῶ	ξυπνήσω	ξυπνήσει	ξυπνοῦσα	ξύπνησα	ξύπνησε
6 κρατῶ	κρατήσω	κρατήσει	κρατοῦσα	κράτησα	κράτησε
7 πατῶ	πατήσω	πατήσει	πατοῦσα	πάτησα	πάτησε
8 περπατῶ	περπατήσω	περπατήσει	περπατοῦσα	περπάτησα	περπάτησε
9 ἀγαπῶ	ἀγαπήσω	ἀγαπήσει	ἀγαποῦσα	ἀγάπησα	ἀγάπησε
10 ἀπαντῶ	ἀπαντήσω	ἀπαντήσει	ἀπαντοῦσα	ἀπάντησα	ἀπάντησε
11 τραγουδῶ	τραγουδήσω	τραγουδήσει	τραγουδοῦσα	τραγούδησα	τραγούδησε
12 τηλεφωνῶ	τηλεφωνήσω	τηλεφωνήσει	τηλεφωνοῦσα	τηλεφώνησα	τηλεφώνησε
13 εὐχαριστῶ	εὐχαριστήσω	εὐχαριστήσει	εὐχαριστοῦσα	εὐχαρίστησα	εὐχαρίστησε
14 παρακαλῶ	παρακαλέσω	παρακαλέσει	παρακαλοῦσα	παρακάλεσα	παρακάλεσε
15 μπορῶ	μπορέσω	μπορέσει	μποροῦσα	μπόρεσα	μπόρεσε
16 φορῶ	φορέσω	φορέσει	φοροῦσα	φόρεσα	φόρεσε
17 καλῶ	καλέσω	καλέσει	καλοῦσα	κάλεσα	κάλεσε

119

II. PRACTICE 31.　　USING THE GENITIVE PLURAL OF NOUNS　　CHAPTER 13.

1. τά σπίτια <u>τῶν ἀνθρώπων</u>
   men's houses

2. οἱ κῆποι <u>τῶν σπιτιῶν</u>
   the houses' gardens

3. τά λουλούδια <u>τῶν κήπων</u>
   the flowers of the gardens

4. τά χρώματα <u>τῶν λουλουδιῶν</u>
   the colours of the flowers

5. ἡ ποικιλία <u>τῶν χρωμάτων</u>
   the variety of colours

6. τό σχολεῖο <u>τῶν παιδιῶν</u>
   the children's school

7. οἱ δασκάλες <u>τῶν σχολείων</u>
   the schools' teachers(f)

8. ἔλλειψη <u>διδασκαλισσῶν</u>
   shortage of teachers (f)

9. οἱ μισθοί <u>τῶν δασκάλων</u>
   teachers' salaries

10. ἡ αὔξηση <u>τῶν μισθῶν</u>
    the salary increase

11. ἡ εἴδηση
    news

12. ὥρα <u>εἰδήσεων</u>
    news time

13. ἀλλαγή <u>ὡρῶν</u>
    change of hour

14. ἐποχή <u>ἀλλαγῶν</u>
    time of change

15. οἱ μῆνες <u>τῶν ἐπο-</u>
    <u>χῶν</u> *the months of*
    the seasons

---

1. τό αὐτοκίνητο
   the car   (automobile)

2. τά φῶτα <u>τῶν αὐτοκινήτων</u>
   the cars' lights

3. ἡ λάμψη <u>τῶν φώτων</u>
   the glow of the lights

4. τό εἰσιτήριο
   the ticket

5. οἱ τιμές <u>τῶν εἰσιτηρίων</u>
   the prices of tickets

6. ἡ αὔξηση <u>τῶν τιμῶν</u>
   price increase

7. τό ὄνομα
   noun

8. κλίση <u>ὀνομάτων</u>
   declension of
   nouns

---

1. τά δέντρα <u>τῶν δασῶν</u>
   the trees of the forests

2. οἱ κορμοί <u>τῶν δέντρων</u>
   the trunks of the trees

3. τό μέγεθος <u>τῶν κορμῶν</u>
   the size of the trunks

4. <u>ὅλων τῶν μεγεθῶν</u>
   of all sizes

5. τά κτίρια, οἱ πόλεις
   buildings, cities

6. τό ὕψος <u>τῶν κτιρίων</u>
   the height of buildings

7. τό εἶδος <u>τῶν πόλεων</u>
   the kind of cities

8. <u>πολλῶν εἰδῶν</u>
   of many kinds

9. ἡ τράπεζα,τό κατά-
   στημα,*bank,store*

10. τό κλείσιμο <u>τῶν</u>
    <u>τραπεζῶν καί τῶν</u>
    <u>καταστημάτων</u>
    closing day for
    banks and stores

11. <u>ὅλων τῶν εἰδῶν</u>
    of all kinds

---

1. ἡ φοιτήτρια
   the student(f)

2. ἡ ἐρώτηση <u>τῶν φοιτητριῶν</u>
   the students'question

3. τό εἶδος <u>τῶν ἐρωτήσεων</u>
   the sort of questions

4 ἡ ἀπάντηση <u>τῶν καθηγητῶν</u>
   the professors'answer

5. τό εἶδος <u>τῶν ἀπαντήσεων</u>
   the sort of answers

6. οἱ ἀποσκευές,　ἐπιβάτης
   luggage,passenger

7. τά διαβατήρια <u>τῶν ἐπιβατῶν</u>
   the passengers'passports

8. ὁ ἔλεγχος <u>τῶν διαβατηρίων</u>
   passport control

9. τό βάρος <u>τῶν ἀποσκευῶν</u>
   the weight of luggage

10. ἡ προσγείωση <u>τῶν ἀεροπλάνων</u>
    the landing of the planes

11. ἡ ἄφιξη,ἡ ἀναχώ-
    ρηση, *arrival,*
    departure

12. ἡ ἀγγελία <u>τῶν ἀ-</u>
    <u>φίξεων καί τῶν</u>
    <u>ἀναχωρήσεων</u>
    the announcement
    of arrivals and
    departures

---

1. ἡ ἐργασία <u>πολλῶν ἐβδομάδων</u>
   many weeks' work

2. ἡ παράδοση <u>τῶν ἐργασιῶν</u>
   the handing in of essays

3. τό τέλος <u>τῶν παραδόσεων</u>
   the end of lectures

4. οἱ τάξεις <u>νέων ἑλληνικῶν</u>
   the modern Greek classes

5. οἱ ἐξετάσεις <u>ὅλων τῶν τάξεων</u>
   the examinations for all classes

6. ἡ ἡμέρα <u>τῶν ἐξετάσεων</u>
   the day of examinations

1.   To the Second Declension belong all masculine and feminine nouns which end in - ος. These nouns are declined as follows:

MASCULINE					
S I N G U L A R			*P L U R A L*		
NOMINATIVE	GENITIVE	ACCUSATIVE	NOMINATIVE	GENITIVE	ACCUSATIVE
ὁ	τοῦ	τόν	οἱ	τῶν	τούς
a. ποταμός	ποταμοῦ	ποταμό	ποταμοί	ποταμῶν	ποταμούς
b. κῆπος	κήπου	κῆπο	κῆποι	κήπων	κήπους
c. ἄνθρωπος	ἀνθρώπου	ἄνθρωπο	ἄνθρωποι	ἀνθρώπων	ἀνθρώπους

FEMININE					
S I N G U L A R			*P L U R A L*		
NOMINATIVE	GENITIVE	ACCUSATIVE	NOMINATIVE	GENITIVE	ACCUSATIVE
ἡ	τῆς	τή(ν)	οἱ(αἱ)	τῶν	τύς
a. ὁδός	ὁδοῦ	ὁδό	ὁδοί	ὁδῶν	ὁδούς
b. νῆσος	νήσου	νῆσο	νῆσοι	νήσων	νήσους
c. ἔρημος	ἐρήμου	ἔρημο	ἔρημοι	ἐρήμων	ἐρήμους

2.   Feminine nouns should be declined with a feminine article in spite of their masculine endings. In a few instances, the form οἱ of the feminine article in the nominative plural, has to be replaced by the ancient form αἱ which is unmistakeably feminine. E.g. *the actors and the actresses* οἱ ἠθοποιοί καί αἱ ἠθοποιοί, *the men employees and the women employees* οἱ ὑπάλληλοι καί αἱ ὑπάλληλοι, *etc.* or by the expression οἱ γυναῖκες ἠθοποιοί/ὑπάλληλοι.

3.   A number of compound nouns which bear their accent on the third to last syllable do not follow the rule which requires words stressed on the third to last syllable to move their accent to the following syllable each time they have a 'long' ending. (*Cf.para.2, p.114 and para. 1c., above*). These nouns retain their accent on the same syllable in all cases: ὁ πονοκέφαλος, τοῦ πονοκέφαλου etc.

4.   LIST OF NOUNS DECLINED LIKE:

(1) ὁ **ποταμός** *river*, ἀγρός *field*, ἀδελφός *brother*, ἀξιωματικός *officer*, βαθμός *grade*, γιατρός *doctor*, γιός *son*, γονιός *parent*, γκρεμός *precipice*, θεός *god*, Ἰσπανός *Spaniard*, καιρός *time*, καρπός *fruit*, κυνηγός *hunter*, λαιμός *throat*, λαός *people*, λογαριασμός *account*, οὐρανός *sky*, σεισμός *earthquake*, σκοπός *aim*, σταθμός *station*, σφυγμός *pulse*, etc.

(2) ὁ **κῆπος** *garden*, Ἄγγλος *Englishman*, Γάλλος *Frenchman*, γέρος *old man*, Γιῶργος *George*, δρόμος *road*, ἥλιος *sun*, θόλος *dome* θρύλος *legend*, κάμπος *field*, λόγος *speech*, ὅρος *term*, πάγος *ice*, Παῦλος *Paul*, στόλος *navy*, ταχυδρόμος *postman*, ὕπνος *sleep*, φόρος *tax*, etc.

(3) ὁ **ἄνθρωπος** *man*, ἄγγελος *angel*, Ἀλέξανδρος *Alexander*, ἄνεμος *wind*, ἀπόστολος *apostle*, δάσκαλος *teacher*, δήμαρχος *mayor*, ἔμπορος *merchant*, ἥλιος *sun*, θάνατος *death* θόρυβος *noise*, θρίαμβος *triumph*, κάτοικος *resident*, κίνδυνος *danger*, ὅμηρος *hostage*, σύλλογος *association*, σύμμαχος *ally*, ὑπήκοος *subject*, χείμαρρος *torrent*, etc.

(4) ἡ **ὁδός** *street*, ἡ ἀεροσυνοδός *stewardess*, ἡ ἠθοποιός *actress*, ἡ θαλαμηγός *yacht*, ἡ ἰατρός(γιατρός)(woman)*doctor*, ἡ λειτουργός *worker*, ἡ ὁδηγός *guide*.

```
(5)  ἡ νῆσος island, many names of islands: Ἄνδρος, Κύπρος, Ρόδος,
Σάμος, Σύρος, Χίος , ἡ λεωφόρος boulevard, ἡ νοσοκόμος nurse.* etc.

    (6)  ἡ ἔρημος  desert, ἡ ἄσφαλτος asphalt, ἡ διέξοδος way out,outlet,
ἡ δίοδος passage, ἡ είσοδος entrance, ἡ ἔξοδος exit, ἡ κάθοδος way down,
ἡ μέθοδος method, ἡ Μύκονος Greek island, ἡ παράγραφος paragraph, ἡ σύζυγος
wife, ἡ ὑφήλιος universe, ἡ ὑπάλληλος (woman)employee,      * and many other
names indicating professions of both women and men: δικηγόρος lawyer, γεωπό-
νος agriculturist, etc.
```

GRAMMAR B.   # THIRD DECLENSION   CHAPTER 13

1. All neuter nouns belong to the Third Declension. They may be grouped into three classes, according as they form their nominative plural (A)°in -α, (B)° in -τα, (C) in -η, as follows : °see also para.2, p.122.

(A)   NEUTER NOUNS ENDING IN : -ο,-ι,   PLURAL -α

| | SINGULAR | | | PLURAL | |
NOMINATIVE	GENITIVE	ACCUSATIVE	NOMINATIVE	GENITIVE	ACCUSATIVE
a. νερό	νεροῦ	νερό	νερά	νερῶν	νερά
b. βιβλίο	βιβλίου	βιβλίο	βιβλία	βιβλίων	βιβλία
c. πρόσωπο	προσώπου	πρόσωπο	πρόσωπα	προσώπων	πρόσωπα
c. ψίχουλο	ψίχουλου	ψίχουλο	ψίχουλα	ψίχουλων	ψίχουλα
a. παιδί	παιδιοῦ	παιδί	παιδιά	παιδιῶν	παιδιά
b. τραγούδι	τραγουδιοῦ	τραγούδι	τραγούδια	τραγουδιῶν	τραγούδια
c. -					

(B)   NEUTER NOUNS ENDING IN : -μα,-ιμο,-ον,-ος,-ως,-ας,   PLURAL -τα

| | SINGULAR | | | PLURAL | |
NOMINATIVE	GENITIVE	ACCUSATIVE	NOMINATIVE	GENITIVE	ACCUSATIVE
a. -					
b. γράμμα	γράμματος	γράμμα	γράμματα	γραμμάτων	γράμματα
c. μάθημα	μαθήματος	μάθημα	μαθήματα	μαθημάτων	μαθήματα
c. γράψιμο	γραψίματος	γράψιμο	γραψίματα	γραψιμάτων	γραψίματα
a. προϊόν	προϊόντος	προϊόν	προϊόντα	προϊόντων	προϊόντα
b. καθῆκον	καθήκοντος	καθῆκον	καθήκοντα	καθηκόντων	καθήκοντα
c. -					
a. γεγονός	γεγονότος	γεγονός	γεγονότα	γεγονότων	γεγονότα
a. καθεστώς	καθεστῶτος	καθεστώς	καθεστῶτα	καθεστώτων	καθεστῶτα
a. φῶς	φωτός	φῶς	φῶτα	φώτων	φῶτα
b. κρέας	κρέατος	κρέας	κρέατα	κρεάτων	κρέατα

(C)   NEUTER NOUNS ENDING IN : -ος   PLURAL -η

| | SINGULAR | | | PLURAL | |
NOMINATIVE	GENITIVE	ACCUSATIVE	NOMINATIVE	GENITIVE	ACCUSATIVE
a. -					
b. ἔθνος	ἔθνους	ἔθνος	ἔθνη	ἐθνῶν	ἔθνη
c. μέγεθος	μεγέθους	μέγεθος	μεγέθη	μεγεθῶν	μεγέθη

122

2. **In CLASS (A)**, neuter nouns ending in -o, change this -o into -ου, -α -ων, whereas nouns ending in -ι add those endings to the ending -ι and the two form one syllable :

(a) τό   νερ- ό   φαγητ- ό   βιβλί- ο   (b) παιδ- ί   τραγούδ-ι
    τοῦ   νερ- οῦ   φαγητ- οῦ   βιβλί- ου   παιδ- ιοῦ   τραγουδ-ιοῦ

    τά   νερ- ά   φαγητ- ά   βιβλί- α   παιδ- ιά   τραγούδ-ια
    τῶν   νερ- ῶν   φαγητ- ῶν   βιβλί- ων   παιδ- ιῶν   τραγουδ-ιῶν

In CLASS (B), on the other hand, all nouns add the endings -τος, -τα -των, as an extra syllable following the ending of the nominative case :

(i) τό   γράμμα   (ii) καθῆκον   (iii) γεγονός
    τοῦ   γράμμα-τ ος   καθῆκον-τος   γεγονό-τ ος

    τά   γράμμα-τα   καθῆκον-τα   γεγονό-τα
    τῶν   γραμμά-των   καθηκόν-των   γεγονό-των

3. *Notice that, neuter nouns ending in -ον, plural -τα, (ii) above, retain the consonant -ν whereas those ending in -ς, plural -τα, (iii) above, drop the consonant -ς , before the added endings. Also notice that the ending -ιμο becomes -ίμα-τα, etc. See p.121 (B).* Γάλα is declined like γράμμα.

4. The difference between the endings of neuter nouns in CLASS(C) and those in CLASS (B) is only apparent since the endings of CLASS(C) have resulted from the contraction of : -ος, -α -ων with the stem of the nouns of this group : τοῦ γένεσ-ος = γένε+ος = γένους, τά γένεσ-α = τά γένε+α = τά γένη, τῶν γενέσ-ων = γενέ+ων = γενῶν.

5. **LIST OF NOUNS DECLINED LIKE:-** *(1)*νερό & παιδί, *(2)* δῶρο-βιβλίο σχολείο, *(3)* τραγούδι, *(4)*πρόσωπο - ψίχουλο, *(5)*γράμμα-μάθημα-γράψιμο, *(6)*προϊόν-καθῆκον-γεγονός-καθεστώς-φῶς-κρέας, *(7)* γένος-μέγεθος.

(1) νερό *water,* & παιδί *child,* all neuter nouns ending in -ό or -ί.

(2) δῶρο *present* γέλιο *laughter,* δέντρο *tree,* ζῶο *animal,* καπέλο *hat,* κάρρο *cart,* κέντρο *centre,* μῆλο *apple,* ξύλο *wood,* ὀξυγόνο *oxygen,* πεῦκο *pine,* ροῦχο *garment,* φύλλο *leaf,* φύλο *sex,* χόρτο *grass,* βιβλίο *book,* θρανίο *chair,* κρανίο *skull,* σχολείο *school,* βιβλιοπωλείο *bookstore,* γραφείο *desk,* ζαχαροπλαστείο *pastry shop* καφενείο *coffee-house,* μουσείο *museum,* νοσοκομείο *hospital,* ξενοδοχείο *hotel,* ὑπουργείο *ministry,* πλοίο *ship etc.*

(3) τραγούδι *song,* ἁλάτι *salt,* ἀλεύρι *flour,* δαχτυλίδι *ring,* καλοκαίρι *summer,* κεράσι *cherry,* κρεβάτι *bed,* λάδι *oil,* λουλούδι *flower,* μαντήλι *handkerchief,* μάτι *eye,* νύχι *fingernail,* παιχνίδι *game,toy,* παραμύθι *tale,* ποτήρι *glass,* πηρούνι *fork,* μαχαίρι *knife,* κουτάλι *spoon,* σαπούνι *soap,* σπίτι *house,* τραπέζι *table,* χέρι *hand,* χιόνι *snow,* Also: βράδυ *evening,* στάχυ *corn.*
(4) πρόσωπο *face,* ἄλογο *horse,* ἄτομο *individual,* ἔξοδο *expenditure,* ἔπιπλο *furniture,* εὐαγγέλιο *gospel,* θέατρο *theatre,* θεμέλιο *foundation,* κτίριο *building,* μέτωπο *forehead,* πανεπιστήμιο *university, etc.* ψίχουλο *bread-crumb,* ἑλληνόπουλο *Greek child,* κόκκαλο *bone,* μάγουλο *cheek,* χαμόγελο *smile,etc*

(5) γράμμα *letter,* μάθημα *lesson,* γράψιμο *writing,* all neuter nouns ending in -μα, -ιμο.

(6) προϊόν *product,* καθῆκον *duty,* ἀνακοινωθέν *communiqué,* ἐνδιαφέρον *interest,* μέλλον *future,* ὄν *being,* παρελθόν *past,* παρόν *present,* Cont'd p.128.

CHAPTER 14

ΠΟΙΗΜΑΤΑ

A. **ΤΑ ΠΑΡΑΘΥΡΑ**[1]

Σ᾽ αὐτές τίς σκοτεινές κάμαρες,[2] πού περνῶ[3]
μέρες βαριές,[4] ἐπάνω κάτω[5] τριγυρνῶ[6]
γιά νἄβρω[7] τά παράθυρα. — Ὅταν ἀνοίξει[8]
ἕνα παράθυρο θἆναι παρηγορία.[9] —
Μά τά παράθυρα δέν βρίσκονται,[10] ἤ δέν μπορῶ
νά τάβρω. Καί καλλίτερα[11] ἴσως[12] νά μήν τά βρῶ[13]
Ἴσως τό φῶς θἆναι μιά νέα τυραννία.[14]
Ποιός ξέρει[15] τό καινούρια πράγματα[16] θά δείξει.[17]

1.windows 2.dark rooms 3.where I spend 4.oppressive days 5. up and down 6.I pace 7. searching for 8.opens 9.it will be a consolation 10.are not found 11.it is better 12.perhaps 13.I do not find them 14.torment 15.who knows 16. what new things 17.it will show

Κωνσταντίνος Καβάφης 1903

B. **ΤΟ ΣΤΕΡΝΟ[1] ΠΑΡΑΜΥΘΙ**[2]

Πῆραν στρατί-στρατί[3] τό μονοπάτι[4]
βασιλοποῦλες[5] καί καλοκυράδες,[6]
ἀπό τίς ξένες χῶρες βασιλιάδες
καί καβαλλάρηδες[7] ἀπάνω στ᾽ ἅτι.[8]

1.last 2.fairy-tale 3. they started slowly 4. along the path 5.princesses 6.noble ladies 7.riders 8.horse

Καί γύρω στῆς γιαγιᾶς μου τό κρεββάτι
ἀνάμεσα σέ δυό χλωμές[9] λαμπάδες,[10]
περνούσανε καί, σάν τραγουδιστάδες,[11]
τῆς τραγουδοῦσαν— ποιός τό ξέρει; —κάτι...

9.pale 10.wax candles 11.minstrels 12.bogy

Κανείς γιά τῆς γιαγιᾶς μου τήν ἀγάπη
δέ σκότωσε τό Δράκο ἤ τόν ᾽Αράπη[12]
καί νά τῆς φέρει ἀθάνατο νερό.[13]

13.the water of immortality 14.was kneeling down 15.was flapping 16.shadows

῾Η μάνα μου εἶχε γονατίσει κάτου.[14]
μ᾽ ἀπάνω —μιά φορά κ᾽ ἔναν καιρό... —
ὁ ᾽Αρχάγγελος χτυποῦσε[15] τά φτερά του.

Λάμπρος Πορφύρας "ΣΚΙΕΣ"[16] (1920)

C.   ΛΕΞΙΛΟΓΙΟ VOCABULARY

NOUNS

1	ἡ παρηγοριά(-ιά)	consolation
2	ἡ τυραννία	torment
3	ἡ λαμπάδα	wax candle
4	ἡ κάμαρα	room
5	ἡ φορά	time
6	τό παράθυρο	window
7	τό μονοπάτι	path
8	τό ἄτι	horse
9	τά φτερά	wings
10	ὁ καβαλλάρης	rider

ADJECTIVES, ADVERBS & CONJUNCTIONS

11 λογικός-παράλογος reasonable-unreason-
12 παλιός-καινούργιος old-new   [able
13 γνωστός-ἄγνωστος known-unknown
14 ἁπλός-περίπλοκος simple-complex
15 σκοτεινός-φωτεινός dark-bright
16 ἀληθινός-ψεύτικος true-false
17 στενός-πλατύς narrow-wide
18 μονός-διπλός single-double [pleasant
19 εὐχάριστος-δυσάρεστος pleasant-un-
20 χρήσιμος-ἄχρηστος useful-useless
21 νόστιμος-ἄνοστος tasty-testless

22 ἰδιωτικός-δημόσιος private-public
23 ἁρμυρός-ἀνάλατος salty-unsalted
24 μπαγιάτικος-φρέσκος stale-fresh
25 περσινός-φετινός last year-this year
26 στερνός-ἀρχικός last-initial
27 θνητός-ἀθάνατος mortal-immortal
28 βαρύς-ἐλαφρύς heavy-light   [usual
29 συνηθισμένος-ἀσυνήθιστος usual- un-
30 σύντομος-μακρύς brief-long
31 ξένος stranger, foreign
32 χλωμός pale
33 ἀνάμεσα between, among
34 ἴσως perhaps, maybe

VERBS & EXPRESSIONS

35 περνῶ(-ᾶς),νά περάσω I pass, to pass
36 δείχνω, θά δείξω I show, I shall show
37 φέρνω, νά φέρω I bring, to bring
38 μαθαίνω, νά μάθω I learn, to learn
39 καταλαβαίνω, νά καταλάβω I under-
    stand, to undertand   [kneel
40 γονατίζω, νά γονατίσω I kneel, to]
41 χτυπῶ(-ᾶς),νά χτυπήσω I hit, to hit
42 χτυπῶ τά φτερά μου I flap my wings
43 δέ βρίσκονται they cannot be found

II.   PRACTICE 32.   USING ADJECTIVES ENDING IN -ος -η -ο

MASCULINE AND NEUTER

1. ὁ μικρός καί στενός δρόμος
   the small and narrow road

2. ὁ παλιός καί σκοτεινός δρόμος
   the old and dark road

3. ὁ παλιός, μικρός καί σκοτεινός ἐξοχικός δρόμος ἦταν στενός καί μονός
   the old, small and dark country road was a narrow, one-lane road

4. ὁ μεγάλος καί πλατύς δρόμος
   the big and wide road

5. ὁ νέος καί φωτεινός δρόμος
   the new and bright road

6. ὁ νέος, μεγάλος καί φωτεινός δημόσιος δρόμος εἶναι πλατύς καί διπλός
   the new, big and bright highway is a wide, two-lane road

7. τό παλιό καί ἄχρηστο αὐτοκίνητο
   the old and useless car

8. τό μεταχειρισμένο αὐτοκίνητο
   the used car

9. τό μεταχειρισμένο αὐτοκίνητο εἶναι παλιό καί ἄχρηστο
   the used car is old and useless

10. τό νέο καί πολυτελές αὐτοκίνητο εἶναι ἀνοιχτό, ἄνετο καί εὐρύχωρο
    the new and luxurious car is open, comfortable and spacious

11. τό πολυτελές καί ἄνετο αὐτοκίνητο εἶναι ἀσφαλισμένο καί ἀπλήρωτο
    the luxurious and comfortable car is insured and unpaid-for

12. εἶναι αὐτοκίνητο ἰδιωτικό.
    it is a private car

13. εἶναι αὐτοκίνητο "Ἰδιωτικῆς Χρήσεως"
    it is a car for " Private Use "

                              (Ι.Χ.)=(P.U.)

FEMININE AND NEUTER

1. ἡ ἁπλή καί εὔκολη ζωή
   the simple and easy life

2. τά πρῶτα σχολικά χρόνια
   the first school years

3. ἡ ἁπλή καί εὔκολη ζωή τῶν πρώτων σχολικῶν χρόνων
   the simple and easy life of the first school years

4. ἡ ἄνετη καί ξένοιαστη ζωή
   the comfortable and carefree life

5. τό ἀξέχαστο περσινό καλοκαίρι
   the unforgetable last summer

6. ἡ ἄνετη καί ξένοιαστη ζωή τοῦ ἀξέχαστου περσινοῦ καλοκαιριοῦ
   the comfortable and carefree life of the unforgetable last summer

7. ἡ ἄγνωστη πρωτόγονη ζωή
   the unknown primitive life

8. ἡ παρούσα καί μέλλουσα ζωή
   the present and future life

9. ἡ ἐφήμερη γλυκιά ζωή
   the ephemeral sweet life

10. ἡ σύντομη ἐρωτική ζωή
    the brief love life

1. <u>Τό φαΐ</u> *the meal, the food, is :*

   Τό σπιτικό φαΐ εἶναι ζεστό, νόστιμο, ἄφθονο καί χορταστικό
   The homemade meal is hot, tasty, plentiful and filling

   Τό μεσημεριανό φαΐ εἶναι κρύο, πρόχειρο, ἀνάλατο καί ἄνοστο
   Lunch is cold, quickly prepared, unsalted and tasteless

   Τό βραδυνό φαΐ εἶναι ἀχνιστό, περιποιημένο, ὀρεχτικό καί ὑπέροχο
   The evening meal is steaming, well-prepared, appetizing, and superb

2. <u>Τό ψωμί</u> *bread*

   Τό ἀγοραστό ψωμί ἦταν μπαγιάτικο καί ξερό. Δέ βρῆκα φρέσκο ψωμί
   The ready-made bread was stale and dry. I didn't find fresh bread

   Τό σπιτικό ψωμί εἶναι ἀφράτο, μαλακό καί νόστιμο. Εἶναι καλοφημένο
   Homemade bread is light, soft and tasty. It is well=baked

   ῾Η γεύση τοῦ ἀγοραστοῦ ψωμιοῦ εἶναι πάντα ἡ συνηθισμένη
   The taste of ready-made bread is always the usual one

   ῾Η μυρωδιά τοῦ σπιτικοῦ ψωμιοῦ εἶναι πάντα εὐχάριστη
   The smell of homemade bread is always pleasant

3. <u>Τά λόγια</u> *words*   (ὁ λόγος)

   Τά καλά καί εὐγενικά λόγια ....τά σωστά. καί μετρημένα
   Good and polite words   *the right and measured ones*

   Τά θερμά καί φιλικά λόγια .... τά παρήγορα καί τρυφερά
   The warm and friendly words   *the consoling and tender ones*

   Τά κολακευτικά λόγια .... ψεύτικα καί παχιά
   The flattering words   *false and fulsome*

   Τά πικρά λόγια.................... ἀνώφελα καί περιττά
   The bitter words   *useless and superfluous*

   Τά γλυκά ἐρωτικά λόγια............ χαϊδευτικά, ἀνόητα καί γοητευτικά
   The sweet words of love   *caressing, silly and enchanting*

III. GRAMMAR A. ## CLASSIFICATION OF ADJECTIVES CHAPTER 14.

1. Adjectives may be, broadly, grouped into two classes depending on their ending in the masculine: (A) those which end in -ος or in -ων and (B) those which end in -ης or in -ύς as follows :

CLASS (A)

E N D I N G S	MASCULINE	FEMININE	NEUTER	MEANING
-ος -η -ο	*a. μικρός b. μεγάλος c. όμορφος a. γενικός b. ποικίλος c. χρήσιμος	μικρή μεγάλη όμορφη γενική ποικίλη χρήσιμη	μικρό μεγάλο όμορφο γενικό ποικίλο χρήσιμο	small large,big beautiful general varied useful
-ος -α -ο	b. νέος b. ωραῖος c. τέλειος c. πλούσιος	νέα ωραία τέλεια πλούσια	νέο ωραῖο τέλειο πλούσιο	young beautiful perfect rich
-ων -ουσα -ον	a. παρών b. μέλλων	παρούσα μέλλουσα	παρόν μέλλον	present future
-ων -ων -ον	b. εὐγνώμων	εὐγνώμων	εὐγνῶμον	grateful

CLASS (B)

-ης -α -ικο	b. ζηλιάρης	ζηλιάρα	ζηλιάρικο	jealous
-ής -ιά -ί	a. σταχτής	σταχτιά	σταχτί	gray
-ύς -ιά -ύ	a. βαθύς	βαθιά	βαθύ	deep
-ύς -εία -ύ	a. όξύς	όξεία	όξύ	acute
-ης -ης -ες	a. άμελής b. ιδεώδης b. συνήθης	άμελής ιδεώδης συνήθης	άμελές ιδεῶδες σύνηθες	negligent ideal usual
-ύς -ή -ύ	a. πολύς	πολλή	πολύ	much/many

* See p. 114, para.3.

2. The declension of an adjective is similar to that of a noun and so is its accentuation, except in the following instance : In the genitive plural, feminine adjectives in CLASS (A) which end in an unstressed -α or -η, e.g. νέα, ωραία, τέλεια, μεγάλη, όμορφη, do not move their accent to the last syllable as does a group of feminine nouns (p.113, para.4(ii)), e.g.

ή νέα γυναίκα   ή ωραία ήμέρα   ή ξένη γλώσσα   ή μεγάλη τέχνη
τῶν νέων γυναικῶν   τῶν ωραίων ήμερῶν τῶν ξένων γλωσσῶν τῶν μεγάλων τεχνῶν

or as does the feminine of adjectives such as παρών and μέλλων. See p.127, para.2.

1. The bulk of Greek adjectives end in -ος,-η/-α,-ο. They are declined like masculine, feminine and neuter nouns ending in -ος,-η/-α,-ο. The masculine adjectives of this group form a vocative case which ends in -ε, in the singular number. E.g. ἀγαπητέ μου πατέρα *my dear father,* καλέ μου φίλε *my good friend.* Most of the adjectives in -ικος bear the stress on the ending -ός, e.g. γενικός, πραγματικός, φανταστικός, etc., but ψεύτικος, παιδιάστικος, etc.

2.   DECLENSION OF ADJECTIVES ENDING IN : - ων

	S I N G U L A R			P L U R A L		
	NOMINATIVE	GENITIVE	ACCUSATIVE	NOMINATIVE	GENITIVE	ACCUSATIVE
M.	παρ-ών *	παρ-όντος	παρ-όντα	παρ-όντες	παρ-όντων	παρ-όντες
F.	παρ-ούσα *	παρ-ούσας	παρ-ούσα	παρ-οῦσες	παρ-ουσῶν	παρ-οῦσες
N.	παρ-όν	παρ-όντος	παρ-όν	παρ-όντα	παρ-όντων	παρ-όντα
M.	μέλλ-ων	μέλλ-οντος	μέλλ-οντα	μέλλ-οντες	μελλ-όντων	μέλλ-οντες
F.	μέλλ-ουσα	μέλλ-ουσας	μέλλ-ουσα	μέλλ-ουσες	μελλ-ουσῶν	μέλλ-ουσες
N.	μέλλ-ον	μέλλ-οντος	μέλλ-ον	μέλλ-οντα	μελλ-όντων	μέλλ-οντα
M. F.	εὐγνώμ-ων	εὐγνώμ-ονος	εὐγνώμ-ονα	εὐγνώμ-ονες	εὐγνωμ-όνων	εὐγνώμ-ονες
N.	εὐγνῶμ-ον	εὐγνώμ-ονος	εὐγνῶμ-ον	εὐγνώμ-ονα	εὐγνωμ-όνων	εὐγνώμ-ονα

3.   LIST OF ADJECTIVES DECLINED LIKE :   *(1)*παρών, *(2)*μέλλων, *(3)* εὐγνώμων.

(1) παρών *present,* ἀποτυχών *failed,* ἀπών *absent,* ἐπιτυχών *successful,* παρελθών *past,* τυχών *the first one one meets,* plus a few more. *(2)* μέλλων *future,* δευτερεύων *secondary,* ἐνδιαφέρων *interesting,* πρωτεύων *principal,* συμφέρων *advantageous, beneficial,* and a few more. *(3)* εὐγνώμων *grateful,* ἀγνώμων *ungrateful,* δεισιδαίμων *superstitious,* ἰσχυρογνώμων *headstrong,* νοήμων *intelligent,* and a few more. *(*)* See ALTERNATE ENDINGS, para.1(b), p.165.

4.   DECLENSION OF ADJECTIVES ENDING IN : -άρης, AND IN -ύς

	S I N G U L A R			P L U R A L		
	NOMINATIVE	GENITIVE	ACCUSATIVE	NOMINATIVE	GENITIVE	ACCUSATIVE
M.	ζηλιάρης	ζηλιάρη	ζηλιάρη	ζηλιάρηδες	ζηλιάρηδων	ζηλιάρηδες
F.	ζηλιάρα	ζηλιάρας	ζηλιάρα	ζηλιάρες	--------	ζηλιάρες
N.	ζηλιάρικο	ζηλιάρικου	ζηλιάρικο	ζηλιάρικα	ζηλιάρικων	ζηλιάρικα
M.	σταχτής	σταχτιοῦ	σταχτή	σταχτιοί	σταχτιῶν	σταχτιούς
F.	σταχτιά	σταχτιᾶς	σταχτιά	σταχτιές	σταχτιῶν	σταχτιές
N.	σταχτί	σταχτιοῦ	σταχτί	σταχτιά	σταχτιῶν	σταχτιά
M.	βαθύς	βαθιοῦ/βαθῦ *	βαθύ	βαθιοί/βαθεῖς	βαθιῶν	βαθιούς/βαθεῖς
F.	βαθιά	βαθιᾶς	βαθιά	βαθιές	βαθιῶν	βαθιές
N.	βαθύ	βαθιοῦ/βαθῦ *	βαθύ	βαθιά	βαθιῶν	βαθιά
M.	ὀξύς	ὀξέος / ὀξῦ *	ὀξύ	ὀξεῖς	ὀξέων	ὀξεῖς
F.	ὀξεία	ὀξείας	ὀξεία	ὀξεῖες	ὀξειῶν	ὀξεῖες
N.	ὀξύ	ὀξέος / ὀξῦ *	ὀξύ	ὀξέα	ὀξέων	ὀξέα

5.   * In the genitive singular, the masculine and neuter genders of adjectives such as βαθύς and ὀξύς have two alternate endings both of which are equally valid. Notice that in the nominative and accusative plural only βαθύς has alternate endings. Adjectives such as ὀξύς still retain the older forms only.

128

6.   In the genitive plural, feminine adjectives such as ὀξεία, i.e. those, and only those, whose masculine ends in -ύς, move their accent to the ending -ῶν :   (ταχύς) ταχεία - ταχειῶν, (βραδύς) βραδεία - βραδειῶν, (βραχύς) βραχεία - βραχειῶν. BUT: (ὡραῖος) ὡραία - ὡραίων, (σπάνιος) σπάνια - σπανίων or σπάνιων, (κύριος =main) κύρια - κύριων or κυρίων, (τέλειος perfect) τέλεια - τέλειων or τελείων. See note, below.

7.   _NOTE_. The feminine adjectives κύρια, τέλεια, are often used in their older form κυρία, τελεία (cf. ἅγιος-ἁγία, τίμιος-τιμία, ἄγριος-ἀγρία) These should not be confused with the nouns ἡ κυρία = the lady, ἡ τελεία = the full stop. In the genitive plural, the latter stress their ending -ῶν : τῶν κυριῶν, τῶν τελειῶν, while the former do not : τῶν κυρίων, τῶν τελείων, e.g. φορέματα κυριῶν = ladies' dresses, τῶν κυρίων εἰσόδων = of the main entrances.

8.   LIST OF ADJECTIVES DECLINED LIKE :   (1)ζηλιάρης -α -ικο, (2) βαθύς -ιά ύ / σταχτύς -ιά -ύ,   (3)ὀξύς -εία -ύ,   (4 ἀμελής, etc.

---

(1)   _ζηλιάρης_ jealous. All those ending in : -άρης, -ούρης/ούλης/έλης, -μάτης/μάλλης/-λαίμης/-πόδης :   ἀρρωστιάρης sickly, γκρινιάρης grumbling, πεισματάρης stubborn, ἀσχημομούρης ugly, καμπούρης hunchback, μικρούλης small, τεμπέλης lazy, γαλανομάτης blue-eyed, γκριζομάλλης gray-haired, στραβολαίμης· wrynecked, στραβοπόδης bow-legged, χρυσοχέρης golden-handed, etc.

(2)   _βαθύς_ deep, βαρύς heavy, δεξύς right-handed, ἐλαφρύς light, μακρύς long, παχύς fat, πλατύς spacious, τραχύς rough, φαρδύς wide, Also: θαλασσής sea-blue, οὐρανής sky-blue, πορτοκαλής orange, μαβής mauve, σταχτής gray, etc. These have an alternate ending in -ύς which is falling out of use.

(3)   _ὀξύς_ acute, βραχύς brief, δασύς dense, δριμύς severe, εὐθύς direct, straight, εὐρύς broad, θρασύς insolent, etc.

(4)   _ἀμελής_ negligent, _ἰδεώδης_ ideal, _συνήθης_ usual, _ἀσθενής_ ill,sick διαρκής continuous, διεθνής international, εἰλικρινής sincere, ἐπιμελής diligent, πολυμελής large.(numerous), προσεχής coming, following, πρωτοφανής unprecedented, θορυβώδης noisy, μυστηριώδης mysterious, παιδαριώδης childish, στοιχειώδης elementary, etc. See VARIANT ENDINGS, in GRAMMAR of CHAPTER 19, p.166.

Cont'd from p.122.

τό περιβάλλον milieu, προσόν qualification, συμφέρον interest, πᾶν whole, συμβάν happening, σύμπαν universe, φωνῆεν vowel, γεγονός event, καθεστώς regime, φῶς light, κρέας meat, πέρας end, τέρας monster.

7.   ἔθνος nation, ἄνθος flower, βάρος weight, βέλος arrow, βρέφος infant, γένος gender,family,sex, δάσος forest, εἶδος kind, ἔτος year, θάρρος courage, θράσος effrontery, ἴχνος trace, κάλλος beauty, κόστος cost, κράτος state, λάθος mistake, μάκρος/μῆκος length, μέρος place, ὄρος mountain, μῖσος hatred, πάθος passion, πάχος fat, πλάτος width, πλῆθος crowd, στῆθος chest, τέλος end, ὕφος air, style, ὕψος height, φάρδος width, χεῖλος lip, χρέος duty,   μέγεθος size, ἔδαφος soil, ground, ἔλεος mercy, κέλυφος shell, στέλεχος stem,stub,cadres, etc.

CHAPTER 15

I. A. <u>ΠΑΜΕ ΝΑ ΦΑΜΕ ΕΞΩ[1]</u>

- Νά καθήσουμε ἐδῶ;[2] Φαίνεται καλό ἐστιατόριο.[3]
- Ἀπό ποῦ τό κατάλαβες;[4] Ἐπειδή ἔχει πολύ κόσμο[5] ἤ μήπως[6] ἔχουμε ξανάρθει;[7]
- Εἴχαμε ξανάρθει κάποτε ἄλλοτε.[8] Θυμᾶμαι πώς[9] εἴχαμε φάει ἀρκετά καλά.[10] Εἶναι τό πλησιέστερο[11] στό ξενοδοχεῖο μας[12] καί τό φθηνότερο.[13]
- Δέ βλέπω πουθενά τό γκαρσόνι[14] καί βιάζομαι[15] νά παραγγείλω[16] γιατί ἔχω νά φάω[17] ἀπ᾽ τό πρωί.[18]
- Μά δέν κοίταξες ἀκόμη τόν κατάλογο.[19]
- Ξέρω ἀκριβῶς τί[20] θέλω. Ψητό[21] μέ πατάτες καί μιά χωριάτικη σαλάτα.[22]
- Δυστυχῶς[23] μᾶς τελείωσε τό ἀρνάκι.[24] Ἔχουμε ὅμως ὡραιότατο μοσχαράκι[25] καί πάρα πολύ φρέσκα ψάρια,[26] ἄν σᾶς ἀρέσουν.[27]
- Ἐν τάξει τότε.[28] Φέρε μας ἀπό ἕνα ψάρι στή σκάρα[29] καί ἀπό μιά μερίδα χόρτα.[30]
- Μήπως θέλετε,[31] ὥσπου νά γίνουν τά ψάρια,[32] ν᾽ ἀρχίσετε[33] μέ καμιά μερίδα καλαμαράκια;[34]
- Καλά. Φέρε μαζί καί μιά ταραμοσαλάτα.[35]
- Νά σᾶς φέρω νά δοκιμάσετε[36] καί τό κρασί μας;
- Ἄν εἶναι καλό φέρε δυό μποτίλιες.
- Ὁρίστε,[37] καί καλή ὄρεξη.[38]
- Ἄν ἔχεις καλό πεπόνι[39] φύλαξέ μας ἀπό μιά μερίδα.[40] Διάλεξέ το νά εἶναι καλό.
- Ἐγώ προτιμῶ καρπούζι[41] καί ροδάκινα[42] ἀλλά τά θέλω ὥριμα.[43]
- Θά σᾶς φέρω ἀπό τά ὡριμότερα πού ἔχω.[44]
- Καθώς[45] θά ἔρχεσαι μέ τά φροῦτα, φέρε μας καί τό λογαριασμό[46] γιά νά μήν περιμένουμε μετά.[47]
- Μήν ἀνησυχεῖτε[48] κύριε. Ἔχουμε καιρό ὥς τότε.[49] Ἀκόμη δέν καθήσατε. Ὅλα θά γίνουν στήν ὥρα τους. Ἔχουμε καιρό.

1. Let's go and eat out 2. shall we sit here? 3. it seems to be a nice restaurant 4. how do you know? 5. because of the crowd 6. or 7. have we been here before? 8. some other time 9. I remember that 10. we had eaten quite well 11. closest 12. to our hotel 13. the cheapest 14. I don't see the waiter anywhere 15. I am in a hurry 16. to order 17. I haven't eaten 18. since this morning 19. menu 20. exactly what 21. roast 22. village salad 23. unfortunately 24. we are out of lamb 25. excellent veal 26. fish 27. if you like it 28. all right then 29. grilled 30. one helping of vegetables each 31. would you like 32. while waiting for the fish 33. to begin 34 squid 35. fishroe salad 36. taste 37. here you are 38. 'bon appétit' 39. melon 40. keep a helping for each one of us 41. I prefer watermelon 42. peaches 43. ripe 44. ripest ones I have 45. as 46. the bill 47. so we don't have to wait afterwards 48. don't worry 49. till then

B. <u>ΠΟΥ ΠΗΓΑΤΕ ΣΗΜΕΡΑ;</u>[1]

- Ποῦ πήγατε[2] σήμερα; στά μαγαζιά ἤ σέ μουσεῖα[3];
- Καί στά δύο. Ξεκινήσαμε[4] γιά τήν ὀδόν Ἑρμοῦ καί βρεθήκαμε[5] στό μουσεῖο τῆς Ἀκρόπολης.
- Τί πήγατε νά κάνετε[6] στήν ὀδόν Ἑρμοῦ;
- Γυρεύαμε παπούτσια.[7]
- Νομίζαμε ὄτι[8] θά χάναμε[9] ὄλο τό πρωινό[10] γιά νά τά βροῦμε[11] ἀλλά τά βρήκαμε[12] σχεδόν ἀμέσως[13] κ᾿ἔτσι[14] ἀποφασίσαμε[15] νά πᾶμε στήν Ἀκρόπολη πού φαινόταν[16] δύο βήματα ἀπό κεῖ.[17]
- Περπατήσατε[18] ὄλον τόν ἀνήφορο ὥς ἐκεῖ πάνω;[19]
- Μέ τήν πρωινή δροσιά[20] ἦταν πολύ εὐχάριστος περίπατος.[21]
- Κι ὅταν ἔπιασε ἡ ζέστη,[22] βρισκόμαστε μέσα[23] στό μουσεῖο πού ἦταν πολύ δροσερό.[24]
- Πῶς σᾶς φάνηκε[25] τό μουσεῖο;
- Καταπληκτικό.[26] Δυστυχῶς[27] δέν πήγαμε προετοιμασμένες.[28] Πρέπει νά ξαναπᾶμε χωρίς ἄλλο.[29]
- Δέ θά ξεχάσω ποτέ πῶς ἔλαμπαν τά μάρμαρα[30] στόν ἤλιο.

1.where did you go today? 2.did you go 3. museums 4.we set out 5.we found ourselves 6.what did you go... for? 7.we were looking for shoes 8.we thought that 9.we would waste 10.the whole morning 11. looking for them 12.but we found them 13.almost immediately 14.so 15.we decided 16.which seemed to be 17.two steps away from there 18.did you walk 19.all the way up there? 20.with the morning coolness 21.the walk was very pleasant 22.when it got hot 23.we were inside 24.cool 25. how did you like 26. amazing 27.unfortunately 28.prepared 29.without fail 30. how the marble shone

C. <u>ΛΙΓΟ ΑΚΟΜΑ</u>[1]

Λίγο ἀκόμα
θά ἰδοῦμε[2] τίς ἀμυγδαλιές[3] ν᾿ἀνθίζουν[4]
τά μάρμαρα νά λάμπουν στόν ἤλιο[5]
τή θάλασσα νά κυματίζει[6]

λίγο ἀκόμα,
νά σηκωθοῦμε λίγο ψηλότερα.[7]

Γιῶργος Σεφέρης
"ΜΥΘΙΣΤΟΡΗΜΑ"
1935

1.a little farther 2.we shall see 3.almond trees 4.blossoming 5.the marble gleaming in the sun 6.the sea rolling 7.let us rise a little higher

NOUNS

1	τό ἑστιατόριο	restaurant
2	ὁ κόσμος	world, people
3	τό γκαρσόνι	waiter
4	ὁ λογαριασμός	bill
5	ἡ ὄρεξη	appetite
6	ἡ μποτίλια	bottle
7	ἡ μερίδα	helping
8	ἡ σκάρα	grill
9	ὁ κατάλογος	menu
10	ἡ χωριάτικη σαλάτα	village (mixed) salad
11	ἡ ταραμοσαλάτα	fish-roe salad
12	τό ψάρι	fish
13	τά καλαμαράκια	squid
14	τό ἀρνάκι	lamb
15	τό μοσχαράκι	veal
16	τό ψητό	roast
17	οἱ πατάτες	potatoes
18	τά χόρτα	green vegetables
19	τά φροῦτα	fruit
20	τό πεπόνι	melon
21	τό καρπούζι	watermelon
22	τό ροδάκινο	peach
23	τό μουσεῖο	museum
24	τό μάρμαρο	marble
25	ὁ περίπατος	walk, promenade
26	ὁ ἀνήφορος	uphill slope
27	ὁ κατήφορος	downhill slope
28	τό βῆμα	step
29	ἡ ἀμυγδαλιά	almond tree
30	ἡ δροσιά	cool, freshness

ADJECTIVES

31	φθηνός	cheap
32	φθηνότερος	cheaper
33	πλησιέστερος	closer
34	ὥριμος	ripe
35	ὡριμότερος	riper
36	ὡραιότατος	very nice, splendid
37	φρέσκος	fresh
38	δροσερός	fresh, cool
39	καταπληκτικός	amazing
40	προετοιμασμένος	prepared

ADVERBS AND CONJUNCTIONS

41	ἀρκετά	quite
42	πάρα πολύ	very (much)
43	κάποτε ἄλλοτε	(some time) before
44	δυστυχῶς	unfortunately
45	ἐκεῖ πάνω	up there
46	λίγο ἀκόμα	a little more, farther
47	ψηλότερα	higher
48	χωρίς	without
49	ἔτσι	thus, so
50	ὥσπου	until
51	καθώς	as

VERBS AND EXPRESSIONS

52	δοκιμάζω	I try
53	γυρεύω	I look for
54	τελειώνω	I finish
55	λάμπω	I shine
56	προτιμῶ	I prefer
57	βιάζομαι	I am in a hurry
58	φέρε (φέρνω)	bring
59	φύλαξέ μας (φυλάγω)	keep for us
60	διάλεξε (διαλέγω)	chose
61	μήν ἀνησυχεῖς (ἀνησυχῶ)	don't worry
62	φαινόταν (φαίνομαι)	it appeared
63	φάνηκε (φαίνομαι)	it appeared
64	βρισκόμαστε (βρίσκομαι)	we were, we found ourselves
65	βρεθήκαμε (βρίσκομαι)	we were, we found ourselves
66	βρήκαμε (βρίσκω)	we found
67	νά βροῦμε (βρίσκω)	to find
68	νά παραγγείλω (παραγγέλλω)	to order
69	νά σηκωθοῦμε (σηκώνομαι)	let's get up
70	νά γίνει (γίνομαι)	to be done
71	νά καθήσουμε; (κάθομαι)	shall we sit?
72	θά χάναμε (χάνω)	we would lose
73	θά δοῦμε (βλέπω)	we shall see
74	θά ξεχάσω (ξεχνῶ)	I shall forget
75	ἔχουμε ξανάρθει (ξαναέρχομαι)	we have been (here) before
76	πᾶμε νά φᾶμε ἔξω	let's go and eat out
77	ἔχει πολύ κόσμο	there is a crowd
78	ἔχω νά φάω ἀπ'τό πρωί	I haven't eaten since this morning
79	ποῦ τό κατάλαβες;	how did you know?
80	μήπως θέλετε...;	would you like...?
81	μᾶς τελείωσε...	we are out of...
82	πιάνει ἡ ζέστη	it gets hot
83	ὁρίστε	here you are
84	καλή ὄρεξη	"bon appétit"
85	ἐν τάξει	all right
86	χωρίς ἄλλο	without fail

USING **WHERE?-WHERE, WHEN?-WHEN,**
AND SOME OTHER ADVERBS

1. Ποῦ πᾶμε ἀπόψε;   – <u>Ἐκεῖ ποῦ</u> πήγαμε χθές.......... Ὅπου πήγαμε χθές
   Where are we going tonight? *(There)where we went yesterday... where we went...*

2. Ποῦ βρῆκες δωμάτιο;   – Ὄχι <u>ἐκεῖ ποῦ</u> ἤθελα...... ὄχι ὅπου ἤθελα
   Where did you find a room? *Not (there) where I wanted...not where I wanted*

3. Κοίταξες πουθενά ἀλλοῦ; – Κοίταξα καί ἀλλοῦ........ κοίταξα παντοῦ
   Did you look anywhere else? *I looked elsewhere too ..... I looked everywhere*

4. Δέ βρῆκα πουθενά ἀλλοῦ   μόνο κάπου μακριά ....τίποτε ἐδῶ γύρω
   I found nowhere else........only somewhere far away .... nothing around here

5. Πότε θά σέ δῶ ξανά;   – <u>Τότε ποῦ</u> συμφωνήσαμε .... ὅποτε τελειώσεις
   When shall I see you again? *When we agreed .... when you finish*

6. Πότε θά φᾶμε μαζί;   – (<u>Ὅταν</u> θέλεις (conjunction).... ὅποτε θέλεις
   When shall we eat together? *When you wish .... whenever you wish*

7. Πότε χτύπησε;   – <u>Τότε ποῦ</u> ἔπεσε
   When did he hurt himself? *When he fell*

8. Τόν εἶδες **ποτέ**;   – Τόν εἶδα **κάποτε**.........δέ μιλήσαμε **ποτέ**
   Did you ever see him? *I saw him at one time...we never spoke to each other*

9. Πῶς τό ἔμαθες;   – **Καθώς** ἄκουα τά νέα .... ὅπως ἄκουα τά νέα
   How did you learn about it? *As I listened to the news ...as I listened to the...*

10. Πῶς θά πᾶμε;   – **Κάπως** θά πᾶμε .... ὅπως – ὅπως
    How shall we go? *We shall go somehow .... anyway (we can)*

11. Πῶς σοῦ φάνηκε τό ἔργο; – **Κάπως** ὑπερβολικό .... ὄχι ὅπως τό περίμενα
    How did you find the play? *Somewhat exaggerated...... not as I expected it*

12. Πόσο κάνουν τά φροῦτα;   **Κάμποσο**, ἀλλά ὄχι (τόσο) ὅσο φανταζόμουνα
    How much does the fruit cost? Quite a lot but not as much as I thought

13. Πόσο θά μείνεις;   – **Κάμποσο**, ἀλλά ὄχι (τόσο) ὅσο θά ἤθελα
    How long will you stay? *Quite a while but not as long as I would have liked*

14. Πόσο εἶναι τό γραφεῖο σου; – **Κάμποσο**.................. ὅσο μοῦ χρειάζεται
    How large is your office? Quite large .... as large as I need it

---

Μ ή π ω ς   Ἄ ρ α γ ε   Μ ή ν

1. **Μήπως** ξέρεις τί ὥρα εἶναι; *Would you know what time it is?*

2. **Μήπως** εἶδες πουθενά τό βιβλίο μου; *Did you happen to see my book anywhere?*

3. **Μήπως** θά μποροῦσε νά μοῦ ἔκανε μιά χάρη; *Would he(she)do me a favour?*

4. Θά θυμηθεῖ **ἄραγε** νά φέρει γάλα; *Will he remember to bring milk(I wonder)?*

5. Ποῦ νά εἶναι **ἄραγε** αὐτή τήν ὥρα; *I wonder where he(she)could be now?*

6. **Μήν** τόν εἶδες πουθενά; *Did you happen to see him anywhere?*

7. **Μήν** δέν ἄκουσες καλά ; *Perhaps you didn't hear well (?)*

8. **Μήπως** σέ ἐνοχλῶ;. *Do I disturb you (perhaps) ?.*

MUCH – MANY

1. Δέν εἶναι **πολύς** ἀέρας.   Δέν ἔχω **πολλή** δουλειά. Δέν ἔχουμε **πολύ** ψωμί
   There isn't much wind   *I don't have much work*   *much bread*

2. Πέρασε **πολύς** καιρός.   Περίμενες **πολλή** ὥρα;   Πέρασε **πολύ** διάστημα
   A long time has passed   *Have you waited long?*   *A long interval passed*

3. Ἦρθαν **πολλοί** φοιτητές καί **πολλές** φοιτήτριες.   Ἀγόρασαν **πολλά** βιβλία
   Many students came (men and women)   *They bought many books*

VERY

1. Εἶναι **πολύ** δυνατός ἀέρας. Εἶναι **πολύ** δύσκολη δουλειά.   " **πολύ** λίγα βιβλία
   It is a very strong wind   *It is a very difficult job.*   " *very few books*

2. Εἶναι **πολύ** ὡραῖος καιρός. Εἶναι **πολύ** καλή ὥρα.   **Πολύ** μεγάλο διάστημα
   It is very nice weather   *It is a very good time*   *A very big interval*

3. Μερικοί **πολύ** καλοί φοιτητές καί μερικές **πολύ** καλές φοιτήτριες ἔγραψαν **πολύ**
   Some very good students(M) and some very good students(F) wrote very well **καλά**

ALL

1. Μιλοῦσαν **πολύ**, **ὅλοι μαζί** καί **ὅλες μαζί**.   Ἔλεγαν **πολλά**, **ὅλα μαζί**
   They talked a lot, all(M) at once & all(F) at once. They said a lot, all(N) at once

2. Ἔκαναν ἀπεργία **ὅλοι οἱ** ἐργάτες καί **ὅλες οἱ** ἐργάτριες σέ **ὅλα τά** ἐργοστά-
   All(M) workers and all(F) workers went on strike in all(N) the factories/ σια

3. Μίλησε σέ **ὅλους τούς** ἐργάτες καί σέ **ὅλες τίς** ἐργάτριες. Ἄκουσε **ὅλα τά** πα-
   He spoke to all the workers (M) & (F). He heard all the complaints /ράπονα

THE WHOLE

1. Τό ξέρει **ὅλος ὁ** κόσμος.   Τό ἄκουσε **ὅλη ἡ** τάξη. Ὅλο τό σχολεῖο πῆγε νά δεῖ
   The whole world knows it.   *The whole class heard it. The whole school went to*

2. Γύρισε **ὅλο τόν** κόσμο.   Ἄκουσε **ὅλη τήν** τάξη.   Εἶδε **ὅλο τό** σχολεῖο *watch*
   He went around the whole/   *He heard the whole class. He saw the whole school*

3. Ἔλειψα **ὅλο τό** χειμώνα *world.* ....**ὅλη τήν** ἄνοιξη..... καί **ὅλο τό** καλοκαίρι
   I was away the whole winter ...the whole spring.....and the whole summer

ADJECTIVES   ADVERBS

1. Ἔχει πολύ **ὡραία** καί **σωστή** προφορά.   Μιλάει πολύ **ὡραῖα** καί **σωστά** /ly.
   *He has a very beautiful & correct accent. He speaks very beautifully & correct-*¹

2. Ἔκανε μιά πολύ **ἀπότομη ἀριστερή** στροφή. Γύρισε πολύ **ἀπότομα, ἀριστερά**
   He took a very sharp   left   turn.   He turned very sharply to the left

3. Εἶναι πάντα πολύ **βιαστικός**   Τρώει πάντα πολύ **βιαστικά**
   He is always in a very great hurry   He always eats very hurriedly

4. Ὁ δρόμος εἶναι πολύ - πολύ **μακρύς**   Πῆγε πολύ-πολύ **μακριά**
   The road is very, very long   He went very, very far

5. Πάρε μιά πολύ **βαθιά** ἀναπνοή   Ἀνάπνευσε πολύ **βαθιά**
   Take a very deep breath   Breathe very deeply

6. Ὁ ὕπνος του εἶναι **ἐλαφρύς** καί **ἥσυχος**. Κοιμᾶται **ἐλαφριά** καί **ἥσυχα**.
   His sleep is light and quiet   He sleeps lightly and quietly

1.   Adverbs are uninflected words which add a qualification (a) to a verb, (b) to an adjective, (c) to another adverb, *(d)* sometimes, to a noun:

(a) ἔλα ἐδῶ,   πέρασες καλά;   θά πάω τώρα,   κοιμήθηκα πολύ
come here,   did you have a good time?   I shall go now,   I slept a lot

(b) ἤσουν λίγο κουρασμένος   εἶναι πολύ ἔξυπνος ἄνθρωπος
you were a little tired   *he is a very intelligent man*

(c) περπατοῦσα ἀρκετά γρήγορα   ἔφυγε κάπως ἀπότομα
I was walking quite fast   *he(she,it) left somewhat abruptly*

(d) εἶναι πολύ κύριος *he is very much a gentleman*

2.   Adverbs indicate place, time, manner and quantity ἐδῶ*(here)*, τώρα *(now)*, καλά *(well)*, λίγο *(a little)*. They may be interrogative, positive, or relative, and they may express affirmation, negation, hesitation or wonder:

ADVERBS OF PLACE :   INTERROGATIVE = <u>ποῦ</u> ;   where?

POSITIVE   <u>ἐδῶ</u> *here*, <u>ἐκεῖ</u> *there*, <u>ἔξω</u> *out*, <u>μέσα</u> *in*, <u>πάνω</u> *up*, <u>κάτω</u> *down*, <u>κοντά</u> *near*, <u>μακριά</u> *far*, <u>ἐμπρός</u> *in front*, <u>πίσω</u> *behind* <u>δε-ξιά</u> *right*, <u>ἀριστερά</u> *left*, <u>ψηλά</u> *high*, <u>χαμηλά</u> *low*, <u>ἀπέναντι/ἀντικρύ</u> *opposite*, <u>γύρω</u> *around*, <u>δίπλα</u> *next*, <u>αὐτοῦ</u> *there*, <u>ἀλλοῦ</u> *elsewhere*, <u>παντοῦ</u> *everywhere*, <u>πουθενά</u> *nowhere*, *etc.*

RELATIVE   <u>πού</u> *where*, <u>ὅπου</u> *anywhere*, <u>ὁπουδήποτε</u> *wherever*.

ADVERBS OF TIME :   INTERROGATIVE = <u>πότε</u> ;   when?

POSITIVE   <u>τώρα</u> *now*, <u>σήμερα</u> *today*, <u>χθές</u> *yesterday*, <u>αὔριο</u> *tomorrow*, <u>μεθαύριο</u> *the day after tomorrow*, <u>νωρίς</u> *early*, <u>πρωί</u> *in the morning*, <u>ἐφέτος</u> *this year*, <u>πέρυσι</u> *last year*, <u>τότε</u> *then*, <u>ἄλ-λοτε</u> *another time*, <u>ποτέ</u> *never*, <u>πάντοτε</u> *always*, <u>συχνά</u> *often*, <u>ἀργά</u> *late,slowly*, <u>σιγά</u> *slowly*, <u>κιόλας/ἤδη</u> *already*, <u>πάλι/ξανά</u> *again*, <u>κάποτε</u> *sometime*, <u>ἔπειτα</u> *then*, <u>ὕστερα</u> *after*, *etc.*

RELATIVE   <u>πού</u> *when*, <u>ὅποτε</u> *any time*, <u>ὁποτεδήποτε</u> *whenever*

ADVERBS OF MANNER :   INTERROGATIVE = <u>πῶς</u> ;   how?

POSITIVE   <u>ἔτσι</u> *thus*, <u>ἀλλιῶς</u> *otherwise*, <u>καλά</u> *well*, <u>κακά</u> *badly*, <u>σιγά</u> *slowly*, <u>ἔξαφνα/ξαφνικά/αἴφνης</u> *suddenly*, <u>ἴσια</u> *straight*, <u>ὡ-ραῖα</u> *beautifully*, <u>μόνο</u> *only*, <u>ἐπίσης</u> *also*, <u>προπάντων</u> *above all*, <u>ἐξάλλου</u> *besides*, <u>μαζί</u> *together*, <u>χωριστά</u> *separately* <u>φθηνά</u> *cheaply*, <u>ἀκριβά</u> *expensively*, <u>ἀκριβῶς</u> *exactly*, <u>εὐτυ-χῶς</u> *fortunately*, <u>δυστυχῶς</u> *unfortunately*, <u>εὐχαρίστως</u> *gladly*, <u>συνήθως</u> *usually*, <u>συνεπῶς</u> *consequently*, <u>ἐντελῶς</u> *completely* <u>ἐξῆς</u> *following*, <u>πεζῇ</u> *on foot*, <u>ἐντάξει</u> *well (in order)*, *etc.*

RELATIVE   <u>καθώς</u> *as*, <u>ὅπως</u> *in the manner in which*, *as*, <u>ὁπωσδήποτε</u> *without fail.*

ADVERBS OF QUANTITY: INTERROGATIVE = <u>πόσο</u> ;   how much?

POSITIVE   <u>πολύ</u> *much*, <u>λίγο</u> *little*, <u>πιό</u> *more*, <u>τόσο</u> *so much*, <u>ἀρκετά</u> *enough*, <u>καθόλου</u> *at all*, <u>ἐξίσου</u> *equally*, <u>ἐν μέρει</u> *partly*, <u>κάμποσο</u> *quite a bit*,   <u>ἐπίσης</u> *moreover*, <u>σχεδόν</u> *almost*, <u>περίπου</u> *more or less*, *about*, *etc.*

RELATIVE   ὅσο *as much as*, ὁσοδήποτε *however much*.

ADVERBS OF :   __AFFIRMATION__ :   ναί *yes*, μάλιστα *yes*, βέβαια *surely, certainly, in fact, of course*, ἀλήθεια *truly*, σωστά *right(ly)*, πράγματι *indeed*, *etc.*
__NEGATION__ :   ὄχι *no* δέ(ν) *don't*, μή(ν) *don't*, πιά *no longer, no more.*
__HESITATION AND WONDER__ :   ἴσως *perhaps, maybe*, πιθανόν *probably*, τάχα *as if, would be, perhaps*, μήπως *(by any chance)*, untranslatable, *see PRACTICE 33*, ἄραγε, untranslatable, *see PRACTICE 33, p.132.*

3.   __ENDINGS OF ADVERBS__. Adverbs may end in any of the five basic vowel sounds : a, e, i, o, oo.

Adverbs ending in - a are freely formed from the accusative plural of the corresponding neuter adjective, as follows : ὄμορφος - ὄμορφα *(beautiful)* __ὄμορφα__*(beautifully)*, γενικός - γενικά*(general)*-__γενικά__*(generally)*, χρήσιμος - χρήσιμα*(useful)* - __χρήσιμα__*(usefully)*, ὡραῖος - ὡραῖα*(beautiful)* - __ὡραῖα__ *(beautifully)*, τέλειος - τέλεια*(perfect)* - __τέλεια__*(perfectly)*, πλούσιος - πλούσια*(rich)* - __πλούσια__*(richly)*, ζηλιάρης - ζηλιάρικα*(jealous)* - __ζηλιάρικα__ *(jealously)*, ἀκριβός - ἀκριβά*(expensive)* - __ἀκριβά__*(expensively)*, βαθύς - βαθιά*(deep)* - __βαθιά__*(deeply)*, *etc.* The ending - α is 'short' in adverbs.

Adverbs ending in -e are spelled with an - ε : χθές, ποτέ, τότε, ἄλλοτε.

Adverbs ending in -i may be spelled with any of the following :

(- ι)   ὄχι, ἔτσι, πάλι, μαζί, πέρυσι, πρωί, ἀπέναντι, νωρίς

(- η)   μή, ἀκόμη, εἰδεμή*(or else)*, ἐπίσης, αἴφνης, ἑξῆς, πεζῇ.

(- υ)   πολύ, μεταξύ, ἀντικρύ

(-ει)   ἐκεῖ, ἐν μέρει, ἐντάξει, παμφηφεί*(unanimously)*.

Adverbs ending in -o are, for the most part, adverbs of place, and they are spelled with an-ω :   ἐδῶ, ἄνω, πάνω, γύρω, κάτω, χάμω, ἔξω, πίσω.

Adverbs ending in -os are, for the most part, adverbs of manner, and they are spelled with an -ως :   πῶς; ὅπως, κάπως, ἴσως, πάντως, ἄλλως, οὕτως ἀμέσως, συνήθως, τυχαίως, εὐχαρίστως, εὐτυχῶς, δυστυχῶς, ἀκριβῶς*(exactly)*, καλῶς, κακῶς, ἀλλοιῶς, καθώς. *EXCEPTIONS* ἐμπρός, __ἐντός__*(in)*, ἐκτός*(out)*, τέλος*(finally)*, ἐφέτος.

ADVERBS ENDING IN -o(n) are spelled with an - o(ν) :   αὔριο, μεθαύριο, πρῶτον, δεύτερον, τρίτον....*(firstly, secondly, thirdly, etc.)*, μόνο, σχεδόν.

4.   __ACCENTUATION__. With a few exceptions, adverbs with an accented 'long' ending require a circumflex :   ποῦ; πῶς, παντοῦ, ἀλλοῦ, αὐτοῦ, ἀκριβῶς, ἀλλοιῶς, ἐκεῖ, ἐδῶ, etc. *EXCEPTIONS* πού, πώς, μή, καθώς, παμφηφεί. The three adverbs ending in - μιᾶς, - διαμιᾶς / μεμιᾶς / μονομιᾶς*(all at once)*- take a circumflex because they are formed from the genitive of the numeral μία.

5.   __Ποῦ and Πού__. The interrogative adverb ποῦ; *(where?)* should not be confused with the relative adverb πού *(where)* and neither one should be confused with the relative pronoun πού *(who, which)* :

(a)   ποῦ εἶναι τό βιβλίο; *where is the book?*
(b)   ἐκεῖ πού ἦταν*(there)where it was*   RELATIVE ADVERB
(c)   τό βιβλίο πού ἀγόρασα *the book which I bought*   RELATIVE PRONOUN
(d)   αὐτοί πού ξέρουν τήν ἀπάντηση...*those who know the answer*   "   "

The antecedent of the relative adverb πού is another adverb:ἐκεῖ, whereas the antecedent of the relative pronoun πού may be either a noun or another pronoun.

GRAMMAR B.   **COMPARISON**   CHAPTER 15.

1.   There are three degrees of comparison of adjectives, the positive, the comparative and the superlative. E.g. *bright, brighter, brightest* : ἔξυπνος, ἐξυπνότέρος, ἐξυπνότατος - or - *bright, more bright, most bright* : ἔξυπνος, πιό ἔξυπνος, πολύ ἔξυπνος.

2.   There are two ways in which to form the comparative and the superlative degrees: (a) either by attaching the ending -τερος for the comparative and -τατος for the superlative degrees to the masculine stem of the positive adjective (b) or by placing before the positive adjective the adverbs πιό *more*, for the comparative and πολύ *very*, for the superlative. E.g.

		COMPARATIVE	SUPERLATIVE	
STEM:	ὡραῖο-ς	ὡραιό-τερος	ὡραιό-τατος	*beautiful*
		πιό ὡραῖος	πολύ ὡραῖος	

3.   SPELLING. *A rule of purist modern Greek requires that adjectives in -ος with a 'short' second to last syllable, such as* νέ-ος, σο-φός, ἄ-ξι-ος, *change* -ο- *into* -ω- *before* -τερος, -τατος, e.g. νε-ώτερος, νε-ώτατος, σοφ-ώτερος, σοφ-ώτατος, ἀξι-ώτερος, ἀξι-ώτατος. In demotic modern Greek, today, this rule is valid only for the very small number of adjectives in -εος, or in -οος, i.e. in adjectives whose ending -ος is immediately preceded by -ε- or by -ο-. All other adjectives in -ος retain -ο- before -τερος, -τατος, e.g.

STEM:	σοφό-ς	σοφό-τερος	σοφό-τατος	*wise*
	σιγανό-ς	σιγανό-τερος	σιγανό-τατος	*low*
	γενικό-ς	γενικό-τερος	γενικό-τατος	*general*
	ἰσχυρό-ς	ἰσχυρό-τερος	ἰσχυρό-τατος	*strong*
	ψηλό-ς	ψηλό-τερος	ψηλό-τατος	*tall*
	φτωχό-ς	φτωχό-τερος	φτωχό-τατος	*poor*
	ἀστεῖο-ς	ἀστειό-τερος	ἀστειό-τατος	*funny*
	ἄξιο-ς	ἀξιό-τερος	ἀξιό-τατος	*worthy*
STEM:	λεπτό-ς	λεπτό-τερος	λεπτό-τατος	*fine*
	ὀρθό-ς	ὀρθό-τερος	ὀρθό-τατος	*straight*
	πεζό-ς	πεζό-τερος	πεζό-τατος	*prosaic*

4.   In demotic modern Greek, comparatives and superlatives are declined like the adjective ὄμορφος, *see p.238.*

5.   The comparative and superlative of adjectives ending in - ύς are formed in the same way :

STEM:	βαθύ-ς	βαθύ-τερος	βαθύ-τατος	*deep*
		πιό βαθύς	πολύ βαθύς	

6.   The comparative and superlative of adjectives ending in - ης are formed by attaching the endings -τέρος or -τάτος **to** the neuter gender of the adjective :

	εὐτυχής	πιό εὐτυχής	πολύ εὐτυχής	
NEUTER	εὐτυχές	εὐτυχέσ-τερος	εὐτυχέσ-τατος	*happy*

7.   A number of adjectives ending in - ος, all adjectives ending in -ης -α-ικο, and all adjectives ending in -μένος form their comparative and superlative in one way only: with πιό or πολύ placed before them:

	POSITIVE	COMPARATIVE *(more)*,	SUPERLATIVE *(very)*
satiated	χορτάτος	πιό χορτάτος	πολύ χορτάτος
jealous	ζηλιάρης	πιό ζηλιάρης	πολύ ζηλιάρης
tired	κουρασμένος	πιό κουρασμένος	πολύ κουρασμένος

8. Note that the endings ύ-τερος, ύ-τατος have been adopted by a group of adjectives ending in -ος :

				very
good	καλό-ς	καλύ-τερος *better*,	καλό-τατος *good*	
large,big,	μεγάλο-ς	μεγαλύ-τερος	‒‒‒‒‒	μέγιστος *
light	[ἐλαφρό-ς / ἐλαφρύ-ς]	ἐλαφρό-τερος / ἐλαφρύ-τερος	ἐλαφρό-τατος / ἐλαφρύ-τατος]	
short	[κοντό-ς / κοντό-ς]	κοντό-τερος / κοντύ-τερος	κοντό-τατος / κοντύ-τατος]	
sweet	[γλυκό-ς / γλυκύ-ς]	γλυκό-τερος / γλυκύ-τερος	γλυκό-τατος / γλυκύ-τατος]	

* *For more, see p.238. Notice, below, the comparative of:*

much	πολύς	περισσότερος	or πιό πολύς	*more*
bad	κακός	χειρότερος	or πιό κακός	*worse*
simple	ἀπλός	ἀπλούστερος	or πιό ἀπλός	*simpler*
close	πλησίος	πλησιέστερος	or πιό πλησίος	*closer*

9. <u>COMPARISION OF ADVERBS</u>. Those of the adverbs which are derived from adjectives may form a comparative and a superlative which are derived from those of the corresponding adjectives as follows:

Adj.	ὡραῖος	ὡραιό-τερος	ὡραιό-τατος	*very beautiful-*
Adv.	ὡραῖα	ὡραιό-τερα	ὡραιό-τατα	" " *ly*
Adj.	βαρύ-ς	βαρύ-τερος	βαρύ-τατος	" *heavy*
Adv.	βαριά	βαρύ-τερα	βαρύ-τατα	*heavily*
Adj.	συνήθης	συνηθέσ-τερος	συνηθέσ-τατος	*most usual*
Adv.	συνήθως	συνηθέσ-τερα	συνηθέσ-τατα	" " *ly*
Adj.	ἀπλό-ς	ἀπλούσ-τερος	ἀπλούσ-τατος	*very simple*
Adv.	ἀπλῶς (ἀπλά)	ἀπλούσ-τερα	ἀπλούσ-τατα	" *simply*

10. In general, adverbs form their comparative and superlative in much the same way as do the adjectives:

νωρί-ς *early* νωρί-τερα *earlier* νωρί-τατα *very early*
πιό νωρίς πολύ νωρίς

11. Another form of the superlative degree may be obtained by placing the article ὁ before the comparative. E.g. ὁ πιό καλός or ὁ καλύτερος *the best*, ὁ πιό πολύς or ὁ περισσότερος *(most)*, ὁ πιό ζηλιάρης *(the most jealous)*. Note that the comparative degree and this form of the superlative should be followed either by the preposition ἀπό and the accusative of the noun or pronoun with which the comparison is made, or by the genitive of this noun or pronoun and without the use of a preposition : ὁ Νίκος εἶναι πιό ψηλός ἀπό τόν Πέτρο, ὁ Νίκος εἶναι ψηλότερος τοῦ Πέτρου. *See PRACTICE 35, p.140.*

CHAPTER 16

I.

A.

ΜΥΘΟΛΟΓΙΑ

Ο ΟΡΦΕΑΣ ΚΑΙ Η ΕΥΡΥΔΙΚΗ [1]

1. Γιά[2] τή ζωή[3] τοῦ 'Ορφέα δέν ξέρουμε[4] πολλά[5] πράμματα.[6] Ἦταν γιός τοῦ 'Απόλλωνα.[7] 'Η μουσική του[8] μάγευε[9] θεούς καί ἀνθρώπους. 'Ακόμη καί[10] τά ἄγρια ζῶα[11] ἔτρεχαν[12] νά τόν ἀκούσουν.[13] 'Η ὀμορφιά[14] τῆς φωνῆς του καί ἡ ἁρμονία τῆς λύρας του εἶχαν τόση δύναμη[15] πού[16] μπόρεσαν[17] νά συγκινήσουν[18] ἀκόμη καί τούς θεούς τοῦ Κάτω Κόσμου.

2. 'Ο 'Ορφέας ἀγαποῦσε πολύ[19] τή γυναίκα του[20] τήν Εὐρυδίκη, ἀλλά ἡ εὐτυχία του[21] δέν κράτησε[22] πολύ,[23] γιατί[24] ἡ Εὐρυδίκη πέθανε[25] ξαφνικά.[26] 'Η λύπη[27] τοῦ 'Ορφέα ἦταν ἀβάσταχτη.[28] Ἤθελε νά πάει[29] νά τή φέρει[30] πίσω[31] ἀπό τόν Κάτω Κόσμο. Ἤξερε[32] τή δύναμη τῆς μουσικῆς του." "Ἴσως[33] τό τραγούδι μου μπορέσει[34] νά συγκινήσει[35] τήν κόρη τῆς Δήμητρας καί τό θεό τοῦ "Αδη",[36] σκέφτηκε,[37] "καί τότε[38] ἴσως μ'ἀφήσουν[39] νά τήν πάρω[40] μαζί μου".[41]

3. Κι ἀλήθεια,[43] ὅταν ἄκουσαν τή λύρα του, ὁ Κέρβερος, ὁ ἄγριος φρουρός[44] τοῦ "Αδη, τόν ἄφησε νά περάσει,[45] ὁ Σίσυφος κάθησε[46] στό βράχο του[47] νά ξεκουραστεῖ,[48] ὁ Τάνταλος ξέχασε τή δίψα του,[49] καί τά μάτια τοῦ Πλούτωνα καί τῆς Περσεφόνης γέμισαν δάκρυα.[50] *Cont'd in Chapter 18, p.152.*

TRANSLATION

B.

i. SISYPHOS

1. Sisyphos was the king of Corinth.[1] He was known[2] to all men[3] for his cunning.[4] When[5] he deceived[6] Death[7] itself,[8] the gods punished[9] him.

Notes (right column):

1.Orpheus & Eurydice 2.about 3.the life 4.we don't know 5.many 6. things 7.of Apollo 8.his music 9.fascinated 10. even 11. wild animals 12.ran 13.to hear him 14. the beauty 15.such power 16.that 17. they were able 18. to move

19.loved very much 20.his wife 21.but his happiness 22. did not last 23. long 24.because 25. died 26.suddenly 27.sorrow 28.unbearable 29.he wanted to go 30.to bring her 31.back 32.he knew 33.perhaps 34.may 35. move 36.Hades 37. he thought 38.then 39.they may let me 40.take her 41.with me 43.indeed 44. guard 45.let him pass 46.sat 47. on his rock 48.to rest 49.forgot his thirst 50.were filled with tears

The notes give the words in their basic form.

1.ἡ Κόρινθος 2.γνωστός 3.*(the)*men 4.ἡ πανουργία 5.Ὅταν 6.ξεγελῶ 7.ὁ θάνατος 8.ὁ ἴδιος 9. τιμωρῶ

(He was) for ever[10] to carry[11] a rock[12] to the top[13] of the mountain[14] and for ever the rock would roll[15] back[16] upon him[17].

10.πάντα 11.σηκώνω, ἀνεβάζω 12.ὁ βράχος 13.ἡ κορυφή 14.τό βουνό 15.κυλῶ(c.subj.) 16.πίσω 17.κατά πάνω μου.

ii.   TANTALOS

1.   Tantalos - a son of Zeus, was king of Phrygia . He was a very rich man. The gods enjoyed[1] his company[2]. Often[3] they went to his palace and ate[4] at his table.

2.   One day, the gods invited[5] him to eat at their[6] table. But when they found out[7] that Tantalos wanted to steal[8] nectar[9] and ambrosia[10] from Olympus they punished him. (He was) to be thirsty[11] and hungry[12] for ever, near a pool[13] full[14] of[15] water and near trees laden[16] with fruit. Whenever[17] he stretched[18] his hand to grasp[19] the fruit and whenever he stooped[20] to drink, the trees and the pool would move away[21].

1.ἀρέσει 2.ἡ συντροφιά(his company was pleasing to the gods) 3.συχνά 4.τρώω(contin.past)5.καλῶ 6.(emphatic possessive pronoun)7.μαθαίνω 8.κλέβω 9.(the drink of the gods)τό νέκταρ 10.(the food of the gods)ἡ ἀμβροσία 11.διψῶ 12.πεινῶ 13. ἡ λιμνούλα 14.γεμάτη 15.(ἀπό)16.φορτωμένος 17.κάθε φορά πού 18.ἀπλώνω 19.πιάνω, ἀρπάζω 20.σκύβω 21.(drew farther away) ἀποτραβιέμαι.

C.   ΛΕΞΙΛΟΓΙΟ VOCABULARY   CHAPTER 16

		NOUNS					
1	ἡ	ἀρμονία	harmony	22	συχνά - σπάνια	often - seldom
2	ἡ	εὐτυχία	happiness	23	ξαφνικά/ἔξαφνα	suddenly
3	ἡ	δυστυχία	unhappiness	24	γεμάτος	full
4	ἡ	λύπη	sorrow	25	φορτωμένος	laden
5	ὁ	θάνατος	death	26	ἀβάσταχτος	unbearable
6	ὁ	φρουρός	guard			
7	ἡ	λύρα	lyre		VERBS & EXPRESSIONS	
8	ἡ	μουσική	music	27	συγκινῶ -ησα	I move - I moved
9	ἡ	ὀμορφιά	beauty	28	τιμωρῶ -ησα	I punish- I punished
10	ἡ	συντροφιά	company	29	κρατῶ -ησα	I last - I lasted
11	ἡ	πανουργία	cunning	30	κυλῶ -ησα	I roll - I rolled
12	ἡ	δύναμη	strength	31	καλῶ -εσα	I invite- I invited
13	ἡ	δίψα - ἡ πείνα	thirst - hunger	32	διψῶ -ασα	I am thirsty-I became th.
14	τά	δάκρυα	tears	33	πεινῶ -ασα	I am hungry-I " hungry
15	ἡ	λιμνούλα	pool	34	ξεγελῶ -ασα	I deceive-I deceived
16	ἡ	κορυφή - ὁ βράχος	summit - rock	35	δακρύζω - σα	I shed tears -
17	τό	πράμμα	thing	36	γεμίζω - σα	I fill - I filled
				37	κλέβω - ψα	I steal - I stole
		ADJECTIVES & ADVERBS		38	μαγεύω - ψα	I charm - I charmed
18	ἴσως		perhaps	39	ἀφήνω - σα	I let - I let
19	πίσω		back	40	σηκώνω - σα	I lift - I lifted
20	τότε		then	41	σκέφτομαι	I think
21	πάντα		always	42	ξεκουράζομαι	I rest
				43	ὁ ἴδιος ὁ θάνατος	death itself

MORE, THE MORE, MOST, THE MOST.	MORE...THAN, THE MOST...OF
1a Ὁ κῆπος αὐτός εἶναι πιό ὡραῖος *This garden is more beautiful*	Αὐτός εἶναι πιό ὡραῖος ἀπ' αὐτόν *This is more beautiful than this*
1b Ὁ κῆπος αὐτός εἶναι ὡραιότερος *more beautiful*	Αὐτός εἶναι ὡραιότερος αὐτοῦ *more beautiful than this*
2a Ὁ κῆπος αὐτός εἶναι ὁ πιό ὡραῖος *the most beautiful*	Αὐτός εἶναι ὁ πιό ὡραῖος ἀπ' ὅλους *the most beautiful of all*
2b Ὁ κῆπος αὐτός εἶναι ὁ ὡραιότερος *the most beautiful*	Αὐτός εἶναι ὁ ὡραιότερος ὅλων *the most beautiful of all*
3a Ὁ κῆπος αὐτός εἶναι πολύ ὡραῖος *very beautiful*	ABSOLUTE (no comparison)
3b Ὁ κῆπος αὐτός εἶναι ὡραιότατος *very beautiful*	ABSOLUTE (no comparison)
1c Ὁ κῆπος αὐτός εἶναι πολύ πιό ὡραῖος *much more beautiful*	Αὐτός εἶναι πολύ πιό ὡραῖος ἀπ'αὐτόν *much more beautiful than this*
1d Ὁ κῆπος αὐτός εἶναι πολύ ὡραιότερος *much more beautiful*	Αὐτός εἶναι πολύ ὡραιότερος αὐτοῦ *much more beautiful than this*

MORE...THAN WHAT...

1 Ὁ κῆπος αὐτός εἶναι πιό ὡραῖος] .... ἀπ'ὅ,τι φανταζόμουν
ὡραιότερος
than what I imagined

2 Τό σπίτι αὐτό εἶναι πιό μεγάλο]... ἀπ'ὅσο μᾶς χρειάζεται
μεγαλύτερο
than what we need

AS.....AS

1 Τό σχολεῖο αὐτό δέν εἶναι τόσο καλό ὅσο ἐκεῖνο
This school is not as good as that one

2 Ἡ τάξη αὐτή δέν εἶναι τόσο καλή ὅσο ἐκείνη
This class that one

3 Ὁ δάσκαλος αὐτός δέν εἶναι τόσο καλός ὅσο ἐκεῖνος
This teacher that one

1 Δέν ἔχετε/ τόσο πολλούς ἐχθρούς ὅσο νομίζετε. / τόσους (ἐχθρούς) ὅσους..
You don't have as many enemies as you think as many as...

2 Δέν ἔχετε/ τόσο πολλές ἔννοιες ὅσο νομίζετε / τόσες (ἔννοιες) ὅσες..
as many worries as " as many as...

3 Δέν ἔχετε/ τόσο πολλά λάθη ὅσο " / τόσα (λάθη) ὅσα...
as many mistakes as " as many as...

1a [Ἔβαλες τόση ζάχαρη ὅση πρέπει [Ἔχω ἀκριβῶς τόση ὅση θέλω
[*You put as much sugar as you should* [*I have exactly as much as I want*
1b [Ἔβαλες ὅση ζάχαρη πρέπει [Ἔχω ἀκριβῶς ὅση θέλω

1 ῞Οποιος θέλει νά ρωτήσει **κάτι,** νά σηκώσει τό χέρι του
   Whoever wishes to ask a question should raise a hand

2 ῞Οποιοι θέλουν νά ρωτήσουν **κάτι** νά σηκώσουν τό χέρι **τους**
   Those who wish   a hand

3 Μιλῶ σ'**αὐτούς πού** θά ἤθελαν νά ἔκαναν **καμία** ἐρώτηση
   I am speaking to those who might wish to ask a question

4 Μιλῶ σ'**ὅσους** θά ἤθελαν νά ἔκαναν **μία** ἐρώτηση
   I am speaking to whomever   a

5 Κανείς δέ θέλει νά ρωτήσει **τίποτε;** Δέν ἔχετε **καμία** ἐρώτηση;
   Nobody wishes to ask any questions?   You have no questions at all?

6 Μπορεῖ νά ρωτήσει **κανείς ὅ,τι** θέλει **πού** νά εἶναι σχετικό μέ τό μάθημα;
   Can one ask anything that is relevant to the lecture?

7 Καί **ὁ,τιδήποτε ἄλλο** σχετικό μέ **ὁποιοδήποτε ἄλλο** μάθημα.
   And also anaything else relevant to any other lecture

---

8 *The house you are looking at is the house I live in*
   Τό σπίτι **πού** κοιτάζεις εἶναι τό σπίτι ....πού... μένω
   Τό "   **πού**   "   "   "   **στό ὁποῖο** μένω] *which, in which*
   Τό " **τό ὁποῖο** "   "   "   **στό ὁποῖο** μένω

9 *The woman who is looking at us is the one I was telling you about*
   ῾Η γυναίκα **πού** μᾶς κοιτάζει εἶναι **αὐτή**........**πού** σοῦ ἔλεγα
   ῾Η   "   **πού** "   "   "   "   **γιά τήν ὁποία** "] *about whom*
   ῾Η   "   **ἡ ὁποία** " "   "   "   **γιά τήν ὁποία** "

10 *The men who are looking at us are the ones I was telling you about*
   Οἱ ἄνθρωποι **πού** μᾶς κοιτάζουν εἶναι **αὐτοί** .... **πού** σοῦ ἔλεγα
   Οἱ   "   **πού** "   "   "   "   **γιά τούς ὁποίους** "   "
   Οἱ   "   **οἱ ὁποῖοι** μᾶς "   "   "   **γιά τούς ὁποίους** "   "

---

11 Μᾶς ἔλεγε **κάποιος** ὅτι **μιά** φορά εἶδε **κάποιον πού** τοῦ ἔμοιαζε πολύ.
   Someone was telling us that once he saw someone who resembled him a lot.

12 Τοῦ ἔμοιαζε **τόσο πού** νόμιζε ὅτι ἔβλεπε **τόν ἴδιο** τόν ἑαυτό του.
   So much did that man resemble him that he thought that he was looking
                                                               at himself.

---

13 ῎Ελεγες **τίποτε;**   14 Εἶπες **τίποτε κανενός;** (*or* σέ κανέναν;)
   Were you saying something?   Did you say anything to anyone?

15 Δέν ἄκουσα **τίποτε**   16 Δέν εἶπα **τίποτε κανενός** (*or* σέ κανέναν)
   I heard nothing   *I didn't say anything to anyone.*

---

17 ῾Εσύ τό ἔκανες **αὐτό,** μόνος σου; M.S.] *Did you do it all by yourself?*
18 ῾Εσύ τό ἔκανες **αὐτό,** μόνη σου; F.S.]
19 ῾Εσεῖς τό κάνατε **αὐτό** μόνοι σας; M.PL. " " " " " " *yourselves?*
20 ῾Εσεῖς τό κάνατε **αὐτό** μόνες σας; F.PL.]

III. GRAMMAR A.   <u>RELATIVE PRONOUNS</u>   CHAPTER 16.

1.   There are five relative pronouns in modern Greek, two indeclinable
and three declinable, as follows:

```
(A)        INDECLINABLE                 (B)         DECLINABLE

          ⌈that,    who,    which       (3) ὁ  ὁποῖος⌉  = who
          [         whom                    ἡ  ὁποία ⌉
 (1) πού = [      to whom, to which
          [      (of whom), of which       τό ὁποῖο  = which
          [      (for whom),for which
                 (from...etc. )
                                         (4) ὅποιος⌉ = whoever, any
                                             ὅποια  ⌉

 (2) ὅ,τι = ⌈what      whatever            ὅποιο  = ⌈whichever
            ⌊any       anything                      ⌊any
                  (inanimate)

                                         (5) ὅσος⌉
                                             ὅση ⌉ = ⌈as much as ⌉all
                                             ὅσο ⌋   ⌊as many as ⌋
```

2.   The <u>declinable relative pronouns</u>, (B) *above,* are declined like the
adjectives which end in <u>-ος -α -ο</u> or   <u>-ος -η -ο</u>, but only one is de-
clined with an article (B),*(3), above.   Notice that, of the three declin-
able relative pronouns, only ὁ ὁποῖος is purely relative, i.e. refers back
to a definite noun or pronoun (see examples below). The other two are indef-
inite relative pronouns. Also notice the correspondence between declinable
and indeclinable relative pronouns:*

```
INDECLINABLE                                         DECLINABLE
                                                                        (i)
ὁ νέος πού ἦρθε  = the young man  who   came  =  ὁ νέος ὁ ὁποῖος ἦρθε
ἡ νέα πού ἦρθε   = the   "  woman who   came  =  ἡ νέα ἡ ὁποία ἦρθε
τό γράμμα πού ἦρθε = the.....letter which came =  τό γράμμα τό ὁποῖο ἦρθε
                                                                        (ii)
ὁ νέος πού εἶδα  = the young man  whom  I saw  =  ὁ νέος τόν ὁποῖον εἶδα
ἡ νέα πού εἶδα   = the   "  woman whom  I saw  =  ἡ νέα τήν ὁποίαν εἶδα
τό γράμμα πού εἶδα = the    letter which I saw =  τό γράμμα τό ὁποῖο  εἶδα

                                               ⌐ ἄς ἔρθει ὅποιος θέλει(i)
                  whoever wants to  may come  < ἄς ἔρθει ὅποια θέλει
                  whichever  "  "    "    "  = ⌊ ἄς ἔρθει ὅποιο  θέλει

                                               πάρε ὅποιο θέλεις =
                            ⌐whatever ⌐          take whichever you want
πάρε ὅ,τι θέλεις = take⌊anything⌋you want
```

3.   Notice that declinable relative pronouns agree with their antecedents
in gender and in number, but the case in which the pronouns should be used is
dependent on their role in the clause in which they stand: if the pronoun is a
subject,(i) above, it should be used in the nominative case, if it is an ob-
ject, (ii) above, it should be used in the accusative, etc. *See PRACTICE 36.*

4.   Notice that πού may be used for any gender, number or case.
It is of all relative pronouns the one whose usage is extremely flexible and
very frequent. "Ο,τι, on the other hand, may be used for any number of the
nominative and accusative cases only, and for any gender, but of inanimate
things only.   *Compare the correspondence between* πού-ὁ ὁποῖος-ὅποιος-ὅσος:

οἱ φοιτητές πού πέρασαν
οἱ φοιτητές οἱ ὁποῖοι πέρασαν] *the students who passed*

ὅποιοι φοιτητές πέρασαν / ὅποιοι πέρασαν = *whoever passed*

ὅσοι φοιτητές πέρασαν / ὅσοι πέρασαν = *all those who passed*

διάβασα ὅ,τι ἔγραφες   *I read what you wrote*
διάβασα ὅσα ἔγραφες   *I read all that which you wrote*
                                                                    find]
ἀγόρασα ὅ,τι φακέλους μπόρεσα νά βρῶ *I bought whatever envelopes I could*
ἀγόρασα ὅσους φακέλους βρῆκα   *I bought all the envelopes I found.*

5.   Notice that the relative pronoun may not be omitted in Greek as
it may be, in English. E.g. The Greek equivalent of expressions such as :
the letter I received, the book I bought, is :   τό γράμμα πού ἔλαβα, τό βι-
βλίο πού ἀγόρασα.

GRAMMAR B.   <u>OTHER PRONOUNS</u>   CHAPTER 16

1.   <u>REFLEXIVE PRONOUNS</u>. These pronouns refer the action back
to the subject : *he talks to himself* μιλάει στόν ἐαυτό του, *they look at
themselves in the mirror* κοιτάζουν τόν ἐαυτό τους στόν καθρέφτη. In modern
Greek,these pronouns have only one ending for all three genders: -ος , they
are declined in all three cases of both the singular and the plural and they
are always followed by the possessive pronouns (μου, σου, του,...). The lat-
ter indicate the gender of the reflexive pronouns as follows :   *he doesn't
like himself* δέν τοῦ ἀρέσει ὁ ἐαυτός του, *she doesn't like herself* δέν τῆς
ἀρέσει ὁ ἐαυτός της, *etc.* The reflexive pronouns are declined as follows:

ὁ   ἐαυτός μου - σου - του/της/του   *myself-yourself-him/her/itself*
τοῦ ἐαυτοῦ μου - σου - του/της/του *of* "   "   "   "   "
τόν ἐαυτό μου - σου - του/της/του   "   "   "   "   "

οἱ   ἐαυτοί μας - σας - τους   *ourselves-yourselves-themselves*
τῶν ἐαυτῶν μας - σας - τους *of* "   "   "
τούς ἐαυτούς μας - σας - τους   "   "   "

2.   The Greek equivalent of the English expressions'I,myself', 'you,
yourself', etc., is formed with the use of the <u>DEFINITE PRONOUN</u>: ὁ ἴδιος,
ἡ ἴδια, τό ἴδιο *(same),* as follows :   ἐγώ ὁ ἴδιος *(I, myself)*for the mascu-
line, ἐγώ ἡ ἴδια *(I, myself)* for the feminine, singular, ἐμεῖς οἱ ἴδιοι, ἐ-
μεῖς οἱ ἴδιες*(we, ourselves)* for the masculine and feminine, plural, etc.

3.   The Greek equivalent of the English expressions 'by myself', 'by
themselves', etc., is formed with the <u>DEFINITE PRONOUN</u>: μόνος μου *(alone),* in
the way in which is ἐγώ ὁ ἴδιος but without the use of the article: ἐγώ
μόνος μου *(I, by myself)* for the masculine, ἐγώ μόνη μου*(I, by myself)*for
the feminine, ἐμεῖς μόνοι μας, ἐμεῖς μόνες μας*(we, ourselves)* for the mascu-
line and feminine, plural, etc.

4.   **CORRELATIVE PRONOUNS** The relation which is manifest among the various relative pronouns also exists among these and the interrogative, demonstrative and indefinite pronouns. These pronouns are called correlative, because they correspond to each other in form and in meaning :

INTERROGATIVE	DEMONSTRATIVE	RELATIVE	I N D E F I N I T E
M. ποιός;]who? F. ποιά; N. ποιό; which?	M. αὐτός] F. αὐτή]this N. αὐτό	M. ὁ ὁποῖος]who F. ἡ ὁποία N. τό ὁποῖο which	M. κάποιος]some ἕνας] F. κάποια] μία]one N. κάποιο] one ἕνα

	M. τοῦτος]
	F. τούτη]this
	N. τοῦτο
		M. ὅποιος]whoever
		F. ὅποια
		N. ὅποιο which-
		             ever
			M. κανένας]no καθένας]
			F. καμιά]one καθεμία]
			N. κανένα] καθένα
			              each one

	M. ἐκεῖνος] F. ἐκείνη]that N. ἐκεῖνο		M. μερικοί F. μερικές]some N. μερικά
	M. τέτοιος] F. τέτοια]such N. τέτοιο		M. ἄλλος] F. ἄλλη] other N. ἄλλο
M. πόσος;]how F. πόση;]much? N. πόσο;	M. τόσος]so F. τόση]much N. τόσο]much	M. ὅσος]as F. ὅση]much as N. ὅσο]much as	M. κάμποσος] F. κάμποση]considerable N. κάμποσο
			M. ὁ δεῖνα/ὁ τάδε F. ἡ δεῖνα/ἡ τάδε]such N. τό δεῖνα/τό τάδε
τί; what?	αὐτό,]this τοῦτο] ἐκεῖνο that	ὅ,τι what,any	κάτι κατιτί] something κάθε καθετί]each,everything τίποτε nothing

5.   Note that the indefinite pronoun μερικοί is used in the plural only in the meaning of 'some', 'a few', e.g. μερικοί νομίζουν ὅτι *some people think that*, θέλετε μερικά; *will you have some?* In the singular the word is an adjective μερικός-ή-ό, and it means 'partial', the opposite of 'entire': μερική ἔκλειψη τῆς σελήνης *partial eclipse of the moon.*

6.   In its masculine gender, κανένας has an alternate form: κανείς. This pronoun has a positive and a negative meaning according as it is used in a positive or in a negative sentence: ἄν μέ ζητήσει κανείς (or κανένας) *if anybody asks for me*, but, δέν μέ ζήτησε κανείς; (or κανένας;) *no one asked for me? - No one* = κανείς (or κανένας). This pronoun has no plural number.

7.   The equivalent of the expression 'one another' is as follows: MASCULINE SINGULAR ὁ ἕνας τόν ἄλλο, PLURAL οἱ μέν τούς δέ, FEMININE SINGULAR ἡ μία τήν ἄλλη, PLURAL οἱ μέν τίς δέ, NEUTER SINGULAR τό ἕνα τό ἄλλο, PLURAL τά μέν τά δέ.

8.   *The correlative pronouns are fully declined in pp.230-232.*

CHAPTER 17

I. A. ## ΤΟ ΛΟΥΛΟΥΔΙ [1]

1.   Τήν ἔλεγαν[2] Ἀστρούλα[3] γιατί τά καστανά[4] μάτια της ἦταν[5] μεγάλα, καθαρά[6] καί φωτεινά[7] σάν[8] δύο ἄστρα.[9] Μ'αὐτά[10] κοίταζε[11] τούς ἀνθρώπους, τά δέντρα[12] καί τά ζῶα, τή θάλασσα[13] καί τά σπίτια, μ'ἔναν τρόπο[14] σάν[15] νά ἦταν[16] ἀδιάκοπα[17] καινούργιο[18] τό θέαμα[19] τῆς ζωῆς. Ἔτσι[20] θά κοίταζε[21] ἡ Εὔα[22] τά ἔργα[23] τοῦ Θεοῦ,[24] ὅταν πρωτάνοιξε[25] τά μάτια της στό φῶς.[26]

2.   Ἦταν[27] κοριτσάκι ἀκόμη.[28] Πάνω[29] σ'ὅλες τίς μπλοῦζες της ἀγαποῦσε[30] νά κεντάει[31] τρία λουλούδια. Τό ἕνα ἦταν μιά μαργαρίτα,[32] τ'ἄλλο[33] πανσές[34] καί τό τρίτο[35] κανένας[36] δέν μποροῦσε[37] νά τό βρεῖ[38] τί λουλούδι ἦταν.[39] Δέν ἔμοιαζε[40] μέ κανένα λουλούδι.[41]

3.   Ἦταν ἕνας κάλυκας[42] πράσινος,[43] μ'ἕνα μάτσο[44] πορφυρά,[45] λεπτά[46] στιμόνια[47] στή μέση[48] καί γύρω-γύρω[49] μιά σειρά[50] μαῦρες[51] κουκκίδες.[52]

4.   Ποτέ[53] δέ θέλησε[54] νά ἀλλάξει[55] μιά βελονιά[56] ἀπό τοῦτο[57] τό παιδιάτικο[58] κέντημα.[59] "Τί θά πεῖ[60] αὐτό τό πράμα;"[61] ρωτοῦσε ἐκεῖνος[62] κι αὐτή[63] γελοῦσε[64] μέ τήν καρδιά της[65] ὅπως[66] γελοῦν τά παιδιά. "Αὐτό εἶναι τό Ἀνθάκι τῆς Ἀγάπης[67]" ἔλεγε.[68]

Στράτης Μυριβήλης

"ΤΟ ΓΑΛΑΖΙΟ[69] ΒΙΒΛΙΟ" 1939
(Abridged & simplified excerpt)

1.the flower 2.her name was (they called her) 3. Little star 4.brown 5. were 6.clear 7. bright 8.like 9.two stars 10. with these 11.she was gazing at 12.trees 13. the sea 14.in a way 15. as if 16.(it) was (*subject:*τό θέαμα...) 17. continually 18.new 19. spectacle 20.in this way 21.must have gazed 22.Eve(*subject*)23.work 24.of God 25.when she first opened 26.to the light 27.she was 28.still a little girl 29.on 30.she liked 31. to embroider 32. daisy 33. the other34. pansy 35. third 36.no one 37.could 38.find 39.what flower it was 40.it did not resemble 41.any flower 42.cup 43. green44.bunch 45.crimson 46.fine 47.stems 48.in the middle 49.all around 50.a series 51.black 52. dots 53.never 54.(she had never)wanted 55.to change 56.one stitch 57. from this 58.child-like 59.embroidery 60.what does it mean? 61.thing 62.he used to ask 63. and she 64.used to laugh 65.heartily 66.as 67.the little Flower of Love 68.she used to say 69. sky-blue

146

B. ΛΕΞΙΛΟΓΙΟ — VOCABULARY CHAPTER 17.

NOUNS

1	τό λουλούδι	flower
2	τό ἄνθος	"
3	τό ἀνθάκι	little flower
4	ἡ μαργαρίτα	daisy
5	ἡ βιολέτα	violet
6	ὁ πανσές	pansy
7	τό κρίνο	lily
8	τό γαρύφαλλο	carnation
9	τό τριαντάφυλλο	rose
10	τό χρυσάνθεμο	chrysanthemum
11	τό στημόνι	stamen
12	ὁ κάλυκας	cup
13	τό μάτσο	bunch
14	ἡ κουκκίδα	dot
15	ἡ σειρά	series, line, turn
16	ἡ βελονιά	stitch
17	τό βελόνι	needle
18	ἡ βελόνα	"
19	ἡ καρφίτσα	pin
20	ἡ παραμάνα	safety pin
21	ἡ κλωστή	thread
22	τό ράψιμο	sewing
23	τό κέντημα	embroidery
24	ἡ μπλούζα	blouse
25	τό κοριτσάκι	little girl
26	τό ἀστράκι	little star
27	τό ἀστέρι/ ἄστρο	star
28	τό θέαμα	view, spectacle
29	τό ἔργο	work
30	τό δέντρο	tree
31	ἡ θάλασσα—ἡ γῆ	sea — earth
32	ἡ καρδιά	heart
33	ἡ ἀγάπη	love
34	ἡ ἀρχή	beginning
35	ἡ μέση	middle
36	ἡ ἄκρη	end, extremity
37	ἡ ἀλλαγή	change
38	ὁ θόρυβος	noise
39	τό πράμ(μ)α/πράγμα	thing

ADVERBS-PREPOSITIONS-CONJUNCTIONS

40	ἄν, σάν	if, like
41	ἔτσι	thus, so
42	ἀκόμη	still
43	πάνω σέ	on
44	γύρω-γύρω	all around
45	συχνά	often
46	νωρίς	early
47	ἀδιάκοπα	ceaselessly
48	τοῦτος, ἐκεῖνος	this one, that one

ADJECTIVES

49	λεπτός -ή-ό	slim, fine
50	χοντρός -ή-ό	fat, thick
51	ἀρχικός -ή-ό	initial
52	τελικός -ή-ό	final
53	πραγματικός-ή-ό	real
54	φανταστικός-ή-ό	imaginary
55	παιδικός-ή-ό	childish
56	παιδιάτικος-η-ο	", childlike
57	καινούργιος-ια-ιο	new
58	ἀλλαγμένος-η-ο	changed
59	φωτεινός-ή-ό	bright
60	καθαρός-ή-ό	clean
61	λευκό	white
62	μελαψό	black
63	οὐρανί	sky blue
64	κυανό	azure
65	θαλασσί	sea blue
66	ἀνοικτό κυανό	light blue
67	βαθύ κυανό	navy blue
68	ἐρυθρό	red
69	πορτοκαλί	orange
70	καφετί	brown
71	βυσσινί	crimson
72	τριανταφυλλί	rose
73	γκρίζο	grey
74	σταχτί	ash grey
75	μαβί	violet

VERBS

76	ἀγοράζω	I buy
77	ἀλλάζω	I change
78	διαβάζω	I read, I study
79	ἀνθίζω	I blossom
80	γυρίζω	I turn
81	ἀφήνω	I let
82	ντύνω	I dress
83	σκύβω	I bend over
84	φορῶ	I wear
85	χωρῶ	I have room for, hold
86	μελετῶ	I study
87	χαιρετῶ	I greet
88	περπατῶ	I walk
89	πηδῶ	I jump

II. PRACTICE 37   ΥΠΑΡΧΩ, ΒΡΙΣΚΟΜΑΙ,* ΓΙΝΟΜΑΙ,* ΕΡΧΟΜΑΙ * CHAPTER 17

1.	I exist	=	ὑπάρχω		ὑπάρχει = THERE IS
	I am found	=	βρίσκομαι	→ I AM,	
	I become	=	γίνομαι		γίνεται = IT IS POSSIBLE

1 –'Από ποῦ τηλεφωνεῖς; Ποῦ <u>βρίσκεσαι</u>;
   Where are you calling from? Where are you?

2 – <u>Βρίσκομαι</u> στήν ἐξοχή
   I am in the country

3 –'Από πότε <u>βρίσκεσαι</u> ἐκεῖ;
   Since when have you been there?

4 – <u>Βρισκόμαστε</u> ἐδῶ ἀπό προχθές
   We are....

5 –"Ολη ἡ οἰκογένεια <u>βρίσκεται</u> στήν ἐξοχή;
   Is the whole family ......

6 –"Οχι. Μόνο οἱ μεγάλοι
   No. The grown-ups only

7 – Μόνο οἱ μεγάλοι <u>βρίσκεστε</u> ἐκεῖ;
   are there?

8 – Ναί. Τά παιδιά εἶναι ἀκόμη
   στῆς θείας τους...*at their*
   aunt's

9 –'Από πότε <u>βρίσκονται</u> ἐκεῖ;
   Since when have they been there?

10 –'Από τήν περασμένη ἑβδομάδα.
   "Ερχονται αὔριο.'Εσεῖς τί
   <u>γίνεστε</u>; *Since last week.*
   They are coming tomorrow.
   And how are you?

11– Καλά.'Εδῶ βρισκόμαστε ὅλοι,
   ἐκτός ἀπ'τήν Σοφία πού ἔρχεται αὔριο
   except S.who is coming tomorrow.

2.	to be found	=	νά βρεθῶ)	= to be	νά ἔρθω = to come
	to become <	=	νά γίνω		νά 'ρθω = " "
		=	νά γίνει	= to be done	νά 'ρθῶ = " "

1 – Τί μπορεῖ <u>νά γίνει</u> γιά <u>νά βρεθοῦμε</u> ὅλοι μαζί;
   What can be done for all of us to get together?

2 – Ποῦ νά βρεθοῦμε;

3 – Νά βρεθοῦμε ὅλοι μαζί στήν ἐξοχή. <u>Γίνεται</u>;
   Is it possible?

4 – Γίνεται
   It is possible

5 –"Οταν ἔρθει ἡ Σοφία, νά 'ρθεῖτε ὅλοι
   When S.comes, you should all come

6 – θά 'ρθεῖτε;
   Will you come?

7 – <u>Νά 'ρθοῦμε</u>, ἀλλά τό σπίτι σας <u>θά γίνει</u> ξενοδοχεῖο. Δέν <u>ὑπάρχει</u> ξενοδοχεῖο;
   (Gladly)   *will become a hotel.   Isn't there any hotel?*

8 –'Υπάρχουν ξενοδοχεῖα ἀλλά πρέπει νά 'ρθεῖτε μεσοβδόμαδα. Γίνεται;
   There are hotels   but you must come on week days.

9 –"Αν ἔρθουμε Πέμπτη, γίνεται <u>νά βρεθοῦν</u> δωμάτια;
   If we come   can rooms be found?

10 – Κάτι <u>θά γίνει</u>
   will be done

11 – Πῶς ὅμως <u>θά 'ρθοῦμε</u> ἄν γίνει ἀπεργία τῶν λεωφορείων;
   But how are we to come if there is a bus strike?

12 – Κάτι <u>θά βρεθεῖ</u>
   will be found

13 – Τί ἄλλη συγκοινωνία ὑπάρχει <u>γιά νά 'ρθει</u> κανείς;   'Υπῆρχε κάποιο τραῖνο
   What other transportation is there for one to come?   There was a train

14 –'Υπῆρχε κάποτε, μά δέ ὑπάρχει πιά. 'Υπάρχουν ὅμως ἐδῶ δύο αὐτοκίνητα
   once, but there isn't any longer.

15 –'Ελπίζω <u>νά βρεθεῖ</u> μιά λύση καί <u>νά μή γίνει</u> ἀπεργία
   I hope that a solution will be found so that there will be no strike.

16 – Κάποια λύση <u>θά βρεθεῖ</u>. *Some solution will be found.*

* These verbs are fully conjugated in the APPENDICES on pp. 211-213.

WHAT HAPPENED = τί ἔγινε; I FOUND = βρῆκα
                           I FOUND_{MYSELF} βρέθηκα,   I CAME = ἦρθα

1 - Πῶς βρέθηκες ἐδῶ;
What are you doing here?

2 - Δέν ξέρω ποῦ βρίσκομαι ἀκριβῶς
I don't know exactly where I am

3 - Βρίσκεσαι στή γειτονιά μου. Τί γίνεται ἡ γυναίκα σου; Εἶναι μαζί σου;
neighbourhood How is your wife?

4 - Βρῆκε ἕνα τηλέφωνο καί πῆγε νά τηλεφωνήσει.
She found

*Ἔγινε μιά σύγκρουση στό δρόμο
There was a collision...

5 - Ποῦ ἔγινε; Ἐδῶ κοντά;
Where was that? Near here?

6 - Ναί, σέ μιά διασταύρωση
intersection

7 - Χτύπησε κανείς;
Was any one hurt?

8 - Ὄχι, βρεθήκαμε τυχεροί
we were lucky

9 - Πῶς ἤρθατε ὥς ἐδῶ; Βρήκατε αὐτοκίνητο;
How did you come...

10 - Ἤρθαμε μέ τά πόδια
We came on foot

11 - Δέ βρέθηκε κανείς νά σᾶς φέρει;
There was no one to give you a lift?

12 - Δέ βρήκαμε κανένα γνωστό
There was no one whom we knew

13 - Ποῦ βρίσκεται τό αὐτοκίνητό σας;
Where is...

14 - Ὅπου βρέθηκε τήν ὥρα τοῦ
δυστυχήματος. *Where it was
at the time of the accident*

15 - Τί ἔγινε μέ τήν ἀσφάλεια;
insurance company

16 - Δέ βρῆκα κανέναν
There was no one

17 - Ποῦ βρίσκονται;

18 - Εἶναι ἡ ὥρα τοῦ φαγητοῦ
It is lunch time

19 - Μιά καί βρεθήκαμε δέν καθόμαστε νά πάρουμε ἕναν καφέ;
Since we've met why don't we sit and have a cup of coffee?

20 - Καί τί θά γίνει τώρα;
Well, what is next?

21 - Ἄς γίνει ὅ,τι γίνει
Come what may

22 - Τί θά γίνουμε χωρίς αὐτοκίνητο;
What will become of us without a car?

23 - Θά βροῦμε ἕνα ἄλλο
We shall find another one

24 - Γίνομαι ἔξω φρενῶν ὅταν σκέφτομαι τί ἔγινε.
I become furious when I think of what happened.

25 - ὅ,τι ἔγινε, ἔγινε
... what is done is done

26 - Καί ὅ,τι ἔγινε δέν ξεγίνεται
.... *cannot be undone*

27 - Ὅλα ἦρθαν ἀνάποδα σήμερα
Everything went wrong today

28 - Μοῦ ἦρθε μιά ἰδέα
I have an idea

29 - Ἐμένα μοῦ ἔρχεται νά κλάψω
And I feel like crying

30 - Μιά καί ἦρθαν ἔτσι τά πράμματα νά μήν πάρουμε ἄλλο αὐτοκίνητο
Since it happened this way, let's not buy another car

31 - Γιά νά βροῦμε τήν ἡσυχία μας. Πῶς βρίσκεις τήν ἰδέα μου;
So that we may find some peace. What do you think of that?

32 - Πάω νά τηλεφωνήσω στήν ἀσφάλεια. Θά πρέπει τώρα νά ἔχουν ἔρθει πίσω.
They must have come back by now.

ALTERNATE & VARIANT ENDINGS OF NOUNS

III. GRAMMAR A.   CHAPTER 17.

1.   In their declension, a good number of nouns may adopt an alternate set of endings, i.e. those which were in use, formerly, at earlier stages of the language. Until very recently, most of these endings were in use in state and church documents, and they still are in legal documents, while some are in current use in today's spoken and written language. Take as an example the word ὁ μήνας (*the month*) whose genitive, τοῦ μήνα (*of the month*), is used in expressions such as : ποιανοῦ μήνα; (*of which month?*), οἱ πρῶτες μέρες τοῦ μήνα, αὐτοῦ τοῦ μήνα (*the first days of the month, of this month*), στίς δύο τοῦ μήνα (*on the second of the month*). This genitive has an alternate form (τοῦ μηνός (*of the month*) whose use is equally frequent and which is valid at all levels of speech : στίς δύο τοῦ μηνός, αὐτοῦ τοῦ μηνός, ἑνός μηνός, πόσες τοῦ μηνός; ἡ πρώτη τοῦ μηνός, etc.

2.   **ALTERNATE ENDINGS** are encountered primarily in nouns of the first declension, i.e. masculine and feminine nouns ending in -ας -ης and -α -η, respectively, as follows :

(a) MASCULINE NOUNS ENDING IN :   (i)   - ας / -ων

	S I N G U L A R			P L U R A L		
	NOMINATIVE	GENITIVE	ACCUSATIVE	NOMINATIVE	GENITIVE	ACCUSATIVE
1	[πατήρ / πατέρας	[πατρός / πατέρα	πατέρα	πατέρες	πατέρων	[πατέρας / πατέρες
2	[σωτήρ / σωτήρας	[σωτῆρος / σωτήρα	[σωτῆρα / σωτήρα	σωτῆρες	σωτήρων	[σωτῆρας / σωτήρες
3	[χειμών / χειμώνας	[χειμῶνος / χειμώνα	χειμῶνα / χειμώνα	χειμῶνες	χειμώνων	[χειμῶνας / χειμῶνες
4	[γείτων / γείτονας	[γείτονος / γείτονα	[γείτονα / γείτονα	γείτονες	γειτόνων	[γείτονας / γείτονες
5	[Ἕλλην / Ἕλληνας	[Ἕλληνος / Ἕλληνα	Ἕλληνα	Ἕλληνες	Ἑλλήνων	[Ἕλληνας / Ἕλληνες
6	[ἔρως / ἔρωτας	[ἔρωτος / ἔρωτα	ἔρωτα	ἔρωτες	ἐρώτων	ἔρωτας / [ἔρωτες
7	[ῥήτωρ / ῥήτορας	[ῥήτορος / ῥήτορα	ῥήτορα	ῥήτορες	ῥητόρων	ῥήτορας / [ῥήτορες
8	[φύλαξ / φύλακας	[φύλακος / φύλακα	φύλακα	φύλακες	φυλάκων	φύλακας / [φύλακες
9	[πρόσφυξ / πρόσφυγας	[πρόσφυγος / πρόσφυγα	πρόσφυγα	πρόσφυγες	προσφύγων	πρόσφυγας / [πρόσφυγες
10	[ἥρως / ἥρωας	[ἥρωος / ἥρωα	ἥρωα	ἥρωες	ἡρώων	ἥρωας / [ἥρωες

NOTE I.   The thick print indicates the alternate or earlier forms. Notice that, essentially, these nouns have alternate forms only in the nominative &

genitive singular, and in the accusative plural and that, in the nominative singular, the alternate forms have one syllable less than today's forms. Also notice that the endings -α -ας are 'short' in the alternate forms. *Cf. rule 2, par.20 on p.18.*

(a)   MASCULINE NOUNS ENDING IN : (ii) $\dfrac{-\, ίας}{-\, ης}$ / -ῶν

	S I N G U L A R			P L U R A L		
	NOMINATIVE	GENITIVE	ACCUSATIVE	NOMINATIVE	GENITIVE	ACCUSATIVE
1	ταμίας	[ταμίου ταμία	ταμία(ν)	[ταμίαι ταμίες	ταμιῶν	[ταμίας ταμίες
2	μαθητής	[μαθητοῦ μαθητῆ	μαθητή(ν)	[μαθηταί μαθητές	μαθητῶν	[μαθητάς μαθητές
3	πολύτης	[πολίτου πολύτη	πολύτη(ν)	[πολῖται * πολύτες	πολιτῶν	[πολίτας * πολύτες

NOTE II. Notice the accentuation of πολῖται-πολύτας(*),*above*. Formerly, a 'common'vowel used on the second to last syllable was not considered 'short' in all instances, as it is, today. In nouns ending in - ιτης, the'common'vowel -ι- was considered 'long'. Therefore, it was stressed with a circumflex when it was followed by a 'short' syllable, as in πολῖται, *see rule 3, para.21, p.18, and para.19 B, p.17,* and it was stressed with an acute when it was followed by a 'long' syllable, as in πολύτας, *see rule 2, para.20, p.18, and para.18 B, p.16.*

(b)   FEMININE NOUNS ENDING IN   (i) $\dfrac{-α}{-η}$ / -ων   (ii) $\dfrac{-α}{-η}$ / -ῶν

	S I N G U L A R			P L U R A L		
	NOMINATIVE	GENITIVE	ACCUSATIVE	NOMINATIVE	GENITIVE	ACCUSATIVE
1	[μήτηρ μητέρα	[μητρός μητέρας	μητέρα	αἱ μητέρες	μητέρων	τάς [μητέρας μητέρες
2	[εἰκών εἰκόνα	[εἰκόνος εἰκόνας	εἰκόνα	εἰκόνες	εἰκόνων	[εἰκόνας εἰκόνες
3	[ποιότης ποιότητα	[ποιότητος ποιότητας	ποιότητα	ποιότητες	ποιοτήτων	[ποιότητας ποιότητες
4	[δεσποινίς δεσποινίδα	[δεσποινίδος δεσποινίδας	δεσποινίδα	δεσποινίδες	δεσποινίδων	[δεσποινίδας δεσποινίδες
5	προφορά	προφορᾶς	προφορά	[προφοραί προφορές	προφορῶν	[προφοράς προφορές
6	[γλῶσσα * γλώσσα	[γλώσσης γλώσσας	[γλῶσσαν γλώσσα(ν)	[γλῶσσαι γλῶσσες	γλωσσῶν	[γλώσσας * γλῶσσες
7	θάλασσα	[θαλάσσης θάλασσας	θάλασσα(ν)	[θάλασσαι θάλασσες	θαλασσῶν	[θαλάσσας θάλασσες
8	ἀδελφή	ἀδελφῆς	ἀδελφή(ν)	[ἀδελφαί ἀδελφές	ἀδελφῶν	[ἀδελφάς ἀδελφές
9	τέχνη	τέχνης	τέχνη(ν)	[τέχναι τέχνες	τεχνῶν	[τέχνας τέχνες

NOTE III. Notice the accentuation of γλῶσσα(*), see para.(b), p.150. Formerly, the feminine ending - α was considered 'short' when it was preceded by any consonant other than ρ. Therefore, words such as γλῶσσα, μοῦσα(the (muse), ἀποῦσα(absent), παροῦσα(present), used to be stressed with a circumflex, in the nominative and accusative singular, but with an acute in the accusative plural (*), because, in that category of nouns and adjectives, the ending -ας was before, and still is, today, 'long': τάς γλώσσας.

NOTE IV. That 'short' feminine -α turns into an -η in the genitive singular, and in words stressed on the third to last syllable, it pulls the accent one syllable to the right, as follows: ἡ θάλασσ-α, τῆς θαλάσσ-ης, ἡ μέλισσα - τῆς μελίσσης, ἡ τράπεζα - τῆς τραπέζης, ἡ διδασκάλισσα - τῆς διδασκαλίσσης. Similarly, the 'long' ending - ας of the accusative plural pulls the accent one syllable to the right, e.g. τάς θαλάσσας, τάς μελίσσας, τάς τραπέζας, τάς διδασκαλίσσας.(seas, bees, tables or banks, women teachers). See para.2, p.113.

3. **VARIANT ENDINGS.** The endings of a small group of masculine and feminine nouns differ from those of both the first and the second declensions of nouns. However, in the singular number, a good number of these nouns have alternate endings which fit into the general pattern : -

	S I N G U L A R			P L U R A L		
	NOMINATIVE	GENITIVE	ACCUSATIVE	NOMINATIVE	GENITIVE	ACCUSATIVE
			M.			
1	[γονεύς [γονέας γονιός	[γονέως [γονέα γονιοῦ	[γονέα [γονιό	[γονεῖς γονιοί	[γονέων γονιῶν	[γονεῖς γονιούς
2	[συγγραφεύς συγγραφέας	[συγγραφέως συγγραφέα	συγγραφέα	συγγραφεῖς	συγγραφέων	συγγραφεῖς
3	[πρέσβυς πρέσβης	[πρέσβεως πρέσβη	[πρέσβυν πρέσβη	πρέσβεις	πρέσβεων	πρέσβεις
4	[πρύτανις πρύτανης	[πρυτάνεως πρύτανη	[πρύτανι(ν) πρύτανη	πρυτάνεις	πρυτάνεων	πρυτάνεις
			F.			
5	[πόλις πόλη	[πόλεως πόλης	[πόλι(ν) πόλη	πόλεις	πόλεων	πόλεις
6	[ἀπόφασις ἀπόφαση	[ἀποφάσεως ἀπόφασης	[ἀπόφασι(ν) ἀπόφαση	ἀποφάσεις	ἀποφάσεων	ἀποφάσεις
			M.+ F.			
7	συγγενής	[συγγενοῦς συγγενῆ	[συγγενῆ συγγενή	συγγενεῖς	συγγενῶν	συγγενεῖς

NOTE I. The nouns of this group have two stems, one weak, in the nominative case and one strong, in the other cases: πόλι- /πόλε-, πρέσβυ-/ πρέσβε- etc. Notice that the strong stem of these nouns ends in an -ε. In the plural, when that - ε and the - ε of the ending - ες meet: πόλε-ες, γονέ-ες, they form a hiatus which is resolved by the contraction of the two epsilons in one diphthong - Hence the ending -εις of the plural, and hence the circumflex on γονεῖς, συγγραφεῖς, συγγενεῖς, see para.2,i, p.20.

NOTE II. See APPENDICES, pp.233-235.

CHAPTER 18

I. A.

ΤΟ ΕΡΗΜΟΝΗΣΙ[1]

Γειά σου 'Απρίλη[2] γειά σου Μάρτη[3]
  καί πικρή[4] Σαρακοστή[5]
Βάζω πλώρη[6] καί κατάρτι[7]
  καί γυρεύω ἕνα νησί[8]
πού[9] δέ βρίσκεται[10] στό χάρτη[11]

1.the small desert island 2. hello April 3.good-bye March 4.bitter,harsh 5.Lent 6.prow 7.mast(*I set sail*) 8.I seek a small island 9.which 10. is not 11.on the map

'Οδυσσέας 'Ελύτης

"ΤΟ ΡΩ ΤΟΥ ΕΡΩΤΑ" 1972.

B. ORPHEUS AND EURYDICE

(Cont'd from p.138. To be translated into Greek. The notes give the words in their basic form)

1. Pluto gave[1] Eurydice back[2] to Orpheus. He told[3] Orpheus to be very careful,[4] not to turn[5] and[6] look[7] at[8] her when[9] they were going up[10] to Earth.[11] "Only[12] when you reach[13] the Upper World,[14] only then[15] may you[16] look at her". Orpheus promised[17] to do as[18] the god said.

2. He passed[19] through[20] the Gates[21] of Hades[22] and took[23] the narrow[24] and dark[25] path[26] to Earth and to the light.[27] He knew[28] that[29] Eurydice was coming[30] behind him[31] but he wanted[32] to turn and make sure.[33] She would not understand[34] why her husband had not looked at her at all[35] and he was in a hurry[36] to tell her why. But he controlled himself[37] and only when he was out, in the daylight,[38] did[39] he turn to look at her.

3. It was too[40] soon.[41] Eurydice was still[42] in the half dark.[43] He stretched out[44] his hands to pull[45] her out but she faded away[46] and disappeared[47] in the darkness.[48] In vain[49] did[50] he run

1.δύνω 2.πίνω 3.λέω(*to*) 4.προσέχω πολύ 5.γυρίζω (*s.subj.*)6.(*leave out*) 7.κοιτάζω(*s.subj.*) 8.(*leave out*) 9.ὅταν 10. ἀνεβαίνω 11.ἡ Γῆ 12.μόνο 13.φθάνω 14.(*on the Upper W.*)ὁ Πάνω Κόσμος 15.τότε 16.μπορῶ νά 17. ὑπόσχομαι 18.ὅπως 19.περνῶ–ασα 20.(*leave out*)21. ἡ Πύλη 22.ὁ "Αδης 23.παίρνω 24.στενός 25.σκοτεινός 26.τό μονοπάτι 27. τό φῶς 28.ξέρω 29.ὅτι 30. ἔρχομαι31.*genitive* 32. θέλω 33.βεβαιώνομαι 34. καταλαβαίνω(*c.cond.*) 35.καθόλου 36.βιάζομαι 37.κρατιέμαι 38.τό φῶς τῆς ἡμέρας 39.(*leave out and use the s.past of the verb:to turn*) 40.πολύ 41.νωρίς 42.ἀκόμη 43.τό μισοσκόταδο 44. ἁπλώνω 45.τραβῶ–ήξω 46. σβήνω 47.χάνομαι 48.τό σκοτάδι 49.ἄδικα 50. (*leave out and use the s.past of the verb:to run : τρέχω*)

after her[51] and in vain did he ask[52] to enter[53]
Hades again.[54] Gods do not allow[55] any living[56]
man in[57] Hades twice.[58] This time[59] Orpheus had[60]
to come back[61] alone.[62] He had remained[63] alone,
ever since,[64] away from[65] everybody,[66] with his
lyre,[67] the animals, the trees and the rocks.[68]

51. πίσω(+fem.pers. pronoun,gen.) 52. ζη- τῶ 53. μπαίνω(s.subj.) 54. ξανά 55. ἐπιτρέπω σέ 56. κανένας ζωντα- νός 57. to enter 58. two times 59. ἡ φορά 60. πρέπει 61. γυρίζω πίσω 62. μόνος 63. μέ- νω 64. ἀπό τότε 65. μα- κριά ἀπό 66. ὅλοι 67. ἡ λύρα 68. ὁ βράχος

C.   ΛΕΞΙΛΟΓΙΟ   VOCABULARY   CHAPTER 18

NOUNS

1	ὁ γυρισμός	return
2	τό σκοτάδι	darkness
3	τό μισοσκόταδο	semi-darkness
4	τό μονοπάτι	path
5	ὁ Ἅδης	Hades
6	οἱ Πύλες	Gates
7	ἡ πλώρη	prow
8	τό κατάρτι	mast
9	ὁ βράχος	rock
10	τό νησί	island
11	ὁ χάρτης	map
12	ἡ Σαρακοστή	Lent

ADVERBS

13	ἄδικα, μάταια	in vain
14	ξανά, πάλι	again
15	γύρω-γύρω	all around

VERBS

16	νά προσέξω / προσέχω	to pay attention / I " "
17	νά κοιτάξω / κοιτάζω	to look / I "
18	νά γυρίσω / γυρίζω	to turn / I "
19	νά τραβήξω / τραβῶ	to pull / I "
20	νά μπῶ / μπαίνω	to enter / I "
21	ἐρχόμουν / ἔρχομαι	I was coming / I come

22	βιαζόμουν / βιάζομαι	I was in a hurry / I am " " "
23	εἶπα / λέω	I said / I say
24	ὑποσχέθηκα / ὑπόσχομαι	I promised / I promise
25	βεβαιώθηκα / βεβαιώνομαι	I made sure / I make "
26	ἐξαφανίστηκα / ἐξαφανίζομαι	I disappeared / I disappear
27	ἔτρεξα / τρέχω	I ran / I run
28	ἄπλωσα / ἀπλώνω	I stretched / I stretch
29	ἔσβησα / σβήνω	I faded away / I fade "
30	ἤθελα / θέλω	I wanted / I want
31	ἤξερα / ξέρω	I knew / I know
32	πῆρα / παίρνω	I took / I take
33	πέρασα / περνῶ	I passed / I pass /sought
35	ζήτησα / ζητῶ	I asked for,/ I ask for, seek
36	ἐπιτρέπω	I permit, allow
37	ἀνεβαίνω	I go up
38	φθάνω	I reach
39	εἶχα μείνει / μένω	I had remained / I remain
40	ἔπρεπε / πρέπει	(I had to) / (I have to)

1. Πηγαίνοντας στό γραφεῖο μου συνάντησα τόν ἀδελφό σου
   As I was going to my office, I met your brother

2. Τρέχοντας νά τόν φτάσω ἔπεσα.   Πέφτοντας χτύπησα τό πόδι μου
   As I was running to catch him, I fell. As I fell, I hit my foot.

3. Μήν ξέροντας τί νά κάνω ἔμεινα ὅπου ἤμουνα καί περίμενα
   Not knowing what to do, I stayed where I was and waited

4. Κουράστηκα περιμένοντας καθισμένος στό δρόμο.   Προσπάθησα νά σηκωθῶ
   I became tired of sitting and waiting in the street. I tried to get up

5. Προσπαθώντας νά σηκωθῶ κατάλαβα πώς τό πόδι μου εἶχε σπάσει
   In trying to get up, I realized that my foot was broken

6. Μήν μπορώντας νά περπατήσω μέ σπασμένο πόδι περίμενα νά περάσει κανείς
   Being unable to walk with a broken foot, I waited for someone to pass

7. Μή βλέποντας κανέναν νά περνάει ἀπό κεῖ, καί μή βρίσκοντας τί νά κάνω
   Not seeing anyone pass by there and not knowing what to do,

   ἄρχισα νά φωνάζω. Καταλάβαινα πώς ἡ φωνή μου ἀκουγόταν θυμωμένη
   I began screaming. I realized that my voice sounded angry

8. Δέν ξέρω οὔτε γιατί ἤμουν θυμωμένος οὔτε μέ ποιόν εἶχα θυμώσει
   I know neither why I was angry   nor with whom I was angry

9. Τέλος πέρασε ἕνας ἡλικιωμένος κύριος πολύ καλοντυμένος καί πολύ βιαστικός
   Finally, an elderly gentleman passed, very well dressed & very much in a

10. Σταμάτησε βλέποντάς με. Πῆγε καί φώναξε ἕνα ταξί καί μ'ἔφερε ἐδῶ. /hurry
    He stopped upon seeing me. He went and hailed a taxi and brought me here.

---

1. Τρώγοντας ἔρχεται ἡ ὄρεξη   *Appetite grows by what it feeds on*

2. Ρωτώντας μαθαίνεις πιό πολλά ἀπ'ὅσα διαβάζοντας
   One learns more by asking than by reading

3. Ἔφτασε κουρασμένη, μά βρῆκε τό σπίτι συγυρισμένο, τά πιάτα πλυμένα
   She arrived tired but she found the house tidied, the dishes washed,

   τό φαΐ μαγειρεμένο, τήν κουζίνα ταχτοποιημένη, τό τραπέζι στρωμένο,
   the food cooked, the kitchen in order, the table set,

   τήν μπύρα παγωμένη, τή σαλάτα κομμένη καί βαλμένη στό τραπέζι.
   the beer chilled, the salad made and placed on the table.

4. Στό συνηθισμένο κάθισμα, ἦταν καθισμένη ἡ μητέρα της καί τήν περίμενε
   Her mother was sitting in her usual seat and was waiting for her, while

   κοιτάζοντας τηλεόραση.
   watching television.

5. *Expression:* Περασμένα ξεχασμένα *What is past is forgotten*

1 She was writing   Ἔγραφε
   She became tired as she was writing   Κουράστηκε καθώς ἔγραφε
   She is tired of writing   κουράστηκε νά γράφει

2 He   was coming   Ἐρχόταν
   It started raining as he was coming   Ἄρχισε νά βρέχει καθώς ἐρχόταν
   He was late coming home   Ἄργησε νά ἔρθει σπίτι

3 Mary was talking   Ἡ Μαίρη μιλοῦσε
   John was listening as she was talking   Καθώς μιλοῦσε ἡ Μαίρη, ὁ Γιάννης
   He likes listening   ἄκουε. Τοῦ ἀρέσει ν'ἀκούει

4 She left without saying a word   Ἔφυγε χωρίς νά πεῖ μιά λέξη
    "   "   "   closing the door   Ἔφυγε "   " κλείσει τήν πόρτα
    "   "   "   taking her books   Ἔφυγε "   "
   He came   "   making a noise   Ἦρθε   "   " κάνει θόρυβο
   He sat down "   taking off his coat   Κάθισε "   " βγάλει τό παλτό

5 You have no excuse for being late   Δέν ἔχεις καμιά δικαιολογία πού
    "   "   "   "   " not coming   ἄργησες ....πού δέν ἦρθες
    "   "   "   "   " not going   ... πού δέν πῆγες
    "   "   "   "   " losing it   ... πού τό ἔχασες
    "   "   "   "   " forgetting it   ... πού τό ξέχασες

6 This may be achieved by writing   Αὐτό μπορεῖ νά γίνει γράφοντας
    "   "   "   "   " listening   "   "   "   ἀκούοντας
    "   "   "   "   " waiting   "   "   "   περιμένοντας

    "   "   "   "   " not going   "   "   "   " μέ τό νά μήν πᾶς
    "   "   "   "   " not telling   "   "   "   " μέ τό νά μήν πεῖς
    "   "   "   "   " not writing   "   "   "   " μέ τό νά μή γράψεις
    "   "   "   "   " not losing   "   "   "   " μέ τό νά μή χάσεις

7 He confesses to having said it   Ὁμολογεῖ ὅτι τό εἶπε
    "   "   "   "   written it   Ὁμολογεῖ ὅτι τό ἔγραψε
    "   "   "   "   done it   Ὁμολογεῖ ὅτι τό ἔκανε
    "   "   "   "   taken it   Ὁμολογεῖ ὅτι τό πῆρε

8 He prefers talking rather than listening   Προτιμᾶ νά μιλάει παρά νά ἀκούει
    "   "   walking "   " sitting   "   νά περπατάει" νά κάθεται
    "   "   reading "   " watching   "   " διαβάζει " νά κοιτάζει
    "   "   winning "   " losing   "   " κερδίζει " νά χάνει

9 She has the habit of annoying him   Ἔχει τή συνήθεια νά τόν ἐνοχλεῖ
   He   "   "   "   "   "   her   Ἔχει τή συνήθεια νά τήν ἐνοχλεῖ
   They have   "   " making a noise   Ἔχουν "   " νά κάνουν θόρυβο
    "   "   "   " speaking quickly   Ἔχουν "   " νά μιλοῦν γρήγορα
    "   "   "   " not listening   Ἔχουν "   " νά μήν ἀκοῦν
    "   "   "   " not answering   Ἔχουν "   " νά μήν ἀπαντοῦν

156

1st CONJUGATION			ACTIVE – INDECLINABLE -ing	PASSIVE – DECLINABLE -σμένος	
1	ἀγοράζω	I buy	ἀγοράζ οντας	ἀγορασ μένος	bought
2	ἀναγκάζω	I force	ἀναγκάζ οντας	ἀναγκα σ μένος	forced
3	ἀνεβάζω	I raise	ἀνεβάζ οντας	ἀνεβασ μένος	raised
4	ἀνθίζω	I blossom	ἀνθίζ οντας	ἀνθισ μένος	blossomed
5	ἀποφασίζω	I decide	ἀποφασίζ οντας	ἀποφασισ μένος	decided
6	ἀρχίζω	I begin	ἀρχίζ οντας	ἀρχισ μένος	begun
7	βαφτίζω	I baptize	βαφτίζ οντας	βαφτισ μένος	baptized
8	γεμίζω	I fill	γεμίζ οντας	γεμισ μένος	filled
9	διαβάζω	I read	διαβάζ οντας	διαβασ μένος	read
10	δίνω	I give	δίν οντας	δοσ μένος	given
11	ἑτοιμάζω	I prepare	ἑτοιμάζ οντας	ἑτοιμα σ μένος	prepared
12	καθαρίζω	I clean	καθαρίζ οντας	καθαρισ μένος	cleaned
13	κουράζω	I tire	κουράζ οντας	κουρα σ μένος	tired
14	ξυρίζω	I shave	ξυρίζ οντας	ξυρισ μένος	shaven
15	πιάνω	I take, catch	πιάν οντας	πιασ μένος	taken, caught
16	σβήνω	I extinguish	σβήν οντας	σβησ μένος	extinguished
17	σκουπίζω	I wipe	σκουπίζ οντας	σκουπισ μένος	wiped
18	σπουδάζω	I study	σπουδάζ οντας	σπουδα σ μένος	educated
19	φτάνω	I arrive	φτάν οντας	φτα σ μένος	arrived
20	χορταίνω	I eat my fill	χορταίν οντας	χορτασ μένος	satiated
				– ΜΕΝΟΣ	
1	ἀνοίγω	I open	ἀνοί γ οντας	ἀνοιγ μένος	opened
2	ἀλλάζω	I change	ἀλλά ζ οντας	ἀλλαγ μένος	changed
3	ἀφήνω	I let	ἀφήν οντας	ἀφη μένος	let, abandoned
4	βγαίνω	I go out	βγαίν οντας	βγαλ μένος	taken out
5	θυμώνω	I become angry	θυμών οντας	θυμω μένος	angry
6	κάνω	I do	κάν οντας	καμω μένος	done
7	λερώνω	I soil	λερών οντας	λερω μένος	soiled
8	μαλώνω	I quarrel	μαλών οντας	μαλω μένος	quarrelled
9	ξαπλώνω	I lie down	ξαπλών οντας	ξαπλω μένος	reclined
10	παίρνω	I take	παίρ ν οντας	παρ μένος	taken
11	πειράζω	I annoy	πειρά ζ οντας	πειραγ μένος	annoyed
12	πλένω	I wash	πλέν οντας	πλυ μένος	washed
13	ψήνω	I bake	ψή ν οντας	ψη μένος	baked

1. There are two sets of endings for the Participle Mood of verbs, one for the active and one for the passive, as follows :

	FIRST CONJUGATION		SECOND CONJUGATION	
ACTIVE	PRESENT IND. χάν-ω	*I lose*	ἀγαπ-ῶ	*I love*
	PARTICIPLE (*)χάν-**οντας**	*losing*	(* *)ἀγαπ-**ώντας**	*loving*
PASSIVE	PRESENT IND. χάν-ομαι *I am lost*		ἀγαπ-ιέμαι *I am loved*	
	PARTICIPLE χα - **μένος** *lost*		ἀγαπ-ημένος *loved*	

2. <u>ENDINGS</u>. Notice that :

(a) In the <u>active participle</u>, the ending '-ontas' is spelt with an unaccented - o - in verbs of the first conjugation and with an accented - ω - in verbs of the second.

(b) In the <u>passive participle</u>, the ending -μένος is preceded by an - η - in verbs of the second conjugation. *In a small number of passive verbs of this conjugation, the participle ending is -εσμένος/ -ασμένος, e.g.* καλ-σμένος *(invited)*, ξεχ-ασμένος *(forgotten.*

(c) Except for active participles of the 1st conjugation (*) *above,* all other participles bear their stress on their endings. In the case of active participles of the second conjugation, (* *) *above,* the accent is an accute because the ending -ας- is considered 'long'. *See p.14, par.13, IV*

3. <u>STEM</u>. Notice that in forming their participle, both active and passive verbs of the <u>second conjugation</u> retain their verb stem unaltered: ἀγαπ-ῶ, ἀγαπ-ώντας, ἀγαπ-ημένος, εὐχαριστ-ῶ, εὐχαριστ-ώντας, εὐχαριστ-ημένος, καλ-ῶ, καλ-ώντας, καλ-εσμένος, etc. This is also true of active verbs of the first conjugation,(*) *above,* and of :   γράφ-ω, γράφ-οντας, θέλ-ω, θέλ-οντας, ξέρ-ω, ξέρ-οντας, etc.

4. The passive participle of the first conjugation may usually be obtained by replacing the ending -θηκα of the simple past by the ending-μένος:

Present	χάν-ομαι *I am lost*	πληρών-ομαι *I am paid*	κουράζ-ομαι *I am tired*
S.Past	χά**θηκ**-α *I was "*	πληρώ**θηκ**-α *I was "*	κουράστ**ηκ**-α *I was "*
	χα-μένος *lost*	πληρω-μένος *paid*	κουρασ-μένος *tired*

5. If a verb has no passive form, it may still have a passive participle. This may usually be obtained by attaching the ending - μένος to <u>STEM 2</u>, the stem of the simple past, as follows :

<u>STEM 1</u>	πειν-ῶ	*I am hungry*	φτάν-ω	*I arrive*
<u>STEM 2</u>	πείνασ-α *I was "*		ἔφτασ-α	*I arrived*
	πεινασ-μένος *hungry*		φτασ-μένος *arrived*	

6. Students will have noticed that, in certain instances, - μένος is preceded by a - σ - and in certain other instances, it is not. In order to know which letter should precede-μένος it is important to pay attention to

158

STEM 2 and, more specifically, to the last letter or combination of letters of that stem. In verbs of the first conjugation, these undergo certain *euphonic* changes whose pattern may easily be traced. For the time being, however, it is sufficient to know the following practical pattern of changes which occur to the stem of a certain group of verbs in forming their passive participle:

THE PASSIVE PARTICIPLE OF VERBS WHOSE STEM ENDS IN :

(1) -αίνω is -αμένος			(4) a labial(-π-β-φ-) is -μμένος	
ξερ-αίνω	ξέρ-ανα	ξερ-αμένος	κρύβ-ω	κρύ-μμένος
ζεστ-αίνω	ζέστ-ανα	ζεστ-αμένος	κόβ-ω	κο-μμένος
μαρ-αίνω	μάρ-ανα	μαρ-αμένος	ράβ-ω	ρα-μμένος
πεθ-αίνω	πέθ-ανα	πεθ-αμένος	γράφ-ω	γρα-μμένος
πικρ-αίνω	πίκρ-ανα	πικρ-αμένος	θρέφ-ω	θρε-μμένος
ψυχρ-αίνω	ψύχρ-ανα	ψυχρ-αμένος	βάφ-ω	βα-μμένος
But				
μαθ-αίνω	έμαθ-α	μαθ-ημένος	(5) a palatal(-κ-γ-χ) is -γμένος	
πετυχ-αίνω	πέτυχ-α	πετυχ-ημένος		
			πλέκ-ω	πλε-γμένος
θερμ-αίνω	θέρμ-ανα	θερμ-ασμένος	ανοίγ-ω	ανοι-γμένος
μολ-ύνω	μόλ-υνα	μολ-υσμένος	σφίγγ-ω	σφι-γμένος
			βρέχ-ω	βρε-γμένος
(2) -ώνω	-ωμένος			
			(6) a dental(-τ-δ-θ)	-σμένος
πληρ-ώνω	πλήρ-ωσα	πληρ-ωμένος	or a -ζ-	-γμένος
σηκ-ώνω	σήκ-ωσα	σηκ-ωμένος		
μαλ-ώνω	μάλ-ωσα	μαλ-ωμένος	πέφτ-ω	πε-σμένος
θυμ-ώνω	θύμ-ωσα	θυμ-ωμένος	πλάθ-ω	πλα-σμένος
			αγοράζ-ω	αγορα-σμένος
(3) -εύω	-εμένος		βράζ-ω	βρα-σμένος
			διαβάζ-ω	διαβα-σμένος
βασιλ-εύω	βασίλ-εφα	βασιλ-εμένος	ζαλίζ-ω	ζαλι-σμένος
μαγ-εύω	μάγ-εφα	μαγ-εμένος	χαρίζ-ω	χαρι-σμένος
παντρ-εύω	πάντρ-εφα	παντρ-εμένος		
But			*But*	
παύ-ω		παυ-μένος	αλλάζ-ω	αλλα-γμένος

NOTE. For the meaning of the above verbs, see alphabetical glossary.

7.   The active participle is uninflected and functions like an adverb whereas the passive is declinable and functions like an adjective. As such, it takes the gender, number and case of the noun which it qualifies. E.g. Ἦρθε τρέχοντας *(he came running)*, τήν ὁρισμένη ὥρα *(at the appointed time)*. See PRACTICE 39 and 40. See also pp.165-167.

8.   The active participle expresses a continuous action but it may also express a completed one, with the use of the auxiliary ἔχω, as follows : ἔχοντας γράψει *(having written)*, ἔχοντας διαβάσει *(having read)*, etc. The passive participle is mostly used as a 'perfect' participle to express a completed action. It is no longer in **very** frequent use in its continuous form, e.g. γραφόμενος, ὁμιλούμενος, ἀγαπώμενος, φοβούμενος, etc., and it is little used

now, in its simple form, e.g. μελετηθείς - μελετηθεῖσα - μελετηθέν. In its
'perfect' form, the passive participle may be preceded by either of the two aux-
iliary verbs to form a *'second' present perfect tense,* as follows :

A C T I V E	FIRST CONJUGATION		SECOND CONJUGATION	
1st PRESENT PERFECT	ἔχω γράψει		ἔχω μελετήσει	
2nd PRESENT PERFECT	ἔχω γραμμένο	-ο(ν) -η(ν) -ο	ἔχω μελετημένο	
	I have written		*I have studied*	
P A S S I V E				
1st PRESENT PERFECT	ἔχω γραφτεῖ		ἔχω χτυπηθεῖ	
2nd PRESENT PERFECT	εἶμαι γραμμένος	-ος -η -ο	εἶμαι χτυπημένος	
	I have registered		*I have been hit*	

   <u>NOTE</u>. *For the declension of passive participles, see APPENDIX, p. 237.*
For irregular passive participles, see list of irregular verbs, pp.175-178.
For alternate forms of participles, see pp. 166-178.

   9.   In modern Greek, the use of the active participle is not exten-
sive. An active participle seldom renders the meaning of, or is rendered
by, an English active participle. Compare the following expressions:

	GREEK EXPRESSIONS	INTO ENGLISH
1	Ἔμαθα ρωτώντας	*I learned by asking*
2	Μιλοῦσαν χειρονομώντας	*They gesticulated as they spoke*
3	Ἔφυγαν τρέχοντας	*They went away running*
4	Κοίταζε χαμογελώντας	*He was smiling as he watched*
	ENGLISH EXPRESSIONS	INTO GREEK
5	Before waiting to listen	Πρίν νά περιμένουν ν'ἀκούσουν
6	Seeing that you are well now	Ἀφοῦ εἶσαι καλά τώρα
7	Coming to details	Γιά νά ἔρθω σέ λεπτομέρειες
8	Speaking of sports....	Μιά καί μιλᾶμε γιά σπόρ ....
9	They have the habit of paying by instalments	Συνηθίζουν νά πληρώνουν μέ δόσεις
10	By letting him go, you...	Μέ τό νά τόν ἀφήσεις νά φύγει...
11	God willing	Ἄν θέλει ὁ θεός

     Notice that while a certain analogy exists between Greek and English ex-
pressions in the use of active participles in sentences 1 - 4, above, there is
none between the English and Greek expressions in 5 - 11. In the latter, the
English active participle has to be expressed by a subordinate clause intro-
duced by πρίν νά, ἀφοῦ, γιά νά, etc. Usually, the Greek equivalent of an
English 'ing'- form is a νά + the subjunctive. E.g.

	ENGLISH EXPRESSIONS	INTO GREEK
1	I saw her coming	Τήν εἶδα νά ἔρχεται
2	I heard you 'phoning'	Σ'ἄκουσα νά τηλεφωνεῖς
3	You risk losing	Κινδυνεύεις νά χάσεις
4	Stop laughing	Πάψε νά γελᾶς
5	I cannot help laughing	Δέν μπορῶ νά κρατήσω τά γέλια
6	Would you mind telling me...	μπορεῖς νά μοῦ πεῖς

   10.   Negative participles are preceded by 'μή(ν)': μήν ξέροντας τί νά
πῶ *(not knowing what to say)*, ὁ μή εὐχαριστημένος *(the one who is not
pleased)*.

CHAPTER 19

I. A. ΚΟΙΤΑΖΩ ΤΟΝ ΚΟΣΜΟ[1]

῞Ησυχα,[2] καθαρά,[3] κοιτάζω τόν κόσμο καί λέω:
῞Ολα τοῦτα πού θωρῶ,[4] γρικῶ,[5] γεύουμαι,[6] ὀσφραί-
νουμε[7] κι ἀγγίζω[8] εἶναι πλάσματα[9] τοῦ νοῦ μου.[10]

῾Ο ἥλιος ἀνεβαίνει, κατεβαίνει μέσα στό κρα-
νίο μου.[11] Στό ἕνα μελίγγι[12] μου ἀνατέλνει[13] ὁ
ἥλιος, στό ἄλλο βασιλεύει[14] ὁ ἥλιος.

Τ᾽ ἄστρα λάμπουν μέσα στό μυαλό μου,[15] οἱ ἰδέ-
ες,[16] οἱ ἄνθρωποι καί τά ζῶα βόσκουν[17] μέσα στό
λιγόχρονο[18] κεφάλι μου, [...]·

σβήνει[19] τό μυαλό μου, κι ὅλα, οὐρανός καί
γῆς, ἀφανίζουνται.[20]

<῾Εγώ μονάχα ὑπάρχω![21] φωνάζει ὁ νοῦς.[22]
[...]

<Βάνω τάξη[23] στήν ἀναρχία, δίνω πρόσωπο,[24] τό
πρόσωπό μου, στό χάος.[25]

<Δέν ξέρω ἄν πίσω ἀπό τά φαινόμενα ζεῖ καί
σαλεύει[26] μιά μυστική,[27] ἀνώτερή μου οὐσία.[28]
Κι οὔτε ρωτῶ·[29] δέ μέ νοιάζει.[30] [...]

<Εἶμαι ὁ ἀργάτης[31] τῆς ἄβυσσος.[32] Εἶμαι ὁ θεα-
τής[33] τῆς ἄβυσσος. Εἶμαι ἡ θεωρία[34] καί ἡ πρά-
ξη.[35] Εἶμαι ὁ νόμος.[36] ῎Οξω[37] ἀπό μένα[38] τίποτα δέν
ὑπάρχει.>

Χωρίς[39] μάταιες[40] ἀνταρσίες[41] νά δεῖς[42] καί νά δεχτεῖς[43] τά σύνορα[44]
τοῦ ἀνθρώπινου νοῦ, καί μέσα στ᾽ αὐστηρά[45] τοῦτα σύνορα ἀδιαμαρ-
τύρητα,[46] ἀκατάπαυστα[47] νά δουλεύεις — νά ποιό εἶναι τό πρῶτο σου
χρέος.[48]

Νίκος Καζαντζάκης
"ΑΣΚΗΤΙΚΗ" 1923
(Abridged)

1.I look upon the world 2.quietly 3.lucidly 4.all that which I see 5.ἀκούω 6.I taste 7.I smell 8.and I touch 9. creations 10.of my mind 11.skull 12.out of one temple 13.rises 14.sets 15.brain 16. ideas 17.browze 18. little lasting 19. fades 20.vanish 21.only I exist 22.the mind shouts 23.I put order 24.I give a face 25. chaos 26.whether behind the phenomena there lives and moves 27.secret 28.essence superior to me 29. nor do I ask 30.I do not care 31.ἐργάτης 32.of the abyss 33.spectator 34.theory 35.action 36.law 37.ἔξω 38.beyond me 39.without 40. vain 41.rebellion 42. to see 43.to accept 44.boundaries 45. severe 46.without protest 47.ceaselessly 48.duty

NOUNS

1	ἡ ἀκοή	hearing
2	ἡ ὅραση	vision
3	ἡ γεύση	taste
4	ἡ ὅσφρηση	(sense of)smell
5	ἡ ἀφή	touch
6	τό ἄγγιγμα	touch
7	τό μελύγγι	temple
8	τό ζῶο	animal
9	ἡ γῆ	earth
10	τά σύνορα	boundaries
11	τό πλάσμα	creation
12	τό χάος	chaos
13	ἡ ἀναρχία	anarchy,disorder
14	ἡ ἀνταρσία	rebellion
15	ἡ ἀταξία	disorder,irregularity
16	ἡ τάξη	order,class
17	ὁ νοῦς	mind
18	τό μυαλό	brain
19	τό κρανίο	skull
20	ἡ ἰδέα	idea
21	ἡ θεωρία	theory
22	ἡ πράξη	action
23	τό χρέος	duty
24	ἡ προσπάθεια	effort
25	τό πρόσωπο	face
26	ἡ λεπτομέρεια	detail
27	τό κόσμημα	jewel
28	ὁ κόσμος	world
29	ὁ διάκοσμος	decor
30	ἡ κοσμοθεωρία	world threory
31	ἡ ἀδιακρισία	indiscretion
32	ἡ ἄσκηση	exercise
33	ἡ ἀσκητική	asceticism

PRONOUNS & ADJECTIVES

34	τοῦτος,τούτη,τοῦτο	this
35	πού	that,which
36	ὅτι, πώς	that
37	μάταιος -η -ο	vain
38	μυστικός -ή -ό	secret
39	αὐστηρός -ή -ό	severe
40	ζωηρός -ή -ό	lively
41	ταχτικός -ή -ό	regular,orderly
42	πρακτικός -ή -ό	practical
43	θεωρητικός -ή -ό	theoretical
44	νομικός -ή -ό	legal
45	προσωπικός -ή -ό	personal
46	ἀσκητικός -ή -ό	ascetic
47	ἀνώτερός -η -ο	superior
48	μεθοδικός -ή -ό	methodical
49	πολύς,πολλή,πολύ	much, a lot,

ADVERBS-PREPOSITIONS-CONJUNCTIONS

50	ἥσυχα	quietly
51	καθαρά	clearly, with clarity
52	ταχτικά	in an orderly way
53	μοναχά	only
54	ἀκατάπαυστα	unceasingly
55	χωρίς,δίχως	without
56	ἔξω ἀπό	outside of
57	νά	here's, there's

VERBS & EXPRESSIONS

58	ζῶ(-εῖς),νά ζήσω	I live, to live
59	ὑπάρχω	I exist, I am
60	λάμπω	I shine
61	ἀνατέλλω≈ἀνατέλνω	I rise
62	σβήνω	I fade, I put out, erase
63	πεθαίνω	I die
64	ἀφανίζομαι	I vanish, I am destroyed
65	βάζω≈βάνω, νά βάλω	I put, to put
66	βόσκω	I graze
67	βλέπω, νά δῶ	I see, to see
68	ἀκούω,[γρικῶ(-ᾶς)]	I hear
69	λέω, νά πῶ	I say, to say
70	ξέρω	I know, to know
71	ἀγγίζω,ἅπτομαι	I touch
72	ἀνεβαίνω	I go/come up
73	κατεβαίνω	I go/come down
74	ἀνεβάζω	I take/bring up
75	κατεβάζω	I take/bring down
76	δέχομαι, νά δεχθῶ	I accept,to accept
77	γεύομαι, νά γευθῶ	I taste, to taste
78	ὀσφραίνομαι,νά ὀσφρανθῶ	I smell,to smell
79	δουλεύω,ἐργάζομαι	I work
80	κουράζομαι	I become tired
81	βαριέμαι	I am bored
82	βιάζομαι	I hurry
83	γελῶ(-ᾶς),νά γελάσω	I laugh,to laugh
84	ξεχνῶ(-ᾶς),νά ξεχάσω	I forget,to forget
85	θωρῶ(-εῖς)	I see
86	σκέφτομαι,νά σκεφτῶ	I think,to think
97	νοιάζομαι,νά νοιαστῶ	I care, to care
88	στέκομαι,νά σταθῶ	I stand, to stand
89	χρειάζομαι,νά χρειαστῶ	I need,to need
90	γίνομαι,νά γίνω	I become,to become
91	στενοχωρῶ	I upset,embarrass
92	στενοχωριέμαι,νά στενοχωρηθῶ	I am upset, to be upset
93	ἑτοιμάζομαι,νά ἑτοιμαστῶ	I get ready, to get ready
94	ἐνδιαφέρομαι,νά ἐνδιαφερθῶ	I am interested,to be interested
95		
96	δέ μέ νοιάζει	I don't care

II. PRACTICE 42. FORMING TENSES OF PASSIVE VERBS CHAPTER 19.
I. DEPONENT

PRESENT INDICATIVE	S.PAST	S.FUT./SUBJ.	PR.PERF.	S.IMPERATIVE
		θά / νά	ἔχω	
STEM 1.	**STEM 2.**	I shall /to	I have	
1 κοιμᾶμαι *I sleep*	κοιμήθηκα *I slept*	κοιμηθῶ	κοιμηθεῖ	κοιμήσου
2 λυπᾶμαι *I am sorry*	λυπήθηκα *I was sorry*	λυπηθῶ	λυπηθεῖ	λυπήσου
3 ἀρνιέμαι *I deny*	ἀρνήθηκα *I denied*	ἀρνηθῶ	ἀρνηθεῖ	ἀρνήσου
4 παραδέχομαι *I admit*	παραδέχτηκα *I admitted*	παραδεχτῶ	παραδεχτεῖ	παραδέξου
5 αἰσθάνομαι *I feel*	αἰσθάνθηκα *I felt*	αἰσθανθῶ	αἰσθανθεῖ	
6 σκέφτομαι *I think*	σκέφτηκα *I thought*	σκεφτῶ	σκεφτεῖ	σκέψου
7 ὀνειρεύομαι *I dream*	ὀνειρεύτηκα *I dreamed*	ὀνειρευτῶ	ὀνειρευτεῖ	ὀνειρέψου
8 εὔχομαι *I wish*	εὐχήθηκα *I wished*	εὐχηθῶ	εὐχηθεῖ	εὐχήσου
9 ἔρχομαι *I come*	ἦρθα *I came*	ἔρθω	ἔρθει	ἔλα
10 γίνομαι *I become*	ἔγινα *I became*	γίνω	γίνει	γίνε
11 φαίνομαι *I appear*	φάνηκα *I appeared*	φανῶ	φανεῖ	
12 ντρέπομαι *I am shy*	ντράπηκα *I was shy*	ντραπῶ	ντραπεῖ	
13 στέκομαι *I stand*	στάθηκα *I stood*	σταθῶ	σταθεῖ	στάσου
14 ἐνδιαφέρομαι *I am interested*	ἐνδιαφέρθηκα *I was interested*	ἐνδιαφερθῶ	ἐνδιαφερθεῖ	
15 παραπονιέμαι *I complain*	παραπονέθηκα *I complained*	παραπονεθῶ	παραπονεθεῖ	παραπονέ- σου
16 ἐργάζομαι *I work*	ἐργάστηκα *I worked*	ἐργαστῶ	ἐργαστεῖ	ἐργάσου
17 χρειάζομαι *I need*	χρειάστηκα *I needed*	χρειαστῶ	χρειαστεῖ	χρειάσου
18 φαντάζομαι *I imagine*	φαντάστηκα *I imagined*	φανταστῶ	φανταστεῖ	φαντάσου
19 μεταχειρίζομαι *I use*	μεταχειρίστηκα *I used*	μεταχειριστῶ	μεταχειριστεῖ	μεταχει- ρίσου

FORMING TENSES OF PASSIVE VERBS
II. REFLEXIVE & RECIPROCAL

PRESENT INDICATIVE	S.PAST	S.FUTURE & S.SUBJUNCT.	PRESENT PERFECT	S.IMPERATIVE
STEM 1.	**STEM 2.**	θά / νά *I shall/ to*	ἔχω *I have*	
1 φανερώνομαι *I show myself*	φανερώ**θ** ηκα	φανερωθῶ	φανερωθεῖ	φανερώσου
2 ντύνομαι *I dress (myself)*	ντύ**θ**ηκα	ντυθῶ	ντυθεῖ	ντύσου
3 γδύνομαι *I undress (myself)*	γδύ**θ**ηκα	γδυθῶ	γδυθεῖ	γδύσου
4 πλένομαι *I wash myself*	πλύ**θ** ηκα	πλυθῶ	πλυθεῖ	πλύσου
5 σκουπίζομαι *I dry myself*	σκουπί**στ** ηκα	σκουπιστῶ	σκουπιστεῖ	σκουπίσου
6 χτενίζομαι *I comb (myself)*	χτενί**στ** ηκα	χτενιστῶ	χτενιστεῖ	χτενίσου
7 ἑτοιμάζομαι *I prepare myself*	ἑτοιμά**στ** ηκα	ἑτοιμαστῶ	ἑτοιμαστεῖ	ἑτοιμάσου
8 κλείνομαι *I shut myself*	κλεί **στ** ηκα	κλειστῶ	κλειστεῖ	κλείσου
9 πείθομαι *I convince myself*	πεί**σθ** ηκα	πεισθῶ	πεισθεῖ	
10 ἀναρωτιέμαι *I ask myself*	ἀναρωτή**θ** ηκα	ἀναρωτηθῶ	ἀναρωτηθεῖ	ἀναρωτήσου
11 φυλάγομαι *I take care of myself*	φυλά**χτ** ηκα	φυλαχτῶ	φυλαχτεῖ	φυλάξου
12 κοιτάζομαι *I look at myself*	κοιτά **χτ** ηκα	κοιταχτῶ	κοιταχτεῖ	κοιτάξου
13 φτιάχνομαι *I tidy myself*	φτιά**χτ** ηκα	φτιαχτῶ	φτιαχτεῖ	φτιάξου
14 γνωρίζονται *they know each other*	γνωρί**στ** ηκαν	γνωριστοῦν	γνωριστεῖ	
15 συναντιόνται *they meet*	συναντή**θ** ηκαν	συναντηθοῦν	συναντηθεῖ	
16 ἐρωτεύονται *they fall in love*	ἐρωτεύ **τ** ηκαν	ἐρωτευτοῦν	ἐρωτευτεῖ	
17 ἀγαπιόνται *they love each other*	ἀγαπή**θ** ηκαν	ἀγαπηθοῦν	ἀγαπηθεῖ	
18 μισοῦνται *they hate each other*	μισ **ή**θηκαν	μισηθοῦν	μισηθεῖ	

1   Κοιμήθηκες καλά ἀπόψε;   Δέν κοιμήθηκα καθόλου καλά
    Did you sleep well last night?   *I didn't sleep well at all*

2   Μπόρεσες νά κοιμηθεῖς λίγο;   Πολύ λίγο. Θά κοιμηθῶ αὔριο
    Were you able to sleep a little?   *Very little. I shall sleep tomorrow*

3   Κοιμήσου λίγο τώρα   Ἀδύνατο νά κοιμηθῶ τώρα
    Sleep for a while, now   *Impossible for me to sleep now*

4   Κοιμᾶσαι καλά συνήθως;   Ναί, σπάνια νά μήν κοιμηθῶ
    Do you usually sleep well?   *Yes, rarely do I not sleep.*

---

1   Ντύσου γρήγορα   Δέν μπορῶ νά ντυθῶ γρήγορα
    Get dressed quickly   *I can't get dressed quickly*

2   Ἐγώ γιατί ντύνομαι γρήγορα;   Πόση ὥρα σοῦ παίρνει νά ντυθεῖς;
    Why do I dress quickly?   *How long does it take you to dress?*

3   Ἐτοιμάζομαι σέ μισή ὥρα   Ἐγώ χρειάζομαι ὥρα νά χτενιστῶ
    I get ready in half an hour   *I need time to do my hair*

4   Γιατί δέ χτενίστηκες ἀπό τό πρωί;   Γιατί ἤθελα νά πλυθῶ πρῶτα. *Because*
    Why didn't you do your hair in···   *I wanted to take a bath first*

5   Καί γιατί δέν πλύθηκες τό πρωί;   Γιατί ἦταν πιασμένο τό μπάνιο
    And why didn't you take a bath....?   *Because the bathroom was occupied*

6   Ἐτοιμάσου ὅσο πιό γρήγορα μπορεῖς   Ἐσύ ἐτοιμάστηκες;
    Get ready as quickly as you can   *Are you ready?*

7   Ἔχω ἑτοιμαστεῖ κάμποση ὥρα τώρα   Κοιτάχτηκες στόν καθρέφτη;
    I have been ready for some time now   *Did you look at yourself in the mir-*
                                                   ror

8   Γιατί νά κοιταχτῶ;   Κοιτάξου πρῶτα....
    Why should I look at myself?   *First look at yourself...*

---

1   Τί σκέφτεσαι;   Σκέφτομαι τήν Κατερίνα
    What are you thinking of?   *I am thinking of Katerina*

2   Πῶς τή σκέφτηκες;   Ἤθελα νά τήν εὐχηθῶ
    What made you think of her?   *I wanted to give her my wishes*

3   Γιατί νά τήν εὐχηθεῖς;   Γιορτάζει. Τί νά γίνει τώρα; *She is*
    To give her your wishes for what?   *celebrating...What shall I do now?*

4   Πῶς δέν τό σκέφτηκες πιό πρίν;   Τό εἶχα σκεφτεῖ ἀπό νωρίς, ἀλλά...
    Why didn't you think of it earlier?   *I had thought of it earlier, but...*

5   Τί ἔγινε καί δέν τήν εὐχήθηκες;   Βιαζόμουνα νά φτιαχτῶ
    What happened so that you didn't...?   *I was hurrying to get ready*

---

1   Στάσου νά ξεκουραστεῖς   Δέν μπορῶ νά σταθῶ τώρα
    Stop for some rest   *I cannot stop now*

2   Δέν ἔχεις σταθεῖ καθόλου;   Στάθηκα λίγο καί ξεκουράστηκα
    Haven't you stopped at all?   *I stopped for a little while and*
                                                 rested

3   Νά σταθοῦμε λίγο; Ἔχω κουραστεῖ   Κ'ἐγώ κουράστηκα.
    Shall we stop a little? I am tired   *I am tired too.*

ALTERNATE & VARIANT ENDINGS
OF ADJECTIVES & PARTICIPLES

III. GRAMMAR

1.   **ALTERNATE ENDINGS** are less frequently encountered among adjectives and nominal participles than they are, among nouns. One instance, that of adjectives such as βαθύς, has already been dealt with. *See paras. 4 and 5, on p. 127.* There are two more instances :

(a) A number of adjectives of the group -ος -η(-α) -ο form a feminine which fluctuates between -η and -ιά, according as it is used as an adjective or as a noun: ή κακή χρήση τῆς γλώσσας *(the bad use of the language)*, μήν κάνεις τήν κακιά *(don't pretend to be mean)*, but also, ή κακιά ὥρα *(bad moment)*. This is commonly found with the following adjectives :   ξανθός *(blond)*, ρηχός *(shallow)*, and with a good number of adjectives ending in -ικός:

	M.	F.			M.	F.	
1	ξανθός	ξανθή	/ξανθιά	7	κακός	κακή	/κακιά
2	ρηχός	ρηχός	/ρηχιά	8	καρδιακός	καρδιακή	/καρδιακιά
3	βραχνός	βραχνή	/βραχνιά	9	μαλακός	μαλακή	/μαλακιά
4	βολικός	βολική	/βολικιά	10	νευρικός	νευρική	/νευρικιά
5	γλυκός		γλυκιά	11	νηστικός	νηστική	/νηστικιά
6	εὐγενικός	εὐγενική/εὐγενικιά		12	συμπαθητικός	συμπαθητι-κή	/συμπαθητι-κιά

On the other hand, the feminine of a number of adjectives ending in -αιος and -ρος fluctuates between -η and -α, as follows:

	M.	F.			M.	F.	
1	ἀραιός	ἀραιή	/ἀραιά	7	ἀριστερός	ἀριστερή	/ ἀριστερά
2	βέβαιος	βέβαιη	/βέβαια/βεβαία	8	βλαβερός	βλαβερή	/ βλαβερά
3	βίαιος	βίαιη	/βίαια /βιαία	9	δροσερός	δροσερή	/ δροσερά
4	δίκαιος	δίκαιη	/δίκαια/δικαία	10	δεύτερος	δεύτερη	/ δευτέρα
5	μάταιος	μάταιη	/μάταια/ματαία	11	ἐλεύθερος	ἐλεύθερη	/ ἐλευθέρα
6	στέρεος στερεός	στέρεη στερεή/	/στέρεα/στερεά	12	ζωηρός	ζωηρή	/ ζωηρά
				13	σκληρός	σκληρή	/ σκληρά

The use of the one or the other of the alternate forms of feminine adjectives mainly depends on the user's style. *For the meaning of those lists of words, see GLOSSARY.*

(b) Masculine adjectives such as παρών, μέλλων, ἐνδιαφέρων, may adopt the nominal ending -ας and be declined accordingly, e.g. ὁ μέλλων or ὁ μέλλοντας, τοῦ μέλλοντα, τόν μέλλοντα, while the feminine of these adjectives may be declined like γλώσσα, i.e. according to the rule which requires the 'short' feminine -α to turn into -η , in the genitive singular. In that case, both παροῦσα and γλῶσσα are, of course, stressed with a circumflex. *See Notes III & IV on p.151.*   E.g.

	S I N G U L A R			P L U R A L		
	NOMINATIVE	GENITIVE	ACCUSATIVE	NOMINATIVE	GENITIVE	ACCUSATIVE
M.	παρόντας παρών	παρόντα παρόντος	παρόντα	παρόντες	παρόντων	παρόντ-ας ας
F.	παροῦσα παροῦσα	παρούσας παρούσης	παροῦσα παροῦσαν	παροῦσες παροῦσαι	παρουσῶν	παροῦσες παρούσας
N.	παρόν	παρόντος	παρόν	παρόντα	παρόντων	παρόντα

2. **VARIANT ENDINGS**. The declension of a small group of <u>adjectives</u>, those which, in the masculine, feminine and neuter end in ⁻ης ⁻ης ⁻ες, respectively, differs from that of all other adjectives. These adjectives may be grouped in two categories,(a) those which are stressed on the last syllable, like ἀμελής, (b) those which are stressed on the second to last syllable, like συνήθης and ἰδεώδης. Both of these are declined as follows:

S I N G U L A R			P L U R A L		
NOMINATIVE	GENITIVE	ACCUSATIVE	NOMINATIVE	GENITIVE	ACCUSATIVE
M. ἀμελής	ἀμελῆ(-οῦς)	ἀμελή(-ῆ)	ἀμελεῖς	ἀμελῶν	ἀμελεῖς
F. ἀμελής	ἀμελοῦς	ἀμελή(-ῆ)	ἀμελεῖς	ἀμελῶν	ἀμελεῖς
N. ἀμελές	ἀμελοῦς	ἀμελές	ἀμελή(-ῆ)	ἀμελῶν	ἀμελή(-ῆ)
M. συνήθης	συνήθη(-ους)	συνήθη	συνήθεις	συνήθων	συνήθεις
F. συνήθης	συνήθους	συνήθη	συνήθεις	συνήθων	συνήθεις
N. σύνηθες	συνήθους	σύνηθες	συνήθη	συνήθων	συνήθη
M. ἰδεώδης	ἰδεώδη(-ους)	ἰδεώδη	ἰδεώδεις	ἰδεωδῶν	ἰδεώδεις
F. ἰδεώδης	ἰδεώδους	ἰδεώδη	ἰδεώδεις	ἰδεωδῶν	ἰδεώδεις
N. ἰδεῶδες	ἰδεώδους	ἰδεῶδες	ἰδεώδη	ἰδεωδῶν	ἰδεώδη

3. Notice that in the genitive singular, masculine adjectives can adopt an alternate form(-η); that <u>ἀμελής</u> is declined like συγγενής, *see para.3, and Note I, on p.151;* and that the difference between συνήθης and ἰδεώδης is in the movement of the accent:(i) this is stable in συνήθης, save for a recessive movement in the neuter singular, σύνηθες, similar to that of δεσπότης - δέσποτα *(master, bishop)*, (ii) it is also stable in ἰδεώδης, save for a movement forward, to the last syllable, in the genitive plural of all three genders, similar to that of πολίτης - πολιτῶν, στρατιώτης - στρατιωτῶν, *see para.4,i, on p.113.*

4. There are other forms of participles besides those ending in - οντας, - ώντας and - μένος. E.g. besides the indeclinable γράφοντας *(writing),* are the declinable ὁ γράφων *(he who is writing)* and ὁ γραφόμενος *(he who is written)* - two variant forms of the continuous participle, the one, active, and the other, passive. Quite a number of these participles are still used today, mostly in standard expressions such as: 'those interested' = οἱ ἐνδιαφερόμενοι, 'the following'= οἱ ἑπόμενοι, etc. Simple participles ending in -ών are declined like παρών, and continuous participles ending in - ων, or in -όμενος are declined as follows:

S I N G U L A R			P L U R A L		
NOMINATIVE	GENITIVE	ACCUSATIVE	NOMINATIVE	GENITIVE	ACCUSATIVE
(the existing)		ACTIVE			
M. ὑπάρχων	ὑπάρχοντος	ὑπάρχοντα	ὑπάρχοντες	ὑπαρχόντων	ὑπάρχοντες
F. ὑπάρχουσα	ὑπάρχουσας	ὑπάρχουσα	ὑπάρχουσες	ὑπαρχουσῶν	ὑπάρχουσες
N. ὑπάρχον	ὑπάρχοντος	ὑπάρχον	ὑπάρχοντα	ὑπαρχόντων	ὑπάρχοντα
(the following)		PASSIVE			
M. ἑπόμενος	ἑπόμενου	ἑπόμενο	ἑπόμενοι	ἑπόμενων	ἑπόμενους
F. ἑπόμενη	ἑπόμενης	ἑπόμενη	ἑπόμενες	ἑπόμενων	ἑπόμενες
N. ἑπόμενο	ἑπόμενου	ἑπόμενο	ἑπόμενα	ἑπόμενων	ἑπόμενα

5. _Note_. Both ὑπάρχων and ἑπόμενος may, of course, move their accent forward, when their ending is long, as follows : S.N. ἡ ἑπομένη, S.G. τῆς ὑπαρχούσης, τοῦ ἑπομένου, τῆς ἑπομένης... Pl.G. τῶν ὑπαρχόντων, τῶν ἑπομένων Pl.A. τάς ὑπαρχούσας, τούς ἑπομένους, τάς ἑπομένας. Notice the movement of the accent to the last syllable in the genitive plural of ὑπάρχουσα - ὑπαρχουσῶν, similar to that of θάλασσα - θαλασσῶν, _see para.4,ii, on p.113._

6. The use of those 'variant' participles is not extensive, today, and, at this stage of their study of the language, students need do no more than be aware of the existence of such participles. A number of these have become nouns commonly used in everyday speech:

_1_	τό περίεργο φαινόμενο _the strange phenomenon_	_5_	ὁ κατηγορούμενος _the accused_
_2_	οἱ πολιτευόμενοι _the politicians_	_6_	ὁ φορολογούμενος _the taxpayer_
_3_	οἱ ἐργαζόμενοι _the working people_	_7_	οἱ προηγούμενοι _the preceding ones_
_4_	οἱ διαμαρτυρόμενοι _the Protestants_	_8_	ἡ καθομιλουμένη γλώσσα _the spoken language_

7. Active continuous and simple participles may also be used as nouns and a number of these are commonly used in expressions such as:

_1_	ὁ γράφων .... e.g.		κατά τή γνώμη τοῦ γράφοντος _in the writer's opinion_
	the writer		
_2_	ὁ ὑπογράφων _the undersigned_		οἱ ὑπογράφοντες δηλώνουν ὅτι _the undersigned declare that_
_3_	ὁ σπουδάζων _the one who studies_		οἱ σπουδάζοντες στό ἐξωτερικό _those studying abroad_
_4_	ὁ σπουδάσας _the one who has studied_		οἱ σπουδάσαντες στό ἐξωτερικό _those who studied abroad_
_5_	ὁ ἐπιθυμῶν _he who wishes_		οἱ ἐπιθυμοῦντες νά φύγουν.... _those who wish to go..._

8. TABLE OF VARIANT FORMS OF PARTICIPLES (All declinable)

	CONTINUOUS	SIMPLE	PERFECT
ACTIVE 1st Conj.	_he who/_ ὁ γράφων /_writes_	_he who/_ ὁ γράψας/_wrote_	{ _he who has written_ ὁ ἔχων γράψει
2nd Conj.	ὁ ἀγαπῶν /_loves_	ὁ ἀγαπήσας/_loved_	{ ὁ ἔχων ἀγαπήσει _he who has loved_
PASSIVE { _he who registers_ 1st Conj.	ὁ γραφόμενος	ὁ γραφείς _he who registered_	
2nd Conj. {	ὁ ἀγαπώμενος _he who is loved_	ὁ ἀγαπηθείς _he who was loved_	
Cf. ACTIVE 1st Conj.	γράφοντας	ἔχοντας γράψει	
" 2nd "	ἀγαπώντας	" ἀγαπήσει	
PASSIVE 1st "		γραμμένος, -η, -ο	
2nd "		ἀγαπημένος, -η, -ο	

CHAPTER 20

I.   A   ΤΟ ΠΟΥΛΙ[1]

1.   ῾Η ἀδελφή μου κ᾿ἐγώ δέν εἴχαμε δεῖ[2] τή μητέ-
ρα μας γιά πολύ καιρό[3]. Τή θυμᾶμαι ἀκόμη[4] ἐκεῖνο
τό πρωινό[5]. ῎Εψαχνε μέ τά μάτια[6], ἀπό τό βαπόρι,[7]
γιά νά μᾶς βρεῖ.[8]

2.   Κρατοῦσε[9] ἕνα πακέτο. - Τί εἶναι, μητέρα;
τή ρώτησα.[10] Χαμογέλασε.[11] - ῎Ενα πουλί, ἀπ᾿τό νησί[12],
εἶπε.[13] - ῎Ενα πουλί! - Ναί, γιά σένα[14] ᾿Αγαποῦσες[15]
πολύ, ὅταν ἤσουν μικρός[16], νά πιάνεις πουλιά[17] - Τί
θά τό κάνουμε; - Θά τό κρατήσουμε νά μεγαλώσει![18]
Σέ λίγο[19] θ᾿ἀρχίσει νά κελαϊδεῖ.[20]

3.   ῎Ακουσε[21] μητέρα, λέει ἡ ἀδελφή μου. Τί θά ἔ-
λεγες ἄν[22]... Σταματᾶ[23] Διστάζει[24] Μιά στιγμή[25] Τά μά-
γουλά της[26] εἶναι κατακόκκινα[27] -...῎Αν τό ἀφήναμε[28],
λέει τέλος[29] - Ποιό; - Νά... τό πουλί... δέν εἶναι
κρίμα;[30] - Καλά, καλά[31] λέει ἐκείνη[32] ῞Οπως θέλετε.[33]

4.   - ῎Ας περιμένουμε λίγο[34], λέω ἐγώ. - ῎Ας περι-
μένουμε, λέει ἡ ἀδελφή μου. - Γιά ποιό λόγο[35], λέει
ἡ μητέρα, ἀφοῦ δέν εἶναι νά τό κρατήσουμε;[36] Θά τό
ἀφήσουμε αὔριο τό πρωί. Τήν ἄλλη μέρα[37], πρίν φύγω[38]
πῆρα τό κλουβί[39], τό κρέμασα στήν ταράτσα[40], καί ἄνοι-
ξα τήν πόρτα του. ῞Οταν ξυπνήσουν[41], σκέφτηκα[42], τό
πουλί θά βρίσκεται κιόλας[43] στό Λυκαβηττό.[44]

5.   Δές,[1] εἶπε[2] ἡ μητέρα στήν κόρη, ὁ ἀδελφός σου
ἄνοιξε τήν πόρτα τοῦ κλουβιοῦ. Ὅμως[3] τό πουλί
διστάζει.[4] - Γίνεται[5] νά μήν τό κατάλαβε ἀκόμα;[6]
Τότε[7] ἡ μητέρα ἔβαλε τό χέρι[8] μέσα στό κλουβί,[9]
ἔπιασε τό πουλί,[10] τό ἄφησε[11] στήν ἀνοιχτή χούφτα
της,[12] καί περίμενε.[13]

6.   Τό πουλί πήδησε[14] στό πεζούλι[15] τῆς ταράτσας.
Ἔτρεμε.[16] Τριγύριζε[17] μέ ἀβέβαια[18] πηδήματα[19] στό
πεζουλάκι.[20] Ἀλλά νά πηδήσει καί νά φύγει[21]- αὐ-
τό ὄχι.[22] Οἱ δυό γυναῖκες[23] κοίταζαν[24] δίχως νά ξέ-
ρουν[25] τί νά ποῦν.[26] -Θά ξέμαθε[27] νά πετᾶ,[28] εἶπε ἡ
μιά. -Δέ μποροῦμε νά τό ἀφήσουμε, εἶπε ἡ ἄλλη.
Θά πέσει[29] καί θά τό φᾶνε οἱ γάτες.[30] - Δέ μποροῦ-
με νά τό ἀφήσουμε.

7.   Λοιπόν,[31] τό πῆραν[32] καί τό ἔβαλαν[33] μέσα στό
κλουβί. - Αὐτό δέν τό φανταζόμουν ποτέ...,[34] μουρ-
μούρισε[35] τό κορίτσι, ταραγμένο.[36] Τόσο πολύ λοι-
πόν[37] μπορεῖ νά συνηθίσεις;[38]- Τόσο πολύ,[39] παιδί
μου, εἶπε ἡ γυναίκα μέ τά ἄσπρα μαλλιά.

Ἠλίας Βενέζης

"ΤΟ ΑΙΓΑΙΟ" 1967.
*(Short story, abridged
and simplified)*

1.see 2.said 3.
but 4.hesitates
5.is it possible
6.that it didn't
understand it yet?
7.then 8.put her
hand 9.inside the
cage 10.picked up
the bird 11.left
it 12.in her open
palm 13.waited
14.jumped 15.par-
apet 16.it was
trembling 17.it
was moving about
18.uncertain 19.
hops 20.on the
small parapet 21.
but to jump and go
22.that,no 23.
women 24.were look-
ing 25.without
knowing 26.what
to say 27.it must
have forgotten 28.
fly 29.will fall 30.
the cats will eat it
31.so 32.took 33.
put 34.I could nev-
er imagine this 35.
murmured 36.stir-
red 37.to that ex-
tent then 38.can
one become ac-
customed? 39.to
that extent .

B.   Σ'ΑΓΑΠΩ[1]

Σ'ἀγαπῶ· δέν μπορῶ[2]
τίποτ'ἄλλο νά πῶ[3]
πιό βαθύ,[4] πιό ἁπλό[5]
πιό μεγάλο!

[...]

Σ'ἀγαπῶ· τί μπορῶ
ἀκριβέ,[6] νά σοῦ πῶ
πιό βαθύ, πιό ἁπλό
πιό μεγάλο;

1.I love you
2.I cannot
3.say anything
else
4.deeper
5.simpler
6.dearest

Μυρτιώτισσα

"ΚΙΤΡΙΝΕΣ ΦΛΟΓΕΣ" 1925.
(Abridged)

170

NOUNS

1	τό πρωινό	morning
2	τό πουλί	bird
3	τό κλουβί	cage
4	ἡ ταράτσα	terrace
5	τό πεζούλι	parapet
6	τό πήδημα	jump
7	ἡ χούφτα	palm

ADJECTIVES

8	ἀβέβαιος -η -ο	uncertain
9	ταραγμένος	stirred
10	βαθύς -ειά -ύ	deep

VERBS

11	πές	tell, say
12	νά πῶ	to tell, to say
	λέω	I " I "
13	δές	see
14	νά δῶ	to see
15	εἴχαμε δεῖ	we had seen
	βλέπω	I see
16	νά βρῶ	to find
	βρίσκω	I "
17	νά φάω	to eat
	τρώω	I "
18	νά φύγω	to go away
	φεύγω	I " "
19	νά ξυπνήσω	to wake up
	ξυπνῶ	I " ""
20	νά μεγαλώσω	to grow up
	μεγαλώνω	I " "
21	θά κρατήσω	I shall keep
	κρατῶ	I keep
22	θά ἀφήσω	I shall let
	ἀφήνω	I let
23	θά πέσω	I shall fall
	πέφτω	I fall
24	θά ἀρχίσω	I shall begin
	ἀρχίζω	I begin
25	θά συνηθίσω	I shall become accustomed
	συνηθίζω	I become accustomed

26	ἔψαχνα	I searched (c.past)
	ψάχνω	I search
27	ἔβαλα	I put (s.past)
	βάζω	I " (present)
28	ἔτρεμα	I trembled (c.past)
	τρέμω	I tremble
29	ἄφησα	I let (s.past)
	ἀφήνω	I "
30	ἄνοιξα	I opened (s.past)
	ἀνοίγω	I open
31	περίμενα	I waited(c.ors.past)
	περιμένω	I wait
32	τριγύριζα	I moved about (c.past)
	τριγυρίζω	I move about
33	μουρμούρισα	I whispered (s.past)
	μουρμουρίζω	I whisper
34	χαμογέλασα	I smiled(s.past)
	χαμογελῶ	I smile
35	ρώτησα	I asked(s.past)
	ρωτῶ	I ask
36	πήδησα	I jumped(s.past)
	πηδῶ	I jump
37	κρέμασα	I hung (s.past)
	κρεμῶ	I hang
38	πῆρα	I took (s.past)
	παίρνω	I take
39	φανταζόμουν	I imagined(c.past)
	φαντάζομαι	I imagine
40	γίνομαι	I become
41	σταματῶ	I stop
42	διστάζω	I hesitate

EXPRESSIONS

43	ξέμαθα	I am out of the habit
44	γίνεται νά μήν τό κατάλαβε;	could he she/it have not understood?
45	πρίν φύγω	before going away
46	γιά πολύ καιρό	for a long time
47	γιά ποιό λόγο;	for what reason?
48	δέν εἶναι κρίμα;	is it not a shame?
49	ἀκριβέ	dearest

1	Τό <u>σημερινό</u> μάθημα	*Today's lecture*	Σημερινός
	Τό <u>σημερινό</u> μάθημα εἶναι	*is*	σημερινή
	τό <u>δεύτερο</u> μάθημα	*the second lecture*	σημερινό
2	Τό <u>ἐπόμενο</u> μάθημα	*The next lecture*	Ἐπόμενος
	Τό <u>ἐπόμενο</u> μάθημα θά εἶναι	*will be*	ἐπόμενη
	τό <u>τρίτο</u> μάθημα	*the third lecture*	ἐπόμενο
3	Τό ἐπόμενο μάθημα θά γίνει	*The next lecture will be*	Ἐρχόμενος
	τήν <u>ἐρχόμενη</u> ἐβδομάδα	*held on the coming week*	ἐρχόμενη
4	Ἡ <u>ἐρχόμενη</u> ἐβδομάδα εἶναι	*The coming week is*	ἐρχόμενο
	ἡ <u>τρίτη</u> ἐβδομάδα	*the third week*	
5	Τήν <u>τρίτη</u> ἐβδομάδα θά γίνει	*The third lecture will be*	
	τό <u>τρίτο</u> μάθημα.	*held on the third week*	
6	Τό <u>πρῶτο</u> μάθημα ἔγινε	*The first lecture was*	
	τήν <u>πρώτη</u> ἐβδομάδα.	*held on the first week*	
7	Ἡ πρώτη ἐβδομάδα ἦταν	*Last week was the*	Περασμένος
	ἡ <u>περασμένη</u> ἐβδομάδα	*first week*	περασμένη
8	Τήν <u>περασμένη</u> ἐβδομάδα κάναμε	*Last week we did*	περασμένο
	τό <u>περασμένο</u> μάθημα	*the previous lesson*	
9	Τό <u>περασμένο</u> μάθημα ἦταν	*The previous lecture was*	
	τό <u>πρῶτο</u> μάθημα	*the first lecture*	

1	Ὁ <u>προηγούμενος</u>	*The previous*	Προηγούμενος
	Ὁ <u>προηγούμενος</u> πίνακας	*The previous painting*	προηγούμενη
	ἦταν <u>ἐνδιαφέρων</u>	*was interesting*	προηγούμενο
2	Ἡ <u>προηγούμενη</u> ἱστορία	*The previous story*	
	ἦταν <u>ἐνδιαφέρουσα</u>	*was interesting*	
3	Τό <u>σημερινό</u> ἔργο ἦταν	*Today's show*	Ἐνδιαφέρων
	<u>ἐνδιαφέρον</u>	*was an interesting one*	ἐνδιαφέρουσα
4	Τό <u>προσεχές</u> ἔργο θά εἶναι	*The coming show will*	ἐνδιαφέρον
	κι αὐτό <u>ἐνδιαφέρον</u>	*also be interesting*	
5	Τά <u>προσεχή(-ῆ)</u> ἔργα θά εἶναι	*The coming shows will*	Προσεχής
	<u>ἐνδιαφέροντα</u>	*be interesting*	προσεχής
6	Τά <u>ἐπόμενα</u> κεφάλαια γίνονται	*The following chapters*	προσεχές
	<u>ἐνδιαφέροντα</u>	*become interesting*	
7	Οἱ <u>ἐπόμενες</u> σελίδες εἶναι	*The following pages are*	
	<u>ἐνδιαφέρουσες</u>	*interesting*	
8	Οἱ <u>προηγούμενες</u> σελίδες ἦταν	*The previous pages were*	
	κι αὐτές <u>ἐνδιαφέρουσες</u>	*also interesting*	
9	Οἱ σελίδες <u>τῶν προηγουμένων</u> κεφαλαίων	*The pages of the previous chapt-*	
	εἶναι κι αὐτές <u>ἐνδιαφέρουσες</u>	*ers are also interesting*	
10	Οἱ σελίδες <u>τῶν ἐπομένων</u> κεφαλαίων	*The pages of the following*	
	εἶναι κι αὐτές <u>ἐνδιαφέρουσες</u>	*chapters..................*	

172

SINGULAR - PLURAL

1 Ὁ συγγραφέας (writer) αὐτός ὁ συγγραφέας εἶναι συμπαθής	Συμπαθής -εῖς συμπαθής -εῖς συμπαθές -ή(-ῆ) (likeable)	**1. Λείπει** *He/she/it is missing.*
2 Ἡ συγγραφεύς αὐτή ἡ συγγραφεύς εἶναι συμπαθής		- Κάτι λείπει
		- Τί λείπει; *What is missing?*
3 Οἱ συγγραφεῖς αὐτοί οἱ συγγραφεῖς εἶναι συμπαθεῖς	Ἀκριβής -εῖς ἀκριβής -εῖς ἀκριβές -ή(-ῆ) (exact)	- Τί λείπει ἀπό τό τραπέζι;
		- Λείπει τό ψωμί,
4 Ὁ γραμματέας (secretary) αὐτός ὁ γραμματέας εἶναι ἀκριβής		- Λείπει ἕνα ποτήρι
5 Ἡ γραμματεύς (γραμματέας) αὐτή ἡ γραμματεύς εἶναι ἀκριβής	Εὐτυχής -εῖς εὐτυχής -εῖς εὐτυχές -ή(-ῆ) (happy)	**2. Λείπουν** *They are missing.*
		- Ποιοί λείπουν σήμερα; *Who is absent today?*
6 Οἱ γονεῖς (parents) οἱ νέοι γονεῖς εἶναι εὐτυχεῖς		- Αὐτοί πού λείπουν συνήθως. *Those who are usually absent.*
7 Τό καινούργιο σπίτι εἶναι εὐρύχωρο καί συμπαθητικό καί συμπαθές	Εὐρύχωρος-η-ο (spacious) Συμπαθητικός-ή-ό (likeable) Διπλανός-ή-ό (neighbouring)	- Πόσες φορές ἔχουν λείψει αὐτό τό μήνα;
8 Τά καινούργια σπίτια εἶναι εὐρύχωρα καί συμπαθητικά καί συμπαθῆ(-ή)		**3. Λείπω** *I am away.*
9 Ἡ διπλανή μας οἰκογένεια εἶναι θορυβώδης	Θορυβώδης -εις θορυβώδης -εις θορυβῶδες -η (noisy)	-"Ελειπα ταξίδι
10 Ἡ διπλανή μας οἰκογένεια εἶναι πολυμελής		- Πόσον καιρό ἔλειψες;
		-"Ελειψα μία ἑβδομάδα
11 Οἱ πολυμελεῖς οἰκογένειες δέν εἶναι θορυβώδεις	Πολυμελής -εῖς πολυμελής -εῖς πολυμελές -ή(-ῆ) (large)	**4. Μοῦ λείπεις** *I miss you.*
12 Οἱ θορυβώδεις οἰκογένειες δέν εἶναι οἱ πολυμελεῖς		- Μᾶς λείπεις πολύ *We miss you a lot*
		- Κ'ἐμένα μοῦ λείπετε *I miss you too*
13 Ὁ συναγωνισμός (competition) ὁ διεθνής συναγωνισμός	Διεθνής -εῖς διεθνής -εῖς διεθνές -ή(-ῆ) (international)	**5. Μοῦ ἔλειψες** *I missed you.*
14 Οἱ ἀγῶνες (games) οἱ διεθνεῖς ἀγῶνες		**6. Μοῦ ἔλειψε**
15 Τό διεθνές τό διεθνές πρωτάθλημα (championship)		- Τί σοῦ ἔλειψε πιό πολύ; *What did you miss most?*
16 Ἡ διεθνής ἡ διεθνής συμφωνία (agreement) οἱ διεθνεῖς συμφωνίες		- Μοῦ ἔλειψε ἡ θάλασσα

III. GRAMMAR A.   THE VOICES OF VERBS   CHAPTER 20.

1.   Most verbs may have both an active and a passive voice, e.g.
ἀγαπῶ - ἀγαπιέμαι (I love - I am loved). A number of verbs have one voice :
either an active voice only, e.g. πεινῶ, διψῶ, σωπαίνω, τρέχω, φεύγω, etc. or a
passive voice only, e.g. γίνομαι, φαίνομαι, μεταχειρίζομαι, ἔρχομαι, etc. The
verbs which have a passive voice only are called DEPONENT. See para.5, below.

2.   Active verbs are either transitive or intransitive. Transitive
verbs express an action which is directed upon an object, e.g. κτίσαμε ἕνα
σπίτι(we built a house). Intransitive verbs express an action which is limit-
ed to the subject and does not pass over to an object, e.g. τό μωρό κλαίει
(the baby cries).

3.   A good number of verbs such as those listed below, may be
used both as transitive and as intransitive. E.g. ὁ ἀέρας ἄνοιξε τό παράθυρο
(the wind opened the window) - τό παράθυρο ἄνοιξε (the window opened). These
are: ἀγριεύω(I become infuriated), ἀδειάζω(I empty), ἀκουμπῶ (I lean on),
ἀλλάζω (I change), ἀνάβω (I light), ἀνεβαίνω (I go up), ἀρχίζω (I begin), ἀ-
σπρίζω (I turn white), βράζω (I boil), γεμίζω (I fill), γυρίζω(I turn), δυ-
ναμώνω(I grow strong), κατεβαίνω (I go down), κλαίω (I cry), κλείνω(I close),
μεθῶ (a.I intoxicate, b. I become intoxicated), ξυπνῶ(I wake up), παίζω (I
play), πηγαίνω (a. I go, b. I carry, I take), πιάνω (a.I take, catch, b. I
am a success), περνῶ (I pass), πετῶ (a. I throw, b. I grow), πηδῶ (I jump),
σκορπίζω (I scatter), σταματῶ (I stop), τρομάζω (a.I scare, b. I am scared),
φτάνω (a. I arrive, b. I suffice), φτειάχνω (a.I arrange, b. I improve), χω-
ρίζω (a.I separate, b. I am separated), etc.

4.   Most transitive active verbs have a passive voice whereas
intransitive active verbs have not: χάνω - χάνομαι, δένω - δένομαι, etc.,
but τρέχω -, φεύγω -, πεινῶ -, χαμογελῶ -, etc.

5.   DEPONENT verbs are passive in form only. In meaning they are
mostly active: αἰσθάνομαι (I feel), γίνομαι (I become), δέχομαι (I receive,
I accept), παραδέχομαι (I admit), ἐργάζομαι (I work), ἔρχομαι (I come),
εὔχομαι (I wish), θυμᾶμαι (I remember), κοιμᾶμαι (I sleep), κάθομαι (I sit),
μεταχειρίζομαι (I use), ντρέπομαι (I feel shame), ὀνειρεύομαι(I dream),
παραπονιέμαι (I complain), σέβομαι (I respect), σκέφτομαι (I think), συλλογί-
ζομαι (I think), ὑποψιάζομαι (I suspect), φτερνίζομαι (I sneeze), χασμουριέ-
μαι (I yawn),χρειάζομαι (I need), etc. See PRACTICE 42, on p.162.

6.   The remaining verbs in the passive voice may be classified in-
to two categories according as their meaning is (a) purely passive, (b) mid-
dle-passive, as follows :

(a) Purely passive verbs are those whose subject suffers, or is the re-
cipient of, an action which is performed by another agent, e.g. ὁ Σωκράτης κα-
ταδικάστηκε σέ θάνατο ἀπό τούς ᾿Αθηναίους (Socrates was condemned to death by
the Athenians), τά σπίτια αὐτά γκρεμίστηκαν ἀπό τό σεισμό (these houses were
demolished by the earthquake), διδαχτήκαμε ἕνα καλό μάθημα (we were taught
a good lesson), etc.

(b) Middle-passive verbs are those whose subject is the recipient of an action originating either from another agent or from the subject itself. E.g. γελιέμαι *(a. I am deceived, b. I deceive myself)*, βρίσκομαι *(a. I am found, b. I find myself)*, ξεχνιέμαι *(a. I am forgotten, b. I forget myself)*.

7.   A good number of middle-passive verbs are primarily used as RE-FLEXIVE verbs while a few others are used as RECIPROCAL verbs, as follows : κάθε πότε ξυρίζεσαι; *(how often do you shave)*, πλύθηκες; *(did you wash?)*, ζυγίζο-νται κάθε πρωί *(they weigh themselves every morning)*, but, τά φροῦτα πλένο-νται καί ζυγίζονται πρίν τυλιχτοῦν *(fruit is washed and weighed before it is packed)*. Πάψετε νά τσακώνεστε *(stop quarrelling with each other)*, πότε θά τηλε-φωνηθοῦμε; *(when are we going to telephone each other?)*, etc. See PRACTICE 42, 43 and 44, pp. 162-164.

8.   **Emphasis may be added to the reflexive use of a middle-passive verb by the use of the definite pronoun** μόνος -η -ο μου, σου, του (μοναχός -ή -ό), as follows : συνήθως κουρεύομαι μόνος μου *(usually I cut my own hair)*, τά παιδιά μαθαίνουν γρήγορα νά ντύνονται μόνα τους *(children quickly learn to get dressed all by themselves)*.

9.   Active sentences may turn into passive, as follows:

ACTIVE			PASSIVE		
SUBJECT	*VERB*	*OBJECT*	*SUBJECT*	*VERB*	*A G E N T*
1. Ἡ βροχή	πότισε	τόν κῆπο	Ὁ κῆπος	ποτίστηκε	ἀπό τή βροχή
The rain	*watered*	*the garden*	*The garden*	*was watered*	*by the rain*
2. Ὁ ἥλιος	φωτίζει	τή γῆ	Ἡ γῆ	φωτίζεται	ἀπό τόν ἥλιο
The sun	*lights*	*the earth*	*The earth*	*is lighted*	*by the sun*

Notice that the object of the active sentence becomes the subject of the passive and changes from an accusative into a nominative case. The same change occurs when the subject of the active becomes the agent in the passive sentence. Also notice that the agent is preceded by the preposition ἀπό and is used in the accusative, but it may also be omitted. E.g. ὅσοι δέν ἐξετάστηκαν σήμερα θά ἐξεταστοῦν αὔριο *(those who have not been examined today will be examined tomorrow)*.

GRAMMAR B.   <u>**IMPERSONAL AND IRREGULAR VERBS**</u>   CHAPTER 20

1.   Verbs such as βρέχει, χιονίζει *(it is raining, it is snowing)*, πρέπει, μπορεῖ *(it is necessary, it is possible)*, etc., are called <u>impersonal</u> because they denote an action of an unspecified agent. These verbs are used - with no specific subject - in the third person singular, and they may be used in all tenses and moods. E.g.
βρέχει ἔβρεχε ἔβρεξε, θά/νά βρέξει, ἔχει/εἶχε/θά ἔχει βρέξει, ἄς βρέξει
πειράζει, πείραζε, πείραξε, " πειράξει "   "   " πειράξει," πειράξει

2.   One group of impersonal verbs denote physical phenomena, e.g. ξημερώνει *(day breaks)*, βραδυάζει *(night falls)*, σκοτεινιάζει *(it is getting dark)*, ἀστράφτει *(there is lightening)*, κάνει κρύο *(it is cold)*, πέφτει χιόνι *(snow falls)*.

3.   Most impersonal verbs and most verbs used impersonally may take a personal object - the genitive or the accusative of the personal pronoun according as these verbs require a direct or an indirect object. E.g.

[
(a) [DIRECT OBJECT   1.δέ μέ πειράζει{ *it doesn't bother me*   2.τί σέ μέλει;{ *why is it of concern to you?*

(b) [INDIRECT OBJECT   3.τί σοῦ συμβαίνει; | *what is happening to you?*   4.μοῦ φτάνει { *it is enough for me*
]

4.   Notice that there is no correspondence between Greek and English usage of personal pronouns as direct or indirect objects of verbs used impersonally. *See example 2, above, and expressions (a) & (b), below:*

(a) μέ μέλει   ]   *it is of concern to me*   μοῦ φαίνεται   *it seems to me*
    μέ νοιάζει]   μοῦ ταιριάζει] [*it is fitting* or
    μέ πειράζει   *it bothers me*   μοῦ ἁρμόζει   ] [*it is becoming of me*
    μέ στενοχωρεῖ *it annoys me*   μοῦ φτάνει   ] *it is enough for me*
    μέ συμφέρει   *it is in my interest*   μοῦ ἀρκεῖ   ]
    μέ ἐνδιαφέρει *it interests me*   μοῦ λείπει   *I miss it/him/her*
                                                        μοῦ κάνει καλό *it is good for me*
(b) μοῦ πάει   *it is becoming to me*   μοῦ συμβαίνει *it happens to me*
    μοῦ ἀρέσει   *I like it*   μοῦ πονεῖ   *it hurts*
    μοῦ ἀξίζει   *I deserve it*   μοῦ χρειάζεται *I need*
    μοῦ ἐπιτρέπεται *I am allowed*

5.   Verbs such as βλέπω - εἶδα - νά δῶ,   ἔρχομαι - ἦρθα - νά ἔρθω, have a **STEM 2** which differs markedly from **STEM 1**. Such verbs and others presenting certain peculiarities in their conjugation are called **irregular verbs**.

6.   LIST OF IRREGULAR VERBS MOST FREQUENTLY USED.

	PRESENT Active	C.PAST Active	SIMPLE PAST Active-Passive	S.FUT./SUBJ. Active-Passive	S.IMPER Active	PERF.PART. Passive
1	ἀναπνέω *I breathe*	ἀνάπνεα (ἀνέπνεα)	ἀνάπνευσα (ἀνέπνευσα)	ἀναπνεύσω	ἀνάπνευσε	
2	ἀνατέλλει *it rises(sun)*	ἀνάτελλε (ἀνέτελλε)	ἀνάτειλε (ἀνέτειλε)	ἀνατείλει		
3	ἀνεβαίνω *I go up*	ἀνέβαινα	ἀνέβηκα	ἀνεβῶ	ἀνέβα	ἀνεβασμένος
4	ἀφήνω *I let*	ἄφηνα	ἄφησα - ἀφέθηκα	ἀφήσω - ἀφεθῶ	ἄφησε	ἀφημένος
5	βάζω *I put*	ἔβαζα	ἔβαλα - βάλθηκα	βάλω - βαλθῶ	βάλε	βαλμένος
6	βγάζω *I take off*	ἔβγαζα	ἔβγαλα	βγάλω	βγάλε	βγαλμένος
7	βγαίνω *I go out*	ἔβγαινα	βγῆκα	βγῶ	βγές	βγαλμένος
8	βλέπω *I see*	ἔβλεπα	εἶδα - εἰδώθηκα	δῶ - ἰδωθῶ	δές	ἰδωμένος
9	βρέχω *I wet*	ἔβρεχα	ἔβρεξα-βράχηκα	βρέξω - βραχῶ	βρέξε	βρε(γ)μένος

	PRESENT Active	C.PAST Active	SIMPLE PAST Active-Passive	S.FUT./SUBJ. Active-Passive	S.IMPER. Active	PERF.PART. Passive
10	βρίσκω _I find_	ἔβρισκα	βρῆκα - βρέθηκα	βρῶ - βρεθῶ	βρές	
11	γίνομαι* _I become_	γινόμουν*	ἔγινα	- γίνω	γίνε	γινωμένος
12	δέρνω _I beat_	ἔδερνα	ἔδειρα-δάρθηκα	δείρω - δαρθῶ	δεῖρε	δαρμένος
13	διδάσκω _I teach_	δίδασκα	δίδαξα-διδάχτηκα	διδάξω-διδαχτῶ	δίδαξε	διδαγμένος
14	δίνω _I give_	ἔδινα	ἔδωσα - δόθηκα	δώσω - δοθῶ	δῶσε	δοσμένος
15	εἶμαι* _I am_	ἤμουν*	ὑπῆρξα	ὑπάρξω		
16	ἔρχομαι* _I come_	ἐρχόμουν*	ἦρθα	- ἔρθω	ἔλα	
17	εὔχομαι* _I wish_	εὐχόμουν*	εὐχήθηκα	-εὐχηθῶ	εὐχήσου	
18	ἔχω _I have_	εἶχα			ἔχε	
19	ζῶ _I live_	ζοῦσα	ἔζησα	ζήσω	ζῆσε	
20	θάβω _I bury_	ἔθαβα	ἔθαφα - θάφτηκα	θάψω - θαφτῶ	θάψε	θαμμένος
22	θαρρῶ _I think_	θαρροῦσα	θάρρεψα	θαρρέψω		
23	θέλω _I want_	ἤθελα	θέλησα	θελήσω	θέλησε	θελημένος
24	κάθομαι* _I sit_	καθόμουν*	κάθισα	καθίσω	κάθισε	καθισμένος
25	καίω _I burn_	ἔκαια	ἔκαφα - κάηκα	κάψω - καῶ	κάψε	καμμένος
26	καλῶ _I invite_	καλοῦσα	κάλεσα	καλέσω-καλεστῶ	κάλεσε	καλεσμένος
27	κάνω _I do_	ἔκανα	ἔκανα	κάνω	κάνε	καμωμένος
28	καταλα-βαίνω _I understand_	καταλά-βαινα	κατάλαβα	καταλάβω	κατάλαβε	
29	κατεβαίνω _I go down_	κατέβαινα	κατέβηκα	κατεβῶ	κατέβα	κατεβασμένος
30	κλαίω _I cry_	ἔκλαια	ἔκλαφα-κλάφτηκα	κλάψω - κλαφτῶ	κλάψε	κλαμένος

*Passive endings

	PRESENT Active	C.PAST Active	SIMPLE PAST Active-Passive	S.FUT./SUBJ. Active-Passive	S.IMPER. Active	PERF.PART. Passive
31	κλέβω *I steal*	ἔκλεβα	ἔκλεψα–κλέφτηκα	κλέψω – κλεφτῶ	κλέψε	κλεμμένος
32	κόβω *I cut*	ἔκοβα	ἔκοψα–κόπηκα	κόψω – κοπῶ	κόψε	κομμένος
33	λαβαίνω *I receive*	λάβαινα	ἔλαβα	λάβω	λάβε	
34	λέ(γ)ω *I say*	ἔλεγα	εἶπα–εἰπώθηκα	πῶ – εἰπωθῶ	πές	εἰπωμένος
35	λείπω *I am away*	ἔλειπα	ἔλειψα	λείψω	λεῖψε	
36	μαθαίνω *I learn*	μάθαινα	ἔμαθα	μάθω	μάθε	μαθημένος
37	μένω *I stay*	ἔμενα	ἔμεινα	μείνω	μεῖνε	
38	μπαίνω *I get in*	ἔμπαινα	μπῆκα	μπῶ	μπές	μπασμένος
38	ντρέπομαι* *I am shy*	ντρεπόμουν	ντράπηκα– –ντροπιάστηκα	ντραπῶ– –ντροπιαστῶ		ντροπια– σμένος
39	ξέρω *I know*	ἤξερα	ἤξερα	ξέρω	ξέρε	
40	ξεχνῶ *I forget*	ξεχνοῦσα	ξέχασα–ξεχά– στηκα	ξεχάσω–ξεχαστῶ	ξέχασε	ξεχασμένος
41	παθαίνω *I suffer*	πάθαινα	ἔπαθα	πάθω	πάθε	
42	παίρνω *I take*	ἔπαιρνα	πῆρα–πάρθηκα	πάρω – παρθῶ	πάρε	παρμένος
43	πάσχω *I suffer*	ἔπασχα	ἔπαθα	πάθω	πάθε	παθημένος
44	πάω *I go*	πήγαινα	πῆγα	πάω	πήγαινε	πηγεμένος
45	πεθαίνω *I die*	πέθαινα	πέθανα	πεθάνω	πέθανε	πεθαμένος
46	περνῶ *I pass*	περνοῦσα	πέρασα	περάσω	πέρασε	περασμένος
47	πετυχαίνω *I succeed*	πετύχαινα	πέτυχα	πετύχω	πέτυχε	πετυχημένος
48	πέφτω *I fall*	ἔπεφτα	ἔπεσα	πέσω	πέσε	πεσμένος
49	πηγαίνω *I go*	πήγαινα	πῆγα	πάω	πήγαινε	πηγεμένος

178

	PRESENT Active	C.PAST Active	SIMPLE PAST Active-Passive	S.FUT./SUBJ. Active-Passive	S.IMPER. Active	PERF.PART. Passive
50	πίνω *I drink*	ἔπινα	ἤπια - (πιώθηκα)	πιῶ - πιωθῶ	πιές	πιωμένος
51	πλένω *I wash*	ἔπλενα	ἔπλυνα–πλύθηκα	πλύνω - πλυθῶ	πλύνε	πλυμένος
52	σέρνω *I pull*	ἔσερνα	ἔσυρα–σύρθηκα	σύρω–συρθῶ	σύρε	συρμένος
53	στέκομαι* *I stand*	στεκόμουν	-στάθηκα	-σταθῶ	στάσου	
54	στέλνω *I send*	ἔστελνα	ἔστειλα–στάλθηκα	στείλω–σταλθῶ	στεῖλε	σταλμένος
55	στρέφω *I turn*	ἔστρεφα	ἔστρεψα–στράφηκα	στρέψω–στραφῶ	στρέψε	στραμμένος
56	σωπαίνω *I remain silent*	σώπαινα	σώπασα	σωπάσω	σώπασε	σωπασμένος
57	τρέφω *I feed*	ἔτρεφα	ἔθρεψα–τράφηκα	θρέψω–τραφῶ	θρέψε	θρεμμένος
58	τρώ(γ)ω *I eat*	ἔτρωγα	ἔφαγα–φαγώθηκα	φάω–φαγωθῶ	φάε	φαγωμένος
59	τυχαίνω *I happen*	τύχαινα	ἔτυχα	τύχω		
60	ὑπάρχω *I am, exist*	ὑπῆρχα	ὑπῆρξα	ὑπάρξω		
61	ὑπόσχομαι* *I promise*	ὑποσχόμουν	-ὑποσχέθηκα	-ὑποσχεθῶ	-ὑποσχέσου	ὑποσχεμένος
62	φαίνομαι* *I appear*	φαινόμουν	-φάνηκα	-φανῶ		
63	φέρνω *I bring*	ἔφερνα	ἔφερα	φέρω	φέρε	φερμένος
64	φταίω *I am to blame*	ἔφταιγα	ἔφταιξα	φταίξω	φταῖξε	
65	χαίρω *I rejoice*	ἔχαιρα	-χάρηκα	-χαρῶ		
66	χορταίνω *I satiate*	χόρταινα	χόρτασα	χορτάσω	χόρτασε	χορτασμέ- νος
67	ψέλνω(ψάλλω) *I chant*	ἔψελνα	ἔψαλα–ψάλθηκα	ψάλω–ψαλθῶ	ψάλε	ψαλμένος
68	ὠφελῶ *I am of use*	ὠφελοῦσα	ὠφέλησα–ὠφελή- θηκα	ὠφελήσω–ὠφεληθῶ	ὠφέλησου	ὠφελημένος
*	*Passive* *endings*					

CHAPTER 21

I. A.

ΠΟΙΗΜΑΤΑ

Ο ΓΛΑΡΟΣ[1]

Στό κύμα[2] πάει νά κοιμηθεῖ[3]
  δέν ἔχει τί νά φοβηθεῖ[4]
Μήνας μπαίνει[5] μήνας βγαίνει[6]
  γλάρος εἶναι καί πηγαίνει[7]

	1.the sea-gull
	2.on the wave
	3.to sleep 4.it has nothing to fear 5.a month begins(comes in) 6.ends(goes out) 7.it goes

'Από πόλεμο[8] δέν ξέρει
  οὔτε τί θά πεῖ μαχαίρι[9]
'Ο Θεός τοῦ 'δωσε φύκια[10]
  καί χρωματιστά[11]χαλίκια[12]

8.of war
9.nor(does it know) the meaning of(the word) knife
10.God gave it sea-weeds 11.coloured
12.pebbles

'Αχ ἀλί[13]κι ἀλίμονό μας[14]
  μές[15]στόν κόσμο τό δικό μας
Δέ μυρίζουνε[16]τά φύκια
  δέ γυαλίζουν[17]τά χαλίκια

13.Ah! woe 14. woe to us(God help us)
15.in 16.do not smell(τά φύκια=*subject*) 17.do not shine(τά χαλίκια= *subject*)

ΤΟ ΚΟΧΥΛΙ[1]

"Επεσα[2] γιά νά κολυμπήσω[3]
  κι ἄφησα[4] τήν καρδιά μου[5] πίσω[6]

"Αφησα τήν καρδιά μου χάμω[7]
  σάν τό κοχύλι μές στήν ἄμμο[8]

1.the shell 2.I dived 3.to swim 4. I left 5.my heart 6.behind 7.on the ground(on the shore) 8.on the sand

'Οδυσσέας 'Ελύτης
"ΤΟ ΡΩ ΤΟΥ ΕΡΩΤΑ" 1972.

B.   ΠΟΛΥ ΤΟΥΣ ΣΥΛΛΟΓΙΖΟΜΑΙ[1]

1.   Ἀγαπῶ τούς τρελλούς[2] καί πολύ τούς συλ-
λογίζομαι. Δέν εἶναι οἶκτος[3] [...] εἶναι ἀληθινή[4]
ἀγάπη, γεμάτη[5] τρυφερότητα[6] καί σεβασμό[7] πρός τό
νέο καί παράξενο[8] πλάσμα[9] πού[10] κινεῖται πιά[11] μέ-
σα σέ δικούς του νόμους[12] [...]

1.I think of them 2. mad people 3. pity 4. real 5.full of 6. tenderness 7.respect 8. towards the new & strange 9.human being 10.which 11.now moves 12.laws

2. [...] Στό δωμάτιο τῆς κυρίας Ἀντωνιάδη[13] κά-
θομαι[14] περισσότερη ὥρα.[15] Εἶναι μιά ἀδύνατη[16]
γυναίκα μέ πολύ μεγάλα μαῦρα μάτια καί πολύ
ἄσπρο πρόσωπο. Μιλᾶ πάντα σιγά.[17] περπατᾶ[18] στίς
μύτες[19] τῶν παπουτσιῶν της, κοιτάζει πάντα[20] μέ
ἀνησυχία[21] τό ἄδειο κρεββάτι[22] πού εἶναι σκεπα-
σμένο[23] πολύ φροντισμένα[24] μέ μιά γαλάζια κου-
βέρτα.[25]

13.in Mrs.A.'s room 14.I stay 15.for a longer time 16.thin 17.in a low tone of voice 18.she walks 19.on the tip 20. always 21.anxiously 22.empty bed 23.is covered 24.with great care 25.sky-blue blanket

3.   Ξέρω τί συμβαίνει[26] μέσα σ'αὐτό τό δωμά-
τιο, μέσα σ'αὐτό τό ἄδειο κρεββάτι. Εἶναι τρία
παιδάκια ἄρρωστα[27] ἐδῶ· πολύ ἄρρωστα. Εἶναι ἡ
Τιτίνα, εἶναι ὁ Τώνης, καί ἡ Φανούλα. Ἄκρα ἡ-
συχία[28] εἶχε διατάξει[29] ὁ γιατρός[30] σάν ἔπεσαν[31]
ἄρρωστα. Καί νά ἀγρυπνεῖτε[32] ἀπό πάνω τους[33] ἀ-
διάκοπα.[34] Νά μοῦ τηλεφωνεῖτε[35] πῶς πᾶνε.[36]

26.what happens 27.there are three sick little children

28.complete rest 29.had ordered 30. doctor 31.when they fell 32.keep watch 33.over them 34.un-ceasingly 35.call me and tell me 36.how they are 37.they died

4.   Πέθαναν[37] καί τά τρία[38] μέσα σέ δύο μέρες
καί τά πήρανε[39] ἀπό τό σπίτι μέσα σέ τρία μα-
κρουλά[40] νεκροσέντουκα[41] ντυμένα μέ ἄσπρο ἀτλάζι.[42]
Ὅμως[43] ἡ κυρία Ἀντωνιάδη τά ἔχει ἐκεῖ[44] μέσα
στό νοσοκομειακό κρεββάτι[45] καί τά περιποιεῖται[46]
ἄρρωστα, δυό χρόνια τώρα.[47] Εἶναι τό κρεββάτι
της. Ἐκείνη[48] κοιμᾶται κάτω[49] σ'ἕνα στρῶμα,[50] χω-
ρίς νά πάψει[51] νά ἔχει τό νοῦ της[52] στά ἄρρωστα
παιδάκια. Κάθε στιγμή[53] σηκώνεται[54] νά δεῖ ποιό
ἔβηξε,[55] ποιό ζήτησε νερό. Καί μ'αὐτή τήν ἀγωνία[56]
τήν τρώει ἡ ἀυπνία.[57] Κι ὅλο ἀσπρίζει[58] τό λεπτό[59]

38.all three of them 39.they carried them 40.long 41.caskets 42.dressed in white satin 43.but 44.has them there 45.hospi-tal bed 46.and takes care of them 47.for two years now 48.she 49.sleeps on the floor 50.on a mattress 51. continually 52.think-ing of 53.every minute 54.she gets up 55.coughed 56.anguish 57.sleeplessness

της πρόσωπο καί ὅλο μεγαλώνουν τά μεγάλα μάτια της. 58.becomes
whiter 59.del-
icate

Στράτης Μυριβήλης

"ΤΟ ΓΑΛΑΖΙΟ ΒΙΒΛΙΟ"   1940.

C.   ΛΕΞΙΛΟΓΙΟ   VOCABULARY   CHAPTER 21

	NOUNS			VERBS AND EXPRESSIONS	
1	ὁ γλάρος	sea-gull	38	ἔπεσα (πέφτω)	I fell
2	τό κύμα	wave	39	ἄφησα (ἀφήνω)	I left
3	τό φύκι	sea-weed	40	πῆρα (παίρνω)	I carried
4	τό κοχύλι	shell	41	ἔβηξα (βήχω)	I coughed
5	τό χαλίκι	pebble	42	εἶχα διατάξει (διατάζω)	I had ordered
6	ἡ ἄμμος	sand	43	νά κολυμπήσω (κολυμπῶ)	to swim
7	ἡ βουτιά	dive	44	νά φοβηθῶ (φοβᾶμαι)	to fear
8	τό κολύμπι	swim	45	νά κοιμηθῶ (κοιμᾶμαι)	to sleep
9	τό μαχαίρι	knife	46	ἀγρυπνῶ	I stay awake at night
10	ἡ τρέλλα	insanity	47	ἀνησυχῶ	I worry
11	ὁ τρελλός	insane	48	κάθομαι	I stay, sit
12	ἡ ἀυπνία	insomnia	49	σέβομαι	I respect
13	ἡ τρυφερότητα	tenderness	50	περιποιοῦμαι	I take care of
14	ἡ ἀνησυχία	worry	51	κινοῦμαι	I move
15	ἡ ἀγωνία	anguish	52	συλλογίζομαι	I think, reflect
16	ὁ βήχας	cough	53	τρελλαίνομαι	I become insane
17	ὁ φόβος	fear	54	πέθανα (πεθαίνω)	I died
18	ὁ νόμος	law			
19	ἡ διαταγή	order, command	55	μήνας μπαίνει μήνας βγαίνει	
20	ὁ σεβασμός	respect			time goes by
21	ὁ οἶκτος	pity	56	ἔπεσα νά κολυμπήσω	I fell into the water in order to swim
	ADJECTIVES		57	ἔπεσα νά κοιμηθῶ	I lay down in order to sleep
22	πεσμένος	fallen, in bed	58	ἔπεσα ἄρρωστος	I fell ill
23	κοιμισμένος	asleep	59	μέ τρώει ἡ ἔννοια	I am very worried
24	ντυμένος	dressed	60	πάψε νά μέ τρῶς	stop gnawing me
25	φροντισμένος	neat	61	χωρίς νά πάψω νά σ'ἔχω στό νοῦ μου	
26	σκεπασμένος	covered		without ceasing to have you in mind	
27	φοβισμένος	scared			
28	ἀνήσυχος	worried			
29	παράξενος	strange	62	δέν ξέρω ἀπό πόλεμο	
30	ἀδιάκοπος	unceasing		I don't know what war is	
31	ἀληθινός	real			
32	τρυφερός	tender	63	δέν ξέρω τί συμβαίνει	
33	τρελλός	mad		I don't know what the matter is	
34	ἄδειος-εια-ειο	empty			
35	γεμάτος	full	64	πῶς πᾶνε;	how are they?
36	ἄγρυπνος	awake, sleepless			
37	πεθαμένος	dead			

II. PRACTICE 47   CONVERSATION   CHAPTER 21.

ΠΑΙΡΝΩ-ΠΗΡΑ-ΘΑ ΠΑΡΩ-ΕΧΩ ΠΑΡΕΙ-ΠΑΡΕ

1	- Τί βαθμό <u>πῆρες</u>; *What mark did you get?*	1	- <u>Πῆρα κρύο</u> *I caught a cold*
2	- <u>Δέν πῆρα</u> ἀκόμη τό βαθμό μου.	2	- Πῶς τό πῆρες;
3	- Ἐγώ <u>πῆρα</u> Βῆτα.	3	- Βγῆκα χωρίς παλτό
4	- Πότε πῆρες τό βαθμό σου;	4	- Γιατί δέν <u>πῆρες</u> τό παλτό σου;
5	- Τόν <u>πήραμε</u> σήμερα τό πρωί	5	- Γιατί δέν ἔκανε κρύο ὅταν βγῆκα
6	- Ποῦ πήγατε καί τόν <u>πήρατε</u>;	6	- <u>Πάρε κάτι</u>, νά περάσει
7	- Τόν πήραμε ἀπό τό γραφεῖο	7	- Τί νά πάρω νά περάσει
8	- Θά πάω <u>νά</u> τόν <u>πάρω</u> κ'ἐγώ. Πᾶμε <u>νά</u> τόν <u>πάρουμε</u> μαζί;	8	- Ὅ,τι παίρνει κανείς συνήθως
9	- Τί βαθμό <u>λές νά πῆρες</u>;	9	- Τί παίρνει κανείς συνήθως;
10	- Κανένα Βῆτα. <u>Δέν ἔχω πάρει</u> "Αλφα σέ κανένα γραπτό *(paper)*	10	- Μιά φορά πού <u>εἶχα πάρει</u> κρύο πῆρα ἕνα ζεστό μπάνιο, ἀσπιρίνες καί πολλά ζεστά *hot liquids*
11	- Ἐγώ περίμενα πῶς <u>θά ἔπαιρνα</u> "Αλφα σ'αὐτό τό γραπτό.	11	- Καί σοῦ πέρασε;
		12	- Ὄχι. Πῆρε δυό βδομάδες νά μοῦ περάσει. Νά πάω <u>νά σοῦ πάρω κάτι</u>;
1	- <u>Πάρε με στό τηλέφωνο</u> *Call me*	13	- Τί νά μοῦ πάρεις ἀφοῦ τίποτα δέ βοηθάει
2	- Πότε <u>νά σέ πάρω</u>;	14	- <u>Δέν παίρνεις ἀπό ἀστεῖα</u> *You can't take a joke*
3	- Πάρε με ὅποτε θέλεις	15	- Τί λές νά μοῦ πάρεις;
4	- Θά σέ βρῶ;	16	- Κανένα ἀντιβιωτικό
5	- Δέ θά βγῶ ἔξω	17	- Δέ μ'ἀρέσει νά παίρνω ἀντιβιωτικά
6	- <u>Σέ πῆρα</u> καί δέ σέ βρῆκα	18	- Θά πάρω ὅ,τι βρῶ
7	- Πότε <u>μέ πῆρες</u>;	19	- Γιατί ἄργησες; <u>Τί σοῦ πῆρε τόση ὥρα</u>; *What took you so long?*
8	- <u>Πῆρα</u> κατά τό μεσημέρι *I phoned about noon*	20	- <u>Δέ μ'ἔπαιρνε ἡ ὥρα</u> καί πῆρα ὅ,τι βρῆκα. *I was running out of time and I got whatever I found.*
9	- Γιατί δέν παίρνεις πρωί;		
10	- Δέν παίρνω μήπως κοιμᾶσαι *in case* σέ εἶχα πάρει *are sleeping* μιά φορά καί κοιμόσουν.	1	- <u>Τό πῆρα ἀπόφαση</u> *I made up my mind*
11	- Πότε κοιμόμουν τό πρωί;	2	- Νά κάνεις τί;
12	- Τότε πού ἐργαζόσουν τά βράδυα	3	- Νά μήν ξαναργήσω
13	- Τώρα μπορεῖς νά μέ πάρεις πρωί	4	- Ἐγώ <u>πῆρα μιάν</u> ἄλλη <u>ἀπόφαση</u>
14	- Νά σέ πάρω κατά τίς δέκα;	5	- Τί ἀπόφαση πῆρες ἐσύ; *[weight*
15	- Πάρε με στίς δέκα	6	- Ἀποφάσισα ν'ἀδυνατίσω *to lose]*
16	- Θά σέ πάρω στίς δέκα ἀκριβῶς		
17	- Πάρε καλύτερα στίς δεκάμισι		
18	- Θά σέ πάρω στίς δεκάμισι ἀκριβῶς.		

ΔΙΝΩ ΕΔΩΣΑ, ΝΑ ΔΩΣΩ, "Εχω ΔΩΣΕΙ   ΧΡΕΙΑΖΟΜΑΙ, κ.ἄ.
      ΕΔΙΝΑ, ΘΑ ΕΔΙΝΑ

1 – Μοῦ δίνεις τό βιβλίο πού πῆρες ἀπ'τή βιβλιοθήκη νά τοῦ δώσω μιά ματιά;
    Will you give me   *to have a look at it?*

2 – Τό ἔδωσα πίσω μόλις πρό ὀλίγου. Κρῖμα. Δέν ἤξερα ὅτι τό χρειαζόσουν
    I returned it just a little while ago. What a pity.   ....*you needed it*

3 – Τό χρειαζόμουν γιά λίγο. "Ηθελα νά ρίξω μιά ματιά νά δῶ ἄν πρέπει νά τ'ἀγοράσω
    for a while....   *to take a look and see whether I should buy it.*

4 – "Αν τό ἔχουν δώσει σέ ἄλλον, νά πάω νά κοιτάξω ἀλλοῦ;
    If they have given it to some one else, shall I go and look elsewhere?

5 – "Αν τό ἔχουν δώσει, πήγαινε νά δεῖς μήπως τό βρεῖς σέ κανένα βιβλιοπωλεῖο
              go and see whether you can find it in some bookstore.

6 – Πόσα λές νά δώσω ἄν τό βρῶ. Θά ἔδινες δέκα δολλάρια;
    How much do you think that I should spend if I find it? Would you spend $10.00?

7 – Μακάρι νά δώσεις τόσα μόνο. Φοβᾶμαι μήπως χρειαστεῖ νά δώσεις παραπάνω
             I am afraid that you may have to spend more.

8 – Λές νά χρειαστεῖ νά δώσω τά διπλά; "Αν χρειαστεῖ, νά τά δώσω;   *do it?*
    Do you think that I may have to spend double this amount? If I have to, shall I

9 – Τό εἶχαν δώσει σέ ἄλλον καί πῆγα καί πῆρα αὐτό ἀπό ἕνα βιβλιοπωλεῖο
    It was given to some one else

10 – Στάσου νά μαντέψω πόσα ἔδωσες..... ἔδωσες δεκαπέντε δολλάρια;
     Let me guess how much you paid .... did you pay fifteen dollars?

11 – Λάθος. "Εδωσα δέκα δολλάρια μεῖον δύο σέντς. 'Εν τάξει;
     Wrong.   *minus*   *All right?*

12 – Καί πολύ μάλιστα, γιατί ἀπό ὅ,τι βλέπω θά μοῦ χρειαστεῖ πολύ
     Very much so   *from what I see I shall really need it*

13 – Θά σοῦ χρειαστεῖ γιά τήν ἐργασία σου; *Will you need it for your essay?*

14 – Δέν ξέρω γιατί δέν μᾶς ἔδωσαν τά θέματα ἀκόμη
     we were not given the topics yet

15 – Πόση ἐργασία σᾶς ἔδωσε γιά τό πρῶτο ἑξάμηνο;   Πολλή;
     How much work were you assigned for the first semester? A lot?
                                                   /τους
16 – "Οχι, ἀλλά μᾶς ἔδωσε νά καταλάβουμε ὅτι οἱ ἐργασίες πρέπει νά δοθοῦν στήν ὥρα
     we were given to understand that essays should be handed in on time

17 – Πότε ἀκριβῶς πρέπει νά δοθοῦν;   *Exactly when....*

18 – Πρέπει νά εἶναι δοσμένες πρό τῶν ἑορτῶν. *They must be in before the holi-*
                                                           days
19 – Καί πότε δίνετε ἐξετάσεις; *When do you take exams?*

20 – Θά δώσουμε ἐξετάσεις μετά τίς ἑορτές.   *after the*   "

21 – 'Αμέσως μετά; ἤ τήν ἑπομένη; *Immediately after, or the following day?*

22 – "Οχι, οὔτε ἀμέσως μετά, οὔτε τήν ἑπομένη, ἀλλά τή μεθεπομένη.
     the day after tomorrow.

184

PREPOSITIONS

1. The eight prepositions which govern both the genitive and the accusative are: κατά, ἐπί, διά, ὑπό, μετά, περί, πρός, ὑπέρ. Today, only two of these still govern both cases: κατά *(see p.101, par.8)*, and, to a lesser extent, ἐπί, the latter, in certain standard expressions only, e.g. ἐπί τέλους*(at last)*, ἐπί κατοχῆς*(during the occupation)*, ἐπί πολλές μέρες*(for many days)*,etc. In their use with the one or the other case, the remaining six prepositions have either become obsolete and replaced by a simple or compound preposition governing the accusative, or they have been retained, as follows:

(a) REPLACED IN CURRENT SPEECH

ὑπό + gen.= *by* replaced by ἀπό: ἀπό τούς μαθητές for ὑπό τῶν μαθητῶν
 acc.= *under* " " κάτω ἀπό: κάτω ἀπό τό μηδέν for ὑπό τό μηδέν
μετά + gen.= *with* " " μέ: μέ τούς ἄλλους for μετά τῶν ἄλλων
 acc.= *after* *
περί + gen.= *about* " " γιά: γιά τόν πόλεμο for περί τοῦ πολέμου
 acc.= *around* " " γύρω ἀπό: γύρω ἀπό τήν πόλη for περί τήν πόλη
πρός + gen.= *for* γιά: γιά τό θεό! for πρός θεοῦ! *(for God's sake)*
 acc.= *towards* *
ὑπέρ + gen.= *for* *
 acc.= *above* " " πάνω ἀπό: πάνω ἀπό τό μηδέν for ὑπέρ τό μηδέν
διά see p.101, par.8.

(b)*RETAINED IN CURRENT SPEECH

μετά + acc. μετά τόν πόλεμο or μετά ἀπό τόν πόλεμο *(after the war)*
πρός + acc. πρός τήν ἐκκλησία *(towards the church)*
ὑπέρ + gen. ὑπέρ τῆς ἐκκλησίας *(for/in favour of the church)*

2. Current speech has retained a good number of standard expressions formed with the prepositions which appear in par.1, *above*, e.g. ὑπό/ὑπέρ τό μηδέν *(below/above zero)*, μετά χαρᾶς *(gladly)*, ἐπι τόπου *(on the spot)*, ἐπί κεφαλῆς *(at the head of)*, ἐπί τοῦ παρόντος *(for the time being)*, etc.

3. Ἐν, σύν* govern the dative case. They have been retained in a number of standard expressions which are still in current use, e.g.

ἐντάξει≈ ἐν τάξει *(all right)* ἐν συνεχείᾳ *(subsequently)*
ἐντωμεταξύ≈ ἐν τῷ μεταξύ *(meanwhile)* ἐν συντομίᾳ *(in short)*
ἐντούτοις≈ ἐν τούτοις *(however)* ἐν χρήσει *(in use)*
ἐν συνόλῳ *(in all)* σύν τῷ χρόνῳ *(in the course of time)*
ἐν καιρῷ *(in time)* σύν τοῖς ἄλλοις *(furthermore)*

 * Note that, in mathematics, the prepositions serving for adding (σύν plus), subtracting(πλήν, μεῖον minus), multiplying (ἐπί by), and dividing (διά divided by),govern the <u>nominative</u> case. E.g. δεκατρεῖς σύν ἕνας ἴσον δεκατέσσερεις(13 +1 = 14) ἄντρες, δεκατρεῖς μεῖον μία ἴσον δώδεκα(13 - 1 = 12) γυναῖκες.

4. Simple prepositions may be used as prefixes attached to verbs: ἐκθέτω(I expose), συνθέτω(I compose), διαθέτω(I dispose), καταθέτω(I deposit), περιγράφω(I describe), ἀντιγράφω(I copy), ὑπογράφω(I sign), ἐπιβλέπω(I supervise), προβλέπω(I foresee),etc.

1.   In the inflection of variable words, the changes of vowels & consonants involved (a) in the pattern of declension, (b) in the pattern of conjugation, follow certain rules. A knowledge of these rules is a guide to correct spelling of the endings of those words. Similarly, a knowledge of the rules which govern the changes of vowels and consonants in the formation of words is a guide to correct spelling of the whole word. The study of patterns of changes in the formation of words is to come at the intermediate level of instruction in the language. At the present level, it is sufficient to know that these exist. However, students who wish to have some additional clues to correct spelling might find it useful to have a glimpse at the following:

2.   'TWIN' CONSONANTS, i.e. two similar consonants can be used only as interior, never as initial or final, letters, since no Greek word begins or ends with two similar consonants.*(See Introduction, para.8, on p. 21)*. Such 'twin' consonants can be formed by all consonants other than the three double (ζ,ξ,ψ), the three rough (φ,χ,θ), and the dental(δ). E.g. γράμμα, σύγγραμμα, ἔγγονος, σύλλογος, ἄρρωστος, γλῶσσα, γέννα, παππούς, περιττός, Σάββατο, etc.

3.   In some of the examples given above, the 'twin' consonants have resulted from an assimilation by the second consonant, as follows: The μμ in γράμμα has resulted from the encounter of the neuter ending – μα with the last letter of the stem γραφ- of γράφω: γράφ + μα and the subsequent assimilation of φ by μ. Similarly, the two γγ in σύγγραμμα or in συγγραφεύς, συγγενής, συγγνώμη, have resulted from the encounter of the last letter of the preposition σύν with the first letter of the words to which this preposition is attached, σύν + γράμμα = σύνγραμμα = σύγγραμμα. Similarly, the λλ in συλλογισμός or the two μμ in συμμετρικός have resulted from the encounter of : σύν + λογισμός, συν + μετρικός and the subsequent assimilation of ν by λ in the former, and of ν by μ in the latter.

4.   PATTERN OF CHANGES.

1a. The nasal ν may be changed into γ before a palatal (κ,γ,χ), and into μ before a labial (π,β,φ), as follows:

$\{ ν \sim γ$ $\begin{bmatrix} σύν + κοινωνία = συγκοινωνία, \\ σύν + γράφω & = συγγράφω \\ σύν + χωρῶ & = συγχωρῶ \end{bmatrix}$ $\{ ν \sim μ$ $\begin{bmatrix} σύν + παθῶ & = συμπαθῶ \\ σύν + βαίνει = συμβαίνει \\ σύν + φωνῶ & = συμφωνῶ \end{bmatrix}$

b.   ν may be assimilated before μ,λ,ρ, and dropped before ζ,ξ :

$\{ ν \sim -$ $\begin{bmatrix} σύν + μέτρο = συμμετρία \\ σύν + λαβή = συλλαβή \end{bmatrix}$ σύν + ζυγός = σύζυγος

    BUT: ἐν + ζυμός = ἔνζυμος

2a. The palatals κ, γ, χ change into ξ before σ, as follows:

$\{ \begin{smallmatrix} κ \\ γ \\ χ \end{smallmatrix} \} > ξ$ $\begin{bmatrix} πλέκ-ω, θά πλέκ + σω & = θά πλέξω, \\ διαλέγω, θά διαλέγ + σω = θά διαλέξω, \end{bmatrix}$ βρέχ-ω $\begin{bmatrix} θά βρέχ + σω = \\ θά βρέξω \end{bmatrix}$

b.   κ & χ change into γ before μ :   βρέχ-ω $\begin{bmatrix} βρεχ + μένος = \\ βρεγμένος \ or \\ βρε(γ)μένος \end{bmatrix}$

$\{ \begin{smallmatrix} κ \\ γ \end{smallmatrix} \} > γ$ $\begin{bmatrix} πλέκ-ω, πλεκ + μένος = πλεγμένος \end{bmatrix}$

3a. The labials π, β, φ change into ψ before σ, as follows:

$$\begin{Bmatrix} π \\ β \\ φ \end{Bmatrix} > ψ \quad \begin{bmatrix} λεύπ-ω, \quad θά \ λεύπ + σω = λεύψω \\ κόβ-ω, \quad θά \ κόβ \ + σω = κόψω \end{bmatrix} \qquad γράφ-ω, \ θά \ γράφ + σω = γράψω$$

b.   and they are assimilated before μ :   γράφ + μένος = γραμμένος

$$\begin{Bmatrix} π \\ β \\ φ \end{Bmatrix} > μ \quad \begin{bmatrix} λεύπ- \end{bmatrix} \begin{array}{l} ὑπόλειπ + μα = ὑπόλειμμα \\ διάλειπ + μα = διάλειμμα \end{array} \quad κόβ- \begin{bmatrix} κόβ + μα \quad = κόμμα \\ κόβ + μένος = κομμένος \end{bmatrix}$$

5.. Some of the changes which vowels undergo in the inflection of words have been discussed elsewhere. *See Introduction, para.2. p.20. See also para.4, p.122, para.3, p.136, and para.3, note I, p.151.* It will prove useful for correct spelling to notice the following changes also :

(a) <u>Qualitative change</u>, in which [$\begin{smallmatrix} ε \\ ω \end{smallmatrix}$ change into [$\begin{smallmatrix} o \\ η \end{smallmatrix}$ respectively, e.g.

VERBS	DERIVATIVES	CONJUGATION OF VERBS
στρέφω	στροφή	ἀγαπῶ [1]
προσέχω	προσοχή	ἀγάπησα
		ἀγαπημένος
ἐξέχω	ἐξοχή	
		στενοχωρῶ [2]
βρέχει	βροχή	στενοχώρησα
		στενοχωρημένος
λέγω	λόγος	
		λυπῶ [3]
τρέπω	τρόπο.ς	λύπησα
στέλνω	στόλος	λυπημένος

(b) <u>Quantitative change</u>, in which a 'long' vowel or diphthong become 'short'. and vice versa. e.g.

<u>FROM</u> 'LONG' INTO 'SHORT'		<u>FROM</u> 'SHORT' INTO 'LONG'	
ἀκούω	ἀκοή	νέος	νεώτερος
φεύγω	φυγή	σοφός	σοφώτερος
θήκη	θέση	στενός	στενώτερος
ἔδωσα	δόση		
θά παραστήσω	παράσταση		

In fact, here the vowel gradation is also quantitative:

[1]   ἀγαπᾰ-ω, ἀγάπη-σα
[2]   στενοχωρέ-ω, στενοχώρη-σα
[3]   λυπέ-ω, λύπη-σα

CHAPTER 22

I. A. <u>ΤΑ ΣΥΝΟΡΑ ΤΟΥ ΑΝΘΡΩΠΟΥ</u>

1. Δέ δέχουμαι τά σύνορα, δέ μέ χωροῦν[1] τά φαι-
νόμενα, πνίγουμαι![2] Τήν ἀγωνία τούτη[3] βαθιά [...]
νά τή ζήσεις, εἶναι τό δεύτερο χρέος.

Ὁ νοῦς βολεύεται,[4] ἔχει ὑπομονή,[5] τοῦ ἀρέσει
νά παίζει· μά ἡ καρδιά ἀγριεύει,[6] δέν καταδέχε-
ται αὐτή[7] νά παίξει [...]

[...]

Ἕνα μονάχα λαχταρίζω:[8] Νά συλλάβω[9] τί κρύβε-
ται[10] πίσω ἀπό τά φαινόμενα, τί εἶναι τό μυστήριο
πού μέ γεννάει[11] καί μέ σκοτώνει[12] [...]

[...]

2. Πέρα![13] Πέρα! Πέρα! Πέρα ἀπό τόν ἄνθρωπο [...] πέρα ἀπό τά ζῶα
[...] πέρα ἀπό τά φυτά ἀγωνίζουμαι[14] νά ξεχωρίσω[15] τά πρῶτα παραπα-
τήματα[16] τοῦ Ἀόρατου[17] μέσα στή λάσπη.[18]

Μιά προσταγή[19] μέσα μου:

— Σκάψε! Τί βλέπεις;

— Ἀνθρώπους καί πουλιά, νερά καί πέτρες!

— Σκάψε ἀκόμα! Τί βλέπεις;

— Ἰδέες κι ὀνείρατα,[20] ἀστραπές[21] καί φαντάσματα![22]

— Σκάψε ἀκόμα! Τί βλέπεις;

— Δέ βλέπω τίποτα! Νύχτα βουβή[23] καί πηχτή[24] σά θάνατος![25] [...]

— Σκάψε ἀκόμα!

— Ἄχ! Δέν μπορῶ νά διαπεράσω[26] τό σκοτεινό μεσότοιχο![27] Φωνές
γρικῶ[28] καί κλάματα,[29] φτερά γρικῶ στόν ἄλλον ὄχτο![30]

— Μήν κλαῖς![31] Μήν κλαῖς! Δέν εἶναι στόν ἄλλον ὄχτο! Οἱ φωνές,
τά κλάματα καί τά φτερά εἶναι ἡ καρδιά σου!

[...]

[Ἡ] καρδιά [...] φωνάζει: <Ὄχι! Ὄχι! Ποτέ μήν ἀναγνωρίσεις[32]
τά σύνορα τοῦ ἀνθρώπου! Νά σπᾶς[33] τά σύνορα! Ν' ἀρνιέσαι[34] ὅ,τι
θωροῦν[35] τά μάτια σου! Νά πεθαίνεις καί νά λές: Θάνατος δέν
ὑπάρχει!>

Νίκος Καζαντζάκης

"ΑΣΚΗΤΙΚΗ" 1923
(Abridged excerpt)

Margin glosses: 1. appearances cannot contain me 2. I choke 3. this anguish 4. adjusts itself 5. it is patient 6. the heart grows savage 7. it does not condescent 8. I have one longing only 9. to grasp 10. what is hidden 11. brings me to birth 12. kills me 13. beyond 14. I struggle 15. to make out 16. stumbling steps 17. Invisible 18. mud 19. command 20. dreams 21. lightning flashes 22. fantasies 23. mute 24. thick 25. death 26. pierce 27. partition 28. ἀκούω 29. weeping 30. ὄχθη shore 31. cry 32. recognize 33. smash 34. deny 35. βλέπουν

188

NOUNS

1	ἡ ἰδέα	idea
2	ἡ ἀγωνία	agony, anguish
3	ἡ ἀστραπή	lightning
4	ἡ προσταγή	command
5	ἡ ὑπομονή	patience
6	ἡ ἄρνηση	denial, refusal
7	ἡ ἀναγνώριση	recognition
8	τό παραπάτημα	stumbling
9	τό φάντασμα	ghost, fantasy
10	τό ὄνειρο	dream
11	τό μυστήριο	mystery
12	τά φαινόμενα	phenomena
13	τά φτερά	wings
14	τά φυτά	plants
15	ἡ γέννα	birth
16	ὁ θάνατος	death
17	ἡ ὄχθη	shore
18	ἡ λάσπη	mud
19	ὁ μεσότοιχος	partition

ADJECTIVES & PARTICIPLES

20 ἄγριος wild
21 ἀγριεμένος infuriated
22 βολικός accommodating, easy
23 βολεμένος comfortably settled
24 ὑπομονητικός patient
   ≈ὑπομονετικός
25 ἀνυπόμονος impatient
26 ἀρνητικός negative
27 διαπεραστικός piercing
28 ὁρατός visible
29 ἀόρατος invisible
30 θνητός mortal
31 ἀθάνατος immortal
32 γεννημένος born
33 σκοτωμένος killed
34 πεθαμένος dead
35 κλαμένος tearful
36 λασπωμένος bespattered with mud
37 μυστηριώδης mysterious
38 βουβός speechless, mute
39 πηχτός≈πηκτός thick

VERBS & EXPRESSIONS

40 βολεύω I accommodate
41 βολεύομαι I settle comfortably
42 ἀγριεύω I become infuriated
43 φυτεύω I plant
44 φτερουγίζω I flutter, I hover
45 λαχταρίζω I have a longing
46 ἀναγνωρίζω I recognize
47 ἀγωνίζομαι I struggle
48 ξεχωρίζω I distinguish, I separate
49 διασχίζω I cross
50 διαπερνῶ(-ᾶς) I pierce through
   νά διαπεράσω to pierce through
51 γεννῶ(-ᾶς) I give birth
   νά γεννήσω to give birth
52 χωρῶ(-ᾶς≈-εῖς) I am contained
   νά χωρέσω to be contained
53 περπατῶ(-ᾶς≈-εῖς) I walk
   νά περπατήσω to walk
54 πετῶ(-ᾶς) I fly, I throw away
   νά πετάξω to fly, to throw away
55 σπάω, νά σπάσω I break, to break
56 κλαίω, νά κλάψω I cry, to cry
57 σκάβω, νά σκάψω I dig, to dig
58 προστάζω I command
59 ἀνυπομονῶ(-εῖς) I am impatient
60 ἀρνιέμαι, νά ἀρνηθῶ I deny, to deny
61 δέχομαι I accept
   νά δεχτῶ≈δεχθῶ to accept
62 φαίνομαι I appear, I seem
63 ἀφανίζομαι I vanish, I am destroyed
64 σκοτώνω I kill
   σκοτώνομαι I am killed
65 πεθαίνω, νά πεθάνω I die, to die
66 κλαίω, νά κλάψω I cry, to cry
67 πήζω, νά πήξω I thicken, to thicken
68 βουβαίνομαι I become mute
69 φυτρώνω I sprout, spring up
70 ὑπάρχω, ὑπῆρξα I exist, I existed

71 δέ μέ χωροῦν τά φαινόμενα
   appearances cannot contain me
72 ποτέ μήν ἀναγνωρίζεις
   never recognize

MEANINGS OF :

II. PRACTICE 49   ΒΑΖΩ - ΒΓΑΖΩ, ΒΓΑΙΝΩ - ΜΠΑΙΝΩ   CHAPTER 22

1. ΒΑΖΩ   I PUT, I PUT ON, I SET ......

1 Βάζω τό φαγητό στήν κατσαρόλα
   I put the food in the saucepan

2 Βάζω νερό κι ἁλάτι στό φαγητό
                     salt

3 Βάζω τά ροῦχα μου καί τά παπούτσια μου
   I put on my clothes and my shoes

4 Βάζω τά γυαλιά μου *my glasses*

5 Βάζω μουσική, βάζω πάντα τόν ἴδιο δίσκο

6 Βάζω γάλα στόν καφέ μου

7 Βάζω τραπέζι, βάζω τό φαΐ στό τραπέζι
   I set   *I put*

8 Βάζω κρασί στά ποτήρια
   I pour wine

9 Βάζω τάξη στό σπίτι.   10 Βάζω γιά φαΐ
      order   *I prepare ...*

11 Βάζω τό ξυπνητήρι
    I set the alarm clock
                          I

13 Βάζω τά κλάματα   *I start crying*

14 Βάζω μυαλό, βάζω γνώση *become
                       more sensible*

2. ΒΓΑΖΩ   I TAKE OUT, I TAKE OUT OF, ...

1 Βγάζω τό φαγητό ἀπό τήν κατσαρόλα

2 Βγάζω τή κατσαρόλα ἀπ' τή φωτιά

3 Βγάζω τά ροῦχα μου καί τά παπούτσια μου

4 Βγάζω τά γυαλιά μου

5 Βγάζω τό δίσκο ἀπό τό φωνογράφο

6 Βγάζω τό σκύλο περίπατο

7 Βγάζω καφέ.   Βγάζω τίς φωνές
   I serve ...   *I begin screaming*

8 Βγάζω τή γλάστρα στό μπαλκόνι
                flower pot

9 Βγάζω δόντι *I teethe/ I pull out a tooth*

10 Βγάζω τό πανεπιστήμιο *I.gradu-
                           ate*

3. ΒΓΑΙΝΩ   I GO OUT, I GET OUT ....I COME OUT

1 Βγαίνω ἀπό τό σπίτι, ἀπό τό αὐτοκίνητο
   I go out of .....   I get out of ...

2 Βγαίνω ἀπό τή δυσκολία
   I get out of the difficulty

3 Βγαίνω περίπατο στό πάρκο
   I go for a walk

4 Βγαίνω στό μπαλκόνι

5 Βγαίνω πρόεδρος, βγαίνω βουλευτής
   I am elected president, member of Parliament

6 Βγαίνει ὁ ἥλιος

7 Βγαίνω ἀπό τή φυλακή *I come out of prison*

8 Βγαίνω ἀπό τήν ὑπηρεσία *serv-
                            ice*

4. ΜΠΑΙΝΩ   I GO IN,   I GET IN, ...

1 Μπαίνω στό σπίτι, στό αὐτοκίνητο, στό ἀεροπλάνο,
   I go into the ... I get in...   I get on the plane

2 Μπαίνω στή φυλακή, μπαίνω σέ φασαρία, μπαίνω σέ ἔννοια
   I go into prison, I fuss   I worry

3 Μπαίνω στό πανεπιστήμιο *I enter(the)university*

Βάζω	ἔβαλα	θά/νά βάλω	βάλε	Βγαίνω	βγῆκα	θά/νά βγῶ	βγές
Βγάζω	ἔβγαλα	θά/νά βγάλω	βγάλε	Μπαίνω	μπῆκα	θά/νά μπῶ	μπές

1 Βγήκατε καθόλου σήμερα;
　Did you go out at all today?

2 Βγήκαμε λίγο, ὅταν βγῆκε ὁ ἥλιος
　When the sun came out

3 Ἐμεῖς δέν προλάβαμε νά βγοῦμε ἔξω, βγήκαμε λίγο στή βεράντα
　　had no time to go out
　　　　　　　　　　　　　　　　　　　　　　　　　　/βράδυα

4 Βάλατε τά λουλούδια σας μέσα;　Μπήκαμε στό Νοέμβριο καί κάνει παγωνιά τά
　Did you bring the flowers in?　*We are in November and it freezes at night*

5 Τά βάλαμε μέσα πρίν νά μπεῖ ὁ Νοέμβριος. Τά βγάζουμε ἔξω τήν ἡμέρα μόνο
　　　before the beginning of Nov.　We take them out in the daytime only

6 Μπῆκε νωρίς ἐφέτος ὁ χειμώνας. Κ'ἐμεῖς τά βάζουμε μέσα τά βράδυα
　This year winter came early　We too bring them in　at night

7 Ποιός βγάζει τό σκύλο γιά περίπατο;
　Who takes the dog out for a walk?

8 Δέν τόν βγάζει κανείς
　Nobody takes him out

9 Δέ βγαίνει ἔξω;
　Doesn't he go out?

10 Βγαίνει μόνος του
　He goes out by himself

11 Τί κάνει γιά νά μπεῖ μέσα;
　What does he do to get in?

12 Γαυγίζει νά τοῦ ἀνοίξουμε νά μπεῖ
　He barks

---

1 Βάλε τά λουλούδια μέσα	2 Ἔβαλα τά λουλούδια μέσα
3 Βγάλε "　　" ἔξω	4 Ἔβγαλα "　　" ἔξω
5 Μήν ξεχάσεις νά βάλεις καπέλο	6 Δέ θά ξεχάσω νά βάλω καπέλο
7 "　" "　βγάλεις τίς μπότες σου	8 "　" "　" βγάλω τίς μπότες /
	/μου
9 Πότε θά βάλεις τά ροῦχα στό ντουλάπι;	10 Θά τά βάλω σέ λίγο
11 "　" βγάλεις "　" ἀπό τό　"	12 "　" βγάλω "　"
13 Ἔβαλες νερό στά λουλούδια;	14 Νόμιζα πώς ἔβαλες ἐσύ
15 Ἔβγαλες τά λουλούδια στό μπαλκόνι;	16 "　　" τά ἔβγαλες ἐσύ
17 Δέν εἶναι ὥρα νά βάλουμε γιά φαΐ;	18 Νά βάλουμε σέ λίγο
19 "　" "　" βγάλουμε καφέ;	20 Θά βγάλουμε "　"
21 Γιατί ἔβγαλες τίς φωνές;	22 Γιά νά μή βάλω τά κλάματα

---

1 Πότε μπῆκες στό πανεπιστήμιο;	2 Μπῆκα πρό δύο χρόνων, ἐσύ;
3 Ἐγώ θά μπῶ τοῦ χρόνου	
4 Πότε ἔβγαλες τό γυμνάσιο;	5 Τό ἔβγαλα πρό δύο χρόνων, ἐσύ;
6 Ἐγώ τό βγάζω ἐφέτος	
7 Ποιά χρονιά βγῆκες πρῶτος;	8 Τή χρονιά πού ἔβγαλα τό γυμνάσιο
9 Πότε βγῆκες πρόεδρος;	10 Δέ βγῆκα ποτέ πρόεδρος
11 Κάποτε σέ εἶχαν βγάλει πρόεδρο	12 Κάποτε εἶχα βγεῖ ἀρχηγός τῆς ὁμά-
	δας τοῦ σχολείου μου
13 Ποιό σχολεῖο ἔβγαλες;	14 Ἔβγαλα τό Πειραματικό
15 Πότε εἶχες βγεῖ ἀρχηγός τῆς ὁμάδας	16 Νομίζω τή χρονιά πού πρωτοβγῆκε τό
τοῦ σχολείου σου;	περιοδικό τοῦ σχολείου
17 Βγάζατε περιοδικό;	18 Τό ἔβγαζε ἡ τελευταία τάξη

CONJUGATION OF A VERB

III. GRAMMAR A.   TENSES & MOODS   CHAPTER 22

1.   An action may take place in the present, in the past or in the
future, and, at each time, it may be a continuous, a simple or a complete action.
The times at which actions take place are expressed by eight tenses: One
tense for the present, three tenses for the future, and four, for the past.

2.   The different forms which a particular verb takes in order to in-
dicate certainty, desire, supposition or command, are called moods. There are
three primary moods, the Indicative, the Subjunctive and the Imperative, two
secondary, the Conditional and the Optative, one adverbial and nominal mood
which combines verbal stems with adverbial and nominal endings, the Parti-
ciple, and one invariable form of the verb which has evolved from the ancient
Greek Infinitive and helps to form the perfect tenses, the Infinitive.

3.   The Indicative is the only mood which indicates both the time and
the aspect of an action, i.e. whether an action is a continuous, a simple or a
completed one. All the other moods simply indicate the aspect of an action and
they have no tenses in the proper sense. These moods are either 'continuous' &
'perfect' as in the case of the Conditional, Optative & Participle, or they
are 'continuous', 'simple' and 'perfect' as in the case of the Subjunctive &
the Imperative. The Infinitive is 'continuous' and 'simple'.

4.   THE TENSES OF THE INDICATIVE.

(i)   PRESENT. Unlike English verbs which have two different forms to
      indicate the two different aspects of an action in the present,
      the continuous, e.g. *I am writing*, and the simple, e.g. *I write*, Greek
      verbs have only one form with which to express both a continuous
      and a simple action : γράφ-ω (*I am writing & I write*).

(ii) FUTURE   (a) CONTINUOUS FUTURE   *I shall be writing*   θά γράφ-ω
               (b) SIMPLE FUTURE   *I shall write*   θά γράψ-ω
               (c) FUTURE PERFECT *I shall have written*   θά ἔχω γράψ-ει

(iii) PAST   (a) CONTINUOUS PAST   *I was writing*   ἔγραφ -α
               (b) SIMPLE PAST   *I wrote*   ἔγρα ψ-α
               (c) PRESENT PERFECT   *I have written*   ἔχω γρά ψ-ει
               (d) PAST PERFECT   *I had written*   εἶχα γρά ψ-ει

5.   The five elements which are at work in the conjugation of a Greek
verb are the following : (i) The ENDINGS; these indicate the person (1st, 2nd,
3rd) and the number (singular, plural). *See TABLES, pp.194-5*. (ii) The STEMS;
these serve to indicate whether an action is continuous or not. *See pp.192 -
193*. (iii) The AUGMENT; this serves to carry the accent in the past tenses.
See GRAMMAR A, of CHAPTER 8, on pp.82 - 84, and PRACTICE 19, on p.88. (iv) The
STRESS; in different tenses, this moves from one position to another. *See pp.
82, 92, and PRACTICE 30, p.118*. (v) The PRE-VERBS θά/ἄν, νά, ἄς — these help
to form, respectively, the Future & the Conditional, the Subjunctive & the
Optative, and the Imperative.

6.   The interrogative form of a verb is obtained simply by placing a
question mark after the verb. The negative form is obtained with the negative

cont'd on p.193

THE TWO STEMS OF A VERB

1.   The three component parts of a Greek verb in the present tense are the stem, the endings and the stress, e.g. κοιτάζ-ω, μιλ-ῶ, ἔρχ-ομαι.

2.   Change of person is indicated by change in the ending of the verb, e.g. γράφ-ω/ γράφ-εις *(I/ you write),* γράφ-ει *(he/she/it writes)* etc.

3.   Changes of time – present, past, future – are indicated by changes in the stem, the endings and the stress, and by additions in the way either of a prefix or a pre-verb, or both. E.g. θά ἔ-γραφ-α *(I should write).*

4.   There are two principal sets of endings in the conjugation of a Greek verb – those of the present and those of the past – and two stems – that of the present - or <u>STEM 1</u> - for a continuous or repeated action *(I am writing* γράφ-ω, *I was writing or I used to write* ἔγραφ-α*),* and the verb-stem - or <u>STEM 2</u> - for a simple or a completed action *(I wrote* ἔγραψ-α *I have written* ἔχω γράψ-ει*). See Table, on p.196.*

5.   The characteristic feature of <u>STEM 2</u> is that it ends in the sound σ in active verbs, and in the sound θ in passive verbs. E.g. <u>STEM 1</u> πληρών-ω *(I pay),* <u>STEM 2</u> θά πληρώσ-ω *(I shall pay),* and passive : <u>STEM 1</u> πληρών-ομαι *(I am paid),* <u>STEM 2</u> θά πληρωθ-ῶ *(I shall be paid).*

6.   Note that in verbs of the <u>second conjugation,</u> e.g. μιλ-ῶ, ἀγαπ-ῶ, the final - σ - or - θ - of <u>STEM 2</u> is always preceded by a vowel. For the great majority of those verbs, this vowel is an η : θά μιλ-ήσ-ω *(I shall speak),* θά ἀγαπ-ηθ-ῶ *(I shall be loved).* For a small number, it is an α and for a smaller even number, it is an ε : γελῶ, θά γελ-άσ-ω *(I shall laugh),* μπορῶ, θά μπορ-έσ-ω *(I shall be able). See PRACTICE 20, p.89, and APPENDIX II, on pp.222-223.*

7.   In verbs of the <u>first conjugation,</u> e.g. ἀκού-ω, διαλύ-ω, πιάν-ω, γράφ-ω, τρέχ-ω, παίζ-ω, the final sound of <u>STEM 2</u> is affected by the final sound of STEM 1 as follows :

(i)   When STEM 1 ends in a vowel-sound, e.g. ἀκού-ω, the σ of <u>STEM 2</u> is simply attached at the end of STEM 1, e.g. θά ἀκούσ-ω, διαλύ-ω, θά διαλύσ-ω.

(ii)   When STEM 1 ends in a palatal consonant(κ,γ,χ), or in the doubled consonant (ττ, σσ), the σ of <u>STEM 2</u> becomes a ξ : πλέκ-ω, θά πλέξ-ω, τρέχ-ω, θά τρέξ-ω, πλήττ-ω, θά πλήξ-ω. Notice that the σ of <u>STEM 2</u> becomes a ξ also in some of those verbs whose STEM 1 ends in ζ : παίζ-ω, θά παίξ-ω κοιτάζ-ω, θά κοιτάξ-ω. BUT: ἀγοράζ-ω, θά ἀγοράσ-ω, διαβάζ-ω, θά διαβάσ-ω.

(iii) When STEM 1 ends in a labial consonant (π,β,φ) or in the sound 'β', the σ of <u>STEM 2</u> becomes a ψ : λείπ-ω, θά λείψ-ω, γράφ-ω, θά γράψ-ω, χορεύ-ω, θά χορέψ-ω, βολεύ-ω, θά βολέψ-ω.

(iv)   When STEM 1 ends in a dental consonant(δ or θ) the σ of <u>STEM 2</u> first assimilates the dental consonant and then drops it. E.g. πλάθ-ω, θά πλάσ-ω, πείθ-ω, θά πείσ-ω. This is also true with some verbs whose STEM 1 ends in ν : χάν-ω, θά χάσ-ω, πιάν-ω, θά πιάσ-ω, κλείν-ω, θά κλείσ-ω. BUT : κάν-ω, θά κάν-ω, μέν-ω, θά μείν-ω, πλέν-ω, θά πλύνω. *See para.(v), on p.193.*

(v)   When STEM 1 ends in a nasal (μ,ν) or in a liquid (λ,ρ), the σ of <u>STEM 2</u> is dropped and its disappearance is usually compensated for by a lengthening of the preceding vowel. E.g. μέν-ω θά μείν-ω, στέλν-ω θά στεύλ-ω. *For more details on individual cases, see irregular verbs on pp.175-178.*

8.   In passive verbs of the first conjugation, the θ/τ of <u>STEM 2</u> is preceded by χ or φ according as STEM 1 ends in a palatal, or in a labial consonant, respectively: προάγ-ομαι *(I am promoted)* θά <u>προαχθ-ῶ</u>, κρύβ-ομαι *(I am hiding)* θά <u>κρυφτ-ῶ</u>. This is also true of verbs which have a ξ or a ψ at the end of their active STEM 2 :   κοιτάζ-ω, <u>κοιτάξ-</u>, θά <u>κοιταχτ-ῶ</u>, βολεύ-ω, <u>βολέψ-</u> θά <u>βολεφτ-ῶ</u>, κηρύττ-ω, <u>κηρύξ-</u>, θά <u>κηρυχτ-ῶ</u>. *See Note and TABLE, below:*

9.   In some passive verbs of the first conjugation, the θ of <u>STEM 2</u> is preceded by σ :   κλείν-ομαι θά <u>κλειστ-ῶ</u>, πιέζ-ομαι θά <u>πιεστ-ῶ</u>, etc. Students should learn these instances by observation. *See Note and TABLE, below:*

10.   <u>Note</u>. *The combinations* χθ, φθ, σθ, *are often pronounced :* χτ, φτ, στ.

11.   TABLE.   ACTIVE & PASSIVE STEM 2

WHEN STEM 1 ENDS IN A :	E X A M P L E S	ACTIVE STEM 2 ENDS IN A :	PASSIVE STEM 2 ENDS IN A :
1. Vowel, Diphthong or ν	1a ἰδρύ-ω, χάν-ω 1b ἀκού-ω, κλείν-ω	σ σ	θ σθ (στ)
2. Dental δ, θ, & the Sibilant ζ	διαψεύδ-ω, πείθ-ω πιέζ-ω	σ	σθ (στ)
3. Palatal κ,γ,χ & a χν or ττ	πλέκ-ω, ἀνοίγ-ω βρέχ-ω διώχν-ω πράττ-ω	ξ	χθ (χτ)
4. Labial π,β,φ & a πτ, φτ, αυ, ευ	λείπ-ω, κρύβ-ω γράφ-ω βλάπτ-ω, χάφτ-ω παύ-ω, δουλεύ-ω	ψ	φθ (φτ)
5. Liquid λ, ρ λν,ρν & a Nasal μ, ν	ἀγγέλλ-ω, σύρ-ω στέλν-ω, φέρν-ω τρέμ-ω, μολύν-ω	λ, ρ, μ, ν	λθ, ρθ νθ

<u>cont'd from p.191.</u> particle δέν placed before a verb used in the indicative and in the conditional moods, and with the negative particle μήν placed before a verb used in the subjunctive, optative, imperative and participle moods.

TABLES OF VERB ENDINGS

GRAMMAR C.

PRESENT

CONJUGATIONS ACTIVE						
First	(γράφ-)-ω	-εις	-ει	-ουμε	- ετε	-ουν
Second	(ἀγαπ-)-ῶ(-άω)	-ᾶς	-ᾶ(-άει)	-οῦμε	- ᾶτε	-οῦν
	(θεωρ-)-ῶ	-εῖς	-εῖ	-οῦμε	-εῖτε	-οῦν

PASSIVE

First	(γράφ-)- ομαι	- εσαι	- εται	- όμαστε	- εστε	- ονται
Second	(ἀγαπ-)-ιέμαι	-ιέσαι	-ιέται	-ιόμαστε	-ιέστε	-ιόνται
*	(θεωρ-)-οῦμαι	-εῖσαι	-εῖται	-ούμαστε	-εῖστε	-οῦνται
	(φοβ-)- ᾶμαι	- ᾶσαι	- ᾶται	- όμαστε	- ᾶστε	- όνται

CONTINUOUS PAST

ACTIVE

First	ἔ-(γραφ-)- α	- ες	- ε	- αμε	- ατε	- αν
Second	(ἀγαπ-)- οῦσα	-οῦσες	-οῦσε	-ούσαμε	-ούσατε	-οῦσαν
	(θεωρ-)- οῦσα	-οῦσες	-οῦσε	-ούσαμε	-ούσατε	-οῦσαν

PASSIVE

First	(γραφ-)- όμουν	- όσουν	- όταν	- όμαστε	- όσαστε	- όνταν
Second	(ἀγαπ-)-ιόμουν	-ιόσουν	-ιόταν	-ιόμαστε	-ιόσαστε	-ιόνταν
	(θεωρ-)-ούμουν	-ούσουν	-οῦταν	-ούμαστε	-ούσαστε	-οῦνταν
	(φοβ-)- όμουν	- όσουν	- όταν	- όμαστε	- όσαστε	- όνταν

CONTINUOUS FUTURE/SUBJUNCTIVE

ACTIVE

First	θά/νά	(γράφ-)-ω	-εις	-ει	-ουμε	- ετε	-ουν
Second	θά/νά	(ἀγαπ-)-ῶ (-άω)	-ᾶς	-ᾶ (-άει)	-οῦμε	- ᾶτε	-οῦν
	θά/νά	(θεωρ-)-ῶ	-εῖς	-εῖ	-οῦμε	-εῖτε	-οῦν

PASSIVE

First	θά/νά	(γράφ-)- ομαι	- εσαι	- εται	- όμαστε	- εστε	- ονται
Second	θά/νά	(ἀγαπ-)-ιέμαι	-ιέσαι	-ιέται	-ιόμαστε	-ιέστε	-ιόνται
	θά/νά	(θεωρ-)-οῦμαι	-εῖσαι	-εῖται	-ούμαστε	-εῖστε	-οῦνται
	θά/νά	(φοβ-)- ᾶμαι	- ᾶσαι	- ᾶται	- όμαστε	- ᾶστε	- όνται

CONTINUOUS PARTICIPLE

ACTIVE

First	(γράφ-)-οντας
Second	(ἀγαπ-)-ώντας
	(θεωρ-)-ώντας

* possible alternate endings, those of ἀγαπ-ιέμαι

TABLES OF VERB ENDINGS

CONTINUOUS IMPERATIVE - SIMPLE IMPERATIVE

CONJUGATIONS ACTIVE				
First	(γράφ-)-ε	(γράφ-)- ετε	(γράψ-) -ε	(γράψ-) -ετε
Second	(ἀγάπ-)-α	(ἀγαπ-)- ᾶτε	(ἀγάπησ-)-ε	(ἀγαπήσ-)-ετε
	(θεώρ-)-ει	(θεωρ-)-εῖτε	(θεώρησ-)-ε	(θεωρήσ-)-ετε
PASSIVE				
First	———		(γράψ-) -ου	(γραφτ-) -εῖτε
Second	———		(-ου)	(ἀγαπηθ-)-εῖτε
	———		(-ου)	(θεωρηθ-)-εῖτε
	———		(φοβήσ-)-ου	(φοβηθ-)-εῖτε

SIMPLE PAST

ACTIVE						
First	ἔ-(γραφ-)- α	- ες	- ε	- αμε	- ατε	- αν
Second	(ἀγάπησ-)-α	- ες	- ε	- αμε	- ατε	- αν
	(θεώρησ-)-α	- ες	- ε	- αμε	- ατε	- αν
PASSIVE						
First	(γράφτ-)-ηκα	-ηκες	-ηκε	-ήκαμε	-ήκατε	-ηκαν
Second	(ἀγαπήθ-)-ηκα	-ηκες	-ηκε	-ήκαμε	-ήκατε	-ηκαν
	(θεωρήθ-)-ηκα	-ηκες	-ηκε	-ήκαμε	-ήκατε	-ηκαν
	(φοβήθ-)-ηκα	-ηκες	-ηκε	-ήκαμε	-ήκατε	-ηκαν

SIMPLE FUTURE/SUBJUNCTIVE

ACTIVE							
First	θά/νά	(γράψ-)- ω	- εις	- ει	- ουμε	- ετε	- ουν
Second	θά/νά	(ἀγαπήσ-)-ω	- εις	- ει	- ουμε	- ετε	- ουν
	θά/νά	(θεωρήσ-)-ω	- εις	- ει	- ουμε	- ετε	- ουν
PASSIVE							
First	θά/νά	(γραφτ-)-ῶ	- εῖς	- εῖ	- οῦμε	- εῖτε	- οῦν
Second	θά/νά	(ἀγαπηθ-)-ῶ	- εῖς	- εῖ	- οῦμε	- εῖτε	- οῦν
	θά/νά	(θεωρηθ-)-ῶ	- εῖς	- εῖ	- οῦμε	- εῖτε	- οῦν
	θά/νά	(φοβηθ-)-ῶ	- εῖς	- εῖ	- οῦμε	- εῖτε	- οῦν

PERFECT PARTICIPLE

PASSIVE	
First	(γραμ-) -μένος
Second	(ἀγαπη-)-μένος
	(θεωρη-)-μένος

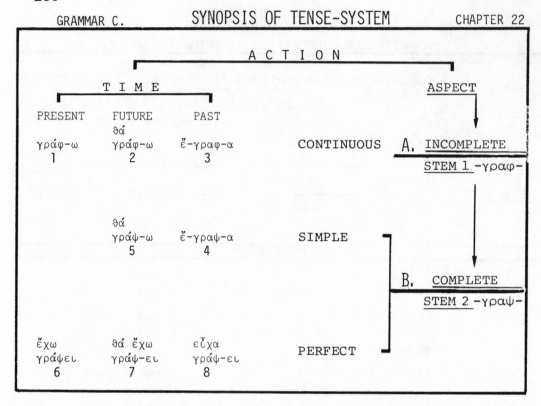

1. Notice that tenses 1 - 8, above, represent the eight tenses of the indicative mood. These tenses express both the TIME & the ASPECT of an action. Notice that, in time, an action may be present, future or past: in aspect, it may be either incomplete, (A,above) or complete (B,above). An incomplete action is a continuous action in the present, - 'I am writing', in the future, - 'I shall be writing', or in the past, - 'I was writing', (tenses 1 - 3, above). A complete action may be either simple or perfect (tenses 4 - 5, and 6 - 8, above).

2. A simple action in the present, e.g. ' I write ' is indicated by the same present tense by which a continuous action is. In other words, γράφω may be used to mean both ' I write ' and ' I am writing '.

3. Tenses number 1 and 4, above, i.e. the present and the simple past of the indicative mood are the two basic tenses of a Greek verb. All the other tenses/moods are formed from the STEMS of these tenses, as follows:

CONTINUOUS		SIMPLE		PERFECT
				Present
	Future		Future	Future
STEM 1.	Past	STEM 2.	Past	Past
	Subjunctive		Subjunctive	Subjunctive
PRESENT	Conditional	PAST		Conditional
	Optative			Optative
	Imperative		Imperative	Imperative
	Participle		Infinitive	Participle

Appendices

I.   VERBS FULLY CONJUGATED: A. REGULAR
                               B. IRREGULAR
                               C. AUXILIARY

II.   CLASSIFICATION OF VERBS (2ND CONJ.)

III. WORDS REQUIRING A ROUGH BREATHING. ARTICLES

IV.   DIVISIONS OF TIME. NUMERALS

V.   FULLY DECLINED : A. PRONOUNS
                       B. NOUNS
                       C. ADJECTIVES AND
                           PARTICIPLES

VI.   DEGREES OF COMPARISON

VII. THE MONOTONIC SYSTEM OF ACCENTUATION

I. A. ACTIVE FIRST CONJUGATION

	INDICATIVE		SUBJUNCTIVE	IMPERATIVE	PARTICIPLE

CONTINUOUS

1. PRESENT	2. FUTURE	SUBJUNCTIVE	IMPERATIVE	PARTICIPLE
χάν-ω	θά χάν-ω	νά χάν-ω		
χάν-εις	" χάν-εις	" χάν-εις	χάν-ε	
χάν-ει	" χάν-ει	" χάν-ει	ἄς χάν-ει	
χάν-ουμε	" χάν-ουμε	" χάν-ουμε		χάν-οντας
χάν-ετε	" χάν-ετε	" χάν-ετε	χάν-ετε	
χάν-ουν	" χάν-ουν	" χάν-ουν	ἄς χάν-ουν	
I lose	I shall lose	to lose	lose	losing

3. PAST	CONDITIONAL	OPTATIVE
ἔχαν-α	θά ἔχαν-α	νά ἔχαν-α
ἔχαν-ες	" ἔχαν-ες	" ἔχαν-ες
ἔχαν-ε	" ἔχαν-ε	" ἔχαν-ε
χάν-αμε	" χάν-αμε	" χάν-αμε
χάν-ατε	" χάν-ατε	" χάν-ατε
ἔχαν-αν	" ἔχαν-αν	" ἔχαν-αν
I lost	I should lose	Would that I lost

SIMPLE

4. PAST	5. FUTURE	SUBJUNCTIVE	IMPERATIVE
ἔχασ-α	θά χάσ-ω	νά χάσ-ω	
ἔχασ-ες	" χάσ-εις	" χάσ-εις	χάσ-ε
ἔχασ-ε	" χάσ-ει	" χάσ-ει	ἄς χάσ-ει
χάσ-αμε	" χάσ-ουμε	" χάσ-ουμε	
χάσ-ατε	" χάσ-ετε	" χάσ-ετε	χάσ-ετε
ἔχασ-αν	" χάσουν	" χάσ-ουν	ἄς χάσ-ουν
I lost	I shall lose	to lose	lose

PERFECT

6. PRESENT	7. FUTURE	SUBJUNCTIVE	IMPERATIVE	PARTICIPLE
ἔχω χάσ-ει	θά ἔχω χάσ-ει	νά ἔχω χάσ-ει		
ἔχεις "	" ἔχεις "	" ἔχεις "	ἔχε χάσ-ει	
ἔχει "	" ἔχει "	" ἔχει "	ἄς ἔχει "	
ἔχουμε "	" ἔχουμε "	" ἔχουμε "		ἔχοντας
ἔχετε "	" ἔχετε "	" ἔχετε "	ἔχετε "	χάσ-ει
ἔχουν "	" ἔχουν "	" ἔχουν "	ἄς ἔχουν "	
I have lost	I shall have lost	to have lost		having lost

8. PAST	CONDITIONAL	OPTATIVE		INFINITIVE
εἶχα χάσει	θά εἶχα χάσ-ει	νά εἶχα χάσ-ει		
εἶχες "	" εἶχες "	" εἶχες "		
εἶχε "	" εἶχε "	" εἶχε "		χάσ-ει
εἴχαμε "	" εἴχαμε "	" εἴχαμε "		
εἴχατε "	" εἴχατε "	νά εἴχατε "		
εἶχαν "	" εἶχαν "	" εἶχαν "		
I had lost	I should have lost	Would that I had lost		

PASSIVE FIRST CONJUGATION

	INDICATIVE		SUBJUNCTIVE	IMPERATIVE	PARTICIPLE
C O N T I N U O U S	1. <u>PRESENT</u> χάν-ομαι χάν-εσαι χάν-εται χαν-όμαστε χάν-εστε χάν-ονται *I am lost*	2. <u>FUTURE</u> θά χάν-ομαι " χάν-εσαι " χάν-εται " χαν-όμαστε " χάν-εστε " χάν-ονται *I shall be lost*	νά χάν-ομαι " χάν-εσαι " χάν-εται " χαν-όμαστε " χάν-εστε " χάν-ονται *to be lost*	 νά χάν-εσαι ἄς χάν-εται νά χάν-εστε ἄς χάν-ονται	
	3. <u>PAST</u> χαν-όμουν χαν-όσουν χαν-όταν χαν-όμαστε χαν-όσαστε χαν-όνταν *I was lost*	CONDITIONAL θά χαν-όμουν " χαν-όσουν " χαν-όταν " χαν-όμαστε " χαν-όσαστε " χαν-όνταν *I should be lost*	OPTATIVE νά χαν-όμουν " χαν-όσουν " χαν-όταν " χαν-όμαστε " χαν-όσαστε " χαν-όνταν *Would that I were lost*		
S I M P L E	4. <u>PAST</u> χάθ-ηκα χάθ-ηκες χάθ-ηκε χαθ-ήκαμε χαθ-ήκατε χάθ-ηκαν *I was lost*	5. <u>FUTURE</u> θά χαθ-ῶ " χαθ-εῖς " χαθ-εῖ " χαθ-οῦμε " χαθ-εῖτε " χαθ-οῦν *I shall be lost*	SUBJUNCTIVE νά χαθ-ῶ " χαθ-εῖς " χαθ-εῖ " χαθ-οῦμε " χαθ-εῖτε " χαθ-οῦν *to be lost*	IMPERATIVE χάσ-ου ἄς χαθ-εῖ χαθ-εῖτε ἄς χαθ-οῦν *be lost*	
P E R F E C T	6. <u>PRESENT</u> ἔχω χαθ-εῖ ἔχεις " ἔχει " ἔχουμε " ἔχετε " ἔχουν " *I have been lost*	7. <u>FUTURE</u> θά ἔχω χαθ-εῖ " ἔχεις " " ἔχει " " ἔχουμε " " ἔχετε " " ἔχουν " *I shall have been lost*	SUBJUNCTIVE νά ἔχω χαθ-εῖ " ἔχεις " " ἔχει " " ἔχουμε " " ἔχετε " " ἔχουν " *to have been lost*	IMPERATIVE νά ἔχεις χαθ-εῖ ἄς ἔχει " νά ἔχετε " ἄς ἔχουν "	PARTICIPLE ἔχοντας χαθ-εῖ *having been lost* χα-μένος *lost*
	8. <u>PAST</u> εἶχα χαθ-εῖ εἶχες " εἶχε " εἴχαμε " εἴχατε " εἶχαν " *I had been lost*	CONDITIONAL θά εἶχα χαθ-εῖ " εἶχες " " εἶχε " " εἴχαμε " " εἴχατε " " εἶχαν " *I should have been lost*	OPTATIVE νά εἶχα χαθ-εῖ " εἶχες " " εἶχε " " εἴχαμε " " εἴχατε " " εἶχαν " *Would that I had been lost*		INFINITIVE χαθ-εῖ

ACTIVE FIRST CONJUGATION

	INDICATIVE		SUBJUNCTIVE	IMPERATIVE	PARTICIPLE

C O N T I N U O U S

1. PRESENT	2. FUTURE	SUBJUNCTIVE	IMPERATIVE	PARTICIPLE
πιάν-ω	θά πιάν-ω	νά πιάν-ω		
πιάν-εις	" πιάν-εις	" πιάν-εις	πιάν-ε	
πιάν-ει	" πιάν-ει	" πιάν-ει	ἄς πιάν-ει	πιάν-οντας
πιάν-ουμε	" πιάν-ουμε	" πιάν-ουμε		
πιάν-ετε	" πιάν-ετε	" πιάν-ετε	πιάν-ετε	
πιάν-ουν	" πιάν-ουν	" πιάν-ουν	ἄς πιάν-ουν	
I take	*I shall take*	*to take*	*take*	*taking*

3. PAST	CONDITIONAL	OPTATIVE		
ἔπιαν-α	θά ἔπιαν-α	νά ἔπιαν-α		
ἔπιαν-ες	" ἔπιαν-ες	" ἔπιαν-ες		
ἔπιαν-ε	" ἔπιαν-ε	" ἔπιαν-ε		
πιάν-αμε	" πιάναμε	" πιάν-αμε		
πιάν-ατε	" πιάνατε	" πιάν-ατε		
ἔπιαν-αν	" ἔπιαναν	" ἔπιαν-αν		
I took	*I should take*	*Would that I took*		

S I M P L E

4. PAST	5. FUTURE	SUBJUNCTIVE	IMPERATIVE	
ἔπιασ-α	θά πιάσ-ω	νά πιάσ-ω		
ἔπιασ-ες	" πιάσ-εις	" πιάσ-εις	πιάσ-ε	
ἔπιασ-ε	" πιάσ-ει	" πιάσ-ει	ἄς πιάσ-ει	
πιάσ-αμε	" πιάσ-ουμε	" πιάσ-ουμε		
πιάσ-ατε	" πιάσ-ετε	" πιάσ-ετε	πιάσ-ετε	
ἔπιασ-αν	" πιάσ-ουν	" πιάσ-ουν	ἄς πιάσ-ουν	
I took	*I shall take*	*to take*	*take*	

P E R F E C T

6. PRESENT	7. FUTURE	SUBJUNCTIVE	IMPERATIVE	PARTICIPLE
ἔχω πιάσ-ει	θά ἔχω πιάσ-ει	νά ἔχω πιάσ-ει		
ἔχεις "	" ἔχεις "	" ἔχεις "	ἔχε πιάσ-ει	
ἔχει "	" ἔχει "	" ἔχει "	ἄς ἔχει "	ἔχοντας
ἔχουμε "	" ἔχουμε "	" ἔχουμε "		πιάσ-ει
ἔχετε "	" ἔχετε "	" ἔχετε "	ἔχετε "	
ἔχουν "	" ἔχουν "	" ἔχουν "	ἄς ἔχουν "	
I have taken	*I shall have taken*	*to have taken*		*having taken*

8. PAST	CONDITIONAL	OPTATIVE		INFINITIVE
εἶχα πιάσ-ει	θά εἶχα πιάσ-ει	νά εἶχα πιάσ-ει		
εἶχες "	" εἶχες "	" εἶχες "		
εἶχε "	" εἶχε "	" εἶχε "		πιάσ-ει
εἴχαμε "	" εἴχαμε "	" εἴχαμε "		
εἴχατε "	" εἴχατε "	" εἴχατε "		
εἶχαν "	" εἶχαν "	" εἶχαν "		
I had taken	*I should have taken*	*Would that I had taken*		

PASSIVE FIRST CONJUGATION

	INDICATIVE		SUBJUNCTIVE	IMPERATIVE	PARTICIPLE
C O N T I N U O U S	**1. PRESENT** πιάν-ομαι πιάν-εσαι πιάν-εται πιαν-όμαστε πιάν-εστε πιάν-ονται *I am caught*	**2. FUTURE** θά πιάν-ομαι " πιάν-εσαι " πιάν-εται " πιαν-όμαστε " πιάν-εστε " πιάν-ονται *I shall be caught*	νά πιάν-ομαι " πιάν-εσαι " πιάν-εται " πιαν-όμαστε " πιάν-εστε " πιάν-ονται *to be caught*	 νά πιάν-εσαι ἄς πιάν-εται νά πιάν-εστε ἄς πιάν-ονται *be caught*	
	3. PAST πιαν-όμουν πιαν-όσουν πιαν-όταν πιαν-όμαστε πιαν-όσαστε πιαν-όνταν *I was caught*	**CONDITIONAL** θά πιαν-όμουν " πιαν-όσουν " πιαν-όταν " πιαν-όμαστε " πιαν-όσαστε " πιαν-όνταν *I should be caught*	**OPTATIVE** νά πιαν-όμουν " πιαν-όσουν " πιαν-όταν " πιαν-όμαστε " πιαν-όσαστε " πιαν-όνταν *Would that I were caught*		
S I M P L E	**4. PAST** πιάστ-ηκα πιάστ-ηκες πιάστ-ηκε πιαστ-ήκαμε πιαστ-ήκατε πιάστ-ηκαν *I was caught*	**5. FUTURE** θά πιαστ-ῶ " πιαστ-εῖς " πιαστ-εῖ " πιαστ-οῦμε " πιαστ-εῖτε " πιαστ-οῦν *I shall be caught*	**SUBJUNCTIVE** νά πιαστ-ῶ " πιαστ-εῖς " πιαστ-εῖ " πιαστ-οῦμε " πιαστ-εῖτε " πιαστ-οῦν *to be caught*	**IMPERATIVE** πιάσ-ου ἄς πιαστεῖ πιαστ-εῖτε ἄς πιαστ-οῦν *be caught*	
P E R F E C T	**6. PRESENT** ἔχω πιαστ-εῖ ἔχεις " ἔχει " ἔχουμε " ἔχετε " ἔχουν " *I have been caught*	**7. FUTURE** θά ἔχω πιαστ-εῖ " ἔχεις " " ἔχεις " " ἔχουμε " " ἔχετε " " ἔχουν " *I shall have been caught*	**SUBJUNCTIVE** νά ἔχω πιαστ-εῖ " ἔχεις " " ἔχει " " ἔχουμε " " ἔχετε " " ἔχουν " *to have been caught*	**IMPERATIVE** ἔχε πιαστεῖ ἄς ἔχει " ἔχετε " ἄς ἔχουν " 	**PARTICIPLE** ἔχοντας πιαστ-εῖ *having been caught* πιασ-μένος *caught*
	8. PAST εἶχα πιαστ-εῖ εἶχες " εἶχε " εἴχαμε " εἴχατε " εἶχαν " *I had been caught*	**CONDITIONAL** θά εἶχα πιαστ-εῖ " εἶχες " " εἶχε " " εἴχαμε " " εἴχατε " " εἶχαν " *I should have been caught*	**OPTATIVE** νά εἶχα πιαστ-εῖ " εἶχες " " εἶχε " " εἴχαμε " " εἴχατε " " εἶχαν " *Would that I had been caught*		**INFINITIVE** πιαστ-εῖ

ACTIVE FIRST CONJUGATION

	INDICATIVE	SUBJUNCTIVE	IMPERATIVE	PARTICIPLE

CONTINUOUS

1. PRESENT / **2. FUTURE** / SUBJUNCTIVE / IMPERATIVE / PARTICIPLE

INDICATIVE		SUBJUNCTIVE	IMPERATIVE	PARTICIPLE
1. PRESENT	2. FUTURE			
γράφ-ω	θά γράφ-ω	νά γράφ-ω		
γράφ-εις	" γράφ-εις	" γράφ-εις	γράφ-ε	
γράφ-ει	" γράφ-ει	" γράφ-ει	ἄς γράφ-ει	
γράφ-ουμε	" γράφ-ουμε	" γράφ-ουμε		γράφ-οντας
γράφ-ετε	" γράφ-ετε	" γράφ-ετε	γράφ-ετε	
γράφ-ουν	" γράφ-ουν	" γράφ-ουν	ἄς γράφ-ουν	
I write	*I shall write*	*to write*	*write*	*writing*
3. PAST	CONDITIONAL	OPTATIVE		
ἔγραφ-α	θά ἔγραφ-α	νά ἔγραφ-α		
ἔγραφ-ες	" ἔγραφ-ες	" ἔγραφ-ες		
ἔγραφ-ε	" ἔγραφ-ε	" ἔγραφ-ε		
γράφ-αμε	" γράφ-αμε	" γράφαμε		
γράφ-ατε	" γράφ-ατε	" γράφατε		
ἔγραφ-αν	" ἔγραφ-αν	" ἔγραφ-αν		
I wrote	*I should write*	*Would that I wrote*		

SIMPLE

INDICATIVE		SUBJUNCTIVE	IMPERATIVE	
4. PAST	5. FUTURE			
ἔγραψ-α	θά γράψ-ω	νά γράψ-ω		
ἔγραψ-ες	" γράψ-εις	" γράψ-εις	γράψ-ε	
ἔγραψ-ε	" γράψ-ει	" γράψ-ει	ἄς γράψ-ει	
γράψ-αμε	" γράψ-ουμε	" γράψ-ουμε		
γράψ-ατε	" γράψ-ετε	" γράψ-ετε	γράψ-ετε	
ἔγραψ-αν	" γράψ-ουν	" γράψ-ουν	ἄς γράψ-ουν	
I wrote	*I shall write*	*to write*	*write*	

PERFECT

INDICATIVE		SUBJUNCTIVE	IMPERATIVE	PARTICIPLE
6. PRESENT	7. FUTURE			
ἔχω γράψ-ει	θά ἔχω γράψ-ει	νά ἔχω γράψ-ει		
ἔχεις "	" ἔχεις "	" ἔχεις "	ἔχε γράψ-ει	
ἔχει "	" ἔχει "	" ἔχει "	ἄς ἔχει "	
ἔχουμε "	" ἔχουμε "	" ἔχουμε "		ἔχοντας γράψ-ει
ἔχετε "	" ἔχετε "	" ἔχετε "	ἔχετε "	
ἔχουν "	" ἔχουν "	" ἔχουν "	ἄς ἔχουν "	
I have written	*I shall have written*	*to have written*		*having written*
8. PAST	CONDITIONAL	OPTATIVE		INFINITIVE
εἶχα γράψ-ει	θά εἶχα γράψ-ει	νά εἶχα γράψ-ει		
εἶχες "	" εἶχες "	" εἶχες "		
εἶχε "	" εἶχε "	" εἶχε "		γράψ-ει
εἴχαμε "	" εἴχαμε "	" εἴχαμε "		
εἴχατε "	" εἴχατε "	" εἴχατε "		
εἶχαν "	" εἶχαν "	" εἶχαν "		
I had written	*I should have written*	*written*		

PASSIVE FIRST CONJUGATION

	INDICATIVE		SUBJUNCTIVE	IMPERATIVE	PARTICIPLE
C O N T I N U O U S	**1.** PRESENT γράφ-ομαι * γράφ-εσαι γράφ-εται ** γραφ-όμαστε γράφ-εστε γράφ-ονται	**2.** FUTURE θά γράφ-ομαι " γράφ-εσαι " γράφ-εται " γραφ-όμαστε " γράφ-εστε " γράφ-ονται	 νά γράφ-ομαι " γράφ-εσαι " γράφ-εται " γραφ-όμαστε " γράφ-εστε " γράφ-ονται	 νά γράφ-εσαι ἄς γράφ-εται νά γράφ-εστε ἄς γράφ-ονται	
	3. PAST γραφ-όμουν γραφ-όσουν γραφ-όταν γραφ-όμαστε γραφ-όσαστε γραφ-όνταν	CONDITIONAL θά γραφ-όμουν " γραφ-όσουν " γραφ-όταν " γραφ-όμαστε " γραφ-όσαστε " γραφ-όνταν	OPTATIVE νά γραφ-όμουν " γραφ-όσουν " γραφ-όταν " γραφ-όμαστε " γραφ-όσαστε " γραφ-όνταν		
S I M P L E	**4.** PAST γράφτ-ηκα γράφτ-ηκες γράφτ-ηκε γραφτ-ήκαμε γραφτ-ήκατε γράφτ-ηκαν	**5.** FUTURE θά γραφτ-ῶ " γραφτ-εῖς " γραφτ-εῖ " γραφτ-οῦμε " γραφτ-εῖτε " γραφτ-οῦν	SUBJUNCTIVE νά γραφτ-ῶ " γραφτ-εῖς " γραφτ-εῖ " γραφτ-οῦμε " γραφτ-εῖτε " γραφτ-οῦν	IMPERATIVE γράψ-ου ἄς γραφτ-εῖ γραφτ-εῖτε ἄς γραφτ-οῦν	
P E R F E C T	**6.** PRESENT ἔχω γραφτ-εῖ ἔχεις " ἔχει " ἔχουμε " ἔχετε " ἔχουν "	**7.** FUTURE θά ἔχω γραφτ-εῖ " ἔχεις " " ἔχει " " ἔχουμε " " ἔχετε " " ἔχουν "	SUBJUNCTIVE νά ἔχω γραφτ-εῖ " ἔχεις " " ἔχει " " ἔχουμε " " ἔχετε " " ἔχουν "	IMPERATIVE ἔχε γραφτ-εῖ ἄς ἔχει " ἔχετε " ἄς ἔχουν "	PARTICIPLE ἔχοντας γραφτ-εῖ γραμ-μένος
	8. PAST εἶχα γραφτ-εῖ εἶχες " εἶχε " εἴχαμε " εἴχατε " εἶχαν "	CONDITIONAL θά εἶχα γραφτ-εῖ " εἶχες " " εἶχε " " εἴχαμε " " εἴχατε " " εἶχαν "	OPTATIVE νά εἶχα γραφτ-εῖ " εἶχες " " εἶχε " " εἴχαμε " " εἴχατε " " εἶχαν "		INFINITIVE γραφτ-εῖ

*1. I enroll my name in a list, I have myself registered, 2. ** It is written.

ACTIVE SECOND CONJUGATION

<table>
<tr><th colspan="2" align="center">I N D I C A T I V E</th><th>SUBJUNCTIVE</th><th>IMPERATIVE</th><th>PARTICIPLE</th></tr>
<tr><td colspan="5">C</td></tr>
</table>

ACTIVE SECOND CONJUGATION

	INDICATIVE		SUBJUNCTIVE	IMPERATIVE	PARTICIPLE
C	1. PRESENT	2. FUTURE			
O	ἀγαπ-ῶ (-άω)	θά ἀγαπ-ῶ(-άω)	νά ἀγαπ-ῶ (-άω)		
N	ἀγαπ-ᾶς	" ἀγαπ-ᾶς	" ἀγαπ-ᾶς	ἀγάπ-α	
	ἀγαπ-ᾶ (-άει)	" ἀγαπ-ᾶ(-άει)	" ἀγαπ-ᾶ (-άει)	ἄς ἀγαπ-ᾶ(-άει)	
T	ἀγαπ-οῦμε(-ᾶμε)	" "-οῦμε(-ᾶμε)	" ἀγαπ-οῦμε(-ᾶμε)		ἀγαπ-ώντας
I	ἀγαπ-ᾶτε	" ἀγαπ-ᾶτε	" ἀγαπ-ᾶτε	ἀγαπ-ᾶτε	
	ἀγαπ-οῦν (-ᾶνε)	" "-οῦν (-ᾶνε)	" ἀγαπ-οῦν (-ᾶνε)	ἄς ἀγαπ-οῦν(-ᾶνε)	
	I love	*I shall love*	*to love*	*love*	*loving*
N	3. PAST	CONDITIONAL	OPTATIVE		
U	ἀγαπ-οῦσα	θά ἀγαπ-οῦσα	νά ἀγαπ-οῦσα		
	ἀγαπ-οῦσες	" ἀγαπ-οῦσες	" ἀγαπ-οῦσες		
O	ἀγαπ-οῦσε	" ἀγαπ-οῦσε	" ἀγαπ-οῦσε		
U	ἀγαπ-ούσαμε	" ἀγαπ-ούσαμε	" ἀγαπ-ούσαμε		
	ἀγαπ-ούσατε	" ἀγαπ-ούσατε	" ἀγαπ-ούσατε		
S	ἀγαπ-οῦσαν	" ἀγαπ-οῦσαν	" ἀγαπ-οῦσαν		
	I loved	*I should love*	*Would that I loved*		
S	4. PAST	5. FUTURE	SUBJUNCTIVE	IMPERATIVE	
I	ἀγάπησ-α	θά ἀγαπήσ-ω	νά ἀγαπήσ-ω		
M	ἀγάπησ-ες	" ἀγαπήσ-εις	" ἀγαπήσ-εις	ἀγάπησ-ε	
P	ἀγάπησ-ε	" ἀγαπήσ-ει	" ἀγαπήσ-ει	ἄς ἀγαπήσ-ει	
L	ἀγάπησ-αμε	" ἀγαπήσ-ουμε	" ἀγαπήσ-ουμε		
	ἀγάπησ-ατε	" ἀγαπήσ-ετε	" ἀγαπήσ-ετε	ἀγαπήσ-ετε	
E	ἀγάπησ-αν	" ἀγαπήσ-ουν	" ἀγαπήσ-ουν	ἄς ἀγαπήσ-ουν	
	I loved	*I shall love*	*to love*	*love*	
	6. PRESENT	7. FUTURE	SUBJUNCTIVE	IMPERATIVE	PARTICIPLE
P	ἔχω ἀγαπήσ-ει	θά ἔχω ἀγαπήσ-ει	νά ἔχω ἀγαπήσ-ει		
	ἔχεις "	" ἔχεις "	" ἔχεις "	ἔχε ἀγαπήσ-ει	
	ἔχει "	" ἔχει "	" ἔχει "	ἄς ἔχεις "	
E	ἔχουμε "	" ἔχουμε "	" ἔχουμε "		ἔχοντας ἀγαπήσ-ει
	ἔχετε "	" ἔχετε "	" ἔχετε "	ἔχετε "	
	ἔχουν "	" ἔχουν "	" ἔχουν "	ἄς ἔχουν "	
R	*I have loved*	*I shall have loved*	*to love*		*having loved*
F	8. PAST	CONDITIONAL	OPTATIVE		INFINITIVE
	εἶχα ἀγαπήσ-ει	θά εἶχα ἀγαπήσ-ει	νά εἶχα ἀγαπήσ-ει		
E	εἶχες "	" εἶχες "	" εἶχες "		
	εἶχε "	" εἶχε "	" εἶχε "		ἀγαπήσ-ει
	εἴχαμε "	" εἴχαμε "	" εἴχαμε "		
C	εἴχατε "	" εἴχατε "	" εἴχατε "		
	εἶχαν "	" εἶχαν "	" εἶχαν "		
T	*I had loved*	*I should have loved*	*Would that I had loved*		

PASSIVE SECOND CONJUGATION

	INDICATIVE		SUBJUNCTIVE	IMPERATIVE	PARTICIPLE
C O N T I N U O U S	**1.** <u>PRESENT</u> ἀγαπ-ιέμαι ἀγαπ-ιέσαι ἀγαπ-ιέται ἀγαπ-ιόμαστε ἀγαπ-ιέστε ἀγαπ-ιόνται *I am loved*	**2.** <u>FUTURE</u> θά ἀγαπ-ιέμαι " ἀγαπ-ιέσαι " ἀγαπ-ιέται " ἀγαπ-ιόμαστε " ἀγαπ-ιέστε " ἀγαπ-ιόνται *I shall be loved*	νά ἀγαπ-ιέμαι " ἀγαπ-ιέσαι " ἀγαπ-ιέται " ἀγαπ-ιόμαστε " ἀγαπ-ιέστε " ἀγαπ-ιόνται *to be loved*	 νά ἀγαπ-ιέσαι ἄς ἀγαπ-ιέται νά ἀγαπ-ιέστε ἄς ἀγαπ-ιόνται *be loved*	
	3. <u>PAST</u> ἀγαπ-ιόμουν ἀγαπ-ιόσουν ἀγαπ-ιόταν ἀγαπ-ιόμαστε ἀγαπ-ιόσαστε ἀγαπ-ιόνταν *I was loved*	CONDITIONAL θά ἀγαπ-ιόμουν " ἀγαπ-ιόσουν " ἀγαπ-ιόταν " ἀγαπ-ιόμαστε " ἀγαπ-ιόσαστε " ἀγαπ-ιόνταν *I should be* *loved*	OPTATIVE νά ἀγαπ-ιόμουν " ἀγαπ-ιόσουν " ἀγαπ-ιόταν " ἀγαπ-ιόμαστε " ἀγαπ-ιόσαστε " ἀγαπ-ιόνταν *Would that I* *were loved*		
S I M P L E	**4.** <u>PAST</u> ἀγαπήθ-ηκα ἀγαπήθ-ηκες ἀγαπήθ-ηκε ἀγαπήθ-ήκαμε ἀγαπήθ-ήκατε ἀγαπήθ-ηκαν *I was loved*	**5.** <u>FUTURE</u> θά ἀγαπηθ-ῶ " ἀγαπηθ-εῖς " ἀγαπηθ-εῖ " ἀγαπηθ-οῦμε " ἀγαπηθ-εῖτε " ἀγαπηθ-οῦν *I shall be loved*	SUBJUNCTIVE νά ἀγαπηθ-ῶ " ἀγαπηθ-εῖς " ἀγαπηθ-εῖ " ἀγαπηθ-οῦμε " ἀγαπηθ-εῖτε " ἀγαπηθ-οῦν *to be loved*	IMPERATIVE ἀγαπήσ-ου ἄς ἀγαπηθ-εῖ ἀγαπηθ-εῖτε ἄς ἀγαπηθ-οῦν *be loved*	
P E R F E C T	**6.** <u>PRESENT</u> ἔχω ἀγαπηθ-εῖ ἔχεις " ἔχει " ἔχουμε " ἔχετε " ἔχουν " *I have been* *loved*	**7.** <u>FUTURE</u> θά ἔχω ἀγαπηθ-εῖ " ἔχεις " " ἔχει " " ἔχουμε " " ἔχετε " " ἔχουν " *I shall have* *been loved*	SUBJUNCTIVE νά ἔχω ἀγαπηθ-εῖ " ἔχεις " " ἔχει " " ἔχουμε " " ἔχετε " " ἔχουν " *to have been* *loved*	IMPERATIVE ἔχε ἀγαπηθ-εῖ ἄς ἔχει " ἔχετε " ἄς ἔχουν " 	PARTICIPLE ἔχοντας ἀγαπηθ-εῖ *having been* *loved* ἀγαπη-μένος *loved*
	8. <u>PAST</u> εἴχα ἀγαπηθ-εῖ εἴχες " εἴχε " εἴχαμε " εἴχατε " εἴχαν " *I had been* *loved*	CONDITIONAL θά εἴχα ἀγαπηθ-εῖ " εἴχες " " εἴχε " " εἴχαμε " " εἴχατε " " εἴχαν " *I should have* *been loved*	OPTATIVE νά εἴχα ἀγαπηθ-εῖ " εἴχες " " εἴχε " " εἴχαμε " " εἴχατε " " εἴχαν " *Would that I had* *been loved*		INFINITIVE ἀγαπηθ-εῖ

ACTIVE SECOND CONJUGATION

	INDICATIVE		SUBJUNCTIVE	IMPERATIVE	PARTICIPLE
C	**1.** PRESENT	**2.** FUTURE			
O	θεωρ-ῶ	θά θεωρ-ῶ	νά θεωρ-ῶ		
	θεωρ-εῖς	" θεωρ-εῖς	" θεωρ-εῖς	νά θεωρ-εῖς	
N	θεωρ-εῖ	" θεωρ-εῖ	" θεωρ-εῖ	ἄς θεωρ-εῖ	θεωρ-ώντας
T	θεωρ-οῦμε	" θεωρ-οῦμε	" θεωρ-οῦμε		
	θεωρ-εῖτε	" θεωρ-εῖτε	" θεωρ-εῖτε	νά θεωρ-εῖτε	
I	θεωρ-οῦν	" θεωρ-οῦν	" θεωρ-οῦν	ἄς θεωρ-οῦν	
	I consider	*I shall con-sider*	*to consider*	*consider*	*considering*
N	**3.** PAST	CONDITIONAL	OPTATIVE		
U	θεωρ-οῦσα	θά θεωρ-οῦσα	νά θεωρ-οῦσα		
	θεωρ-οῦσες	" θεωρ-οῦσες	" θεωρ-οῦσες		
O	θεωρ-οῦσε	" θεωρ-οῦσε	" θεωρ-οῦσε		
U	θεωρ-ούσαμε	" θεωρ-ούσαμε	" θεωρ-ούσαμε		
	θεωρ-ούσατε	" θεωρ-ούσατε	" θεωρ-ούσατε		
S	θεωρ-οῦσαν	" θεωρ-οῦσαν	" θεωρ-οῦσαν		
	I considered	*I should consider*	*Would that I con-sidered*		
S	**4.** PAST	**5.** FUTURE	SUBJUNCTIVE	IMPERATIVE	
I	θεώρησ-α	θά θεωρήσ-ω	νά θεωρήσ-ω		
M	θεώρησ-ες	" θεωρήσ-εις	" θεωρήσ-εις	θεώρησ-ε	
	θεώρησ-ε	" θεωρήσ-ει	" θεωρήσ-ει	ἄς θεωρήσ-ει	
P	θεωρήσ-αμε	" θεωρήσ-ουμε	" θεωρήσ-ουμε		
L	θεωρήσ-ατε	" θεωρήσ-ετε	" θεωρήσ-ετε	θεωρήσ-ετε	
E	θεώρησ-αν	" θεωρήσ-ουν	" θεωρήσ-ουν	ἄς θεωρήσ-ουν	
	I considered	*I shall consider*	*to consider*	*consider*	
	6. PRESENT	**7.** FUTURE	SUBJUNCTIVE	IMPERATIVE	PARTICIPLE
P	ἔχω θεωρήσ-ει	θά ἔχω θεωρήσ-ει	νά ἔχω θεωρήσ-ει		
	ἔχεις "	" ἔχεις "	" ἔχεις "	ἔχε θεωρήσ-ει	
	ἔχει "	" ἔχει "	" ἔχει "	ἄς ἔχει "	
E	ἔχουμε "	" ἔχουμε "	" ἔχουμε "		ἔχοντας θεωρήσ-ει
	ἔχετε "	" ἔχετε "	" ἔχετε "	ἔχετε "	*having*
	ἔχουν "	" ἔχουν "	" ἔχουν "	ἄς ἔχουν "	*considered*
R	*I have considered*	*I shall have considered*	*to have considered*		
F	**8.** PAST	CONDITIONAL	OPTATIVE		INFINITIVE
E	εἶχα θεωρήσ-ει	θά εἶχα θεωρήσ-ει	νά εἶχα θεωρήσ-ει		
	εἶχες "	" εἶχες "	" εἶχες "		
	εἶχε "	" εἶχε "	" εἶχε "		θεωρήσ-ει
C	εἴχαμε "	" εἴχαμε "	" εἴχαμε "		
	εἴχατε "	" εἴχατε "	" εἴχατε "		
	εἶχαν "	" εἶχαν "	" εἶχαν "		
T	*I had considered*	*I should have considered*	*Would that I had considered*		

PASSIVE SECOND CONJUGATION

	INDICATIVE	SUBJUNCTIVE	IMPERATIVE	PARTICIPLE

CONTINUOUS

1. PRESENT	2. FUTURE	SUBJUNCTIVE	IMPERATIVE
θεωρ-οῦμαι	θά θεωρ-οῦμαι	νά θεωρ-οῦμαι	
θεωρ-εῖσαι	" θεωρ-εῖσαι	" θεωρ-εῖσαι	νά θεωρ-εῖσαι
θεωρ-εῖται	" θεωρ-εῖται	" θεωρ-εῖται	ἄς θεωρ-εῖται
θεωρ-ούμαστε	" θεωρ-ούμαστε	" θεωρ-ούμαστε	
θεωρ-εῖστε	" θεωρ-εῖστε	" θεωρ-εῖστε	νά θεωρ-εῖστε
θεωρ-οῦνται	" θεωρ-οῦνται	" θεωρ-οῦνται	ἄς θεωρ-οῦνται
I am considered	*I shall be considered*	*to be considered*	*be considered*

3. PAST *	CONDITIONAL *	OPTATIVE *	*(Variant Endings)
θεωρ-ούμουν	θά θεωρ-ούμουν	νά θεωρ-ούμουν	
θεωρ-ούσουν/	" θεωρ-ούσουν/	" θεωρ-ούσουν/	/ -εῖσο
θεωρ-οῦταν /	" θεωρ-οῦταν /	" θεωρ-οῦταν /	/ -εῖτο
θεωρ-ούμαστε/	" θεωρ-ούμαστε/	" θεωρ-ούμαστε/	/ -ούμεθα
θεωρ-ούσαστε/	" θεωρ-ούσαστε/	" θεωρ-ούσαστε/	/ -εῖστε
θεωρ-οῦνταν /	" θεωρ-οῦνταν /	" θεωρ-οῦνταν /	/ -οῦντο
I was considered	*I should be considered*	*Would that I were considered*	

SIMPLE

4. PAST	5. FUTURE	SUBJUNCTIVE	IMPERATIVE
θεωρήθ-ηκα	θά θεωρηθ-ῶ	νά θεωρηθ-ῶ	
θεωρήθ-ηκες	" θεωρηθ-εῖς	" θεωρηθ-εῖς	θεωρήσ-ου
θεωρήθ-ηκε	" θεωρηθ-εῖ	" θεωρηθ-εῖ	ἄς θεωρηθ-εῖ
θεωρηθ-ήκαμε	" θεωρηθ-οῦμε	" θεωρηθ-οῦμε	
θεωρηθ-ήκατε	" θεωρηθ-εῖτε	" θεωρηθ-εῖτε	θεωρηθ-εῖτε
θεωρήθ-ηκαν	" θεωρηθ-οῦν	" θεωρηθ-οῦν	ἄς θεωρηθ-οῦν
I was con/ered	*I shall be con/ered*	*to be considered*	*be considered*

PERFECT

6. PRESENT	7. FUTURE	SUBJUNCTIVE	IMPERATIVE	PARTICIPLE
ἔχω θεωρηθ-εῖ	θά ἔχω θεωρηθ-εῖ	νά ἔχω θεωρηθ-εῖ		
ἔχεις "	" ἔχεις "	" ἔχεις "	ἔχε θεωρηθ-εῖ	
ἔχει "	" ἔχει "	" ἔχει "	ἄς ἔχει "	
ἔχουμε "	" ἔχουμε "	" ἔχουμε "		ἔχοντας θεωρηθ-εῖ
ἔχετε "	" ἔχετε "	" ἔχετε "	ἔχετε "	*having been considered*
ἔχουν "	" ἔχουν "	" ἔχουν "	ἄς ἔχουν "	θεωρη-μένος *considered*
I had considered	*I shall have been considered*	*to have been considered*	*be considered*	

8. PAST	CONDITIONAL	OPTATIVE		INFINITIVE
εἶχα θεωρηθ-εῖ	θά εἶχα θεωρηθ-εῖ	νά εἶχα θεωρηθ-εῖ		
εἶχες "	" εἶχες "	" εἶχες "		
εἶχε "	" εἶχε "	" εἶχε "		θεωρηθ-εῖ
εἴχαμε "	" εἴχαμε "	" εἴχαμε "		
εἴχατε "	" εἴχατε "	" εἴχατε "		
εἶχαν "	" εἶχαν "	" εἶχαν "		
I had been considered	*I should have been considered*	*Would that I had been considered*		

PASSIVE SECOND CONJUGATION

	INDICATIVE		SUBJUNCTIVE*	IMPERATIVE*	*(Variant Endings)
C	**1.** <u>PRESENT</u> *	**2.** <u>FUTURE</u>*	νά κοιμ-ᾶμαι/		/ -οῦμαι
O	κοιμ-ᾶμαι/	θά κοιμ-ᾶμαι/	" κοιμ-ᾶσαι	νά κοιμ-ᾶσαι	
	κοιμ-ᾶσαι	" κοιμ-ᾶσαι	" κοιμ-ᾶται	ἄς κοιμ-ᾶται	
N	κοιμ-ᾶται	" κοιμ-ᾶται			
T	κοιμ-όμαστε/	" κοιμ-όμαστε/	" κοιμ-όμαστε/		/ -ούμαστε
I	κοιμ-ᾶστε	" κοιμ-ᾶστε	" κοιμ-ᾶστε	νά κοιμ-ᾶστε	
N	κοιμ-όνται /	" κοιμ-όνται /	" κοιμ-όνται /	ἄς κοιμ-όνται/	/ -οῦνται
U	*I sleep*	*I shall sleep*	*to sleep*	*sleep*	
O	**3.** <u>PAST</u>	CONDITIONAL	OPTATIVE		
U	κοιμ-όμουν	θά κοιμ-όμουν	νά κοιμ-όμουν		
S	κοιμ-όσουν	" κοιμ-όσουν	" κοιμ-όσουν		
	κοιμ-όταν	" κοιμ-όταν	" κοιμ-όταν		
	κοιμ-όμαστε	" κοιμ-όμαστε	" κοιμ-όμαστε		
	κοιμ-όσαστε	" κοιμ-όσαστε	" κοιμ-όσαστε		
	κοιμ-όνταν	" κοιμ-όνταν	" κοιμ-όνταν		
	I slept	*I should sleep*	*Would that I slept*		
S	**4.** <u>PAST</u>	**5.** <u>FUTURE</u>	SUBJUNCTIVE	IMPERATIVE	
I	κοιμήθ-ηκα	θά κοιμηθ-ῶ	νά κοιμηθ-ῶ		
M	κοιμήθ-ηκες	" κοιμηθ-εῖς	" κοιμηθ-εῖς	κοιμήσ-ου	
P	κοιμήθ-ηκε	" κοιμηθ-εῖ	" κοιμηθ-εῖ	ἄς κοιμηθ-εῖ	
L	κοιμηθ-ήκαμε	" κοιμηθ-οῦμε	" κοιμηθ-οῦμε		
E	κοιμηθ-ήκατε	" κοιμηθ-εῖτε	" κοιμηθ-εῖτε	κοιμηθ-εῖτε	
	κοιμήθ-ηκαν	" κοιμηθ-οῦν	" κοιμηθ-οῦν	ἄς κοιμηθ-οῦν	
	I slept	*I shall sleep*	*to sleep*	*sleep*	
	6. <u>PRESENT</u>	**7.** <u>FUTURE</u>	SUBJUNCTIVE	IMPERATIVE	PARTICIPLE
P	ἔχω κοιμηθ-εῖ	θά ἔχω κοιμηθ-εῖ	νά ἔχω κοιμηθ-εῖ		ἔχοντας
	ἔχεις "	" ἔχεις "	" ἔχεις "	ἔχε κοιμηθ-εῖ	κοιμηθ-εῖ
	ἔχει "	" ἔχει "	" ἔχει "	ἄς ἔχει "	*having slept*
E	ἔχουμε "	" ἔχουμε "	" ἔχουμε "		
	ἔχετε "	" ἔχετε "	" ἔχετε "	ἔχετε "	
	ἔχουν "	" ἔχουν "	" ἔχουν "	ἄς ἔχουν "	κοιμισ-μένος
R	*I have slept*	*I shall have slept*	*to have slept*		*asleep*
F	**8.** <u>PAST</u>	CONDITIONAL	OPTATIVE		INFINITIVE
E	εἶχα κοιμηθ-εῖ	θά εἶχα κοιμηθ-εῖ	νά εἶχα κοιμηθ-εῖ		
	εἶχες "	" εἶχες "	" εἶχες "		
	εἶχε "	" εἶχε "	" εἶχε "		κοιμηθ-εῖ
C	εἴχαμε "	" εἴχαμε "	" εἴχαμε "		
	εἴχατε "	" εἴχατε "	" εἴχατε "		
	εἶχαν "	" εἶχαν "	" εἶχαν "		
T	*I had slept*	*I should have slept*	*Would that I had slept*		

I. B. ACTIVE FIRST CONJUGATION (IRR.)

INDICATIVE		SUBJUNCTIVE	IMPERATIVE	PARTICIPLE

C O N T I N U O U S

1. PRESENT	2. FUTURE	SUBJUNCTIVE	IMPERATIVE	PARTICIPLE
βλέπ-ω	θά βλέπ-ω	νά βλέπ-ω		
βλέπ-εις	" βλέπ-εις	" βλέπ-εις	βλέπ-ε	
βλέπ-ει	" βλέπ-ει	" βλέπ-ει	ἄς βλέπ-ει	βλέπ-οντας
βλέπ-ουμε	" βλέπ-ουμε	" βλέπ-ουμε		
βλέπ-ετε	" βλέπ-ετε	" βλέπ-ετε	βλέπ-ετε	
βλέπ-ουν	" βλέπ-ουν	" βλέπ-ουν	ἄς βλέπ-ουν	
I see	*I shall see*	*to see*	*see*	*seeing*

3. PAST	CONDITIONAL	OPTATIVE		
ἔβλεπ-α	θά ἔβλεπ-α	νά ἔβλεπ-α		
ἔβλεπ-ες	" ἔβλεπ-ες	" ἔβλεπ-ες		
ἔβλεπ-ε	" ἔβλεπ-ε	" ἔβλεπ-ε		
βλέπ-αμε	" βλέπ-αμε	" βλέπ-αμε		
βλέπ-ατε	" βλέπ-ατε	" βλέπ-ατε		
ἔβλεπ-αν	" ἔβλεπ-αν	" ἔβλεπ-αν		
I saw	*I should see*	*Would that I saw*		

S I M P L E

4. PAST	5. FUTURE	SUBJUNCTIVE	IMPERATIVE	
εἶδ-α	θά (ἰ)δ-ῶ	νά (ἰ)δ-ῶ		
εἶδ-ες	" (ἰ)δ-εῖς	" (ἰ)δ-εῖς	δέ-ς	
εἶδ-ε	" (ἰ)δ-εῖ	" (ἰ)δ-εῖ	ἄς δ-εῖ	
εἴδ-αμε	" (ἰ)δ-οῦμε	" (ἰ)δ-οῦμε		
εἴδ-ατε	" (ἰ)δ-εῖτε	" (ἰ)δ-εῖτε	δέ-στε(δ-εῖτε)	
εἶδ-αν	" (ἰ)δ-οῦν	" (ἰ)δ-οῦν	ἄς δ-οῦν	
I saw	*I shall see*	*to see*	*see*	

P E R F E C T

6. PRESENT	7. FUTURE	SUBJUNCTIVE	IMPERATIVE	PARTICIPLE
ἔχω δ-εῖ	θά ἔχω (ἰ)δ-εῖ	νά ἔχω (ἰ)δ-εῖ		
ἔχεις "	" ἔχεις "	" ἔχεις "	ἔχε δ-εῖ	
ἔχει "	" ἔχει "	" ἔχει "	ἄς ἔχει "	
ἔχουμε "	" ἔχουμε "	" ἔχουμε "		ἔχοντας δ-εῖ
ἔχετε "	" ἔχετε "	" ἔχετε "	ἔχετε "	
ἔχουν "	" ἔχουν "	" ἔχουν "	ἄς ἔχουν "	
I have seen	*I shall have seen*	*to have seen*		*having seen*

8. PAST	CONDITIONAL	OPTATIVE		INFINITIVE
εἶχα (ἰ)δ-εῖ	θά εἶχα (ἰ)δ-εῖ	νά εἶχα (ἰ)δ-εῖ		
εἶχες "	" εἶχες "	" εἶχες "		
εἶχε "	" εἶχε "	" εἶχε "		(ἰ)δ-εῖ
εἴχαμε "	" εἴχαμε "	" εἴχαμε "		
εἴχατε "	" εἴχατε "	" εἴχατε "		
εἶχαν "	" εἶχαν "	" εἶχαν "		
I had seen	*I should have seen*	*Would that I had seen*		

ACTIVE FIRST CONJUGATION   (IRR.)

I N D I C A T I V E		SUBJUNCTIVE	IMPERATIVE	PARTICIPLE

<table>
<tr><td rowspan="40">C O N T I N U O U S</td></tr>
</table>

C O N T I N U O U S

1. PRESENT	2. FUTURE	SUBJUNCTIVE	IMPERATIVE	PARTICIPLE
βρίσκ-ω	θά βρίσκ-ω	νά βρίσκ-ω		
βρίσκ-εις	" βρίσκ-εις	" βρίσκ-εις	βρίσκ-ε	
βρίσκ-ει	" βρίσκ-ει	" βρίσκ-ει	ἄς βρίσκ-ει	
βρίσκ-ουμε	" βρίσκ-ουμε	" βρίσκ-ουμε		βρίσκ-οντας
βρίσκ-ετε	" βρίσκ-ετε	" βρίσκ-ετε	βρίσκ-ετε	
βρίσκ-ουν	" βρίσκ-ουν	" βρίσκ-ουν	ἄς βρίσκ-ουν	
I find	*I shall find*	*to find*	*find*	*finding*

3. PAST	CONDITIONAL	OPTATIVE		
ἔβρισκ-α	θά ἔβρισκ-α	νά ἔβρισκ-α		
ἔβρισκ-ες	" ἔβρισκ-ες	" ἔβρισκ-ες		
ἔβρισκ-ε	" ἔβρισκ-ε	" ἔβρισκ-ε		
βρίσκ-αμε	" βρίσκ-αμε	" βρίσκ-αμε		
βρίσκ-ατε	" βρίσκ-ατε	" βρίσκ-ατε		
ἔβρισκ-αν	" ἔβρισκ-αν	" ἔβρισκ-αν		
I found	*I should find*	*Would that I found*		

S I M P L E

(Aletrnate form)

4. PAST *	5. FUTURE	SUBJUNCTIVE	IMPERATIVE	
βρ-ῆκα	θά βρ-ῶ	νά βρ-ῶ		ηὗρα
βρ-ῆκες	" βρ-εῖς	" βρ-εῖ	βρέ-ς	ηὗρες
βρ-ῆκε	" βρ-εῖ	" βρ-εῖ	ἄς βρ-εῖ	ηὗρε
βρ-ήκαμε	" βρ-οῦμε	" βρ-οῦμε		ηὕραμε
βρ-ήκατε	" βρ-εῖτε	" βρ-εῖτε	βρέ-στε(βρ-εῖτε)	ηὕρατε
βρ-ῆκαν	" βρ-οῦν	" βρ-οῦν	ἄς βρ-οῦν	ηὕραν
I found	*I shall find*	*to find*	*find*	

P E R F E C T

6. PRESENT	7. FUTURE	SUBJUNCTIVE	IMPERATIVE	PARTICIPLE
ἔχω βρ-εῖ	θά ἔχω βρ-εῖ	νά ἔχω βρ-εῖ		
ἔχεις "	" ἔχεις "	" ἔχεις "	ἔχε βρ-εῖ	
ἔχει "	" ἔχει "	" ἔχει "	ἄς ἔχει "	
ἔχουμε "	" ἔχουμε "	" ἔχουμε "		ἔχοντας βρ-εῖ
ἔχετε "	" ἔχετε "	" ἔχετε "	ἔχετε "	
ἔχουν "	" ἔχουν "	" ἔχουν "	ἄς ἔχουν "	
I have found	*I shall have found*	*to have found*		*having found*

8. PAST	CONDITIONAL	OPTATIVE		INFINITIVE
εἶχα βρ-εῖ	θά εἶχα βρ-εῖ	νά εἶχα βρ-εῖ		
εἶχες "	" εἶχες "	" εἶχες "		
εἶχε "	" εἶχε "	" εἶχε "		
εἴχαμε "	" εἴχαμε "	" εἴχαμε "		βρ-εῖ
εἴχατε "	" εἴχατε "	" εἴχατε "		or
εἶχαν "	" εἶχαν "	" εἶχαν "		εὕρ-ει
I had found	*I should have found*	*Would that I had found*		

PASSIVE FIRST CONJUGATION (IRR.)

INDICATIVE		SUBJUNCTIVE	IMPERATIVE	PARTICIPLE
1. PRESENT	**2. FUTURE**			
βρίσκ-ομαι	θά βρίσκ-ομαι	νά βρίσκ-ομαι		
βρίσκ-εσαι	" βρίσκ-εσαι	" βρίσκ-εσαι	νά βρίσκ-εσαι	
βρίσκ-εται	" βρίσκ-εται	" βρίσκ-εται	ἄς βρίσκ-εται	
βρισκ-όμαστε	" βρισκ-όμαστε	" βρισκ-όμαστε		
βρίσκ-εστε	" βρίσκ-εστε	" βρίσκ-εστε	νά βρίσκ-εστε	
βρίσκ-ονται	" βρίσκ-ονται	" βρίσκ-ονται	ἄς βρίσκ-ονται	
I am found	*I shall be found*	*to be found*	*be found*	
3. PAST	**CONDITIONAL**	**OPTATIVE**		
βρισκ-όμουν	θά βρισκ-όμουν	νά βρισκ-όμουν		
βρισκ-όσουν	" βρισκ-όσουν	" βρισκ-όσουν		
βρισκ-όταν	" βρισκ-όταν	" βρισκ-όταν		
βρισκ-όμαστε	" βρισκ-όμαστε	" βρισκ-όμαστε		
βρισκ-όσαστε	" βρισκ-όσαστε	" βρισκ-όσαστε		
βρισκ-όνταν	" βρισκ-όνταν	" βρισκ-όνταν		
I was found	*I should be found*	*Would that I were found*		
4. PAST	**5. FUTURE**	**SUBJUNCTIVE**	**IMPERATIVE**	
βρέθ-ηκα	θά βρεθ-ῶ	νά βρεθ-ῶ		
βρέθ-ηκες	" βρεθ-εῖς	" βρεθ-εῖς	νά βρεθ-εῖ	
βρέθ-ηκε	" βρεθ-εῖ	" βρεθ-εῖ	ἄς βρεθ-εῖ	
βρεθ-ήκαμε	" βρεθ-οῦμε	" βρεθ-οῦμε		
βρεθ-ήκατε	" βρεθ-εῖτε	" βρεθ-εῖτε	(νά)βρεθ-εῖτε	
βρέθ-ηκαν	" βρεθ-οῦν	" βρεθ-οῦν	ἄς βρεθ-οῦν	
I was found	*I shall be found*	*to be found*	*be found*	
6. PRESENT	**7. FUTURE**	**SUBJUNCTIVE**	**IMPERATIVE**	**PARTICIPLE**
ἔχω βρεθ-εῖ	θά ἔχω βρεθ-εῖ	νά ἔχω βρεθ-εῖ		
ἔχεις "	" ἔχεις "	" ἔχεις "	νά ἔχεις βρεθ-εῖ	
ἔχει "	" ἔχει "	" ἔχει "	ἄς ἔχει "	
ἔχουμε "	" ἔχουμε "	" ἔχουμε "		ἔχοντας βρεθ-εῖ
ἔχετε "	" ἔχετε "	" ἔχετε "	νά ἔχετε "	
ἔχουν "	" ἔχουν "	" ἔχουν "	ἄς ἔχουν "	
I have been found	*I shall have been found*	*to have been found*		*having been found*
8. PAST	**CONDITIONAL**	**OPTATIVE**		**INFINITIVE**
εἶχα βρεθ-εῖ	θά εἶχα βρεθ-εῖ	νά εἶχα βρεθ-εῖ		
εἶχες "	" εἶχες "	" εἶχες "		
εἶχε "	" εἶχε "	" εἶχε "		
εἴχαμε "	" εἴχαμε "	" εἴχαμε "		βρεθ-εῖ
εἴχατε "	" εἴχατε "	" εἴχατε "		
εἶχαν "	" εἶχαν "	" εἶχαν "		
I had been found	*I should have been found*	*Would that I had been found*		

Vertical labels (left margin): CONTINUOUS — SIMPLE — PERFECT

DEPONENT FIRST CONJUGATION (IRR.)

	INDICATIVE		SUBJUNCTIVE	IMPERATIVE	PARTICIPLE
C	1. PRESENT	2. FUTURE			
O	γίν-ομαι	θά γίν-ομαι	νά γίν-ομαι		
N	γίν-εσαι	" γίν-εσαι	" γίν-εσαι	νά γίν-εσαι	
T	γίν-εται	" γίν-εται	" γίν-εται	άς γίν-εται	---------
I	γιν-όμαστε	" γιν-όμαστε	" γιν-όμαστε		
N	γίν-εστε	" γίν-εστε	" γίν-εστε	νά γίν-εστε	
U	γίν-ονται	" γίν-ονται	" γίν-ονται	άς γίν-ονται	
O	*I become*	*I shall become*	*to become*	*become*	
U	3. PAST	CONDITIONAL	OPTATIVE		
S	γιν-όμουν	θά γιν-όμουν	νά γιν-όμουν		
	γιν-όσουν	" γιν-όσουν	" γιν-όσουν		
S	γιν-όταν	" γιν-όταν	" γιν-όταν		
I	γιν-όμαστε	" γιν-όμαστε	" γιν-όμαστε		
M	γιν-όσαστε	" γιν-όσαστε	" γιν-όσαστε		
P	γιν-όνταν	" γιν-όνταν	" γιν-όνταν		
L	*I became*	*I should become*	*Would that I became*		
E	4. PAST	5. FUTURE	SUBJUNCTIVE	IMPERATIVE	

	INDICATIVE		SUBJUNCTIVE	IMPERATIVE	PARTICIPLE
	4. PAST	5. FUTURE	SUBJUNCTIVE	IMPERATIVE	
	έγιν-α	θά γίν-ω	νά γίν-ω		
	έγιν-ες	" γίν-εις	" γίν-εις	γίν-ε	
	έγιν-ε	" γίν-ει	" γίν-ει	άς γίν-ει	
	γίν-αμε	" γίν-ουμε	" γίν-ουμε		
	γίν-ατε	" γίν-ετε	" γίν-ετε	γίν-ετε	
	έγιν-αν	" γίν-ουν	" γίν-ουν	άς γίν-ουν	
	I became	*I shall become*	*to become*	*become*	
	6. PRESENT	7. FUTURE	SUBJUNCTIVE	IMPERATIVE	PARTICIPLE
P	έχω γίνει	θά έχω γίν-ει	νά έχω γίν-ει		
	έχεις "	" έχεις "	" έχεις "	νά έχεις, γίν-ει	
	έχει "	" έχει "	" έχει "	άς έχει "	έχοντας
E	έχουμε "	" έχουμε "	" έχουμε "		γίν-ει
	έχετε "	" έχετε "	" έχετε "	νά έχετε "	
	έχουν "	" έχουν "	" έχουν "	άς έχουν "	*having*
R	*I have become*	*I shall have become*	*to have become*		*become*
F	8. PAST	CONDITIONAL	OPTATIVE		INFINITIVE
E	είχα γίνει	θά είχα γίν-ει	νά είχα γίν-ει		
	είχες "	" είχες "	" είχες "		
C	είχε "	" είχε "	" είχε "		γίν-ει
	είχαμε "	" είχαμε "	" είχαμε "		
	είχατε "	" είχατε "	" είχατε "		
T	είχαν "	" είχαν "	" είχαν "		
	I had become	*I should have become*	*Would that I had become*		

DEPONENT FIRST CONJUGATION (IRR.)

	INDICATIVE		SUBJUNCTIVE	IMPERATIVE	PARTICIPLE
C	**1. PRESENT**	**2. FUTURE**			
O	ἔρχ-ομαι	θά ἔρχ-ομαι	νά ἔρχ-ομαι		
	ἔρχ-εσαι	" ἔρχ-εσαι	" ἔρχ-εσαι	νά ἔρχ-εσαι	
O	ἔρχ-εται	" ἔρχ-εται	" ἔρχ-εται	ἄς ἔρχ-εται	
N	ἐρχ-όμαστε	" ἐρχ-όμαστε	" ἐρχ-όμαστε		
T	ἔρχ-εστε	" ἔρχ-εστε	" ἔρχ-εστε	νά ἔρχ-εστε	
	ἔρχ-ονται	" ἔρχ-ονται	" ἔρχ-ονται	ἄς ἔρχ-ονται	
I	*I come*	*I shall come*	*to come*	*come*	
N	**3. PAST**	**CONDITIONAL**	**OPTATIVE**		
U	ἐρχ-όμουν	θά ἐρχ-όμουν	νά ἐρχ-όμουν		
	ἐρχ-όσουν	" ἐρχ-όσουν	" ἐρχ-όσουν		
O	ἐρχ-όταν	" ἐρχ-όταν	" ἐρχ-όταν		
U	ἐρχ-όμαστε	" ἐρχ-όμαστε	" ἐρχ-όμαστε		
	ἐρχ-όσαστε	" ἐρχ-όσαστε	" ἐρχ-όσαστε		
S	ἐρχ-όνταν	" ἐρχ-όνταν	" ἐρχ-όνταν		
	I came	*I should come*	*Would that I came*		
S	**4. PAST**	**5. FUTURE** *	**SUBJUNCTIVE** *	**IMPERATIVE**	*(Variant stress)*
I	ἦρθ-α	θά ἔρθ-ω	νά ἔρθ-ω		'ρθῶ
	ἦρθ-ες	" ἔρθ-εις	" ἔρθ-εις	ἔλ-α	'ρθεῖς
M	ἦρθ-ε	" ἔρθ-ει	" ἔρθ-ει	ἄς ἔρθ-ει	'ρθεῖ
P	ἦρθ-αμε	" ἔρθ-ουμε	" ἔρθ-ουμε		'ρθοῦμε
L	ἦρθ-ατε	" ἔρθ-ετε	" ἔρθ-ετε	ἐλ-ᾶτε	'ρθεῖτε
E	ἦρθ-αν	" ἔρθ-ουν	" ἔρθ-ουν	ἄς ἔρθ-ουν	'ρθοῦν
	I came	*I shall come*	*to come*	*come*	
	6. PRESENT	**7. FUTURE**	**SUBJUNCTIVE**	**IMPERATIVE**	**PARTICIPLE**
P	ἔχω ἔρθ-ει	θά ἔχω ἔρθ-ει	νά ἔχω ἔρθ-ει		
	ἔχεις "	" ἔχεις "	" ἔχεις "	νά ἔχεις ἔρθ-ει	
	ἔχει "	" ἔχει "	" ἔχει "	ἄς ἔχει "	ἔχοντας
	ἔχουμε "	" ἔχουμε "	" ἔχουμε "		ἔρθ-ει
E	ἔχετε "	" ἔχετε "	" ἔχετε "	νά ἔχετε "	*having come*
	ἔχουν "	" ἔχουν "	" ἔχουν "	ἄς ἔχουν "	
R	*I have come*	*I shall have come*	*to have come*		
F	**8. PAST**	**CONDITIONAL**	**OPTATIVE**		**INFINITIVE**
	εἶχα ἔρθ-ει	θά εἶχα ἔρθ-ει	νά εἶχα ἔρθ-ει		
E	εἶχες "	" εἶχες "	" εἶχες "		
	εἶχε "	" εἶχε "	" εἶχε "		ἔρθ-ει
	εἴχαμε "	" εἴχαμε "	" εἴχαμε "		
C	εἴχατε "	" εἴχατε "	" εἴχατε "		
	εἶχαν "	" εἶχαν "	" εἶχαν "		
T	*I had come*	*I should have come*	*Would that I had come*		

ACTIVE FIRST CONJUGATION (IRR.)

	INDICATIVE		SUBJUNCTIVE	IMPERATIVE	PARTICIPLE
C O N T I N U O U S	**1.** PRESENT	**2.** FUTURE			
	δίν-ω	θά δίν-ω	νά δίν-ω		
	δίν-εις	" δίν-εις	" δίν-εις	δίν-ε	
	δίν-ει	" δίν-ει	" δίν-ει	ἄς δίν-ει	
	δίν-ουμε	" δίν-ουμε	" δίν-ουμε		δίν-οντας
	δίν-ετε	" δίν-ετε	" δίν-ετε	δίν-ετε	
	δίν-ουν	" δίν-ουν	" δίν-ουν	ἄς δίν-ουν	
	I give	*I shall give*	*to give*	*give*	*giving*
	3. PAST	CONDITIONAL	OPTATIVE		
	ἔδιν-α	θά ἔδιν-α	νά ἔδιν-α		
	ἔδιν-ες	" ἔδιν-ες	" ἔδιν-ες		
	ἔδιν-ε	" ἔδιν-ε	" ἔδιν-ε		
	δίν-αμε	" δίν-αμε	" δίν-αμε		
	δίν-ατε	" δίν-ατε	" δίν-ατε		
	ἔδιν-αν	" ἔδιν-αν	" ἔδιν-αν		
	I gave	*I should give*	*Would that I gave*		
S I M P L E	**4.** PAST	**5.** FUTURE	SUBJUNCTIVE	IMPERATIVE	
	ἔδωσ-α	θά δώσ-ω	νά δώσ-ω		
	ἔδωσ-ες	" δώσ-εις	" δώσ-εις	δῶσ-ε	
	ἔδωσ-ε	" δώσ-ει	" δώσ-ει	ἄς δώσ-ει	
	δώσ-αμε	" δώσ-ουμε	" δώσ-ουμε		
	δώσ-ατε	" δώσ-ετε	" δώσ-ετε	δώσ-ετε	
	ἔδωσ-αν	" δώσ-ουν	" δώσ-ουν	ἄς δώσ-ουν	
	I gave	*I shall give*	*to give*	*give*	
P E R F E C T	**6.** PRESENT	**7.** FUTURE	SUBJUNCTIVE	IMPERATIVE	PARTICIPLE
	ἔχω δώσ-ει	θά ἔχω δώσ-ει	νά ἔχω δώσ-ει		
	ἔχεις "	" ἔχεις "	" ἔχεις "	ἔχε δώσ-ει	
	ἔχει "	" ἔχει "	" ἔχει "	ἄς ἔχει "	ἔχοντας
	ἔχουμε "	" ἔχουμε "	" ἔχουμε "		δώσ-ει
	ἔχετε "	" ἔχετε "	" ἔχετε "	ἔχετε "	
	ἔχουν "	" ἔχουν "	" ἔχουν "	ἄς ἔχουν "	
	I have given	*I shall have given*	*to have given*	*give*	*having given*
	8. PAST	CONDITIONAL	OPTATIVE		INFINITIVE
	εἶχα δώσ-ει	θά εἶχα δώσ-ει	νά εἶχα δώσ-ει		
	εἶχες "	" εἶχες "	" εἶχες "		
	εἶχε "	" εἶχε "	" εἶχε "		δώσ-ει
	εὔχαμε "	" εὔχαμε "	" εὔχαμε "		
	εὔχατε "	" εὔχατε "	" εὔχατε "		
	εἶχαν "	" εἶχαν "	" εἶχαν "		
	I had given	*I should have given*	*Would that I had given*		

ACTIVE FIRST CONJUGATION (IRR.)

	INDICATIVE		SUBJUNCTIVE	IMPERATIVE	PARTICIPLE

CONTINUOUS

1. PRESENT	2. FUTURE	SUBJUNCTIVE (νά)	IMPERATIVE	PARTICIPLE
λέ-ω	θά λέ-ω	νά λέ-ω		
λέ-ς	" λέ-ς	" λέ-ς	λέγ-ε	
λέ-ει	" λέ-ει	" λέ-ει	ἄς λέ-ει	
λέ-με	" λέ-με	" λέ-με		λέγ-οντας
λέ-τε	" λέ-τε	" λέ-τε	λέ-τε	
λέ-νε	" λέ-νε	" λέ-νε	ἄς λέ-νε	
I say	*I shall say*	*to say*	*say*	*saying*

3. PAST	CONDITIONAL	OPTATIVE		
ἔλεγ-α	θά ἔλεγ-α	νά ἔλεγ-α		
ἔλεγ-ες	" ἔλεγ-ες	" ἔλεγ-ες		
ἔλεγ-ε	" ἔλεγ-ε	" ἔλεγ-ε		
λέγ-αμε	" λέγ-αμε	" λέγ-αμε		
λέγ-ατε	" λέγ-ατε	" λέγ-ατε		
ἔλεγ-αν	" ἔλεγ-αν	" ἔλεγ-αν		
I said	*I should say*	*Would that I said*		

SIMPLE

4. PAST	5. FUTURE	SUBJUNCTIVE	IMPERATIVE	
εἶπ-α	θά π-ῶ	νά π-ῶ		
εἶπ-ες	" π-εῖς	" π-εῖ	πέ-ς	
εἶπ-ε	" π-εῖ	" π-εῖ	ἄς π-εῖ	
εἴπ-αμε	" π-οῦμε	" π-οῦμε		
εἴπ-ατε	" π-εῖτε	" π-εῖτε	πέ-στε(π-εῖτὲ)	
εἶπ-αν	" π-οῦν	" π-οῦν	ἄς π-οῦν	
I said	*I shall say*	*to say*	*say*	

PERFECT

6. PRESENT	7. FUTURE	SUBJUNCTIVE	IMPERATIVE	PARTICIPLE
ἔχω π-εῖ	θά ἔχω π-εῖ	νά ἔχω π-εῖ		
ἔχεις "	" ἔχεις "	" ἔχεις "	νά ἔχεις π-εῖ	
ἔχει "	" ἔχει "	" ἔχει "	ἄς ἔχει "	
ἔχουμε "	" ἔχουμε "	" ἔχουμε "		ἔχοντας π-εῖ
ἔχετε "	" ἔχετε "	" ἔχετε "	νά ἔχετε "	
ἔχουν "	" ἔχουν "	" ἔχουν "	ἄς ἔχουν "	
I have said	*I shall have said*	*to have said*		*having said*

8. PAST	CONDITIONAL	OPTATIVE		INFINITIVE
εἶχα π-εῖ	θά εἶχα π-εῖ	νά εἶχα π-εῖ		
εἶχες "	" εἶχες "	" εἶχες "		
εἶχε "	" εἶχε "	" εἶχε "		π-εῖ
εἴχαμε "	" εἴχαμε "	" εἴχαμε "		
εἴχατε "	" εἴχατε "	" εἴχατε "		
εἶχαν "	" εἶχαν "	" εἶχαν "		
I had said	*I should have said*	*Would that I had said*		

ACTIVE FIRST CONJUGATION   (IRR.)

CONTINUOUS

INDICATIVE		SUBJUNCTIVE	IMPERATIVE	PARTICIPLE
1. PRESENT	2. FUTURE			
παίρν-ω	θά παίρν-ω	νά παίρν-ω		
παίρν-εις	" παίρν-εις	" παίρν-εις	παῖρν-ε	
παίρν-ει	" παίρν-ει	" παίρν-ει	ἄς παίρν-ει	
παίρν-ουμε	" παίρν-ουμε	" παίρν-ουμε		παίρν-οντας
παίρν-ετε	" παίρν-ετε	" παίρν-ετε	παίρν-ετε	
παίρν-ουν	" παίρν-ουν	" παίρν-ουν	ἄς παίρν-ουν	
I take (I get)	I shall take	to take	take	taking
3. PAST	CONDITIONAL	OPTATIVE		
ἔπαιρν-α	θά ἔπαιρν-α	νά ἔπαιρν-α		
ἔπαιρν-ες	" ἔπαιρν-ες	" ἔπαιρν-ες		
ἔπαιρν-ε	" ἔπαιρν-ε	" ἔπαιρν-ε		
παίρν-αμε	" παίρν-αμε	" παίρν-αμε		
παίρν-ατε	" παίρν-ατε	" παίρν-ατε		
ἔπαιρν-αν	" ἔπαιρν-αν	" ἔπαιρν-αν		
I took	I should take	Would that I took		

SIMPLE PERFECT

INDICATIVE		SUBJUNCTIVE	IMPERATIVE	PARTICIPLE
4. PAST	5. FUTURE	SUBJUNCTIVE	IMPERATIVE	
πῆρ-α	θά πάρ-ω	νά πάρ-ω		
πῆρ-ες	" πάρ-εις	" πάρ-ει	πάρ-ε	
πῆρ-ε	" πάρ-ει	" πάρ-ει	ἄς πάρ-ει	
πήρ-αμε	" πάρ-ουμε	" πάρ-ουμε		
πήρ-ατε	" πάρ-ετε	" πάρ-ετε	πάρ-ετε	
πῆρ-αν	" πάρ-ουν	" πάρ-ουν	ἄς πάρ-ουν	
I took	I shall take	to take	take	
6. PRESENT	7. FUTURE	SUBJUNCTIVE	IMPERATIVE	PARTICIPLE
ἔχω πάρ-ει	θά ἔχω πάρ-ει	νά ἔχω πάρ-ει		
ἔχεις "	" ἔχεις "	" ἔχεις "	ἔχε πάρ-ει	
ἔχει "	" ἔχει "	" ἔχει "	ἄς ἔχει "	ἔχοντας πάρ-ει
ἔχουμε "	" ἔχουμε "	" ἔχουμε "		
ἔχετε "	" ἔχετε "	" ἔχετε "	ἔχετε "	
ἔχουν "	" ἔχουν "	" ἔχουν "	ἄς ἔχουν "	
I have taken	I shall have taken	to have taken		having taken
8. PAST	CONDITIONAL	OPTATIVE		INFINITIVE
εἶχα πάρ-ει	θά εἶχα πάρ-ει	νά εἶχα πάρ-ει		
εἶχες "	" εἶχες "	" εἶχες "		
εἶχε "	" εἶχε "	" εἶχε "		πάρ-ει
εἴχαμε "	" εἴχαμε "	" εἴχαμε "		
εἴχατε "	" εἴχατε "	" εἴχατε "		
εἶχαν "	" εἶχαν "	" εἶχαν "		
I had taken	I should have taken	Would that I had taken		

	I N D I C A T I V E		SUBJUNCTIVE	IMPERATIVE	PARTICIPLE

C O N T I N U O U S

1. PRESENT *	2. FUTURE	SUBJUNCTIVE	IMPERATIVE	PARTICIPLE
πηγαίν-ω	θά πηγαίν-ω	νά πηγαίν-ω		
πηγαίν-εις	" πηγαίν-εις	" πηγαίν-εις	πήγαιν-ε	
πηγαίν-ει	" πηγαίν-ει	" πηγαίν-ει	ἅς πηγαίν-ει	πηγαίν-οντας
πηγαίν-ουμε	" πηγαίν-ουμε	" πηγαίν-ουμε		*going*
πηγαίν-ετε	" πηγαίν-ετε	" πηγαίν-ετε	πηγαίν-ετε	
πηγαίν-ουν	" πηγαίν-ουν	" πηγαίν-ουν	ἅς πηγαίν-ουν	
I go	*I shall go*	*to go*	*go*	

3. PAST	CONDITIONAL	OPTATIVE	*(Variant form)
πήγαιν-α	θά πήγαιν-α	νά πήγαιν-α	πά-ω
πήγαιν-ες	" πήγαιν-ες	" πήγαιν-ες	πᾶ-ς
πήγαιν-ε	" πήγαιν-ε	" πήγαιν-ε	πά-ει
πηγαίν-αμε	" πηγαίν-αμε	" πηγαίν-αμε	πᾶ-με
πηγαίν-ατε	" πηγαίν-ατε	" πηγαίν-ατε	πᾶ-τε
πήγαιν-αν	" πήγαιν-αν	" πήγαιν-αν	πᾶ-νε
I went	*I should go*	*Would that I went*	

S I M P L E

4. PAST	5. FUTURE	SUBJUNCTIVE	IMPERATIVE	
πῆγ-α	θά πά-ω	νά πά-ω		
πῆγ-ες	" πᾶ-ς	" πᾶ-ς	πήγαιν-ε	
πῆγ-ε	" πά-ει	" πά-ει	ἅς πά-ει	
πήγ-αμε	" πᾶ-με	" πᾶ-με		
πήγ-ατε	" πᾶ-τε	" πᾶ-τε	πηγαίν-ετε	
πῆγ-αν	" πᾶ-νε	" πᾶ-νε	ἅς πᾶ-νε	
I went	*I shall go*	*to go*	*go*	

P E R F E C T

6. PRESENT	7. FUTURE	SUBJUNCTIVE	IMPERATIVE	PARTICIPLE
ἔχω πά-ει	θά ἔχω πά-ει	νά ἔχω πά-ει		
ἔχεις "	" ἔχεις "	" ἔχεις "	ἔχε πά-ει	
ἔχει "	" ἔχει "	" ἔχει "	ἅς ἔχει "	ἔχοντας
ἔχουμε "	" ἔχουμε "	" ἔχουμε "		πά-ει
ἔχετε "	" ἔχετε "	" ἔχετε "	ἔχετε "	*having gone*
ἔχουν "	" ἔχουν "	" ἔχουν "	ἅς ἔχουν "	
I have gone	*I shall have gone*	*to have gone*		

8. PAST	CONDITIONAL	OPTATIVE		INFINITIVE
εἶχα πά-ει	θά εἶχα πά-ει	νά εἶχα πά-ει		
εἶχες "	" εἶχες "	" εἶχες "		
εἶχε "	" εἶχε "	" εἶχε "		πά-ει
εἴχαμε "	" εἴχαμε "	" εἴχαμε "		
εἴχατε "	" εἴχατε "	" εἴχατε "		
εἶχαν "	" εἶχαν "	" εἶχαν "		
I had gone	*I should have gone*	*Would that I had gone*		

ACTIVE FIRST CONJUGATION (IRR.)

	INDICATIVE		SUBJUNCTIVE	IMPERATIVE	PARTICIPLE
C O N T I N U O U S	**1. PRESENT** πίν-ω πίν-εις πίν-ει πίν-ουμε πίν-ετε πίν-ουν *I drink*	**2. FUTURE** θά πίν-ω " πίν-εις " πίν-ει " πίν-ουμε " πίν-ετε " πίν-ουν *I shall drink*	νά πίν-ω " πίν-εις " πίν-ει " πίν-ουμε " πίν-ετε " πίν-ουν *to drink*	 πίν-ε ἄς πίν-ει πίν-ετε ἄς πίν-ουν *drink*	 πίν-οντας *drinking*
	3. PAST ἔπιν-α ἔπιν-ες ἔπιν-ε πίν-αμε πίν-ατε ἔπιν-αν *I drank*	**CONDITIONAL** θά ἔπιν-α " ἔπιν-ες " ἔπιν-ε " πίν-αμε " πίν-ατε " ἔπιν-αν *I should drink*	**OPTATIVE** νά ἔπιν-α " ἔπιν-ες " ἔπιν-ε " πίν-αμε " πίν-ατε " ἔπιν-αν *Would that I drank*		
S I M P L E	**4. PAST** ἤπι-α ἤπι-ες ἤπι-ε ἤπι-αμε ἤπι-ατε ἤπι-αν *I drank*	**5. FUTURE** θά πι-ῶ " πι-εῖς " πι-εῖ " πι-οῦμε " πι-εῖτε " πι-οῦν *I shall drink*	**SUBJUNCTIVE** νά πι-ῶ " πι-εῖς " πι-εῖ " πι-οῦμε " πι-εῖτε " πι-οῦν *to drink*	**IMPERATIVE** πι-ές ἄς πι-εῖ πι-εῖτε(πι-έστε) ἄς πι-οῦν *drink*	
P E R F E C T	**6. PRESENT** ἔχω πι-εῖ ἔχεις " ἔχει " ἔχουμε " ἔχετε " ἔχουν " *I have drunk*	**7. FUTURE** θά ἔχω πι-εῖ " ἔχεις " " ἔχει " " ἔχουμε " " ἔχετε " " ἔχουν " *I shall have drunk*	**SUBJUNCTIVE** νά ἔχω πι-εῖ " ἔχεις " " ἔχει " " ἔχουμε " " ἔχετε " " ἔχουν " *to have drunk*	**IMPERATIVE** ἔχε πι-εῖ ἄς ἔχει " ἔχετε " ἄς ἔχουν " 	**PARTICIPLE** ἔχοντας πι-εῖ *having drunk*
	8. PAST εἶχα πι-εῖ εἶχες " εἶχε " εἴχαμε " εἴχατε " εἶχαν " *I had drunk*	**CONDITIONAL** θά εἶχα πι-εῖ " εἶχες " " εἶχε " " εἴχαμε " " εἴχατε " " εἶχαν " *I should have drunk*	**OPTATIVE** νά εἶχα πι-εῖ " εἶχες " " εἶχε " " εἴχαμε " " εἶχες " " εἶχαν " *Would that I had drunk*		**INFINITIVE** πι-εῖ

ACTIVE   FIRST CONJUGATION   (IRR.)

	INDICATIVE		SUBJUNCTIVE	IMPERATIVE	PARTICIPLE
C	1. PRESENT	2. FUTURE			
O	τρώ-ω	θά τρώ-ω	νά τρώ-ω		
N	τρῶ-ς	" τρῶ-ς	" τρῶ-ς	τρῶγ-ε	
	τρώ-ει	" τρώ-ει	" τρώ-ει	ἄς τρώ-ει	
T	τρῶ-με	" τρῶ-με	" τρῶ-με		τρώγ-οντας
I	τρῶ-τε	" τρῶ-τε	" τρῶ-τε	τρῶ-τε	
N	τρῶ-νε	" τρῶ-νε	" τρῶ-νε	ἄς τρῶ-νε	
U	*I eat*	*I shall eat*	*to eat*	*eat*	*eating*
O	3. PAST	CONDITIONAL	OPTATIVE	------	
U	ἔτρωγ-α	θά ἔτρωγ-α	νά ἔτρωγ-α		
S	ἔτρωγ-ες	" ἔτρωγ-ες	" ἔτρωγ-ες		
	ἔτρωγ-ε	" ἔτρωγ-ε	" ἔτρωγ-ε		
	τρώγ-αμε	" τρώγ-αμε	" τρώγ-αμε		
	τρώγ-ατε	" τρώγ-ατε	" τρώγ-ατε		
	ἔτρωγ-αν	" ἔτρωγ-αν	" ἔτρωγ-αν		
	I ate	*I should eat*	*Would that I ate*	------	
S	4. PAST	5. FUTURE	SUBJUNCTIVE	IMPERATIVE	
I	ἔφαγ-α	θά φά-ω	νά φά-ω		
M	ἔφαγ-ες	" φᾶ-ς	" φᾶ-ς	φά-ε	
P	ἔφαγ-ε	" φά-ει	" φά-ει	ἄς φά-ει	
L	φάγ-αμε	" φᾶ-με	" φᾶ-με		
E	φάγ-ατε	" φᾶ-τε	" φᾶ-τε	φᾶ-τε	
	ἔφαγ-αν	" φᾶ-νε	" φᾶ-νε	ἄς φᾶ-νε	
	I ate	*I shall eat*	*to eat*	*eat*	
	6. PRESENT	7. FUTURE	SUBJUNCTIVE	IMPERATIVE	PARTICIPLE
P	ἔχω φά-ει	θά ἔχω φά-ει	νά ἔχω φά-ει		
	ἔχεις "	" ἔχεις "	" ἔχεις "	ἔχε φά-ει	
	ἔχει "	" ἔχει "	" ἔχει "	ἄς ἔχει "	
E	ἔχουμε "	" ἔχουμε "	" ἔχουμε "		ἔχοντας φά-ει
	ἔχετε "	" ἔχετε "	" ἔχετε "	ἔχετε "	
R	ἔχουν "	" ἔχουν "	" ἔχουν "	ἄς ἔχουν "	
	I have eaten	*I shall have eaten*	*to have eaten*		*having eaten*
F	8. PAST	CONDITIONAL	OPTATIVE		INFINITIVE
E	εἶχα φά-ει	θά εἶχα φά-ει	νά εἶχα φά-ει		
	εἶχες "	" εἶχες "	" εἶχες "		
	εἶχε "	" εἶχε "	" εἶχε "		φά-ει
C	εἴχαμε "	" εἴχαμε "	" εἴχαμε "		
	εἴχατε "	" εἴχατε "	" εἴχατε "		
	εἶχαν "	" εἶχαν "	" εἶχαν "		
T	*I had eaten*	*I should have eaten*	*Would that I had eaten*		

I. C.   AUXILIARY VERB "I HAVE"

	INDICATIVE		SUBJUNCTIVE	IMPERATIVE	PARTICIPLE
C O N T I N U O U S	**1. PRESENT** ἔχ-ω ἔχ-εις ἔχ-ει ἔχ-ουμε ἔχ-ετε ἔχ-ουν *I have*	**2. FUTURE** θά ἔχ-ω " ἔχ-εις " ἔχ-ει " ἔχ-ουμε " ἔχ-ετε " ἔχ-ουν *I shall have*	νά ἔχ-ω " ἔχ-εις " ἔχ-ει " ἔχ-ουμε " ἔχ-ετε " ἔχ-ουν *to have*	ἔχ-ε ἄς ἔχ-ει ἔχ-ετε ἄς ἔχουν *have*	ἔχ-οντας *having*
	3. PAST εἶχ-α εἶχ-ες εἶχ-ε εἴχ-αμε εἴχ-ατε εἶχ-αν *I had*	**CONDITIONAL** θά εἶχ-α " εἶχ-ες " εἶχ-ε " εἴχ-αμε " εἴχ-ατε " εἶχ-αν *I should have*	**OPTATIVE** νά εἶχ-α " εἶχ-ες " εἶχ-ε " εἴχ-αμε " εἴχ-ατε " εἶχ-αν *Would that I had*		
S I M P L E	**4. PAST**	**5. FUTURE**	SUBJUNCTIVE	IMPERATIVE	
P E R F E C T	**6. PRESENT**	**7. FUTURE**	SUBJUNCTIVE	IMPERATIVE	PARTICIPLE
	8. PAST	**CONDITIONAL**	**OPTATIVE**		

AUXILIARY VERB "I AM"

	INDICATIVE		SUBJUNCTIVE	IMPERATIVE	PARTICIPLE
C O N T I N U O U S	1. PRESENT	2. FUTURE			
	εῖ-μαι	θά εῖ-μαι	νά εῖ-μαι		
	εῖ-σαι	" εῖ-σαι	" εῖ-σαι	νά εῖ-σαι	
	εῖ-ναι	" εῖ-ναι	" εῖ-ναι	ἅς εῖ-ναι	ὄντας
	εῖ-μαστε	" εῖ-μαστε	" εῖ-μαστε		
	εῖ-στε	" εῖ-στε	" εῖ-στε	νά εῖ-στε	
	εῖ-ναι	" εῖ-ναι	" εῖ-ναι	ἅς εῖ-ναι	
	I am	*I shall be*	*to be*	*be*	*being*
	3. PAST	CONDITIONAL	OPTATIVE		
	ἤ-μουν	θά ἤ-μουν	νά ἤ-μουν		
	ἤ-σουν	" ἤ-σουν	" ἤ-σουν		
	ἦ-ταν	" ἦ-ταν	" ἦ-ταν		
	ἤ-μαστε	" ἤ-μαστε	" ἤ-μαστε		
	ἤ-σαστε	" ἤ-σαστε	" ἤ-σαστε		
	ἦ-ταν	" ἦ-ταν	" ἦ-ταν		
	I was	*I should be*	*Would that I were*		
S I M P L E	4. PAST	5. FUTURE	SUBJUNCTIVE	IMPERATIVE	
	στάθ-ηκα	θά σταθ-ῶ	νά σταθ-ῶ		
	στάθ-ηκες	" σταθ-εῖς	" σταθ-εῖς		
	στάθ-ηκε	" σταθ-εῖ	" σταθ-εῖ		
	σταθ-ήκαμε	" σταθ-οῦμε	" σταθ-οῦμε		
	σταθ-ήκατε	" σταθ-εῖτε	" σταθ-εῖτε		
	στάθ-ηκαν	" σταθ-οῦν	" σταθ-οῦν		
	I was	*I shall be*	*to be*		
P E R F E C T	6. PRESENT	7. FUTURE	SUBJUNCTIVE	IMPERATIVE	PARTICIPLE
	ἔχω σταθ-εῖ	θά ἔχω σταθ-εῖ	νά ἔχω σταθ-εῖ		
	ἔχεις "	" ἔχεις "	" ἔχεις "		
	ἔχει "	" ἔχει "	" ἔχει "		
	ἔχουμε "	" ἔχουμε "	" ἔχουμε "		
	ἔχετε "	" ἔχετε "	" ἔχετε "		
	ἔχουν "	" ἔχουν "	" ἔχουν "		
	I have been	*I shall have been*	*to have been*		
	8. PAST	CONDITIONAL	OPTATIVE		
	εῖχα σταθ-εῖ	θά εῖχα σταθ-εῖ	νά εῖχα σταθ-εῖ		
	εῖχες "	" εῖχες "	νά εῖχες "		
	εῖχε "	" εῖχε "	νά εῖχε "		
	εῖχαμε "	" εῖχαμε "	νά εῖχαμε "		
	εῖχατε "	" εῖχατε "	νά εῖχατε "		
	εῖχαν "	" εῖχαν "	νά εῖχαν "		
	I had been	*I should have been*	*Would that I had been*		

CLASSIFICATION OF

II.   ACTIVE VERBS - SECOND CONJUGATION

TENSES & MOODS	CLASS I	FLUCTUATING BETWEEN I and II		CLASS II

1. PRESENT INDICATIVE	I LOVE
	
	ἀγαπ-ῶ
	   -ᾶς
	   -άει
		I SEEK
		
		ζητ-ῶ
		   -ᾶς
		   -άει
			ζητ-ῶ
			   -εῖς
			   -εῖ
				I CONSIDER
				
				θεωρ-ῶ
				   -εῖς
				   -εῖ

1a. SIMPLE SUBJUNCTIVE	TO LOVE νά ἀγαπ-<u>ήσω</u>	TO SEEK νά ζητ-<u>ήσω</u>		TO CONSIDER νά θεωρ-<u>ήσω</u>

2. PRESENT INDICATIVE	I LAUGH
	
	γελ-ῶ
	   -ᾶς
	   -άει
		I WEAR
		
		φορ-ῶ
		   -ᾶς
		   -άει
			φορ-ῶ
			   -εῖς
			   -εῖ
				I CAN
				
				μπορ-ῶ
				   -εῖς
				   -εῖ

2a. SIMPLE SUBJUNCTIVE	TO LAUGH νά γελ-<u>άσω</u>	TO WEAR νά φορ-<u>έσω</u>		TO BE ABLE νά μπορ-<u>έσω</u>

VERBS CONJUGATED LIKE

ΑΓΑΠΩ		ΖΗΤΩ		ΘΕΩΡΩ	
	I		I		I
ἀκουμπῶ	lean	βοηθῶ	help	ἀγνοῶ	ignore
ἀπαντῶ	answer	κινῶ	move, set out	ἀμελῶ	neglect
γεννῶ	give birth	κρατῶ	hold, keep	ἀντιπαθῶ	dislike
γλεντῶ	have fun	μιλῶ	speak	ἀπειλῶ	threaten
κολυμπῶ	swim	πατῶ	step	ἀπεργῶ	go on strike
κυλῶ	roll	περπατῶ	walk	ἀποδημῶ	emigrate
μασῶ	chew	πολεμῶ	fight	ἀπορῶ	wonder
μελετῶ	study	πουλῶ	sell	ἀργῶ	am late
μετρῶ	measure	συγχωρῶ	forgive	δημιουργῶ	create
νικῶ	defeat	συζητῶ	discuss	διακοσμῶ	decorate
ξεκινῶ	start	τηλεφωνῶ	telephone	δολοφονῶ	murder
ξενυχτῶ	keep awake	φιλῶ	kiss	ἐνοχλῶ	inconvenience
ξυπνῶ	wake up	- φωνῶ		ἐξηγῶ	explain
πηδῶ	jump	(συμφωνῶ)	agree	ἐπαναστατῶ	rebel
ρωτῶ	ask			ἐπιθυμῶ	desire
σταματῶ	stop			εὐχαριστῶ	thank

ΑΓΑΠΩ

	I
συναντῶ	meet
τιμῶ	honour
τολμῶ	dare
τσιμπῶ	pinch
φοιτῶ	attend classes
φυσῶ*	blow
χαιρετῶ	greet
χρωστῶ	owe
χτυπῶ	hit,knock
(κτυπῶ)	

* BUT

SIMPLE SUBJUNCTIVE: – <u>ήξω</u>

	I
βογκῶ	groan
βουτῶ	plunge
ζουλῶ	squeeze
πηδῶ	jump
ρουφῶ	sip
τραβῶ	pull
φυσῶ	blow

ΘΕΩΡΩ

	I
ἠρεμῶ	calm down
–θετῶ	
θρηνῶ	lament
καλλιεργῶ	cultivate
–κινῶ	
λειτουργῶ	officiate
μελαγχολῶ	am despondent
–νομῶ	
–νοῶ	
ὁδηγῶ	drive,guide
ὁμολογῶ	admit
πληροφορῶ	inform
ποθῶ	desire
–ποιῶ	
προσπαθῶ	try
συμπαθῶ	like
τιμωρῶ	punish
ὑπηρετῶ	serve
φθονῶ	envy
φλυαρῶ	chatter
φρουρῶ	guard
–φωνῶ	
χειρουργῶ	operate on
ὠφελῶ	am useful

ΓΕΛΩ

	I
γερνῶ	grow old
διψῶ	am thirsty
κερνῶ	treat
κρεμῶ	hang
ξεχνῶ	forget
πεινῶ	am hungry
περνῶ	pass
σχολῶ	dismiss
χαλῶ	damage

BUT

SIMPLE SUBJUNCTIVE: – <u>άξω</u>

	I
κοιτῶ	look
βαστῶ	hold
πετῶ	fly,throw

ΦΟΡΩ

	I
πονῶ	feel pain
χωρῶ	contain

ΜΠΟΡΩ

	I
ἀρκῶ	suffice
ἀφαιρῶ	remove
διαιρῶ	divide
ἐκτελῶ	execute
ἐπαινῶ	praise
καλῶ	invite
παρακαλῶ	beg

III.

LIST OF WORDS
REQUIRING A ROUGH BREATHING

A

ἀβρός	gentle	ἅλωση (ἡ)	siege	ἁπλώνω	I stretch out
ἅγιος (ὁ)	saint	ἅμα	when	ἅρμα (τό)	tank
ἁγνός	pure	ἁμάξι (τό)	car	ἅρμη (ἡ)	salt water
Ἅδης (ὁ)	Hades	ἁμαρτία (ἡ)	sin	ἁρμόδιος	competent
αἷμα (τό)	blood	ἅμιλλα (ἡ)	contest	ἁρμονία (ἡ)	harmony
αἵρεση (ἡ)	heresy	ἁπαλός	soft	ἁρμός (ὁ)	joint
ἁλάτι (τό)	salt	ἅπαντα (τά)	complete works	ἁρμυρός	salty
ἅλμα (τό)	jump			ἁρπάζω	I seize, grab
ἁλυσίδα (ἡ)	chain	ἅπαξ	once	ἁφή (ἡ)	touch
ἁλωνίζω	I thresh	ἁπλός	simple	ἁψίδα (ἡ)	arch

E

ἑαυτός (ὁ)	self	Ἕλληνας (ὁ)	Greek	ἑορτή (ἡ)	holiday
ἑβδομάδα	week	ἕλος (τό)	marsh, bog	ἑπόμενος	following
Ἑβραῖος	Jew	ἕνας	one	ἑπτά	seven
ἕδρα (ἡ)	chair	ἕνεκα	on account of	ἑρμηνεύω	I interpret
ἑκατό	hundred	ἑνιαῖος	unified	ἑρπετό (τό)	serpent
Ἑλβετία (ἡ)	Switzerland	ἑνικός	singular	ἑσπέρα (ἡ)	evening
Ἑλένη (ἡ)	Helen	ἑνότητα (ἡ)	unity	ἑστία (ἡ)	fireplace
ἕλικας (ὁ)	helix	ἕντεκα	eleven	ἑστιατόριο (τό)	restaurant
ἑλικόπτερο (τό)	helicopter	ἑνώνω	I unite	ἑταιρεία (ἡ)	company
ἕλκος (τό)	ulcer	ἕνωση (ἡ)	union	ἕτοιμος	ready
ἑλκυστικός	attractive	ἑξῆς	following	εὑρετήριο (τό)	index
Ἕλλη (ἡ)	Helli	ἕξι	six	ἕως	until

H

ἡ	the (f.)	ἡμέρα (ἡ)	day	ἥρωας (ὁ)	hero
ἥβη (ἡ)	puberty	ἥμερος	tame	Ἡρώδης (ὁ)	Herod
ἡγεμόνας (ὁ)	ruler	ἥμισυς	half	Ἡσίοδος (ὁ)	Hesiod
ἡγεσία (ἡ)	leadership	Ἥρα (ἡ)	Hera	ἥσυχος	quiet
ἡδονή (ἡ)	pleasure	Ἡρακλῆς (ὁ)	Hercules	ἥττα (ἡ)	defeat
ἡλικία (ἡ)	age	Ἡρόδοτος (ὁ)	Herodotus	Ἥφαιστος (ὁ)	Hephaestus (Vulcan)
ἥλιος (ὁ)	sun	Ἡρώ (ἡ)	Hero		

I

ἵδρυμα (τό)	foundation, institution	ἱδρώτας (ὁ)	sweat	ἱλαρός	hilarious
		ἱερός (ὁ)	priest	ἱππικό (τό)	cavalry
ἱδρύω	I found	ἱκανός	able	ἱστορία (ἡ)	story, history
ἱδρώνω	I sweat	ἱκετεύω	I implore	ἱστός (ὁ)	mast, web

O

ὁ, οἱ	the (m.,pl.)	ὅμως	but, however	ὅρκος (ὁ)	oath
ὁδηγός (ὁ)	driver	ὅπλο (τό)	arm, weapon	ὀρμαθός (ὁ)	bunch, string
ὁδός (ἡ)	street	ὅποιος	whoever	ὁρμή (ἡ)	rage, violence
ὅλος	all	ὁποῖος	who	ὁρμῶ	I rush
ὁμάδα (ἡ)	team	ὁπότε	when	ὅρος (τό)	term
ὁμαλός	normal	ὅπου	wherever	ὅσιος	holy
ὅμηρος (ὁ)	hostage	ὅπως	like, as	ὅσος	as much as
ὁμιλία (ἡ)	speech	ὅραση (ἡ)	vision	ὅταν	when
ὅμιλος (ὁ)	group	ὁρίζοντας (ὁ)	horizon	ὅτι	that
ὁμίχλη (ἡ)	mist	ὁρίζω	I define	ὅ,τι	whatever
ὅμοιος	similar				

Y

All words beginning with the vowel Υ or with the dipthong ΥΙ require a rough breathing.

Ω

ὥρα (ἡ)	hour, time	ὥριμος	ripe, mature	ὥς	until
ὡραῖος	beautiful	ὡς	as	ὥστε	so, accordingly

DECLENSION OF ARTICLES

	DEFINITE : THE			INDEFINITE : ONE, A		
	M.	F.	N.	M.	F.	N.
S.N.	ὁ	ἡ	τό	ἕνας	μιά	ἕνα
G.	τοῦ	τῆς	τοῦ	ἑνός	μιᾶς	ἑνός
A.	τό(ν)	τή(ν)	τό	ἕνα(ν)	μιά(ν)	ἕνα
P.N.	οἱ	οἱ (αἱ)	τά			
G.	τῶν	τῶν	τῶν			
A.	τούς	τίς (τάς)	τά			

IV. <u>N U M E R A L S</u>

ARABIC SYMBOL	CARDINAL NEUTER	ORDINAL MASCULINE	ORDINAL FEMININE
1	ἕνα	πρῶτος	πρώτη
2	δύο	δεύτερος	δεύτερη
3	τρία	τρίτος	τρίτη
4	τέσσερα	τέταρτος	τέταρτη
5	πέντε	πέμπτος	πέμπτη
6	ἕξι	ἕκτος	ἕκτη
7	ἑπτά	ἕβδομος	ἕβδομη
8	ὀκτώ	ὄγδοος	ὄγδοη
9	ἐννέα	ἕνατος	ἕνατη
10	δέκα	δέκατος	δέκατη
11	ἕντεκα / ἕνδεκα	ἑνδέκατος	ἑνδέκατη
12	δώδεκα	δωδέκατος	δωδέκατη
13	δεκατρία	δέκατος τρίτος	δέκατη τρίτη
14	δεκατέσσερα	δέκατος τέταρτος	δέκατη τέταρτη
15	δεκαπέντε	δέκατος πέμπτος	δέκατη πέμπτη
16	δεκαέξι	δέκατος ἕκτος	δέκατη ἕκτη
17	δεκαεπτά	δέκατος ἕβδομος	δέκατη ἕβδομη
18	δεκαοκτώ	δέκατος ὄγδοος	δέκατη ὄγδοη
19	δεκαεννέα	δέκατος ἕνατος	δέκατη ἕνατη
20	εἴκοσι	εἰκοστός	εἰκοστή
21	εἴκοσι ἕνα	εἰκοστός πρῶτος	εἰκοστή πρώτη
22	εἴκοσι δύο	εἰκοστός δεύτερος	εἰκοστή δεύτερη
23	εἴκοσι τρία	εἰκοστός τρίτος	εἰκοστή τρίτη
30	τριάντα	τριακοστός	τριακοστή
31	τριάντα ἕνα	τριακοστός πρῶτος	τριακοστή πρώτη
32	τριάντα δύο	τριακοστός δεύτερος	τριακοστή δεύτερη
40	σαράντα	τεσσαρακοστός	τεσσαρακοστή
41	σαράντα ἕνα	τεσσαρακοστός πρῶτος	τεσσαρακοστή πρώτη
50	πενήντα	πεντηκοστός	πεντηκοστή
60	ἑξήντα	ἑξηκοστός	ἑξηκοστή
70	ἑβδομήντα	ἑβδομηκοστός	ἑβδομηκοστή
80	ὀγδόντα	ὀγδοηκοστός	ὀγδοηκοστή
90	ἐνενήντα	ἐνενηκοστός	ἐνενηκοστή

N U M E R A L S

ORDINAL FEMININE	ORDINAL NEUTER	ORDINAL ENGLISH	GREEK SYMBOL
ALTERNATE STRESS			
	πρῶτο	first	α´
δευτέρα	δεύτερο	second	β´
	τρίτο	third	γ´
τετάρτη	τέταρτο	fourth	δ´
	πέμπτο	fifth	ε´
	ἔκτο	sixth	ϛ´
ἑβδόμη	ἔβδομο	seventh	ζ´
ὀγδόη	ὄγδοο	eighth	η´
ἐνάτη	ἔνατο	ninth	θ´
δεκάτη	δέκατο	tenth	ι´
ἑνδεκάτη	ἐνδέκατο	eleventh	ια´
δωδεκάτη	δωδέκατο	twelfth	ιβ´
δεκάτη τρίτη	δέκατο τρίτο	thirteenth	ιγ´
δεκάτη τετάρτη	δέκατο τέταρτο	fourteenth	ιδ´
δεκάτη πέμπτη	δέκατο πέμπτο	fifteenth	ιε´
δεκάτη ἔκτη	δέκατο ἔκτο	sixteenth	ιϛ´
δεκάτη ἑβδόμη	δέκατο ἔβδομο	seventeenth	ιζ´
δεκάτη ὀγδόη	δέκατο ὄγδοο	eighteenth	ιη´
δεκάτη ἐνάτη	δέκατο ἔνατο	nineteenth	ιθ´
	εἰκοστό	twentieth	κ´
	εἰκοστό πρῶτο	twenty-first	κα´
εἰκοστή δευτέρα	εἰκοστό δεύτερο	twenty-second	κβ´
	εἰκοστό τρίτο	twenty-third	κγ´
	τριακοστό	thirtieth	λ´
	τριακοστό πρῶτο	thirty-first	λα´
τριακοστή δευτέρα	τριακοστό δεύτερο	thirty-second	λβ´
	τεσσαρακοστό	fortieth	μ´
	τεσσαρακοστό πρῶτο	forty-first	μα´
	πεντηκοστό	fiftieth	ν´
	ἑξηκοστό	sixtieth	ξ´
	ἑβδομηκοστό	seventieth	ο´
	ὀγδοηκοστό	eightieth	π´
	ἐνενηκοστό	ninetieth	ϟ´

228

ARABIC SYMBOL	CARDINAL NEUTER	ORDINAL MASCULINE (FEM., NEUT.)	ORDINAL ENGLISH
100	ἑκατό	ἑκατοστός (-ή, ό)	hundredth
101	ἑκατόν ἕνα	ἑκατοστός πρῶτος (-η, -ο)	101st
102	ἑκατόν δύο	ἑκατοστός δεύτερος	102nd
103	ἑκατόν τρία	ἑκατοστός τρίτος	103rd
104	ἑκατόν τέσσερα	ἑκατοστός τέταρτος	104th
105	ἑκατόν πέντε	ἑκατοστός πέμπτος	105th
106	ἑκατόν ἕξι	ἑκατοστός ἕκτος	106th
107	ἑκατόν ἑπτά	ἑκατοστός ἕβδομος	107th
108	ἑκατόν ὀκτώ	ἑκατοστός ὄγδοος	108th
109	ἑκατόν ἐννέα	ἑκατοστός ἔνατος	109th
110	ἑκατόν δέκα	ἑκατοστός δέκατος	110th
111	ἑκατόν ἕντεκα	ἑκατοστός ἐνδέκατος (-η,-ο)	111th
112	ἑκατόν δώδεκα	ἑκατοστός δωδέκατος	112th
113	ἑκατόν δεκατρία	ἑκατοστός δέκατος τρίτος	113th
114	ἑκατόν δεκατέσσερα	ἑκατοστός δέκατος τέταρτος	114th
120	ἑκατόν εἴκοσι	ἑκατοστός εἰκοστός (-ή, -ό)	120th
121	ἑκατόν εἴκοσι ἕνα	ἑκατοστός εἰκοστός πρῶτος	121st
130	ἑκατόν τριάντα	ἑκατοστός τριακοστός	130th
	NEUT. MASC. FEM.		
200	διακόσια (-οι,-ες)	διακοσιοστός (-ή, -ό)	two hundredth
300	τριακόσια (-οι,-ες)	τριακοσιοστός	300th
400	τετρακόσια (-οι,-ες)	τετρακοσιοστός	400th
500	πεντακόσια (-οι,-ες)	πεντακοσιοστός	500th
600	ἑξακόσια (-οι,-ες)	ἑξακοσιοστός	600th
700	ἑπτακόσια (-οι,-ες)	ἑπτακοσιοστός	700th
800	ὀκτακόσια (-οι,-ες)	ὀκτακοσιοστός	800th
900	ἐννιακόσια (-οι,-ες)	ἐννεακοσιοστός	900th
1000	χίλια (-οι,-ες)	χιλιοστός (-ή, -ό)	thousandth
2000	δύο χιλιάδες	δισχιλιοστός	2000th
3000	τρεῖς χιλιάδες	τρισχιλιοστός	3000th
4000	τέσσερεις χιλιάδες	τετρακισχιλιοστός	4000th
5000	πέντε χιλιάδες	πεντακισχιλιοστός	5000th
10,000	δέκα χιλιάδες	δεκακισχιλιοστός	10,000th
100,000	ἑκατό χιλιάδες	ἑκατοντακισχιλιοστός	100,000th
1,000,000	ἕνα ἑκατομμύριο	ἑκατομμυριοστός (-ή, -ό)	millionth

DIVISIONS OF TIME

M O N T H S			S E A S O N S A N D D A Y S		
Ἰανουάριος	(ὁ)	*January*	ἄνοιξη	(ἡ)	*spring*
Φεβρουάριος	(ὁ)	*February*	καλοκαίρι	(τό)	*summer*
Μάρτιος	(ὁ)	*March*	φθινόπωρο	(τό)	*fall, autumn*
Ἀπρίλιος	(ὁ)	*April*	χειμώνας	(ὁ)	*winter*
Μάιος	(ὁ)	*May*			
Ἰούνιος	(ὁ)	*June*	Δευτέρα	(ἡ)	*Monday*
Ἰούλιος	(ὁ)	*July*	Τρίτη	(ἡ)	*Tuesday*
Αὔγουστος	(ὁ)	*August*	Τετάρτη	(ἡ)	*Wednesday*
Σεπτέμβριος	(ὁ)	*September*	Πέμπτη	(ἡ)	*Thursday*
Ὀκτώβριος	(ὁ)	*October*	Παρασκευή	(ἡ)	*Friday*
Νοέμβριος	(ὁ)	*November*	Σάββατο	(τό)	*Saturday*
Δεκέμβριος	(ὁ)	*December*	Κυριακή	(ἡ)	*Sunday*

D A T E S

πρό Χριστοῦ	*B.C.* π.Χ.		Εἰκοστή πέμπτη Μαρτίου	*March 25th*
μετά Χριστόν	*A.D.* μ.Χ.		Πρώτη Μαΐου	*May 1st*
			εἰκοστή πρώτη Ἰουνίου	*June 21st*
Χριστούγεννα	(τά)	*Christmas*	Δεκάτη πέμπτη Αὐγούστου	*August 15th*
Πρωτοχρονιά	(ἡ)	*New Year's Day*	Εἰκοστή ὀγδόη Ὀκτωβρίου	*October 28th*
Πάσχα	(τό)	*Easter*	Ἑνδεκάτη Νοεμβρίου	*November 11th*

D I V I S I O N S   O F   T I M E

δευτερόλεπτο	(τό)	*second*	πρωί	(τό)	*morning*
λεπτό	(τό)	*minute*	(ἡ)μέρα	(ἡ)	*day (time)*
ὥρα	(ἡ)	*hour*	μεσημέρι	(τό)	*noon*
(ἡ)μέρα	(ἡ)	*day*	ἀπόγεμα	(τό)	*afternoon*
ἑβδομάδα	(ἡ)	*week*	βράδυ	(τό)	*evening*
μήνας	(ὁ)	*month*	νύχτα	(ἡ)	*night*
ἐποχή	(ἡ)	*season*	μεσάνυχτα	(τά)	*midnight*
χρόνος	(ὁ)	*year*			
χρονιά	(ἡ)	*year*	σήμερα		*today*
ἔτος	(τό)	*year*	ἀπόψε		*this evening, tonight*
χρόνοι	(οἱ)	*years*	αὔριο		*tomorrow*
χρόνια	(τά)	*years*	μεθαύριο		*the day after tomorrow*
δεκαετία	(ἡ)	*decade*	χτές		*yesterday*
αἰώνας	(ὁ)	*century*	προχτές		*the day before yesterday*
			τίς προάλλες		*the other day*
πρό μεσημβρίας	(π.μ.)	*a.m.*	(ἐ)φέτος		*this year*
μετά μεσημβρίαν	(μ.μ.)	*p.m.*	πέρ(υ)σι		*last year*
			τοῦ χρόνου		*next year*

A G O

πρίν ἀπό τέσσερεις μέρες
πρό τεσσάρων ἡμερῶν } *four days ago*

πρίν ἀπό δύο χρόνια
πρό δύο χρόνων } *two years ago*

πρίν ἀπό τρεῖς ἑβδομάδες
πρό τριῶν ἑβδομάδων } *three weeks ago*

πρίν ἀπό πολλά χρόνια
πρό πολλῶν χρόνων } *many years ago*

πρίν ἀπό πέντε μῆνες
πρό πέντε μηνῶν } *five months ago*

πρίν ἀπό δύο αἰῶνες
πρό δύο αἰώνων } *two centuries ago*

V. TABLES OF FULLY DECLINED

A. PRONOUNS

I.

PERSONAL

	EMPHATIC	UNEMPHATIC		EMPHATIC	UNEMPHATICE		EMPHATIC	UNEMPHATIC
	I/WE			**YOU**/YOU				
S.N.	ἐγώ	---	---	ἐσύ	---	---		
G.	ἐμένα	μοῦ	μcυ	ἐσένα	σοῦ	σου		
A.	ἐμένα	μέ	με	ἐσένα	σέ	σε		
P.N.	ἐμεῖς	---	---	ἐσεῖς	---	---		
G.	ἐμᾶς	μᾶς	μας	ἐσᾶς	σᾶς	σας		
A.	ἐμᾶς	μᾶς	μας	ἐσᾶς	σᾶς	σας		
	HE/THEY			**SHE**/THEY			**IT**/THEY		
S.N.	αὐτός	---		αὐτή	---	---	αὐτό	---	---
G.	αὐτοῦ	τοῦ	του	αὐτῆς	τῆς	της	αὐτοῦ	τοῦ	του
A.	αὐτόν	τόν	τον	αὐτήν	τήν	την	αὐτό	τό	το
P.N.	αὐτοί	---		αὐτές	---	---	αὐτά	---	---
G.	αὐτῶν	τούς	τους	αὐτῶν	τούς	τους	αὐτῶν	τούς	τους
A.	αὐτούς	τούς	τους	αὐτές	τίς	τις/τες	αὐτά	τά	τα

II

INTERROGATIVE

	WHO?	WHO?	WHICH?
S.N.	ποιός; MASC.	ποιά; FEM.	ποιό; NEUT.
G.	ποιοῦ/ποιανοῦ/(τίνος)	ποιᾶς/ποιανῆς/(τίνος)	ποιοῦ/ποιανοῦ/(τίνος)
A.	ποιόν	ποιάν	ποιό
P.N.	ποιοί	ποιές	ποιά
G.	ποιῶν/ποιανῶν/(τίνων)	ποιῶν/ποιανῶν/(τίνων)	ποιῶν/ποιανῶν/(τίνων)
A.	ποιούς	ποιές	ποιά
	HOW MUCH/MANY?	HOW MUCH/MANY?	HOW MUCH/MANY?
S.N.	πόσος; MASC.	πόση; FEM.	πόσο; NEUT.
G.	πόσου	πόσης	πόσου
A.	πόσον	πόση	πόσο
P.N.	πόσοι	πόσες	πόσα
G.	πόσων	πόσων	πόσων
A.	πόσους	πόσες	πόσα
	WHERE IS HE? ARE THEY?	WHERE IS SHE? ARE THEY?	WHERE IS IT? ARE THEY?
S.N.	ποῦντος;	ποῦντη;	ποῦντο;
P.N.	ποῦντοι	ποῦντες	ποῦντα

III.   DEMONSTRATIVE

	THIS/THESE			HERE HE/SHE/IT IS THEY ARE		
S.N.	αὐτός M.	αὐτή F.	αὐτό N.	νάτος M.	νάτη F.	νάτο N.
G.	αὐτοῦ	αὐτῆς	αὐτοῦ	νάτου	νάτης	νάτου
A.	αὐτό(ν)	αὐτή(ν)	αὐτό	νάτο(ν)	νάτη(ν)	νάτο
P.N.	αὐτοί	αὐτές	αὐτά	νάτοι	νάτες	νάτα
G.	αὐτῶν	αὐτῶν	αὐτῶν	νάτων	νάτων	νάτων
A.	αὐτούς	αὐτές	αὐτά	νάτους	νάτες	νάτα

	THIS/THESE			THAT/THOSE		
S.N.	(ἐ)τοῦτος M.	(ἐ)τούτη F.	(ἐ)τοῦτο N.	ἐκεῖνος M.	ἐκείνη F.	ἐκεῖνο N.
G.	τούτου	τούτης	τούτου	ἐκείνου	ἐκείνης	ἐκείνου
A.	τοῦτο(ν)	τούτη(ν)	τοῦτο	ἐκεῖνο(ν)	ἐκείνη(ν)	ἐκεῖνο
P.N.	τοῦτοι	τοῦτες	τοῦτα	ἐκεῖνοι	ἐκεῖνες	ἐκεῖνα
G.	τούτων	τούτων	τούτων	ἐκείνων	ἐκείνων	ἐκείνων
A.	τούτους	τοῦτες	τοῦτα	ἐκείνους	ἐκεῖνες	ἐκεῖνα

	SUCH			SO MUCH/MANY		
S.N.	τέτοιος M.	τέτοια F.	τέτοιο N.	τόσος M.	τόση F.	τόσο N.
G.	τέτοιου	τέτοιας	τέτοιου	τόσου	τόσης	τόσου
A.	τέτοιο(ν)	τέτοια(ν)	τέτοιο	τόσο(ν)	τόση(ν)	τόσο
P.N.	τέτοιοι	τέτοιες	τέτοια	τόσοι	τόσες	τόσα
G.	τέτοιων	τέτοιων	τέτοιων	τόσων	τόσων	τόσων
A.	τέτοιους	τέτοιες	τέτοια	τόσους	τόσες	τόσα

IV   RELATIVE

	WHO		WHO		WHICH	
S.N.	ὁ ὁποῖος M.		ἡ ὁποία F.		τό ὁποῖο N.	
G.	τοῦ ὁποίου		τῆς ὁποίας		τοῦ ὁποίου	
A.	τόν ὁποῖο(ν)		τήν ὁποία(ν)		τό ὁποῖο	
P.N.	οἱ ὁποῖοι		οἱ ὁποῖες		τά ὁποῖα	
G.	τῶν ὁποίων		τῶν ὁποίων		τῶν ὁποίων	
A.	τούς ὁποίους		τίς ὁποῖες		τά ὁποῖα	

	ANY(ONE), WHOEVER/WHICHEVER			AS MUCH/MANY AS		
S.N.	ὅποιος M.	ὅποια F.	ὅποιο N.	ὅσος M.	ὅση F.	ὅσο N.
G.	ὅποιου	ὅποιας	ὅποιου	ὅσου	ὅσης	ὅσου
A.	ὅποιο(ν)	ὅποια(ν)	ὅποιο	ὅσο(ν)	ὅση(ν)	ὅσο
P.N.	ὅποιοι	ὅποιες	ὅποια	ὅσοι	ὅσες	ὅσα
G.	ὅποιων	ὅποιων	ὅποιων	ὅσων	ὅσων	ὅσων
A.	ὅποιους	ὅποιες	ὅποια	ὅσους	ὅσες	ὅσα

V   INDEFINITE

	MASCULINE	FEMININE	NEUTER
		ONE	
S.N.	ἕνας	μία μιά	ἕνα
G.	ἑνός	μίας μιᾶς μιανῆς	ἑνός
A.	ἕνα(ν)	μία(ν) μιά(ν)	ἕνα
		SOMEONE, NONE	
S.N.	κανένας (κανείς)	καμμία καμιά	κανένα
G.	κανενός	καμμίας καμιᾶς	κανενός
A.	κανένα(ν)	καμμία(ν) καμιά(ν)	κανένα
		EACH ONE	
S.N.	καθένας	καθεμία καθεμιά	καθένα
G.	καθενός	καθεμίας καθεμιᾶς	καθενός
A.	καθένα(ν)	καθεμία(ν) καθεμιά(ν)	καθένα
		SOME	
P.N.	μερικοί	μερικές	μερικά
G.	μερικῶν	μερικῶν	μερικῶν
A.	μερικούς	μερικές	μερικά
		ALL	
P.N.	ὅλοι	ὅλες	ὅλα
G.	ὅλων ὁλονῶν	ὅλων ὁλονῶν	ὅλων ὁλονῶν
A.	ὅλους	ὅλες	ὅλα
		SOME(ONE)	
S.N.	κάποιος	κάποια	κάποιο
G.	κάποιου καποιανοῦ	κάποιας καποιανῆς	κάποιου
A.	κάποιο(ν)	κάποια(ν)	κάποιο
P.N.	κάποιοι	κάποιες	κάποια
G.	κάποιων καποιανῶν	κάποιων καποιανῶν	κάποιων καποιανῶν
A.	κάποιους	κάποιες	κάποια
		ENOUGH	
S.N.	κάμποσος	κάμποση	κάμποσο
G.	κάμποσου	κάμποσης	κάμποσου
A.	κάμποσο(ν)	κάμποση(ν)	κάμποσο
P.N.	κάμποσοι	κάμποσες	κάμποσα
G.	κάμποσων	κάμποσων	κάμποσων
A.	κάμποσοι	κάμποσες	κάμποσα

TABLES OF FULLY DECLINED :

B. NOUNS

MASCULINE

S.N.	ὁ	θεός	κόσμος	ἄνθρωπος	πατέρας	γείτονας	Ἕλληνας
G.	τοῦ	θεοῦ	κόσμου	ἀνθρώπου	πατέρα	γείτονα	Ἕλληνα
A.	τό(ν)	θεό	κόσμο	ἄνθρωπο	πατέρα	γείτονα	Ἕλληνα
P.N.	οἱ	θεοί	κόσμοι	ἄνθρωποι	πατέρες	γείτονες	Ἕλληνες
G.	τῶν	θεῶν	κόσμων	ἀνθρώπων	πατέρων	γειτόνων	Ἑλλήνων
A.	τούς	θεούς	κόσμους	ἀνθρώπους	πατέρες	γείτονες	Ἕλληνες

S.N.	ὁ	κῆπος	σταῦλος	χειμώνας	ἀναπτήρας	ἔρωτας	ἥρωας
G.	τοῦ	κήπου	σταύλου	χειμώνα	ἀναπτήρα	ἔρωτα	ἥρωα
A.	τό(ν)	κῆπο	σταῦλο	χειμώνα	ἀναπτήρα	ἔρωτα	ἥρωα
P.N.	οἱ	κῆποι	σταῦλοι	χειμῶνες	ἀναπτῆρες	ἔρωτες	ἥρωες
G.	τῶν	κήπων	σταύλων	χειμώνων	ἀναπτήρων	ἐρώτων	ἡρώων
A.	τούς	κήπους	σταύλους	χειμῶνες	ἀναπτῆρες.	ἔρωτες	ἥρωες

S.N.	ὁ	φοιτητής	ἐργάτης	ναύτης	ταμίας	μήνας	τουρίστας
G.	τοῦ	φοιτητῆ	ἐργάτη	ναύτη	ταμία	μήνα	τουρίστα
A.	τό(ν)	φοιτητή	ἐργάτη	ναύτη	ταμία	μήνα	τουρίστα
P.N.	οἱ	φοιτητές	ἐργάτες	ναῦτες	ταμίες	μῆνες	τουρίστες
G.	τῶν	φοιτητῶν	ἐργατῶν	ναυτῶν	ταμιῶν	μηνῶν	τουριστῶν
A.	τούς	φοιτητές	ἐργάτες	ναῦτες	ταμίες	μῆνες	τουρίστες

S.N.	ὁ	καφετζής	λεβέντης		φαράς	δέσποτας	παππούς
G.	τοῦ	καφετζῆ	λεβέντη		φαρᾶ	δέσποτα	παππού
A.	τό(ν)	καφετζή	λεβέντη		φαρά	δέσποτα	παππού
P.N.	οἱ	καφετζῆδες	λεβέντες/	λεβέντηδες	φαράδες	δεσποτάδες	παππούδες
G.	τῶν	καφετζῆδων	--------	λεβέντηδων	φαράδων	δεσποτάδων	παππούδων
A.	τούς	καφετζῆδες	λεβέντες	λεβέντηδες	φαράδες	δεσποτάδες	παππούδες

S.N.	ὁ	νοῦς	συγγραφέας/συγγραφεύς	γονέας/	γονεύς	/ γονιός
G.	τοῦ	νοῦ	συγγραφέα /συγγραφέως	γονέα /	γονέως	/ γονιοῦ
A.	τό(ν)	νοῦ	συγγραφέα /συγγραφέα	γονέα /	γονέα	/ γονιό
P.N.	οἱ	νόες	συγγραφεῖς	γονεῖς	γονεῖς	/ γονιοί
G.	τῶν	νόων	συγγραφέων	γονέων	γονέων	/ γονιῶν
A.	τούς	νόες	συγγραφεῖς	γονεῖς	γονεῖς	/ γονιούς

ANCIENT GREEK NAMES

S.N.	ὁ	Ἀριστοτέλης	Σωκράτης	Πειραιάς(-ᾶς)	Μιστράς	Καναδάς
G.	τοῦ	Ἀριστοτέλ-η(-ους)	Σωκράτ-η(-ους)	Πειραιᾶ	Μιστρᾶ	Καναδᾶ
A.	τό(ν)	Ἀριστοτέλη	Σωκράτη	Πειραιά (-ᾶ)	Μιστρά	Καναδά

S.N.	ὁ	Περικλῆς / Περικλῆς		Παντελής	Θωμάς(-ᾶς)	Κωστής(-ῆς)
G.	τοῦ	Περικλέους/Περικλῆ		Παντελῆ	Θωμᾶ	Κωστῆ
A.	τό(ν)	Περικλέα / Περικλῆ		Παντελή	Θωμά (-ᾶ)	Κωστή (-ῆ)

FAMILY NAMES

S.N.	ὁ	Ἡρακλῆς /Ἡρακλῆς	Σουρῆς	Θεοτοκᾶς	Παλαμᾶς
G.	τοῦ	Ἡρακλέους/Ἡρακλῆ	Σουρῆ	Θεοτοκᾶ	Παλαμᾶ
A.	τό(ν)	Ἡρακλέα /Ἡρακλῆ	Σουρῆ	Θεοτοκᾶ	Παλαμᾶ

FEMININE

S.N.	ἡ	καρδιά	ἡμέρα	γέφυρα	μητέρα	πατρίδα(-ίς)	ὁμάδα(-άς)	
G.	τῆς	καρδιᾶς	ἡμέρας	γέφυρας	μητέρας	πατρίδας(-ίδος)	ὁμάδας(-άδος)	
A.	τή(ν)	καρδιά	ἡμέρα	γέφυρα	μητέρα	πατρίδα	ὁμάδα	
P.N.	οἱ	καρδιές	ἡμέρες	γέφυρες	μητέρες	πατρίδες	ὁμάδες	
G.	τῶν	καρδιῶν	ἡμερῶν	γεφυρῶν	μητέρων	πατρίδων	ὁμάδων	
A.	τίς	καρδιές	ἡμέρες	γέφυρες	μητέρες	πατρίδες	ὁμάδες	

S.N.	ἡ	ὥρα	χώρα	γλώσσα	ἐργασία	προίκα	φλέβα	γυναίκα
G.	τῆς	ὥρας	χώρας	γλώσσας	ἐργασίας	προίκας	φλέβας	γυναίκας
A.	τή(ν)	ὥρα	χώρα	γλώσσα	ἐργασία	προίκα	φλέβα	γυναίκα
P.N.	οἱ	ὥρες	χώρες	γλῶσσες	ἐργασίες	προῖκες	φλέβες	γυναῖκες
G.	τῶν	ὡρῶν	χωρῶν	γλωσσῶν	ἐργασιῶν	προικῶν	φλεβῶν	γυναικῶν
A.	τίς	ὥρες	χώρες	γλῶσσες	ἐργασίες	προῖκες	φλέβες	γυναῖκες

S.N.	ἡ	φωνή	ἀνάγκη	πόλη(-ις)	σκέψη(-ις)	δύναμη	ἔνωση
G.	τῆς	φωνῆς	ἀνάγκης	πόλης(-εως)	σκέψης(-εως)	δύναμης	ἔνωσης
A.	τή(ν)	φωνή	ἀνάγκη	πόλη(-ιν)	σκέψη(-ιν)	δύναμη	ἔνωση
P.N.	οἱ	φωνές	ἀνάγκες	πόλεις	σκέψεις	δυνάμεις	ἑνώσεις
G.	τῶν	φωνῶν	ἀναγκῶν	πόλεων	σκέψεων	δυνάμεων	ἑνώσεων
A.	τίς	φωνές	ἀνάγκες	πόλεις	σκέψεις	δυνάμεις	ἑνώσεις

S.N.	ἡ	φοιτήτρια	δασκάλα / διδασκάλισσα	γειτόνισσα	γῆ
G.	τῆς	φοιτήτριας	δασκάλας/ διδασκάλισσας	γειτόνισσας	γῆς
A.	τή(ν)	φοιτήτρια	δασκάλα / διδασκάλισσα	γειτόνισσα	γῆ(ν)
P.N.	οἱ	φοιτήτριες	δασκάλες/ διδασκάλισσες	γειτόνισσες	
G.	τῶν	φοιτητριῶν	-------- διδασκαλισσῶν	γειτονισσῶν	
A.	τίς	φοιτήτριες	δασκάλες διδασκάλισσες	γειτόνισσες	

S.N.	ἡ	κοινότητα(-ότης)	ταχύτητα(-ύτης)	ὄρνιθα
G.	τῆς	κοινότητας(-ότητος)	ταχύτητας(-ύτητος)	ὄρνιθας
A.	τή(ν)	κοινότητα	ταχύτητα	ὄρνιθα
P.N.	οἱ	κοινότητες	ταχύτητες	ὄρνιθες
G.	τῶν	κοινοτήτων	ταχυτήτων	ὀρνίθων
A.	τίς	κοινότητες	ταχύτητες	ὄρνιθες

S.N.	ἡ	ὁδός	ἔξοδος	παράγραφος	Μύκονος	Ρόδος	Δῆλος
G.	τῆς	ὁδοῦ	ἐξόδου	παραγράφου	Μυκόνου	Ρόδου	Δήλου
A.	τή(ν)	ὁδό(ν)	ἔξοδο(ν)	παράγραφο	Μύκονο	Ρόδο	Δῆλο
P.N.	οἱ	ὁδοί	ἔξοδοι	παράγραφοι			
G.	τῶν	ὁδῶν	ἐξόδων	παραγράφων			
A.	τίς	ὁδούς	ἐξόδους	παραγράφους			

S.N.	ἡ	γιαγιά	μάνα	ἀλεπού	Βάσω	Κλειώ	Καλυψώ
G.	τῆς	γιαγιᾶς	μάνας	ἀλεπούς	Βάσως	Κλειῶς	Καλυψῶς
A.	τή(ν)	γιαγιά	μάνα	ἀλεπού	Βάσω	Κλειώ	Καλυψώ
P.N.	οἱ	γιαγιές/γιαγιάδες	μάνες/μανάδες	ἀλεπούδες			
G.	τῶν	γιαγιῶν/γιαγιάδων	----- μανάδων	ἀλεπούδων			
A.	τίς	γιαγιές/γιαγιάδες	μάνες/μανάδες	ἀλεπούδες			

NEUTER NOUNS

S.N.	τό	βουνό	δέντρο	σίδερο	πρόσωπο	πεῦκο	μῆλο	ζῶο
G.	τοῦ	βουνοῦ	δέντρου	σίδερου	προσώπου	πεύκου	μήλου	ζώου
A.	τό	βουνό	δέντρο	σίδερο	πρόσωπο	πεῦκο	μῆλο	ζῶο
P.N.	τά	βουνά	δέντρα	σίδερα	πρόσωπα	πεῦκα	μῆλα	ζῶα
G.	τῶν	βουνῶν	δέντρων	σίδερων	προσώπων	πεύκων	μήλων	ζώων
A.	τά	βουνά	δέντρα	σίδερα	πρόσωπα	πεῦκα	μῆλα	ζῶα

S.N.	τό	χωριό	βιβλίο	σχολεῖο	παιδί	χέρι	τραγούδι
G.	τοῦ	χωριοῦ	βιβλίου	σχολείου	παιδιοῦ	χεριοῦ	τραγουδιοῦ
A.	τό	χωριό	βιβλίο	σχολεῖο	παιδί	χέρι	τραγούδι
P.N.	τά	χωριά	βιβλία	σχολεῖα	παιδιά	χέρια	τραγούδια
G.	τῶν	χωριῶν	βιβλίων	σχολείων	<u>παιδιῶν</u>	<u>χεριῶν</u>	<u>τραγουδιῶν</u>
A.	τά	χωριά	βιβλία	σχολεῖα	παιδιά	χέρια	τραγούδια

S.N.	τό	μέρος	μέγεθος	πέλαγος /πέλαγο	ἄνθος	ἔτος	ἔθνος
G.	τοῦ	μέρους	μεγέθους	πελάγους/πέλαγου	ἄνθους	ἔτους	ἔθνους
A.	τό	μέρος	μέγεθος	πέλαγος /πέλαγο	ἄνθος	ἔτος	ἔθνος
P.N.	τά	μέρη	μεγέθη	πελάγη /πέλαγα	ἄνθη	ἔτη	ἔθνη
G.	τῶν	<u>μερῶν</u>	<u>μεγεθῶν</u>	<u>πελαγῶν</u> /πελάγων	<u>ἀνθέων</u>	ἐτῶν	<u>ἐθνῶν</u>
A.	τά	μέρη	μεγέθη	πελάγη /πέλαγα	ἄνθη	ἔτη	ἔθνη

S.N.	τό	κρέας	καθεστώς	φῶς	γεγονός	φωνῆεν	καθῆκον
G.	τοῦ	κρέατος	καθεστῶτος	φωτός	γεγονότος	φωνήεντος	καθήκοντος
A.	τό	κρέας	καθεστώς	φῶς	γεγονός	φωνῆεν	καθῆκον
P.N.	τά	κρέατα	καθεστῶτα	φῶτα	γεγονότα	φωνήεντα	καθήκοντα
G.	τῶν	κρεάτων	καθεστώτων	φώτων	γεγονότων	φωνηέντων	καθηκόντων
A.	τά	κρέατα	καθεστῶτα	φῶτα	γεγονότα	φωνήεντα	καθήκοντα

S.N.	τό	γράμμα	ὄνομα	διάλειμμα	γράψιμο
G.	τοῦ	γράμματος	ὀνόματος	διαλείμματος	γραψίματος
A.	τό	γράμμα	ὄνομα	διάλειμμα	γράψιμο
P.N.	τά	γράμματα	ὀνόματα	διαλείμματα	γραψίματα
G.	τῶν	γραμμάτων	ὀνομάτων	διαλειμμάτων	γραψιμάτων
A.	τά	γράμματα	ὀνόματα	διαλείμματα	γραψίματα

S.N.	τό	φαΐ	ρολόι	τσάι	δίχτυ	στάχυ
G.	τοῦ	φαγιοῦ	ρολογιοῦ	τσαγιοῦ	διχτυοῦ	σταχυοῦ
A.	τό	φαΐ	ρολόι	τσάι	δίχτυ	στάχυ
P.N.	τά	φαγιά	ρολόγια	τσάγια	δίχτυα	στάχυα
G.	τῶν	<u>φαγιῶν</u>	<u>ρολογιῶν</u>	<u>τσαγιῶν</u>	<u>διχτυῶν</u>	<u>σταχυῶν</u>
A.	τά	φαγιά	ρολόγια	τσάγια	δίχτυα	στάχυα

S.N.	τό	δάκρυ(ο)	βράδυ	ὀστό / ὀστοῦν
G.	τοῦ	δάκρυου	βραδιοῦ	ὀστοῦ
A.	τό	δάκρυ	βράδυ	ὀστό / ὀστοῦν
P.N.	τά	δάκρυα	βράδια	ὀστά / ὀστᾶ
G.	τῶν	δακρύων	<u>βραδιῶν</u>	ὀστῶν
A.	τά	δάκρυα	βράδια	ὀστά / ὀστᾶ

C. TABLES OF FULLY DECLINED :
ADJECTIVES & PARTICIPLES

	M.	F.	N.	M.	F.	N.
S.N.	καλός	καλή	καλό	γλυκός	γλυκιά	γλυκό
G.	καλοῦ	καλῆς	καλοῦ	γλυκοῦ	γλυκιᾶς	γλυκοῦ
A.	καλό	καλή	καλό	γλυκό	γλυκιά	γλυκό
P.N.	καλοί	καλές	καλά	γλυκοί	γλυκές	γλυκά
G.	καλῶν	καλῶν	καλῶν	γλυκῶν	γλυκῶν	γλυκῶν
A.	καλούς	καλές	καλά	γλυκούς	γλυκές	γλυκά
S.N.	νέος	νέα	νέο	πλούσιος	πλούσια	πλούσιο
G.	νέου	νέας	νέου	πλούσιου	πλούσιας	πλούσιο
A.	νέο	νέα	νέο	πλούσιο	πλούσια	πλούσιο
P.N.	νέοι	νέες	νέα	πλούσιοι	πλούσιες	πλούσια
G.	νέων	νέων	νέων	πλούσιων	πλούσιων	πλούσιων
A.	νέους	νέες	νέα	πλούσιους	πλούσιες	πλούσια
S.N.	ὡραῖος	ὡραία	ὡραῖο	ὄμορφος	ὄμορφη	ὄμορφο
G.	ὡραίου	ὡραίας	ὡραίου	ὄμορφου	ὄμορφης	ὄμορφου
A.	ὡραῖο	ὡραία	ὡραῖο	ὄμορφο	ὄμορφη	ὄμορφο
P.N.	ὡραῖοι	ὡραῖες	ὡραῖα	ὄμορφοι	ὄμορφες	ὄμορφα
G.	ὡραίων	ὡραίων	ὡραίων	ὄμορφων	ὄμορφων	ὄμορφων
A.	ὡραίους	ὡραῖες	ὡραῖα	ὄμορφους	ὄμορφες	ὄμορφα
S.N.	γελοῖος	γελοία	γελοῖο	ἀστεῖος	ἀστεία	ἀστεῖο
G.	γελοίου	γελοίας	γελοίου	ἀστείου	ἀστείας	ἀστείου
A.	γελοῖο	γελοία	γελοῖο	ἀστεῖο	ἀστεία	ἀστεῖο
P.N.	γελοῖοι	γελοῖες	γελοῖα	ἀστεῖοι	ἀστεῖες	ἀστεῖα
G.	γελοίων	γελοίων	γελοίων	ἀστείων	ἀστείων	ἀστείων
A.	γελοίους	γελοῖες	γελοῖα	ἀστείους	ἀστεῖες	ἀστεῖα
S.N.	δίκαιος	δίκαια	δίκαιο	ζηλιάρης	ζηλιάρα	ζηλιάρικο
G.	δίκαιου	δίκαιας	δίκαιου	ζηλιάρη	ζηλιάρας	ζηλιάρικου
A.	δίκαιο	δίκαια	δίκαιο	ζηλιάρη	ζηλιάρα	ζηλιάρικο
P.N.	δίκαιοι	δίκαιες	δίκαια	ζηλιάρηδες	ζηλιάρες	ζηλιάρικα
G.	δίκαιων	δίκαιων	δίκαιων	ζηλιάρηδων	--------	ζηλιάρικων
A.	δίκαιους	δίκαιες	δίκαια	ζηλιάρηδες	ζηλιάρες	ζηλιάρικα
S.N.	βαθύς	βαθιά	βαθύ	σταχτής	σταχτιά	σταχτί
G.	βαθιοῦ(-ῦ)	βαθιᾶς	βαθιοῦ(-ῦ)	σταχτιοῦ	σταχτιᾶς	σταχτιοῦ
A.	βαθύ	βαθιά	βαθύ	σταχτή	σταχτιά	σταχτί
P.N.	βαθιοί(-εῖς)	βαθιές	βαθιά	σταχτιοί	σταχτιές	σταχτιά
G.	βαθιῶν	βαθιῶν	βαθιῶν	σταχτιῶν	σταχτιῶν	σταχτιῶν
A.	βαθιούς(-εῖς)	βαθιές	βαθιά	σταχτιούς	σταχτιές	σταχτιά

	M.	F.	N.		M.	F.	N.
S.N.	ταχύς	ταχεία	ταχύ	P.N.	ταχεῖς	ταχεῖες	ταχέα
G.	ταχέος	ταχείας	ταχέος	G.	ταχέων	ταχειῶν	ταχέων
A.	ταχύ	ταχεία	ταχύ	A.	ταχεῖς	ταχεῖες	ταχέα

	M.	F.	N.	M.	F.	N.
S.N.	ἀμελής	ἀμελής	ἀμελές	ἰδεώδης	ἰδεώδης	ἰδεῶδες
G.	ἀμελῆ(-οῦς)	ἀμελοῦς	ἀμελοῦς	ἰδεώδη(-ους)	ἰδεώδους	ἰδεώδους
A.	ἀμελῆ(-ῆ)	ἀμελῆ(-ῆ)	ἀμελές	ἰδεώδη	ἰδεώδη	ἰδεῶδες
P.N.	ἀμελεῖς	ἀμελεῖς	ἀμελῆ(-ῆ)	ἰδεώδεις	ἰδεώδεις	ἰδεώδη
G.	ἀμελῶν	ἀμελῶν	ἀμελῶν	ἰδεωδῶν	ἰδεωδῶν	ἰδεωδῶν
A.	ἀμελεῖς	ἀμελεῖς	ἀμελῆ(-ῆ)	ἰδεώδεις	ἰδεώδεις	ἰδεώδη
S.N.	συνήθης	συνήθης	σύνηθες			
G.	συνήθη(-ους)	συνήθους	συνήθους			
A.	συνήθη	συνήθη	σύνηθες			
P.N.	συνήθεις	συνήθεις	συνήθη			
G.	συνήθων	συνήθων	συνήθων			
A.	συνήθεις	συνήθεις	συνήθη			

ACTIVE PARTICIPLES

	M.	F.	N.	M.	F.	N.
S.N.	παρελθών	παρελθοῦσα	παρελθόν	μέλλων	μέλλουσα	μέλλον
G.	παρελθόντος	παρελθούσας	παρελθόντος	μέλλοντος	μέλλουσας	μέλλοντος
A.	παρελθόντα	παρελθοῦσα	παρελθόν	μέλλοντα	μέλλουσα	μέλλον
P.N.	παρελθόντες	παρελθοῦσες	παρελθόντα	μέλλοντες	μέλλουσες	μέλλοντα
G.	παρελθόντων	παρελθουσῶν	παρελθόντων	μελλόντων	μελλουσῶν	μελλόντων
A.	παρελθόντες	παρελθοῦσες	παρελθόντα	μέλλοντες	μέλλουσες	μέλλοντα
S.N.	ἐνδιαφέρων	ἐνδιαφέρουσα	ἐνδιαφέρον	ἔχων (ἔχουσα)		ἔχον
G.	ἐνδιαφέροντος	ἐνδιαφέρουσας	ἐνδιαφέροντος	ἔχοντος		ἔχοντος
A.	ἐνδιαφέροντα	ἐνδιαφέρουσα	ἐνδιαφέρον	ἔχοντα		ἔχον
P.N.	ἐνδιαφέροντες	ἐνδιαφέρουσες	ἐνδιαφέροντα	ἔχοντες		ἔχοντα
G.	ἐνδιαφερόντων	ἐνδιαφερουσῶν	ἐνδιαφερόντων	ἐχόντων		ἐχόντων
A.	ἐνδιαφέροντες	ἐνδιαφέρουσες	ἐνδιαφέροντα	ἔχοντες		ἔχοντα

PASSIVE PARTICIPLES

ADJECTIVES IN -ων -ων -ον

	M.	F.	N.	M/F.	N.
S.N.	θεωρούμενος	θεωρούμενη	θεωρούμενο	εὐγνώμων	εὐγνῶμον
G.	θεωρούμενου	θεωρούμενης	θεωρούμενου	εὐγνώμονος	εὐγνώμονος
A.	θεωρούμενο	θεωρούμενη	θεωρούμενο	εὐγνώμονα	εὐγνῶμον
P.N.	θεωρούμενοι	θεωρούμενες	θεωρούμενα	εὐγνώμονες	εὐγνώμονα
G.	θεωρούμενων	θεωρούμενων	θεωρούμενων	εὐγνωμόνων	εὐγνωμόνων
A.	θεωρούμενους	θεωρούμενες	θεωρούμενα	εὐγνώμονες	εὐγνώμονα
S.N.	μελετημένος	μελετημένη	μελετημένο		
G.	μελετημένου	μελετημένης	μελετημένου		
A.	μελετημένο	μελετημένη	μελετημένο		
P.N.	μελετημένοι	μελετημένες	μελετημένα		
G.	μελετημένων	μελετημένων	μελετημένων		
A.	μελετημένους	μελετημένες	μελετημένα		

238

VI.   DEGREES OF COMPARISON

CATEGORIES OF ENDINGS	POSITIVE	COMPARATIVE --ER	SUPERLATIVE --EST	MEANING IN POSITIVE
1. -ος -ότερος -ότατος	μικρός πικρός ὀρθός ὡραῖος ἄσχημος ἔξυπνος	μικρότερος πικρότερος ὀρθότερος ὡραιότερος ἀσχημότερος ἐξυπνότερος	μικρότατος πικρότατος ὀρθότατος ὡραιότατος ἀσχημότατος ἐξυπνότατος	*small* *bitter* *right* *beautiful* *ugly* *intelligent*
2. -ος -ώτερος -ώτατος	νέος σοφός στενός ἤρεμος	νεώτερος σοφώτερος στενώτερος ἠρεμώτερος	νεώτατος σοφώτατος στενώτατος ἠρεμώτατος	*young/new* *wise* *narrow* *calm*

3.
-ύς -ύτερος
  -ύτατος
 	
-ύς] [-ύτερος
-ός] [-ύτατος
     [-ότερος
     [-ότατος
	βαθύς
	μακρύς
	βαρύς
	[ἐλαφρύς
	  ἐλαφρός
	[γλυκύς
	  γλυκός
	κοντός
	
	χοντρός
		βαθύτερος
		μακρύτερος
		βαρύτερος
		[ἐλαφρύτερος
		[ἐλαφρότερος
		[γλυκύτερος
		[γλυκότερος
		[κοντύτερος
		[κοντότερος
		[χοντρύτερος
		  χοντρότερος
			βαθύτατος
			μακρύτατος
			βαρύτατος
			[ἐλαφρύτατος
			[ἐλαφρότατος
			[γλυκύτατος
			[γλυκότατος
			[(κοντύτατος)
			[κοντότατος
			[(χοντρύτατος)
			[χοντρότατος
				deep
				long
				heavy
				light
				
				sweet
				
				short
				
				fat

4.
-ης -έστερος
  -έστατος
 	
-ος [-έστερος
   [-έστατος
   [-ούστερος
   [-ούστατος
	σαφής
	ἀκριβής
	εὐτυχής
	ἐπιμελής
	εὐγενής
	
	πλησίος
	
	ἁπλός
		σαφέστερος
		ἀκριβέστερος
		εὐτυχέστερος
		ἐπιμελέστερος
		εὐγενέστερος
		
		πλησιέστερος
		
		ἁπλούστερος
			σαφέστατος
			ἀκριβέστατος
			εὐτυχέστατος
			ἐπιμελέστατος
			εὐγενέστατος
			
			πλησιέστατος
			
			ἁπλούστατος
				clear
				exact
				happy
				diligent
				polite
				
				near
				
				simple

5. IRREGULAR	λίγος πολύς πρῶτος μέγας μεγάλος καλός κακός	λιγότερος περισσότερος πρωτύτερος μείζων μεγαλύτερος καλύτερος [κακότερος [χειρότερος	ἐλάχιστος πλεῖστος πρώτιστος μέγιστος ----- καλότατος κακότατος χείριστος	*little* *much/many* *first* *big/large* " " *good* *bad*
6. πιό -- πολύ--	χορτάτος ἐνδιαφέρων λυπημένος ζηλιάρης	πιό χορτάτος πιό ἐνδιαφέρων πιό λυπημένος πιό ζηλιάρης	πολύ χορτάτος πολύ ἐνδιαφέρων πολύ λυπημένος πολύ ζηλιάρης	*satiated* *interesting* *sad* *jealous*

VII. THE MONOTONIC SYSTEM OF ACCENTUATION

1. Up to 1982, the system of accentuation for demotic modern Greek was a simplified form of that which has been used for purist modern Greek. By the Presidential Decree of April 29, 1982, this was replaced by a monotonic system in all sectors of the Administration, and at all levels of Education. This MONOTONIC system which was elaborated by the Greek Ministry of Education requires the observation of the following rules:

(1) Greek words bear one stress only and they never bear this stress before the third to last syllable, e.g. κα-τά-λα-βα ($— —\vdots \frac{\prime}{3} \overline{2} \overline{1}$)

(2) The stress is marked by placing an acute accent over the vowel or the diphthong of the stressed syllable of any word of two or more syllables, e.g.

εί-μαι έ-χω, αύ-ρι-ο, σή-με-ρα, ε-δώ, α-γα-πώ

NOTE. The breathing signs have been abolished altogether. When an initial capital vowel is stressed, it bears the acute accent on the upper left side, e.g.

Άν-να, Ό-ταν, Ύ-στε-ρα, but: Εί-δη-ση

(3) Monosyllabic words are not stressed. However, the following words should bear an acute accent:

(a)   the conjunction ή *(or)*, e.g. ή η Άννα, ή η Ελένη *(either A... or E...)*

(b)   the interrogative adverbs πού; *(where?)*, πώς; *(how? what?)*, e.g.Πού είναι το βιβλίο που ζητάς;   Πώς σε λένε; *(Where is the book you are looking for?) (What is your name?)*

(c)   the unemphatic personal pronouns when it is necessary to indicate that they are not enclitic, e.g.

ο πατέρας μου θύμωσε but: ο πατέρας μού θύμωσε
(my father is angry)   *(father is angry at me)*

(d)   the monosyllabic words preceding the verb forms μπω, βγω, βρω ρθω, when they are to be pronounced together with those verb-forms, e.g.νά μπω but να μπω, θά 'ρθω but θα 'ρθω, etc.

NOTE. When the unemphatic personal pronouns are clearly non-enclitic, they need no accent, e.g.

γιατί σου θύμωσε; τι του είπες;
(why was he angry at you?) (what did you tell him?)

(4) Words stressed on the third to last syllable take a second accent on the last syllable when they are followed by an enclitic word, e.g.

(i)   το μάθημα — το μάθημά μου, *(the lesson — my lesson)*
η οικογένεια — η οικογένειά της *(the family — my family)*
ο άνθρωπος — ο άνθρωπός μας *(the man — our man)*

(ii)   φέρε μου — φέρε μού το *(bring me — bring it to me)*.

GREEK - ENGLISH   AND   ENGLISH - GREEK

G L O S S A R I E S

*The verb forms which appear in parenthesis next or
under the basic form of certain irregular verbs -
mostly of the 1st conjugation - denote the simple
past.*   *[Alternate form: ≃]*

242

A

ἀβάσταχτος unbearable
    unendurable
ἀβέβαιος uncertain
ἄβολος uncomfortable
ἀβρός gentle, affable
ἀβρότητα≃-της,ἡ affabi-
    lity,gentleness
ἄγαλμα,τό statue
ἄγαμος unmarried
ἀγαπάω see ἀγαπῶ
ἀγάπη,ἡ love
ἀγαπημένος beloved
ἀγαπητός dear
ἀγαπιέμαι I am loved
    (ἀγαπήθηκα)
ἀγαπῶ (-ᾶς) I love
    (ἀγάπησα)
ἀγγελία,ἡ announcement
ἀγγελιοφόρος,ὁ messenger
ἀγγέλλω I announce
    (ἄγγειλα)
ἄγγιγμα,τό touch
ἀγγίζω (ἄγγισα) I touch
≃(ἄγγιξα)
Ἀγγλία,ἡ England
ἀγγλικά,τά English(lang.)
ἀγγλικός English
Ἄγγλος,ὁ Englishman
ἅγιος saint
ἀγκαλιά,ἡ embrace,armful
ἀγκαλιάζω I embrace
    (ἀγκάλιασα)
ἀγκινάρα≃ἀγκινάρα,ἡ
    artichoke
ἀγκώνας≃ἀγκών,ὁ elbow
ἁγνός pure
ἀγνοῶ (-εῖς) I ignore
    (ἀγνόησα)
ἀγνώμων ungrateful
ἄγνωστος unknown,unseen
ἄγονος fruitless,barren
ἀγορά,ἡ market,purchase
ἀγοράζω (ἀγόρασα) I buy
ἀγοραστής,ὁ buyer
ἀγοραστός bought
ἀγόρι,τό boy
ἀγράμματος illiterate
ἀγριεμένος infuriated
ἀγριεύω I become infu-
    (ἀγρίεψα) riated
ἄγριος savage, wild
ἀγρός,ὁ field
ἀγρότης,ὁ peasant

ἀγρυπνία,ἡ wakefulness
ἄγρυπνος wakeful
ἀγρυπνῶ (-ᾶς≃-εῖς) I keep
    (ἀγρύπνησα)awake at
    night, I am watchful
ἀγώνας≃ἀγών,ὁ struggle
ἀγῶνες,οἱ games
ἀγωνία,ἡ anguish,anxiety
ἄδεια,ἡ permit,permission
ἀδειάζω(ἄδειασα) I empty
ἀδειανός ἄδειος empty
ἀδελφή≃ἀδερφή,ἡ sister
ἀδέλφια≃ἀδέρφια,τά siblings
ἀδελφικός≃ἀδερφικός fra-
    ternal, brotherly
ἀδελφός≃ἀδερφός,ὁ brother
Ἅδης,ὁ Hades
ἀδιάκοπα unceasingly [ly]
ἀδιαμαρτύρητα unprotesting
ἀδιαφορία,ἡ indifference
ἀδιάφορος indifferent
ἀδιαφορῶ (-εῖς) I am in-
    (ἀδιαφόρησα) different
ἄδικα unjustly, in vain
ἄδικος unjust,wrong
ἀδυνατίζω I lose weight,
    (ἀδυνάτισα)I weaken
ἀδύνατος weak
ἀδύνατο impossible
ἀδυνατῶ (-εῖς) I am un-
    (ἀδυνάτησα) able
ἀέρας,ὁ wind
ἀεροδρόμιο,τό airport
ἀεροπλάνο,τό airplane
ἀεροσυνοδός,ὁ,ἡ steward,
    stewardess
ἀθάνατος immortal
Ἀθήνα,ἡ≃Ἀθῆναι,αἱ Athens
Ἀθηνά≃Ἀθηνᾶ,ἡ Athena
ἀθλητής,ὁ athlete
αἷμα,τό blood
αἵρεση≃-ις,ἡ heresy
αἰσθάνομαι I feel
    (αἰσθάνθηκα)
αἴσθημα,τό feeling
αἴσθηση≃-ις,ἡ sense,per-
    ception
αἴφνης suddenly
αἰώνας≃αἰών,ὁ century
ἄκαρπος fruitless
ἀκατάπαυστα unceasingly
ἀκέραιος genuine,intact
ἀκοή,ἡ hearing
ἀκόμη≃ἀκόμα still
ἀκουμπῶ (-ᾶς) I lean
    (ἀκούμπησα)

ἀκουστικό,τό receiver
ἀκούω (ἄκουσα) I hear,listen
ἄκρη,ἡ hearing
ἀκριβά dearly,expensively
ἀκριβαίνω I become more ex-
    (ἀκρίβυνα) pensive
ἀκρίβεια,ἡ high price
ἀκρίβεια,ἡ accuracy
ἀκριβής exact,accurate
ἀκριβός expensive
ἀκριβῶς exactly
Ἀκρόπολη≃-ις,ἡ Acropolis
ἀκτίνα≃-ίς,ἡ ray
ἄκυρος not valid
ἀκυρώνω I cancel
ἁλάτι,τό salt
ἀλεξία,ἡ lack of words
ἀλεπού,ἡ fox
ἀλεύρι,τό flour
ἀλήθεια,ἡ truth
ἀλήθεια truly, really
ἀληθής true,real
ἀληθινός true,real
ἀλί,ἀλίμονο woe
ἀλλά but
ἀλλαγή,ἡ change
ἀλλάζω (ἄλλαξα) I change
ἀλλοιῶς≃ἀλλιῶς otherwise
    differently
ἀλλοιώνω I alter
ἀλλοιώτικος≃ἀλλιώτικος
    different,changed
ἄλλος other [fail]
δίχως/χωρίς ἄλλο without
ἄλλοτε once, sometime ago
ἀλλοῦ elsewhere
ἀλλουνοῦ of the other
ἅλμα,τό jump
ἄλογο,τό horse
ἄλογος without reason
ἁλυσσίδα,ἡ chain
ἀλφάβητο,τό≃ἀλφάβητος,ἡ
    alphabet
ἁλωνίζω(ἁλώνισα) I thresh
ἅμα when, as soon as
ἁμάξι,τό car, carriage
ἄμβωνας≃ἄμβων,ὁ pulpit
ἀμελής negligent [ect]
ἀμελῶ (-εῖς)(ἀμέλησα) I negl-
ἄμεσα immediately,directly
ἄμεσος immediate, direct
ἀμέσως immediately,directly
ἄμιλλα,ἡ contest
ἄμμος,ἡ sand
ἀμμουδιά,ἡ beach
ἀμυγδαλιά,ἡ almond tree

ἄν if
ἀναβάλλω I postpone
(ἀνέβαλα) ≃ (ἀνάβαλα)
ἀναβολή,ή postponement
ἀνάβω (ἄναψα) I light
ἀναμμένος lit [force┐
ἀναγκάζω (ἀνάγκασα) I ┘
ἀναγκαῖος necessary
ἀναγκαστικός compulsory
ἀνάγκη,ή necessity
ἀναγνωρίζω I recognize
(ἀναγνώρισα) [gnition┐
ἀναγνώριση≃-ις,ή reco-┘
ἀναισθησία,ή insensibi-
lity,insensitivity
ἀναίσθητος insensible,
insensitive,unconsci-
ous [cation┐
ἀνάθεμα,τό excommuni-┘
ἀνάθημα,τό offering
ἀνακαλύπτω I discover
(ἀνακάλυψα)
ἀνακατεύω I stir
(ἀνακάτεψα)
ἀνακοινώνω I make public,
(ἀνακοίνωσα)I announce
ἀνακοινωθέν,τό communi-┐
ἀνακούφιση≃-ις,ή [qué ┘
relief
ἀνακριβής inaccurate
ἀνάλατος unsalted
ἀναπνέω (ἀνέπνευσα) I
≃(ἀνάπνευσα) breath
ἀναπνοή,ή breathing
ἀνάποδος upside down
ἀναπτύσσω (ἀνέπτυξα) I
≃(ἀνάπτυξα) develop
ἀναρχία,ή anarchy
ἀναρωτιέμαι I ask myself
(ἀναρωτήθηκα)
ἀναστεναγμός,ό sigh
ἀναστενάζω I sigh
(ἀναστέναξα)
ἀνατέλλω (ἀνέτειλα) I
≃(ἀνάτειλα) rise (sun)
ἀνατολή,ή sunrise
'Ανατολή,ή East
ἀνατολικός eastern[ture┐
ἀναχώρηση≃-ις,ή depar-┘
ἀναχωρῶ (-εῖς) I depart
(ἀναχώρησα)
ἄνδρας/ἀνδρικός see
ἄντρας/ἀντρικός
Ἄνδρος,ή Aegean island
ἀνέβα [v.ἀναβαίνω] go up
ἀνεβάζω(ἀνέβασα)I raise

ἀνεβαίνω (ἀνέβηκα) I go up┐
ἄνεμος,ό wind [stairs/hill┘
ἄνετος comfortable
ἄνευ without [reason┐
ἄνευ λόγου/αἰτίας without┘
ἀνησυχία,ή anxiety, worry
ἀνήσυχος restless,worried
ἀνησυχῶ (-εῖς) I worry
(ἀνησύχησα)
ἀνήφορος uphill slope
ἀνθίζω (ἄνθισα)I blossom
ἄνθος,τό flower
ἄνθρωπος,ό human being,┐
ἀνόητος silly [man┘
ἀνοίγω (ἄνοιξα) I open
ἀνοιχτός≃ἀνοικτός open
ἄνοστος tasteless
ἀνταλλαγή,ή exchange
ἀνταρσία,ή rebellion
ἀντέχω (ἄντεξα) I have
≃(ἄνθεξα) the strength
ἀντί with, instead, at
ἀντιγράφω (ἀντέγραψα) I
≃(ἀντίγραψα) copy
ἀντικειμενικός objective
ἀντικειμενικότητα≃-της,ή
objectivity
ἀντικρύ opposite,across
ἀντικρύζω(ἀντίκρυσα)I face
ἀντιπαθητικός≃ἀντιπαθής
dislikable [I dislike┐
ἀντιπαθῶ(-εῖς)(ἀντιπάθησα)┘
ἄντρας≃ἄνδρας,ό man
ἀντρικός≃ἀνδρικός male,man┐
ἀνύπαντρος unmarried [ly┘
≃ἀνύπανδρος
ἀνυπόμονος impatient
ἀνυπομονῶ (-εῖς)I am impa-┐
ἄνω above, up, over [tient┘
ἄνω κάτω upside down
ἀνώτατος highest
ἀνώφελος useless
ἀξέχαστος unforgettable
ἀξία,ή value
ἀξίζει it is worth
ἀξίζω I deserve
ἄξιος capable,worthy
ἀξιωματικός,ό officer
ἄξονας≃ἄξων,ό axis
ἀόρατος invisible
ἀπαγορεύω I forbid
(ἀπαγόρευσα≃-ρεψα)
ἀπαλλάσσομαι I free myself
(ἀπαλλάχθηκα≃-χτηκα)from
ἀπαλός soft
ἄπαντα,τά complete works

ἀπάντηση≃-ις,ή answer
ἀπαντῶ (-ᾶς) I answer
(ἀπάντησα)
ἀπάρνηση≃-ις,ή rejection
ἀπειλῶ (-εῖς) I threaten
(ἀπείλησα)
ἀπέναντι opposite, across
ἀπέναντίας on the contrary
ἀπεργία,ή strike
ἀπεργός,ό striker
ἀπεργῶ (-εῖς) I strike
(ἀπέργησα)
ἀπευθύνω(ἀπεύθυνα)I address
ἀπλήρωτος unpaid [cation┐
ἀπλοποίηση≃-ις,ή simplifi-┘
ἀπλοποιῶ (-εῖς) I simplify
(ἀπλοποίησα)
ἀπλός simple
ἀπλώνω (ἄπλωσα) I stretch,
ἀπό from [I spread
ἀπόγεμα,τό afternoon
ἀπογεματινός afternoon
ἀπόδημος,ό emigrant
ἀποδημῶ (-εῖς) I emigrate
(ἀποδήμησα)
ἀποθήκη,ή cellar
ἀπορῶ (-εῖς) I wonder
(ἀπόρησα)
ἀποστέλλω I send
≃(ἀπέστειλα≃ἀπόστειλα)
ἀπόστολος,ό apostle
ἀπόστροφος,ή apostrophe
ἀποτελοῦμαι I consist
(ἀποτελέσθηκα)
ἀποτέλεσμα,τό result
ἀποτυχαίνω(ἀπέτυχα)I fail
ἀπουσία,ή absence [absent┐
ἀπουσιάζω(ἀπουσίασα)I am ┘
ἀπόφαση≃-ις,ή decision[ide┐
ἀποφασίζω(ἀποφάσισα)I de-┘
ἀποφεύγω (ἀπέφυγα) I avoid
ἀποχαιρετῶ (-ᾶς) I bid fare-
(ἀποχαιρέτησα) well
ἀπόψε this evening,tonight
ἀποψινός this evening's
'Απρίλιος≃'Απρίλης,ό April
ἅπτομαι I touch [ly┐
ἄραγε therefore,consequent-┘
ἀραιός sparse,rare,thin
ἀράπης,ό bogy
ἀργά slowly
ἀργός slow
ἀργῶ(-εῖς)(ἄργησα) I am late
ἀρέσει(ἄρεσε),μοῦ I like
ἀρέσω(ἄρεσα) I please
ἄρθρο,τό article

ἀριθμός,ὁ number
ἀριστερά to the left
ἀριστερός left-handed
ἀρκετός sufficient
ἀρκετά enough
ἀρκτικός Arctic
ἀρκῶ (-εῖς) I suffice
  (ἄρκεσα)
ἄρμα,τό chariot, tank
ἄρμη,ἡ salted water
ἁρμόδιος competent
ἁρμονία,ἡ harmony
ἁρμός,ὁ joint
ἁρμυρός salty
ἀρνάκι,τό young lamb
ἄρνηση≃-ις,ἡ denial
ἀρνητικός negative
ἀρνιέμαι I refuse
  (ἀρνήθηκα)
ἁρπάζω (ἅρπαξα)I grab
ἁρπακτικός grasping
ἀρραβώνας,ὁ betrothal
ἀρρωσταίνω I am ill
  (ἀρρώστησα)
ἄρρωστος ill, sick
ἀρτοπωλεῖο,τό bakery
ἀρχάγγελος,ὁ archangel
ἀρχαιότητα≃-της,ἡ anti-
ἀρχή,ἡ beginning [quity]
ἀρχηγός,ὁ leader, chief
ἀρχίζω (ἄρχισα) I begin
ἀρχικός initial
ἀρχιτέκτονας≃-ων,ὁ ar-
  chitect   [tecture]
ἀρχιτεκτονική,ἡ archi-
ἄρχοντας≃ἄρχων,ὁ lord
ἄρωμα,τό aroma, perfume
ἄς let
ἄσε≃ἄφησε let, leave
Ἀσία,ἡ Asia
ἀσιατικός Asiatic
ἄσκημος see ἄσχημος
ἄσκηση≃-ις,ἡ exercise
ἀσκητικός ascetic
ἀσπρίζω I make white
  (ἄσπρισα)
ἄσπρος white
ἀστεῖος funny
ἀστραπή,ἡ lightning
ἀστράφτει lightning fills
  (ἄστραψε) the sky
ἄστρο≃ἀστέρι,τό star
ἀστροναύτης,ὁ astronaut
ἀστυνομία,ἡ police
ἀστυνόμος,ὁ policeman
ἀστυφύλακας,ὁ policeman

ἀσφάλεια,ἡ insurance
ἀσφαλής secure
ἀσφαλισμένος insured
ἄσφαλτος,ἡ asphalt
ἄσχημος ugly
ἄτακτος≃ἄταχτος untidy
ἀταξία,ἡ disorder
ἄτι,τό stallion, horse
ἄτομο,τό individual
αὐγό,τό egg
Αὔγουστος,ὁ August
αὐλή,ἡ courtyard
αὐλικός courtier
αὐξάνω≃αὐξαίνω I increase
  (αὔξησα)
αὔξηση≃-ις,ἡ increase
ἀυπνία,ἡ insomnia
ἄυπνος sleepless
αὔριο tomorrow
αὐστηρός severe,rigorous
αὐτί,τό ear
αὐτός,-ή,-ό he, she, it
αὐτοκίνητο,τό car
αὐτοῦ there
αὐτουνοῦ his, of him
ἀφαιρῶ (-εῖς) I remove
  (ἀφαίρεσα)
ἀφανής obscure, invisible
ἀφανίζομαι I vanish
ἀφελής naive
ἀφέντης,ὁ master
ἀφή,ἡ touch
ἀφήνω (ἄφησα)I let,leave
ἄφθονος abundant,plenti-
ἄφιξη≃-ις,ἡ arrival [ful]
ἀφοῦ since
ἀφράτος light
ἄφωνος speechless
ἀχνιστός steaming
ἄχρηστος useless
ἀψίδα≃-ίς,ἡ arch

B

βάζο,τό vase   [put
βάζω≃βάνω (ἔβαλα)I place,
βαθιά≃βαθειά profoundly
βαθμός,ὁ degree,grade,mark
βαθύς deep,profound
βαλίτσα,ἡ suitcase
βαμμένος[v.βάφω]dyed
βαπόρι,τό boat   [heavy
βαραίνω (βάρυνα)I make
βαρετός boring
βαριά heavily   [bored
βαριέμαι(βαρέθηκα)I am

βαρκούλα,ἡ little row-boat
βαρκάρης,ὁ boatman
βαρόμετρο,τό barometer
βάρος,τό weight
βαρύς heavy,strong
βασιλεία,ἡ kingship
βασίλειο,τό kingdom
βασιλεύω (βασίλεψα)I reign,
  I set (sun)
βασιλιάς,ὁ king
βασίλισσα,ἡ queen
βασιλοπούλα,ἡ princess
βασιλόπουλο,τό prince
βαστῶ (-ᾶς) I keep, hold
  (βάσταξα≃βάστηξα)
βαφτίζω (βάφτισα)I baptize
βάφω (ἔβαψα) I dye, paint
βγάζω≃βγάνω (ἔβγαλα)I take
  out, off
βγαίνω (βγῆκα)I go/come out
βγάλω,νά see βγάζω
βγές see βγαίνω
βέβαια certainly,of course
βέβαιος certain, sure
βεβαιώνομαι I make sure
  (βεβαιώθηκα)
βελόνα,ἡ≃βελόνι,τό needle
βελονιά,ἡ stitch
βέλος,τό arrow
βεράντα,ἡ veranda
βῆμα,τό step
βήχας,ὁ cough
βήχω (ἔβηξα) I cough
βία,ἡ hurry, violence
μετά βίας violently
βιάζομαι I am in a hurry
  (βιάστηκα)
βίαιος violent
βιαστικά hurriedly
βιαστικός in a hurry,hurried
βιβλίο,τό book
βιβλιοθήκη,ἡ bookcase
βιβλιοπωλεῖο,τό bookstore
βιβλιοπώλης,ὁ bookseller
Βύβλος,ἡ Bible
βιολέτα,ἡ violet
βιομηχανικός industrial
βλαβερός harmful
βλάκας stupid
βλακεία,ἡ stupidity
βλάπτω (ἔβλαψα) I harm
βλέμμα,τό look, glance
βλέπω (εἶδα) I see
βογκῶ (-ᾶς)(βόγκησα)I groan
βοήθεια,ἡ help
βοηθῶ (-ᾶς≃-εῖς) I help

—(βοήθησα) [settled] βολεμένος comfortably
βολεύω (βόλεψα)I accommodate
βολικός easy to get along with
βορράς≈βορρᾶς,ὁ North
βορεινός≈βόρειος northern, north
βόσκω (βόσκησα) I graze
βουβαίνω (βουβάθηκα) I render mute, dumb
βουβός speechless
βουλευτής,ὁ Member of Parliament
βουνό,τό mountain
βουτιά,ἡ dive
βουτῶ (-ᾶς) I dive (βούτηξα)
βραδιάζει night falls (βράδιασε)
βράδι≈βράδυ,τό evening
βραδινός evening
βράζω (ἔβρασα) I boil
βραχίονας≈βραχίων,ὁ arm
βραχνός hoarse
βράχος,ὁ rock
βρεγμένος wet
βρές [v.βρίσκω]find
βρέφος,τό infant
βρέχει (ἔβρεξε)it rains
βρέχω (ἔβρεξα) I wet
βρίσκομαι I am found (βρέθηκα)
βρίσκω (βρῆκα) I find
βρῶ,νά see βρίσκω
βροχή,ἡ rain
βυσσινής crimson

Γ

γάλα,τό milk
γαλάζιος (sky)blue
γαλανός blue
γαλατάς,ὁ milkman
Γαλλία,ἡ France
γαλλικός French
γαλλικά,τά " (lang.)
Γάλλος,ὁ Frenchman
γάμος,ὁ wedding
γαμπρός,ὁ bridegroom son-in-law, son
γαρύφαλλο,τό carnation
γάτα,ἡ≈γάτος,ὁ cat
γατί,τό kitten
γαυγίζω (γαύγισα)I bark

γδύνω(ἔγδυσα) I undress one
γδύνομαι (γδύθηκα)I "
γεγονός,τό fact, event
γειά σου hello,good-bye
γείτονας,ὁ man neighbour
γειτονιά,ἡ neighbourhood
γειτόνισσα,ἡ woman neigh- [bour]
γελαστός smiling
γελιέμαι I deceive myself (γελάστηκα)
γέλιο,τό laughter
γελοῖος ridiculous
γελῶ (-ᾶς)(γέλασα)I laugh
γεμάτος full
γεμίζω (γέμισα) I fill
γένεια,τά beard
γενέθλια,τά birthday
γενικά generally
γενικός general
γέννα,ἡ birth
γενναῖος courageous,brave
γεννημένος born
γέννηση≈-ις,ἡ birth
γεννῶ (-ᾶς)I give birth (γέννησα)
γένος,τό family,origin,sex, race,nation,gender
γερνῶ (-ᾶς) I grow old (γέρασα)
γέροντας≈γέρων,ὁ old man
γέρος old
γερός strong
γεύομαι(γεύθηκα) I taste
γεύση≈-ις,ἡ taste
γευστικός tasty,of taste
γέφυρα,ἡ bridge
γεωγραφία,ἡ geography
γεωπόνος,ὁ agriculturalist
γῆ,ἡ earth
γιά for, about
γιά νά in order to
γιά λίγο for a while
γι'αὐτό therefore
γιαγιά,ἡ grandmother
Γιάννης,ὁ John 'Ιωάννης,ὁ
γιασεμί,τό jasmine
γιατί; why?
γιατί because
γιατρός≈ἰατρός,ὁ,ἡ doctor
γίγαντας≈γίγας,ὁ giant
γίνομαι (ἔγινα) I become, I ripen, I get ready
γιορτές≈ἑορτές,οἱ holidays
γιορτη≈ἑορτή,ἡ feast
γιός≈υἱός,ὁ son

Γιῶργος,ὁ George
γκαρσόνι,τό waiter
γκρεμίζω (γκρέμισα)I demo- [lish]
γκρεμός,ὁ precipice
γκρίζος grey
γλάρος,ὁ seagull
γλάστρα,ἡ flower-pot [fun]
γλεντῶ (-ᾶς)(γλέντησα)I have
γλιστρῶ(-ᾶς)(γλίστρησα) I [slip]
γλυκός≈γλυκύς sweet
γλυτώνω I escape, save (γλύτωσα)
γλυφός brackish [tongue]
γλώσσα≈γλῶσσα,ἡ language,
γλωσσικός linguistic
γνώμη,ἡ opinion
γνωρίζω (γνώρισα) I know
γνωρίζομαι I become known (γνωρίστηκα) [another]
γνωρίζονται they know one
γνώση≈-ις,ἡ knowledge
γνωστός known
γοητευμένος enchanted
γοητευτικός enchanting
γοητεύω (γοήτεψα) I enchant
γονέας≈γονιός,ὁ parent ≈γονεύς,ὁ
γονεῖς,οἱ parents
γόνιμος fruitful
γράμμα,τό letter
γραμματέας≈γραμματεύς,ὁ man secretary
γραμματέα≈γραμματεύς,ἡ woman secretary
γραμματική,ἡ grammar
γραπτός written
γραφή,ἡ writing [que]
γραφικός writing,pictures-
γραφομηχανή,ἡ typewriter
γράφω (ἔγραφα) I write
γράφων,ὁ writer
γράφομαι (γράφτηκα) I am ≈(γράφηκα) written,spelt
γράψιμο,τό writing
γρήγορα fast,quickly
γρήγορος fast,quick
γριά,ἡ old woman
γυαλιά,τά eye glasses
γυαλίζω (γυάλισα) I shine
γυμνάσιο,τό gymnasium, high school
γυναίκα,ἡ woman
γυρεύω (γύρεψα)I look for
γυρίζω (γύρισα)I turn
γυρισμός,ὁ return
γύρος,ὁ circumference

γύρω around
γύρω-γύρω all around

Δ

δαίμονας≃δαίμων,ὁ demon
δάκρυα,τά tears [tears
δακρύζω (δάκρυσα)I shed
δάκτυλο≃δάχτυλο,τό finger
δακτυλογράφος,ἡ typist
δαπάνη,ἡ expense
δασκάλα,ἡ woman teacher
δάσκαλος,ὁ man teacher
δάσος,τό forest
δασώδης forested
δαχτυλίδι,τό ring
δάχτυλο see δάκτυλο,τό
δεῖ,ἔχω & δές see βλέπω
δεῖνα,ὁ such [ous
δεισιδαίμων superstiti-
δείχνω (ἔδειξα) I show
δέκα ten
δεκαεννέα nineteen
δεκαετία,ἡ decade
δεκατρία thirteen
Δεκέμβριος,ὁ December
δέλτα,τό delta
Δελφοί,οἱ Delphi
δέν not, don't
δέντρο≃δένδρο,τό tree
δένω (ἔδεσα) I bind,tie
δέρμα,τό skin
δέρνω (ἔδειρα) I beat
δεσποινίδα≃-ίς,ἡ Miss,
  young lady [shop
Δεσπότης≃Δέσποτας,ὁ bi-
Δευτέρα,ἡ Monday
δευτερεύων secondary
δευτερόλεπτο,τό second
δεύτερος second
δέχομαι (δέχθηκα) I
≃(δέχτηκα) receive
δηλαδή that is to say
δηλώνω (δήλωσα) I state
δήλωση≃-ις,ἡ statement
δήμαρχος,ὁ mayor
δημιουργία,ἡ creation
δημιουργός creator
δημιουργῶ (-εῖς) I
  (δημιούργησα) create
δημοκρατία,ἡ democracy,
  republic
δημοσιεύω (δημοσίευσα)
≃(δημοσίεψα) I publish
δημόσιος public
δημοτική,ἡ demotic

δημοτικό,τό elementary
δημοτικό τραγούδι, [school
  τό folk song
δημοτικός
διά + gen. by, through
διά + acc.≃γιά for
διαβάζω (διάβασα) I read
διαβατήριο,τό passport
διαβάτης,ὁ passenger
διαθέτω (διέθεσα) I dis-
≃(διάθεσα) pose
διαιρῶ (-εῖς) I divide
  (διαίρεσα)
διακοπές,οἱ holidays
διακόπτω (διέκοψα)I inter-
≃(διάκοψα) rupt, break
διακόσια two hundred [tion
διακόσμηση≃-ις,ἡ decora-
διακοσμητής,ὁ decorator
διακοσμῶ (-εῖς) (διακόσμη-
  σα≃διεκόσμησα)I decorate
διαλέγω (διάλεξα)I choose
διάλειμμα,τό recess
διάλογος,ὁ dialogue
διαλύω (διέλυσα) I dilute
≃(διάλυσα)
διαμαρτυρόμενος Protest-
  ant, protesting
διαμορφώνομαι I take shape
  (διαμορφώθηκα)
διαπερνῶ (-ᾶς)(διαπέρασα)I
≃(διεπέρασα)pierce through
διάρκεια,ἡ duration
διαρκής perpetual
διαρκῶ (-εῖς)(διάρκεσα)
  I last
διαρκῶς perpetually
διασκεδάζω (διασκέδασα) I
≃(διεσκέδασα) amuse [ment
διασκέδαση≃-ις,ἡ entertain-
διασκεδαστικός entertain-
διασταύρωση≃ [ing
  -ις,ἡ crossing
διάστημα,τό interval
διασχίζω (διέσχισα)
≃(διάσχισα) I cross
διαταγή,ἡ order
διατάζω (διέταξα) I order
≃(διάταξα)
διατηρῶ (-εῖς) (διατήρησα)
≃(διετήρησα) I preserve
διατήρηση≃-ις,ἡ
  preservation
διαφέρω (διέφερα)I differ
  (διάφερα)
διαφορετικός different

διάφορος diverse
διαψεύδω (διέψευσα) I deny,
≃(διάψευσα) I disappoint
διδασκάλισσα,ἡ teacher
διδάσκω (δίδαξα) I teach
διδάσκομαι(διδάχθηκα)
≃(διδάχτηκα) I am taught
διεθνής international
διεθνῶς internationally
διέξοδος,ἡ outlet,way out
διέρχομαι (διῆλθα)
≃(διῆρθα) I go across
διεύθυνση≃-ις,ἡ address,
  direction
διευθύνω (διεύθυνα)
  I direct
διευρύνω (διεύρυνα)
  I enlarge
δικαιολογία,ἡ excuse
δίκαιο≃δίκιο,τό right
δίκαιος fair, just
δικαίωμα,τό right
δικάζω (δίκασα) I judge
δίκη,ἡ trial, lawsuit
δικηγόρος,ὁ,ἡ lawyer
δικός own
δίλημμα,τό dilemma
δίνω (ἔδωσα) I give
δίοδος,ἡ passage
διορθώνω(διόρθωσα)I correct
διόρθωση≃-ις,ἡ correction
διορίζω(διόρισα) I appoint
διότι because
δίπλα by,next, close
διπλανός neighbouring
διπλός double
δίπλωμα,τό diploma
διπλωμάτης,ὁ diplomat
διπλωματικός diplomatic
διπλώνω I fold
  (δίπλωσα)
δίσκος,ὁ record, disc
δισταγμός,ὁ hesitation
διστάζω I hesitate
  (δίστασα)
δίχως without
δίψα,ἡ thirst
διψῶ (-ᾶς) I am thirsty
  (δίψασα)
διώχνω (ἔδιωξα)I chase away
δοκιμάζω I try, taste
  (δοκίμασα)
δοκιμαστικός test,trial
δοκιμή,ἡ testing, trial
δόλιος fraudulent [lence
δολιότητα≃-της,ἡ fraudu-

δολοφονῶ (-εῖς) I mur-
  (δολοφόνησα) der
δόντι,τό tooth
δόση,ἡ instalment
δουλειά,ἡ work, job
δουλεία,ἡ slavery
δουλειές,οἱ business
δουλεύω (δούλεψα)I work
δουλικός servile
δοῦλος,ὁ slave,servant
δράκος,ὁ ogre
δράμα,τό drama, play
δράση≃-ις,ἡ action
δραστήριος active
δραστηριότητα≃-της,ἡ
  activity
δραστικός drastic
δραχμή,ἡ drachma
δρόμος,ὁ road
δροσερός cool
δροσιά,ἡ coolness
δροσιστικός cooling
δρύς≃δρῦς,ἡ oak tree
δρῶ (-ᾶς) I act, take
  (ἔδρασα) effect
δύναμη≃-ις,ἡ strength
δυναμικός dynamic
δυναμώνω I grow strong
  (δυνάμωσα)
δυνατά strongly,loudly
δυνατός strong
δύο≃δυό two
δυσαρεστημένος displeased
δυσάρεστος unpleasant
δυσαρεστῶ (-εῖς)I dis-
  (δυσαρέστησα) please
δύση≃-ις,ἡ west, sunset
δύσκολα with difficulty
δυσκολία,ἡ difficulty
δυσκολεύομαιI find diffi-]
  (δυσκολεύτηκα≃-θηκα) cult
δύσκολος difficult
δυστύχημα,τό accident,mis-]
δυστυχής unhappy [fortune
δυστυχία,ἡ unhappiness
δυστυχισμένος unhappy
δυστυχῶς unfortunately
δυτικός western
δῶ,νά(see βλέπω)to see
δώδεκα twelve
δωμάτιο,τό room
δῶρο,τό gift,present
δῶσε(see δίνω) give

  E

ἐάν≃ἄν if

ἑαυτός,ὁ self,one's self
  ὁ ἑαυτός μου myself
ἔβγα, ἐβγᾶτε[v.βγαίνω]
  come/go out
ἑβδομάδα≃βδομάδα,ἡ week
ἑβδομήντα seventy
ἕβδομος seventh
ἔβηξα[v.βήχω] I coughed
ἐβίβα! cheers
Ἑβραῖος,ὁ Hebrew, Jew
ἑβραίικα≃ἑβραιικά≃ἑβραϊ-
  κά in Hebrew
ἐγγονή,ἡ granddaughter
ἐγγόνια,τά grandchild-]
ἔγγονος,ὁ grandson [ren
ἐγκαταλείπω I abandon
  (ἐγκατέλειψα≃-τάλειψα)
ἐγκληματίας,ὁ criminal
ἐγχείριση≃-ις,ἡ surgery
ἐγχειρίζομαι I am operat-
  (ἐγχειρίσθηκα -τηκα)ed]
ἐγώ I   on]
ἐγωισμός,ὁ selfishness
ἐγωιστής selfish
ἔδαφος,τό soil,ground
ἕδρα,ἡ chair
ἐδῶ≃δῶ here
ἔθνος,τό nation
εἶδα [v.βλέπω] I saw
εἰδεμή or else
εἴδηση≃-ις,ἡ news
εἰδοποιῶ (-εῖς)I notify
  (εἰδοποίησα)
εἶδος,τό sort,kind,genre
εἴθε νά would that [icon]
εἰκόνα≃εἰκών,ἡ picture,]
εἶμαι I am   [are]
  εἶναι he/she/it is,they]
εἶπα[v.λέγω≃λέω]I said
εἰς≃σέ to,at,in,into,on
εἰσαγωγή,ἡ introduction
εἰσαγωγικά,τά
  quotation marks
εἰσιτήριο,τό ticket
εἴσοδος,ἡ entrance
εὔτανε for ἦταν[v.εἶμαι]
εὔτε...εὔτε whether...or
εἶχα see ἔχω
ἐκ + gen. from, out of
ἑκατό one hundred
ἑκατομμύριο,τό million
ἐκδίδω (ἐξέδωσα)I publish
ἔκδοση≃-ις,ἡ publication
ἐκδρομή,ἡ excursion
ἐκεῖ≃κεῖ there
ἐκεῖνος≃κεῖνος that one

ἔκθεση≃-ις,ἡ exhibition,re-
  port, composition
ἐκθέτω I exhibit,report,ex-
  (ἐξέθεσα≃ἔκθεσα) pose
ἔκλειψη≃-ις,ἡ eclipse
ἐκμάθηση≃-ις,ἡ learning
ἐκπαίδευση≃-ις,ἡ education
ἐκπαιδευτικός educational
ἐκπαιδεύω I educate
  (ἐκπαίδευσα≃ἐξεπαίδευσα)
ἔντακτος exquisite,exceptio-
ἐκτελῶ (-εῖς)I execute [nal
  (ἐκτέλεσα≃ἐξετέλεσα)
ἐκτίθεμαι I am exposed,com-
  (ἐκτέθηκα) promised
ἐκτός except, outside of
ἔλα, ἐλᾶτε[v.ἔρχομαι]come
ἐλαφρά≃ἐλαφριά lightly
ἐλαφρός≃ἐλαφρύς light
Ἑλένη,ἡ Helen
ἔλεος,τό mercy
ἐλεύθερος free
ἕλικας,ὁ helix
ἕλκος,τό ulcer
ἑλκυστικός attractive
Ἑλλάδα≃Ἑλλάς,ἡ Greece
ἔλλειψη≃-ις,ἡ shortage,lack
Ἕλληνας≃Ἕλλην,ὁ Greek man
Ἑλληνίδα≃Ἑλληνίς,ἡ Greek
  woman
ἑλληνίζω I do as the Greeks]
ἑλληνικά,τά Greek lang.[do]
ἑλληνικός Greek
ἑλληνοπούλα,ἡ Greek girl
ἑλληνόπουλο,τό Greek boy
ἑλληνόφωνος Greek-speaking
ἕλος,τό marsh
ἐλπίδα≃ἐλπίς,ἡ hope
ἐλπίζω (ἔλπισα) I hope
ἔμεινα[v.μένω] I stayed
ἐμεῖς, ἐμᾶς we, us
ἐμένα≃μένα me,
ἔμπα, ἐμπᾶτε[v.μπαίνω]come/
  go in, enter
ἐμορφιά,ἡ see ὀμορφιά
ἐμποδίζω (ἐμπόδισα) I put
  an obstacle, I hinder
ἐμπόδιο,τό obstacle
ἐμπορικός commercial
ἐμπόριο,τό commerce
ἔμπορος,ὁ merchant
ἐμπρός≃ἐμπροστά≃μπρός ahead,
  in front, before
ἐν + dat.in,at
ἐν μέρει partly
ἐν συνεχείᾳ subsequently

ἐν τάξει≈ἐντάξει all right
ἐν τούτοις yet,however
ἐν χρήσει in use
ἔνας, μία≈μιά, ἔνα one
ἔνατος ninth
ἐνδιαφέρομαι I am interest-
 (ἐνδιαφέρθηκα) ed
ἐνδιαφέρον,τό interest
ἐνδιαφέρω I interest
 (ἐνδιέφερα)
ἐνδιαφέρων interesting
ἔνεκα + gen. on account of
ἐνενήντα ninety
ἐνέργεια,ἡ energy
ἐνιαῖος unified
ἐνικός singular
ἐννέα nine
ἐννιακόσια nine hundred
ἔννοια,ἡ meaning,concept
ἔννοια,ἡ preoccupation
ἔννοιωθα≈ἔνοιωθα≈ἔνιωθα
 [v.νοιώθω] I was feeling
ἐνότητα≈-της,ἡ unity
ἐνοχλητικός annoying
ἐνοχλῶ (-εῖς) I disturb,
 (ἐνόχλησα) annoy
ἔντεκα≈ἔνδεκα eleven
ἐντελῶς altogether
ἔντομο,τό insect
ἐντός + gen. in,within
ἐνῶ while, whereas
ἐνώνω (ἔνωσα) I join
ἔνωση≈-ις,ἡ union
ἐξ + gen. from, out of
ἐξ ἄλλου besides
ἐξ ἴσου equally
ἐξ ᾿Αθηνῶν from Athens
ἐξ ἀρχῆς from the start
ἐξ ὄψεως by sight
ἐξαδέλφη≈ξαδέρφη,ἡ cousin
ἐξαδέλφια≈ξαδέρφια,τά " s
ἐξάφελφος≈ξάδερφος,ὁ "
ἐξακολουθῶ (-εῖς) I con-
 (ἐξακολούθησα) tinue
ἐξακόσια six hundred
ἐξαφανίζομαι I disappear
 (ἐξαφανίσθηκα≈-τηκα)
ἔξαφνα≈ἄξαφνα≈ξαφνικά
 suddenly
ἐξέλιξη≈-ις,ἡ evolution
ἐξελύσσομαι I evolve
 (ἐξελύχθηκα≈-τηκα)
ἐξετάζω (ἐξέτασα)I examine
ἐξέταση≈-ις,ἡ examination
ἐξήγηση≈-ις,ἡ explanation
ἐξηγῶ (-εῖς) I explain

(ἐξήγησα)
ἐξήντα sixty
ἑξῆς following
ἕξι six
ἔξοδο,τό expenditure
ἔξοδος,ἡ exit
ἐξοχή,ἡ countryside
ἐξοχικός coutry
ἔξοχος superb
ἔξυπνος≈ξυπνός intelli-
ἔξω≈ὄξω out gent
ἔξω φρενῶν very angry
ἑορτάζω≈γιορτάζω I ce-
 (ἑόρτασα) lebrate
ἑορτή≈γιορτή,ἡ feast,
 holiday,nameday
ἐπαγγελματίας,ὁ
 professional
ἐπαινῶ (-εῖς) I praise
 (ἐπαίνεσα)
ἐπανάσταση≈-ις,ἡ
 revolution
ἐπαναλαμβάνω I repeat
 (ἐπανέλαβα≈ἐπανάλαβα)
ἐπάνω≈πάνω (ἀπάνω≈πά-
 νου) up
ἔπαψα[v.παύω] I ceased
ἐπειδή because
ἔπειτα then,afterwards
ἐπέτειος,ἡ anniversary
ἐπί + acc. for
 ἐπί πολλά χρόνια for
 many years
ἐπιβάλλομαι I assert my-
 (ἐπιβλήθηκα) self
ἐπιβάλλω I impose
 (ἐπέβαλα)
ἐπιβάτης,ἡ passenger
ἐπιδέξιος skilful
ἐπιθυμητός desirable
ἐπιθυμία,ἡ wish,desire
ἐπιθυμῶ (-εῖς) I desire
 (ἐπιθύμησα)
ἐπικίνδυνος dangerous
ἐπιμελής thorough,dili-
ἔπιπλο,τό furniture[gent
ἐπιπλώνω I furnish
 (ἐπίπλωσα)
ἐπίσημος official
ἐπίσης likewise, too
ἐπισκέπτομαι I visit
 (ἐπισκέφθηκα≈-τηκα)
ἐπισκέπτης,ὁ visitor
ἐπίσκεψη≈-ις,ἡ visit
ἐπιστήμονας≈ἐπιστήμων,
 ὁ scientist,scholar

ἐπιτρέπω(ἐπέτρεψα) I allow
ἐπιτυχής successful [ment
ἐπιτυχία,ἡ success,achieve-
ἐπιτυχαίνω≈πετυχαίνω I suc-
 (ἐπέτυχα≈πέτυχα)ceed
ἐπιτυχών,ὁ he who has suc-
 ceeded,passed an exam [man
ἐπιχειρηματίας,ὁ business-
ἐπιχείρηση≈-ις,ἡ business
ἐπιχειρῶ (-εῖς)I attempt
 (ἐπιχείρησα≈ἐπεχείρησα)
ἑπόμενος following
ἐποχή,ἡ epoch, season, era
ἑπτά seven
ἑπτακόσια seven hundred
ἐργάζομαι (ἐργάσθηκα≈ἐργά-
 στηκα)I work [ing
ἐργαζόμενος employed,work-
ἐργασία,ἡ work, home work
ἐργάτης,ὁ worker (man)
ἐργάτρια,ἡ " (woman)
ἐργοστάσιο,τό factory
ἔρημος,ἡ desert,wilderness
ἔρημος solitary, lonely
ἔρθω,νά [v.ἔρχομαι]to come
ἑρμηνεία,ἡ interpretation
ἑρμηνεύω interpret
῾Ερμῆς,ὁ Hermes
ἑρπετό,τό serpent
ἐρυθρός red
ἔρχομαι(ἦρθα≈ἦλθα) I come
ἐρχόμενος coming,following
ἔρωτας≈ἔρως,ὁ love
ἐρωτεύομαι I fall in love
 (ἐρωτεύθηκα≈-τηκα)
ἐρωτεύτηκαν they fell in
 love with one another [mark
ἐρωτηματικό,τό question
ἐρώτημα,τό question
ἐρώτηση≈-ις,ἡ question
ἐρωτικός amorous, love
ἐρωτῶ see ρωτῶ
ἐσᾶς≈σᾶς to you pl.acc.
ἐσεῖς≈σεῖς you pl.nom
ἐσένα≈σένα to you sing.acc.
ἐσθήτα≈-ής,ἡ dress
ἑσπέρα,ἡ evening
ἑστία,ἡ fireplace, focus
ἑστιατόριο,τό restaurant
ἐσύ you
ἑταιρεία,ἡ corporation
ἑτοιμάζομαι I prepare my-
 (ἑτοιμάσθηκα≈-τηκα) self
ἑτοιμάζω I prepare
 (ἑτοίμασα)
ἑτοιμασία,ἡ preparation

έτοιμος ready
έτος,τό year
έτσι so, thus
 έτσι κ' έτσι so & so
 έτσι κι αλλιῶς one
 way or another
Εὐαγγέλιο,τό Gospel[tion]
Εὐαγγελισμός,ὁ Annuncia-
εὖγε bravo
εὐγενής,ὁ nobleman
εὐγενικός≃εὐγενής polite
εὐγνώμων grateful
εὔκολα easily
εὐκολία,ἡ ease
εὔκολος easy
εὑρετήριο,τό index
εὐρύχωρος spacious [py]
εὐτυχής≃εὐτυχισμένος hap-
εὐτυχία,ἡ happiness [tely]
εὐτυχῶς happily,fortuna-
εὐχαριστημένος pleased,
 satisfied,contented
εὐχαρίστηση≃-ις,ἡ pleasure
εὐχάριστος pleasant
εὐχαριστῶ (-εῖς)I thank
 (εὐχαριστήσω)
εὐχαρίστως with pleasure
εὐχή,ἡ wish
εὔχομαι (εὐχήθηκα)I wish
ἔφαγα see τρώ(γ)ω
ἐφημερίδα≃-ίς,ἡ newspaper
ἔφυγα see φεύγω
ἔχασα see χάνω
ἐχθρικός hostile
ἐχθρός enemy, foe
ἔχω I have
 ἔχω δίκιο I am right
ἔφαξα see φάχνω
ἕως≃ὥς until

      Z, H

ζακέτα,ἡ jacket
ζαλίζομαι I am dizzy
 (ζαλίστηκα)
ζαλίζω(ζάλισα)I make dizzy
ζάχαρη,ἡ sugar [shop]
ζαχαροπλαστεῖο,τό pastry
ζεσταίνομαι I am hot
 (ζεστάθηκα)
ζεσταίνω(ζέστανα)I heat
ζεσταμένος heated
ζεστός warm, hot
ζηλιάρης jealous [ous]
ζηλεύω(ζήλεψα)I am jeal-
ζήλεια,ἡ jealousy

ζῆλος,ὁ zeal
ζημία,ἡ loss,damage
ζητῶ (-ᾶς≃-εῖς) I look
 (ζήτησα) for, ask for
ζουλῶ (-ᾶς) I sqeeze,
 (ζούληξα) press
ζῶ(-εῖς)(ἔζησα)I live
ζωγραφίζω I paint
 (ζωγράφισα)
ζωγραφική,ἡ painting
ζωγράφος,ὁ painter
ζωή,ἡ life
ζωηρός lively
ζώνη,ἡ belt
ζωντανός living
ζῶο,τό animal
ἡ the
ἤ or
ἤ...ἤ either...or
ἥβη puberty
ἡγεμόνας≃ἡγεμών,ὁ rul-
 er, leader, commander
ἡγεσία,ἡ leadership
ἤδη already
ἡδονή,ἡ pleasure
ἤθελα[v.θέλω]I wanted
ἠθοποιός,ὁ actor
ἠθοποιός,ἡ actress
ἡλικία,ἡ age
ἡλικιωμένος elderly
ἡλιόλουστος full of sun-
ἥλιος,ὁ sun [shine]
ἡμέρα≃μέρα,ἡ day
ἥμερος tame
ἥμισυς≃μισός half [was]
ἤμουν≃ἤμουνα[v.εἶμαι]I
ἤξερα[v.ξέρω]I knew
Ἥρα,ἡ Hera
ἠρεμία,ἡ calm
ἤρεμος calm
ἠρεμῶ (-εῖς) I calm
 (ἠρέμησα) [came]
ἦρθα≃ἦλθα[v.ἔρχομαι]I
ἡρωικός heroic
ἥρωας≃ἥρως,ὁ hero
ἥσυχα quietly
ἡσυχία,ἡ quiet, peace
ἥσυχος quiet
ἦταν≃ἤτανε≃εἶταν[v.εἶ-
 μαι]he/she/it was,they
 were
ἦττα≃ἥττα,ἡ defeat
ἠχηρός resounding
ἠχητικός acoustic,sound
ἦχος,ὁ sound
ἠχώ,ἡ echo

      Θ, I

θά shall,will
θάβω(ἔθαψα) I bury
θάλασσα,ἡ sea
θαλασσής sea blue
θαμμένος buried
θάνατος,ὁ death
θάρρος courage
θαρρῶ (-εῖς)I think,be-
 (θάρρεψα) lieve
θαῦμα,τό miracle
θαυμάζω (θαύμασα)I admire
θαυμάσια admirably
θαυμάσιος admirable
θαυμασμός,ὁ admiration
θαυμαστικό,τό exclamation
 mark
θέα,ἡ view
θεά,ἡ goddess
θέαμα,τό show,spectacle
θεατής,ὁ spectator
θέατρο,τό theatre
θεία,ἡ aunt
θεῖος,ὁ uncle
θεῖος≃θεϊκός divine
θέληση≃-ις,ἡ will
θέλω (θέλησα)I want
θέμα,τό subject,topic
θεμέλιο,τό foundation
θεός,ὁ god
θεότητα≃της,ἡ divinity
Θεοτόκος,ἡ Mother of God
θεραπεία,ἡ cure
θερμαίνω(θέρμανα)I heat
θερμοκρασία,ἡ temperature
θερμόμετρο,τό thermometer
θερμός warm
θέση≃-ις,ἡ position,place
θετικός positive
θέτω (ἔθεσα) I put, place
θεωρητικός theoretical
θεωρία,ἡ theory
θεωροῦμαι I am considered
 (θεωρήθηκα)
θεωρῶ (θεώρησα)I consider
θήκη,η case, box
θνητός mortal
θόλος,ὁ dome
θόρυβος,ὁ noise
θορυβώδης noisy
Θράκη,ἡ Thrace≃Thraki
θράσος,τό effrontery
θρεμμένος nourished
θρέφω≃τρέφω(ἔθρεψα)I feed
θρῆνος,ὁ lament

θρηνῶ(-εῖς) I lament
(θρήνησα)
θριαμβικός triumphant
θρίαμβος,ὀ triumph
θρόνος,ὀ throne
θρύλος,ὀ legend
θυγατέρα≈θυγάτηρ,ἡ daugh-
θυμᾶμαι I remember [ter
(θυμήθηκα)
θυμίζω(θύμισα)I remind
θυμωμένος angry
θυμώνω(θύμωσα)I get an-
θύρα,ἡ door [gry]
θωρῶ (-εῖς) I see
(θώρησα)
'Ιανουάριος≈Γενάρης,ὀ Ja-
ἰατρική,ἡ medicine[nuary
ἰατρός≈γιατρός,ὀ,ἡ doctor
ἰδανικό,τό ideal
ἰδέα,ἡ idea
ἰδεώδης ideal [cular
ἰδιαίτερος special,parti-
ἰδιαιτέρως privately
ἰδιοκτήτης,ὀ owner
ἴδιος same
ἰδιότητα≈-της,ἡ attribute
quality
ἰδίωμα,τό idiom
ἰδίως especially
ἰδιωτικός private
ἰδού here is
ἴδρυμα,τό foundation,
institution
ἰδρυτής,ὀ founder
ἰδρύω(ἴδρυσα)I found
ἰδρώνω(ἴδρωσα)I sweat
ἰδρώτας ≈ ἰδρώς,ὀ sweat
ἰερέας≈ἰερεύς,ὀ priest
ἰερός sacred
'Ιησοῦς,ὀ Jesus
ἰκανός capable
ἰκετεύω(ἰκέτευσα≈-ψα)I im-
ἰλαρός hilarious [plore]
'Ιούλιος,ὀ July
'Ιούνιος,ὀ June
ἰππικό,τό cavalry [far as
ὡςameτill,until,up to,as
ἴσια≈ἴσα straight
ἴσιος straight
ἴσος equal
ἰστορία,ἡ history
ἰστορῶ (-εῖς)I tell the
(ἰστόρησα) story
ἰστός,ὀ web,mast
ἰσχυρίζομαιI maintain
(ἰσχυρίσθηκα≈-τηκα)

ἰσχυρογνώμων headstrong
ἰσχυρός strong
ἴσως perhaps
ἴχνος,τό trace
'Ιωνία,ἡ Ionia

K

καβαλλάρης,ὀ rider
καθαρά clearly,with cla-
καθαρίζω I clean [rity
(καθάρισα)
καθαρός clean, clear
κάθε each, every
καθεστώς,τό regime,order
establishment
καθετί everything,each
καθηγητής,ὀ professor
καθηγήτρια,ἡ "
καθῆκον,τό task, duty
καθήμενος seated
καθημερινή,ἡ daily,week-
καθημερινές,οἱ [day
weekdays
καθημερινός daily
καθίζω I make to sit
(κάθισα)
κάθισμα,τό seat
κάθοδος,ἡ way down
καθόλου at all
κάθομαι I sit, stay
(κάθησα) [home
κάθομαι σπίτι I stay
καθομιλουμένη,ἡ the
spoken language
καθρέφτης,ὀ mirror
καθυστερῶ (-εῖς)I delay
(καθυστέρησα)
καθώς as
καί, κι, κ' and
καινούργιος new [ling
καινούριος wrong spel-
καιρός,ὀ time,weather
καίομαι(κάηκα) I burn my-
καίω(ἔκαψα)I burn [self
κακά≈κακῶς badly
κακία,ἡ spite [ten
κακογραμμένος badly writ-
κακός mean,bad [well
καλά≈καλῶς good, fine,
καλαμαράκι,τό squid [ed
καλεσμένος guest,invit-
καλημέρα good morning
καληνύχτα≈καληνύκτα
good night
καλησπέρα good evening

καλλιεργημένος cultivated
καλλιεργῶ (-εῖς)I cultivate
(καλλιέργησα)
καλύτερα better [ling
καλλύτερα obsolete spel-
καλλονή,ἡ,κάλλος,τό beauty
καλογραμμένος well written
καλοκαίρι,τό summer
καλοκυρά,ἡ noble lady, fairy
καλοντυμένος well dressed
καλός good
καλοψημένος well baked
κάλυκας≈κάλυξ,ὀ bud
κάλυμμα,τό cover
καλῶ (-εῖς)(κάλεσα) I call
κάμαρα,ἡ room [invite
καμάρι,τό pride
καμαρώνω I feel proud
καμαρωτός proud
καμμία≈καμία≈καμιά none f.
κάμπος,ὀ field
κάμποσος considerable
καμωμένος made,done
καναπές,ὀ couch, settee
κανείς≈κανένας none masc.
κανένα none neuter
κανόνας≈κανών,ὀ rule
κανονικός regular
κανονισμός regulation
κάνω≈κάμω≈κάμνω I do, make
(ἔκανα≈ἔκαμα)
κάνει κρύο it is cold
κάνει ζέστη it is hot
καπέλο,τό hat
καπετάνιος,ὀ captain
καπνίζω(κάπνισα) I smoke
κάπνισμα,τό smoking
καπνιστής,ὀ smoker
καπνός,ὀ smoke
κάποιος someone
κάποτε once, sometime
κάπου somewhere
κάπως somehow
καράβι,τό ship, vessel
κάρβουνο,τό coal
καρδιά,ἡ heart
καρέκλα,ἡ chair
καρπός,ὀ fruit, product
καρπούζι,τό water melon
καρποφόρος fruitful
κάρρο,τό cart
καρφίτσα,ἡ pin
καρχαρίας,ὀ shark
καστανός brown
κατά + gen.against
κατά + acc.according,during

by, about,
κατά λάθος by mistake
καταδέχομαι I deign, accept
καταδικάζομαι I am condem-
(καταδικάσθηκα≃-τηκα)ned
καταδικάζω I condemn
(καταδίκασα≃κατεδίκασα)
καταθέτομαι≃κατατίθεμαι I
(κατατέθηκα)am deposited
καταθέτω I deposit
(κατέθεσα≃κατάθεσα)
καταλαβαίνω I understand
κατάλληλος appropriate
κατάλογος,ὁ list, menu
κατάπληκτος amazed
καταπληκτικός amazing
κατάρα,ἡ curse
κατάστημα,τό store
κατάρτι,τό mast
καταφέρνω I manage
(κατάφερα)
κατεβαίνω I go/come down
(κατέβηκα) imper.κατέβα
κατεβάζω I bring/take down
(κατέβασα)
κατηγορούμενος,ὁ accused
κατήφορος,ὁ downhill slope
κάτι, κάτι τι something
κατοικία,ἡ dwelling
κάτοικος,ὁ resident
κατοικῶ (-εῖς) I inhabit
(κατοίκησα)
κάτου see κάτω
κατόρθωμα,τό achievement
κατορθώνω I achieve
κάτσε≃κάθισε [v.κάθομαι]
κάτω down,below,beneath
καυχησιάρης boaster
καφενεῖο,τό coffee-house
καφές,ὁ coffee
καφετής≃καφέ brown
καφετζής,ὁ coffee-house
κέλυφος,τό shell [keeper]
κενός empty
κέντημα,τό embroidery
κεντρικός central
κέντρο,τό centre,downtown
κεράσι,τό cherry
κερδίζω (κέρδισα)I gain
κέρδος,τό gain
κερνῶ (-ᾶς) I treat
(κέρασα)
κεφάλαιο,τό chapter,capi-
κεφαλαῖος capital [tal
κεφάλι,τό head [an
κηδεμόνας≃κηδεμών,ὁ guardi-

κῆπος,ὁ garden
κηπουρός,ὁ gardener
κήρυκας≃κῆρυξ,ὁ herald
κηρύσσω≃κηρύττω I pro-
(κήρυξα)claim,declare
κινδυνεύω I am in danger
(κινδύνεψα≃-νευσα)
κίνδυνος danger
κινηματογράφος,ὁ cinema
κινηματογραφική ταινία,
ἡ film
κίνηση≃-ις,ἡ movement,
κινοῦμαι I move [motion
(κινήθηκα)
κινῶ (-εῖς) I move, set
(κίνησα) out
κιόλας already
κίτρινος yellow
κλαίω (ἔκλαψα)I cry
κλάμα,τό crying
κλαμένος in tears
κλέβω (ἔκλεψα) I steal
κλείνω (ἔκλεισα)I close
κλείσιμο,τό closing
κλειστός closed
κλέφτης,ὁ thief
κλίμα,τό climate
κλίνω (ἔκλινα)I decline
κλίση≃-ις,ἡ declension,in-
κλουβί,τό cage [clination
κλωστή,ἡ thread
κόβω (ἔκοψα) I cut
κοιμᾶμαι I sleep
(κοιμήθηκα)
κοινός common [nity
κοινότητα≃-της,ἡ commu-
κοίτα [v.κοιτῶ≃κοιτάζω]
κοιτάζομαι I look at my-
(κοιτάχτηκα) self
κοιτάζω≃κοιτῶ (-ᾶς) I
(κοίταξα)look at, watch
κόκκαλο,τό bone
κόκκινος red
κολακεύω (κολάκευσα≃κο-
λάκεψα) I flatter
κολοσσός,ὁ colossus
κόλπος,ὁ gulf
κολύμπι,τό swimming
κολυμπῶ (-ᾶς)I swim
(κολυμπήσω)
κόμμα,τό comma,politic-
κομμένος cut [al party]
κομμουνισμός,ὁ communism
κοντά near, close
κοντεύω(κόντεψα)I come
κοντός short [closer]

κοπέλ(λ)α,ἡ young girl
κόρη,ἡ daughter
κοριτσάκι little girl
κορίτσι,τό girl
κορμί,τό body
κορμός,ὁ trunk
κορυφή≃κορφή,ἡ summit
κόσμημα,τό jewel
κοσμικός cosmic,of the world
κοσμοθεωρία,ἡ world theory
κόσμος,ὁ world
κόστος,τό cost
κοστούμι,τό suit
κότ(τ)α,ἡ chicken, hen,fowl
κουβέντα,ἡ conversation
κουβεντιάζω I converse
(κουβέντιασα)
κουδούνι,τό bell, ring
κουδουνίζω I ring
(κουδούνισα)
κουζίνα,ἡ kitchen
κουκκίδα,ἡ dot
κούνια,ἡ cradle
κουνῶ (-ᾶς) I move
(κούνησα)
κουράζομαι I become tired
(κουράτηκα)
κουράζω I tire
(κούρασα)
κουρασμένος tired
κουρτίνα,ἡ curtain
κουτάλι,τό spoon
κουτί,τό box
κουτός dumb, silly
κοχύλι,τό shell
κόψιμο,τό cutting
κράμα,τό mixture
κρανίο,τό skull
κρασί,τό wine
κρατικός of the state
κράτος,τό state
κρατῶ (-ᾶς≃-εῖς) I hold,
(κράτησα) keep, last
κρέας,τό meat
κρεβ(β)άτι,τό bed
κρεβ(β)ατοκάμαρα,ἡ bedroom
κρεμαστάρι,τό coat-hanger
κρεμιέμαι I hang
(κρεμάστηκα)
κρεμῶ (-ᾶς) I hang(up)
(κρέμασα)
κρίμα,τό sin,crime,misfor-
τι κρίμα what a pity![tune
κρίνο,τό lily
κρίνω (ἔκρινα)I judge [ment
κρίση≃-ις,ἡ crisis,judge-

κρίσιμος crucial,cri- [tical]
κρύβομαι I hide (κρύφτηκα)
κρύβω(έκρυψα)I conceal
κρυμμένος hidden
κρύο,τό cold
κρύος cold
κρυφός secret
κρυώνω(κρύωσα)I am cold
κτήμα,τό property,land
κτηματίας,ό land-owner
κτίριο,τό building
κτυπῶ≈χτυπῶ I hit, knock, (κτύπησα) ring
κυανός blue [ment]
κυβέρνηση≈-ις,ή govern-
κυβερνιέμαι I am governed (κυβερνήθηκα)
κυβερνῶ (-ᾶς) I govern (κυβέρνησα)
κύκλος,ό circle
κυκλοφορία,ή circulation
κυλῶ (-ᾶς) I roll (κύλησα)
κύμα,τό wave
κυματίζω I wave,float
κυνηγός,ό hunter
κυνηγῶ (-ᾶς) I hunt (κυνήγησα)
κυπαρίσσι,τό cypress tree
κυρία,ή lady, mistress
Κυριακή,ή Sunday [man]
κύριος,ό master, gentle-
κύριος, κυρία, κύριο, main, dominant
κυριεύω I dominate (κυρίευσα≈κυρίεψα)
κύρος,τό prestige
κωμικός comic
κωμωδία,ή comedy
Κώστας,ό Costas

Λ

λαβαίνω I receive (έλαβα)
λάδι,τό oil
λάθος,τό mistake
λαϊκός popular, lay, of the people
λαϊκή τέχνη,ή handi-craft(s)
λαιμός,ό throat
λάκκος,ό hole
λαλῶ (-εῖς) I speak (λάλησα)

λαμπάδα,ή wax candle
λαμπρός brilliant
λάμπω (έλαμψα) I shine
λάμψη≈-ις,ή shine
λαός,ό people
λάσπη,ή mud
λασπωμένος full of mud
λασπώνω I besmirch with (λάσπωσα) mud
λατρεία,ή worship,adora-tion
λατρεύω(λάτρεψα) I worship
λαχταρίζω I desire earnest-[ly]
λείπω (έλειψα)I am away, [ly] I am missing,lacking
λείπει it is missing
μοῦ λείπεις I miss you
λειτουργία,ή operation,
λειτουργός,ό worker,[mass] minister, officer
λειτουργῶ (-εῖς) I offici-(λειτούργησα) ate, work, function
λειώνω≈λυώνω I melt,dis-[solve]
λεμόνι,τό lemon [solve]
λέ(γ)ω (εἶπα) I say
λέξη≈-ις,ή word
λεξιλόγιο,τό vocabulary
λεξικό,τό dictionary
λεπτό,τό minute, cent
λεπτά,τά money
λεπτός thin, fine
λερώνω (λέρωσα) I soil
λευκός white
λέω see λέγω
λεωφορεῖο,τό bus
λεωφόρος,ή boulevard
λήγω (έληξα)I expire,end
λήξη≈-ις,ή expiration,
ληστής,ό thief [end]
λίγο≈ὀλίγο a little
λίγος≈ὀλίγος few,little
λιγοστοί few
λιγόχρονος short-lived
λιμένας≈λιμήν,ό harbour
λίμνη,ή lake
λιμνούλα,ή pool
λογαριάζω I count,calcu-(λογάριασα)late [bill]
λογαριασμός,ό account,
λογικός reasonable
λόγιος scholarly
λογισμός,ό thought
λόγος,ό reason,speech word
λογοτεχνία,ή literature

λογοτεχνικός literary
λοιπόν so, then
λουλούδι,τό flower
λουτρό,τό bathroom
λοχίας,ό sergeant
λύνω(έλυσα)I untie, loosen
λυπᾶμαι(λυπήθηκα)I am sorry
λύπη,ή sadness, sorrow
λυπημένος saddened, sad
λυπῶ (-εῖς) I sadden (λύπησα)
λύρα,ή lyre
λυρικός lyrical, lyric
λύση≈-ις,ή solution
λυώνω see λειώνω

M

μά but
μαβής violet
μαγαζί,τό store
μαγεία,ή charm,magic,spell
μαγειρεύω(μαγείρεψα) I cook
μαγεμένος enchanted
μαγεύω(μάγεψα)I charm,cast
μάγουλο,τό cheek [a spell]
μαέστρος,ό maestro
μαζεύω(μάζεψα) I gather
μαζί with, together
μαθαίνω(έμαθα) I learn
μάθημα,τό lesson,lecture
μαθηματικά,τά mathematics
μαθητής,ό pupil
μαθήτρια,ή pupil
μαϊντανός,ό parsley
Μάιος,ό May
μακάρι νά would that
μακριά≈μακρυά far
μάκρος,τό length
μακρουλός longish
μακρύς long
μαλακός soft
μάλιστα yes,even,certainly
μαλλιά,τά hair [bably]
μάλλον≈μᾶλλον rather,pro-[bably]
μαλώνω(μάλωσα) I scold,quar-[rel]
μάνα≈μάννα,ή mother [rel]
μανάβης,ό green-grocer
μανία,ή mania
μανίκι,τό sleeve
μαντεύω(μάντεψα) I guess
μάντης,ό seer
μαραίνω(μάρανα) I wither
μαραμένος withered,wilted
μαργαρίτα,ή daisy
μαργαριτάρι,τό pearl
μάρμαρο,τό marble

Μάρτιος≃Μάρτης,ὁ March
μᾶς to us, us
μας our   [chew
μασῶ (-ᾶς)(μασήσω) I
μάταια in vain
μάταιος vain, futile
μάτι,τό eye
μάτσο,τό bunch
μαῦρος black
μαχαίρι,τό knife
μάχη,ἡ battle
μάχομαι (---) I fight
μέ with, together
μέ me   [care
  δέ μέ μέλει I don't
μένα≃ἐμένα me
μεγάλος big, great
μεγαλώνω(μεγάλωσα)
  I grow up, increase
μέγεθος,τό size   [row
μεθαύριο day after tomor-
μεθοδικά methodically
μέθοδος,ἡ method
μεθῶ (-ᾶς) I become in-
  (μέθησα) toxicated
μεῖγμα≃μίγμα,τό mixture
μείνει,ἔχω [v.μένω]
μεῖον minus
μελαγχολῶ (-εῖς)I am de-
  (μελαγχόλησα) spondent
μελαχροινός dark-haired
μελαψός blackish
μέλει it matters
μελετημένος studied
μελετηρός studious
μελετῶ (-ᾶς) I study
  (μελέτησα)   [le
μελύγγι≃μηλύγγι,τό temp-
μελιγγίτης ≃ μηλιγγίτης,
  ὁ meningitis
μέλισσα,ἡ bee
μέλλον,τό future
μέλλων future
μέλλω (---) I intend
μένω (ἔμεινα) I stay,
  I remain
μέρα≃ἡμέρα,ἡ day
  μέρα παρά μέρα
  every second day
μερίδα≃μερίς,ἡ helping,
μερικοί some [portion
μερικός partial
μέρος,τό place,part
  ἐν μέρει in part
μέσα inside

μεσάνυχτα,τά midnight
μέση,ἡ middle, waist
μεσημέρι,τό noon
μεσημεριανό,τό lunch
μεσημεριανός midday
μεσοβδόμαδα on weekdays
μεσότοιχος,ὁ partition
μετα + acc. after
μετά + gen. with
  μετά μεσημβρίαν p.m.
  μετά Χριστόν A.D.
  μετά χαρᾶς gladly
μεταξύ between, among
μεταχειρίζομαι I use
  (μεταχειρίσθηκα≃-τηκα)
μεταχειρισμένος used
μετρημένος measured
μέτρο,τό measure, metre
μέτριος moderate   [sure
μετρῶ(-ᾶς)(μέτρησα)I mea-
μέτωπο,τό forehead,front
μέχρι(ς) till,until,as
  far as
μηδέν≃μηδενικό,τό zero
μῆκος,τό length
μῆλο,τό apple
μή(ν) don't not
μήνας≃μήν,ὁ month
μήπως perhaps, by chance
μήτε...μήτε neither...nor
μητέρα≃μήτηρ,ἡ mother
μητρικός maternal
μηχάνημα,τό machine,tool
μηχανισμός,ὁ mechanism
μία≃μιά one   [small
μικραίνω(μίκρυνα)I become
μικρός small
μιλῶ (-ᾶς -εῖς) I speak
  (μίλησα)
μισθός,ὁ salary
μισός half
μῖσος,τό hatred
μισότοιχος partition
μισῶ(-εῖς)(μίσησα)I hate
μοιάζω (ἔμοιασα)I resemble
μοίρα,ἡ destiny
μοιράζω(μοίρασα)I distri-
μοιραῖος fatal   [bute
μόλις just, as soon as,
  scarcely
μολύβι,τό pencil
μολύνω (μόλυνα) I pollute
μολυσμένος polluted
μονάχα≃μοναχά,μόνο only
μόνο πού except

μονοπάτι,τό path
μόνος alone,single,only
μορφή,ἡ shape, form
μορφωμένος educated
μορφώνω(μόρφωσα) I shape,
  I educate
μοσχαράκι,τό veal
μου, μοῦ my, to me
μουγκρίζω(μούγκρισα)
  I roar, bellow
μουρμουρίζω I murmur
  (μουρμούρισα)
μούσα≃μοῦσα,ἡ muse
μουσεῖο,τό museum
μουσική,ἡ music
μπαγιάτικος stale
μπαίνω (μπῆκα) I come/go in,
  I get in, I enter
μπακάλης,ὁ grocer
μπαλκόνι,τό balcony
μπάρ,τό bar
μπαρμπούνι,τό red mallet
μπαστούνι,τό stick, cane
μπάτης,ὁ sea-breeze
μπές [v.μπαίνω]come/go in
μπλέ blue
μπλούζα,ἡ blouse
μπόμπα,ἡ bomb
μπορῶ (-εῖς)(μπόρεσα) I can
μπότα,ἡ boot
μποτίλια,ἡ bottle
μπράτσο,τό arm
μπρός≃μπροστά see ἐμπρός
μπύρα≃μπίρα,ἡ beer
μπῶ,νά [v.μπαίνω] to enter
μυαλό,τό brain
μυγδαλιά,ἡ see ἀμυγδαλιά
μῦθος,ὁ myth, fable, tale
μύλος,ὁ mill
μυρίζω(μύρισα) I smell
μυρωδιά,ἡ scent,smell,per-
μυστικός secret   [fume
μυστήριο,τό mystery
μυστηριώδης mysterious
μύτη,ἡ nose
μυτερός pointed
μωρό,τό baby

          N

νά to, in order to, that
νά   here's
ναί   yes
ναός temple, church
νάτος here he is

νάρκισσος,ὁ narcissus
ναύτης,ὁ sailor
νέα,τά news
νέος young [orange]
νεράντζι,τό bitter
νερό,τό water
νευρικός nervous
νεῦρο,τό nerve
νησί,τό≈νῆσος,ἡ island
νηστικός fasting, hungry one who has not eaten
νιάτα,τά youth
νίκη,ἡ victory
νικῶ (-ᾶς)I beat, defeat (νίκησα)
νιώθω see νοιώθω
Νοέμβριος,ὁ November
νοήμων intelligent
νοιώθω (ἔνοιωσα) I feel
νομίζω (νόμισα)I think
νομικά,τά Law
νομικός jurist,legal
νόμος,ὁ law
νοσοκομεῖο,τό hospital
νοσοκόμος,ἡ nurse
νόστιμος tasty, pleasant
νότια towards the south
νότος,ὁ south
νοῦς,ὁ mind
ντάντά,ἡ nursemaid
ντουλάπα,ἡ wardrobe
ντουλάπι,τό cupboard
ντρέπομαι I feel shy (ντράπηκα)
ντύνομαι I get dressed (ντύθηκα)
ντύνω (ἔντυσα) I dress
νύκτα≈νύχτα,ἡ night
νυστάζω I feel sleepy (νύσταξα)
νύφη,ἡ bride, daughter/ sister-in-law
νύχι,τό fingernail
νωρίς early

Ξ, Ο

ξαδέλφια≈ξαδέρφια,τά see ἐξαδέλφια
ξανά again [πω]
ξαναδῶ,νά [v.ξαναβλέ-]
ξαναέρχομαι≈ξανάρχομαι I (ξαναῆρθα) come again
ξανακατεβαίνω I go down (ξανακατέβηκα)again
ξανανεβαίνω I go up again

(ξανανέβηκα)
ξαναπάω≈ξαναπηγαίνω I go (ξαναπῆγα) again
ξανθός blond [girl]
ξανθούλα blond little
ξαπλώνω I lie down, I re- (ξάπλωσα)cline
ξαφνικά≈ἔξαφνα suddenly
ξεγελῶ (-ᾶς) I deceive (ξεγέλασα)
ξεκινῶ (-ᾶς)I set out, (ξεκίνησα) start
ξεκουράζομαι I take a rest (ξεκουράστηκα)
ξεκουράζω I rest,refresh (ξεκούρασα)
ξεκούραστος rested
ξενοδοχεῖο,τό hotel
ξένοιαστος carefree
ξένος foreign, strange
ξενυχτῶ (-ᾶς)I keep/stay (ξενύχτησα)awake at night
ξεραίνω (ξέρανα)I dry
ξερός≈ξηρός dry
ξέρω (ἤξερα)I know
ξεχασμένος forgotten
ξεχνιέμαι I am forgotten,I (ξεχάστηκα)forget myself
ξεχνῶ (-ᾶς) I forget (ξέχασα)
ξημερώνει the day breaks (ξημέρωσε)
ξύλο,τό wood
ξυπνητήρι,τό alarm clock
ξυπνῶ (-ᾶς) I wake up (ξύπνησα)
ξυρίζομαι I shave myself (ξυρίστηκα)
ξυρίζω(ξύρισα) I shave
ξυρισμένος shaven
ὁ the sing. nom.
ὀγδόντα eighty
ὄγδοος eighth
ὄγκος,ὁ size, tumor
ὁδηγός,ὁ driver,guide
ὁδηγῶ (-εῖς)I drive,lead (ὁδήγησα) guide
ὁδός,ἡ street, way
οἱ the pl. nom.
οἰκογένεια,ἡ family
οἰκοδόμημα,τό building
οἰκοδομῶ (-εῖς)I building (οἰκοδόμησα)
οἰκονομία,ἡ economy
οἰκονομικός financial
οἶκος,ὁ house

ἐκδοτικός οἶκος,ὁ publishing house
οἶκτος,ὁ pity
ὀκτακόσια eight hundred
ὀκτώ eight
Ὀκτώβριος,ὁ October
ὀλιγομελής having few mem- [bers]
ὀλίγος see λίγος
ὅλος all
ὅλοι μας all of us
ὁμάδα,ἡ team
ὁμαλός normal
ὁμηρικός homeric
Ὅμηρος,ὁ Homer
ὅμηρος hostage
ὁμιλία,ἡ speech,lecture
ὅμιλος,ὁ group, society
ὁμιλῶ (-εῖς) see μιλῶ
ὁμίχλη,ἡ mist, fog
ὅμοιος similar
ὁμολογῶ (-εῖς) I confess (ὁμολόγησα)
ὀμορφιά,ἡ beauty
ὄμορφος handsome,beautiful
ὅμως but, however
ὀνειρεύομαι(ὀνειρεύθηκα≈ -τηκα) I dream
ὄνειρο,τό dream
ὄνομα,τό name
ὀνομάζω (ὀνόμασα) I name
ὀξύς,ὀξεία,ὀξύ sharp, acute
ὄξω see ἔξω
ὄπερα,ἡ opera
ὅπλο,τό arm, weapon
ὁποῖος,ὁ who
ὅποιος whoever, he who
ὁποιοσδήποτε whoever
ὅποτε when, whenever
ὁποτεδήποτε whensever
ὅπου,ὁπουδήποτε wherever
ὅπως,ὁπωσδήποτε as,without
ὅραση≈-ις,ἡ vision [fail]
ὁρατός visible
ὄρεξη≈-ις,ἡ appetite
ὀρεκτικά,τά appetizers
ὀρεκτικός appetizing
ὀρθογραφία,ἡ spelling
ὀρθογραφῶ (-εῖς) I spell (ὀρθογράφησα) correctly
ὀρθόδοξος orthodox [rect]
ὀρθός straight,upright,cor-
ὁρίζοντας≈ὁρίζων,ὁ horizon
ὁρίζω(ὅρισα) I set the limits, I define,I am master
καλῶς ὅρισες welcome
ὁρίστε μέσα come in

ορίστε here
οριστικά definitely
όρκος,ο oath
ορμή,η dash,impetuousness
ορμητικός impetuous
ορμώ (-ας)I rush, dash
 (όρμησα)
όρνιθα,η chicken,hen
ορεινός mountainous
όρος,το mountain
όρος,ο term
όριο,το limit,point
οσμή,η smell
οσφραίνομαι I take a smell
 (οσφράνθηκα) at, I smell
όσφρηση≃-ις,η sense of
όταν when   [smell]
ότι that
ό,τι any, what, what-
 ever, anything
ο,τιδήποτε anything
ουρά,η tail, line
ουρανής sky blue
ουρανός,ο sky,heaven
ουσία,η essence
ουσιαστικός essential
ούτε...ούτε neither...nor
οφθαλμός,ο eye
όχθη,η shore
όχι no

Π

πάγος,ο ice
παγωμένος frozen
παγωνιά,η frost
παγώνω(πάγωσα)I freeze
παθαίνω(έπαθα)I suffer
πάθημα,το mishap
πάθος,το fervour, passion
παιδεία,η education
παιδεύω(παίδεψα)I torment
παιδί,το child
παιδιάτικος childish
παιδικός of a child
παίζω(έπαιξα)I play
παίρνω (πήρα)I take
παιχνίδι,το game, toy
παλαιός old,ancient
παλάτι,το palace
παλεύω(πάλεψα) I wrestle
πάλι again,on the other hand
παλιόκαιρος,ο bad weather
παλιός old,warn out
παλ(λ)ηκάρι,το lad
παλ(λ)ηκάρι brave,daring

παλτό,το overcoat
παμψηφεί unanimously
παν,το the whole
Παναγία,η Virgin Mary
πανεπιστήμιο,το universi-
πανσές,ο pansy   [ty
πάντα≃πάντοτε always
πάντα,τα everything[store]
παντοπωλείο,το grocery
παντού everywhere
παντρειά,η marriage
παντρεμένος married
παντρεύομαι I get married
 (παντρεύτηκα)
παντρεύω I marry
 (πάντρεψα)
πάντως in any case
πάνω≃επάνω on,up,upper
 πάνω από over
παπάς≃παππάς,ο priest
παπούτσι,το shoe   [ther]
παππούς≃πάππος,ο grandfa-
παρά than,but,in spite of
 παρά να rather than
παρα- over-
παρακάνω I overdo
παραλέω I exaggerate
πάρα πολύ very much
παραγγέλλω I order, inst-
 (παράγγειλα)ruct [tor]
παράγοντας≃παράγων,ο fac-
παράγραφος,η paragraph
παράδειγμα,το example
παραδείγματος χάρη(π.χ)
 for example (e.g.)
παραδέχομαι I admit, ac-
 (παραδέχθηκα≃-τηκα)cept,
 I ackowledge, I confess
παραδίδω I hand in, I deli-
 (παρέδωσα≃παράδωσα)ver
παράδοση≃-ις,η tradition,
 delivery,lecture
παράθυρο,το window
παρακαλώ (-είς≃-άς)I beg
 (παρακάλεσα)[senseless]
παράλογος unreasonable,
παραμάν(ν)α,η safety pin,
παραμύθι,το tale [nurse]
παράξενος strange
παραπάτημα,το stumbling
παραπατώ (-ας) I stumble,
 (παραπατήσω) I stugger
παραπέτασμα,το curtain
παραπονεμένος dissatisfied
παραπονιέμαι I complain
 (παραπονέθηκα)

παράπονο,το complaint
Παρασκευή,η Friday
παρασταίνω≃παριστάνω [of]
 (παράστησα) I play the part
παράσταση≃-ις,η representa-
παρατήρηση≃-ις,η remark[tion]
παρατηρώ (-είς) I observe
 (παρατήρησα≃παρετήρησα)
παραχωρώ (-είς) I concede
 (παραχώρησα≃παρεχώρησα)
παρέλαση≃-ις,η parade
παρελθόν,το past
παρελθών,-ούσα,-όν past
παρένθεση≃-ις,η parenthes-
παρηγορία,η consolation [is]
≃παρηγοριά,η   "
παρήγορος consoling
παρθένα≃παρθένος,η virgin
Παρθενώνας≃Παρθενών,ο
 Parthenon
παριστάνω≃παριστώ I repre-
 (παρέστησα) sent
παρμένος taken
παρόν,το present
παρών,-ούσα,-όν present
πάρω,να [v.παίρνω]to take
Πάσχα,το Easter
πάσχω (έπαθα) I suffer
πατάτα,η potato
πατέρας≃πατήρ,ο father
πατρίδα≃πατρίς,η native
πατρικός paternal   [land]
πατώ (-ας≃-είς)I tread on
 (πάτησα)
πάτωμα,το floor
παύλα,η dash
Παύλος,ο Paul
παύω(έπαψα)I cease, dismiss
πάχος,το fat
παχύς thick, fat
πάω≃πηγαίνω I go
 (πήγα)
 πάω,να to go
πεζή on foot
πεζογραφία,η prose writing
πεζοδρόμιο,το sidewalk
πεζός prosaic   [parapet]
πεζούλι,το low stone wall,
πεθαίνω (πέθανα) I die
πεθαμένος dead
πείθομαι I convince myself
 (πείσθηκα)
πείθω(έπεισα) I convince
πεισμένος≃πεπεισμένος con-
 vinced
πείνα,η hunger

πεινασμένος hungry
πεινῶ (-ᾶς)I amhungry
  (πείνασα)
πειραγμένος annoyed
πειράζω I bother,disturb
  (πείραξα)   [matter
  δέν πειράζει it doesn't
Πειραιάς,ὁ Piraeus
πειραματικός experimen-
πελάτης,ὁ customer [tal
Πελοπόννησος,ἡ
  Peloponnesos
Πέμπτη,ἡ Thursday
πέμπτος fifth
πενήντα fifty
πέντε five
πεντακόσια five hundred
πεπόνι,τό melon
πέρα beyond
πέρας,τό end
περασμένος past
περαστικά get well
περί + acc. around
περί + gen.about
περιβάλλον,τό milieu,
  environment
περίεργος curious
περιγιάλι,τό sea-shore
περιγράφω I describe
  (περιέγραφα≃περύγρα-
  φα)
περιμένω I wait, I wait
  (περίμενα) for
περιοδικό,τό magazine
περίοδος,ἡ period
περιορίζω I limit,con-
  (περιόρισα) fine,bound
περιουσία,ἡ fortune
περίπατος,ὁ walk
περίπλοκος complex
περιποίηση≃-ις,ἡ care,
  attendance, attentions
περιποιημένος well taken
  care,well prepared
περιποιοῦμαι I take good
  (περιποιήθηκα)care,I treat
περίπου about more or less
περισσεύω I am in excess
  (περίσσεψα)
περισσότερο more
περιστέρι,τό dove
περιττός needless
περιφερειακός peripheral
περίφημος renowned
περιφρόνηση≃-ις,ἡ scorn

περιφρονῶ(-εῖς) I scorn
  (περιφρόνησα)
περνῶ(-ᾶς)(πέρασα)I pass
περπατῶ(-ᾶς)(περπάτησα)I
πέρ(υ)σι last year [walk
περσινός of last year
πές [v.λέ(γ)ω] say
πεσμένος[v.πέφτω]fallen,
πέτρα,ἡ stone   [lying
Πέτρος,ὁ Peter
πετυχαίνω I succeed
  (πέτυχα≃ἐπέτυχα)
πετυχημένος successful
πετῶ (-ᾶς) I fly
  (πέταξα)
πεῦκο,τό pine-tree
πέφτω (ἔπεσα) I fall
πηγαιμός,ὁ way to, going
πηγαίνω≃πάω I go
  (πῆγα)
πήδημα,τό jump
πηδῶ (-ᾶς) I jump
  (πήδησα≃πήδηξα)
πήζω (ἔπηξα) I thicken
πηκτός≃πηχτός thick
πῆρα[v.παίρνω]I took
πηρούνι,τό fork
πηχτός see πηκτός
πιάνομαι I catch hold
  (πιάστηκα)   [catch
πιάνω (ἔπιασα)I take,
πιάτο,τό plate
πιέζω (πίεσα) I put pres-
  sure on
πιεῖ,νά [v.πίνω] to drink
πιές "   "   drink
πιθανός probable
πιθανῶς probably
πίκρα,ἡ grief
πικραμένος grieved
πικρός bitter
πίνακας≃πίναξ,ὁ board
πίνω (ἤπια) I drink
πιό more
πιό καλά better
πιό κάτω further down
πιότερο more
πιπέρι,τό pepper
πιστεύω I believe
  (πίστεψα)
πίσω≃ὀπίσω back, behind
  πίσω ἀπό behind
πλάθω (ἔπλασα) I mould
πλάι next to
πλαϊνός next

πλαίσιο,τό frame, scope
πλάσμα,τό creation
πλασμένος moulded,made
πλαταίνω (πλάτυνα)I widen
πλατεία,ἡ square
πλάτος,τό width
πλατύς, -ιά, -ύ wide
πλεγμένος knitted
πλέκω (ἔπλεξα)I knit
πλένομαι I am washed, I
  (πλύθηκα) wash myself
πλένω (ἔπλυνα) I wash
πλευρά,ἡ side
πλῆθος,τό crowd
πληθυσμός,ὁ population
πληθωρισμός inflation
πλήν minus
πλήξη,ἡ boredom
πληροφορία,ἡ information
πληροφορῶ (-εῖς) I inform
  (πληροφόρησα)
πληρωμένος paid
πληρώνω (πλήρωσα) I pay
πλησιάζω(πλησίασα)
  I approach
πλησίον close
πλήττω (ἔπληξα) I strike,
  I am bored
πλοῖο,τό ship
πλοῦς,ὁ sailing
πλούσιος rich
πλοῦτος wealth
Πλούτωνας≃Πλούτων,ὁ Pluto
πλυμένος washed
πλώρη,ἡ prow
πνεμόνι,τό lung
πνεῦμα,τό spirit
πνευματώδης,ὁ witty
πνεύμονας≃πνεύμων,ὁ lung
πνοή,ἡ spirit, breath
ποδήλατο,τό bicycle
πόδι,τό foot
πόθος,ὁ desire   [sire
ποθῶ (-εῖς)(πόθησα)I de-
ποίημα,τό poem
ποίηση,ἡ poetry
ποικιλία,ἡ variety
ποικίλος varied
ποιός who
ποιότητα≃-της,ἡ quality
ποιοῦ≃ποιανοῦ whose
πόλεμος,ὁ war
πολεμῶ (-ᾶς≃-εῖς)I fight
  (πολέμησα)
πόλη≃πόλις,ἡ city

πολιτεία,ἡ city, state
πολιτευόμενος,ὁ politi-
πολίτης,ὁ citizen [cian]
πολιτικός political
πολλοί many
πολύ much   [members]
πολυμελής having many
πολύς,πολλή,πολύ many,
  a lot of, much
πολυτέλεια,ἡ luxury
πολυτελής luxurious
πονοκέφαλος,ὁ headache
ποντίκι,τό mouse
πονῶ (-ᾶς≈-εῖς) I am in
  (πόνεσα) pain
πόρτα,ἡ door
πορτοκαλής orange
πορτοκάλι,τό orange
πορφυρός purple
πόσος; how much?
ποσότητα≈-της,ἡ quantity
ποτάμι,τό river
ποταμός,ὁ river
πότε; when?
  πότε πότε sometimes
ποτέ never
ποτήρι,τό glass
πού he who,that which,
πού; where?   [where]
πουθενά nowhere
πουκαμισάς,ὁ shirtmaker
πουκάμισο,τό shirt
πούλημα,τό sale
πουλί,τό bird
πουλῶ (-ᾶς) I sell
  (πούλησα)
πρά(γ)μα≈πρᾶγμα≈πράμμα,
  ≈πράμα,τό thing
πράγματι indeed
πραγματικά really
πραγματικός real
πρακτικός practical
πρακτορεῖο,τό agency
πράξη≈πρᾶξις,ἡ act
πράσινος green
πράττω (ἔπραξα) I do
πρέπει it is necessary
πρέσβης≈πρέσβυς,ὁ
  ambassador
πρίγκιπας≈πρίγκιψ,ὁ
  prince
πριγκίπισσα,ἡ princess
πρίν before,
  ἀπό πρίν in advance
πρό + gen. before, ago
  πρό ἡμερῶν days ago

πρό μηνός a month ago
πρό Χριστοῦ(π.Χ.)
  before Christ (B.C.)
προάλλες,τίς the other day
προβλέπω I foresee
  (πρόβλεψα≈προέβλεψα)
πρόγραμμα,τό programme
πρόεδρος,ὁ president
προετοιμασμένος prepared
προηγούμενος previous
προϊόν,τό product
προλαβαίνω I have time
  (πρόλαβα)
προπαντός above anything
προπάντων above all
πρός towards, for
προσβάλλω I offend
  (πρόσβαλα≈προσέβαλα)
προσεχής following
προσευχή,ἡ prayer
προσεκτικός≈προσεχτικός
  attentive
προσέχω I pay attention
  (πρόσεξα)
προσκαλοῦμαι I am invited
  (προσκλήθηκα)
προσκαλῶ (-εῖς)I invite
  (προσκάλεσα)   [tion]
πρόσκληση≈-ις,ἡ invita-
προσόν,τό qualification
προσοχή,ἡ attention
προσπάθεια,ἡ effort
προσπαθῶ (-εῖς) I make an
  (προσπάθησα) effort,try
προσταγή,ἡ order
προστάζω I order
  (πρόσταξα)
προστατεύω I protect
  (προστάτεψα)
προσφέρω I offer
  (πρόσφερα≈προσέφερα)
πρόφυγας,ὁ refugee
προσωπικό,τό personnel
προσωπικός personal
πρόσωπο,τό face
προτείνω I propose
  (πρότεινα)
προτιμῶ (-ᾶς) I prefer
  (προτίμησα)
προτοῦ before
πρότυπο,τό model
προφορά,ἡ pronunciation
πρόχειρος extemporizing,
  handy,within easy reach
προχθές day before yester-
πρύμνη,ἡ stern   [day]

πρύτανης≈πρύτανις,ὁ
  principal, rector
πρωθυπουργός,ὁ Prime Minis-
πρωί,τό morning   [ter
πρωί πρωί early morning
πρωινό,τό breakfast
πρωινός morning
πρῶτα first(ly)
  πρῶτα πρῶτα first of all
πρωτάθλημα,τό championship
πρωτεύουσα,ἡ capital city
πρωτεύων prevailing
πρωτοβγάζω I take out for
  (πρωτόβγαλα)the first time
πρωτοβγαίνω I go out for the
  (πρωτοβγῆκα) first time
πρωτόγονος primitive
πρῶτος first   [Day]
Πρωτοχρονιά,ἡ New Year's
πτώση≈πτῶσις,ἡ fall
πύλη,ἡ gate
πῦρ,τό fire
πῶ,νά [v.λέ(γ)ω]to say
  τί θά πεῖ what is the mean-
πωλητής,ὁ salesman   ing?
πωλήτρια,ἡ saleswoman
πώς that
πῶς; how?
  πῶς εἶστε; how are you?

P

ράβω (ἔραψα) I sew
ράδιο≈ραδιόφωνο,τό radio
ραμμένος sewn
ράψιμο,τό sewing
ράχη,ἡ back
ρέστα,τά change,remaining
ρεῦμα,τό current, stream
ρήγας,ὁ king
ρῆμα,τό verb
ρήτορας≈ρήτωρ,ὁ orator
ρητορική,ἡ rhetoric
ρηχός shallow
ρίζα,ἡ root
ριζώνω (ρίζωσα)I grow roots
ρίμα,ἡ rime
ρύνα,ἡ nose
ρίχνω I throw, drop
  (ἔριξα≈ἔρριξα)
ροδάκινο,τό peach
ρόδι,τό pomegranate[watch]
ρολό(γ)ι≈ὡρολόγιον,τό
ρουφῶ (-ᾶς) I sip, inhale
  (ρούφηξα)
ροῦχο,τό garment

ρύζι,τό rice
ρωτῶ (-ᾶς) I ask
  (ρώτησα)

Σ

Σάββατο,τό Saturday
Σαββατοκύριακο,τό
  weekend
σαγόνι,τό chin
σάκ(κ)α,ή handbag
σάκκος,ὁ sack
σαλάτα,ή salad
σαλεύω(σάλεψα)I move
σαλόνι,τό living room
σάλπιγγα,ή trumpet
σάν as,as if, like
σαπούνι,τό soap
Σαρακοστή,ή Lent
σαράντα forty
σας,σᾶς your, you
σβήνω(ἔσβησα)I put out,
  fade away, erase
σβησμένος faded
σέ you
σέ to,at,on,in
σεβασμός,ὁ respect
σέβομαι I respect
  (σεβάσθηκα≃-τηκα)
σειρά,ή series,line
σένα≃ἐσένα you
σεισμός,ὁ earthquake
σελήνη,ή moon
Σεπτέμβριος,ὁ September
σέρνω(ἔσυρα) I drag
σηκώνομαι I rise, stand
  (σηκώθηκα) up
σηκώνω I raise, lift
  (σήκωσα)
σῆμα,τό sign,mark
σημαία,ή flag
σημαίνω(σήμανα)I mean
σημαντικός important
σημασία,ή meaning,si-
  gnificance,sense
σημεῖο,τό point
σήμερα today
σημερινός today's
σιάχνω(ἔσιαξα) I ar-
σιγά slowly [range]
σιγανός slow
σίγουρος sure
σιτάρι≃στάρι,τό wheat
σκάβω(ἔσκαφα)I dig
σκάλα,ή stairs

σκαλοπάτι,τό doorstep
σκαμνί,τό stool
σκάρα≃σχάρα≃ἐσχάρα,ή grill
σκεπάζω(σκέπασα) I cover
σκέπτομαι≃σκέφτομαι I think
  (σκέφθηκα)
σκέψη≃-ις,ή thought
σκηνή,ή scene
σκί,τό skiing
σκί,τά skis
σκιά,ή shadow, shade
σκληρός harsh,cruel, severe
σκολειό see σχολεῖο
σκοντάφτω≃σκοντάπτω≃σκοντά-
  (σκόνταψα)I stumble, trip[βω]
σκοπεύω I plan, aim, intend
  (σκόπευσα)
σκοπός,ὁ aim, goal
σκορπίζω I scatter
  (σκόρπισα)
σκοτάδι,τό darkness
σκοτεινός dark
σκοτωμένος killed
σκοτώνω(σκότωσα) I kill
σκουπίζω I wipe, sweep
  (σκούπισα)
σκύβω(ἔσκυψα) I bend over
σκύλος,ὁ≃σκυλί,τό dog
σοβαρά seriously
σοβαρός serious
σου,σοῦ your, to you
σοφός wise, learned
σπάζω≃σπάω I break
  (ἔσπασα)
σπίτι,τό house
σπιτικός house, home-made
σπόρ,τό sport
σπουδάζω(σπούδασα) I study
σπουδάζων,-ουσα,-ον,ὁ
  one who is studying
σπουδαῖος important
σπουδασμένος educated
σπουδαστής,ὁ student
σπουδή,ή study
σπρώχνω(ἔσπρωξα) I push
σταγόνα≃σταγών,ή drop
στάζω(ἔσταξα) I drip
στάθηκα see στέκομαι
σταθμός,ὁ station
στάλα,ή drop
σταματῶ(-ᾶς) I stop
  (σταμάτησα)
σταμνί,τό jug
στάρι,τό see σιτάρι,τό
στάση≃-ις,ή stop, station

στατικός static
σταχτής ash-coloured
στάχυ,τό ear(of corn)
στέγη,ή roof
στεγνός dry
στέκομαι≃στέκω I stop,stand
  (στάθηκα)
στέλεχος,τό stem, stalk
στελέχη,τά cadres
στέλνω(ἔστειλα) I send
στενός narrow
στενοχωριέμαι I am upset,
  (στεοχωρήθηκα)worried
στενοχωρῶ (-εῖς)I embarrass,
  (στενοχώρησα)I upset
στενοχωρημένος upset
στερεός≃στέρεος solid,firm
στερνός last
στῆθος,τό chest, breast
στήλη,ή column
στημόνι,τό warp, stem
στηρίζομαι I lean,rest upon,
  (στηρίχθηκα≃-τηκα)rely on
στίγμα,τό spot, stain,stig-
στιγμή,ή instant   [ma
στιγμιαῖος instantaneous
στίζω (ἔστιξα)I dot, make
στόλος,ὁ navy   [dots]
στολίζομαι I make myself
  (στολίστηκα)beautiful
στολίζω I decorate,trim
  (στόλισα)embellish
στόμα,τό mouth
στομάχι,τό stomach
στοχασμός,ὁ contemplation
στρατί-στρατί one road after
  the other
στρατιώτης,ὁ soldier
στρατός,ὁ army
στρέφω(ἔστρεφα)I turn
στροφή,ή turn,verse,stanza
στρῶμα,τό layer, mattress
στρώνω(ἔστρωσα)I spread,lay
στύλ,τό style
συγγενεύω I am related, I am
  (συγγένεψα) close
συγγενής related
συγγενής,ὁ relative
συγγενικός related
συγ(γ)νώμη,ή forgiveness
σύγγραμμα,τό written work
συγγραφέας≃συγγραφεύς,ὁ
  writer, author
συγγράφω I write,I am the
  (συνέγραψα) writer of

092

συγκεντρώνομαι I concen-
(συγκεντρώθηκα) trate
συγκεντρώνω I bring to-
(συγκέντρωσα) gether
συγκέντρωση≈-ις,ή con-
centration, gathering
συγκίνηση≈-ις,ή emotion
συγκινούμαι) I am moved,
(συγκινήθηκα) touched
συγκινώ (-εῖς) I move,
(συγκίνησα) touch
συγκοινωνία,ή communi-
cation
συγκοινωνῶ (-εῖς) I com-
(συγκοινώνησα) municate
σύγκρουση≈-ις,ή colli-
sion, clash, conflict
συγυρίζω I tidy
(συγύρισα)
συγυρισμένος tidy
συγχαίρω≈συγχαίρομαι I
(συγχάρηκα) congratulate
συζήτηση≈-ις,ή conversa-
tion, discussion
συζητῶ (-ᾶς≈-εῖς) I con-
(συζήτησα) verse, discuss
σύζυγος,ὁ,ἡ spouse
συλλαβή,ή syllable
συλλέγω I collect
(συνέλεξα)   [mind
συλλογίζομαι I recall to]
(συλλογίσθηκα≈-τηκα)
συλλογισμός,ὁ reasoning
σύλλογος,ὁ association
συμβαίνει it happens
συμβάν,τό incident
συμβολή,ή contribution
συμβουλεύω I advise
(συμβούλευσα≈-ψα)
συμβουλή,ή advice
συμβούλιο,τό council
σύμβουλος,ὁ counsellor,
adviser
συμμαθητής,ὁ school-
συμμαθήτρια,ή mate
σύμμαχος,ὁ ally
συμμετρία,ή symmetry
συμμετρικός symmetrical
συμπαθής likeable
συμπαθητικός likeable
συμπαθῶ (-εῖς) I have sym-
(συμπάθησα) pathy with
σύμπαν,τό universe
συμφέρει it is profitable
συμφέρον,τό advantage
συμφέρων,-ουσα,-ον advan-

tageous, profitable
σύμφωνα according to, in
agreement with
συμφωνία,ή agreement
σύμφωνος agreeing
συμφωνῶ (-εῖς≈-ᾶς) I
(συμφώνησα) agree
σύν + dat.with   [more
σύν τοῖς ἄλλοις further-
σύν τῷ χρόνῳ with time
συναγωνισμός,ὁ competition
συνάλλαγμα,τό exchange
(of currency)
συνάντηση≈-ις,ή meeting
συναντῶ (-ᾶς) I meet,
(συνάντησα) encounter
συνέβει≈συνέβη,see συμ-
βαίνει, it happened
συνεπής consistent
συνεπῶς consequently
συνέχεια,ή continuity
συνεχής continuous
συνεχίζομαι I am continu-
(συνεχίστηκα≈-θηκα)ed
συνεχίζω I continue
(συνέχισα)
συνεχῶς continuously
συνήθεια,ή habit
συνήθης habitual,usual
συνηθίζω I accustom,be-
(συνήθισα) me used to
συνηθισμένος customary
συνήθως usually
σύνθεση≈-ις,ή composi-
tion, formation
συνθέτομαι I am composed,
(συντέθηκα) consist of
συνθέτω I compose
(σύνθεσα≈συνέθεσα)
συνθήκη,ή treaty
συνθῆκες,οἱ conditions
συννεφάκι,τό little cloud
συννεφιασμένος overcast
σύννεφο,τό cloud
σύνορα,τά boundaries
συντάκτης,ὁ editor
σύνταξη≈-ις,ή editorial
staff, syntax, pension
σύντομος brief
συντροφιά,ή company
συρτάρι,τό drawer
σύρω≈σέρνω I draw, pull,
(ἔσυρα) drag   [ly
συστηματικά systematical-]
συστηματικός systematic
συστήνω≈συνιστῶ I recom-

mend, introduce
(σύστησα≈συνέστησα)
συχνά often, frequently
συχνός frequent   [tighten
σφίγγω(ἔσφιξα) I squeeze,I]
σφιχτός≈σφιχτός tight
σφυγμός,ὁ pulse
σχεδιάζω(σχεδίασα)I plan
σχέδιο,τό plan
σχεδόν almost
σχέση≈-ις,ή relation
σχετικά≈σχετικῶς relatively
σχετικός relative
σχήμα,τό shape, form
σχηματίζω I form
(σχηματίστηκα≈-θηκα)
σχηματισμός formation
σχολείο,τό school
σχολικός school
σχολῶ (-ᾶς) I come out of
(σχόλασα)school,I dismiss
σώζομαι I am saved
(σώθηκα)
σώζω (ἔσωσα) I save
σωλήνας≈σωλήν,ή tube
σῶμα,τό body
σώνομαι I am saved, I give
(σώθηκα) out, I am finished
σώνω (ἔσωσα) I use up, con-
sume, finish, I reach
σωπαίνω I silence, I keep
(σώπασα) silent
σωστά precisely, exactly
σωστός entire, whole,intact
σωτήρας≈σωτήρ,ὁ saviour
σωτηρία,ὁ salvation
σωτήριος salutary,saving

T

τά   the neut.pl.
τάδε,ὁ such
τακτικά≈ταχτικά regularly
τακτικός≈ταχτικός regular,
usual, habitual
ταμίας,ὁ cashier
τάξη≈-ις,ή order,class
ἐν τάξει≈ἐντάξει all right
ταξί,τό taxi
ταξιδεύω(ταξίδεψα) I travel
ταξίδι,τό trip, travel
ταραγμένος stirred,troubled
ταράζομαι I become perturbed
(ταράχθηκα≈-τηκα)
ταράζω(τάραξα)I agitate
ταραμοσαλάτα,ή roe-salad

ταράτσα,ἡ sun roof
ταραχή,ἡ agitation
τάχα as if, perhaps
ταχτικά see τακτικά
ταχτικός see τακτικός
ταχτοποιημένος τακτοποιη-
  μένος tidy
ταχτοποιῶ≃τακτοποιῶ(-εῖς)
  (ταχτοποίησα) I tidy
ταχυδρομεῖο,τό post
ταχυδρόμος,ὁ postman
ταχύτητα≃-της,ἡ speed
τέλεια≃τελείως perfectly
τελεία,ἡ full stop
  ἄνω τελεία semi colon
  διπλή " colon
τέλειος perfect
τελειώνω I finish
  (τελείωσα)
τελετή,ἡ ceremony
τελευταῖος last
τελικός final
τέλος,τό end
τέλος finally
τεντώνω(τέντωσα)I stretch
τέρας,τό monster
τέσσερα,τέσσερεις four
Τετάρτη,ἡ Wednesday
τέταρτος fourth
τέτοιος such
τετρακόσια four hundred
τέχνη,ἡ art
  λαϊκή τέχνη see λαϊκός
τεχνίτης,ὁ artisan,expert
τηλεόραση≃-ις,ἡtelevision
τηλέφωνο,τό telephone
τηλεφωνῶ (-εῖς≃-ᾶς)I
  (τηλεφώνησα)ring up, I
  call,speak on the phone
τί; what?
τιμή,ἡ honour, price
τίμιος honest
τιμῶ (-ᾶς) I honour
  (τίμησα)
τιμωρία,ἡ punishment
τιμωρῶ (-εῖς)I punish
  (τιμώρησα)
τίποτε≃τίποτα nothing
τίς the, them
τίτλος,ὁ title
τό the
τοῖχος,ὁ wall
τόλμη,ἡ courage,daring
τολμῶ (-ᾶς)I dare
  (τόλμησα)
τομή,ἡ cutting,section

τόνος,ὁ tone, accent
τόπος,ὁ place,country
τόσος this much
τότε then
του, της his/its, her
τοῦ,τῆς to the or to him/her
τουλάχιστον at least [ry₁
τουναντίον on the contra-
τους, τούς their, to them
τοῦτος≃ἑτοῦτος this
τραβῶ (-ᾶς)I pull, I go
  (τράβηξα)
τραγούδι,τό song
τραγουδιστής,ὁ singer
τραγουδῶ (-εῖς≃-ᾶς)
  (τραγούδησα) I sing
τραγωδία,ἡ tragedy,drama
τραῖνο,τό train
τράπεζα,ἡ bank
τραπεζαρία,ἡ dining room
τραπέζι,τό table[person₁
τραυματίας,ὁ wounded   ]
τρελλαίνομαι I go mad
  (τρελλάθηκα)
τρελλαίνω I drive mad
  (τρέλλανα)
τρελλός mad
τρέμω (ἔτρεμα)I tremble
τρέπω (ἔτρεψα)I change
τρέχω (ἔτρεξα) I run
τρία, τρεῖς three
τριακόσια three hundred
τριάντα thirty
τρινταφυλλής pink
τριαντάφυλλο,τό rose
τριγυρίζω I move about
  (τριγύρισα)
τρίο,τό trio
Τρίτη,ἡ Tuesday
τρίτος third
τρίχα,ἡ hair
τρομάζω I scare, I am
  (τρόμαξα) scared
τρόπος,ὁ manner, means
  way, fashion, style
τρόφιμα,τά food-stuffs
τρύπα,ἡ hole
τρυφερός tender
τρυφερότητα≃-της,ἡ
  tenderness
τρώ(γ)ω(ἔφαγα) I eat
τσακώνομαι I quarrel
  (τσακώθηκα)
τσακώνω I catch
  (τσάκωσα)
τσιμπῶ (-ᾶς)I pinch,prick

(τσίμησα)
τυραννία,ἡ torment
τύραννος,ὁ tyrant
τυχαίνω I chance, happen
  (ἔτυχα)
τυχερός fortunate, lucky
τύχη,ἡ luck, fortune
τυχόν accidentally
τώρα now

Y

ὑγεία,ἡ health
  εἰς ὑγείαν here's to
  ≃στήν ὑγειά σας your
  health
υἱοθετῶ (-εῖς) I adopt
  (υἱοθέτησα)
ὕλη,ἡ matter, material
ὑλικός material
ὑμέναιος,ὁ wedding
ὑπάλληλος,ὁ,ἡ employee
ὑπακούω I obey
  (ὑπάκουσα)
ὑπάρχοντα,τά belongings
ὑπάρχω(ὑπῆρξα)I exist, am
ὑπάρχων,-ουσα,-ον existing
ὑπέρ + acc.over,above
ὑπέρ + gen.in favour of
ὑπερβολικός exxagerated
ὑπέροχος superb
ὑπήκοος,ὁ subject
ὑπηρεσία,ἡ service
ὑπηρέτης,ὁ servant [vile₁
ὑπηρετικός of " , ser-]
ὑπηρέτρια,ἡ servant,maid
ὑπηρετῶ (-εῖς)I serve
  (ὑπηρέτησα)
ὑπῆρξα see ὑπάρχω
ὑπνοδωμάτιο,τό bedroom
ὕπνος,ὁ sleep
ὑπό + acc.below,beneath₁
ὑπό + gen.by   [under]
ὑπόγειο,τό basement
ὑπογραφή,ἡ signature
ὑπογράφω I sign
  (ὑπέγραψα≃ὑπόγραψα)
ὑπογράφων, -ουσα, -ον
  the undersigned
ὑπόθεση≃-ις,ἡ supposition,
  affair, matter
ὑποκείμενο,τό subject
ὑπόλειμμα,τό remnant,
  residue
ὑπομονή,ἡ patient
ὑπόσχομαι I promise

261

(ὑποσχέθηκα)

ὑπουργεῖο,τό ministry

ὑπουργός,ὁ,ἡ cabinet minister   [gation]

ὑποχρέωση≃-ις,ἡ obli-]

ὑποχρεώνω I oblige
  (ὑποχρέωσα)

ὑποχωρῶ (-εῖς)I give
  (ὑποχώρησα)way

ὑποψιάζομαι I suspect
  (ὑποψιάστηκα≃-σθηκα)

ὕστερα after

ὑφήλιος,ἡ universe

ὕφος,τό style

ὕψος,τό height

ὑψώνω(ὕψωσα) I raise

Φ

φαγητό≃φαΐ,τό meal,food

φάε [v.τρώ(γ)ω]eat

φαίνομαι I appear,seem
  (φάνηκα)   [me]
  μοῦ φαίνεται it seems to]

φαινόμενο,τό phenomenon

φάκελ(λ)ος,ὁ envelope

φανερός apparent,obvious

φανερώνομαι I appear
  (φανερώθηκα)

φανερώνω I reveal
  (φανέρωσα)

φάνηκα see φαίνομαι

φαντάζομαι I imagine
  (φαντάστηκα≃-σθηκα)

φαντασία,ἡ imagination

φαντασμένος conceited

φανταστικός imaginary,
  illusory,fictitious

φάρδος,τό width

φαρδύς wide

φάρσα,ἡ farce   [bother]

φασαρία,ἡ fuss,trouble,

φάω,νά [v.τρώ(γ)ω]to eat

Φεβρουάριος,ὁ February

φεγγάρι,τό moon

φέγγει it dawns

φέγγω(ἔφεξα) I light

φέρνω(ἔφερα)I bring

φέτα,ἡ slice,white cheese

φετινός≃ἐφετινός this
  year's

φεύγω(ἔφυγα) I go away

φθάνω see φτάνω

φθηνός≃φτηνός≃εὔθηνός
  cheap,low priced

φθινόπωρο,τό autumn

φθινοπωρινός autumnal

φθονῶ (-εῖς)I envy
  (φθόνησα)

φιλάκι,τό little kiss

φιλενάδα,ἡ girl friend

φιλί,τό kiss

φιλιέμαι I am kissed
  (φιλήθηκα)

φιλῶ (-ᾶς≃-εῖς) I kiss
  (φίλησα)

φλέβα,ἡ vein

φλυαρῶ (-εῖς)I chatter
  (φλυάρησα)

φλωρί,τό florin

φοβᾶμαι I am afraid
  (φοβήθηκα)

φοβερός terrible

φοβίζω(φόβισα)I scare

φοβισμένος afraid

φόβος,ὁ fear

φοιτητής,ὁ student

φοιτήτρια,ἡ student

φοιτῶ (-ᾶς)I attend
  (φοίτησα) class

φόνος,ὁ murder

φόρα,ἡ impetus

φορά,ἡ time

  καμιά φορά sometime

φόρεμα,τό dress

φορεσιά,ἡ attire,garb

φορολογούμενος,ὁ
  taxpayer

φορολογοῦμαι I am taxed
  (φορολογήθηκα)

φόρος,ὁ tax

φορτωμένος laden

φορτώνω I load
  (φόρτωσα)

φορῶ (-ᾶς≃-εῖς)I wear
  (φόρεσα)

φούρναρης,ὁ baker

φοῦρνος,ὁ oven

φράγκο,τό franc

φράση≃-ις,ἡ phrase

φρέσκος fresh

φροντίδα≃-ίς,ἡ care

φροντίζω I take care
  (φρόντισα)

φροντισμένος neat

φρουρός,ὁ guard

φρουρῶ (-εῖς)I guard
  φρούρησα)

φροῦτο,τό fruit

φρύδια,τά eyebrows

φταίω I am to blame,it is
  (ἔφταιξα)my fault

φτάνω≃φθάνω I reach,I arrive
  (ἔφτασα≃ἔφθασα)

φτασμένος≃φθασμένος arrived
  successful

φτερά≃πτερά,τά wings

φτερουγίζω I flutter
  (φτερούγισα)

φτιάχνομαι≃φτειάχνομαι≃φτιάνο-
  μαι (φτιάχτηκα) I tidy myself

φτιάχνω≃φτειάχνω≃φτιάνω≃φιάνω
  (ἔφτιαξα)I tidy

φτώχια,ἡ poverty

φτωχός≃πτωχός poor

φύγω,νά [v.φεύγω] to go away

φύκι,τό seaweed

φυλάγομαι I am cautious
  (φυλάχτηκα≃-θηκα)

φυλά(γ)ω I keep, protect
  (φύλαξα)

φυλακή,ἡ prison

φυλή,ὁ race, nation

φύλλο,τό leaf

φύλο,τό sex

φύση≃-ις,ἡ nature

φυσική,ἡ physics

φυσικός natural

φυσῶ (-ᾶς) I blow
  (φύσησα≃ἐφύσησα≃φύσηξα)

φυτό,τό plant

φυτεύω I plant
  (φύτεψα)

φυτρώνω I sprout, bud, spring
  (φύτρωσα)up

φωνάζω I call, shout
  (φώναξα)

φωνή,ἡ voice

φωνῆεν,τό vowel

φωνογράφος,ὁ record player

φῶς,τό light
  φῶτα,τά lights

φωτεινός luminous, bright

φωτιά,ἡ fire

X

χαϊδευτικός caressing

χαίρετε good-bye, hello

χαιρετῶ (-ᾶς) I greet
  χαιρέτησα)

χαίρομαι≃χαίρω I enjoy, I am
  (χάρηκα) glad

χαλί,τό carpet

χαλίκι,τό pebble

χαλῶ (-ᾶς) I damage
  (χάλασα)

χαμένος lost

χαμηλά low,quietly
χαμηλός low, quiet,soft
χαμόγελο,τό smile
χαμογελῶ (-ᾶς)I smile
 (χαμογέλασα)
χάνω (ἔχασα) I loose
χάος,τό chaos
χάπι,τό pill
χαρά,ἡ joy
χᾰρακτήρας≃χαρακτήρ,ὁ
≃χαραχτήρας,ὁ character
χάρη≃-ις,ἡ grace, favour
χαρίζω I offer a gift
 (χάρισα)
χαρούμενος happy,gay
χάρτης,ὁ map
χαρτί,τό paper
 χαρτιά,τά playing
 cards,documents,
χασμουριέμαι I yawn
 (χασμουρήθηκα)
χάφτω (ἔχαψα)I gulp
χείλη,τά lips
χεῖλος,τό lip, brink
≃ἀχείλι,τό lip
χείμαρρος,ὁ torrent
χειμώνας,ὁ winter
χειρότερος worse
χειρουργῶ (-εῖς)I oper-
 (χειρούργησα) ate on
χέρι,τό hand
χήρα,ἡ widow
χῆρος,ὁ widower
χθές≃χτές yesterday
 ἐχθές≃ἐχτές yesterday
χθεσινός≃χτεσινός
 yesterday's
χίλια thousand
χιλιάδες thousands
χιόνι,τό snow
χιονίζει it snows
 (χιόνισε) [storm]
χιονοθύελλα,ἡ snow
χλωμός pale
χοντρός fat, thick
χορευτικός dancing
χορεύω(χόρεψα)I dance
χορός,ὁ dance
χορευτής dancer[ables]
χόρτα,τά green veget-
χορταίνω I eat my fill
 (χόρτασα)
χορτασμένος satiated
χορταστικός filling
χορτάτος satiated
χόρτο,τό grass

χορωδία,ἡ choir
χούφτα≃φούχτα,ἡ handful
χρειάζομαι I need
 (χρειάστηκα≃-σθηκα)
χρέος,τό duty, task
χρήματα,τά money
χρήση≃χρῆσις,ἡ use
 ἰδιωτική χρήση (I.X.)
 private use (P.U.)
χρησιμοποιῶ (-εῖς)I use
 (χρησιμοποίησα)
χρήσιμα usefully
χρήσιμος useful
Χριστός,ὁ Christ
Χριστούγεννα,τά Christmas
χρονιά,ἡ year
χρόνιος chronic
χρόνος,ὁ year
 τοῦ χρόνου next year
χρυσός,ὁ gold
χρῶμα,τό colour
χρωματίζω I colour
 (χρωμάτισα)
χρωματιστός coloured
χρωστῶ (-ᾶς)≃χρεωστῶ(-εῖς)
 (χρώστησα) I owe
χτενίζομαι≃κτενίζομαι I
 (χτενίστηκα)comb my hair
χτετίζω≃κτενίζω I comb
 (χτένισα)
χτενισμένος≃κτενισμένος
 combed
χτυπημένος≃κτυπημένος hit
χτυπῶ≃κτυπῶ (-ᾶς)I hit, I
χύνω(ἔχυσα)I pour knock
χώλ,τό hall
χωλός lame
χῶμα,τό soil,earth,ground
χωνεύω (χώνεψα) I digest
χώρα,ἡ country
χωριάτικος village
χωρικός,ὁ peasant
χωριό,τό village
χωρίζω I separate , I di-
 (χώρισα) vorce
χωρίς without
χωρισμένος divorced
χωρισμός,ὁ separation
χωριστά separately
χωριστός separate
χῶρος,ὁ space
χωρῶ (-ᾶς≃-εῖς) I fit, I
 (χώρεσα) contain, I hold,
 I have room for

Ψ

φαράς,ὁ fisherman
φαρεύω (φάρεψα) I fish
φάρι,τό fish
φάχνω (ἔφαξα) I search
ψέλνω≃ψάλλω I sing, chant
 (ἔψαλα)
ψέμα≃ψεῦμα,τό lie
ψεύδομαι I lie
 λέω ψέματα≃ψεύδομαι I lie
ψεῦδος,τό lie
ψεύτης,ὁ liar
ψεύτικος false
ψηλά high
ψηλός≃ὑψηλός tall
ψηλώνω (ψήλωσα)I grow tall
ψημένος baked, roasted
ψήνω (ἔψησα) I bake, roast
ψητό,τό roast
ψητός roasted, cooked
ψιλή,ἡ smooth breathing
ψιλός thin, fine
ψύχα,ἡ crumb
ψίχουλο,τό crumb
ψυγεῖο,τό refrigerator
ψυχή,ἡ soul
ψυχολογία,ἡ psychology
ψύχρα,ἡ≃ψύχος,τό cold
ψυχραμένος on cool terms
ψυχρός cold
ψωμάς,ὁ baker
ψωμί,τό bread
ψώνια,τά provisions
ψωνίζω (ψώνισα) I shop

Ω

ὠάριο,τό ovule
ᾠδή,ἡ ode
ὠκεανός,ὁ ocean
ὦμος,ὁ shoulder
ὠμός raw, uncooked
ὥρα,ἡ hour, time
ὡραῖα beautifully
ὡραῖος beautiful
ὥριμος ripe, mature
ὡς as far as
ὥς≃ἕως until,till,up to, as
ὥσπου until
ὥστε so that,therefore,so
ὡστόσο however, and yet
ὠφέλεια,ἡ utility
ὠφέλιμος useful
ὠφελῶ(-εῖς)I am useful
 (ὠφέλησα)

A

abdomen κοιλιά,ή
able ικανός
abolish,I καταργῶ(-εῖς)
about γύρω ἀπό, ἐπάνω,
  σχετικά μέ, γιά, περί
  it is about πρόκειται
above ἀπό πάνω, πάνω ἀ-
  πό, ἀνωτέρω
  above all προπάντων
Abraham 'Αβραάμ,ὁ
absence ἀπουσία,ή
absent ἀπών,-ούσα,-όν
absent,I am ἀπουσιάζω
abyss ἄβυσσος,ή
accent προφορά,ή,τόνος,ὁ
accentuation τονισμός,ὁ
accept,I δέχομαι
accidental τυχαῖος
acclaim,I ἐπευφημῶ(-εῖς)
accommodate,I βολεύω
according to σύμφωνα μέ,
  κατά + acc.
account λογαριασμός,ὁ
accused,the κατηγορού-
  μενος,ὁ   [ηθίζω]
accustomed,I become συν-
Achaean 'Αχαιός,ὁ [τό]
achievement κατόρθωμα,
Achilles 'Αχιλλέας≃εύς,ὁ
Acropolis 'Ακρόπολη≃-ις,ή
across from ἀπέναντι, ἀν-
  τικρύ ἀπό
act πράξη, ἐνέργεια
act,I παριστάνω,ἐνεργῶ
  (-εῖς)   [έργεια,ή]
action δράση, πράξη,ἐν-
activity δραστηριότητα,ή
actor,actress ἠθοποιός,
actual πραγματικός [ὁ,ή]
acute ὀξύς,-εία,-ύ
address διεύθυνση,ή
address,I ἀπευθύνω
administration διοίκηση,
  διαχείριση,ή
admiration θαυμασμός
admire,I θαυμάζω
admit,I παραδέχομαι
ado φασαρία,ή,κακό,τό
adopt,I υἱοθετῶ(-εῖς)
advance,I προχωρῶ(-εῖς)
  advanced in years ἡλι-
  κιωμένος
advantageous συμφέρων,

-ουσα,-ον
adventure περιπέτεια,ή
advice συμβουλή,ή
advise,I συμβουλεύω
Aegean Sea Αἰγαῖο Πέλαγος
Aeolian αἰολικός   [τό]
affability ἀβρότητα,ή
affair ὑπόθεση,ή
affect,I ἐπηρεάζω
affectation προσποίηση,ή
afraid φοβισμένος
afraid,I am φοβᾶμαι
after μετά, ἔπειτα, ὕστερα
afternoon,ἀπόγεμα,τό
  ἀπογεματινός
again πάλι, ξανά   [νωσέ]
against ἐναντίον,κατά,πά-
Agamemnon'Αγαμέμνονας
  ≃'Αγαμέμνων,ὁ   [ἐποχή,ή]
age ἡλικία,ή, γερατειά,τά,
aged γερασμένος
agent πράκτορας,ὁ
agreement συμφωνία,ή
agree,I συμφωνῶ(-εῖς)
agriculturalist γεωπόνος,ὁ
ahead ἐμπρός, μπροστά
aim σκοπός,ὁ
aim,I σκοπεύω, ἐπιδιώκω
aimlessly ἄσκοπα
Aiolian see Aeolian
air ἀέρας,ὁ, ὕφος,τό
airplane ἀεροπλάνο,τό
alarm-clock ξυπνητήρι,τό
all ὅλος, πάντες
  all right ἐντάξει
allow,I ἐπιτρέπω
ally σύμμαχος,ὁ
almond-tree ἀμυγδαλιά,ή
almost σχεδόν
alone μόνος
aloud δυνατά,μεγαλόφωνα
alphabet ἀλφάβητος,ή
also ἐπίσης, ἀκόμη, καί
altar βωμός,ὁ
altitude ὕψος,τό [γιά πέρα
altogether ὁλότελα, πέρα
always πάντα, πάντοτε
am,I εἶμαι
amazing καταπληκτικός
ambassador πρέσβης,ὁ
amoeba ἀμοιβάδα,ή
among ἀνάμεσα, μεταξύ
amuse,I διασκεδάζω
amusing διασκεδαστικός
analyze,I ἀναλύω
anarchy ἀναρχία,ή

anathema ἀνάθεμα,τό
anchor ἄγκυρα,ή
and καί
angel ἄγγελος,ὁ
angelic ἀγγελικός
anguish ἀγωνία,ή
angry θυμωμένος
angry,I get θυμώνω
animal ζῶο,τό
anniversary ἐπέτειος,ή
announce,I ἀναγγέλλω
announcement ἀγγελία,ή
annoy,I ἐνοχλῶ(-εῖς),πειρά-
answer ἀπάντηση,ή   [ζω]
answer,I ἀπαντῶ(-ᾶς)
antipathy ἀντιπάθεια,ή
antiquity ἀρχαιότητα,ή
anxiety ἀνησυχία,ἀγωνία,ή
anxious ἀνήσυχος
any κάθε, κανείς, καθόλου
anything ὁ,τιδήποτε
apart from ἐκτός ἀπό
apostle ἀπόστολος,ὁ
apostrophe ἀπόστροφος,ή
apparent προφανής,φανερός
appear,I φαίνομαι,ἐμφανίζο-
  μαι,δημοσιεύομαι,δείχνω
appearance ἐμφάνιση,ή
appease,I καταπραΰνω [δα,ή]
appendicitis σκωληκοειδίτι-
appendix ἀπόφυση,ή
appetite ὄρεξη,ή
appetizing ὀρεκτικός
apple μῆλο,τό
applaud,I χειροκροτῶ(-εῖς)
applause χειροκρότημα,τά
approach,I πλησιάζω
April 'Απρίλιος≃'Απρίλης,ὁ
arch ἀψίδα,ή
archangel ἀρχάγγελος,ὁ
archbishop ἀρχιεπίσκοπος,ὁ
architect ἀρχιτέκτονας,ὁ
architecture ἀρχιτεκτονι-
Arctic 'Αρκτικός,ὁ [κή,ή]
area περιοχή,ή
arm ὅπλο,τό, χέρι,τό
arm,I ὁπλίζω
armful ἀγκαλιά,ή
army στρατός,ὁ
aroma ἄρωμα,τό
around γύρω   [(-εῖς)]
arrange,I φτιάχνω,τακτοποι-
arrangement διασκευή,ή
array παράταξη,ή
arrival ἄφιξη,ή
arrive,I φθάνω≃φτάνω

	B	
arrow βέλος,τό		better καλύτερος, πιό καλός
art τέχνη, ἱκανότητα,ἡ	baby μωρό,τό	between μεταξύ
Artemis "Αρτεμη≃"Αρτεμις,	back πίσω	Bible Βίβλος,ἡ
artery ἀρτηρία,ἡ [ἡ]	back πλάτη,ἡ	bicycle ποδήλατο,τό
artichoke ἀγκινάρα,ἡ	bad κακός	big μεγάλος,
article ἄρθρο,τό	badly κακά,ἄσχημα,βαριά	bill λογαριασμός,ὁ
articulate,I ἀρθρώνω	badly lit κακοφωτισμένος	billion δισεκατομμύριο,τό
artificial τεχνητός	badly written κακογραμ-]	bind,I δένω,συνδέω,δεσμεύω
as καθώς, ὅπως, σάν, ὡς	bake ψήνω [μένος]	bird πουλί,τό
ascetic ἀσκητικός	baker φούρναρης,ὁ	birth γέννα,ἡ
asceticism ἀσκητισμός	bakery ἀρτοπωλεῖο,τό	birth,I give γεννῶ(-ᾶς)
ashamed,I am ντρέπομαι	bandit ληστής,ὁ	birthday γενέθλια,τά
ask,I ρωτῶ(-ᾶς)	bank τράπεζα,ἡ	birthplace πατρίδα,ἡ
ask for,I ζητῶ(-ᾶς≃-εῖς)	baptize,I βαφτίζω	bishop δεσπότης,ἐπίσκοπος,ὁ
ask myself,I ἀναρωτιέμαι	bar μπάρ,τό	bitter πικρός
asphalt ἄσφαλτος,ἡ	bark,I γαυγίζω	bitterness πίκρα,πικρία,κα-]
associate ἑταῖρος,συνε-	barometer βαρόμετρο,τό	black μαῦρος,μελαψός [κία,ἡ]
ταῖρος,ὁ	basement ὑπόγειο,τό	Black Sea Εὔξεινος Πόντος,ὁ
association ἑταιρεία,ἡ,	basic βασικός	Μαύρη θάλασσα,ἡ
σύλλογος,ὁ, ἕνωση,ἡ	bathroom λουτρό,τό	blame,I ψέγω,κατακρίνω
astonished ἔκπληκτος	battle μάχη,ἡ	blame,I am to φταίω
astronaut ἀστροναύτης,ὁ	be,to see am,I	bless,I εὐλογῶ(-εῖς)
at σέ,εἰς	beach ἀμμουδιά,ἡ	blessing εὐλογία,εὐχή,ἡ
at all καθόλου	beard γένεια,τά	blond ξανθός
at least τουλάχιστον	beat,I δέρνω, νικῶ(-ᾶς)	blossom ἄνθός,ὁ, ἄνθισμα,τό
Athenian ἀθηναῖος,ἀθηναϊ]	beautiful ὡραῖος [φιά,ἡ]	blossom,I ἀνθίζω
Athens 'Αθήνα [κός]	beauty κάλλος,τό, ὀμορ-	blouse μπλούζα,ἡ
athlete ἀθλητής,ὁ	because ἐπειδή,διότι,για-]	blow,I φυσῶ(-ᾶς)
attack,I προσβάλλω,ἐπι-	become,I γίνομαι [τί]	blue γαλανός,γαλάζιος,μπλέ
τίθεμαι [παθῶ(-εῖς)]	bed κρεβ(β)άτι,τό	sky blue οὐρανής,γαλάζιος
attempt,I δοκιμάζω,προσ-	bedroom κρεβ(β)τοκάμα-	board πίνακας,ὁ, χαρτόνι,τό
attend classes,I φοιτῶ(-ᾶς)	ρα,ἡ,ὑπνοδωμάτιο,τό	συμβούλιο,τό
attention προσοχή,ἡ	beer μπύρα≃μπίρα,ἡ	boat βάρκα,ἡ,μικρό πλοῖο,τό
attention,I pay προσέχω	before ἐμπρός σέ, πρίν ἀ-	boatman βαρκάρης,ὁ
Attic ἀττικός	πό, πρό +gen.	body σῶμα, κορμί,τό
Attica 'Αττική,ὁ	beg,I ζητῶ(-ᾶς≃-εῖς),πα-	boil,I βράζω
attire φορεσιά,ἡ	ρακαλῶ(-εῖς≃-ᾶς)	bone κόκκαλο,ὀστό≃ὀστοῦν,τό
attractive ἑλκυστικός	begin,I ἀρχίζω	book βιβλίο,τό
attribute ἰδιότητα,ἡ	beginning ἀρχή,ἡ	bookseller βιβλιοπώλης,ὁ
August Αὔγουστος,ὁ	behind πίσω ἀπό	bookstore βιβλιοπωλεῖο,τό
Aulis Αὐλίδα≃Αὐλίς,ἡ	being ὄν,τό	boot μπότα,ἡ [τά]
aunt θεία,ἡ	believe,I πιστεύω	borders/boundaries σύνορα,
Australia Αὐστραλία,ἡ	bell κουδούνι,τό, καμπά-]	bored,I am βαριέμαι, πλήττω
author συγγραφέας,ὁ	belly κοιλιά,ἡ [να,ἡ]	boredom βαρεμάρα,πλήξη,ἡ
autumn φθινόπωρο,τό	below κάτω ἀπό	boring βαρετός,πληκτικός
average κανονικός,μέσος	belt ζώνη,ἡ	born,I am γεννιέμαι
await,I περιμένω	bend over,I σκύβω	boss ἀφεντικό,τό,ἀφέντης,ὁ
awake ξύπνιος,ἄγρυπνος	beneath κάτω ἀπό [σιμος]	Boston Βοστώνη,ἡ
awake,I keep ἀγρυπνῶ(-ᾶς≃	beneficial ὠφέλιμος,χρή-	both καί οἱ δύο, καί...καί
-εῖς),ξενυχτῶ(-ᾶς)	benefit ὄφελος,τό, ὠφέλεια,]	bother ἐνόχληση,φασαρία,ἡ
awakefulness ἀγρυπνία,ἡ	benefit,I ὠφελοῦμαι [ἡ]	bother,I ἐνοχλῶ, πειράζω
award βραβεῖο,τό	besides ἐξάλλου	it bothers me μέ ἐνοχλεῖ
away,I am ἀπουσιάζω,λείπω	besmirch,I λασπώνω	boulevard λεωφόρος,ἡ
axis ἄξονας,ὁ	bet στοίχημα,τό	box κουτί,σεντούκι,τό,θήκη,]
azure blue κυανός	betrothal ἀρραβώνας,ὁ	boy ἀγόρι,τό [ἡ]

brackish γλυφός
brain ἐγκέφαλος,ὁ, μυαλό,τό
brainless ἄμυαλος
bread ψωμί,τό, ἄρτος,ὁ[χα,ἡ
breadcrumb ψίχουλο,τό, ψί-
break διακοπή,ἡ, διάλειμμα,
  σπάσιμο,τό
break,I διακόπτω,σπάω [τό
breakfast πρόγευμα,πρωινό,
breath ἀναπνοή,πνοή,ἡ
breathe,I ἀναπνέω
bride νύφη,ἡ
bridegroom γαμπρός,ὁ
bridge γέφυρα,ἡ
brief σύντομος,βραχύς
bright φωτεινός,λαμπρός
bring,I φέρνω
bronchitis βρογχίτιδα,ἡ
brother ἀδελφός
brother-in-law γαμπρός,
  κουνιάδος,ὁ
brotherly ἀδελφικός
brown καφετής≃καφέ
bud μπουμπούκι,τό
build,I κτίζω   [μα,τό
building κτίριο,οἰκοδόμη-
bunch δέσμη,ἡ μάτσο,τό
burn,I καίω
bury,I θάβω
bus λεωφορεῖο,τό
business ἐπιχείρηση,ἡ
businessman ἐπιχειρηματί-
but ἀλλά,ὅμως,μά   [ας,ὁ
  but only παρά μόνο
buy,I ἀγοράζω
buyer ἀγοραστής,ὁ
buzz βουή≃βοή,ἡ
buzz,I βουΐζω
buzzing βούισμα,τό
by πλάι,δίπλα,διά,μέχρι

C

cadre πλαίσιο,στέλεχος,τό
cage κλουβί,τό
calculate,I λογαργιάζω
call,I καλῶ(-εῖς),φωνάζω,
  τηλεφωνῶ(-εῖς)
calm ἤρεμος,γαλήνιος
calm,I ἠρεμῶ(-εῖς),κατα-
can,I μπορῶ(-εῖς) πραΰνω
Canada Καναδάς,ὁ
Canadian Καναδός,ὁ,Καναδή,
  ἡ, καναδικός
cancel ἀκυρώνω
cane καλάμι,μπαστούνι,τό
capable ἱκανός

capital πρωτεύουσα,ἡ,
  κεφάλαιο,κεφαλαῖο,τό
capture ἅλωση,ἡ
car αὐτοκίνητο,τό
care φροντίδα,ἔννοια,
  προσοχή,περιποίηση,ἡ
care,I νοιάζομαι,ἐνδια-
  φέρομαι
  take care πρόσεχε!
carefree ξένοιαστος
careless ἀπρόσεκτος
caressing χαϊδευτικός
carpet χαλί,τό
case θήκη,περίπτωση,ἡ
cash μετρητά,τά
cashier ταμίας,ὁ
cat γάτος,ὁ γάτα,ἡ
catch ἀρπάζω,πιάνω
cathedral μητροπολιτικός]
cavalry ἱππικό,τό[ναός,ὁ
cease,I παύω,διακόπτω
ceaselessly ἀδιάκοπα
celebrated,I am γιορτάζο-
  μαι,ἑορτάζομαι
Celsius Κέλσιος,ὁ
centre κέντρο,τό
century αἰώνας,ὁ
ceremony τελετή,ἡ
certain βέβαιος,σίγουρος
certainly βεβαίως≃βέβαια,
  σίγουρα,ἀσφαλῶς
chain ἀλυσίδα,ἡ[θισμα,τό]
chair καρέκλα,ἕδρα,ἡ,κά-
championship πρωτάθλημα,
chance,I τυχαίνω   [τό
change ἀλλαγή,ἡ,ψιλά,τά
change,I ἀλλάζω,τρέπω
chant,I ψέλνω≃ψάλλω
chaos χάος,τό
chapter κεφάλαιο,τό
character χαρακτήρας,ὁ
characteristic χαρακτη-
charm,I μαγεύω[ριστικός
chariot ἅρμα,τό [διώχνω]
chase,I κυνηγῶ(-ᾶς≃-εῖς),
chatter,I φλυαρῶ(-εῖς)
cheap φθηνός≃φτηνός
cheaply φθηνά≃φτηνά
cheat,I ἀπατῶ (-ᾶς)
cheers ἐβίβα
check,I ἐλέγχω
cheese τυρί,τό
chemistry χημεία,ἡ
cherry κεράσι,τό
chest στέρνο,στῆθος,τό
chew μασῶ(-ᾶς)

chief ἀρχηγός,γενάρχης,ὁ
chief κύριος
child παιδί,τό
childish παιδιάτικος
childlike παιδιάστικος
choir χορωδία,ἡ
choke,I πνίγω,πνίγομαι
choose,I διαλέγω
Christ Χριστός,ὁ
Christmas Χριστούγεννα,τά
circulation κυκλοφορία,
  συγκοινωνία,ἡ
citizen πολίτης,ὁ
city πόλη,ἡ
civilization πολιτισμός,ὁ
clarity,with καθαρά
class τάξη,ἡ
classroom τάξη,ἡ
clean καθαρός
clean,I καθαρίζω
clear,I καθαρίζω,διευκρινί-
clearly καθαρά   [ζω
client πελάτης,ὁ
climate κλίμα,τό
close,I κλείνω
closed κλειστός
closer πλησιέστερα [σιάζω]
  I come closer κοντεύω ,πλη-
closing κλείσιμο,τό
cloud σύννεφο,τό
  little cloud συννεφάκι,τό
cloudy συννεφιασμένος
club λέσχη,ἡ, σύλλογος,ὁ
coal κάρβουνο,τό
coat παλτό,τό
coat-hanger κρεμάστρα,ἡ
coffee καφές,ὁ
coffee-house καφενεῖο,τό
coincidence σύμπτωση,ἡ
cold κρύο,τό,κρυολόγημα,τό
  ψύχρα,ἡ, ψύχος,τό
cold κρύος, ψυχρός
cold,I am κρυώνω
collect,I συλλέγω
collision σύγκρουση,ἡ
colon διπλή τελεία,ἡ
colossus κολοσσός,ὁ
colour χρῶμα,τό
colour,I χρωματίζω
coloured χρωματιστός
column στήλη,ἡ
comb κτένα≃χτένα,τσατσάρα,ἡ
comb,I χτενίζω
combine,I συνδυάζω
come ἔλα
come,I ἔρχομαι

266

comedy κωμωδία,ἡ
comfortable ἄνετος,βολικός
coming ἐρχόμενος,ἑπόμενος,
  προσεχής
comma κόμμα,τό
command προσταγή,ἡ
command,I προστάζω
commentary σχόλιο,τό
commerce ἐμπόριο,τό
commercial ἐμπορικός
common κοινός
communicate συγκοινωνία,
  ἐπικοινωνία,ἡ
communism κομμουνισμός,ὁ
community κοινότητα,ἡ
company συντροφιά,ἡ   [λω
compare,I συγκρίνω,παραβάλ-
  to compare νά παραβάλω
competent ἱκανός,ἁρμόδιος
competition συναγωνισμός
complain,I παραπονιέμαι
complete πλήρης
completely πλήρως,ἐντελῶς
complex περίπλοκος
compose,I συγγράφω,συνθέτω
composition σύνθεση,ἔκθεση,
compromise συμβιβασμός [ἡ
compromise,I συμβιβάζω,
  συμβιβάζομαι,ἐκθέτω
conceited φαντασμένος
concentrate,I συγκεντρώνω,
  συγκεντρώνομαι
concentration συγκέντρωση,ἡ
conciliatory συμβιβαστικός
conclude,I καταλήγω,συμπε-
  ραίνω   [συμπέρασμα,τό
conclusion λήξη,κατάληξη,ἡ
concord ὁμόνοια,ἡ
condemn,I καταδικάζω
conditions συνθῆκες,οἱ
confess,I ὁμολογῶ(-εῖς)
confusion σύγχυση,ἡ
congratulate,I συγχαίρω
consequently συνεπῶς
conservatory of music ὠδεῖο,
consider,I θεωρῶ(-εῖς)[τό
considerable κάμποσος
consolation παρηγορία,πα-
  ρηγοριά,ἡ
consoling παρήγορος
conspire,I συνομωτῶ(-εῖς)
constantly συνεχῶς
constitution σύνταγμα,τό
contain,I χωρῶ(-εῖς≃-ᾶς),
  περιέχω [σχεδιάζω,σκοπεύω
contemplate,I συλλογίζομαι

contest ἅμιλλα,ἡ
continue,I συνεχίζω
continuity συνέχεια,ἡ
continuous συνεχής
continuously συνεχῶς[ας
contrary,on the ἀπεναντί-
contribution συμβολή,ἡ
conventional συμβατικός
conversation συζήτηση,
  κουβέντα,ὁμιλία,ἡ
convince,I πείθω
convinced(πε)πεισμένος
convincing πειστικός
cook,I μαγειρεύω
cool δροσερός,ψυχρός
cooling δροσιστικός
coolness δροσιά,ψυχρότη-
copy ἀντίγραφο,τό [τα,ἡ
copy,I ἀντιγράφω
corn σιτηρά,δημητριακά,
correct σωστός   [τά
correct,I διορθώνω
correction διόρθωση,ἡ
correctly σωστά,ὀρθά
cost κόστος,τό,ἔξοδα,τά
high cost ἀκρίβεια,ἡ
cost,I στοιχίζω,κοστίζω
couch καναπές,ὁ
cough βήχας,ὁ
cough,I βήχω
council συμβούλιο,τό
Council of Ministers
Ὑπουργικό Συμβούλιο,τό
counsel συμβουλή,ἡ
counsellor σύμβουλος
count,I ὑπολογίζω,λογα-
  ριάζω
count on,I βασίζομαι
country χώρα,ἡ
country side ἐξοχή,ἡ,
  ἐξοχικός
courage θάρρος,τό
courageous θαρραλέος,
  γενναῖος
course σειρά μαθημάτων,ἡ
  πορεία,ἡ,πέρασμα,τό
courtier αὐλικός
cousin(ἐ)ξάφελφος,ὁ
  (ἐ)ξαδέλφη,ἡ
cousins(ἐ)ξαδέλφια,τά
cover κάλυμμα,σκέπασμα,
covered σκεπασμένος[τό
covetous ἄπληστος
crack σχισμή,χαραμάδα,ἡ
cradle λίκνο,τό,κούνια,ἡ
create,I δημιουργῶ(-εῖς)

creation πλάσμα,τό,δημιουρ-
credo πιστεύω   [γία,ἡ
Crete Κρήτη,ἡ
crime ἔγκλημα,κρίμα,τό
criminal ἐγκληματίας,ὁ
crimson βυσσινής
crisis κρίση,ἡ
critical κρίσιμος
cross σταυρός,ὁ   [ζω
cross,I διασταυρώνω,διασχί-
cross θυμωμένος
crowd πλῆθος,τό
crown στεφάνι,τό,κορώνα,ἡ
crown,I στεφανώνω
cruel σκληρός
crumb ψίχα,ἡ,ψίχουλο,τό
crusade σταυροφορία,ἡ
cry κραυγή,φωνή,ἡ,κλάμα,τό
cry,I φωνάζω,κλαίω
cultivate,I καλλιεργῶ(-εῖς)
cultivated καλλιεργημένος
culture καλλιέργεια,ἡ
cunning κατεργαριά,πονη-
  ριά,ἡ
curiosity περιέργεια,ἡ
curious περίεργος
current ρεῦμα,τό
curse κατάρα,ἡ
curse,I καταριέμαι
curtain παραπέτασμα,τό
  κουρτίνα,ἡ
customer πελάτης,ὁ
cut τομή,ἡ, κόψιμο,τό
cut,I κόβω
cut off,I κλαδεύω
cycle κύκλος
cypress κυπαρίσσι,τό

D

daily ἡμερήσιος,καθημερι-
daisy μαργαρίτα,ἡ   [νός
damage ζημία,βλάβη,ἡ
damage,I χαλῶ(-ᾶς),ζημιώνω
dance χορός,ὁ
dance,I χορεύω
danger κίνδυνος,ὁ
  I am in danger κινδυνεύω
dare,I τολμῶ(-ᾶς)
dark σκοτεινός,μελαψός
dark-haired μελαχροινός
darkness σκοτάδι,τό
dash παύλα,ἡ
daughter κόρη,θυγατέρα,ἡ
daughter-in-law νύφη,ἡ
  σύζυγος τοῦ γιοῦ,ἡ
dawns,it φέγγει

day μέρα≃ἡμέρα,ἡ
day after tomorrow,of μεθε-
πόμενος,μεθαυριανός
day before yesterday,of
προσχθεσινός,
the day breaks ξημερώνει
dead πεθαμένος
dear ἀγαπητός
dearest φίλτατος
death θάνατος,ὁ [νομαι⌐
I am put to death θανατώ-
decade δεκαετία,ἡ
deceive,I ἀπατῶ(-ᾶς)
ξεγελῶ(-ᾶς)
deceive myself,I αὐταπα-
τῶμαι,ξεγελιέμαι[βρης,ὁ⌐
December Δεκέμβριος,Δεκέμ-
decide,I ἀποφασίζω
decision ἀπόφαση,ἡ
declare,I δηλώνω,κηρύσσω
declension κλίση,ἡ
decline παρακμή,ἡ
decline,I παρακμάζω,κλίνω
decorate,I διακοσμῶ(-εῖς)
decoration διακόσμηση,ἡ
decorator διακοσμητής,ὁ
dedicate,I ἀφιερώνω
deep βαθύς
deeply βαθιά
defeat ἥττα,ἡ
defeat,I νικῶ,συντρίβω
define,I καθορίζω
definitely ὁριστικά
degree βαθμός,ὁ,δίπλωμα,τό
delineate,I περιγράφω λε-
πτομερῶς [μή,ἡ⌐
delivery παράδοση,διανο-
delta δέλτα,τό
democracy δημοκρατία,ἡ
democratic δημοκρατικός
demolish,I γκρεμίζω
demon δαίμονας,ὁ
denial ἄρνηση,ἀπάρνηση,ἡ
dense πυκνός
deny,I ἀρνιέμαι(-οῦμαι)
depart,I ἀναχωρῶ(-εῖς)
departure (ἀναχώρηση,ἡ
deposit κατάθεση,ἡ
deposit,I καταθέτω
describe,I περιγράφω
description περιγραφή,ἡ
desert ἐρημιά,ἔρημος,ἡ
deserve,I ἀξίζω
desirable ποθητός
desire ἐπιθυμία,ἡ,πόθος,ὁ
desire,I ποθῶ(-εῖς),ἐπι-

θυμῶ(-εῖς)
despair ἀπελπισία,ἡ
despair,I ἀπελπίζομαι
despondent,I am μελαγχολῶ
destiny μοίρα,ἡ (-εῖς)
develop,I ἀναπτύσσω
development ἀνάπτυξη,ἡ
detach,I ἀποσπῶ(-ᾶς)
detaching ἀπόσπαση,ἡ
detail λεπτομέρεια,ἡ
in detail λεπτομερῶς
deterioration παραφθορά,ἡ
dialect διάλεκτος,ἡ
dialogue διάλογος,ὁ
dictionary λεξικό,τό
die,I πεθαίνω
of animals ψοφῶ(-ᾶς)
diet δίαιτα,ἡ
difference διαφορά,ἡ
different διαφορετικός,
ἀλλιώτικος [ροποιοῦμαι⌐
different,I become διαφο-
differently διαφορετικά,
ἀλλιώτικα,ἀλλιῶς
difficult δύσκολος
difficulty δυσκολία,ἡ
with " δύσκολα
dig,I σκάβω
dig in,I μπήγω
digest,I χωνεύω
dilemma δίλημμα,τό
dilute,I διαλύω[γεθος,τό⌐
dimension διάσταση,ἡ,μέ-
dining room τραπεζαρία,ἡ
direct ἄμεσος,εὐθύς
direction διεύθυνση,κα-
τεύθυνση,ἡ
disappear,I
disc δίσκος,ὁ
discover,I ἀνακαλύπτω
discuss,I συζητῶ(-ᾶς≃-εῖς)
discussion συζήτηση,ἡ
dish πιάτο,τό
dislike,I ἀντιπαθῶ(-εῖς)
dismiss,I σχολῶ(-ᾶς),παύω
disorder ἀταξία,ἡ
disorderly ἄτακτος≃ἄταχτος
displease,I δυσαρεστῶ(-εῖς)
displeased δυσαρεστημέ-
dispose,I διαθέτω [νος⌐
disposition διάθεση,ἡ
distance,I take a ἀπομα-
κρύνομαι
distribute,I μοιράζω
disturb,I ἐνοχλῶ(-εῖς)
dive βουτιά,ἡ

dive,I βουτῶ(-ᾶς)
divide,I διαιρῶ(-εῖς)
divorce,I χωρίζω
dizzy ζαλισμένος
dizzy,I make ζαλίζω
do,I κάνω,πράττω
doctor γιατρός≃ἰατρός,ὁ
document ἔγγραφο,τό
dog σκύλος,ὁ≃σκυλί,τό
doings καμώματα,τά
dome θόλος,ὁ
dominate,I δεσπόζω,ἐξουσι-
don't μή(ν) [άζω⌐
door πόρτα, θύρα,ἡ
doorstep σκαλοπάτι,τό
Doric δωρικός
dot κουκκίδα,ἡ
dot,I στίζω
double διπλός
doubt ἀμφιβολία,ἡ
down κάτω
downhill κατήφορος,ὁ
downtown κέντρο,τό
drachma δραχμή,ἡ
drag,I σέρνω≃σύρω,τραβῶ
drain,I στραγγίζω
drama δράμα,τό
drastic δραστικός
drawer συρτάρι,τό
dream ὄνειρο,τό
dream,I ὀνειρεύομαι
dress φόρεμα,φουστάνι,τό
ἐνδυμασία,φορεσιά,ἡ
dress,I ντύνω,ντύνομαι
dress up,I στολίζομαι
dried ξεραμένος,στεγνωμέ-
νος,σκουπισμένος
drink,I πίνω
drive,I ὁδηγῶ(-εῖς≃-ᾶς)
driver ὁδηγός,ὁ
drop στάλα,σταγόνα,ἡ
drop,I στάζω
dry ξερός,στεγνός
dry,I ξεραίνω,στεγνώνω
dry myself,I σκουπίζομαι
dumbfounded ἀπολιθωμένος
during κατά, ἐπί + gen.
Dutch Ὀλλανδός
duty καθῆκον,χρέος,τό
dwelling κατοικία,ἡ
dye,I βάφω
dyed βαμμένος
dynamic δυναμικός

E

each κάθε,καθένας

eagle ἀετός,ὁ
ear αὐτί,τό
early νωρύς
earn,I κερδύζω
earth γῆ,ἡ,χῶμα,ἔδαφος,τό
earthquake σεισμός,ὁ
ease εὐκολία,ἡ
easily εὔκολα
east ἀνατολή,ἡ,ἀνατολι-
κός,ἀνατολικά
Easter Πάσχα,τό,πασχαλινός
eastern ἀνατολικός
easy εὔκολος
easy to get along βολικός
eat,I τρώ(γ)ω
I eat my fill χορταίνω
echo ἠχώ,ἡ
eclipse ἔκλιψη,ἡ
economical οἰκονόμος
editing σύνταξη,ἡ   [νω]
educate,I ἐκπαιδεύω,μορφώ-
educated σπουδασμένος,
μορφωμένος,ἐκπαιδευμένος
education
EEC(European Economic Com-
munity) EOK(Εὐρωπαϊκή Οἰ-
κονομική Κοινότητα,ἡ
effect ἀποτέλεσμα,τό,
ἐπίδραση,ἡ
effective ἀποτελεσματικός,
effort προσπάθεια,ἡ
I make an,προσπαθῶ(-εῖς)
egg αὐγό,τό
eight ὀκτώ
eight hundred ὀκτακόσια
eighth ὄγδοος
eighty ὀγδόντα   [...ἤ]
either...or εἴτε...εἴτε,ἤ
elbow ἀγκώνας,ὁ
elderly ἡλικιωμένος
elect,I ἐκλέγω
elected,I ἐξέλεξα
element στοιχεῖο,τό
elementary στοιχειώδης
elementary school
δημοτικό σχολεῖο
eleven ἔντεκα≈ἔνδεκα
elsewhere ἀλλοῦ
embarrass,I φέρνω σέ ἀμηχα-
νία,στενοχωρῶ(-εῖς)
embarrassment ἀμηχανία,ἡ
embittered πικραμένος
embrace ἀγκαλιά,ἡ
embrace,I ἀγκαλιάζω
embroidery κέντημα,τό
emigrate,I ἀποδημῶ(-εῖς)

emotion συγκίνηση,ἡ
emperor αὐτοκράτορας,ὁ
emphysema ἐμφύσημα,τό
empire αὐτοκρατορία,ἡ
employee ὑπάλληλος,ὁ
empty ἄδειος
empty,I ἀδειάζω
empty out,I ξεχύνομαι
enchant,I γοητεύω
enchanting γοητευτικός
enchantment γοητεία,ἡ
encounter συνάντηση,ἡ
end τέλος,τό,λήξη,ἡ
end,I τελειώνω,λήγω
endless ἀτελείωτος
enemy ἐχθρός
energy ἐνέργεια,ἡ[λιάζω]
enfold,I περιβάλλω,ἀγκα-
English ἀγγλικός   [τά]
English language ἀγγλικά
Englishman Ἄγγλος,ὁ
Englishwoman Ἀγγλίδα,ἡ
enjoy,I χαίρομαι,διασκε-
δάζω.ἀπολαμβάνω
enormous θεόρατος,τερά-
enough ἀρκετός   [στιος]
it's enough ἀρκεῖ
enter,I μπαίνω   [ἡ]
entertainment ψυχαγωγία,
enthusiasm ἐνθουσιασμός,ὁ
I am full of,ἐνθουσι-
άζομαι
entirely ἐντελῶς
entrance εἴσοδος,ἡ
envelope φάκελ(λ)ος,ὁ
envy,I φθονῶ(-εῖς)
epic ἔπος,τό, ἐπικός
Epirus Ἤπειρος,ἡ
epoch ἐποχή
equally ἐξίσου
era ἱστορική περίοδος,ἐ-
ποχή,ἡ, αἰώνας,ὁ
erase σβήνω
erotic ἐρωτικός
error λάθος,τό,πλάνη,ἡ
escape φυγή,ἡ,γλυτωμός,
escape,I γλυτώνω   [ὁ]
especially ἰδιαιτέρως,
essay δοκίμιο,τό [ἰδίως]
establish,I ἰδρύω
establish myself,I ἐγκα-
θίσταμαι
established,I am καθιε-
ρώνομαι
ethos ἦθος,τό
etymology ἐτυμολογία,ἡ

Europe Εὐρώπη,ἡ
European εὐρωπαϊκός
even ὁμαλός,ἴσιος
even ἀκόμη καί, μάλιστα
evening ἑσπέρα,ἡ,βράδυ,βρα-
δυνό,τό, βραδυνός
event γεγονός,τό
ever ποτέ,καμιά φορά, πάντα
every κάθε
everything κάθετί,τά πάντα
everywhere παντοῦ
evolution ἐξέλιξη,ἡ
evolve,I ἐξελίσσομαι
exact ἀκριβής
exactitude ἀκρίβεια,ἡ
exactly ἀκριβῶς
exaggerate,I ὑπερβάλλω
exaggerated ὑπερβολικός
exaggeration ὑπερβολή,ἡ
examination ἐξέταση,ἡ
examine,I ἐξετάζω
except ἐκτός ἀπό
exceptional ἐξαιρετικός[κός]
excess ὑπερβολή,ἡ,ὑπερβολι-
I am in excess περισσεύω
exchange ἀνταλλαγή,ἡ, συνάλ-
exchange,I ἀνταλλάσω[λαγμα,τό
exclamation ἐπιφώνημα,τό
exclusive ἀποκλειστικός
excommunication ἀνάθεμα,τό
excursion ἐκδρομή,ἡ
excuse δικαιολογία,ἡ
excuse,I δικαιολογῶ(-εῖς),
συγχωρῶ(-εῖς)
execute,I ἐκτελῶ(-εῖς)
exercise ἄσκηση,ἐξάσκηση,ἡ
exercise,I γυμνάζομαι,
ἐξασκοῦμαι
exert,I ἀσκῶ(-εῖς)
exhibit ἔκθεση,ἡ
exhibit,I ἐκθέτω
exhibition ἔκθεση,ἡ
exile ἐξορία,ἡ,ἐξόριστος
exile,I ἐξορίζω
exist,I ὑπάρχω
existing ὑπάρχων,-ουσα,-ον
exit ἔξοδος,ἡ
exodus ἔξοδος,ἡ
expect,I περιμένω
expense ἔξοδο,τό,δαπάνη,ἡ
expensive ἀκριβός
I become,ἀκριβαίνω
expensively ἀκριβά   [ἡ]
experience πείρα,ἐμπειρία,
experimental πειραματικός
explain,I   ἐξηγῶ(-εῖς)

explanation ἐξήγηση,ἡ
exposition ἔκθεση,ἡ
exquisite ἔκτακτος
extinguish,I σβήνω
extremity ἄκρη,ἡ
eyebrows φρύδια,τά
eyelids βλέφαρα,τά

F

fable μύθος,ὁ
face πρόσωπο,τό
facility εὐκολία,ἡ
fact γεγονός,τό
factor παράγοντας,ὁ
factory ἐργοστάσιο,τό
fade away,I σβήνω
fail,I ἀποτυχαίνω
  without fail χωρίς ἄλλο,
  ἐξάπαντος
failure ἀποτυχία,ἡ
fair ὡραῖος,ξανθός,τίμιος,
  δίκαιος,σωστός,ὑποφερτός
fall πτώση,ἡ,φθινόπωρο,τό
fall,I πέφτω
false ψεύτικος
falsified ψευτισμένος
familiar οἰκεῖος,φιλικός
family οἰκογένεια,ἡ,
  οἰκογενειακός
fantastic ἀφάνταστος,
  ἀπίστευτος,φανταστικός
far μακριά≈μακρυά
fashion μόδα,ἡ,τρόπος,ὁ
fasting νηστικός [χύς]
fat λίπος,πάχος,τό,πα-]
father πατέρας,ὁ
fear φόβος,ὁ
fear,I φοβᾶμαι
February Φεβρουάριος≈
  Φλεβάρης,ὁ
feel,I αἰσθάνομαι
feeling αἴσθημα,τό
fellow σύντροφος,τύπος,ὁ
female θηλυκός,γυναικεῖος
fertile γόνιμος
fervour θέρμη,ἡ,πάθος,τό
few λίγοι,λιγοστοί
fickle ἀλλοπρόσαλλος
field κάμπος,ἀγρός,ὁ
fifth πέμπτος
fight μάχη,ἡ
fight,I πολεμῶ(-ᾶς≈-εῖς)
fill,I γεμίζω
filling χορταστικός
film ταινία,ἡ
final τελικός

finances οἰκονομικά,τά
financial οἰκονομικός
find,I βρίσκω
fine ἔκτακτος,λεπτός,εὐ-
  γενικός,καλός,ὀξύς,ψιλός
finger δάκτυλο≈δάχτυλο,τό
fingernail νύχι,τό
finish,I τελειώνω
fire φωτιά,ἡ,πῦρ,τό
fireplace τζάκι,τό [κτός]
firm σταθερός,στερεός,σφι-
first πρῶτος
fish ψάρι,τό
fisherman ψαράς,ὁ
fit,I ταιριάζω
fit into,I χωρῶ(-εῖς≈-ᾶς)
five πέντε
five hundred πεντακόσια
flag σημαία,ἡ
flatter κολακεύω
fleet στόλος
flight πτήση,φυγή,ἡ
floor πάτωμα,τό,ὄροφος,ὁ
florin φλωρί,τό
flower λουλούδι,ἄνθος,τό
flowerpot γλάστρα,ἡ   [ἡ]
flute φλάουτο,τό,φλογέρα,
flutter φτερουγίζω
fly,I πετῶ(-ᾶς)
foam,I ἀφρίζω
fog ὁμίχλη,ἡ   [τό]
folksong δημοτικό τραγούδι]
follow,I ἀκολουθῶ(-εῖς)[νος]
following ἀκόλουθος,ἑπόμε-]
food τροφή,ἡ,φαγητό≈φαΐ,τό
foodstuff τρόφιμα,τά
foolish ἀνόητος
foot πόδι,τό
  on foot μέ τά πόδια, πεζῇ
for γιά, ὑπέρ +gen.,ἀντί
force δύναμη,ἰσχύς,βία,ἡ
force,I (ἐξ)αναγκάζω
forcible βίαιος,πειστικός
foresee,I προβλέπω
forest δάσος,τό
forget,I ξεχνῶ(-ᾶς)
forgive,I συγχωρῶ(-εῖς)
forgiveness συγ(γ)νώμη,
  συγχώρηση≈συχώρεση,ἡ
fork πηρούνι,τό
form σχῆμα,τό,μορφή,ἡ
form,I σχηματίζω,μορφώνω
formation σύνθεση,ἡ,σχη-
  ματισμός,ὁ
former προηγούμενος
fortunate τυχερός

fortunately εὐτυχῶς
fortune τύχη,περιουσία,ἡ
forty σαράντα
found,I ἱδρύω   [τό]
foundation ἵδρυμα,θεμέλιο]
founder ἱδρυτής,θεμελιωτής]
four τέσσερα   [ὁ]
four hundred τετρακόσια
fourth τέταρτος
fowl ὄρνιθα,κότ(τ)α,ἡ
fox ἀλεπού,ἡ
frame πλαίσιο,τό
France Γαλλία,ἡ
French language γαλλικά,τά
Frenchman Γάλλος,ὁ
Frenchwoman Γαλλίδα,ἡ
frank εἰλικρινής
free ἐλεύθερος
freed,I am λυτρώνομαι
freedom ἐλευθερία,ἡ
freeze,I παγώνω
frenzy μανία,ἡ
  I am in a, μαίνομαι
fresh φρέσκος,δροσερός
freshness δροσεράδα,ἡ
Friday Παρασκευή,ἡ
friend φίλος   [τικός]
friendly φιλικός,ἐξυπηρε-]
from ἀπό,ἀπό πρίν,ἐκ +gen
frost παγωνιά,ἡ
fruit καρπός,ὁ,φροῦτο,τό
fruitless ἄγονος,ἄκαρπος
full γεμάτος,πλήρης
fun διασκέδαση,ἡ,κέφι,τό
  I have, διασκεδάζω,γλεντῶ
function λειτουργία,(-ᾶς)
  ἡ,καθῆκον,τό
function,I λειτουργῶ(-εῖς)
funny ἀστεῖος
furnish,I ἐπιπλώνω,προμη-]
furniture ἔπιπλα,τά [θεύω]
further μακρύτερα,πιό πέρα
fuss ταραχή,φασαρία,ἡ
futile μάταιος,ἀνωφελής
future μέλλων,-ουσα,-ον

G

gain κέρδος,τό
gain,I κερδίζω
game παιχνίδι,τό,ἀγώνας,ὁ
garden κῆπος,ὁ   [ἡ]
garment φορεσιά,ἐνδυμασία]
gate πύλη,ἡ
gather,I μαζεύω,συλλέγω
gathering συγκέντρωση,ἡ
gay εὔθυμος,χαρούμενος

gender γένος,τό
general γενικός
generally γενικά
generation γενεά,ή
generous γενναῖος
genre εἶδος,τό
gentle ἁβρός,εὐγενικός,μα-
λακός,ἤρεμος,πράος,ἁπαλός
gentleman κύριος,εὐγενής
gentleness ἁβρότητα,καλο-
σύνη,ἁπαλότητα,ή
genuine γνήσιος,εἰλικρινής
German Γερμανός   [τά]
German language γερμανικά,
get,I ἀποκτῶ(-ᾶς),βρίσκω,
παίρνω,δέχομαι
get up,I σηκώνομαι
get well περαστικά
giant γίγαντας,ό
gift δῶρο,τό
gifted προικισμένος
girl κορίτσι,τό,κοπέλ(λ)α,ή
give,I δίνω,χαρίζω,δωρίζω
give way,I ὑποχωρῶ(-εῖς)
glad εὐχαριστημένος, χαρού-
gladly εὐχαρίστως   [μενος]
glance βλέμμα,τό
glass γυαλί, ποτήρι,τό
glasses γυαλιά(τῶν ματιῶν)
globe σφαίρα,ή   [τά]
glorify δοξάζω,δοξολογῶ
(-εῖς),λατρεύω
glory δόξα,ή
go,I πηγαίνω,πάω,πορεύο-
μαι,φεύγω,τραβῶ(-ᾶς)
go back,I γυρίζω. ἐπιστρέφω
go down,I δύω,κατεβαίνω
go on,I συνεχίζω,συμβαίνει
go out,I βγαίνω
go up,I ἀνεβαίνω
god θεός
goddess θεά,ή
goggle,I γουρλώνω
going πηγαιμός,ό
gold(en) χρυσός
good καλός
good-bye ἀντίο,γειά σου
gospel Εὐαγγέλιο,τό
grab ἁρπάζω
grace χάρη,ή
graceful χαριτωμένος
graceless ἄχαρος
grade βαθμός,ό
grammar γραμματική,ή
grandchildren ἐγγόνια,τά
granddaughter ἐγγονή,ή

grandfather παππούς,ό
grandmother γιαγιά,ή
grandparent παππούς/για-
grandson ἔγγονος,ό [γιά
grapes σταφύλια,τά
grasping ἁρπακτικός
grass χλόη,ή,χορτάρι,τό
grateful εὐγνώμων
gratitude εὐγνωμοσύνη,ή
graze βόσκω
Greece Ἑλλάδα≃Ἑλλάς,ή
greedy φιλοχρήματος
Greek ἑλληνικός   [τά]
Greek language ἑλληνικά,
Greek,a Ἕλληνας,ό, Ἑλ-
ληνίδα,ή
green πράσινος
I turn, πρασινίζω
greengrocer μανάβης,ό
greet,I χαιρετῶ(-ᾶς)
greetings χαιρετίσματα,
grey γκρίζος   [τά
grief πίκρα,λύπη,ή
grill σχάρα,ή
grill,I ψήνω στή σχάρα
grip ἁρπάγη,ή
groan,I βογκῶ(-ᾶς)
grocer μπακάλης,ό
grocery μπακάλικο,τό
ground ἔδαφος,τό,γῆ,ή
group ὅμιλος,ό
grow,I μεγαλώνω,φυτρώνω
grow old,I γερνῶ(-ᾶς)
grow strong,I δυναμώνω
grow up,I μεγαλώνω
grumble,I γκρινιάζω
grumbling γκρίνια,ή
guard φρουρός,φύλακας,ό
guard,I φρουρῶ(-εῖς)
guardian κηδεμόνας,ό
guess,I ὑποθέτω
guide ὁδηγός,ό,ή
guide,I ὁδηγῶ(-εῖς)
guitar κιθάρα,ή
gulf κόλπος,ό
gulp,I χάφτω
gymnastics γυμναστική,ή

H

habit συνήθεια,ή
had εἶχε see ἔχω
Hades Ἅδης,ό
hair τρίχα,ή,μαλλιά,τά
half μισός
hall αἴθουσα,ή,χώλ,τό
hand χέρι,τό

hand,I παραδίδω
handbag(γυναικεία)τσάντα,ή
handful χούφτα,ή
handicraft χειροτεχνία,ή
handkercief μαντήλι,τό
handsome ὅμορφος
handy πρόχειρος
hang,I κρεμῶ(-ᾶς)
hanger κρεμάστρα,ή
happen,I συμβαίνω,τυχαίνω
happiness εὐτυχία,ή
happy εὐτυχισμένος≃εὐτυχής,
χαρμόσυνος,αἴσιος
harbour λιμάνι,τό,λιμένας,ό
hard σκληρός
hare λαγός,ό
harm,I βλάπτω
harmful βλαβερός
harmony ἁρμονία,ή
haste σπουδή,βία,βιασύνη,ή
hasten,I σπεύδω,βιάζομαι
hasty βιαστικός
hastily βιαστικά
hat καπέλ(λ)ο,τό
felt hat ρε(μ)πούμπλικα,ή
hate,I μισῶ(-εῖς)
hatred μίσος,τό
have,I ἔχω
he αὐτός
head κεφάλι,τό
headache πονοκέφαλος
headstrong ἰσχυρογνώμων
health ὑγεία,ή
healthy ὑγιής,ὑγιεινός
hear,I ἀκούω
hearing ἀκοή,ή
heart καρδιά,ή
heartily ἐγκάρδια
heat ζέστη,ή
heat,I ζεσταίνω
heavily βαριά
heavy βαρύς
Hebraic ἑβραϊκός
Hebrew Ἑβραῖος,ό
height ὕψος,ὕψωμα,τό
heir διάδοχος,ό
Helen Ἑλένη,ή
Hellene Ἕλληνας,ό
Hellenic ἑλληνικός
Hellenistic ἑλληνιστικός
hello γειά σου
help βοήθεια,ή
help,I βοηθῶ(-ᾶς≃-εῖς)
helping μερίδα,ή
hen ὄρνιθα,κότ(τ)α,ή
her τῆς,τήν

Hera Ἥρα,ἡ
herald κήρυκας,ὁ
herald,I (προ)κηρύσσω
herb χορτάρι,χόρτο,τό
herd κοπάδι,μπουλούκι,τό
here ἐδῶ
here he is νάτος
here is ἰδού,νά
here you are ὁρίστε
hero ἥρωας≈ἥρως,ὁ
heroic ἡρωικός
hesitate,I διστάζω
hesitation δισταγμός,ὁ
 without, ἀδίστακτα
hide,I κρύβω
hidden κρυφός
high ψηλά
high school γυμνάσιο,τό
hilarious ἱλαρός
hinder,I ἐμποδίζω
his του,δικός του
history ἱστορία,ἡ
historiographer
 ἱστοριογράφος,ὁ
hit,I κτυπῶ≈χτυπῶ(-ᾶς)
hoarse βραχνός
hold,I κρατῶ(-ᾶς≈-εῖς),
 χωρῶ(-ᾶς≈-εῖς),βαστῶ(-ᾶς)
hole λάκκος,ὁ,τρύπα,ἡ
holiday γιορτή≈ἑορτή,ἡ
hollow κοιλότητα,ἡ
holy ἱερός,ὅσιος
home σπίτι,σπιτικό,τό
home-made σπιτικός
Homer Ὅμηρος,ὁ
Homeric ὁμηρικός
honour τιμή,ἡ
honour,I τιμῶ(-ᾶς)
hope ἐλπίδα,ἡ
hope,I ἐλπίζω
horizon ὁρίζοντας,ὁ
horrible φρικτός
horse ἄλογο,τό
hospital νοσοκομεῖο,τό
hostage ὅμηρος,ὁ
hostile ἐχθρικός
hostility ἐχθρότητα,ἡ
hot ζεστός
hot,I am ζεσταίνομαι
hotel ξενοδοχεῖο,τό
hour ὥρα,ἡ
house σπίτι,τό,οἰκία,ἡ
how? πῶς;
how much? πόσο;
however ὅμως,ἐντούτοις
human ἀνθρώπινος,

ἀνθρωπινός,συγκινητικός
human being,ὄν,τό,ἄνθρω-
humid ὑγρός   [πος,ὁ
humidity ὑγρασία,ἡ
humility ταπεινοσύνη,ἡ
hunchback καμπούρης,ὁ
hundred ἑκατό
hunger πείνα,ἡ
hungry πεινασμένος
hungry,I am πεινῶ(-ᾶς)
hunter κυνηγός,ὁ
hurried βιαστικός
hurriedly βιαστικά
hurry σπουδή,βιασύνη,ἡ
hurry,I σπεύδω,βιάζομαι
husband σύζυγος,ἄντρας,ὁ
hydrogen ὑδρογόνο,τό
hyphen ἑνωτικό,τό
hypothesis ὑπόθεση,ἡ

I, J, K

I ἐγώ
ice πάγος,ὁ
iced παγωμένος
icon εἰκόνα,ἡ
idea ἰδέα,ἡ
ideal ἰδεώδης,ἰδανικός
idiom ἰδίωμα,τό
if ἐάν≈ἄν
ignore,I ἀγνοῶ(-εῖς)
Iliad Ἰλιάδα,ἡ
ill ἄρρωστος,ἀσθενής,ὁ
ill,I am ἀρρωσταίνω
illiterate ἀγράμματος
image εἰκόνα,ὁμοίωση,ἡ
imaginary φανταστικός
imagination φαντασία,ἡ
imagine,I φαντάζομαι
immature ἀνώριμος
immediate ἄμεσος
immediately ἀμέσως
immigrant μετανάστης,ὁ
immortal ἀθάνατος
impatience ἀνυπομονησία,ἡ
impatient ἀνυπόμονος[(-εῖς)
impatient,I am ἀνυπομονῶ
impersonal ἀπρόσωπος
impetus φόρα,ὁρμή,ὤθηση,ἡ
impious ἀσεβής
implore,I ἱκετεύω
importance σπουδαιότητα,ἡ
important σπουδαῖος
impossible ἀδύνατος
impression ἐντύπωση,ἡ
in σέ≈εἰς,μέσα,ἐν + dat.
incident συμβάν,τό

inclined,I am κλίνω
increase αὔξηση,ἡ
increase,I αὐξάνω≈αὐξαίνω
indeed πράγματι
indefatigable ἀκούραστος[τό
index δείκτης,ὁ,εὑρετήριο,
indifference ἀδιαφορία,ἡ
indifferent ἀδιάφορος
 I am, ἀδιαφορῶ(-εῖς)
indiscrete ἀδιάκριτος
indiscretion ἀδιακρισία,ἡ
individual ἄτομο,τό,ἀτομι-
industrial βιομηχανικός[κός
inevitable ἀναπόφευκτος
infant βρέφος,νήπιο,τό
inflation πληθωρισμός,ὁ
influence ἐπίδραση,ἡ
inform,I πληροφορῶ(-εῖς)
information πληροφορία,ἡ
infuriate,I ἐξαγριώνω
initial ἀρχικός,πρῶτος
injection ἔνεση,ἡ
insane παράφρων,τρελλός,ὁ
insert,I χώνω
inside ἐσωτερικός,μέσα
insolent θρασύς,ἀναιδής
insomnia ἀυπνία,ἡ
inspire,I ἐμπνέω
instalment δόση,ἡ
instant ἄμεσος,στιγμιαῖος
instead ἀντί
institution ἵδρυμα,τό
instructions ὁδηγίες,οἱ
insurance ἀσφάλεια,ἡ
insured ἀσφαλισμένος
intact ἀνέπαφος,ἀκέραιος
intellectual διανοούμενος,
 διανοητικός,πνευματικός
intelligent ἔξυπνος
interest ἐνδιαφέρον,συμφέ-
 ρον,τό,τόκος,ὁ
interest,I ἐνδιαφέρω
interesting ἐνδιαφέρων
international διεθνής
interpret,I ἑρμηνεύω
interpreter διερμηνέας,ὁ
intersection διασταύρωση,ἡ
interval διάλειμμα,διάστη-
 μα,τό, ἀπόσταση,ἡ
into μέσα σέ, εἰς, ἐντός
intoxicate,I μεθῶ(-ᾶς)
invisible ἀόρατος
invitation πρόσκληση,ἡ
invite,I προσκαλῶ(-εῖς)
invited καλεσμένος
Ionian ἰωνικός

irritable ὀξύθυμος,νευρι⌐
is,he/she/it εἶναι [κός]
island νησύ,τό≈νῆσος,ἡ
issue ἔκδοση,ἡ,τεῦχος,τό
it αὐτό,τό
italian currency λιρέτ(τ)α,ἡ
jacket ζακέτ(τ)α,ἡ
January'Ιανουάριος Γενά-⌐
Janus 'Ιανός,ὁ   [ρης,ὁ]
jar σταμνί,τό
jasmine γιασεμί,τό
jaw σαγόνι,τό
jealous ζηλιάρης
jealous,I am ζηλεύω
jealousy ζήλεια,ἡ
Jesus'Ιησοῦς,ὁ
Jew 'Εβραῖος,'Ιουδαῖος,ὁ
jewel κόσμημα,πετράδι,τό
Jewish ἑβραϊκός
job δουλειά,ἐργασία,ἡ
jog σιγανό τρέξιμο,τό
John Γιάννης≈'Ιωάννης,ὁ
join,I ἑνώνω,σμύγω
joint ἁρμός,ὁ,ἄρθρωση,ἡ
joy χαρά,ἡ
judge κριτής,δικαστής,ὁ
judge,I κρίνω
judgement κρίση,ἡ
jug στάμνα,ἡ
July 'Ιούλιος,ὁ
jump πήδημα,ἅλμα,τό
jump,I πηδῶ(-ᾶς)
June 'Ιούνιος,ὁ
just μόλις
just δίκαιος
justice δικαιοσύνη,ἡ
justification δικαίωση,
 δικαιολογία,ἡ
keep,I κρατῶ(-ᾶς≈-εῖς),
 φυλάω,συνεχίζω
keeper φύλακας,φρουρός,ὁ
key κλειδί,τό
keyhole κλειδαρότρυπα,ἡ
kid κατσίκι,παιδί,τό
kid,I κοροϊδεύω
kidnap,I ἀπάγω
kill,I σκοτώνω,φονεύω
killing φόνος,ὁ,σφαγή,ἡ
kilo κιλό,τό
kilometre χιλιόμετρο,τό
kind εἶδος,τό
kind καλός
kindly εὐγενικός,καλός
kindness καλοσύνη,ἡ
king βασιλιάς,ρήγας,ὁ
king's daughter βασιλο-

πούλα,ἡ   [τό]
king's son βασιλόπουλο,
kiss φιλί,φίλημα,τό
kiss,I φιλῶ(-ᾶς≈-εῖς)
kitchen κουζίνα,ἡ
kitten γατάκι,τό
knife μαχαίρι,τό
knit,I πλέκω
knock κτύπος≈χτύπος,ὁ
knock,I κτυπῶ≈χτυπῶ(-ᾶς)
know,I ξέρω,γνωρίζω
 I let,εἰδοποιῶ(-εῖς)
knowledge γνώση,ἡ
known γνωστός
Koran Κοράνι(ο),τό

Λ

labour ἐργασία,ἡ,κόπος,ὁ
lack ἔλλειψη,ἡ
lack,I μοῦ λείπει
ladder κινητή σκάλα,ἡ
laden φορτωμένος
lady κυρία,ἡ [λοκυρά,ἡ]
 noble,ἀρχόντισσα,(κα-⌐
laid στρωμένος
lake λίμνη,ἡ
lamb ἀρνάκι,τό
lame χωλός,κουτσός
lament θρῆνος,ὁ
lament,I θρηνῶ(-εῖς)
lamp λάμπα,ἡ   [δα,ἡ]
land γῆ,ξηρά,χώρα,πατρί-
land,I προσγειώνομαι
landing προσγείωση,ἡ
landscape τοπίο,τό
land-owner κτηματίας,ὁ
language γλώσσα,ἡ
large φαρδύς,μεγάλος
last περασμένος,τελευ-⌐
 at,ἐπιτέλους [ταῖος]
last,I κρατῶ(-ᾶς -εῖς),
late ἀργά [διαρκῶ(-εῖς)]
late,I am ἀργῶ(-εῖς)
latest τελευταῖος
Latin (lang.)λατινικά,
laugh,I γελῶ(-ᾶς) [τά]
laughter γέλιο,τό
Laura Λαύρα,ἡ [μπῶ(-ᾶς)]
lay,I στρώνω,βάζω,ἀκου-
law νόμος,ὁ,νομικά,τά
lawsuit δίκη,ἡ
lawyer δικηγόρος,ὁ
lazy τεμπέλης
lead ὁδηγῶ(-εῖς),ἡγοῦμαι
leader ἀρχηγός,ὁ
leadership ἀρχηγία,ἡ

leaf φύλλο,τό
lean στεγνός,ἄπαχος
lean,I ἀκουμπῶ(-ᾶς),κλίνω
learn,I μαθαίνω
learned μορφωμένος,πολυμα-
 θής,λόγιος
learning μάθηση,ἐκμάθηση,ἐκ-
 παίδευση,παιδεία,μόρφωση,ἡ
least ἐλάχιστος
at, τουλάχιστον
leave,I ἀφήνω,φεύγω
lecture διάλεξη,ἡ[δάσκαλος,ὁ]
lecturer πανεπιστημιακός δι-
left ἀριστερός,ζερβός,ἀρι-⌐
left-handed ἀριστερός [στερά]
leg σκέλος,πόδι,τό [δοση,ἡ]
legend θρύλος,μύθος,ὁ,παρά-
lemon λεμόνι,τό
lemonade λεμονάδα,ἡ
lend,I δανείζω
length μῆκος,τό
lens φακός,ὁ
Lent σαρακοστή,ἡ
less λιγότερος,μικρότερος
lessen,I λιγοστεύω,μειώνω
lesson μάθημα,δίδαγμα,τό,
 διδαχή,ἡ
lest ἀπό φόβο μήπως   [άζω]
let,I ἀφήνω,ἐπιτρέπω,ἐνοικι-
letter ἐπιστολή,ἡ,γράμμα,τό
level ἐπίπεδο,τό
liar ψεύτης,ὁ
library βιβλιοθήκη,ἡ
lie ψεῦδος,ψέμα,τό
lie,I ψεύδομαι,λέω ψέματα
lie down,I ξαπλώνω,ξαπλώνο-⌐
life ζωή,ἡ   [μαι]
lift ἀνελκυστήρας,ὁ
lift,I σηκώνω,(ἀν)υψώνω
light ἐλαφρός
light φῶς,τό,φωτισμός,ὁ
light,I ἀνάβω,φωτίζω,φέγγω
lighter ἀναπτήρας,ὁ
lightning ἀστραπή,ἡ
like ὅμοιος, ὁμοίως,σάν
like,I μοῦ ἀρέσει,ἀγαπῶ(-ᾶς),
 ἐπιθυμῶ(-εῖς),θέλω
likeable συμπαθητικός,ἄξια-⌐
likewise παρομοίως[γάπητος]
lily κρίνος,ὁ
limit ὅριο,τό
limited περιορισμένος
lit ἀναμμένος,φωτισμένος
badly, κακοφωτισμένος
literary λογοτεχνικός
literature λογοτεχνία,ἡ

little μικρός,λίγος
live,I ζῶ(-εῖς)
lively ζωηρός
livingroom σαλόνι,τό
liver σηκότι≈συκώτι,τό
load,I φορτώνω
loan δάνειο,τό
local τοπικός
long μακρύς,μακρουλός
longing μεγάλη ἐπιθυμία,ἡ
look ματιά,ἡ,βλέμμα,ὄψη,ἡ
look,I κοιτάζω
look for,I ζητῶ(-ᾶς≈-εῖς)
loosen,I χαλαρώνω,λύνω
looting λεία,ἡ,πλιάτσικο,
lord κύριος,ἄρχοντας,ὁ [τό
lose,I χάνω
loss ἀπώλεια,ζημία,ἡ
lot κλῆρος,ὁ,οἰκόπεδο,τό
 a, πολύς,πολλή,πολύ
loud δυνατός
loudly δυνατά
love ἀγάπη,ἡ,ἔρωτας,ὁ
love,I ἀγαπῶ(-ᾶς)
 I fall in, ἐρωτεύομαι
low χαμηλός,σιγανός
luck τύχη,ἡ
lucky τυχερός
luminous φωτεινός
lung πνεύμονας,ὁ,πνεμό-
luxurious πολυτελής [νι,τό]
luxury πολυτέλεια,ἡ
Lycabettus Λυκαβηττός,ὁ
lyre λύρα,ἡ
lyrical λυρικός

M

Macedonia Μακεδονία,ἡ
machine μηχανή,ἡ
mad τρελλός,παλαβός
madden,I τρελλαίνω
madly τρελλά,παράφορα
madness τρέλλα,ἡ
magazine περιοδικό,τό
magic μαγεία,ἡ
magnificent ὑπέροχος,ἔξο-
 χος,θαυμάσιος
magnify,I μεγαλοποιῶ(-εῖς)
magnitude μέγεθος,τό,σπου-
maid ὑπηρέτρια,ἡ [δαιότητα,ἡ
mail ταχυδρομεῖο,τό
main κύριος,πρωτεύων
mainland ἠπειρωτική περι-
mainly κυρίως   [οχή,ἡ]
maintain,I διατηρῶ(-εῖς),
 συντηρῶ(-εῖς),ἰσχυρίζομαι

maintenance διατήρηση,συν-
make,I κάνω,φτιάχνω [τήρηση,ἡ]
make-up φτιασίδι,τό,χαρα-
 κτήρας,ὁ,ψυχοσύθεση,ἡ
male ἀρσενικός
malice κακία,ἡ
mamma μαμά,ἡ
man ἄντρας,ἄνθρωπος,ὁ
manage,I διευθύνω
manager διευθυντής,ὁ
 personnel,πρωσοπάρχης,ὁ
manner τρόπος,ὁ,ὕφος,τό
manly γενναῖος,ἀρρενωπός
manual ἐγχειρίδιο,τό
many πολλοί,πολυάριθμοι,
 ἀρκετοί,κάμποσοι
map χάρτης,ὁ
marathon μαραθώνιος
marble μάρμαρο,τό
march πορεία,ἡ
march,I πορεύομαι
March Μάρτιος≈Μάρτης,ὁ
mark σημεῖο,τό,βαθμός,ὁ
mark,I σημειώνω,βαθμολογῶ
market ἀγορά,ἡ   (-εῖς)
marriage γάμος,ὁ
married παντρεμένος [ομαι
marry,I παντρεύω,παντρεύ-
Mars Ἄρης,ὁ
marsh ἕλος,τό
Mass Λειτουργία,ἡ
mast ἱστός,ὁ,κατάρτι,τό
master κύριος,ὁ [τέλεια
master,I κατέχω,μαθαίνω
masterful ἀριστοτεχνικός
masterly ἀριστοτεχνικός
masterpiece ἀριστούργη-
match,I ταιριάζω [μα,τό]
material ὑλικός
mathematics μαθηματικά,τά
matter ὕλη,ἡ   [μασία
matter,I ἐνδιαφέρω,ἔχω ση-
mattress στρῶμα,τό
mature ὥριμος
maturity ὡριμότητα,ἡ
May Μάιος≈Μάης,ὁ
may,I μπορῶ(-εῖς)
maybe ἴσως
mayor δήμαρχος,ὁ
me μέ,ἐμένα≈μένα
 to me μοῦ,σέ μένα
meal φαγητό≈φαΐ,τό
mean,I σημαίνω,ἐννοῶ(-εῖς)
meaning σημασία,ἔννοια,ἡ
means μέσα,τά,τρόπος,ὁ,
 μέθοδος,ἡ

measure μέτρο,τό
measure,I μετρῶ(-ᾶς)
measurements μέτρα,τά
meat κρέας,τό
medicine ἰατρική,ἡ
meet,I συναντῶ(-ᾶς)
meeting συνάντηση,ἡ
melon πεπόνι,τό
 water,καρπούζι,τό
melt,I λειώνω≈λυώνω
member μέλος,τό
 many members,of πολυμελής
memory μνήμη,ἡ,μνημονικό,
mentally νοερά   [τό]
menu κατάλογος φαγητῶν,ὁ
merchant ἔμπορος,ὁ
mercy ἔλεος,τό,οἶκτος,ὁ
merit ἀξία,ἡ
merry εὔθυμος,πρόσχαρος
mess ἀκαταστασία,ἡ
message μαντάτο,τό
messenger μαντατοφόρος,ὁ
method μέθοδος,ἡ
methodical μεθοδικός
metre μέτρο,τό
Metro Μετρό,τό   [γος.ὁ]
microbiologist μικροβιολό-
microscope μικροσκόπιο,τό
mid μέσος, στό μέσο
midday μεσημέρι,τό
middle μεσαῖος,ἐνδιάμεσος
midnight μεσάνυχτα,τά
mild μαλακός,ἤπιος
milieu περιβάλλον,τό
milk γάλα,τό
milkman γαλατάς,ὁ
mill μύλος,ὁ
million ἑκατομμύριο
mind νοῦς,ὁ,φρένες,οἱ
 I don't mind δέ μέ νοιάζει
minister λειτουργός,ὑπουρ-
 γός,ἱερέας,ὁ
ministry ὑπουργεῖο,τό
minus μεῖον
minute λεπτό,τό,στιγμή,ἡ
miracle θαῦμα,τό
mirror καθρέφτης,ὁ
misfortune ἀτύχημα,δυστύ-
 χημα,πάθημα,τό
miss,I χάνω,μοῦ λείπει,
 μοῦ διαφεύγει
missing ἀπών,-οῦσα,-όν
mist ὁμίχλη,ἡ
mistake λάθος
Mister κύριος
mistress κυρία,δασκάλα,ἡ,

ἐρωμένη,ἡ

mistrust δυσπιστία,ἡ
mitigation μετριασμός,
 γλυκασμός
mix,I ἀνακατεύω,ἐνώνω,
 σμίγω
mixture μίγμα,κράμα,τό
mob μπουλούκι,τό,συρφε-
 τός,ὁ
mobile εὐκίνητος,κινητός
mock,I κοροϊδεύω
mode μέθοδος,ἡ,τρόπος,ὁ
model πρότυπο,τό
moderate μετρημένος,λο-
 γικός,μέτριος,μέσος
modern σύγχρονος [φρων
modest σεμνός,μετριό-
moist ὑγρός
moisture ὑγρασία,ἡ
molecule μόριο,τό
moment στιγμή,ἡ
momentary στιγμιαῖος
Monday Δευτέρα,ἡ
money χρήματα,λεφτά,τά
monster τέρας,τό
month μήνας,ὁ
monthly μηνιαῖος
monument μνημεῖο,τό
mood διάθεση,ἡ,κέφι,τό,
 ἔγκλιση,ἡ
moody κακόκεφος,ἄκεφος
moon σελήνη,ἡ,φεγγάρι,
moral ἠθικός [τό
more περισσότερος,πιό
morning πρωί,πρωινό,τό
 good, καλημέρα
mortal θνητός [πιό πολύς
most πλεῖστος,μέγιστος,
mostly ὡς ἐπί τό πλεῖστον
moth σκῶρος,ὁ
mother μητέρα,μάνα,ἡ
 Mother of God Θεοτόκος,ἡ
motorcar αὐτοκίνητο,τό
mould,I πλάθω
moulded πλασμένος
mount βουνό,τό
mountain ὄρος,τό
mouse ποντίκι,τό
mouth στόμα,τό
move,I κινῶ(-εῖς),κουνάω,
 κουνιέμαι,μετακομίζω
movement κίνηση,ἡ
much πολύς
mud λάσπη,ἡ [νος
muddy λασπερός,λασπωμέ-
mug κούπα,ἡ

mule μουλάρι,τό
mum μαμά,ἡ
municipal δημοτικός [ἡ
murder φόνος,ὁ,δολοφονία,
murder,I δολοφονῶ(-εῖς)
muse μούσα,ἡ
museum μουσεῖο,τό
music μουσική,ἡ
must πρέπει,ὀφείλω
mute βουβός
muzzle,I φιμώνω
my μου
mysterious μυστηριώδης
mystery μυστήριο,τό
myth μύθος,ὁ

N, O

nail νύχι,τό,καρφί,τό,
naive ἀφελής [πρόκα,ἡ
naked γυμνός
name ὄνομα,τό
nanny νταντά,ἡ [γούμαι
narrate,I διηγοῦμαι,ἀφη-
narration ἀφήγηση,ἡ
narrator ἀφηγητής,ὁ
narrow στενός
nasty κακός,δυσάρεστος
nation ἔθνος,τό
nationality ἐθνικότητα,ἡ
native ἰθαγενής,αὐτόχθων
natural φυσικός
nature φύση,ἡ
navy στόλος,ὁ
near κοντά,πλησίον
nearer πλησιέστερος [κός
neat φροντισμένος,τακτι-
necessary ἀναγκαῖος
necessity ἀνάγκη,ἡ
neck λαιμός,τράχηλος,ὁ
need ἀνάγκη,ἡ
need,I χρειάζομαι
needle βελόνα,ἡ,βελόνι,τό
needless ἄχρηστος,περιτ-
negative ἀρνητικός [τός
neglect,I ἀμελῶ(-εῖς)
negligent ἀμελής
neigh,I χλιμιντρῶ(-ᾶς)
neighbour γείτονας,ὁ
neighbourhood γειτονιά,ἡ
neighbouring γειτονικός
neither...nor οὔτε...οὔτε
neologism νεολογισμός,ὁ
 νεόπλαστη λέξη,ἡ
nephew ἀνεφιός,ὁ
nerve νεῦρο,τό
nervous νευρικός

nest φωλιά,ἡ
neuter οὐδετέρου γένους
never ποτέ
nevertheless παρ'ὅλα αὐτά
new νέος,καινούργιος
 New Year's day Πρωτοχρονιά,
 New York Νέα Ὑόρκη,ἡ [ἡ
news νέα,τά,εἰδήσεις,οἱ
newspaper ἐφημερίδα,ἡ
next ἐπόμενος,ἐρχόμενος
 next year τοῦ χρόνου
niece ἀνεψιά,ἡ
night νυκτα≈νύχτα,ἡ
 tonight ἀπόψε,ἀποψινός
 night falls βραδυάζει
nightmare ἐφιάλτης,ὁ
nighty νυκτικό≈νυχτικό,τό
nine ἐννέα
nine hundred ἐννιακόσια
nineteen δέκα ἐννέα
ninth ἔνατος
no ὄχι
Noah Νῶε,ὁ
noble εὐγενής,ἄρχοντας,ὁ
noise θόρυβος,ὁ
noiseless ἀθόρυβος
noisy θορυβώδης
nominal ὀνομαστικός
nominate,I διορίζω
none κανένας≈κανείς
noon μεσημέρι,μεσημεριανό,
nor οὔτε [τό
normal κανονικός,ὁμαλός
north βορράς,ὁ
northerly βορεινά,βόρεια
northerner κάτοικος τοῦ βορ-
nose μύτη,ρίνα,ἡ [ρᾶ,ὁ
not δέν
notably σημαντικά
note σημείωση,ἡ
noted διάσημος
nothing τίποτε≈τίποτα
notice,I παρατηρῶ(-εῖς)
noticeable αἰσθητός
notification γνωστοποίηση,
 εἰδοποίηση,ἡ
notify,I εἰδοποιῶ(-εῖς)
notion ἀντίληψη,ἰδέα,ἔννοι-
noun ὄνομα,τό [α,ἡ
nourish,I θρέφω≈τρέφω
November Νοέμβριος≈Νοέμ-
now τώρα [βρης,ὁ
nowhere πουθενά
nuclear πυρηνικός
number ἀριθμός,ὁ
numerous πολυάριθμος

nuptial γαμήλιος
nuptials γάμοι,οἱ
nurse νοσοκόμος,ὁ,ἡ
nurse,I νοσηλεύω,νταντεύω
oak-tree βαλανιδιά,δρῦς,ἡ
oath ὅρκος,ὁ
obedience ὑπακοή,ἡ
obedient ὑπάκοος
obey,I ὑπακούω
object ἀντικείμενο,τό
objection ἀντίρρηση,ἡ
objective ἀντικειμενικός
obligation ὑποχρέωση,ἡ
oblige,I ὑποχρεώνω
obscure σκοτεινός,ἄσημος
observation παρατήρηση,ἡ
observe,I παρατηρῶ(-εῖς)
obstacle ἐμπόδιο,τό
obtain,I ἀποκτῶ(-ᾶς)
obvious φανερός,προφανής
occasion περίπτωση,περίστα-
ση,τελετή,εὐκαιρία,ἡ
Occident Δύση,ἡ
occupation ἀπασχόληση,ἡ
ocean ὠκεανός,ὁ [βρης,ὁ]
October Ὀκτώβριος≃Ὀκτώ
odd παράξενος,περίεργος
ode ᾠδή,ἡ
Odysseus Ὀδυσσέας,ὁ
Odyssey Ὀδύσσεια,ἡ
of ἀπό
 of course βεβαίως≃βέβαια
offence προσβολή,ἡ
offend,I προσβάλλω
offer,I προσφέρω
office γραφεῖο,τό,ἀξίωμα,τό
officer ἀξιωματικός,ὁ
official ἐπίσημος
officiate,I χοροστατῶ(-εῖς)
often συχνά
ogre δράκος,ὁ
oil λάδι,τό
okay καλά, σύμφωνοι
old παλιός,γέρος
olive ἐλιά,ἡ
olive-tree ἐλία,ἡ[Ἀγῶνες,οἱ]
Olympic Games Ὀλυμπιακοί
Olympos Ὄλυμπος,ὁ
on ἐπάνω σέ,πάνω σέ,ἐπί]
once μιά φορά   [+gen.
one ἕνας,μία,ἕνα
oneself ὁ ἴδιος
only μόνος
open ἀνοικτός
open,I ἀνοίγω
opening ἄνοιγμα,τό

opera
operate,I λειτουργῶ(-εῖς)
operate on,I ἐγχειρίζω
operation δράση,λειτουρ-
γία,ἡ, ἐγχείριση,ἡ
opinion γνώμη,ἡ
 I am of the, φρονῶ(-εῖς)
opposite ἀπέναντι,ἀντί-
κρυ
opposition ἀντίθεση,ἡ,
ἀντιπολίτευση,ἡ
option ἐκλογή,ἡ
or ἤ
oracle χρησμός,ὁ
oral προφορικός
orange πορτοκάλι,τό
orator ρήτορας,ὁ [τάξη,ἡ]
order διαταγή,προσταγή,ἡ
in order to γιά νά, νά
order,I διατάζω,προστά-
ζω,παραγγέλλω
ordinary συνηθισμένος
Oriental ἀνατολίτικος
origin ἀρχή,προέλευση,ἡ
original πρωτότυπος
Orpheus Ὀρφέας≃Ὀρφεύς,
orphic ὀρφικός   [ὁ]
orthodox ὀρθόδοξος
other ἄλλος
otherwise ἀλλιῶς
Ottoman Ὀθωμανός,ὁ
ought θά ἔπρεπε
ours δικός μας
out ἔξω
outcry κατακραυγή,ἡ
outing ἐκδρομή,ἡ
outlet(δι)ἔξοδος,ἡ
outside ἐξωτερικός
outside ἔξω ἀπό
oven φοῦρνος,ὁ
over πάνω ἀπό
overturn,I ἀναποδογυρί-
ovule ὠάριο,τό   [ζω]
owe,I ὀφείλω,χρωστῶ(-ᾶς)
own δικός,ἴδιος
owner ἰδιοκτήτης,ὁ
oxygen ὀξυγόνο,τό

P

page σελίδα,ἡ
pain πόνος,ὁ
pain,I πονῶ(-ᾶς≃-εῖς)
paint χρῶμα,τό,μπογιά,ἡ
paint,I χρωματίζω,μπο-
γιατίζω,βάφω,ζωγραφίζω
painter χρωματιστής,ὁ,

ζωγράφος,ὁ
painting μπογιάτισμα,τό,
ζωγραφική(τέχνη),ἡ
pair ζεῦγος≃ζευγάρι,τό
pamphlet τεῦχος,φυλλάδιο,τό
palace παλάτι,τό
pale ὠχρός,χλωμός
palm παλάμη,ἡ
pane τζάμι,τό
paper χαρτί,τό
parable παραβολή,ἡ
parade παρέλαση,ἡ
parallel παράλληλος
parcel δέμα,πακέτο,τό
pardon συγχώρηση,συγνώμη,ἡ
parent γονιός≃γονέας,ὁ
park πάρκο,τό,δημόσιος κῆ-
park,I σταθμεύω   [πος,ὁ]
parliament βουλή,ἡ
 member of, βουλευτής,ὁ
parsley μαϊντανός,ὁ [τό]
part μέρος,τμῆμα,κομμάτι,
partial μερικός,ἄδικος
particular ἰδιαίτερος,εἰ-
δικός,λεπτομερής
partition χώρισμα,τό,
μεσότοιχος,ὁ
partly μερικῶς,ἐν μέρει[ὁ]
partner συνέταιρος,ἑταῖρος
party (πολιτικό)κόμμα,τό
συναναστροφή,παρέα,ἡ
pass,I περνῶ(-ᾶς),διέρχο-
μαι,διαβαίνω   [της,ὁ]
passenger διαβάτης,ἐπιβά-
passer-by διαβάτης,ὁ
passion πάθος,τό,θέρμη,ἡ
passport διαβατήριο,τό
past παρελθών,-οῦσα,-όν,
περασμένος
pastry γλύκισμα,τό
pastry shop ζαχαροπλαστεῖ-
paternal πατρικός [ο,τό]
path μονοπάτι,τό
patience ὑπομονή,ἡ
patron προστάτης,ὁ
pavement πεζοδρόμιο,τό
pay μισθός,ὁ,πληρωμή,ἡ
pay,I πληρώνω
peace εἰρήνη,ἡ
peach ροδάκινο,τό
peak ἀκμή,ἡ
pearl μαργαριτάρι,τό
peasant χωρικός,ἀγρότης,ὁ
pebble χαλίκι,τό
pen πέννα,ἡ
pencil μολύβι,τό

pension σύνταξη,ἡ
people λαός,κόσμος,ὁ,ἄν-]
pepper πιπέρι,τό [θρωποι,οἱ
perfect τέλειος
perfectly τέλεια≃τελείως
perform,I κάνω,ἐκτελῶ(-εῖς)
  παίζω(θεατρικό ἔργο)
perfume ἄρωμα,τό,μυρωδιά,ἡ
perhaps ἴσως,ἐνδεχομένως
period περίοδος,ἡ
periodical περιοδικός
periphery περιφέρεια,ἡ
perjury,I commit ψευδομαρ-
  τυρῶ(-εῖς)
permit ἄδεια,ἡ   [πω
permit,I δύνω ἄδεια,ἐπιτρέ-
perplex,I μπλέκω,μπερδεύω
Persian περσικός
person πρόσωπο,ἄτομο,τό,
  ἄνθρωπος,ὁ
personal προσωπικός
personality προσωπικότητα,]
personally προσωπικά [ἡ
phase φάση,ἡ
phenomenon φαινόμενο,τό
philosopher φιλόσοφος,ὁ
philosophy φιλοσοφία,ἡ
phosphorus φώσφορος,ὁ
photographic φωτογραφικός
phrase φράση,ἡ
physics φυσική,ἡ
picture εἰκόνα,φωτογραφία,ἡ
piece κομμάτι,μέρος,τό
  I tear to pieces ξεσκίζω
pierce throught,I δια-
  περνῶ(-ᾶς)
pigeon περιστέρι,τό
pin καρφίτσα,ἡ
pinch τσιμπῶ(-ᾶς)
pine-tree πεῦκο,τό
Piraeus Πειραιάς,ὁ
pity οἶκτος,ὁ
  what a, τί κρίμα!
place θέση,ἡ,τόπος,ὁ
place,I θέτω,τοποθετῶ(-εῖς)
  to be placed νά τεθῶ [βάζω
plain καθαρός,σκέτος,ἀ-]
plan σχέδιο,τό   [πλός
plan,I σχεδιάζω,σκοπεύω
plant φυτό,τό
plant,I φυτεύω
play θεατρικό ἔργο,τό
  παιχνίδι,τό
play,I παίζω
pleasant εὐχάριστος
please,I εὐχαριστῶ(-εῖς),

δύνω εὐχαρίστηση
pleasure εὐχαρίστηση,ἡ
  with, εὐχαρίστως
plentiful ἄφθονος[βαίνω]
plunge βουτῶ(-ᾶς),κατε-
poem ποίημα,τό
poet ποιητής,ὁ
poetic ποιητικός
poetry ποίηση,ἡ[μέτο,τό]
point μύτη.αἰχμή,ἡ,ση-
point,I δείχνω
police ἀστυνομία,ἡ
policeman ἀστυνόμος,ἀ-
  στυφύλακας,ὁ
polite εὐγενικός
political πολιτικός
politician πολιτευόμε-]
pollute,I μολύνω   [νος
pomegranate ρόδι,τό
pool λιμνούλα,ἡ
poor φτωχός≃πτωχός
pope παπάς,ὁ
popular λαϊκός,δημοφι-
  λής,ἀγαπητός σέ πολλούς
population πληθυσμός,ὁ
port λιμάνι,τό
portion μερίδα,ἡ
position θέση,ἡ
possession ἰδιοκτησία,ἡ
possess,I κατέχω,ἔχω
post ταχυδρομεῖο,τό
post- μετά-
postage γραμματόσημο,τό
postgraduate μεταπτυχια-
postman ταχυδρόμος,ὁ[κός
postpone,I ἀναβάλλω
postpone,to νά ἀναβάλω
postponement ἀναβολή,ἡ
potato πατάτα,ἡ
pound λίρα('Αγγλίας),ἡ
pour,I χύνω   [μαι]
  I am poured out ξεχύνο-
power δύναμη,ἰσχύς,ἡ
powerful δυνατός,ἰσχυ-]
powerless ἀδύναμος, [ρός
  ἀνίσχυρος,ἀνίκανος
practical πρακτικός
praise ἔπαινος,ὁ
praise,I ἐπαινῶ(-εῖς)
prayer προσευχή,ἡ
pray,I προσεύχομαι
precede,I προηγοῦμαι
preceding προηγούμενος
precipice γκρεμ(ν)ός,ὁ
precise ἀκριβής
precisely ἀκριβῶς,ἴσια-

ἴσια
prefer,I προτιμῶ(-ᾶς)
preference προτίμηση,ἡ
preparation (προ)ετοιμασία,]
prepare,I (προ)ετοιμάζω [ἡ
present δῶρο,τό
present παρών,-οῦσα,-όν
present,I παρουσιάζω
preserve,I διατηρῶ(-εῖς),
  διασώζω,διαφυλάσσω
president πρόεδρος,ὁ
press τύπος,ὁ
press,I τυπώνω
pressing βιατικός
pressure πίεση,ἡ
prevent,I ἐμποδίζω
previous προηγούμενος
price τιμή,ἡ,τίμημα,τό
pride ὑπερηφάνεια,ἡ,καμάρι,]
priest ἱερέας,παπάς,ὁ [τό
Prime Minister Πρωθυπουρ-]
primitive πρωτόγονος[γός,ὁ]
prince πρίγκιπας,ὁ
princess πριγκίπισσα,ἡ
principal πρύτανης,ὁ
principle ἀρχή,ἡ,ἠθικός κα-]
  in, κατ'ἀρχήν   [νόνας,ὁ]
print,I τυπώνω
prison φυλακή,ἡ
private μυστικός,ἰδιαίτερος
probable πιθανός
probably πιθανῶς
procession πομπή,ἡ
proclaim,I (δια)κηρύσσω
product προϊόν,τό
profession ἐπάγγελμα,τό
professional ἐπαγγελματίας,]
professor καθηγητής,ὁ, [ὁ]
  καθηγήτρια,ἡ
profit κέρδος,ὄφελος,τό
profit,I ὠφελοῦμαι
  I make, κερδίζω
programme πρόγραμμα,τό
promise ὑπόσχεση,ἡ
promise,I ὑπόσχομαι
pronounce,I προφέρω
pronunciation προφορά,ἡ
proper ἴδιος,κατάλληλος
property κτῆμα,τό,ἰδιοκτη-]
prosaic πεζός   [σία,ἡ]
prose πεζογραφία,ἡ
protect,I προστατεύω
protection προστασία,ἡ
protest διαμαρτυρία,ἡ
  without, ἀδιαμαρτύρητα
protest,I διαμαρτύρομαι

Protestant διαμαρτυρό-
proud ὑπερήφανος [μενος]
province ἐπαρχία,ἡ
provincial ἐπαρχιακός
provisions φώνια,τά
prow πρώρη,ἡ
psychology ψυχολογία,ἡ
puberty ἥβη,Η
public δημόσιος,κοινός
publish,I δημοσιεύω,
ἐκδίδω,βγάζω
publisher ἐκδότης,ὁ
pull,I τραβῶ(-ᾶς)
pulpit ἄμβωνας,ὁ
pulse σφυγμός
punish,I τιμωρῶ(-εῖς)
punished τιμωρημένος
punishment τιμωρία,ἡ
pupil μαθητής,ὁ,
μαθήτρια,ἡ
purchase ἀγοράζω,φωνίζω
purchases φώνια,τά
pure ἀγνός,καθαρός
purple πορφυρός
purpose σκοπός
push,I σπρώχνω
put,I θέτω,βάζω
I put out σβήνω

Q, R

qualification προσόν,τό
quality ποιότητα,ἰδιότη-
τα,ἡ, προτέρημα,τό
quantity ποσότητα,ἡ
quarrel,I τσακώνομαι,μα-
Quebec Κεμπέκ,τό [λώνω]
queen βασίλισσα,ἡ
question ἐρώτηση,ἡ
question,I ἀμφισβητῶ(-εῖς)
ἀμφιβάλλω,ἀναρωτιέμαι
question mark ἐρωτηματι-
κό,τό
quick γρήγορος,ταχύς
quickly γρήγορα
quiet ἡσυχία,ἡ
ἥσυχος,σιωπηλός,ἥρεμος
quietly ἥσυχα
quit,I ἀφήνω,φεύγω
quite ἐντελῶς,τελείως
quotation χωρίο,ἀπόσπα-
σμα,τό,περικοπή,ἡ[κά,τά]
quotation mark εἰσαγωγι-
quote,I ἀναφέρω,φέρνω
ὡς παράδειγμα
race φυλή,ἡ,γένος,τό

racial φυλετικός
radio ραδιόφωνο,τό
rage ὀργή,λύσσα,μανία,ἡ
rain βροχή,ἡ
rainfall βροχόπτωση,ἡ
rains,it βρέχει
raise,I (ἀνα)σηκώνω,ἀνε-
βάζω,ὑψώνω
rare σπάνιος
rather μάλλον
rather than παρά νά
raw ὠμός
ray ἀκτίνα,ἡ
reach,I φθάνω≈φτάνω
beyond reach ἄφθαστος ἅ-
read,I διαβάζω [φταστος]
ready ἕτοιμος
ready-made ἕτοιμος,προ-
κατασκευασμένος,ἀγορα-
στός,κατάλληλος
real πραγματικός,ἀληθινός
really? ἀλήθεια;
reason λόγος,ὁ,αἰτία,ἡ
λογική,ἡ
reasonable λογικός
reasoning συλλογισμός,ὁ
rebel,I ἐπαναστατῶ(-εῖς)
rebellion ἐπανάσταση,ἡ
receipt ἀπόδειξη,ἡ
receive,I δέχομαι,λαβαίνω
receiver ἀκουστικό,τό
reception ὑποδοχή,ἡ
recess διάλειμμα,τό
recipe συνταγή,ἡ
recital ἀπαγγελία,ἡ
recite,I ἀπαγγέλλω
reckoning ὑπολογισμός,λο-
γαριασμός,ὁ
recline,I ξαπλώνω
recognition ἀναγνώριση,ἡ
recognize,I ἀναγνωρίζω[νω
recommend συστήνω,προτεί-
recommendation σύσταση,ἡ
reconcile,I συμφιλιώνω
record δίσκος,ὁ
record-player φωνογράφος,
ὁ,γραμμόφωνο,τό
rector πρύτανης,ὁ
red κόκκινος,ἐρυθρός
red mullet μπαρμπούνι,τό
reduce,I μειώνω
reed καλάμι,τό
reflect,I καθρεφτίζω,
συλλογίζομαι
reflection εἰκόνα,ἡ
συλλογισμός,ὁ

refresh,I δροσίζω,ξεκουράζω
refrigeration ψύξη,ἡ
refrigerator ψυγεῖο,τό
refugee πρόσφυγας,ὁ
refusal ἄρνηση,ἡ
refuse,I ἀρνιέμαι
regard,I θεωρῶ(-εῖς),κρίνω
regime καθεστώς,τό
region περιοχή,περιφέρεια,ἡ
regional περιφερειακός
register,I ἐγγράφω σέ κατάλο-
γο, ἐγγράφομαι
regular κανονικός,τακτικός
regulate,I ρυθμίζω,κανονίζω
reign βασιλεία,ἡ
reign,I βασιλεύω
reject,I πετῶ(-ᾶς),ἀπορίχνω
rejection ἀπόριψη,ἀπάρνηση,ἡ
related,I am συγγενεύω
relation σχέση,συγγένεια,ἡ
relationship "   "
relative σχετικός,συγγενής,ὁ
relevant σχετικός,συναφής
relief ἀνακούφιση,ἡ
religion θρησκεία,ἡ
religious θρησκευτικός
remain,I (ἀπο)μένω
remark παρατήρηση,ἡ
remark,I παρατηρῶ(-εῖς)
remarkable ἀξιοπαρατήρητος
remember,I θυμᾶμαι
remind,I θυμίζω
remnant ὑπόλειμμα,τό
remote ἀπόκεντρος [(-εῖς)
remove,I ἀπομακρύνω,ἀφαιρῶ]
Renaissance Ἀναγέννηση,ἡ
renounce,I ἀπαρνιέμαι
renowned διάσημος,τρανός
rent ἐνοίκιο,τό
repeat,I ἐπαναλαβαίνω
replace,I ἀντικαθιστῶ(-ᾶς)
to replace νά ἀντικαταστήσω
reply ἀπάντηση,ἀπόκριση, ἡ
reply,I ἀπαντῶ(-ᾶς),ἀποκρίνο-
report ἔκθεση,ἀναφορά,ἡ[μαι]
report,I κάνω ἔκθεση,ἐκθέτω
represent,I ἐκπροσωπῶ(-εῖς)
παρασταίνω,συμβολίζω
representation ἀν υπροσώπευ-
ση,ἡ, παράσταση,ἡ
republic δημοκρατία,ἡ
resemblance ὁμοιότητα,ἡ
resemle,I μοιάζω
reserve,I ἐξασφαλίζω
reside,I κατοικῶ(-εῖς),
διαμένω

278

resident κάτοικος,ὁ
residue ὑπόλειμμα,τό
resist,I ἀντιστέκομαι
resistance ἀντίσταση,ἡ
resolution ἀπόφαση,ἡ
resolve,I ἀποφασίζω
respiration ἀναπνοή,ἡ
respire,I ἀναπνέω
respect σεβασμός,ὁ
respect,I σέβομαι
rest ἀνάπαυση,ἡ
rest,I ἀναπαύομαι,ἡσυ-
 χάζω,ξεκουράζομαι[τό]
restaurant ἑστιατόριο
restaurateur ἑστιάτορας,
result ἀποτέλεσμα,τό [ὁ]
resurrection ἀνάσταση,ἡ
reveal,I φανερώνω
revolution ἐπανάσταση,ἡ
revolve,I (περι)στρέφω
 περιστρέφομαι
rhetoric ρητορεία,ρητο-
rhythm ρυθμός,ὁ [ρική,ἡ]
rice ρύζι,τό
rich πλούσιος
ride,I ἱππεύω
ridiculous γελοῖος
right δίκιο≈δίκαιο,τό,
 δικαίωμα,τό
right δίκαιος,σωστός,
 δεξιός
right away ἀμέσως
right,I am ἔχω δίκιο
right-handed δεξύς
 all right ἐντάξει
rigorous δριμύς [δι,τό]
ring δακτυλίδι≈δαχτυλί-
ring κουδούνισμα,τό
ring,I σημαίνω,κουδουνί-
 ζω,ἀντηχῶ(-εῖς)
ripe ὥριμος
rise,I σηκώνομαι,ἀνε-
 βαίνω,αὐξάνω,ἀνατέλλω
river ποταμός,ὁ
road δρόμος,ὁ
roar,I βρυχῶμαι,μουγγρί-
roast ψητό,τό   [ζω]
roast,I ψήνω
robber ληστής,ὁ
rock βράχος,ὁ
rock,I λικνίζω,κουνῶ(-ᾶς)
rocky βραχώδης,πετρώδης
roll,I κυλῶ(-ᾶς)
Roman Ρωμαῖος,ρωμαϊκός
roof στέγη,ἡ
room δωμάτιο,τό,κάμαρα,ἡ

roomy εὐρύχωρος
root ρίζα,ἡ
 I take, ριζώνω
 I grow roots βγάζω ρίζες
rope σχοινί≈σκοινί,τό
rose τραντάφυλλο,τό
 τριανταφυλλής
rot,I σαπίζω
rough τραχύς
rouse,I ξεσηκώνω
row σειρά,ἡ,στοῖχος,ὁ
row φασαρία,ἡ,καβγάς,ὁ
row,I τραβάω κουπί
rowboat βάρκα,βαρκούλα,ἡ
royal βασιλικός
ruin ἐρείπιο,τό
ruinous καταστρεπτικός
rule κανόνας,ὁ
rule,I κυβερνῶ(-ᾶς)
ruler κυβερνήτης,ὁ
run,I τρέχω
runner δρομέας,ὁ
rush ὁρμή,βιασύνη,ἡ
rush,I ὁρμῶ (-ᾶς)

S

sack σάκκος,ὁ
sacred ἱερός,ἅγιος
sacrifice,I θυσιάζω
sacrificial altar θυσια-
 στήριο,τό
sad λυπημένος
 I am, μελαγχολῶ(-εῖς)
sadden,I λυπῶ(-ᾶς≈-εῖς)
sadness λύπη,ἡ
safe ἀσφαλής
safety ἀσφάλεια,ἡ
safety-pin παραμάνα,ἡ
sail πανί,ἄρμενο,ἱστίο,τό
sail,I ἀρμενίζω,πλέω
 I set, ἀνοίγω πανιά
sailing ἀρμένισμα,τό,
sailor ναύτης,ὁ [πλοῦς,ὁ]
saint ἅγιος
salad σαλάτα,ἡ
salary μισθός,ὁ
sale πώληση,ἡ,πούλημα,τό
salesman πωλητής,ὁ
saleswoman πωλήτρια,ἡ
salt ἁλάτι,τό
salt-water ἅρμη,ἡ,θαλάσ-
salty ἁρμυρός   [σιος]
salvation σωτηρία,ἡ
same ἴδιος,ὅμοιος
sand ἄμμος,ἡ
Saronic Σαρωνικός

satiated χορτάτος,χορτασμέ-
Saturday Σάββατο,τό [νος]
saucepan κατσαρόλα,ἡ
savage ἄγριος
save,I σώζω≈σώνω,γλυτώνω
saviour σωτήρας,ὁ
say,I λέ(γ)ω
scarcely μόλις,μετά βίας
scare,I τρομάζω,ἐκφοβίζω
scatter,I σκορπίζω
scene σκηνή,ἡ,θέατρο,τό
scent ὀσμή,μυρωδιά,εὐωδία,ἡ
school σχολεῖο,τό
scientist ἐπιστήμονας
scissors ψαλίδι,κλαδευτήρι,
scold,I μαλώνω   [τό]
scope πλαίσιο,τό,σκοπός,ὁ
scorn περιφρόνηση,ἡ
scorn,I περιφρονῶ(-εῖς)
sea θάλασσα,ἡ,πέλαγος,τό
sea-blue θαλασσής
sea-breeze μπάτης,ὁ
seagull γλάρος,ὁ
sea-shore περιγιάλι,τό,ἀκτή,
seaweed φύκι,τό   [ἡ]
search,I ψάχνω,γυρεύω
season ἐποχή,ἡ
seat ἕδρα,θέση,ἡ,κάθισμα,τό
seat,I καθίζω,χωρῶ(-ᾶς≈-εῖς)
second δεύτερος,
 δευτερόλεπτο,τό
secondary δευτερεύων,-ουσα,
secret μυστικός   [-ον]
secretary γραμματέας,ὁ,
 γραμματέα(ς),ἡ
section τμῆμα,τό
sector τομέας,ὁ
security ἀσφάλεια,ἡ
see,I βλέπω   [ὁρῶ(-ᾶς)]
seed σπόρος,ὁ
seek,I γυρεύω,ψάχνω
seem,I φαίνομαι
seer μάντης,ὁ
seize,I ἁρπάζω
seldom σπάνια
self ἑαυτός,ὁ
selfish ἐγωιστής,ὁ
selfishness ἐγωισμός,ὁ
sell,I πουλῶ(-ᾶς)
seller πωλητής,ὁ
semicolon ἄνω τελεία,ἡ
semi-darkness μισοσκόταδο,
senate σύγκλητος,ἡ   [τό]
send,I στέλνω
send away,I διώχνω
sensation αἴσθηση,ἐντύπωση,ἡ

sense αἴσθηση,ἀντίληψη,ἡ
αἴσθημα,συναίσθημα,τό
αἰσθητήριο,τό
senseless παράλογος,ἀνό-
ητος,χωρίς νόημα
sensible λογικός,αἰσθη-
τός,πρακτικός
sensitive εὐαίσθητος,
συναισθηματικός
sentence πρόταση,ἡ
sentimental συναισθημα-
τικός,τρυφερός
separate,I χωρίζω
separation χωρισμός,ὁ
September Σεπτέμβριος,ὁ
sequent ἑπόμενος,ἀκόλου-
θος   [χος, μακάριος]
serene γαλήνιος,ἀτάρα-
sergeant λοχίας,ὁ
series σειρά,ἡ
serious σοβαρός
serpent φίδι,ἑρπετό,τό
servant ὑπηρέτης,ὁ,
(κρατικός)ὑπάλληλος,ὁ
serve,I ὑπηρετῶ(-εῖς)
service ὑπηρεσία,ἐξυπη-
ρέτηση,ἡ   [πρεπής]
servile δουλικός,δουλο-
set,I βάζω,θέτω,στήνω,
τακτοποιῶ(-εῖς),πήζω,
δένω,δύω
set out,I ξεκινῶ(-ᾶς)
settee καναπές,ὁ
settle,I ἐγκαθιστῶ(-ᾶς),
ἐγκαθίσταμαι,καθιερώνω
to,νά ἐγκατασταθῶ(-εῖς)
settlement ἐγκατάσταση,
ἡ, συμφωνία,ἡ
settler ἄποικος,ὁ
seven ἑπτά≃ἐφτά
seven hundred ἑπτακόσια
seventh ἕβδομος
seventy ἑβδομήντα
severe αὐστηρός,σκληρός
sew,I ῥάβω   [κή,ἡ]
sewing ῥάψιμο,τό,ραπτι-
sewn ραμμένος
sex φύλο,γένος,τό
shade σκιά,ἡ,ἥσκιος,ὁ
shade,I σκιάζω   [μαι]
shade away,I ἐξαφανίζο-
shadow σκιά,ἡ,ἥσκιος,ὁ
shadowy σκιερός,σκοτει-
νος,θολός
shake,I τραντάζω,τινά-
ζω,κλονίζω,τρέμω

shall θά
shallow ρηχός
shame ντροπή,ἡ
shame,I ντροπιάζω[(-εῖς)
shame into,I φιλοτιμῶ]
shape σχῆμα,τό,μορφή,ἡ
shape,I σχηματίζω,(δια)μορ-
φώνω,ἐξελίσσομαι
share μερίδιο,μέρος,τό
share,I μοιράζω,μοιράζο-
μαι,(συμ)μετέχω
sharp ὀξύς,κοφτερός
shave,I ξυρίζω,ξυρίζομαι
she αὐτή
sheet σεντόνι,τό,
φύλλο χαρτιοῦ,τό
shelf ράφι,τό
shell κέλυφος,κοχύλι,τό
shine λάμψη,λιακάδα,ἡ
shine,I λάμπω,γυαλίζω
shiny λαμπρός,φωτεινός,
(ἡ)λιόλουστος
ship πλοῖο,καράβι,τό
shirt πουκάμισο,τό
shirtmaker πουκαμισάς,ὁ
shoe παπούτσι,ὑπόδημα,τό
shop κατάστημα,μαγαζί,τό
shop,I ψωνίζω,ἀγοράζω
shopping ψώνια,τά
shore ἀκτή,ὄχθη,παραλία,ἡ
περιγιάλι,τό
short,κοντός,βραχύς,σύν-
τομος,ἐλλιπής
shortage ἔλλειψη,ἡ
should (θά) ἔπρεπε
shoulder ὦμος,ὁ
shout κραυγή,δυνατή φωνή,ἡ
shout,I κραυγάζω, φωνάζω
δυνατά
show θέαμα,τό,ἔκθεση,θεα-
τρική παράσταση,ἡ [ματ
show,I δείχνω,παρουσιάζω
shut κλειστός,σφαλιστός
shut,I κλείνω,σφαλνῶ
shy ντροπαλός
I am, ντρέπομαι
shyness ντροπαλότητα,ἡ
sick ἄρρωστος,ἀσθενής
side πλευρά,ἡ
sidewalk πεζοδρόμιο,τό
sigh,I ἀναστενάζω
sight ὅραση,ἡ,θέαμα,τό
sign σῆμα,σημεῖο,σημάδι,
τό
sign,I ὑπογράφω
signal σύνθημα,σινιάλο,τό

signal,I κάνω νόημα
silence σιωπή,ἡ
silence,I φιμώνω,κάνω (κά-
ποιον)νά σωπάσει
silent σιωπηλός
I keep, σωπαίνω,σιωπῶ(-ᾶς)
silk μετάξι,τό   [παλαβός]
silly ἀνόητος,κουτός,χαζός,
similar ὅμοιος
simple ἁπλός
simplified ἁπλοποιημένος
simplify,I ἁπλοποιῶ(-εῖς)
sin ἁμαρτία,ἡ,ἁμάρτημα,τό
since ἀπό τότε,
ἀπό, ἀπό τότε πού, ἀφοῦ,
ἐφ' ὅσον
sincere εἰλικρινής
sincerity εἰλικρίνεια,ἡ
sing,I τραγουδῶ(-ᾶς≃-εῖς)
single ἕνας καί μόνο,μονα-
δικός,μόνος,μονός,χωριστός
single out,I ξεχωρίζω
singular ἑνικός
sip,I ρουφῶ(-ᾶς)
siren σειρήνα,ἡ
sister ἀδελφή≃ἀδερφή,ἡ
sister-in-law κουνιάδα,
νύφη,γυναικαδέλφη,ἀνδρα-
δέλφη,ἡ
sit,I κάθομαι
sitting καθήμενος
situation θέση,τοποθεσία,ἡ,
κατάστασταση,ἡ
six ἕξι
six hundred ἑξακόσια
sixth ἕκτος
sixty ἑξήντα
size μέγεθος,τό,διάσταση,ἡ
ski σκί,τό
skilful ἐπιδέξιος
skin δέρμα,τό,ἐπιδερμίδα,ἡ
skinny ἰσχνός,κοκκαλιάρης
skip,I πηδῶ(-ᾶς),παραλείπω
skull κρανίο,τό
sky οὐρανός,ὁ
slaughter σφαγή,ἡ
slave δοῦλος,σκλάβος,ὁ
slavery δουλεία,σκλαβιά,ἡ
sleep ὕπνος,ὁ
sleep,I κοιμᾶμαι
sleepiness νύστα,ἡ
sleepy,I am νυστάζω
sleeve μανίκι,τό
slice φέτα,ἡ
slide,I γλιστρῶ(-ᾶς)
slim λεπτός,λιγνός,ἀδύνατος

slip,I γλιστρῶ(-ᾶς)
slope κλιτύς,πλαγιά,ἡ
slow βραδύς,ἀργός
sly πονηρός,πανοῦργος
small μικρός
smell ὀσμή,μυρωδιά,ἡ
 δυσοσμία,ἡ, ὄσφρηση,ἡ
smell,I μυρίζω,ὀσφραί-
νομαι,βρωμάω
smile χαμόγελο,τό
smile,I χαμογελῶ(-ᾶς)
smiling γελαστός
smoke καπνός,ὁ
smoke,I καπνίζω
smoking κάπνισμα,τό
smooth ὁμαλός,λεῖος,ἀ-
παλός,ἤπιος, ἁβρός
snow χιόνι,τό
 it snows χιονίζει
snowfall χιονόπτωση,ἡ
snowman χιονάνθρωπος,ὁ
so τόσο,ἔτσι,ἐπίσης,
ἑπομένως,,ὥστε,λοιπόν
 so on καί τά λοιπά
soaked μουσκεμένος
soap σαπούνι,τό
soap,I σαπουνίζω
sober νηφάλιος,ἤρεμος
social κοινωνικός
society κοινωνία,ἡ
sofa καναπές,ὁ
soft μαλακός,ἀπαλός
soil ἔδαφος,χῶμα,τό,γῆ,ἡ
soil,I λερώνω
solar ἡλιακός
soldier στρατιώτης,ὁ
sole μοναδικός,μόνος
solid στερεός,σταθερός
 γερός,σφιχτός
solidarity ἀλληλεγγύη,ἡ
solitary μοναχικός
solitude μοναξιά,ἡ
solution λύση,διάλυση,ἡ
solve,I λύνω
some κάποιος,μερικοί
somebody κάποιος
somehow κάπως
something κάτι
sometime κάποτε,ἄλλοτε
sometimes μερικές φορές
son γιός≃υἱός,ὁ
song τραγούδι,τό
soon σύντομα
Sophocles Σοφοκλῆς,ὁ
sorrow θλίψη,λύπη,ἡ
sorry συγ(γ)νώμη!

sorry,I am λυπᾶμαι
sort εἶδος,τό
soul ψυχή,ἡ
sound ἦχος,ὁ
sour ξινός
source πηγή,ἡ
south νότος,ὁ,νότιος,με-
σημβρινός   [νός]
southern νότιος,μεσημβρι-
space χῶρος,ὁ
spacious εὐρύχωρος
sparse ἀραιός
speak,I μιλῶ(-ᾶς≃-εῖς)
 λαλῶ(-εῖς)
spectacle θέαμα,τό
speech ὁμιλία,ἡ
 I deliver a,βγάζω λόγο,
ρητορεύω
speechless βουβός,ἄφωνος
speechlesness ἀλεξία,βου-
βαμάρα,ἡ
speed ταχύτητα,ἡ
spell,I cast a μαγεύω
spell,I συλλαβίζω,ὀρθο-
γραφῶ(-εῖς)
spelling συλλαβισμός,ὁ,
ὀρθογραφία,ἡ
sphere σφαίρα,ἡ
spill,I χύνω,χύνομαι
spirit πνεῦμα,τό,πνοή,ἡ
spite κακία,ἡ
spoken language καθομι-
λουμένη,ἡ
spoon κουτάλι,τό
sport παιχνίδι,σπόρ,τό
spot στίγμα,τό, τόπος,ὁ
spread,I ἁπλώνω,στρώνω
spring ἄνοιξη,ἡ,ἔαρ,τό
 [gen.sing.ἔαρος]
square τετράγωνος,
πλατεία,ἡ
squeeze σφίγγω,ζουλῶ(-ᾶς)
squid καλαμάρι,τό
stable σταῦλος,ὁ
staff προσωπικό,τό
stair σκαλοπάτι,τό
stairs σκάλα,ἡ
stage σκηνή(θεάτρου),ἡ
stale μπαγιάτικος
stand,I στέκομαι,στέκω,μέ-
νω ὄρθιος,ἀντέχω
standard γνώμονας,κανόνας,
ὁ,ἐπίπεδο,τό,
stanza στροφή,ἡ
star ἄστρο≃ἀστέρι,τό
start,I ἀρχίζω,ξεκινῶ(-ᾶς)

state κατάσταση,θέση,ἡ
State Κράτος,τό,Πολιτεία,ἡ
 United States(USA)Ἡνωμέ-
νες≃Ἐνωμένες Πολιτεῖες,οἱ
(ΗΠΑ≃ΕΠΑ)
static στατικός
station σταθμός,ὁ
statue ἄγαλμα,τό
status quo καθεστώς,τό
stay παραμονή,διαμονή,ἡ
stay,I μένω,κάθομαι,
steady σταθερός,στερεός
steam ἀτμός,ἀχνός,ὁ
steam,I ἀχνίζω
steaming ἀχνιστός [ρι,τό]
steamship ἀτμόπλοιο,βαπό-
stem στέλεχος,τό
step βῆμα,τό   [(-ᾶς)]
step,I βηματίζω,περπατῶ
sterile ἄγονος,ἄκαρπος
stern αὐστηρός,σκληρός
stern πρύμνη,ἡ
steward ἀεροσυνοδός,ὁ
stewardess ἀεροσυνοδός,ἡ
stiff ἄκαμπτος,πιασμένος
still ἀκίνητος,ἤρεμος
still ἀκόμη,ἐντούτοις,ὅμως
stir,I ἀνακατεύω,σαλεύω
stirred συγκλονισμένος,
ταραγμένος
stitch βελονιά,ἡ
stocking κάλτσα,ἡ
stomach στομάχι,τό
stone πέτρα,ἡ,λίθος,ὁ
stony πετρώδης
stool σκαμνί,τό
stop παύση,στάση,διακοπή,ἡ
stop,I σταματῶ(-ᾶς)
store κατάστημα,μαγαζί,τό
storm θύελλα,ἡ
story ἱστορία,ἡ
straight εὐθύς,ἴσιος,ὀρθός,
ἴσος,εἰλικρινής
strange παράξενος,περίερ-
γος,ξένος,ἄγνωστος
stranger ξένος
straw ψάθα,ἡ, καλάμι,τό
stream ρέμμα,ρυάκι,τό
street ὁδός,ἡ,δρόμος,ὁ
strength δύναμη,ἡ
stretch,I ἁπλώνω,τεντώνω
strike ἀπεργία,ἡ
strike,I κτυπῶ(-ᾶς),ἀπεργῶ
(-εῖς)
string σπάγγος,ὁ
stroll,I περπατῶ(-ᾶς)ἀργά

strong δυνατός,γερός
stuck,I am μοῦ κάνει
  ἐντύπωση
struggle ἀγώνας,ὁ
stubborn πεισματάρης
student φοιτητής,σπουδα-
  στής,ὁ, φοιτήτρια,σπου-
  δάστρια,ἡ
  fellow, συμμαθητής,συμ-
  φοιτητής,ὁ
study σπουδή,μελέτη,ἡ,
  διάβασμα,τό
study,I σπουδάζω,μελετῶ
  (-ᾶς),διαβάζω
stumble παραπάτημα,τό
stumble,I παραπατῶ(-ᾶς),
  σκοντάφτω≈σκοντάβω
stupid βλάκας,ἠλίθος,
  κουτός
stupidity βλακεία,ἠλιθι-
  ότητα,ἡ
style ὕφος,τό,τρόπος,ὁ
subject ὑπήκοος,ὁ
  θέμα,τό, ὑποκείμενο,τό
succeed,I πετυχαίνω
success ἐπιτυχία,ἡ
succession διαδοχή,ἡ
successful πετυχημένος
successor διάδοχος,ὁ
such τέτοιος,τόσος
sudden ξαφνικός
suffer,I ὑποφέρω,πάσχω
suffering πόνος,ὁ,δυστυ-
  χία,ταλαιπωρία,ἡ,βάσα-
  να,τά
suffice,I ἀρκῶ(-εῖς)
sufficient ἀρκετός
sugar ζάχαρη,ἡ
suggest,I προτείνω
suggestion πρόταση,ἡ
suit κοστούμι,τό
suitcase βαλίτσα,ἡ
summer καλοκαίρι,τό,
  καλοκαιρινός
summit κορυφή≈κορφή,ἡ
sun ἥλιος,ὁ
Sunday Κυριακή,ὁ
sunlight ἡλιακό φῶς,τό
sunlit ἡλιοφώτιστος,
  (ἡ)λιόλουστος
sunny see sunlit
sunrise ἀνατολή,ἡ
sunset δύση,ἡ   [νεια,ἡ]
sunshine λιακάδα,ἡλιοφά-
superb ὑπέροχος
superfluous περιττός

superintendent ἐπιστάτης,ὁ
superstitious δεισιδαίμων
supply,I προμηθεύω,παρέχω
support,I ὑποστηρίζω
suppose,I ὑποθέτω
supposition ὑπόθεση,ἡ
sure σίγουρος,βέβαιος,ἀ-
  σφαλής
  I make, βεβαιώνομαι
surely βέβαια≈βεβαίως
surgeon χειρουργός,ὁ
surgery χειρουργική,ἡ,
  ἐγχείριση,ἡ
surname ἐπώνυμο,τό
suspect ὕποπτος
suspect,I ὑποπτεύομαι
swallow,I καταπίνω,χάφτω
sweat ἱδρώτας,ὁ
sweat,I ἱδρώνω
sweep,I σκουπίζω,σαρώνω
sweet γλύκισμα,τό, γλυκός
  ≈γλυκύς
sweeten,I γλυκαίνω
swim κολύμπι,τό
swim,I κολυμπῶ(-ᾶς)
syllable συλλαβή,ἡ
symbol σύμβολο,τό
symmetrical συμμετρικός
symmetry συμμετρία,ἡ
sympathy συμπάθεια,ἡ
synagogue συναγωγή,ἡ
synthesis σύνθεση,ἡ
systematic συστηματικός

T

table τραπέζι,τό
tablet πινακίδα,ἡ
tail οὐρά,ἡ
take,I παίρνω,πιάνω
take care,I προσέχω
  take care of,I φροντίζω
  περιποιοῦμαι   [(-εῖς)]
take off,I βγάζω,ἀφαιρῶ
take out,I βγάζω,ἐξάγω
take place,I λαβαίνω χώ-
  ρα,συμβαίνω
take apart,I ξηλώνω
taken πιασμένος,παρμένος
tale διήγημα,παραμύθι,τό,
  μύθος,ὁ   [(-ᾶς≈-εῖς)]
tell tales,I κακολογῶ
talk ὁμιλία,κουβέντα,συ-
  ζήτηση,ἡ
talk,I μιλῶ(-ᾶς≈-εῖς),
  κουβεντιάζω,
tall ψηλός

tame ἥμερος,ἐξημερωμένος
tank ἅρμα μάχης,τό
task ἔργο,καθῆκον,τό
taste γεύση,ἡ
taste,I γεύομαι,δοκιμάζω
tasteless ἄνοστος,ἀνούσιος
tasty νόστιμος
tax φόρος,ὁ
tax,I φορολογῶ(-εῖς)
taxi ταξί,τό
tax-payer φορολογούμενος
teach,I διδάσκω
teacher(δι)δάσκαλος,ὁ,δα-
  σκάλα≈διδασκάλισσα,ἡ
team ὁμάδα,ἡ
tear σχισμή,ἡ,σχίσιμο,τό
tear δάκρυ,τό
  I shed tears δακρύζω,κλαίω
tear,I σκίζω≈σχίζω
tease,I πειράζω   [τό]
teaspoon κουταλάκι τσαγιοῦ
technician τεχνίτης,ὁ
Te-Deum δοξολογία,ἡ [ρός]
tedious κουραστικός,ἀνια-
telephone τηλέφωνο,τό[-εῖς]
telephone,I τηλεφωνῶ(-ᾶς≈
television τηλεόραση,ἡ
tell,I λέ(γ)ω,διηγοῦμαι
temperature θερμοκρασία,ἡ
temple ναός,ὁ
ten δέκα
tenth δέκατος
tender τρυφερός
tenderness τρυφερότητα,ἡ
term περίοδος,ἡ,προθεσμί-
  α,ἡ,ὅρος,ὁ
terminate,I τελειώνω,λήγω
terrace ταράτσα,ἡ
terrible τρομερός,φοβερός
terror τόμος,ὁ   [ση,ἡ]
test δοκιμή,ἐξέταση,ἀνάλυ-
testimonial πιστοποιητικο,
text κείμενο,χωρίο,τό [τό]
textbook σχολικό βιβλίο,
  ἐγχειρίδιο,τό
than παρά
thank,I εὐχαριστῶ(-εῖς)
thankless ἀγνώμων,ἀχάρι-
thanks εὐχαριστίες,οἱ [στος]
that αὐτός,ἐκεῖνος
  that is δηλαδή
that πού
that ὅτι,πώς,νά,γιά νά,
  ὥστε,πού
the ὁ,ἡ,τό,οἱ,τά
theatre θέατρο,τό

their των,τους
them αὐτούς,τούς
theme θέμα,τό,κεντρική]
then τότε,λοιπόν[ἰδεα,ἡ
theology θεολογία,ἡ
theoretical θεωρητικός
theory θεωρία,ἡ
there ἐκεῖ
therefore ἄρα,ἐπομένως,
  ὥστε,συνεπῶς
thermometer θερμόμετρο,]
these αὐτοί   [τό
thesis θέση,διατριβή,ἡ
they αὐτοί
thick παχύς,πυκνός,πηχτός
thicken,I πυκνώνω,πήζω
thief κλέφτης,ὁ
thin λεπτός,ψιλός,ἰσχνός,
  ἀδύνατος,λιγνός,ἀραιός
thing πράγμα≈πράμμα,τό
think,I σκέπτομαι≈σκέ-
  τομαι,νομίζω,πιστεύω
third τρίτος
thirst δίψα,ἡ
thirsty διψασμένος
  I am, διψῶ(-ᾶς)
thirty τριάντα
this αὐτός,τοῦτος
thorough προσεκτικός,
  ἐπιμελής,πλήρης
though ἄν καί
thought σκέψη,ἡ
thoughtless ἀπερίσκεπτος
thoughtlessness ἀπερι-]
thousand χίλια [σκεψία,ἡ
Thrace Θράκη,ἡ
thread κλωστή,ἡ
threat ἀπειλή,ἡ
threaten,I ἀπειλῶ(-εῖς)
three τρία,τρεῖς
three hundred τριακόσια
threshold κατώφλι,τό
thrifty οἰκονόμος
throat λαιμός,ὁ
throne θρόνος,ὁ [μέσου]
through διά,μέσῳ,δια
throw,I ρίχνω,πετῶ(-ᾶς)
thunder κεραυνός,ὁ
Thursday Πέμπτη,ἡ
thus ἔτσι
ticket εἰσιτήριο,τό
tidy τακτοποιημένος
tidy,I τακτοποιῶ(-εῖς)
tie,I δένω
tight σφιχτός
tighten,I σφίγγω

till μέχρι,ὥς,ἴσαμε,ὥσπου
time καιρός,χρόνος,ὁ,ἐπο-
  χή,ὥρα,φορά,ἡ,ρυθμός,ὁ
  I have, προλαβαίνω
tint,I βάφω
tip ἄκρη,αἰχμή,ἡ
tire,I κουράζω,κουράζομαι
title τίτλος,ὁ
to νά
to σέ,εἰς
today σήμερα, σημερινός
together μαζί
toil,I μοχθῶ(-εῖς)
tomb τάφος,ὁ,μνῆμα,τό
tomorrow αὔριο
tongue γλώσσα,ἡ
tonight ἀπόψε, ἀποψινός
tonsils ἀμυγδαλές,οἱ
too ἐπίσης,καί
  too much πάρα πολύ
tools σύνεργα,τά
tooth δόντι,τό [νία,ἡ]
torment μαρτύριο,τυραν-
torment,I βασανίζω,τυραννῶ
torn σκισμένος[(-ᾶς≈-εῖς)
  I am,σκίζομαι
torrent χείμαρρος,ὁ
torture βασανιστήρια,τά
  βάσανο,μαρτύριο,τό,
  βασανισμός,ὁ   [μα,τό]
touch ἀφή,ἐπαφή,ἡ,ἄγγιγ-
touch,I ἀγγίζω,ἅπτομαι
towards πρός
toy παιχνίδι,τό
trace ἴχνος,τό
trade ἐμπόριο,τό
tradition παράδοση,ἡ
tragedy τραγῳδία,ἡ
tragic τραγικός
train τραῖνο,τό
trample,I τσαλαπατῶ(-ᾶς)
translate,I μεταφράζω
translation μετάφραση,ἡ
transliterate μεταγράφω
travel ταξίδι,τό
travel,I ταξιδεύω
tread on,I πατῶ(-ᾶς≈-εῖς)
  ποδοπατῶ
treasure θησαυρός,ὁ
treat,I μεταχειρίζομαι,
  περιποιοῦμαι,κερνῶ(-ᾶς)
treaty συνθήκη,ἡ
tree δέντρο≈δένδρο,τό
tremble,I τρέμω
trial δοκιμασία,δίκη,ἡ
triangle τρίγωνο,τό

trim,I σιάζω,τακτοποιῶ
  (-εῖς),κλαδεύω
trip ταξίδι,τό
trip,I σκοντάφτω≈σκοντάβω
triumph θρίαμβος,ὁ
Trojan Τρώας,ὁ, τρωικός
trouble ἐνόχληση,φασαρία,
  ταραχή,ἡ
true ἀληθινός,πραγματικός
trumpet σάλπιγγα,ἡ
trunk κορμός,ὁ
truth ἀλήθεια,ἡ
try,I προσπαθῶ(-εῖς),δοκι-
tube σωλήνας,ὁ   [μάζω]
Tuesday Τρίτη,ἡ
tumor ὄγκος,ὁ
tune σκοπός,ὁ
turbid θολός
  I make, θολώνω
turn στροφή,ἡ
turn,I στρέφω,γυρίζω,τρέπω
twelve δώδεκα
twist,I στρίβω
two δύο≈δυό
two hundred διακόσια
typewriter γραφομηχανή,ἡ
typist δακτυλογράφος,ἡ
tyranny τυραννία,ἡ
tyrant τύραννος

U, V

ugly ἄσχημος≈ἄσκημος
ulcer ἕλκος,τό
unanimous ὁμόφωνος
unanimously ὁμόφωνα≈ὁμοφώ-
  νως, παμψηφεί
unbalanced ἀνισόρ(ρ)οπος
unbearable ἀβάσταχτος
unbecoming ἀπρεπής
unceasing ἀδιάκοπος,ἀκα-
  τάπαυστος
uncertain ἀβέβαιος
uncultivated ἀκαλλιέργη-
under κάτω ἀπό,ὑπό [τος]
undersign,I ὑπογράφω
undersigned,the ὑπογρά-
  φων,ὑπογεγραμμένος,ὁ
understand,I καταλαβαίνω
undress,I γδύνω,γδύνομαι
unendurable ἀβάσταχτος
unforgettable ἀξέχαστος
unfortunate ἀτυχής
ungrateful ἀγνώμων
unhappiness δυστυχία,ἡ
unhappy δυστυχισμένος
unheard of ἀνήκουστος

V, W

unified ενιαῖος
uninformed απληροφόρητος
union ἕνωση,ἡ
unite,I ενώνω
United Kingdon Ἑνωμένο
≃Ἡνωμένο Βασίλειο,τό
unity ενότητα,ἡ
universe σύμπαν,τό,
ὑφήλιος,ἡ [τό]
university πανεπιστήμιο,
unjustified αδικαιολόγη-
unknown άγνωστος [τος]
unmarried ανύπαντρος
unnatural αφύσικος
unpaid απλήρωτος
unpleasant δυσάρεστος
unprecedented πρωτάκου-
στος,πρωτοφανής,χωρίς
προηγούμενο
unreasonable παράλογος
unsalted ανάλατος
unseen αφανής
unsightly άσχημος
unsuited αταίριαστος
unsuspecting ανυποψία-
στος,ανύποπτος
untidy άταχτος≃άτακτος
untie,I λύνω
until ἕως,ὡς,μέχρι,ίσαμε,
ἕως ότου,ώσπου,μέχρις ὅ-
up επάνω≃πάνω,άνω [του]
up hill slope ανήφορος,ό
upon see on
upper ανώτερος,ψηλότερος
άνω,πάνω
upright όρθιος,ευθυτενής,
στητός,δίκαιος
uprooted ξεριζωμένος
upset,I am στενοχωριέμαι
upsetting ενοχλητικός
upside-down ανάποδος
urban αστικός
urgent επείγων
us εμάς,μάς
USA see State
use χρήση,ἡ
use,I χρησιμοποιῶ(-εῖς),
μεταχειρίζομαι
use,I am of
used μεταχειρισμένος
useful χρήσιμος,ωφέλιμος
usefulness ωφέλεια,ἡ
useless άχρηστος,ανώφελος
usual συνηθισμένος συνή-
θης,κανονικός
usually συνήθως

vague ασαφής,αόριστος
vain μάταιος,ματαιόδοξος
vainly μάταια≃ματαίως
valid βάσιμος,έγκυρος
validity κύρος,τό,ισχύς,ἡ
valise βαλίτσα,ἡ
value αξία,ἡ
vanish,I εξαφανίζομαι,χά-
vanity ματαιότητα,ἡ[νομαι
vapour ατμός,ό
variant διάφορος,διαφέρων
varied ποικίλος
variety ποικιλία,ἡ
various διάφοροι
vary,I ποικίλλω,διαφέρω
vase βάζο,τό
veal μοσχάρι,τό
vegetable λάχανο,τό
vegetable garden λαχανόκη-
vein φλέβα,ἡ [πος,ό]
vendor πωλητής,ό
veranda βεράντα,ἡ
verb ρήμα,τό
verse στίχος,ό στροφή,ἡ
version ερμηνεία,μετάφραση,
very πολύ [ἡ]
very much πάρα πολύ
vice κακία,διαστροφή,ἡ
vice versa αντιστρόφως
victim θύμα,τό
victor νικητής,ό
victory νίκη,ἡ
view θέα,ἡ, άποψη,ἡ
viewer θεατής τηλεοράσεως
viewpoint άποψη,ἡ [ό]
village χωριό,τό, χωρικός
villager χωρικός,χωριάτης,
violence βία,ἡ [ό]
violent βίαιος
violet βιολέτ(τ)α,ἡ,μενε-
violet μαβής [ξές,ό]
Virgin,the Παναγία,ἡ
virile αρρενωπός,ανδρικός
virtue αρετή,ἡ
visible ορατός
vision όραση,ἡ
vital ζωτικός
vivacious ζωηρός,εύθυμος
vivid ζωηρός,ζωντανός
voice φωνή,ἡ
voiceless άφωνος
voluntary εθελοντικός
vote ψήφος,ἡ
vote,I ψηφίζω

vowel φωνῆεν,τό
wage μισθός,ό,πληρωμή,ἡ
wage,I εξαπολύω,διεξάγω
wail,I θρηνῶ(-εῖς)
waist μέση,ἡ
wait αναμονή,ἡ
wait,I περιμένω,αναμένω
waiter σερβιτόρος,ό,γκαρσό-
wake,I ξυπνῶ(-ᾶς) [νι,τό]
wakeful άγρυπνος
waken,I αφυπνίζω,ξυπνῶ(-ᾶς)
αφυπνίζομαι
walk περπάτημα,βῆμα,τό,
πορεία,ἡ,περίπατος,ό
walk,I βαδίζω,περπατῶ(-ᾶς)
πορεύομαι,πάω μέ τά πόδια
walking-stick μπαστούνι,τό
walk-out απεργία,ἡ
wall τοῖχος,ό
wallet πορτοφόλι,τό
wander,I περιφέρομαι,περι-
διαβάζω
wandering περιπλάνηση,ἡ
want,I θέλω
war πόλεμος,ό
war,I κάνω πόλεμο [μος,ό]
world war παγκόσμιος πόλε-
wardrobe ντουλάπα,ἡ
warm θερμός
warm,I θερμαίνω,ενθαρρύνω
warn,I προειδοποιῶ(-εῖς)
warning προειδοποίηση,ἡ
was,I ήμουν≃ήμουνα
wash/washing πλύσιμο,τό
wash,I πλένω
watch αγρυπνία,παρακολούθη-
watch ρολόι,τό [ση,ἡ]
watch,I αγρυπνῶ(-ᾶς≃-εῖς),
παρακολουθῶ(-εῖς)
water νερό,ύδωρ,τό
water,I καταβρέχω,ποτίζω
wave κύμα,τό
wave,I κουνῶ(-ᾶς),κυματίζω
wax candle λαμπάδα,ἡ
way οδός,διαδρομή,διάβαση,ἡ,
δρόμος,τρόπος,ό
we εμεῖς
weak αδύναμος,αδύνατος [ζω]
weaken,I εξασθενίζω,αδυνατί-
weakness αδυναμία,ἡ
weapon όπλο,τό
wear χρήση,φθορά,ἡ
ντύσιμο,τό
wear,I φέρω,φορῶ(-ᾶς≃-εῖς),
φθείρω,τρίβω,λειώνω
weather καιρός,ό

weave,I ὑφαίνω,πλέκω
web ἱστός,ὁ
wed,I νυμφεύω,νυμφεύομαι,
  παντρεύω,παντρεύομαι
wedding γάμος,ὑμέναιος,ὁ
  παντρειά,ἡ
Wednesday Τετάρτη,ἡ
week ἑβδομάδα,ἡ
weekday καθημερινή,ἡ
weekend Σαββατοκύριακο,τό
weep,I χύνω δάκρυα,κλαίω
weeping κλάψιμο,τό
weigh,I ζυγίζω,βαραίνω
weight βάρος,τό
welcome εὐπρόσδεκτος,
  εὐχάριστος
welcome,I ὑποδέχομαι,
  καλωσορίζω
well καλά,καλῶς
west δύση,ἡ
western δυτικός
wet βρεγμένος
wet,I βρέχω
what? τί; ποιός; πόσος;
what ὅ,τι, αὐτό πού
whatever ὀ,τιδήποτε,ὁποι-
  οσδήποτε, ὅ,τι κι ἄν
wheel τροχός,ὁ
when? πότε;
when ὅταν,ὅποτε,ἄμα
whenever ὁποτεδήποτε
where? ποῦ
where ὅπου,ἐκεῖ πού
wherever ὁπουδήποτε
whether κατά πόσο,ἐάν,ἄν
whether...or εἴτε...εἴτε
while ενῶ, ἐφ ὅσο,ἄν καί
  in a, σέ λίγο
white ἄσπρος,λευκός
  I turn, ἀσπρίζω
whiten,I ἀσπρίζω,λευκαίνω
who? ποιός;
who ὁ ὁποῖος,ὅποιος
whoever ὁποιοσδήποτε
whole ὁλόκληρος,ὅλος
whose? τίνος;ποιανοῦ;
why? γιατί; διατί;
wide φαρδύς,πλατύς
widen,I φαρδαίνω,πλαταίνω
widow χήρα,ἡ
widower χῆρος,ὁ
width φάρδος,πλάτος
wife γυναίκα,σύζυγος,ἡ
wild ἄγριος
wilderness ἔρημος,ἡ
will θέληση,διαθήκη,ἡ

will θά
wilt,I μαραίνω,μαραίνομαι
wilted μαραμένος
win,I κερδίζω
wind ἀέρας,ἄνεμος,ὁ
window παράθυρο,τό
wine κρασί,τό,οἶνος,ὁ
wing φτερό,τό
winter χειμώνας,ὁ
wipe,I σκουπίζω
wisdom σοφία,ἡ
wise σοφός,φρόνιμος
wish εὐχή,ἐπιθυμία,ἡ
wish,I εὔχομαι,θέλω
with μέ,μαζί μέ
wither μαραίνω,μαραίνομαι
within μέσα,ἐντός
without ἔξω,ἐκτός
witness μάρτυρας,ὁ
witness,I καταθέτω
witty πνευματώδης
woe ἀλί,ἀλίμονο
womb μήτρα,ἡ
woman γυναίκα,ἡ   [τό]
wonder κατάπληξη,ἡ,θαῦμα,
wonder,I ἀναρωτιέμαι,ἀπορῶ,
wonderful θαυμάσιος[(-εῖς)]
wood δάσος,ξύλο,τό
wool μαλλί,τό
woollen μάλλινος
word λέξη,ἡ,λόγος,ὁ
word,I ἐκφράζω,διατυπώνω
work ἐργασία,ἡ,ἔργο,τό
work,I ἐργάζομαι.δουλεύω
worker ἐργάτης,ὁ,ἐργάτρι-
world κόσμος,ὁ   [α,ἡ]
worry ἀνησυχία,στενοχώ-
  ρια,ἔννοια,φροντίδα,ἡ
worry,I ἀνησυχῶ(-εῖς),
  στενοχωριέμαι,ἐνοχλῶ
  (-εῖς)
worrying ἀνησυχητικός
worse χειρότερος
worship λατρεία,ἡ
worship,I λατρεύω
worth ἀξία,ἡ
  I am, ἀξίζω
worthy ἄξιος
worthless ἀνάξιος
wound πληγή,ἡ
wound,I τραυματίζω,πληγώ-
wounded τραυματίας,ὁ [νω]
wrap,I τυλίγω
wrestle,I παλεύω
write,I γράφω
writer συγγραφέας,ὁ

writing γράψιμο,τό
written γραπτός,γραμμένος
wrong λανθασμένος,ὄχι ὀρθός
wrong,I ἀδικῶ(-εῖς),βλάπτω

X, Y, Z

xenophobia ξενοφοβία,ἡ
yacht θαλαμηγός,ἡ
yard αὐλή,ἡ
yawn χασμουρητό,τό
yawn,I χασμουριέμαι
year χρόνος,ὁ,χρονιά,ἡ,ἔτος,
  last,πέρ(υ)σι,περσινός [τό]
yellow κίτρινος
  I turn, κιτρινίζω
yes ναί
yesterday χτές≃χθές,
  χτεσινός≃χθεσινός
yet ἀκόμη≃ἀκόμα,ὅμως,ἐντού-
  τοις,ὡστόσο
yoke ζυγός,ὁ
you ἐσύ,ἐσεῖς
young νέος,ὁ
youngster νεαρός,ὁ
your σου,σας
yours δικός σου,δικός σας
yourself ἐσύ ὁ ἴδιος
youth νεότητα,νιότη,ἡ,νιά-
youth νεαρός,ὁ   [τα,τά]
Yuletide Χριστούγεννα,τά,
  ἑορτές τῶν Χριστουγέννων,
  οἱ

LIST OF GRAMMATICAL TERMS (ENGLISH-GREEK)

A

accents	τόνοι, οἱ
accentuation	τονισμός, ὁ
accusative case	αἰτιατική, ἡ
active voice	ἐνεργητική φωνή, ἡ
acute accent	ὀξεία, ἡ
adjectives	ἐπίθετα, τά
adverbs	ἐπιρρήματα, τά
agent	ποιητικό αἴτιο, τό
alphabet	ἀλφάβητο, τό
alternate (≈)	ἐναλλασσόμενος
aphaeresis	ἀφαίρεση, ἡ
articles	ἄρθρα, τά
attribute	κατηγορούμενο, τό
augment	αὔξηση, ἡ

B

breathings	πνεύματα, τά

C

capital letters	κεφαλαῖα γράμματα, τά
cardinal numbers	ἀπόλυτα ἀριθμητικά, τά
cases	πτώσεις, οἱ
circumflex accent	περισπωμένη, ἡ
classes of verbs	κατηγορίες ρημάτων, οἱ
common vowels →	dual vowels
comparative degree	συγκριτικός βαθμός, ὁ
comparatives	παραθετικά, τά
compound tenses	περιφραστικοί χρόνοι
compound sentences	σύνθετες φράσεις, οἱ
conditional mood	δυνητική ἔγκλιση, ἡ
conjugation	κλίση ρήματος, ἡ
conjugations	συζυγίες, οἱ
conjunctions	σύνδεσμοι, οἱ
consonants	σύμφωνα, τά
continuity	διάρκεια, ἡ
continuous	δυνητική διαρκείας or ἐξακολουθητική δυνητική, ἡ
conditional	
future	μέλλων διαρκείας, or ἐξακολουθητικός μέλλοντας, ὁ
imperative	προστακτική διαρκείας or ἐξακολουθητική προστακτική, ἡ

continuous	
optative	εὐκτική διαρκείας or ἐξακολουθητική εὐκτική, ἡ
participle	μετοχή διαρκείας or ἐξακολουθητική μετοχή, ἡ
past	παρατατικός or ἐξακολουθητικός ἀόριστος
subjunctive	ὑποτακτική δι- /ὁ αρκείας or ἐξακολουθητική ὑποτακτική, ἡ
contracted verbs	συνηρημένα ρήματα, τά
contraction	συναίρεση, ἡ
correlative	
adverbs	συσχετικά ἐπιρρήματα, τά
pronouns	συσχετικές ἀντωνυμίες, οἱ
crasis	κράση, ἡ

D

dative case	δοτική, ἡ
decline, I	κλίνω (used both for nouns & for verbs)
declension(s)	κλίση, ἡ (κλίσεις, οἱ)
definite	ὁριστικός
demonstrative	δεικτικός
dental	ὀδοντικός
deponent verbs	ἀποθετικά ρήματα, τά
diminutive	ὑποκοριστικός or χαϊδευτικός
diminutive suffixes	ὑποκοριστικά ἐπιθήματα, τα
diphthongs	δίφθογγοι, οἱ or δίφθογγα, τά
direct object	ἄμεσο ἀντικείμενο, τό
double consonants	διπλά σύμφωνα, τά
dual vowels	δίχρονα φωνήεντα, τά

E

elision	ἔκθλιψη, ἡ
enclitics	ἐγκλιτικές λέξεις, οἱ
endings	καταλήξεις, οἱ

F

feminine nouns	θηλυκά ὀνόματα, τά
final letters	τελικά γράμματα, τά
first conjugation	πρώτη συζυγία, ἡ
first declension	πρώτη κλίση, ἡ

-στακτική,ή

T

simple	
subjunctive	στιγμιαία ὑποτακτι-κή,ἡ
singular number	ἐνικός ἀριθμός,ὁ
smooth breathing	ψιλή,ἡ
stems	θέματα,τά
stem 1.	θέμα 1, or ἐνεστωτικό θέμα,τό
stem 2.	θέμα 2, or ἀοριστικό θέμα,τό
subject	ὑποκείμενο,τό
subjunctive	ὑποτακτική,ἡ
continuous	διαρκείας or ἐξακολουθητική
simple	στιγμιαία
perfect	συντελεσμένη
suffixes	ἐπιθήματα,τά or καταλήξεις,οἱ
superlative degree	ὑπερθετικός βαθμός,ὁ
syllables	συλλαβές,οἱ
last syllable	λήγουσα,ἡ
second to last	παραλήγουσα,ἡ
third to last	προπαραλήγουσα,ἡ
synizesis	συνίζηση,ἡ

tenses	χρόνοι,οἱ
third declension	τρίτη κλίση,ἡ
transitive verbs	μεταβατικά ρήματα,τά

V

verbs	ρήματα,τά
active	ἐνεργητικά,τά
contracted	συνηρημένα,τά
deponent	ἀποθετικά,τά
impersonal	ἀπρόσωπα,τά
irregular	ἀνώμαλα,τά
passive	παθητικά,τά
reciprocal	ἀλληλοπαθῆ(-ή),τά
reflexive	αὐτοπαθῆ(-ή),τά
regular	ὁμαλά,τά
vocative case	κλητική,ἡ
voices	φωνές,οἱ
vowels	φωνήεντα,τά
dual	δίχρονα,τά
long	μακρόχρονα,τά
short	βραχύχρονα,τά

ABBREVIATIONS

A.,acc.	accusative
act.	active
adj.	adjective(s)
adv.	adverb(s)
altern.	alternate
approx.	approximate(ly)
cond.	conditional
C.,conj.	conjugation,conjugated
conj.	conjunction(s)
C.,cont.	continuous
D.,decl.	declension,declined
dir.	direct
emph.	emphatic
end.	ending(s)
F.,fem.	feminine
fut.	future
G.,gen.	genitive
imper.	imperative
impers.	impersonal
ind.,indir.	indirect
interr.	interrogative
irreg.	irregular
M.,masc.	masculine
neg.	negative
N.,neut.	neuter

N.,nom.	nominative
obj.	object(s)
opt.	optative
Para(s)	paragraph(s)
pass.	passive
perf.	perfect
pers.	personal
P.,pl.	plural
poss.	possessive
prep.	preposition(s)
pres.	present
pron.	pronoun(s)
Q. A.	question(s) answer(s)
reg.	regular
rel.	relative
S.	simple
S.	singular
subj.	subject(s)
subj.	subjunctive
t.	tense(s)
translit.	transliteration
unemph.	unemphatic
var.	variant
v.	verb(s)
aux.v.	auxiliary verb(s)

ENGLISH INDEX

Numbers and letters in italic indicate paragraphs.